뉴노멀시대의 정보시스템

고일상 김민철 김상현 김정군 윤현식 이현규 최수정 공저

THE INFORMATION SYSTEM
OF THE NEW NORMAL ERA

이프레스

머리말

21세기에 들어서면서 기업 경영환경에서는 불확실성 극복이 급선무가 되고 있다. 2002년 엔론(Enron)의 분식회계, 2007년 미국의 서브프라임 모기지(sub-prime mortgage) 사태에서 발단한 세계적인 금융 위기 등은 미래에도 예측하기 어려운 경영·경제 위험 요소의 빈번한 출현을 예고하고 있다. 2019년 중국에서 발현한 COVID-19 팬데믹은 우리의 삶의 방식을 근본적으로 다시 생각하고, 새롭게 재설계하는 기회를 주었다. 우리는 삶의 방식, 일하는 방식, 배우는 방식, 함께 일하는 방식에서 새로운 혁신적인 시도를 하고 있다. 지금은 과거의 방식을 과감히 버리고 새로운 기술, 새로운 정보시스템, 새로운 지식, 새로운 방식을 가지고 일하고 협력하고 함께 살아가는 방법을 모색하고, 실행하여야 한다.

정보기술이 개발되어 경영환경에서 활용되기 시작한 지 벌써 70년의 세월이 흘렀다. 정보기술의 지속적인 발전과 기업의 정보기술 활용 능력의 고도화는 제품과 서비스의 품질을 크게 신장시키고 있으며, 조직에서 일하는 방법을 지속해서 혁신시켜 왔다. 세계로 개방된 혁신, 공유경제의 확산, 대가를 바라지 않는 공헌 등은 클라우드 컴퓨팅으로 세계를 연결하였으며, 우리는 국가와 문화를 초월하여 생활하고 접촉하며, 살고 있다. 우리는 빛의 속도로 만나고 교류하며, 세계의 누구와도 함께 정보를 공유하고 지식을 창출하는 사회에 살고 있다.

21세기 초연결 사회(hyper-connected society)에서 정보기술의 발전을 살펴보고 정보시스템을 중심으로 경영환경의 변화를 이해하며, 이들의 미래 발전 방향을 추적하고, 최선의 정보시스템 활용사례들을 살펴보는 것은 매우 흥미진진한 일이다. 이를 효과적으로 돕기 위하여 7명의 저자들은 교육과 연구 및 실무경험을 바탕으로 그동안 쌓아왔던 지식과 경험을 체계적으로 모으고 논리적으로 정리하여 제공함으로써 학습자들에게 정보기술과 정보시스템에 대한 이해 및 활용 능력을 크게 신장시키고자 한다.

이 책에서는 전체의 내용을 4부 14장으로 구성하였다. 1부에서는 '기업경영과 정보시스템'을 주제로 뉴노멀시대에 정보시스템들을 정의하고 각 시스템의 역할을 살펴본다. 또한, 정보시스템들을 유형별로 분류하고 현재까지 이들의 발전을 살펴본다. 2부에서는 '정보기술 기반구조와 응용'이라는 주제로 인터넷과 정보통신 기술의 발전을 추적하고, 성숙단계에 있는 전자상거래, 모바일 비즈니스, 소셜 비즈니스의 발전을 살펴본다. 더불어, 모든 정보시스템의 근간을 이루는 데이터베이스 개념과 관리에 대해 설명한다. 초연결사회에서 폭발적으로 생성되는 빅데이터를 관리하는 방법과 이를 바탕으로 지능적인 경영활동을 지원하는 비즈니스 인텔리전스의 발전을 살펴본다.

3부에서는 '정보시스템 활용'이라는 주제를 가지고 기업의 다양한 부서에서 포괄적으로 사용하는 전사적 자원관리시스템인 ERP(enterprise resource planning)를 소개하고, 공급업체들과의 관계 및 고객과의 관계에서 필수적인 SCM과 CRM 등을 살펴본다. 더불어, 기업의 경쟁전략과 정보시스템을 연결하는 전략정보시스템을 설명하고, 조직의 지식경영과 이를 위한 지식관리시스템의 활용 방법들을 살펴본다. 마지막으로, 기업이 지속적으로 추진하고 있는 프로세스 혁신과 비즈니스 프로세스관리에 대하여도 소개하고 있다.

4부에서는 '정보시스템 개발과 관리'라는 주제로 ISP(information systems planning)라 불리는 정보시스템 계획의 수립과정을 전통적인 방법과 현대적인 접근방법을 비교하여 설명하고 여덟 가지 계획기법을 소개한다. 또한, 실제 정보시스템을 개발하는 과정에서 활용되는 시스템 개발 방법론들을 설명하고 있다.

이 책 집필에 참여한 7명의 저자들은 실무경험과 대학의 강의 경험을 토대로 학습자들에게 정보기술과 정보시스템의 내용을 체계적으로 전달할 수 있도록 노력하였으며, 정보시스템에 대한 전문적인 시각을 제공하고 활용 능력과 심화 능력을 향상하고자 하였다. 저자들은 다음 사항들을 이 책에 담고자 노력하였다.

첫째, 정보시스템의 개념 및 내용을 기술적인 관점을 넘어 전략적인 측면과 관리적인 측면에서 서술하고자 노력하였다.

둘째, 정보시스템을 개발하고 활용하는 방법들을 개념적인 내용뿐만 아니라 실무적인 내용과 사례를 추가하여 학습자들의 이해를 높이고자 하였다.

셋째, 각 장은 학습 목표를 통하여 무엇을 중심으로 이해해야 하는지를 미리 알 수 있도록 하였으며, 요약을 통하여 중요한 내용을 빠른 시간 내에 정리할 수 있도록 하였다.

넷째, 각 장의 마지막에는 사례를 제공함으로써, 학습 내용을 실무환경에서 확인하고, 사례문제를 푸는 과정에서 창의력을 발휘하며, 정보시스템 관련 지식을 종합하고 통합하는 능력을 키울 수 있도록 노력하였다.

『뉴노멀시대의 정보시스템』이 나오기까지 많은 분들의 도움과 지도편달이 있었다. 『스마트시대의 정보시스템』을 바탕으로 새롭게 구성된 이번 교재를 강의에 활용해 주실 많은 교수님들께 감사드리며, 개선을 위한 피드백과 계속적인 지도편달을 부탁드린다. 아울러, 원고가 늦어짐에도 인내하고 많은 도움을 주신 이프레스 최용구 사장님과 장만동 전무님을 비롯한 편집부 직원들과 관계자들의 노고에 깊은 감사를 드린다.

2022년 1월

저자 일동

차례

CHAPTER 2 정보시스템의 발전과 유형

PART 02 정보기술 기반구조와 응용

CHAPTER 3 인터넷과 통신기술

CHAPTER 6 비즈니스 인텔리전스

PART 03 정보시스템의 활용

CHAPTER 7 전사적 시스템

CHAPTER 8 경쟁전략과 정보시스템의 전략적 활용

CHAPTER 9 지식경영과 지식관리시스템

PART 04 정보시스템의 개발과 관리

CHAPTER 11 정보시스템 계획

CHAPTER 12 정보시스템

PART 01

기업경영과 정보시스템

CHAPTER 01

뉴노멀시대와 정보기술

1. 뉴노멀시대와 4차 산업혁명
2. 정보기술과 정보시스템
3. 경영정보시스템
4. 경영정보시스템의 배경학문
5. 정보시스템 역할의 변화

학/습/목/표

이 장에서는 오늘날 우리가 살고 있는 사회의 특징인 뉴노멀시대에 대하여 설명하고 최근 세계적으로 관심이 높은 4차 산업혁명에 대해 소개하였다. 또한 우리의 사회생활과 기업경영에 필수적인 정보기술의 발전과 정보시스템의 역할, 조직과 정보시스템의 관계에 대하여 설명하였다.
경영정보시스템을 이해하기 위해서는 먼저 경영, 정보, 시스템을 살펴보아야 하는데 경영에 대해서는 이 교재의 여러 부분에서 설명하고 있으며 정보시스템이 경영의 여러 분야에 어떻게 사용이 되고 활용되고 있는지에 대한 소개도 다양한 측면에서 제시하였다. 다음으로 정보시스템의 기본이 되는 자료와 정보, 지식에 관해 살펴보고 일반적인 시스템에 관하여 설명하였다.
정보시스템을 구체적으로 이해하기 위해 정보시스템의 개념과 구성요소에 대해 설명하였으며 정보시스템의 다섯 가지 구성요소에 대하여 소개한 후에 정보시스템의 배경학문과 역할의 변화에 대해 설명하였다.

1. 뉴노멀시대의 특징과 4차 산업혁명을 이해한다.
2. 정보기술의 발전과 정보시스템의 기본적인 역할에 대해 살펴본다.
3. 자료와 정보 그리고 지식의 차이를 이해한다.
4. 기본적인 시스템을 이해하고 정보시스템의 구성요소와 배경학문을 살펴본다.

1 뉴노멀시대와 4차 산업혁명

COVID-19 팬데믹이 야기한 21세기 불확실성의 시대에 스마트폰과 태블릿PC, 스마트TV 등과 같은 스마트기기의 사용으로 우리 사회는 정보화 사회에서 스마트 사회로 빠르게 변하고 있다. 또한 전 세계적으로 소셜네트워크서비스(SNS)가 활성화되면서 소셜 비즈니스가 새로운 소비 트렌드를 선도하면서 소셜커머스, 소셜마케팅, 소셜러닝, 소셜게임 등 다양한 영역으로 확대되고 있다.

뉴노멀 스마트사회에서는 많은 사람들의 참여, 공유, 협업을 통해 새로운 가치를 창출하는 오픈 플랫폼이 부각되고 스마트기기들을 통한 고객 데이터의 수집과 여러 가지 멀티미디어 콘텐츠의 폭발적인 증가에 따른 빅데이터가 중요한 이슈로 등장하였다. 기업들은 빅데이터를 분석하여 기업이 원하는 자료를 찾아내고 재가공을 통해 정보와 지식을 전략적으로 활용하면서 새로운 경제적 가치를 창출하고 있다.

컴퓨터를 중심으로 하는 정보통신 기술의 발전은 기업경영에 엄청난 변화를 가져오면서 조직과 사회, 그리고 경제 전반의 성공에 가장 큰 영향력을 미치고 있다. 비즈니스 관점에서 본 정보시스템의 역할은 기업의 디지털화를 촉진하고 세계화의 기회를 부여하며 비즈니스의 목적을 달성하며 비즈니스의 문제해결에 주도적인 역할을 하는 것이다. 여기에서 비즈니스 문제해결이라 함은 원가를 절감하며 품질을 개선하고 고객서비스를 향상시킴으로써 매출을 증가시키고 수익을 향상시키는 것을 말한다. 또한 정보시스템은 기업의 생존에 필요한 수단을 제공할 뿐만 아니라 경영자들이 좋은 의사결정을 내릴 수 있도록 도와주며 더 나아가 경쟁우위를 달성하게 하는 역할을 한다.

한편 2010년 발표된 독일의 10대 프로젝트에서는 정보통신과 제조업의 융합을 뜻하는 인더스트리 4.0이라는 용어가 등장하였는데 2016년 스위스 세계경제포럼(WEF)에서 4차 산업혁명을 주요의제로 다루면서 4차 산업혁명에 대한 논의가 활발하게 전개되었다. 4차 산업혁명에 대한 주창자인 세계경제포럼 회장인 클라우스 슈밥은 그의 저서 ≪제4차 산업혁명≫에서 4차 산업혁명은 3차 산업혁명을 기반으로 한 디지털과 바이오산업, 물리학 등 3개 분야의 융합된 기술들이 경제체제와 사회구조를 급격히 변화시키는 기술혁명이라고 주장하였다.

4차 산업혁명은 초연결성(hyper-connected)과 초지능화(hyper-intelligent)의 특성을 가지고 있으며 사물인터넷과 클라우드 컴퓨팅 등 정보통신기술과 물리학과 생물학의 신기술을 통해 인간과 인간, 사물과 사물, 인간과 사물이 상호 연결되고 빅데이터와 인공지능 등으로 보다 지능화된 사회로 변할 것으로 예측되고 있다. 〈표 1-1〉은 옥스퍼드 대학에서 발표한 4차 산업 시대의 고위험 직업과 한국고용정보원이 최근 발표한 향후의 유망직업에 대한 비교자료이다. 4차 산업혁명의 시대에는 정보통신기술의 발달과 관련된 직업이 더욱 중요해지고 오늘을 살아가는 모든 사람들이 정보시스템과 정보통신기술에 관하여 상당한 안목을 가져야 한다는 것을 잘 보여 주고 있다.

표 1-1 4차 산업혁명 시대의 고위험직업군과 유망직업

자동화 시대의 고위험 직업군	4차 산업혁명 시대의 유망직업
텔레마케터	인공지능 전문가
세무대리인	빅데이터 분석자
보험조정인	가상현실 전문가
스포츠심판	사물인터넷 전문가
법률비서	공공경제 컨설턴트
레스토랑과 커피숍종업원	로봇 윤리학자
부동산 중개업자	스마트의류 개발자
외국인 노동자 농장계약자	드론운항 관리자
비서직	의료정보 분석사
배달직	동물매개 치료사

출처: 고위험 직업군은 옥스퍼드대학(2013), 유망직업은 한국고용정보원(2016) 발표자료.

2 정보기술과 정보시스템

1) 정보기술의 발전

1940년대 중반 최초의 전자식 컴퓨터가 소개된 후에 1950년대에는 기업경영에 컴퓨터가 본격적으로 사용되기 시작하였다. 정보기술(information technology: IT)은 눈부신 발전을 거듭하여 시간과 공간의 제약으로 인한 여러 가지 제약 요인들을 제거하기 시작하면서 IT정보혁명이 시작되었다. 초기에는 컴퓨터의 빠른 계산능력이 큰 힘을 발휘하였으나 점점 다양한 형태의 자료들을 포함하여 처리영역과 역량을 확장하였다.

정보기술의 발전은 개별 근로자들이 생산성을 높이고 그들의 능력을 향상시키는 데 필요한 여러 가지의 도구들을 제공했으며, 정보기술은 일을 하는 방법과 일 그 자체를 변화시켰다. 이러한 현상은 세 가지 측면에서 일어났다고 할 수 있다. 첫째는 새로운 종류의 일을 만들어 내는 것이고 둘째는 전통적인 일을 하는 방법을 바꾸는 것이다. 마지막으로 정보기술의 활용에 의한 인적자원관리의 새로운 도전에 직면하는 문제이다.

IT의 발전으로 등장한 새로운 직업이나 일들은 정보담당 임원, 인터넷담당 중

역, 웹디자이너, 네트워크관리자, 빅데이터 분석자, 사이버수사관 등을 들 수 있다. 수십 년 동안 근로자들은 무엇을 해야 하는지, 어떻게 해야 하는지를 알고 있어야만 일을 할 수 있었으나 오늘날은 컴퓨터나 로봇이 자신들을 대신하여 일을 하기 때문에 근로자들의 주된 임무는 컴퓨터가 제대로 작동하고 있는지를 점검하는 것이다. 또한 스마트폰과 같은 모바일기기의 활용은 근로자들이나 월마트 트럭 기사들의 의사소통 패턴을 바꾸어 놓고 물품을 배달하는 방법도 바꾸고 있다. 해수욕장에서 간식을 주문하고 배달하는 경우도 마찬가지이다. 인터넷을 비롯한 네트워크의 발달은 원재료 공급자에서 최종소비자에 이르는 가치사슬 전체에 영향을 미치며 조직 간 협력을 강화시키고 때로는 조직의 경계를 없애는 역할을 하기도 한다. 많은 사람들이 지구촌에 흩어져 일을 하고 일하는 시간도 일정하지 않기 때문에 관리자들은 관리와 감독, 성과의 평가, 보상 등에 관해 새로운 시각으로 접근해야 한다.

새로운 기술의 등장은 비즈니스에 다양한 기회를 제공하였는데 개인용 기기와 웹에 익숙한 노동력의 증가로 인하여 기존의 조직들보다 훨씬 빠른 속도로 신기술을 수용하게 되었다. 오늘날 인터넷의 활용을 통한 새로운 온라인 비즈니스의 창출은 관리자들과 중역들을 항상 긴장하게 만들고 있다. 새로운 비즈니스의 기회는 충분한 시간을 주지 않고 부지불식간에 찾아오며 경영자들은 이러한 기회를 재빨리 포착하고 평가하여 변화하는 비즈니스의 니즈를 반영한 전략을 추진할 수 있어야 한다. 또한 경영자들은 가상조직의 관리나 모바일 워크나 스마트 워크의 관리와 같은 새로운 도전에 직면하고 있다.

2) 경영조직과 정보시스템

오늘날 기업경영에서는 조직의 의사결정 능력을 향상시키고 업무의 효율화를 위해 정보기술과 정보시스템을 적극적으로 활용하고 있다. 지난 60여 년 동안 정보시스템은 정보기술의 발전과 조직과 기업의 필요에 의해 그 역할이 변화되어 왔다. 그러나 정보시스템은 일방적으로 조직의 영향을 받는 것이 아니라 조직 또한 정보시스템의 영향을 많이 받는다. 그동안 조직의 구조는 경영환경의 변화에 따라 전통적인 기능적 조직과 사업부 조직, 팀조직, 매트릭스조직, 협력조직 등으로 다양하게 변화되어 왔다. 협력조직과 가상조직의 등장은 상당 부분 정보기술의 발전에 의존하고 있다.

일반적으로 정보기술은 관리자의 통제 능력을 향상시키므로 통솔의 범위(span of control)를 넓혀 준다. 조직에서는 정보기술의 활용을 통해 관리계층의 수를 줄이고 있으며 이로 인해 조직계층의 수평화가 일어나고 있다. 또한 일선 종업원들은 정보기술을 이용하여 관리자 없이도 의사결정을 내릴 수 있도록 시의적절한 정보를 제공받을 수 있으므로 의사결정의 권한을 하향 이동시키고 있다.

기업이 생존하고 번영하기 위해 대두된 중요한 개념 중 하나는 경영혁신이다. 과거에는 조직의 변화와 프로세스의 변화에 따른 경영혁신을 추구하는 경향이 강했으나 오늘날은 정보시스템의 활용을 통하여 경영혁신을 추구하는 기업이 대부분이다. [그림 1-1]은 오늘날의 환경이 변화의 속도가 빠르고 불확실성이 증대되어 미래에 대한 예측이 힘들기 때문에 전략적인 변화의 주기가 필요할 때마다 수시로 일어나야 함을 보여 주고 있다. 또한 기존의 전통적인 굴뚝 기업들도 온라인 업무에 대한 필요성이 증대되고 경영의 모든 부분에 걸쳐 디지털화가 급진전되어 e-트랜스포메이션이 기업경영의 필수적인 요소로 등장하게 되었다.

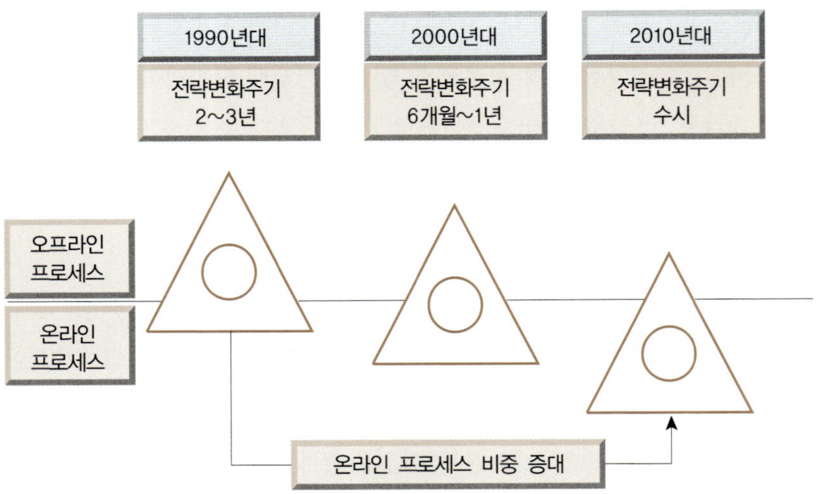

▌그림 1-1▐ 온라인 프로세스의 비중과 전략주기의 변화

출처: 서영호 외(2013).

3) 정보시스템의 역할

정보기술과 정보시스템은 현재와 같은 다이내믹하고 글로벌한 환경에서 기업이 성공하기 위해서 가장 중요한 본질적인 요소이다. 오늘날 수많은 정보시스템과 솔루션이 존재하지만 이들은 기본적으로 세 가지 측면에서 기업경영에 본질적인 역할을 하고 있다. 첫째는 비즈니스 프로세스와 운영의 지원이고, 둘째는 종업원들과 관리자들을 위한 의사결정의 지원이며, 마지막 셋째는 경쟁우위를 위한 전략의 지원이다. 따라서 세 가지 본질적인 역할은 운영적 역할, 관리적 역할, 전략적 역할로 요약할 수 있다.

[그림 1-2]는 일반적인 조직에서 정보시스템의 세 가지 역할이 어떻게 서로 상호작용을 하는지를 보여 주고 있다. 비즈니스 프로세스를 지원하고 운영을 위해 개발된 정보시스템은 상위에 있는 역할을 담당하는 정보시스템에 자료를 제공하기도 하고 동시에 자료를 받기도 한다. 최근의 조직들은 자료와 정보들이 자유롭게 흐를 수 있도록 통합된 정보시스템을 구축하는 데 많은 노력을 기울이고 있으며 이러한 시스켐의 통합은 개별적인 시스템이 가져다줄 수 있는 것보다 훨씬 많은 유연성과 비즈니스 지원을 제공해 줄 수 있다. 소매점에서 정보시스템은 종업원들이 판매에 대한 기록을 유지하게 하고 재고에 대한 관리를 하게 하며 새로운 물품의 구입과 판매 트렌드의 변화를 알 수 있게 해준다.

매장관리자는 정보시스템을 통하여 어떠한 제품라인을 추가적으로 설치해야 하는지 또는 기존의 제품라인을 제거해야 하는지에 대한 의사결정을 하기 위한 정보를 얻을 수 있으며, 어떠한 부문에 새로운 투자가 이루어져야 하는지를 알 수 있다. 또한 경영진은 모든 매장에 터치스크린 키오스크를 설치하여 고객들이 온라인 쇼핑 사이트로 바로 연결할 수 있게 함으로써 새로운 고객을 유치하고 쇼핑과 구매의 편리성으로 인한 고객충성도를 높일 수 있다. 이러한 역할은 정보시스템의 활용이 경쟁우위를 달성할 수 있게 한다는 것을 보여 주고 있다.

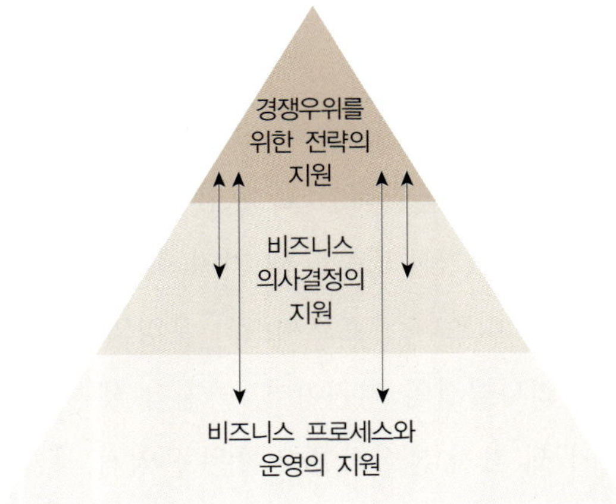

▌그림 1-2▐ 비즈니스에서 정보시스템의 근본적인 역할

오늘날 정보시스템은 네트워크와 인터넷의 발달로 조직의 경계를 넘어 전자상거래를 가능하게 하며 기업 간의 거래나 협업을 도와주고 시간과 공간의 장벽을 뛰어넘어 글로벌 고객과 공급업자와의 관계를 맺을 수 있도록 하고 있다. [그림 1-3]은 다양한 조직과 구성원 사이에서 비즈니스를 도와주는 정보시스템과 그에 따른 역할을 보여주고 있다.

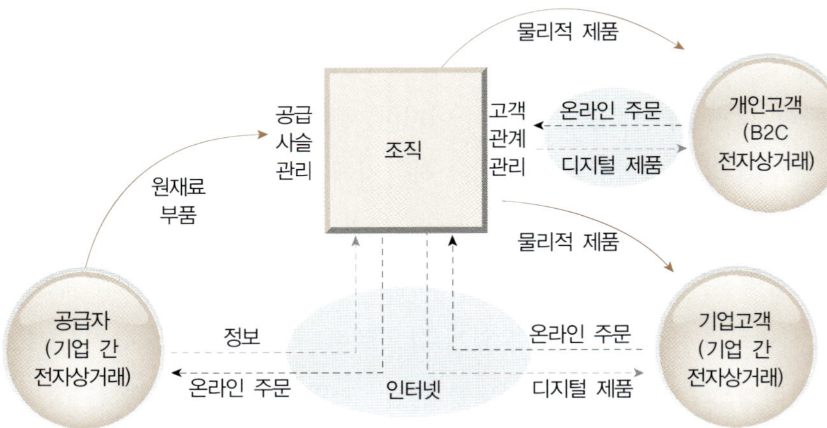

▌그림 1-3▐ 다양한 조직들 간의 정보시스템의 역할

3 경영정보시스템

1) 자료와 정보

오늘날 자료와 정보는 조직에서 수행되는 거의 모든 활동의 기초가 되기 때문에 의사결정자가 조직에서 수행되는 모든 활동을 관리하고 통제하기 위해서는 정보시스템의 활용이 필수적이다. 정보시스템은 조직에서 수행되는 대부분의 경영활동과 의사결정을 지원할 수 있으며, 경영자가 의사결정을 위한 정보가 필요할 때에 정보시스템은 이러한 정보를 제공할 수 있다. 정보는 우리의 일상생활에서 항상 접하는 것이며 모든 경제활동의 기반이 되는 요소이기도 하다.

먼저 자료와 정보에 대해 살펴보면 자료(data)는 어떤 사건이나 물건의 성격을 설명하는 가공되지 않은 사실이다. 즉, 단순한 사실들에 대한 기록으로서 그 사실만으로는 큰 의미가 없는 것이다. 예를 들면 어떤 회사의 전국 대리점의 수, 매출액, 재고량, 판매사원의 사원번호, 판매되는 상품의 종류 등을 말한다. 자료 그 자체만으로는 큰 의미가 없으며 대리점별 분기 매출액, 대리점별 상품별 매출액 등과 같이 이용자가 원하는 형식으로 가공하면 정보가 된다. 자료와 정보의 차이는 자료나 정보가 가지고 있는 가치의 유무에 따라 상대적이라고 할 수 있다. 대리점별 분기 매출액은 회사 관계자들에게는 상당한 가치가 있는 중요한 정보가 되지만 일반 고객들에게는 별 가치가 없는 자료일 뿐이다.

한편 정보란 자료를 처리하고 가공하여 특정한 목적을 달성하는 데 필요한 것을 말하며 정보는 사용자들이 원하는 형태의 것으로 처리되거나 가공되어야 한다. 여러 자료들을 요약하거나 추출하여 경영에 필요한 의사결정에 도움이 되는 정보로 산출하는 것이 정보시스템의 주요한 역할이다. 산출된 정보를 해석하여 의사결정을 내리게 되며 의사결정을 통하여 정보이용자는 행동으로 옮기게 된다. 이런 정보가 지식으로 축적하게 되며 축적된 지식은 또 다른 이용자가 해석하고 의사결정에 활용하게 된다. [그림 1-4]는 자료와 정보, 정보와 지식의 관계를 잘 보여 주고 있다.

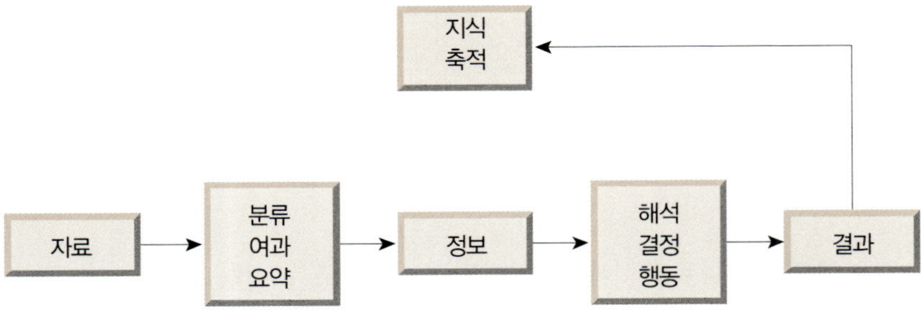

그림 1-4 자료와 정보, 지식의 관계

2) 비즈니스 인텔리전스와 지식

비즈니스 인텔리전스(business intelligence: BI)는 공급자와 고객, 동업자와 경쟁자, 동일한 업종 등과 같은 다양한 원천에서 수집된 정보로서 전략적 의사결정에 사용될 수 있으며 패턴이나 추세, 그리고 관계를 분석하는 데 사용될 수 있다. BI는 많은 수의 변수들을 다루는 경향이 있으며 조직 내부의 자료뿐만 아니라 조직 외부의 자료들도 분석하여 BI를 활용하게 된다. BI의 등장은 다양한 원천의 자료들이 정보시스템, 네트워크나 인터넷 등을 통하여 쉽게 수집이 되고 분류가 됨으로써 가능하게 되었다. BI를 좀더 넓은 의미에서 정의를 하면 자료를 수집하고 수집된 자료를 가공하여 올바른 의사결정을 내릴 수 있도록 지원하는 시스템 및 기술이라 할 수 있다.

지식은 정황적이고 어떤 행위를 가능하게 하는 실천적인 정보를 말한다. 지식은 주어진 상황에 대해 많은 경험과 깊은 사려에 기반을 두고 있다는 점에서 정보와 구별이 된다. 정보를 활용하여 의사결정을 내리지만 시행착오를 거치는 경우가 일반적이다. 따라서 시행착오를 반복하여 담당자의 머릿속에 업무수행과 관련한 방법이나 규칙, 원리 등이 축적되는데 이것을 지식이라고 한다. 즉 자료나 정보가 사용자의 인지적 활동을 거치면서 특정 상황이나 경험과 결합함으로써 전략적인 가치나 부가가치가 높은 지식을 창출하게 된다. 요컨대 자료와 정보, BI와 지식을 활용하여 의사결정을 내리고 문제를 해결하는 것이 비즈니스에서 성공을 가져오는 핵심적인 요소이며 이러한 요소들이 비즈니스시스템의 근간이 된다. 최근에는 개인적인 차원을 넘어 조직 단위에서 조직의 고유한 상황과 다양한 문제를 해결해 나가는 과정에서의 경험을 바탕으로 조직 지식에 관한 관심이 높아지고 조직의 지식관리에 대한 논의가 활발하게 전개되고 있다.

3) 시스템

시스템이란 일정한 목표를 달성하기 위한 상호연관성을 가진 구성요소들의 집합을 의미한다. [그림 1-5]에서처럼 시스템은 어떠한 투입물이 입력되어서 처리과정을 거쳐 하나의 출력물이 나오는 것을 말하며 일반적으로 투입(input), 처리 또는 변환(process), 출력(output), 피드백(feedback)이라는 네 가지 과정을 거치게 된다. 하나의 시스템과 다른 시스템을 구분하는 영역을 시스템의 경계라고 하며 시스템 경계의 외부를 환경이라고 한다. 환경은 시스템의 외부에 존재하면서 시스템에 여러 가지의 영향을 미치게 된다.

시스템에는 항상 상위시스템과 하위시스템이 존재하는데, 각 시스템은 하위시스템으로 구성되어 있으며 이들 하위시스템은 또 다른 하위시스템으로 구성되어 있다. 이러한 하위시스템 간의 관계나 상호작용을 인터페이스라고 한다. 이렇게 복잡한 시스템처리 과정에서 입력과 출력은 정의되지만 처리과정은 명확하게 정의되지 않는 경우가 많은데 이러한 과정을 블랙박스(black box)라고 한다. 블랙박스라는 개념은 시스템을 분석하고 설계하는 데 아주 유용한 개념으로 사용된다.

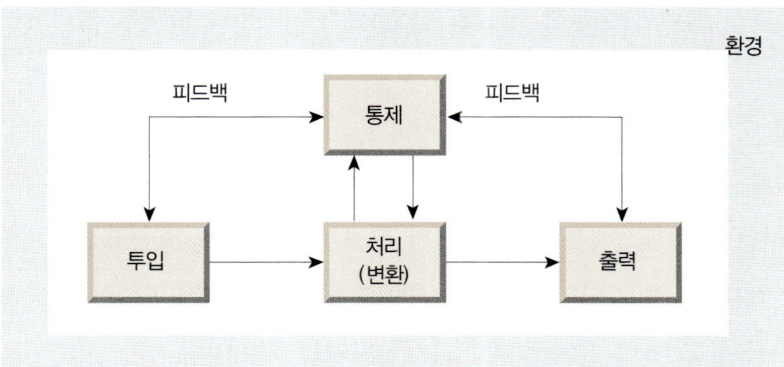

▌그림 1-5▌ 시스템의 네 가지 구성요소

시스템의 성과에 대한 측정은 다양하게 이루어질 수 있지만 일반적으로 효율성(efficiency)과 효과성(effectiveness)으로 나타낼 수 있다. 효율성은 투입 대비 산출의 비율로 측정하는 것으로 주어진 비용을 가지고 얼마나 많은 산출물을 생산했는가의 문제를 말한다. 효과성은 목적달성을 위해 얼마나 일을 잘했는가의 문제로 목적의 달성 정도로 측정을 할 수 있다. 효율성은 시스템의 투입에 중점을 두는 개념이고 효과성은 시스템의 산출에 초점을 두는 개념이다.

4) 경영정보시스템

경영정보시스템(management information systems: MIS)이란 경영자의 의사결정을 지원하기 위해서 조직을 관리하고 통제하는 데 필요한 정보의 수집, 처리, 저장, 배포와 관련된 모든 구성요소의 집합이라고 할 수 있다. 또한 정보시스템은 의사결정을 지원, 조정, 통제하기 위하여 경영자와 작업자를 지원하고 있으며 문제를 분석하고 복잡한 주제를 가시화시켜 주며 새로운 제품을 생산하도록 지원해 주고 있다. 정보시스템은 조직 또는 환경과 관련된 사람, 장소, 물건에 대한 자료를 가지고 있으며 이런 환경으로부터 자료를 입력받아 정보로 변화시킨다.

정보시스템도 하나의 시스템이므로 일반적인 시스템과 마찬가지로 입력, 프로세스, 출력으로 구성된다. 입력은 조직이나 외부 환경으로부터 자료를 획득하는 것을 말하며, 프로세스는 입력받은 자료를 좀더 유용한 형식으로 변화하는 과정이다. 출력은 이러한 정보를 사용할 사람들에게 유용한 형태로 출력하는 과정을 의미한다. 그리고 정보시스템은 이렇게 출력된 정보를 평가한 다음에 입력으로 피드백해 준다.

일반적으로 정보시스템이라고 하면 컴퓨터를 기반으로 운영되는 시스템을 말하며 이러한 정보시스템을 컴퓨터 기반 정보시스템(computer-based information systems: CBIS)이라고 한다. CBIS란 필요한 자료를 입력받아 이를 처리하고 그 결과를 저장하고 출력하는 전자적 기계장치라는 의미이다. 정보시스템의 구성요소는 다섯 가지를 들고 있는데 하드웨어, 소프트웨어, 사람, 자료, 통신과 네트워크를 포함한다. 일부 학자들은 절차(procedure)를 추가하여 여섯 가지 요소로 소개하기도 한다. [그림 1-6]은 정보시스템의 다섯 가지 구성요소를 잘 보여 주고 있다.

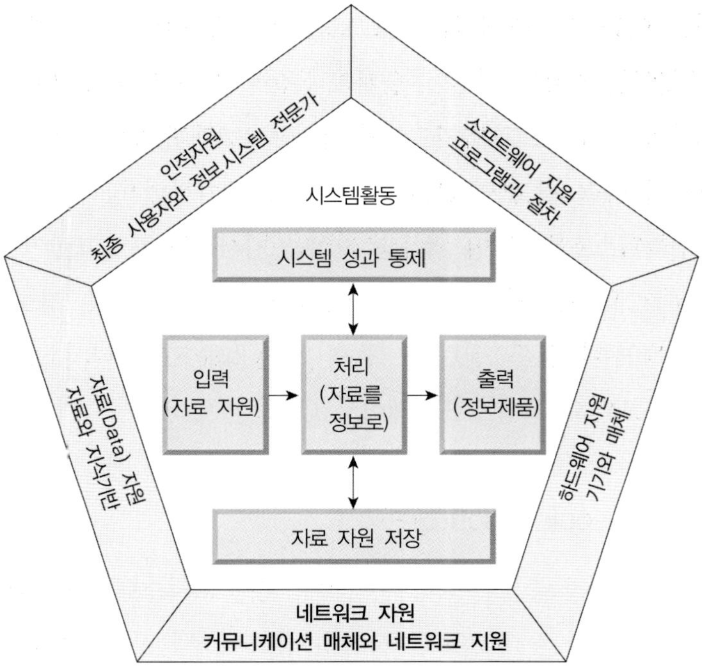

▌그림 1-6▐ 정보시스템의 구성요소

(1) 하드웨어 자원(hardware resource)

하드웨어는 컴퓨터의 중앙처리장치(CPU), 기억장치, 입출력장치와 같은 전자·전기장치의 몸체 그 자체를 가리킨다. 또한 정보의 입력, 처리, 출력, 피드백을 위해 사용되는 컴퓨터 장비이기도 하다. 하드웨어는 주로 중앙처리장치의 연산·제어회로, 기억장치, 입출력장치의 제어, 판독, 쓰기 회로 등에 사용되고 있다. 과거에는 정보시스템을 설계하고 구현할 때 하드웨어 장비의 가격이 전체 정보시스템에서 차지하는 비중이 대부분이었으나 오늘날 기술의 발전과 하드웨어 장비의 가격 하락으로 하드웨어의 비중이 줄어들고 있다.

(2) 소프트웨어 자원(software resource)

소프트웨어는 컴퓨터 프로그램과 그와 관련된 문서들을 총칭하는 용어이다. 컴퓨터시스템이 자료를 입력, 처리, 출력, 저장하거나 기타 모든 제어행위를 수행하기 위해서는 이를 가능하게 하는 프로그램으로 구성된 소프트웨어가 필요하다. 즉, 소프트웨어는 컴퓨터 작업을 수행하고 운영할 수 있도록 관리하는 명령어들의 집합으로서 흔히 프로그램이라고도 한다. 프로그램 중에는 롬(ROM)에 기록되어 변경하기가 어려운 것도 있는데 이러한 것은 중간적인 성격을 갖는다고 하여 펌웨어라고 한다. 소프트웨어는 컴퓨터 작업을 지시하는 프로그램이므로, 컴퓨터로 하여금 급여 업무를 처리하고, 고객에게 청구서를 발행하며, 경영자에게 고객서비스 향상을 위한 정보를 제공하도록 명령을 내리기도 한다. 소프트웨어는 크게 시스템소프트웨어와 응용소프트웨어로 나눌 수 있다.

(3) 인적 자원(people resource)

정보시스템에서 가장 중요한 요소는 사람이다. 정보시스템을 개발, 운영, 관리, 프로그램 작성, 유지하는 데 필요한 사람은 정보시스템 전문가이며 개발된 정보시스템은 기업 내 각 부서별 관리자와 일반 종업원들이 사용하게 된다. 정보시스템 전문가에는 컴퓨터 오퍼레이터, 시스템 분석가, 프로그래머, 데이터관리자, 웹디자이너 등이 포함되며 유능한 정보시스템 전문가의 확보는 정보시스템 추진에 있어서 가장 핵심적인 요소라 할 수 있다. 사용자는 정보시스템을 이용하여 업무를 수행하는 사람들을 말하며 기업에서는 사용자들에게 정보시스템의 사용과 관련한 사용자 교육을 제공하기도 한다.

(4) 자료 자원(data resource)

자료는 기업이 관리해야 할 중요한 자원이다. 자원으로서의 자료는 관리자와 정보시스템 전문가에 의해 그 의미가 확장되어 왔다. 조직의 중요한 자원으로서의 자료는 오늘날의 조직에서 많은 변화를 가져왔다. 이전에는 거래에 의한 결과로 자료가 포착되었지만 오늘날에는 거래 자료가 저장되고 가공이 되며 정교한 소프트웨어를 사용하여 분석함으로써 판매, 고객, 경쟁자, 마켓 등에 관한 여러 가지 정보를 제공하고 이들 사이의 관계에 대하여 알려 주기도 한다. 그리하여 자료자원은 오늘날 조직의 혈액과 같은 역할을 하고 있으며 효율적이고도 효과적인 자료의 관리는 조직의 전략의 일부분으로 통합되고 있다.

자료는 다양한 형태를 취하고 있는데 전통적인 숫자와 문자의 형태를 가지고 있기도 하고 텍스트의 형태, 그림이나 사진과 같은 이미지 형태, 소리나 음성과 같은 오디오 형태를 가지고 있는 경우도 있다. 일반적으로 정보시스템의 자료 자원은 정리가 되어 저장이 되는데 데이터베이스나 지식베이스 등의 집합체를 만든다. 데이터베이스는 조직의 응용시스템들이 공유해서 사용하는 운영 데이터들을 구조적으로 통합한 모임이며 그 내용을 쉽게 접근하여 처리하고 갱신할 수 있도록 구성한 데이터의 집합체이다. 가장 널리 보급된 데이터베이스는 데이터를 다양한 방법으로 접근하고 재구성할 수 있도록 정의한 테이블형의 관계형 데이터베이스이다. 데이터베이스에는 판매정보, 상품정보, 재고정보, 고객정보 등의 자료들이 수록될 수 있다.

(5) 네트워크 자원(network resource)

네트워크는 조직의 컴퓨터시스템을 서로 연결시켜 주거나 컴퓨터와 주변장치들을 연결시켜 준다. 네트워크 자원은 통신매체와 네트워크 기반구조를 포함하며 통신매체는 전화선, 케이블, 광섬유, 마이크로웨이브, 통신위성 등이 있으며 네트워크 기반구조는 통신 프로세서, 인터넷 브라우저나 NOS(network operating system)와 같은 통신제어 소프트웨어가 있다. 네트워크는 인터넷, 인트라넷, 엑스트라넷을 포함하며 이들은 성공적인 e-비즈니스와 조직의 CBIS의 활용에 필수적인 요소로 등장하였다. 디지털 네트워크 기술의 발전과 무선기술의 발전은 모든 기업과 조직들에게 e-비즈니스와 전자상거래를 가능하게 하며 기업 간의 협업도 쉽게 이루어지고 있다. 또한 네트워크는 기업이 지리적·시간적 장벽을 극복할 수 있도록 도와주며, 고객 및 공급업자와의 관계를 새롭게 구축할 수 있는 기회도 제공한다.

4 경영정보시스템의 배경학문

경영정보시스템은 다양한 분야를 배경으로 발전되어 왔으며 종합학문적인 성격을 띠고 있다. 여러 연구자들이 배경학문의 범위나 분류 방식에 대해 조금씩 다른 의견을 제시하고 있는데 대표적인 의견을 소개하면 다음과 같다.

1960년대 말부터 미네소타 대학에서 MIS를 처음으로 학문의 영역으로 가르치기 시작한 Davis는 경영정보시스템이 전산과학에서 파생된 것이 아니라 경영과 조직과학 분야에서 확장되어 형성된 분야임을 강조하였다. 그는 전산과학은 경영정보시스템의 개념을 현실화시킬 수 있는 도구만을 제공한다고 보았으며 MIS는 회계정보를 조직관리에 활용하고자 하는 관리회계적 사고로부터 출발해서 경영과학과 조직 및 경영이론의 발전에 의해 기본 골격이 갖춰지고 컴퓨터의 개발과 발전으로 인해 구체화된 개념으로 소개하였다.

Ahituv와 Neumann은 경영정보시스템의 배경학문을 크게 세 범주로 나누고 각 범주별로 구체적인 학문 분야의 목록을 제시하였다. 이들은 MIS가 다양한 분야의 배경을 갖는 종합학문적인 성격을 띠고 있는 것은 조직 내에서 정보가 유통되는 과정의 복잡성에서 연유된다고 보았다. Culnan과 Swanson은 배경학문으로 조직과학, 경영과학, 전산과학을 제시하였으며 이들 세 가지 배경학문이 서로 연관되어 새로운 차원의 영역을 생성하는 것이 MIS라고 하였다. 여러 학자들의 견해를 종합해 보면 MIS는 종합학문으로서의 영역을 가지고 있다고 할 수 있으며 관리회계, 경영과학과 OR(operations research), 조직과학, 컴퓨터공학을 핵심적인 배경학문으로 볼 수 있다. 그러나 MIS의 영역이 점차 확장되고 인터넷과 결합함으로써 심리학, 사회학, 경제학, 교육학, 관계경영, 지식경영 등의 분야와도 밀접하게 관련되어 있다.

경영정보시스템의 학문적 탄생지는 미국이며 60년대 후반과 70년대에 걸쳐 미네소타 대학을 중심으로 학문의 연구가 시작되었다. 60년대 후반 미네소타 대학의 Davis 교수와 Dickson 등의 교수들이 중심이 되어 MIS 프로그램을 만들어 학위과정을 개설하고 주변에 있는 21개 기업들과 협력하여 경영정보시스템연구센터

(MISRC)를 개소하였다. MISRC에서는 1977년부터 학술잡지인 MIS Quarterly를 계간지로 발간하고 있다. 그후에 애리조나 대학과 동부의 명문 MIT와 하버드 대학을 중심으로 학문적인 발전이 이루어지게 되었다. 우리나라의 경우에는 1980년대 중반 한국외대, 국민대와 동국대에 경영정보시스템 관련 학과가 설립되기 시작하였으며 1989년에 서울에서 한국경영정보학회(KMIS)가 창립되고 1991년부터 학술지인 경영정보학연구를 발간하기 시작함으로써 MIS의 부흥기를 맞이하게 되었다.

5 정보시스템 역할의 변화

기업경영에 컴퓨터가 사용되기 시작한 것은 1950년대 중반으로 알려져 있으며 처음에는 단순한 거래처리에 사용되었다. 그 이후 정보기술의 발달과 기업 내·외부의 필요에 따라 다양한 형태로 발전되어 왔으며 정보시스템의 역할 또한 많은 변화를 거치게 되었다.

1) 1960년대

1960년대까지 정보시스템의 역할은 거래처리, 부기, 회계 등의 역할을 담당했으며 그외에 전자자료처리(electronic data processing)를 담당하였다. 그 이후에 또 다른 역할이 추가되었는데 모든 자료들을 처리하여 유용한 보고서를 만들어 내는 것이다. 이러한 역할은 좁은 의미의 경영정보시스템(MIS)의 탄생을 가져왔으며 일반적으로 정보보고시스템(information reporting systems: IRS)으로 알려져 있다. IRS의 새로운 역할은 관리자들에게 의사결정에 필요한 정보를 제공할 수 있는 보고서를 산출하는 것이다.

2) 1970년대

70년대에 접어들면서 표준적인 판매용 소프트웨어 제품들은 관리자들에게 의사결정의 니즈에 적절한 정보를 제공하지 못했기 때문에 의사결정지원시스템(DSS)의 개념이 생겨나게 되었다. 정보시스템의 새로운 역할은 경영자들의 의사결정 과정에서 특수한 상황에 적합하거나 상호작용을 지원하는 것이었다. 이러한 지원은 경영자들이 특수한 종류의 문제에 직면했을 때 경영자들의 의사결정 스타일에 적합하도록 도움을 줄 수 있는 형태로 제공된다.

3) 1980년대

80년대에는 몇 가지 새로운 역할들이 나타났다. 먼저 마이크로컴퓨터와 통신네트워크의 발달로 최종사용자컴퓨팅(EUC)이 등장하였으며 최종 사용자들은 회사 정보시스템 부서의 직접적인 도움을 기다리지 않고 자신들의 일을 도울 수 있는 개인용 컴퓨팅 자원들을 활용할 수 있게 되었다. 또한 회사의 중역들은 정보시스템이 산출한 많은 분량의 보고서를 직접적으로 읽어 볼 수 있는 시간이 없거나 의사결정지원시스템의 복잡한 분석 모델을 취급할 수 없기 때문에 중역정보시스템(EIS)이 등장하게 되었다. 중역정보시스템은 중역들에게 꼭 필요한 요약보고서를 그들이 원하는 시간에 원하는 형태로 제공할 수 있다.

또 한 가지의 특징은 인공지능(AI)의 발달과 적용이다. 로봇 기술과 전문가 시스템 등이 발달되어 한정된 분야에서 적용이 이루어지게 되었다. 그리하여 전문가 시스템은 사용자에게 전문가의 의견과 조언을 제공하여 컨설턴트의 역할을 제공하기 시작하였다. 80년대와 90년대에 걸쳐 생긴 또 다른 특징은 정보시스템의 전략적인 역할을 강조하는 개념으로 전략정보시스템(SIS)의 등장이다. 전략정보시스템은 정보기술이 비즈니스 프로세스, 제품, 서비스 등과 결합하여 기업에게 글로벌 시장에서 경쟁우위를 확보할 수 있게 하는 시스템이다.

4) 1990년대

90년대에 들면서 전사적 자원관리(ERP)시스템이 등장하였다. ERP는 조직 내 모든 기능을 통합하는 통합적인 시스템이다. ERP에 대한 내용은 뒤에 좀 더 자세하게 소개가 된다. 또한 90년대에는 정보시스템의 기본적인 역할 중 비즈니스 인텔리전스(BI)가 추가되었다. BI는 전략적인 비즈니스 의사결정에 필요한 자료와 정보의 수집과 분석에 사용되는 솔루션과 기술을 의미한다.

90년대 일어난 가장 큰 특징 중 하나는 역시 인터넷을 비롯한 글로벌 네트워크의 비약적인 발전이다. 이러한 글로벌 네트워크의 발전은 21세기를 맞이하면

표 1-2 정보시스템의 발전과 역할의 변화

시대	주요 응용시스템과 역할
1950년대~1960년대 자료처리(Data Processing)	전자자료처리(EDPS), 거래처리시스템(TPS) 거래처리와 장부정리, 전통적인 회계분야에 적용
1960년대~1970년대 보고서 작성(Management Reporting)	정보보고시스템(IRS) 의사결정을 지원하기 위한 미리 정의된 보고서와 예외보고서를 산출
1970년대~1980년대 의사결정의 지원(Decision Support)	의사결정지원시스템(DSS) 상황에 따른 의사결정의 지원, 각종 보고서와 조회를 지원
1980년대~1990년대 전략적 활용, 최종사용자 지원 (Strategic and End-User Support)	최종사용자컴퓨팅(EUC), 전문가시스템(ES), 전략정보시스템(SIS), 중역정보시스템(EIS)
1990년대~2000년대 e-비즈니스와 전자상거래 (Electronic Business and Commerce)	인터넷 기반의 e-비즈니스와 전자상거래 웹을 이용한 전사적 또는 글로벌 e-비즈니스, 전자상거래
2000년대~2010년대 전사적 자원관리와 BI (Enterprise Resource Planning and Business Intelligence)	전사적 자원관리시스템(ERP), 고객관계관리(CRM), 공급사슬관리(SCM), 데이터마이닝
2010년대~2020년대 혁신전략, 엔터프라이즈 2.0, 협력플랫폼 (Co-innovation, Enterprise 2.0 Collaboration Platform)	클라우드 컴퓨팅, 빅데이터시스템, 플랫폼 비즈니스, 비즈니스 인텔리젼스
2020년대~2030년대 디지털융합비즈니스, 메타버스 (Digital Business, Internet of Things, Machine Learning)	디지털 비즈니스, IoT, 강한 인공지능, 가상물리시스템

출처: Marakas, G., & O'Brien, J.(2013). p. 10 일부 수정.

서 정보시스템의 역할과 능력을 극적으로 변화시켰다. 인터넷과 웹으로 운영되는 기업들이 등장하였으며 오늘날 많은 기업들이 e-비즈니스와 전자상거래를 자신들의 기업경영과 운영에 활용하고 있다.

5) 2000년대 이후

정보시스템의 역할이 다양하게 변하고 있지만 오늘날도 기본적인 시스템의 역할은 그대로 유지되고 있다. 전사적 자원관리시스템은 SCM과 CRM 등을 포함하여 확장형 ERP로 변화되어 조직 간 협업을 가능하게 하고 있으며 모든 비즈니스 기능을 통합하여 처리할 수 있게 함으로써 기업경영의 혁신 도구로 활용되었다.

2010년대 이후에는 Open-innovation, Co-innovation과 같은 혁신전략의 중요성이 증가하였고 소셜네트워크서비스(SNS)의 급속한 성장으로 인하여 경영에 필요한 자료의 양이 기하급수적으로 증가하면서 이를 분석하여 효과적인 판매전략과 기업전략을 수립할 수 있도록 하는 빅데이터시스템 등이 소개되고 있다.

2020년대 이후에서 최근까지는 디지털융합 비즈니스 환경이 성장하면서, 디지털 비즈니스, 소셜미디어 비즈니스, 가상물리시스템, IoT 기술활용, 강한 인공지능기술 적용 등이 크게 성장하고 있다. 특히, 2020년 전 세계적으로 진행된 COVID-19 전염병의 확산은 언택트 시대로의 전환을 가속화하였으며, 디지털 기술의 커다란 확산을 가져오게 되었다. 우리는 인간의 삶의 환경에서 과거에 익숙하였던 제품, 서비스, 활동들을 새롭게 변화시켜야만 하는 새로운 뉴노멀 시대에 접어들고 있다. 2021년에는 고객의 소비환경도 홈블랙홀을 중심으로 재편되면서 메타버스 기술을 적용한 새로운 형태의 제품과 서비스들이 출시되고 있으며, 물류서비스와 배송서비스의 획기적인 발전이 진행되고 있다. 이러한 불확실성을 가중시키는 팬데믹 환경은 미래에도 지속될 것으로 예측되고 있으며, 과거로의 회귀는 불가능할 것으로 예측되며, 새로운 뉴노멀을 넘어 넥스트 노멀 시대에 급격한 변화의 충격을 극복하려는 화복탄력성 능력이 기업의 생존에 필수적인 전략으로 자리잡아가고 있다. 2021년을 넘어 향후 5년간은 디지털 변환이 협업분야, 교육분야, 사업분야을 포함하는 우리사회의 모든 분야에서 가속화되고 성숙될 것으로 예측되고 있다.

요약

1. 뉴노멀시대와 4차 산업혁명

스마트 디바이스의 등장으로 인하여 우리가 살고 있는 사회가 뉴노멀사회로 빠르게 변하고 있다. 뉴노멀 사회에서는 많은 사람들의 참여, 공유, 협업을 통해 새로운 가치를 창출하는 오픈플랫폼이 부각되고 스마트기기들을 통한 고객데이터의 수집과 여러 가지 멀티미디어 콘텐츠의 폭발적인 증가에 따른 빅데이터가 중요한 이슈로 등장하였다. 기업들은 빅데이터 분석을 통해 기업이 원하는 자료를 찾아내고 재가공을 통해 정보와 지식을 전략적으로 활용하면서 새로운 경제적 가치를 창출하고 있다.

컴퓨터를 중심으로 하는 정보통신기술의 발전은 기업경영에 엄청난 변화를 가져오면서 조직과 사회 그리고 경제 전반의 성공에 큰 영향력을 미치고 있다. 컴퓨터와 인터넷으로 대표되는 3차 산업혁명에서 한 단계 더 진화한 혁명으로 일컬어지는 4차 산업혁명에 대해서도 소개하였다. 이는 정보기술의 역할이 사회전반으로 증대되면서 정보시스템과 정보통신기술에 대한 상당한 안목이 필요하다는 것을 말한다.

2. 정보기술과 정보시스템

정보기술의 발전은 개별 근로자들이 생산성을 높이고 그들의 능력을 향상시키는 데 필요한 여러 가지의 도구들을 제공했다. 또한 정보기술은 일을 하는 방법과 일 그 자체를 변화시켰다. 이러한 현상은 세 가지 측면에서 일어났는데 첫째는 새로운 종류의 일을 만들어 내는 것이고 둘째는 전통적인 일을 하는 방법을 바꾸는 것이다. 마지막으로 정보기술의 활용에 의한 인적자원관리의 새로운 도전에 직면하는 문제이다.

정보기술과 정보시스템은 오늘날과 같은 동적이고 글로벌한 환경에서 기업이 성공하기 위해서는 가장 중요한 본질적인 요소이다. 오늘날 수많은 정보시스템이 존재하지만 이들은 기본적으로 세 가지 측면에서 기업경영에 본질적인 역할을 하고 있다. 첫째는 비즈니스 프로세스와 운영의 지원이고, 둘째는 종업원과 관리자들을 위한 의사결정의 지원이며, 마지막 셋째는 경쟁우위를 위한 전략의 지원이다. 따라서 세 가지 본질적인 역할은 운영적 역할, 관리적 역할, 전략적 역할로 요약할 수 있다.

3. 경영정보시스템

자료는 어떤 사건이나 물건의 성격을 설명하는 가공되지 않은 사실이다. 정보는 자료를 처리하고 가공하여 특정한 목적을 달성하는 데 필요한 것을 말하며 사용자들이 원하는 형태로 처리되거나 가공되어야 한다. 한편 시스템은 일정한 목표를 달성하기 위한 상호연관성을 가진 구성요소들의 집합으로 투입, 처리, 출력, 피드백과 같은 네 가지 요소로 이루어진다.

경영정보시스템은 경영자의 의사결정을 지원하기 위해서 조직을 관리하고 통제하는 데 필요한 정보의 수집, 처리, 저장, 배포와 관련된 모든 구성요소의 집합으로 일반적으로 다섯 가지의 구성요소로 이루어진다. 정보시스템의 다섯 가지 구성요소는 하드웨어 자원, 소프트웨어 자원, 인적 자원, 자료 자원, 네트워크 자원 등이다.

4. 경영정보시스템의 배경학문

경영정보시스템은 관리회계, 경영과학과 OR, 조직과학, 컴퓨터공학을 바탕으로 하나의 고유한 학문 분야로서의 위치를 가지고 있다. MIS의 학문적 탄생지는 미국이며 1960년대 후반 미네소타 대학을 중심으로 학위과정이 개설되기 시작하였으며 그후에 동부의 명문 MIT와 하버드 대학을 중심으로 발전되었다. 우리나라의 경우에는 1980년대 중반 한국외대에 관련 학과가 설립되었고 1989년 한국경영정보학회가 창립됨으로써 본격적인 발전이 시작되었다.

5. 정보시스템 역할의 변화

기업에서 컴퓨터의 활용이 일반화되기 시작한 1960년대의 정보시스템은 거래처리와 회계처리시스템이었다. 1970년대에 들면서 기업의 운영과정에서 발생되고 사용되는 각종 데이터를 처리하여 보고서를 작성하는 정보보고시스템이 등장하였다. 1970년대 후반에는 경영자들에게 복잡한 문제의 해결을 도와주는 의사결정지원시스템이 활용되기 시작하였다.

1980년대에 접어들면서 정보시스템의 전략적인 활용이 강조된 전략정보시스템이 등장하였고 기업의 중역들을 위한 의사결정지원시스템인 중역정보시스템도 소개가 되었다. 한편 인공지능 분야의 발전도 이루어져 로봇, 자연어처리, 전문가시스템 등이 널리 알려졌다. 1990년대에 들어오면서 조직 내 통합정보시스템인 전사적 자원관리시스템이 등장하였고 본격적인 인터넷 시대를 맞이하면서 e-비즈니스와 전자상거래의 시대에 돌입하였다. 오늘날 다양한 형태의 엄청난 자료들이 발생되고 수집이 되면서 빅데이터가 중요한 이슈로 부상하였으며 SNS 등과 같은 새로운 커뮤니케이션의 등장은 기업들에게 위협과 기회를 동시에 가져다주고 있다.

2000년대에는 전사적자원관리시스템(ERP), 고객관리시스템(CRM), 공급체인관리씨스템(SCM) 등이 기업의 기간정보시스템으로 정착하였으며, 2010년대에는 빅 데이터 기반 비즈니스 인텔리전스가 발전하고 클라우드 컴퓨팅 환경이 성숙하고 플랫폼 비즈니스가 성장하게 되었다. 2020년대에는 COVID-19 팬데믹과 같은 불확실성의 시대가 지속되면서 언택트 시대로의 디지털 전환이 가속화되고 디지털 비즈니스의 성장, 강한 인공지능, 가상물리시스템 등이 발전하고 있다.

사례연구 메타버스 이정표

메타버스를 취재하면서 '메타버스'는 이전에 없던 게 아니라는 말을 반복해서 듣는다. 메타버스는 기존에 존재하는 증강현실(AR) · 가상현실(VR) · 게임 등을 아우르는 융합·복합 개념으로, 새롭지 않다는 친절한 설명도 곁들여진다. 기업의 사회적 책무를 공유가치 창출(CSV), 기업의 사회책임(CSR), 환경 · 사회 · 지배구조(ESG)로 다르게 표현하는 것과 유사하다는 말이다.

가위 메타버스 열풍이라 해도 과언이 아니다. 장밋빛 메타버스 청사진이 차고 넘친다. 성장 가능성과 기대감도 상당하다. 그러나 현장에선 기술 발전과 시장 성장 속도에 맞는 제도가 미비하다고 지적한다. AR와 VR 등 메타버스를 대표하는 산업이 10년 동안 꾸준히 성장했지만 아직 산업을 아우르는 제도가 갖춰지지 않음이 현실이라고 한다.

사정이 이렇다 보니 규제 샌드박스를 통한 메타버스 진흥은 주장하지만 메타버스가 융 · 복합 서비스인 만큼 규제 샌드박스로는 한계가 있음이 분명하다. 이뿐만 아니라 규제 샌드박스가 한시성이라는 특성도 생각해야 한다.

모든 산업에서, 모든 업종에서 메타버스를 추진하고 있다. 이해관계자가 많은 만큼 이해관계 또한 복잡다단하다. 메타버스에서 구현될 융·복합에 따른 이해관계 조정도 준거가 확실해야 한다. 법 · 제도가 분명해야 한다. 적절한 규제도 필요하다. 저작권 절도 행각과 복제, 무분별한 성인물 유통 등 부작용과 역기능은 확실하게 차단해야 한다. 아무도 가지 않은 길에서 발생할 새로운 문제를 미리 찾아내고, 대응 방안도 미리 마련해야 한다. 불필요한 시간과 비용 낭비를 줄일 지름길이다.

메타버스를 향한 산업의 규모와 시장의 관심도는 점점 커지고 있다. 메타버스를 종합 형태로 진흥시킬 체계화한 법 · 제도와 최소한의 규범 마련은 빠를수록 좋다. 이정표가 분명하면 가야 할 길을 찾기가 쉽다는 건 상식이다. 오는 2025년 기준 2800억달러(약 324조원) 규모로 전망되는 새로운 먹거리를 선점하기 위해 정부의 관심과 신속한 대응이 필요하다.

출처: 손지혜(2021. 9. 1.). 전자신문.

| 사례질문 |

1. 메타버스와 디지털 트윈은 어떻게 다른가?
2. 메타버스가 가져올 우리 시대의 생활상들에 대하여 사례를 들어 보시오.
3. 메타버스의 성장에 따른 일자리 창출에 대하여 논의해 보시오.

CHAPTER 02

정보시스템의 발전과 유형

1. 정보시스템의 발전과정
2. 정보시스템의 유형
3. 정보시스템의 최근 추세

학/습/목/표

이 장에서는 정보시스템이 과거부터 오늘날까지 어떻게 발전하였으며, 또한 기업에서 활용되고 있는 정보시스템에는 어떠한 유형이 있는지 살펴보고자 한다. 정보시스템의 유형을 구분하는 방법은 다양하지만 여기서는 경영계층별로 구분하여 각 정보시스템의 주요 특징을 살펴본다. 마지막으로 최근 정보시스템의 추세로서 정보시스템의 통합, 전자상거래, 협업 등에 대하여 알아본다. 이 장을 배우고 난 후에는 다음의 질문에 답할 수 있어야 한다.

1. 지금까지 기업에서 활용되어 온 정보시스템은 어떠한 모습으로 발전하여 왔는가?
2. 정보시스템을 경영기능별로 구분하면 어떠한 것들이 있는가?
3. 정보시스템을 경영계층별로 구분하면 어떠한 것들이 있는가?
4. 각 유형별 정보시스템의 특징은 어떻게 차이가 나는가?
5. 정보시스템의 통합이란 무엇을 의미하며 왜 중요한가?
6. 협업을 위한 정보시스템으로는 어떠한 것이 있는가?

1 정보시스템의 발전과정

1950년대 중반 일부 대기업을 중심으로 컴퓨터를 기업에 활용하기 시작한 후, 정보시스템은 매우 다양한 형태로 발전을 거듭해 왔다. 정보시스템이 발전하게 된 배경에는 정보기술의 발달이라는 기술적인 측면도 있지만 기업의 요구사항 변화라는 비즈니스적인 측면도 있다. 과거의 정보시스템에서 최근의 정보시스템까지 어떻게 발전하였는지, 그리고 어떠한 점에 초점을 두고 있었는지를 살펴보는 것은 정보시스템을 이해하는 데 도움이 될 것이다.

1) 데이터처리를 위한 정보시스템

1960년대의 정보시스템은 경영자의 관리 업무를 지원하기 위한 정보를 제공하는 것이 아니라 단순히 거래를 처리하는 목적으로 활용된 초기 형태의 정보시스템이었다. 제너럴일렉트릭(GE)과 같은 일부 대기업에서만 활용되던 컴퓨터는 당시로서는 획기적이었지만 오늘날의 관점에서 보면 기술적인 한계가 많았다. 하드웨어 성능도 떨어졌지만 소프트웨어의 기술도 좋은 편이 아니었다. 그러다 보니 컴퓨터가 처리할 수 있는 데이터의 형태가 숫자로 제한되어 있어 적용할 수 있는 업무가 회계 분야로 한정될 수밖에 없었다.

정보시스템은 기술적으로 보면 "데이터를 정보로 전환시켜 주는 구성요소의 집합체"로 정의될 수 있다. 이러한 관점에서 본다면 그 당시의 정보시스템은 경영자의 업무를 지원해 주기 위한 정보를 제공해 주지 않았기 때문에 정보시스템이라는 용어도 사용하지 않았다. 이 시기의 정보시스템을 전자자료처리시스템(electronic data processing systems: EDPS)이라고 하였는데, 전자자료처리시스템이 발전을 하여 오늘날의 거래처리시스템(transaction processing systems: TPS)이 된 것이다. 오늘날 거래처리시스템은 회계 업무뿐만 아니라 생산, 재무, 마케팅 등 모든 업무의 거래를 처리하기 위한 정보시스템이다.

2) 경영정보 제공을 위한 정보시스템

1970년대에는 컴퓨터 하드웨어 및 소프트웨어 기술의 발달로 인해 데이터처리 능력이 향상되었다. 따라서 단순한 회계 업무처리뿐만 아니라 경영자의 관리 업무에 필요로 하는 정보를 제공할 수 있는 수준으로 정보시스템이 발전하게 되었다. 이 시기의 정보시스템을 경영정보시스템(management information systems: MIS)이라고 하였는데 오늘날까지도 기업에서 활용하고 있는 대표적인 정보시스템이다. 그러나 이 당시의 경영정보시스템은 경영자들이 필요로 하는 부문 및 영역에 대한 구체적이고 직접적인 경영정보를 산출하지는 못하였다. 또한 경영자의 관리 업무에 필요로 하는 모든 정보를 하나의 거대한 정보시스템으로 제공하기 위해 노력하였으나 실패하기도 하였다.

경영정보시스템은 경영자의 관리 및 통제 업무에 필요로 하는 정보를 제공해 주는 것이 주된 목적이고 경우에 따라서는 단순한 의사결정에 필요한 정보를 적시에 제공할 수 있었다. 따라서 경영정보시스템은 경영관리와 정보보고가 주목적이기 때문에 정보보고시스템(information reporting systems: IRS)이라고도 한다. 이 당시에 만들어진 경영정보시스템(MIS)이라는 용어는 오늘날 정보시스템의 한 유형일 뿐만 아니라 정보 자원을 관리하는 학문영역의 이름으로도 활용되고 있다.

3) 의사결정 지원을 위한 정보시스템

1970년대 후반에 접어들면서 정보시스템에 대한 경영자의 요구는 한층 높아졌다. 따라서 경영자에게 일반적인 관리정보를 적시에 제공하는 데 초점을 둔 경영정보시스템으로는 복잡한 문제를 해결하기 위한 경영자의 의사결정을 지원해 줄 수 없었다. 경영자가 직면하는 문제 중에는 단순한 관리정보만 제공되어서는 해결하기 어려운 것도 많다. 제공되는 정보의 내용뿐만 아니라 정보를 제공하는 방법에서도 새로운 형태의 정보시스템이 필요하게 된 것이다. 이러한 문제를 해결하기 위하여 개발된 정보시스템이 바로 의사결정지원시스템(decision support systems: DSS)이다. 의사결정지원시스템은 의사결정의 특별한 목적에 상응하는 정보를 상호작용적인 방법으로 제공함으로써 복잡한 의사결정과정에 도움을 주는 역할을 수행하였다. 오늘날까지도 의사결정지원시스템은 경영자가 활용하는 중요한 정보시스템의 한 유형으로서 주목을 받고 있다.

한편 의사결정지원시스템 외에 경영자의 복잡한 의사결정을 지원하기 위한 정보시스템으로서 전문가시스템과 그룹의사결정지원시스템도 등장하였다. 전문가시스템은 인공지능(artificial intelligence: AI)의 한 분야로서 발전을 하였는데, 의사결정을 지원하는 방식과 시스템의 구성요소가 의사결정지원시스템과 다르지만 근본적인 목적은 동일하다고 할 수 있다. 그룹의사결정지원시스템(group decision support systems: GDSS)은 그룹으로 여러 명의 경영자가 함께 의사결정을 할 때 발생할 수 있는 한계점을 최소화시켜 주는 정보시스템이다. 최근 팀 경영 및 협업이 활성화됨에 따라 그룹의사결정지원시스템의 중요성이 더욱 증대되고 있다.

4) 혁신 및 전략적 무기로서 정보시스템

1980년대에 접어들면서 기업 간 경쟁이 더욱 치열해짐에 따라 기업들은 경영의 효율성과 효과성을 증진시킬 목적으로 정보시스템을 활용하던 차원을 넘어서 타 기업과의 경쟁에서 우위를 점하기 위한 전략적 무기로서 정보시스템을 활용하기에 이르렀다. 이와 같이 기업이 경쟁우위를 획득하기 위하여 활용하는 전략정보시스템(strategic information system: SIS)이 이때 처음 등장하였다. 오늘날에도 전략정보시스템은 새로운 제품 및 서비스의 개발, 공급자와의 관계 개선, 고객과의 관계 개선 등 조직을 변화시키면서 경쟁력을 높이기 위한 수단으로서 활용되고 있다.

가장 대표적인 전략정보시스템의 예로는 아메리칸 에어라인(American Airline)이 구축한 세이버(semi-automated business research environment: SABRE)라는 컴퓨터예약시스템(computer reservation system: CRS)을 들 수 있다. 이 시스템은 단말기를 이용하여 전 세계의 650여 항공사, 28개 렌터카 회사, 14,000여 개의 호텔뿐만 아니라 각종 여객선이나 극장 예약이 가능하며, 꽃다발의 주문까지도 가능한 시스템이다. 동일한 출발시각에 다른 회사의 비행기가 있을 경우 아메리칸 에어라인에 우선적으로 예약을 하도록 설계되었다. 결국, 아메리칸 에어라인의 CRS 단말기가 더 많은 여행대리점에 설치될수록 더 높은 탑승률을 기록할 것이고, 이에 따라 이윤폭이 증가될 것은 자명한 일이다. 세이버시스템은 하나의 단말기를 이용하여 여행에 필요한 모든 예약서비스를 제공하기 때문에 VIP 대우를 받고자 하는 고객들의 욕구도 충족시킬 수 있었다.

또한 1980년대 후반에는 세계적으로 경쟁력이 있는 선도기업들이 리엔지니어링(reengineering), 벤치마킹(benchmarking), 학습조직(learning organization) 등과 같은 혁신적인 경영기법들을 적극적으로 도입하여 경쟁력을 높이고자 노력하였다. 이러한 경영혁신을 성공적으로 수행하는 데 화상회의, 텔레마케팅, 전자문서교환(EDI) 등과 같은 정보기술이 중요한 역할을 하였다. 오늘날 정보기술은 단순히 사무자동화나 경영자의 관리 업무를 지원하는 수준을 넘어서 기업을 혁신하는 도구로까지 그 역할이 확대되었다.

5) 프로세스 통합을 위한 정보시스템

1990년대는 전사적 자원관리(enterprise resource planning: ERP)시스템과 같이

프로세스의 관점에서 통합정보시스템을 구축하려는 노력이 나타났다. 대부분 기업들의 조직구조는 기능 중심으로 구분되어 있고, 정보시스템도 부서 중심으로 독립적으로 개발되어 운용되다 보니 하나의 프로세스를 처리하기 위해 관련이 있는 정보시스템 간에 연계가 되지 않아 파생되는 문제가 많았다. 경영자원을 기업 전체적인 차원에서 계획하고 최적으로 활용한다는 원칙을 지향하는 ERP시스템은 이러한 문제를 해결하기 위해 등장한 정보시스템인 것이다. 또한 1990년대 들어 글로벌 경쟁체제로 들어서면서 시장구조가 생산자 중심에서 소비자 중심으로 전환되는 등 세계시장 환경이 급격하게 변화함에 따라 기업들은 살아남기 위해서 변화에 대한 대응력이 부족한 기존 시스템을 대체하기 위해 ERP시스템을 도입하게 되었다.

통합시스템에 대한 필요성은 기업 내부에서 그치는 것이 아니라 기업 외부로 확대되었다. 먼저 기업에 원재료나 부품을 제공하는 공급사슬(supply chain)상에 있는 납품업체들을 효과적으로 관리하고 이들의 시간, 비용, 납기를 최적으로 관리하는 것이 기업의 경쟁력 강화에 매우 중요하다는 점이 강조되었다. 또한 고객에 대한 정보를 체계적으로 수집 및 분석함으로써 고객을 효과적으로 관리하고 각종 고객서비스를 지원하여 궁극적으로는 고객의 충성도를 높이는 것이 우선적인 과제가 되었다. 이러한 요구에 따라 등장한 정보시스템이 공급사슬관리(supply chain management: SCM)시스템과 고객관계관리(customer relationship management: CRM)시스템이다.

6) 전자상거래와 협업을 위한 정보시스템

1990년대 인터넷 기술을 활용한 비즈니스가 등장함에 따라 새로운 정보시스템이 필요하게 되었다. 1990년대 초반까지만 하더라도 인터넷은 일부 전문가 그룹에서만 활용되었지만 1990년대 중반에 접어들면서 인터넷이 대중화 및 상용화되기 시작하였다. 기업 내 정보시스템이 인터넷 기술을 활용한 형태로 변화되었을 뿐만 아니라 기업과 개인(B2C), 기업과 기업 간(B2B) 거래를 전자적인 방식으로 구현하는 전자상거래(electronic commerce: EC)시스템이 등장한 것이다. 사실 인터넷이 보편화되기 전에도 EDI(electronic data interchange), CALS(commerce at light speed)와 같은 전자상거래가 존재하였지만 인터넷의 활용이 확산됨에 따라 인터넷 전자상거래가 활성화되기 시작한 것이다. 전자상거래가 활성화됨에 따라 전통적인 오프라인 기업들도 제품을 기존의 오프라인 유통채널을 통하여 판매하면서 전자시장을 활용한 온라인 판매를 병행하거나 판매망 자체를 온라인으로만 구축하는 경우가 보편화되고 있다. 이와 같이 기업들이 대부분의 경영활동을 인터넷과 같은 디지털 기술을 이용하여 수행하는 e-비즈니스 시대가 본격적으로 도래한 것이다.

B2B 전자상거래의 등장은 기업 간 거래를 효율적으로 처리해 주는 것 이상의 의미를 지니고 있다. 앞에서도 언급하였듯이 공급사슬이 잘 관리되어야 불필요한 재고를 없애 비용을 절감하고, 제품의 품질을 높이고, 납기일을 잘 지키고, 환경의 변화에 빨리 대응할 수 있는 유연성을 높일 수 있게 된다. 그런데 공급사슬의 최적화를 위해서는 공급사슬상의 기업 간 거래를 전자적인 방식으로 처리하여 효율성을 높이는 것뿐만 아니라 기업 간 협업도 매우 중요한 사항이다. 더욱이 최근에는 기업 내에서 팀 경영의 중요성이 증대되고 있고, 또한 기업 간 전략적 제휴가 강화되고 있는 실정에서 협업은 기업의 경쟁력에 영향을 주는 주요 요인으로 간주되고 있다. 이를 반영하듯 전자상거래의 의미를 넓게 해석하여 협업상거래(c-commerce)라는 용어도 등장하였다. 협업상거래를 위한 정보기술 기반구조로서 SCM시스템, RFID, 기업포털, 그룹웨어 등이 활용되고 있다.

7) 스마트 경영을 위한 정보시스템

2000년대를 접어들면서 구글(Google), 아마존(Amazon), 애플(Apple)과 같은 몇몇 기업들이 새로운 정보기술을 활용한 혁신적인 제품 및 서비스를 제공함으로써 정보기술 분야에서 새롭게 두각을 나타내게 되었다. 이러한 제품과 서비스에 기반을 둔 정보시스템의 공통점은 기업을 보다 스마트하게 경영할 수 있도록 활용된다는 것이다.

2016년 다보스포럼에서 처음 논의가 되기 시작한 '4차 산업혁명'은 최근 사회,

경제, 정치 등 거의 모든 분야에서 핫 이슈가 되고 있다. 네트워크 기술의 발달로 컴퓨터뿐만 아니라 모든 사물 또는 사람의 연결이 가능하고, 이러한 연결은 엄청나게 많은 데이터를 축적하고 공유할 수 있게 만든다. 이렇게 축적된 데이터를 분석하면 인간의 행동을 보다 잘 예측할 수 있게 될 뿐만 아니라 사물을 보다 지능적으로 제어할 수 있게 된다.

4차 산업혁명을 가능하게 하는 기술로는 사물인터넷(사물에 센서를 부착해 실시간으로 데이터를 인터넷으로 주고받는 기술), 가상현실(실제와 유사하지만 실제가 아닌 환경을 만드는 기술), 인공지능(인간의 지능을 모방할 수 있도록 해주는 기술), 빅데이터(디지털 환경에서 축적된 방대한 양의 데이터를 분석하는 기술) 등을 들 수 있다. 이러한 기술들은 산업의 패러다임을 바꾸면서 우리 사회의 모습을 크게 변화시키고 있다. 요리를 하는 로봇, 배송에 활용되는 드론, 자율주행자동차 등을 예로 들 수 있다.

2 정보시스템의 유형

1) 정보시스템의 유형 분류

(1) 다양한 정보시스템

기술적으로 보면 정보시스템이란 수집된 데이터를 데이터베이스에 저장하여 필요한 경우 처리과정을 거쳐서 사용자에게 유용한 형태의 정보로 전환하여 제공하는 것으로 간단하게 정의될 수 있지만 그 역할과 목적은 매우 다양하다. 업무를 효율적으로 처리해 주는 정보시스템, 새로운 제품과 서비스, 비즈니스 모델을 창출하기 위한 정보시스템, 고객과의 관계를 강화시키기 위한 정보시스템, 공급사슬의 최적화를 위한 정보시스템, 복잡한 의사결정을 지원하기 위한 정보시스템, 경쟁적 우위를 점할 수 있도록 해주는 정보시스템 등 기업 내에는 매우 다양한 정보시스템이 필요하다.

기업 구성원의 업무가 다양하다는 점에서도 기업에서는 다양한 정보시스템이 필요하다. 먼저, 기능적으로 볼 때 생산 업무를 담당하는 사람이 있는 반면에 영업 업무를 담당하는 사람도 있다. 또한 어떤 사람은 최고경영자로서 기업의 전략적 계획을 수립하는 일을 맡고 있지만, 어떤 사람은 일선 종업원으로서 기본 거래를 처리하는 일을 맡고 있다. 이렇게 기업 내 구성원들의 업무가 다양하다 보니 필요로 하는 정보의 형태나 내용도 다양할 것이다. 더욱이 최근에는 기업 내 정보시스템을 조직 외부 관련자들이 활용하는 기업 간 정보시스템(inter-organizational systems: IOS)이 크게 활성화되었다.

기업 내부 또는 외부 구성원들이 필요로 하는 모든 정보를 하나의 단일 정보시스템으로 제공할 수도 있다. 기업의 구성원들이 필요로 하는 다양한 정보를 제공하고, 다양한 역할을 수행할 수 있는 하나의 단일 정보시스템을 개발하는 것은 기술적으로는 가능한 일이다. 그러나 이렇게 할 경우 정보시스템이 매우 복잡해지고 규모도 커져서 개발과정에서도 비용이 많이 발생할 뿐만 아니라 사용자들이 원하는 정보시스템을 개발할 가능성도 낮아지게 된다. 설사 원하는 정보시스템을 개발하였다 하더라도 정보시스템을 환경의 변화에 따라 수정 및 보완하여야 하는데 유지보수가 매우 어렵다. 과거에도 이러한 시도를 하였지만 여러 가지 문제가 많아서 결국에는 오늘날과 같이 기업 내에는 다양한 정보시스템들이 활용되고 있는 것이다.

(2) 분류방법

정보시스템의 유형을 분류하는 방법은 다양하지만 가장 보편적인 것은 기업의 경영기능에 따라 분류하는 방법이다. 일반적으로 기업의 조직구조는 [그림 2-1]과 같이 전문화 및 분업의 원리에 따라 생산, 마케팅, 재무, 회계, 인사 등 경영기능으로 구분될 수 있다. 기업에서의 업무수행 및 경영활동도 기능별로 수행되기 때문에 이를 지원하는 다양한 정보시스템들이 개발되어 활용되고 있다.

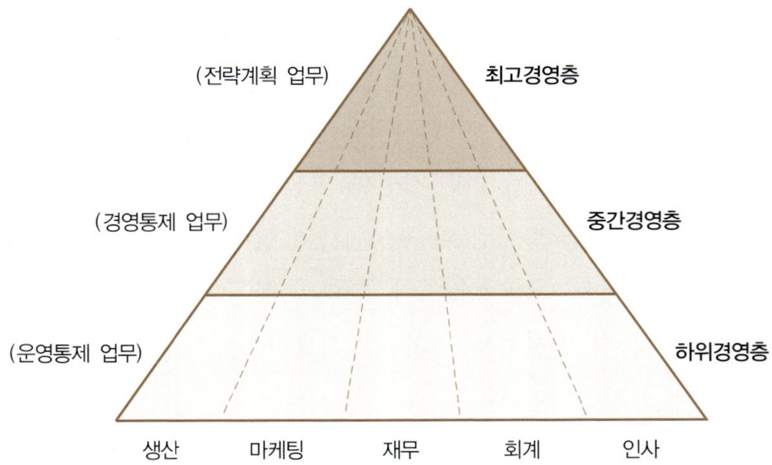

그림 2-1 경영기능 및 경영계층에 따른 조직구조

생산정보시스템(manufacturing information systems)이란 생산기능을 구성하는 생산계획, 작업관리, 공정운영 및 통제, 재고 및 실적관리 등과 관련한 활동을 지원하는 정보시스템을 말한다. 생산정보시스템은 생산활동의 전반적인 계획수립을 담당하는 계획시스템, 생산현장에서 일어난 생산활동들의 내역을 분석하고 평가하는 관리시스템, 현장의 작업을 운영하고 통제하는 현장시스템으로 구성된다.

마케팅정보시스템(marketing information systems)이란 목표고객을 찾아내고, 고객이 원하는 것이 무엇인지를 분석하고, 고객의 욕구를 충족시킬 수 있는 제품과 서비스를 기획 및 개발하고, 광고 등을 통해 제품과 서비스의 판매를 촉진하기 위한 활동을 지원하기 위한 정보시스템을 말한다. 마케팅정보시스템은 제품, 가격, 유통, 광고 등과 관련된 의사결정과 계획수립 업무를 지원하는 계획시스템, 마케팅의 성과들을 분석하고 관리하는 관리시스템, 주문처리에서 사후서비스에 이르는 각종 거래들을 처리하는 거래처리시스템으로 구성되어 있다.

재무정보시스템(finance information systems)은 자금조달과 재무자원의 운용 및 평가에 관한 정보를 제공하며, 이들과 관련된 업무 및 의사결정을 지원하는 정보시스템을 말한다. 재무정보시스템의 주요 기능에는 현금과 유가증권의 관리, 자본예산수립, 재무계획 등이 포함되는데, 일반적으로 회계정보시스템과 연계되어 운용된다. 재무정보시스템은 현금흐름계획, 세금관리계획, 자본비용계획, 운영예산계획 등을 지원하는 계획시스템, 재무상태 분석, 수익성 분석, 자금분석 등을 지원하는 관리시스템, 재무자원의 거래를 처리하는 거래처리시스템으로 구성된다.

회계정보시스템(accounting information systems)은 기업경영의 기본이 되는 정보시스템으로서, 기업의 재무에 관한 자료를 수집, 기록, 정리하여 경영자 및 외부의 이용자가 의사결정을 하는 데 유용한 회계정보를 제공하는 시스템이라고 할 수 있다. 역사적으로도 가장 먼저 기업경영에 도입된 정보시스템이다.

인사정보시스템(human resources information systems)은 기업의 가장 중요한 자원 중 하나인 인력의 효과적인 활용을 위해 단순한 인사기록의 유지뿐만 아니라 직원의 모집, 선발, 고용, 직무배치, 평가, 종업원 복지, 교육과 개발, 건강과 안전 등과 같은 종합적인 인력관리를 지원하는 정보시스템을 말한다. 인사정보시스템은 인력충원계획, 교육계획, 인력예산수립 등을 지원하는 계획시스템, 훈련효과 분석, 성과 및 업적 분석, 이직률 분석, 근태관리 등을 지원하는 관리시스템, 인적자원의 기본 거래를 처리하고 데이터를 기록하는 거래처리시스템으로 구성된다.

정보시스템의 유형을 분류하는 또 다른 방법은 사용자의 경영계층에 따른 것이다. [그림 2-1]과 같이 기업의 조직구조는 경영계층에 따라 구분될 수 있다. 최고경영층은 기업이 나아가야 할 장기적인 방향을 결정하는 전략계획 업무를 수행하고, 중간경영층은 최고경영층이 수립한 계획이나 프로그램을 수행하기 위해 필요한 자원의 배분, 부문 간 조정 등과 같은 경영통제 업무를 수행하고, 하위경영층은 기업의 일상적인 업무를 감시 감독하는 운영통제 업무를 수행한다. 이와 같이 경영계층에 따라 업무의 성격이 다르다는 것은 그 업무에 필요로 하는 정보의 특성도 다르다는 것을 의미한다. 최고경영층은 장기전략계획을 수립하여야 하기 때문에 기업 내부 여건에 대해서도 잘 알고 있어야 하지만 외부 환경의 변화를 잘 예측하는 것이 무엇보다 중요하다. 따라서 상위경영층으로 올라갈수록 조직 내부 정보보다는 외부 정보를, 과거지향적인 정보보다는 미래지향적인 정보를, 특정 분야의 정보보다는 광범위한 정보를, 상세한 정보보다는 요약된 정보를 필요로 한다. 또한 같은 내용의 정보라 하더라도 최고경영자는 표로 작성된 정보보다는 그래픽으로 작성된 정보를 선호한다. 이렇게 경영계층에 따라 요구 정보의 특성에서 뚜렷한 차이가 나기 때문에 정보시스템의 유형을 경영계층에 따라 분류하는 방법이 최근 가장 많이 활용되고 있다. 경영계층에 따른 정보시스템의 유형으로는 거래처리시스템, 경영정보시스템, 의사결정지원시스템, 전문가시스템, 중역정보시스템 등을 들 수 있다. 거래처리시스템은 주로 하위경영층이, 경영정보시스템, 의사결정지원시스템, 전문가시스템은 주로 중간경영층이, 중역정보시스템은 주로 최고경영층이 사용한다.

2) 거래처리시스템

거래처리시스템(TPS)은 조직의 운영상 기본적으로 발생하는 거래 데이터를 신속 정확하게 처리하는 시스템이다. 예를 들어, 은행창구에서 고객이 자신의 계좌로부터 인출을 요청하였다고 가정하자. 은행창구 직원은 고객이 요청한 계좌에 충분한 잔고가 있는지를 확인한 후 해당 금액을 지불할 것이다. 또한 인출 금액만큼 계좌 잔고가 줄어들 것이고, 해당 거래에 대한 상세한 내용이 데이터베이스에 기록될 것이다. 이러한 업무를 수행하는 시스템이 바로 TPS이다. 1950년대에 처음 등장한 EDPS도 TPS의 일종이다. 다만 EDPS는 회계 데이터만 처리하였지만 오늘날의 TPS는 마케팅, 재무, 생산, 인사 등 모든 분야의 거래 데이터를 처리한다는 것이 차이점이다. 따라서 TPS를 경영기능별로 구분하면 〈표 2-1〉과 같이 마케팅정보시스템, 생산정보시스템, 회계정보시스템, 인사정보시스템 등으로 분류될 수 있다.

▌표 2-1▐ 경영기능별 TPS의 예

구 분	마케팅정보시스템	생산정보시스템	회계정보시스템	인사정보시스템
거래처리시스템의 기능별 업무 예	주문처리	자재입출고처리	외상매출처리	급여처리

모든 기업은 경영관리를 위해서뿐만 아니라 감사 및 세무보고 등을 위해서도 거래 데이터를 반드시 저장 및 관리하여야 한다. 따라서 기업은 수작업으로 하든 정보기술을 이용하든 반드시 TPS를 활용하여야 한다. 이러한 TPS의 특징은 다음과 같다.

① **일상적인 거래처리:** TPS는 매일 반복적으로 발생하는 일상적인 업무와 거래를 처리하기 때문에 운영절차나 처리방법이 정형화되고 표준화되어 있다.

② **거래처리 담당자 또는 하위경영층에 의해 사용:** TPS는 주로 일선 업무를 담당하는 종업원이나 거래 업무에 책임을 지는 하위경영층에 의해 사용된다.

③ **많은 양의 상세한 데이터처리:** TPS는 일상적인 업무를 처리하고 그에 따른 데이터를 취급하므로 상대적으로 짧은 시간 내에 많은 양의 데이터를 처리한다. 예를 들어 은행과 같은 금융기관의 TPS는 은행의 가장 기본적인 업무인 입출금을 처리하는 시스템으로 은행 내 가장 많은 양의 상세한 데이터를 취급한다.

④ **다른 정보시스템에서 필요로 하는 데이터 제공:** 정보시스템의 주된 목적은 사용자에게 필요로 하는 정보를 제공하는 것이다. 정보시스템이 정보를 제공하려면 데이터가 있어야 한다. 다음에 설명할 MIS, DSS 등과 같은 정보시스템의 경우 TPS에서 축적된 데이터를 이용하여 정보를 제공한다. 물론 TPS도 기본적인 정보를 제공하기는 하지만 정보 제공이 TPS의 주된 목적은 아니다.

⑤ **의사결정을 지원하지 않음:** TPS는 표준화된 운영절차를 따라 데이터처리 업무를 수행할 뿐, 문제해결이나 새로운 기회의 추구와 같은 의사결정을 지원하지는 않는다.

⑥ **지속적인 사용:** TPS는 조직의 운영에서 없어서는 안 되는 기본 시스템이기 때문에 조직이 존재하는 한 지속적으로 사용되어야 한다. 운영자들은 그들의 업무와 관련된 대부분의 활동을 TPS에 의존하게 된다.

TPS의 예는 대부분의 조직에서 수행되고 있는 급여처리 업무에서 찾아볼 수 있다. [그림 2-2]는 급여처리시스템의 기능을 간략하게 보여 주고 있다. 급여처리에 필요한 입력내용은 주로 직원 파일과 근무기록 파일로부터 얻어지고, 이를 토대로 급여총액 및 실급여액(조세공과금 등 공제)을 계산하여 처리하고, 처리결과는 회계정보시스템으로 전달되고 아울러 해당 실급여액 정보를 거래은행으로 넘겨 온라인 입금시키게 된다. 이와 함께 관련된 정보를 여러 기관(국세청, 의료보험공단 등)에 통지하거나 보고하는 업무를 담당한다.

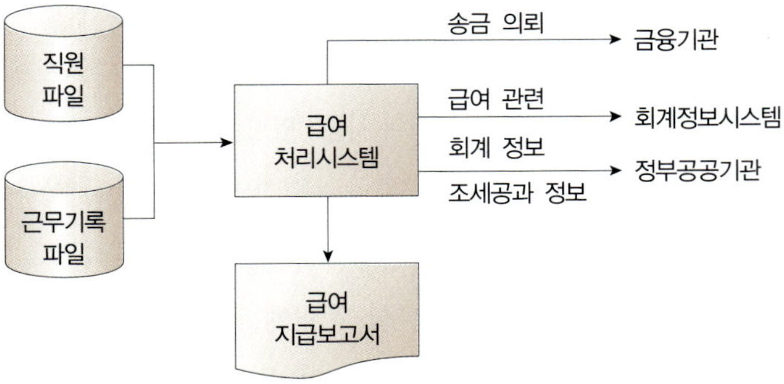

▌그림 2-2▐ TPS의 예: 급여처리시스템

3) 경영정보시스템

중간경영층의 주된 업무는 하위경영층의 업무를 감독하고 통제하고, 조직의 운영과정에서 발생하는 다양한 문제를 해결하는 것이다. 경영정보시스템(MIS)은 이러한 중간경영층의 관리 업무를 지원하는 정보시스템이다. MIS는 다음과 같은 특징을 가진다.

① **과거 실적 및 현재 상태에 대한 종합적이고 요약된 정보 제공:** 중간경영층의 주요 임무 중 하나는 조직 내 실무부서별 성과를 비교 분석하고 평가하여 부서의 활동들을 관리하고 통제하는 것이다. 이를 위해서는 각 부서별, 업무별 과거 실적정보와 현재 상태에 대한 종합적이고 요약된 정보가 필요하다. MIS는 이러한 관리정보를 제공하는 것이 주된 목적이다.

② **보고서 형태로 정보 제공:** MIS는 각 부서별 업무 현황 등과 같은 관리정보를 보고서의 형태로 제공한다. 보고서의 종류는 주기적인 보고서와 예외 보고서가 있다. 주기적인 보고서는 경영자가 특별히 요청하지 않아도 주기적으로(매일, 매주, 매월, 매 분기 등) 제공된다. 월별 매출실적 보고서, 분기별 목표대비실적 보고서 등이 여기에 해당된다. 예외 보고서는 미리 설정된 예외적인 상황이 발생하였을 때 자동적으로 출력되는 보고서이다. 예를 들면 공장 내 설비 중 하나가 오작동을 하여 불량품이 생산된다면 자동적으로 그 내용이 보고서로 출력된다.

③ **문제를 인식하는 데 필요한 정보 제공:** 기업을 둘러싸고 있는 환경이 끊임없이 변함에 따라 기업에게는 항상 새로운 문제(또는 기회)가 발생한다. 이러한 문제를 해결하는 것이 경영자의 중요한 역할 중 하나인 의사결정이다. 만약 기업에 문제가 발생하였음에도 불구하고 경영자가 그 사실을 모르고 있다면 문제를 해결하려는 시도도 하지 않을 것이다. 이러한 기업이 치열한 경쟁 속에서 생존한다는 것은 불가능한 일일 것이다. MIS는 과거 실적 및 현재 상태에 대한 종합적이고 요약된 정보를 보고서의 형태로 제공함으로써 경영자로 하여금 기업에 어떠한 문제가 발생하였는지를 알 수 있게 해주는 역할을 한다.

④ **정형적 의사결정을 지원:** 기업에서 일상적으로 발생하는 문제에 대해서는 사전에 해결방법(의사결정의 절차와 규칙)을 정해 놓은 경우가 많다. 이러한 문제에 대해서는 MIS에서 제공되는 정보만 있어도 해결 가능하다. 이와 관련해서는 다음에 설명할 의사결정의 개념에서 보다 자세히 설명할 것이다.

⑤ **데이터의 통합저장 요구:** 종합적이고 요약된 관리정보를 제공하기 위해서는 조직 내 다양한 데이터가 통합 저장되어야 한다. 데이터베이스 기술이 이러한 문제를 해결할 수 있다. 그런데 MIS에서 필요로 하는 데이터베이스는 앞에서 언급한 TPS에 의해 데이터가 축적된 결과물이다.

MIS는 데이터베이스로부터 데이터를 추출한 다음 사용자의 요구에 따라 가공하여 관리정보를 정기적으로 제공한다. 〈표 2-2〉는 MIS에서 제공되는 전형적인 정보로서 제품 및 판매지역에 따라 목표대비 매출액(실적)을 종합하여 요약한 마케팅 분야의 보고서이다. MIS는 마케팅뿐만 아니라 생산, 회계, 재무, 인사 등 각 기능별로 다양한 보고서를 제공하다.

▮표 2-2▮ MIS 보고서의 예: 판매실적보고서

제품코드	제품명	지역	판매실적	판매목표
A00457	디지털카메라	서울	98,250,000	95,000,000
		호남	21,560,000	20,000,000
		영남	23,730,000	25,000,000
		충청	19,850,000	20,000,000
소계			163,390,000	160,000,000
A01038	휴대폰	서울	58,452,000	57,000,000
		호남	15,469,000	16,000,000
		영남	19,907,000	20,000,000
		충청	15,610,000	15,000,000
소계			109,438,000	108,000,000

4) 의사결정지원시스템

(1) 의사결정의 개념

경영자의 업무는 경영계층이나 기능에 따라 달라질 수 있지만 그중에서 의사결정이 차지하는 비중이 매우 크다는 것은 틀림없는 사실이다. 기업을 둘러싸고 있는 환경은 지속적으로 변하고, 이러한 환경의 변화는 기업에게 좋은 기회를 제공하거나 문제를 일으키기 때문이다. 이러한 기회를 최대한 잘 활용하거나 문제를 잘 해결하기 위해서는 합리적인 의사결정이 필요하다.

경영자가 수행하는 의사결정의 유형은 매우 다양한데 이를 크게 분류하면 정형적(구조적) 의사결정, 반정형적(반구조적) 의사결정, 비정형적(비구조적) 의사결정으로 구분할 수 있다. 정형적 의사결정이란 매우 자주 반복되는 의사결정이기 때문에 의사결정의 규칙과 절차가 사전에 마련되어 있다. 따라서 이러한 의사결정의 경우 경영자의 경험, 지식, 판단을 필요로 하지 않기 때문에 프로그램으로 자동화가 가능하다. 재고관리와 관련된 문제를 예로 들어 보자. 재고관리에서 자주 발생하는 문제는 재고비용을 최소화하면서 품절이 발생하지 않도록 하기 위해서 언제 얼마만큼 주문할 것인가를 결정하여야 한다. 이 문제를 해결하기 위해서 과거 축적된 데이터와 여러 수리적인 모델을 이용하여 사전에 그 절차와 규칙(예를 들어, '해당 품목의 재고수준이 800개 미만이면 10,000개를 재주문하여야 한다')을 정할 수 있을 것이다. 이 경우 해당 품목의 현재 재고수준에 대한 정보만 제공된다면 이 문제를 해결할 수 있을 것이다. 이와 같이 MIS에서 제공되는 관리정보만 가지고도 정형적인 문제를 해결할 수 있으며, 경우에 따라서는 경영자의 개입 없이 자동적으로 문제를 해결할 수도 있다. 즉 현재 재고수준이 800개 미만이면 자동적으로 공급업체에 발주를 할 수 있도록 프로그램을 만들 수 있을 것이다.

반면에 비정형적 의사결정은 자주 반복되는 의사결정이 아니며, 의사결정의 규칙과 절차가 정해져 있지 않다. 따라서 비정형적 의사결정은 해결하기가 매우 어려우며, 경영자의 전문적인 지식과 경험을 필요로 한다. 또한 의사결정의 결과가 기업에 미치는 영향도 매우 크다. 기업의 인수 및 합병이나 입지선정 등은 비정형적 의사결정의 예라고 할 수 있다. 한편 반정형적 의사결정은 정형적 의사결정과 비정형적 의사결정의 중간에 해당되는 것으로서 비정형적 의사결정과 마찬가지로 의사결정이 어렵다. 정형적 의사결정의 경우 앞에서 설명한 경영정보시스템에서 제공되는 정보만 있으면 해결이 가능하지만, 반정형적 및 비정형적 의사결정의 경우 경영정보시스템의 지원으로는 해결이 어렵기 때문에 다음에 설명할 의사결정지원시스템과 같은 별도의 정보시스템의 도움이 필요하다.

의사결정이란 문제를 해결하기 위해 여러 대안을 생성하고, 그중에서 최적해(또는 만족해)를 선택하는 경영활동이다. 의사결정에 관한 이해도를 높이기 위해서는 의사결정의 단계를 살펴보는 것이 좋다. 의사결정의 단계에 대하여 연구자에 따라 조금씩 차이가 있지만 그중에서 Simon은 [그림 2-3]과 같이 탐색(intelligence), 설계(design), 선택(choice)의 세 단계로 의사결정의 단계를 구분하였다.

첫째, 탐색 단계에서는 의사결정의 필요성을 인식하고, 다음 단계에서 필요로 하는 데이터를 수집한다. 의사결정이 필요하다는 것은 기업에 문제가 발생했다는(물론 기회가 생겼을 때도 가능한) 것이다. 문제가 발생했다는 것을 경영자가 인지할 수 있는 이유는 MIS에서 제공하는 정보가 있기 때문이다. 만약 MIS가 제대로 갖추어져 있지 않은 기업이 있다면 그 기업의 경영자는 문제가 발생했음에도 불구하고 문제를 인식하지 못하게 된다. 따라서 탐색 단계에서는 MIS의 역할이 매우 중요하다.

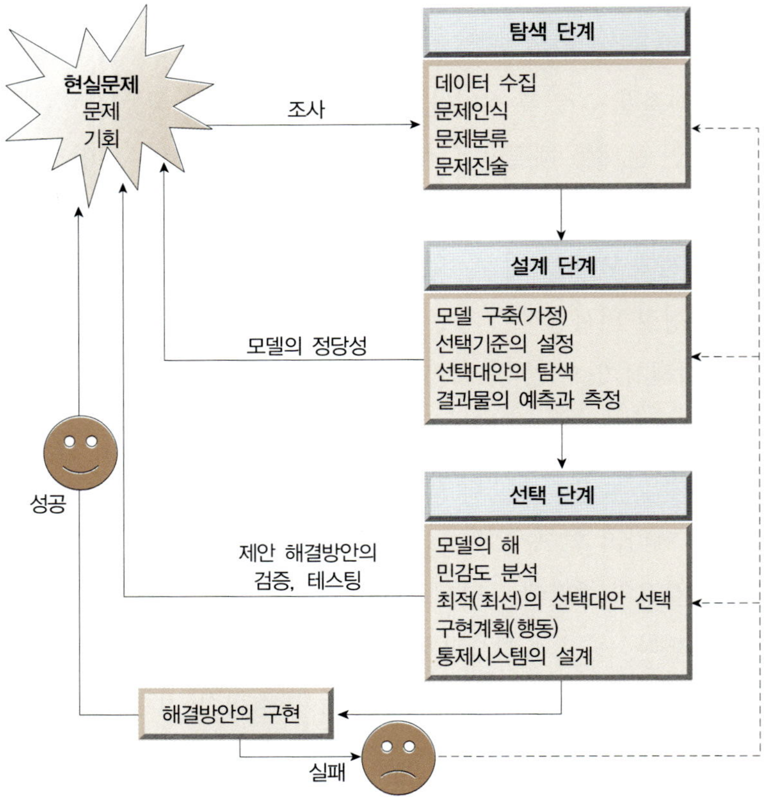

▌그림 2-3▐ 의사결정의 단계

출처: 정경수 외(2010). p. 285 재인용.

둘째, 설계 단계에서는 문제를 해결할 수 있는 대안을 탐색하고, 각 대안을 평가할 수 있는 기준을 마련하고, 각 대안의 결과를 예측할 수 있는 의사결정 모델을 구축한다. 대안을 탐색할 때 중요한 것은 현실적으로 선택 가능한 모든 대안을 찾아야 하는 것이다. 그렇게 하지 못하면 미처 고려하지 못한 방법 중에서 더 좋은 방법이 있을 수 있기 때문이다. 물론 때로는 대안의 수가 너무 많아서 모든 대안을 고려할 수 없는 경우도 발생한다. 그러한 경우 최적해 대신 만족해를 구할 수밖에 없게 된다.

의사결정이란 각 대안을 선택했을 경우 그 결과를 미리 예측하고 모든 대안의 결과를 비교하여 가장 좋은 대안을 선택하는 것이다. 각 대안의 결과를 예측하는 것은 쉽지 않다. 물론 경영자의 전문적인 지식이나 경험이 필요하겠지만 그것만으로는 정확한 예측이 어렵다. 보다 과학적이고 체계적인 예측을 위해서는 의사결정 모델을 활용하여야 한다. 의사결정 모델이란 각 대안의 결과를 예측하기 위해 사용되는 수학적 기법, 통계적 기법, 최적화 기법, 시뮬레이션(simulation) 기법 등을 말한다. 이러한 의사결정 모델은 다음에 설명할 의사결정지원시스템의 핵심적인 구성요소이다. 또한 여러 대안 중에서 가장 좋은 대안을 선택하기 위해서는 평가(선택)기준이 필요하다. 평가기준은 의사결정의 문제에 따라 달라진다. 예를 들어 할인점에서 계산대의 수를 결정하는 의사결정 문제에서는 고객의 대기시간과 비용이 평가기준이 될 수 있을 것이다. 의사결정 모델은 평가기준에 대하여 각 대안의 결과를 예측하는 것이다.

셋째, 선택 단계에서는 설계 단계에서 마련한 의사결정 모델 및 평가기준을 활용하여 가장 좋은 대안을 선택하게 된다. 어떻게 보면 아주 간단한 것 같지만 사실 매우 어려운 단계이다. 그 이유는 각 대안의 결과가 불확실하다는 점과 평가기준이 한 개가 아니라는 점 때문이다. 먼저 의사결정 모델을 활용하여 각 대안의 결과를 보다 체계적으로 예측한다고 하지만 100% 정확하다고 할 수 없다. 의사결정 모델을 활용할 때 여러 환경변수에 대하여 다양한 가정을 하게 되는데, 실제 환경변수의 값이 가정한 값과 다를 경우 대안의 결과는 다르게 나타날 수 있게 된다. 따라서 의사결정 모델을 활용하였다 하더라도 정확한 예측을 위해서는 환경변수의 값을 잘 예측하여야 하는 것이다. 결국 미래는 불확실한 것이다.

또한 복수의 평가기준이 선택 단계를 어렵게 만든다. 설사 환경변수의 값을 정확하게 예측하여 의사결정 모델의 평가가 100% 정확하다고 하더라도 평가기준이 여러 개이고, 서로 상반된 결과가 초래될 때 선택이 어렵게 된다. 예를 들어, 세 가지 대안(A, B, C)이 있는데, 고객의 대기시간이라는 평가기준으로 보면 A 대안이 가장 좋고, 비용이라는 평가기준으로 보면 C 대안이 가장 좋게 나타난다면 선택하기 매우 어렵게 된다. 이러한 어려움을 지원하기 위해서는 의사결정지원시스템과 같은 별도의 정보시스템이 필요한 것이다.

(2) 의사결정지원시스템의 구성요소 및 특성

의사결정지원시스템(DSS)은 "경영자로 하여금 데이터와 의사결정 모델을 활용하여 반정형적 및 비정형적 문제를 대화식으로 해결할 수 있도록 지원해 주는 컴퓨터 기반의 정보시스템"이라고 정의할 수 있다. DSS의 구성요소로는 [그림 2-4]에서 볼 수 있듯이 데이터, 의사결정 모델, 지식, 사용자 인터페이스를 들 수 있다. 구성요소만 보더라도 MIS와 DSS는 많은 차이가 있음을 짐작할 수 있을 것이다. DSS의 주요 특징을 살펴보면 다음과 같다.

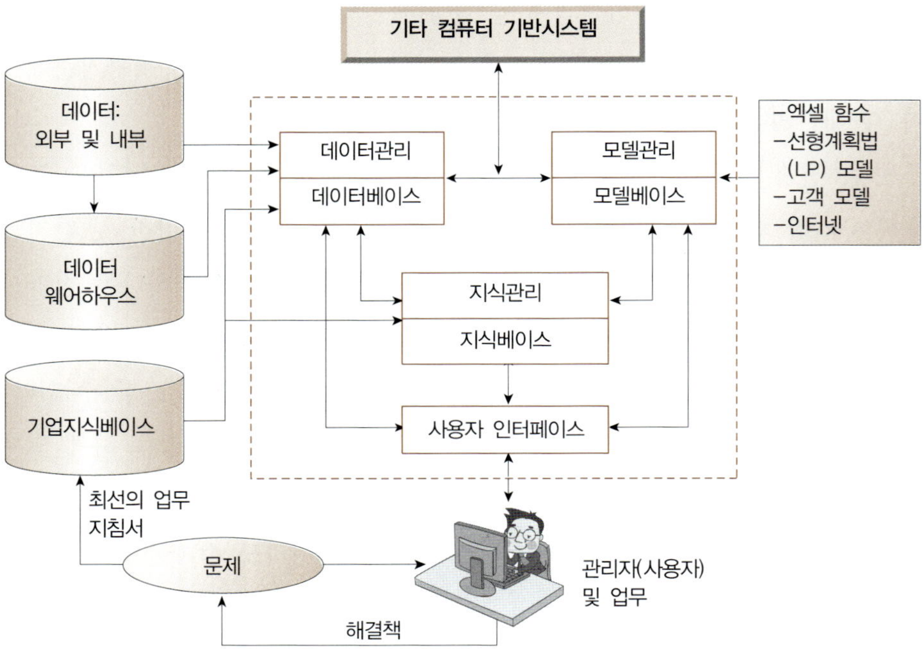

▌그림 2-4▐ 의사결정지원시스템의 구조

출처: 정경수 외(2010). p. 293 재인용.

첫째, DSS는 MIS에서 해결하기 어려운 반정형적 및 비정형적인 문제의 해결을 지원한다. 예를 들어, 대형 할인점에서 새로운 매장을 설치하기 위한 장소선정 문제, 석유시추 결과물을 분석한 후 계속 작업진행 여부 결정 문제, 불량부품 발생 문제를 해결하기 위해 부품공급 기업에 대한 합병결정 문제 등이 여기에 해당된다. DSS는 이러한 문제들을 해결하는 데 필요한 정보를 제공한다.

둘째, DSS는 특정 문제해결을 위한 정보를 제공한다. MIS는 조직 내 모든 분야에서 필요로 하는 종합적인 관리정보를 제공하지만, DSS는 특정 문제를 해결하는 데 필요로 하는 정보만을 제공한다. 따라서 MIS의 이용자는 조직 내 모든 중간경영자가 되지만, DSS의 이용자는 해당 문제와 관련이 있는 일부 소수의 중간경영자이다.

셋째, DSS는 의사결정 모델을 활용한다. MIS는 TPS가 축적한 데이터를 활용하여 정보를 산출하지만, DSS는 데이터만 가지고는 복잡한 문제해결을 위한 정보를 산출할 수 없기 때문에 앞에서 언급한 다양한 의사결정 모델도 활용한다. 최근에는 보다 정확한 예측을 위해 의사결정 모델뿐만 아니라 전문가의 지식을 결합하여 활용하기도 한다.

넷째, DSS는 민감도 분석, what-if 분석, 목표탐색 분석의 기능을 가지고 있다. 이러한 기능이 필요한 이유는 앞에서 언급한 바와 같이 의사결정 모델을 이용하여 각 대안의 결과를 예측할 때 환경변수의 값을 다양한 시나리오로 가정을 할 필요가 있기 때문이다. 민감도 분석에서는 환경변수 한 개를 지속적으로 변화시켰을 때 대안의 결과가 어느 정도 민감하게 변하는지를 파악할 수 있게 해준다. What-if 분석에서는 여러 환경변수의 값을 다양하게 변화시켰을 때 대안의 결과가 어떻게 달라지는지를 파악할 수 있게 해준다. 목표탐색 분석에서는 대안의 결과가 기대하는 수준으로 나오기 위해서는 환경변수의 값이 어떻게 되어야 되는지를 파악할 수 있게 해준다.

다섯째, DSS는 정보 제공 방식이 매우 상호작용적이다. MIS의 경우 정보 제공 방식(주기적 보고서나 예외 보고서)이 비교적 단순하지만 DSS는 매우 상호작용적인(대화식) 방식으로 정보를 제공한다. 미래의 불확실성과 다양한 평가기준 때문에 의사결정의 선택 단계가 어렵다고 앞에서 설명한 바 있다. 이런 점 때문에 민감도 분석, what-if 분석, 목표탐색 분석의 기능이 필요한 것이다. 경영자가 다양한 시나리오에 따라 각 대안을 철저히 분석하기 위해서는 이러한 기능을 사용자와 대화하듯이 반복적인 방식으로 사용할 것이다. 따라서 DSS에서는 매우 편리한 사용자 인터페이스가 요구된다.

5) 전문가시스템

(1) 인공지능과 지능정보시스템

인공지능(AI)이란 컴퓨터로 하여금 인간의 행동에서 나타나는 지능과 흡사한 특징을 지닌 지능적인 컴퓨터시스템을 고안해 내는 현대 컴퓨터 과학의 한 연구 분야라고 정의할 수 있다. 1950년대 후반에서 1960년대 전반까지의 대표적인 인공지능에 대한 연구는 체스(Chess)와 정리증명(theorem proving)이었다. 그 이후, 인공지능은 인간이 사용하는 언어(즉, 자연어)를 이해하고 합성할 수 있는 방법, 인간처럼 사물을 보고 인지할 수 있는 방법, 인간처럼 학습을 할 수 있는 방법, 인간처럼 논리적 추론을 할 수 있는 방법 등 다양한 분야에서 연구를 해왔다. 그러나 이러한 노력에도 불구하고 대부분의 분야에서는 기대한 만큼의 성과를 내지 못하고 있는 실정이다. 그나마 인간처럼 스스로 판단하고 결정을 내릴 수 있는 방법에 대한 연구는 실무에 적용할 만큼의 가시적인 성과를 내고 있다. 이러한 연구 결과로 나오게 된 것이 바로 전문가시스템이다.

전문가시스템(expert systems: ES)은 특정 분야에서 전문가의 축적된 경험과 전문지식을 체계적으로 시스템화하여 문제해결 방안을 제시(의사결정을 지원)해 주는 지능정보시스템을 말한다. ES를 지능정보시스템이라고 하는 이유는 단순히 데이터를 가공하여 정보를 제공해 주는 다른 정보시스템과는 달리 ES는 지식을 활용하고 추론기능을 통해 문제의 해결을 지원한다는 점 때문이다. 1970년대 스탠퍼드 대학의 연구팀은 의사의 전문지식을 저장·처리하여 의료행위를 모방하는 마이신(MYCIN)이라는 최초의 ES를 개발하였다. 그 이후 여러 영역으로 ES의 활용이 확산되었는데, 1980년대 이후에는 세법, 신용평가, 건축설계, 투자계획, 공정설계, 생산일정계획 등의 응용영역에서도 ES가 개발되어 활용되고 있다.

(2) 전문가시스템의 구성요소

ES는 [그림 2-5]에서 보는 바와 같이 지식베이스, 추론기관, 설명모듈, 사용자 인터페이스 등으로 구성되어 있다. 지식베이스(knowledge-base)는 ES에서 활용할 지식을 저장해 놓은 집합체를 말한다. ES를 구축하기 위해서는 특정 분야의 인간전문가가 보유하고 있는 지식을 체계적으로 추출하여 그 지식을 컴퓨터가 이해할 수 있는 형태로 표현하여 지식베이스에 저장을 하게 된다. 이러한 지식추출뿐만 아니라 지식표현 과정은 매우 복잡하고 어렵다. 당연히 해당 분야의 전문가가 있어야 하며, 지식추출에 대한 그 전문가의 협조를 받아야 된다. 그러나 전문가의 협조를 받는다 하여도 그 전문가가 보유하고 있는 모든 지식을 추출하기란 쉽지 않다. 왜냐하면 본인도 인지하지 못하고 있는 전문가의 지식도 추출하여야 하기 때문이다. 따라서 이 과정은 매우 분석적이고 체계적인 접근이 필요하다. 이러한 업무를 담당하는 사람을 지식공학자(knowledge engineer)라고 한다.

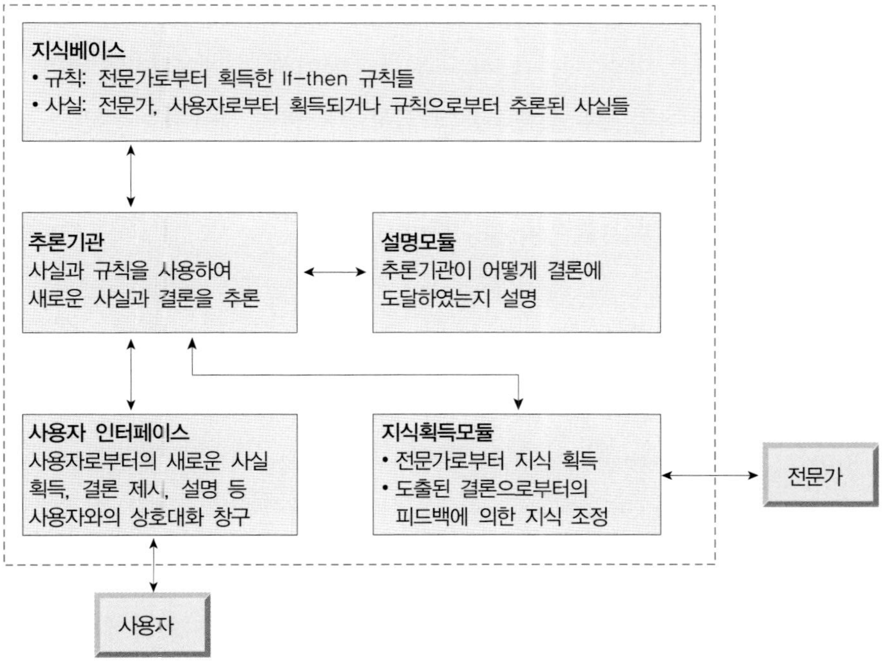

▌그림 2-5▐ 전문가시스템의 구조

출처: 정경수 외(2010). p. 304.

추론기관(inference engine)은 문제의 해결 방안을 제시해 주는 핵심적인 프로그램이다. 추론기관은 일반적인 프로그램이 가지고 있지 않은 추론기능을 가지고 있다. 예를 들어 '참새는 새다'라는 지식과 '새는 날 수 있다'라는 지식이 있으면 이를 통해 '참새는 날 수 있다'라는 새로운 지식을 도출하는 것이 바로 추론기능이다. 따라서 추론기관을 구축하는 과정도 다른 프로그램의 경우보다 매우 복잡하고 어렵다.

설명모듈(explanation unit)은 전문가시스템이 문제의 해결 방안을 제시할 때 논리적 근거(추론과정에 대한 설명)를 함께 제시하는데 이를 위한 프로그램이라고 보면 된다. 최초의 ES인 '마이신'의 예를 들어 보자. ES는 여러 과정을 통해 최종적으로 병명과 함께 환자가 납득할 수 있게 병의 진단과정 및 이유를 설명해 준다. 이러한 설명이 없이 단순히 병명만 제시할 경우 환자의 ES에 대한 신뢰가 떨어질 수 있게 된다.

사용자 인터페이스(user interface unit)는 ES와 사용자 간에 커뮤니케이션을 할 수 있도록 해주는 프로그램이다. ES를 실행시키면 ES가 사용자에게 문제해결에 도움이 될 수 있는 여러 질문을 하게 된다. '마이신'의 예를 다시 들면, ES는 환자의 증상에 대한 여러 질문을 한다. 그 질문에 대하여 사용자는 본인의 증상을 입력하게 되고, 입력된 대답과 지식베이스에 있는 지식을 함께 이용하여 병을 진단하고 처방(문제해결 방안)을 해주게 된다.

(3) 전문가시스템의 특성

비정형적 및 반정형적 의사결정을 지원한다는 점에서는 DSS나 ES는 유사한 점이 있지만 그 구체적인 방법에서는 많은 차이점이 있다. 이러한 ES의 특징을 DSS와 비교해 보면 다음과 같다.

① **특정 문제해결을 지원**: DSS와 마찬가지로 ES는 특정 문제를 해결하기 위한 시스템이다. 따라서 기업에서 활용하는 ES의 사용자도 해당 문제해결과 관련이 있는 소수의 경영자이다.

② **전문가의 지식을 활용**: DSS는 문제해결을 지원하기 위해 데이터베이스와 의사결정 모델을 활용하지만, ES는 해당 분야 전문가의 지식만 활용한다.

③ **문제의 해결책을 제시**: DSS는 문제해결을 위해 각 대안의 평가 결과에 대한 정보를 제공함으로써 경영자가 해결 방안을 선택하는 데 도움을 준다. 반면에 ES는 경영자에게 문제의 해결 방안을 추천해 준다.

④ **해결 방안 선택에 대한 논리적 추론과정 제시:** ES는 해결 방안을 추천해 주는 한편 그 방안을 선택하게 된 논리적 추론과정을 설명해 준다. 경영자는 무조건 전문가시스템이 추천한 안을 선택하는 것이 아니라, 추천의 논리적 근거를 종합적으로 판단하여 최종안을 선택하게 된다. 때로는 ES가 제시한 결론보다도 논리적 추론과정이 경영자에게 더 중요할 수 있다.

ES의 개발은 매우 어려운 과정이다. 지식베이스를 구축하는 것도 쉬운 일이 아니지만 추론기능을 가지고 있는 추론기관을 개발하는 데 많은 비용과 시간이 투입되어야 하기 때문이다. 그런데 'ES 쉘(shell)'이라는 패키지를 이용하면 별도의 프로그래밍을 하지 않고 간단한 조작만으로 ES를 개발할 수 있는 방법이 있다. 물론 복잡한 ES에는 적용이 불가능하지만 'ES 쉘'을 이용하여 적은 비용으로 빠른 시간 내에 간단한 ES를 개발하여 상당한 성과를 거둔 사례는 많다.

ES는 앞에서 언급한 바와 같이 인간전문가의 지식을 기반으로 해서 구축되기 때문에 인간전문가보다 문제해결 능력이 떨어진다고 주장하는 사람도 있다. 그러나 다음과 같은 점에서 ES의 유용성이 높다고 할 수 있다. 첫째, ES는 인간전문가와는 달리 감정이나 다른 제약에 관계없이 언제든지 활용될 수 있다. 둘째, 일상적이고 만족스럽지 못한 직무에 ES를 배치함으로써 인간전문가를 보다 창의적인 업무에 종사할 수 있게 만들 수 있다. 셋째, ES를 활용함으로써 조직의 지식베이스가 확충 및 개선될 수 있다. 인간전문가의 지식은 공유하기 힘들고 인간전문가가 이직을 하게 되면 그 지식도 함께 사라지게 되기 때문이다.

그러나 ES도 다음과 같은 한계점을 가지고 있다. 첫째, 인간전문가가 없거나 있다고 하더라도 지식추출에 대한 협조가 없으면 지식베이스를 구축할 수 없게 된다. 둘째, ES는 인간전문가와는 달리 학습이 되지 않는다. ES는 지식베이스를 수정하지 않는 한 아무리 오랫동안 사용하더라도 자체적으로 학습이 되지 않는다. 셋째, ES는 인간전문가의 지식에 의존할 수밖에 없기 때문에 ES가 제시하는 결론의 정확성에 문제가 있을 수 있다. 때로는 인간전문가조차 전문적인 의견이 다를 수 있기 때문이다.

(4) 기타 지능정보시스템

ES의 한계점을 보완하기 위해 새로운 시스템 또는 기술들이 개발되고 있다. 이러한 시스템 또는 기술들로는 인공신경망, 사례기반추론, 퍼지이론 등을 들 수 있다. 인공신경망(artificial neural networks)은 인간 뇌의 정보처리 패턴을 모방하기 위한 하드웨어와 소프트웨어의 집합체를 말한다. 인공신경망은 인간의 생물학적 신경망 시스템의 극히 일부 개념만을 사용하고 있는데, 처리요소(뉴런)들을 네트워크 아키텍처로 상호 긴밀하게 연결시켜 대량 병렬처리가 가능하도록 하는 것이다. 인공신경망도 사람과 같이 과거의 사례를 통해 학습한다. 인공신경망은 특히 패턴 인식이나 데이터 분류와 같은 특정 응용 분야에 많이 활용되고 있다.

사례기반추론(case-based reasoning)은 현재의 문제 상황과 가장 유사한 과거의 사례를 찾아내 문제해결 방안을 모색하는 의사결정 지원 방법이다. 사례기반추론시스템은 문제영역에서의 과거 사례를 축적한 사례베이스, 그리고 유사성을 측정하여 현재의 문제와 가장 유사한 사례를 검색하고, 검색된 해결 방안에 현 문제의 차이점을 반영하여 수정한 새로운 해결 방안을 제시하는 추론엔진으로 구성된다.

퍼지이론(fuzzy logic)은 인공지능 분야에서 개발된 애매모호한 표현을 허용하는 규칙기반의 추론논리를 제공하는 방법이다. 인간전문가는 자신이 가지고 있는 지식을 표현할 때 '약', '대략'과 같은 정밀하지 못한 표현을 많이 사용한다. 그러나 이러한 지식을 지식베이스에 저장할 때에는 애매모호한 표현을 용납하지 않는다. 퍼지이론은 상황을 묘사하는 각 특성들의 멤버십함수(membership functions)를 활용하여 적용 가능한 모든 규칙을 적용시켜 가장 가능성이 높은 행동을 취할 수 있도록 해줌으로써 지금까지 허용되지 않았던 애매모호한 표현의 지식도 사용할 수 있게 된 것이다. 최근 퍼지이론은 사진기나 캠코더에서의 자동초점, 자동노출, 흔들림 보정, 냉장고 혹은 에어컨의 자동온도조절, 세탁기에서의 자동세탁 방법 설정 등 다양한 분야에서 응용되고 있다.

6) 중역정보시스템

기업 내 가장 중요한 의사결정을 하는 경영계층은 기업의 목표와 전략에 관련된 의사결정을 하는 최고경영층이다. 기업의 목표와 전략, 계획을 수립하는 등의 경영활동은 기업의 발전과 미래의 모습에 결정적인 영향을 미치는 의사결정이며, 이들은 기업경영활동의 방향을 제시한다. 이러한 최고경영층의 의사결정에 필요한 정보를 적시에 제공하고 필요한 경우 의사결정을 지원하는 시스템이 바로 중역정보시스템(executive information systems: EIS)이다. EIS는 임원정보시스템, 최고경영자정보시스템, 경영자정보시스템이라고도 한다.

과거에는 최고경영층은 직접 정보시스템을 활용하지 않았다. 그들은 컴퓨터를 활용하는 데 익숙하지 않았을 뿐만 아니라 중간경영층이 주기적으로 또는 필요할 경우 요구에 따라 정보를 제공해 주었기 때문이다. 그러나 최고경영층이 중간경영층을 통해 정보를 제공받을 경우 신속한 의사결정을 할 수 없을 뿐만 아니라 왜곡된 정보를 제공받을 가능성이 있다. 이러한 문제점을 해결하기 위해 최고경영층이 직접 활용할 수 있는 정보시스템이 필요하게 된 것이다.

EIS를 통해 얻을 수 있는 이점을 보면 다음과 같다. 첫째, 최고경영층의 통제범위를 확대시킬 수 있다. EIS의 중요한 기능 중의 하나는 경영자들이 복잡한 조직 내에서 주도권을 가질 수 있도록 도와주는 것이다. 실제로 대부분의 경영자들이 자신의 생각대로 조직을 움직이지 못하기 때문에 실패하는 경우가 많다. 특히, 중간경영층들이 최고경영층들의 생각과는 다르게 이해하고 실행하는 경우가 많다. 이런 경우, EIS는 최고경영층으로 하여금 조직성과를 실제로 확인할 수 있게 도와줌으로써 통솔의 범위(span of control)를 확대하고 더욱 효과적인 경영을 가능하게 한다.

둘째, 신속한 의사결정이 가능하고 미래의 불확실성을 감소시켜 줄 수 있다. 최고경영층은 EIS를 통해 조직 내외부의 정보를 원활히 공급받음으로써 조직 내외의 변화를 정확하고 신속하게 이해할 수 있다. 이를 통해 신속한 의사결정을 할 수 있을 뿐만 아니라 조직 내 의사소통을 증진시킬 수 있다. 그뿐만 아니라 미래 예측에 대한 정보를 제공받음으로써 미래 불확실성에 대비할 수 있게 된다. 이러한 EIS의 특징을 살펴보면 다음과 같다.

① **전략적인 문제에 대한 정보 제공:** EIS의 목적은 최고경영층의 정보욕구를 충족시켜 주는 데 있다. 따라서 EIS에서 제공되는 정보는 최고경영층의 관심사인 전략적인 문제에 초점이 맞춰져 있다.

② **장기추세 파악을 위해 그래픽 정보를 많이 활용:** 최고경영층의 업무는 과거지향적이 아니라 미래지향적이다. 따라서 미래를 예측하기 위한 정보를 많이 활용하는데, 특히 장기추세를 파악하는 것이 매우 중요하다. 이러한 점에서 볼 때 EIS에서 최고경영층에게 제공하는 정보는 주로 그래픽을 활용한 정보가 많다. 표의 형태보다는 그래픽을 활용한 정보는 장기추세를 파악하는 데 용이하기 때문이다.

③ **사용자 편리성을 강조:** 최고경영층은 전반적으로 컴퓨터활용능력이 떨어진다. 따라서 EIS에서는 다른 정보시스템에 비해 사용자 편리성을 높이는 것이 더욱 중요하다. 예를 들어, 키보드보다는 마우스를 사용하는 것이 더 편하며, 마우스보다는 터치스크린이나 리모컨을 활용하는 것이 더 편할 것이다. EIS에서는 이와 같이 보다 편리한 사용자 인터페이스가 필요하다.

④ **드릴다운(drill-down) 기능:** 정보를 제공하는 방법에서도 EIS와 다른 정보시스템은 차이가 있다. 특히 EIS에서는 드릴다운 기능이 필수적이다. 드릴다운 기능이란 처음에는 종합적이고 요약된 정보를 제공하다가, 사용자가 요청할 경우 점점 세부적인 내용을 파악할 수 있도록 해주는 기능이다. 예를 들어, 초기 화면에는 회사 전체 매출실적이 월별로 요약되어 제공된다. 이를 본 경영자가 5월 매출액이 다른 월에 비해 많이 저조한 것을 알게 된다. 경영자가 5월 매출액이 저조한 이유를 알고 싶어 클릭을 하면 5월 매출액이 지역별로 세분화되어 나타난다. 이를 통해 경기도 지역의 매출액이 저조한 것을 파악한 경영자가 경기도 지역을 클릭하면 품목별 그리고 대리점별로 보다 상세한 매출실적이 나타난다. 이러한 과정을 통해 최고경영층은 5월 매출액이 저조한 이유를 분석할 수 있게 된다.

3 정보시스템의 최근 추세

1) 프로세스 통합

(1) 기존 정보시스템의 문제점

전통적으로 기업의 부서는 기능별로 구분되어 있다. 기능부서별로 업무가 처리되다 보니 정보시스템의 개발과 운영도 기능부서별로 독립적으로 이루어져 왔다. 생산정보시스템은 생산 업무를 지원하고, 마케팅정보시스템은 마케팅 업무를 지원하기 때문에 별 문제가 없을 것으로 생각될 수 있다. 문제는 기업의 업무 프로세스(business processes)가 대부분 여러 부서에 걸쳐서 수행된다는 점에 있다. 예를 들어, 주문처리 프로세스를 살펴보자. 주문접수는 마케팅(영업) 부서에서 할 것이다. 고객이 주문을 할 때 원하는 수량의 제품을 언제까지 배달할 수 있는지, 그리고 외상구매가 가능한지를 물을 것이다. 이러한 고객의 요구를 마케팅 부서 단독으로 해결할 수 없다. 언제까지 배달할 수 있는지를 확인하기 위해서는 생산 부서의 협조를 구하여야 한다. 해당 제품의 재고수준, 생산일정계획 등에 대한 정보가 있어야 가능한 일이다. 또한 외상구매가 가능한지는 회계 부서의 협조를 구하여야 한다. 해당 고객의 신용에 대한 정보를 알아야 외상구매 여부를 결정할 수 있다. 이와 같이 업무 프로세스는 여러 부서에 걸쳐서 일어나기 때문에 관련 부서의 정보시스템도 통합되어야 한다. 정보시스템의 통합이란 전사적인 관점에서 업무 프로세스와 관련이 있는 정보시스템들이 서로 연결(연계)되어 있는 것을 말한다. 만약 정보시스템이 통합되어 있지 않다면 데이터를 공유할 수 없어 업무처리를 위한 관련 정보를 신속 정확하게 제공받을 수 없기 때문에 정보시스템의 성과(품질, 고객만족, 시간, 비용 등)가 떨어질 수밖에 없다.

이와 같이 정보시스템의 통합은 전사적인, 그리고 업무 프로세스의 관점에서 이루어져야 한다. 따라서 정보시스템의 통합은 기능부서별 정보시스템 간에도 이루어져야 하겠지만, 거래처리시스템, 경영정보시스템, 의사결정지원시스템, 중역정보시스템 등과 같이 경영계층별 정보시스템 간에도 이루어져야 한다. 또한 정보시스템의 통합은 기업 내에서뿐만 아니라 기업 간에도 이루어져야 한다. 최근에는 기업 간 전략적 제휴가 경쟁적 무기로 사용될 만큼 활발하게 이루어지고 있다. 특히 공급사슬상에 있는 공급업체 및 고객과의 긴밀한 관계가 무엇보다 중요하다. 이러한 관계를 강화하기 위해서는 관련 기업 간 정보 공유가 필수조건이고, 이를 위해서는 기업 간 정보시스템 통합이 반드시 이루어져야 하는 것이다.

(2) 통합정보시스템

기업 내 그리고 기업 간 통합정보시스템이 중요하다는 점은 앞에서 설명한 바와 같다. 문제는 통합정보시스템을 확보하는 것이 쉽지 않다는 점이다. 과거 대부분의 기업이 구축한 정보시스템은 통합이 되어 있지 않다. 이를 한꺼번에 새로운 통합정보시스템으로 대체하는 것은 거의 불가능하다. 비용도 너무 많이 소요될 뿐만 아니라 업무에도 막대한 지장을 초래할 수 있기 때문이다. 그러나 기존의 정보시스템을 수정하여 통합(연계)시키는 것도 매우 어려운 일이다. 많은 기업들이 정보시스템의 통합이 중요한지 알면서도 실행에 옮기지 못하는 이유가 여기에 있다.

그러나 최근에 기업들이 정보시스템의 통합을 보다 쉽게 할 수 있는 새로운 방법이 제시되고 있다. '전사적 자원관리'라고도 하는 ERP시스템이 등장하였기 때문이다. ERP시스템은 기업 전체의 경영자원을 효율적으로 활용한다는 관점에서 구매, 생산, 물류, 회계 등의 업무기능 전체의 최적화를 도모하는 통합형 업무 패키지 소프트웨어를 의미한다. 여기서 ERP시스템이 통합정보시스템이라는 것 외에 주목할 점은 패키지로 판매된다는 것이다. 과거에는 문서관리와 같은 일부 정형적인 업무를 위한 패키지 소프트웨어만 판매되었지만 기업의 모든 업무를 위한 패키지 소프트웨어가 등장하게 된 것이다. ERP 패키지를 구입함으로써 기업은 선진기업의 우수한 업무 프로세스(best practice)를 활용할 수 있게 되었고, 또한 정보시스템을 자체 개발하지 않아도 됨에 따라 유지보수 업무를 상당히 줄일 수 있게 된 것이다.

ERP시스템이 등장한 이후 '고객관계관리'라고도 하는 CRM시스템과 '공급사슬관리'라고도 하는 SCM시스템이 통합형 패키지 소프트웨어의 형태로 판매되기 시작하였다. CRM시스템은 고객과 관련된 다양한 데이터를 전사적인 차원에서 통합적으로 수집 및 가공하여 모든 구성원들이 함께 공유하기 위한 통합정보시스템이다. 소비자의 욕구변화, 경쟁의 심화 등으로 인해 대중 마케팅의 효과가 없게 되자 기업들은 목표마케팅뿐만 아니라 더 나아가서 일대일마케팅에 관심이 집중되고 있다. 일대일마케팅의 궁극적인 목적은 고객에게 보다 질 높은 서비스를 저렴하게 제공함으로써 고객을 만족시키고 결국에는 충성도가 높은 고객을 많이 확보하는 것이다. 이를 위해서는 기존 정보시스템을 대체할 수 있는 새로운 정보시스템이 필요하게 된 것이다. 그게 바로 CRM시스템인 것이다.

한편 고객과의 관계가 중요한 만큼 공급업체와의 관계도 매우 중요하다. 공급사슬에서 공급업체와의 관계는 정보, 자재, 자금의 흐름으로 이해될 수 있다. 이러한 흐름이 원활하지 못하면 불필요한 재고가 쌓이고, 품절이 발생하여 생산에 차질을 주게 되며, 납기일을 지키지 못하고, 품질은 떨어지고, 결국에는 고객을 만족시키지 못하게 된다. 더욱이 공급사슬에는 근본적으로 불확실성이 내포되어 있어 문제점이 많이 발생하고 있다. SCM시스템은 공급사슬의 이러한 문제점을 해결하고 궁극적으로 공급사슬 최적화를 이루기 위한 통합정보시스템이다.

ERP시스템, CRM시스템, SCM시스템은 부서 중심의 정보시스템이 아니라 기업 전체적인 차원에서 프로세스의 통합에 초점을 둔 정보시스템이기 때문에 전사적 시스템(enterprise systems)이라고도 한다. 전사적 시스템에 대해서는 7장에서 자세히 설명하기로 한다.

2) 전자상거래 및 협업

(1) 전자상거래의 배경

1990년대에 인터넷이 대중화되기 시작하면서 정치, 문화, 사회, 경제 등 모든 분야에 엄청난 영향을 미쳤다. 이러한 패러다임의 변화는 정보시스템을 통하여 일어난다. 인터넷이 등장하기 전에도 정보시스템에서는 네트워크를 기반구조로 활용하였다. 네트워크의 가치는 연결을 통한 공유에 있다. 네트워크를 통하여 멀리 떨어져 있는 하드웨어를 공유하고, 소프트웨어를 공유하고, 데이터베이스를 공유할 수 있게 된다. 그러나 인터넷 이전의 네트워크는 폐쇄적이었기 때문에 공유의 가치가 제한적으로만 이루어져 왔다. 통신의 절차와 규칙을 정해 놓은 통신 프로토콜(protocol)이 네트워크마다 달라 통신이 원활하지 못하였기 때문이다. 반면에 인터넷은 개방적 네트워크이다. TCP/IP 프로토콜을 활용하여 전 세계의 모든 네트워크를 하나의 단일 네트워크로 연결시킨 것이다. 지구 상에 있는 모든 것이 공유될 수 있게 된 것이다.

인터넷이 상업적인 목적으로 활용되기 시작하면서 나타난 것이 전자상거래(e-Commerce)이다. 초기에는 단순한 형태의 전자상거래였지만 최근에는 매우 다양한 비즈니스 모델을 활용한 전자상거래가 끊임없이 나타나고 있다. 이에 따라 전자상거래시스템도 발전을 거듭하고 있다. 전자카탈로그, 전자카트, 결제 등을 위한 시스템뿐만 아니라 데이터베이스와의 연동, 배송, 보안 등을 위한 시스템도 필요하기 때문이다. 전자상거래에 대해서는 4장에서 자세히 설명하기로 한다.

(2) 협업과 정보공유

협업이란 특정 목적을 달성하기 위해 여러 사람들이 함께 일을 하는 것이다. 협업을 위해 별도의 팀을 구성하기도 한다. 기업의 구성원들이 업무처리(또는 의사결정)를 할 때 대부분의 경우 같은 부서 또는 다른 부서의 구성원들과 함께 공동으로 하는 경우가 많다. 여러 사람이 함께 업무를 처리하면 여러 사람의 아이디어, 경험, 지식 등을 공유할 수 있어 단독으로 처리할 때보다 성과가 좋은 경우가 많기 때문이다. 최근에는 경영환경이 급변하고 경쟁이 치열해짐에 따라 협업의 중요성이 더욱 높아지고 있다.

이러한 협업은 기업 내에서 뿐만 아니라 기업 간에도 필요하다. 특히 최근에는 전자상거래의 발달로 인하여 기업 간 협업이 과거에 비해 용이하게 되었다. 기업과 기업 간 전자상거래인 B2B 전자상거래에서는 거래 프로세스를 획기적으로 변화시켜 비용절감, 품질개선 등의 성과를 얻고자 하는 것 외에 공급자, 고객, 파트너와의 협업을 통해 공급사슬상에 있는 기업들의 공통가치를 극대화시키는 목적도 있다. 이와 같이 정보기술을 이용하여 기업들이 함께 협력하여 제품 및 서비스를 설계, 개발, 생산, 판매, 관리하는 것을 협업상거래(c-commerce)라고도 한다.

기업 간 협업을 위한 중요한 전제조건은 관련 기업 간 신뢰와 정보공유라고 할 수 있다. 관련 기업 간에 신뢰가 형성되지 않으면 공동으로 제품을 설계, 개발, 생산, 판매, 서비스하기 힘들다는 것은 두말할 필요도 없다. 또한 정보공유도 매우 중요한 협업의 전제조건이다. 공급사슬상의 관련 기업들 간에 제품설계, 주문, 재고, 제품수요, 리드타임 등에 대한 실시간 정보를 서로 공유할 수 있다면 각자 생산 및 재고계획에 즉각적으로 반영할 수 있게 되어 불필요한 재고와 품절을 막을 수 있으며, 리드타임도 줄일 수 있게 되며, 품질도 개선할 수 있게 된다.

정보공유의 목적은 매우 다양하지만 가장 보편적인 것은 전략적 제휴이다. 최근에 전략적 제휴의 중요성이 부각됨에 따라 이를 위한 정보공유도 활성화되고 있다. 예를 들어, 자동차 조립회사와 자동차 부품회사가 서로 전략적 제휴를 맺고 정보를 공유할 수 있다. 자동차 조립회사는 부품회사의 정보를 활용하여 부품의 재고를 최소화할 수 있으며, 부품회사는 조립회사의 정보를 활용하여 생산일정계획 수립에 도움을 받을 수 있게 된다.

전략적 제휴를 위한 정보공유를 정보 파트너십(information partnership)이라고도 한다. 정보 파트너십의 대표적인 사례로는 월마트와 P&G를 들 수 있다. 월마트는 할인점을 운영하고 있는 기업이며, P&G는 소비자 제품을 공급하는 기업이다. 월마트의 경쟁력은 지속적인 재고보충시스템에 있다. 즉, 월마트에서 제품이 판매되면 판매정보가 실시간으로 집계되어 재고를 즉각적으로 보충함으로써 재고비용을 최소화하면서 품절이 발생하지 않도록 하는 것이다. 그런데 재고를 즉각적으로 보충하기 위해서는 공급업자와의 정보공유가 필수적인 것이다. 월마트의 판매정보가 공급업자인 P&G에 전송되어 P&G의 자체적인 판단에 따라 적절한 방법으로 재고가 보충되는 것이다. 여기서 한 걸음 더 나아가서 P&G는 월마트의 재고까지 관리하는 것으로까지 정보 파트너십이 확대되었다. 이와 같이 공급자에 의해 구매자의 재고를 관리하는 것을 공급자재고관리(vendor managed inventory: VMI)라고 한다.

기업 내 그리고 기업 간 협업을 위해서는 정보기술 기반구조의 지원이 필수적이다. 협업을 위한 정보기술 기반구조로는 그룹의사결정지원시스템, 그룹웨어, 기업포털, SCM시스템, RFID, 소셜네트워크, 기타 협업도구 등을 들 수 있다. 그룹의사결정지원시스템(group decision support systems: GDSS)은 여러 사람이 함께 그룹으로 의사결정을 할 때 지원해 주는 시스템이다. 그룹으로 의사결정을 할 때 가장 애로사항이 동일한 시간에 동일한 장소에 모일 수 없는 관계로 의사소통이 잘 안 되는 점과 의사결정에 다수의 사람이 참여하다보니 합의점을 도출하기 어렵다는 점이다. 이러한 애로사항을 정보기술의 지원을 통해 해결해 주는 것이 GDSS이다. GDSS의 요소로는 전자회의시스템, 화상회의시스템, 컴퓨터회의시스템 등을 들 수 있다.

그룹웨어(groupware)란 집단으로 공동 작업을 하는데 서로 협력하여 업무의 효율성을 높여 줄 수 있도록 사용하는 소프트웨어를 말한다. 그룹웨어는 기업포털의 구성요소로서 또는 단독으로 활용될 수 있다. 네트워크로 연결된 사용자들이 서류 작성, 전자결재 등의 작업을 공동으로 할 수 있게 된다. 여기에 다양한 업무용 소프트웨어까지 연동시켜 묶을 수 있으며, 전자우편, 전자게시판, 데이터 공유, 더 나아가서는 전자회의 기능까지도 포함시킬 수 있다. 이러한 이유로 그룹웨어는 업무의 생산성 향상에 필수적인 요소로 인식되고 있다. 대표적인 그룹웨어로는 로터스(Lotus)사의 노츠(Notes)를 들 수 있다.

기업포털(corporate portals)이란 상업용 포털과 마찬가지로 정보와 지식에 접근할 수 있도록 해주는 관문이다. 그러나 상업용 포털과는 두 가지 점에서 차이가 있다. 첫째, 상업용 포털에서는 일반고객이 사용자이지만 기업포털에서는 조직의 구성원, 공급자, 파트너, 고객 등이 사용자이다. 둘째, 기업포털에서는 정보와 지식에 접근할 수 있도록 해주는 것뿐만 아니라 조직 내 또는 조직 간 커뮤니케이션과 거래, 그리고 더 나아가서는 협업까지 할 수 있도록 지원해 주는 수단이다. 기업포털의 유형은 사용자에 따라서 구분될 수 있지만 포털의 목적에 따라 분류되는 것이 일반적이다. 정보포털(information portals)은 기업 내에 산재되어 있는 여러 가지 정보를 찾기 위한 경로를 제공한다. 지식포털(knowledge portals)은 정보뿐만 아니라 지식을 관리하고 제공하는 목적을 가지고 있는 포털이다. 협업포털(collaborative portals)은 공급자, 파트너 등의 기업들과 협업을 가능하게 하는 목적을 가진 포털이다.

RFID(radio frequency identification) 기술은 사물을 식별하기 위해 바코드 대신 전자칩을 사용하는 기술이다. 바코드가 물류에 일대 혁신을 가져다준 것은 사실이지만 몇 가지 문제점이 있다. 바코드는 첫째, 많은 양의 데이터를 담을 수 없고, 둘째, 멀리 떨어져 있으면 인식이 되지 않으며, 셋째, 데이터를 읽을 수만 있고 새로운 데이터를 저장할 수는 없다. 이러한 문제점을 해결할 수 있는 대안이 바로 RFID 기술인 것이다.

RFID시스템의 작동원리는 다음과 같다. 먼저 RFID 전자태그(칩)를 사물에 내장하고 일정한 거리에 있는 RFID 판독기와 라디오파로 송수신하면서 무선으로 데이터를 전송한다. RFID 판독기는 다시 컴퓨터와 네트워크로 연결되어 데이터를 처리하게 된다. RFID 전자태그에는 많은 양의 데이터를 저장할 수 있으며 이를 다시 새로운 데이터로 변경할 수도 있다. 또한 RFID시스템의 종류에 따라 다르지만 고주파시스템의 경우 수십 미터 떨어진 곳이라도 인식이 가능하다. RFID 기술을 기업 간 협업에 사용한 대표적인 사례는 월마트와 P&G를 들 수 있다. 앞에서 언급한 바와 같이 P&G는 월마트에 소비재를 공급하는 회사로서 월마트의 지속적인 재고보충시스템을 지원해 주고 있다. 한 걸음 더 나아가 월마트의 재고관리를 직접해 주는 공급자재고관리를 도입하고 있다. 이러한 전략을 지원하기 위해 P&G는 RFID 시스템을 활용하고 있다. 월마트에 신속하게 재고를 보충하기 위해서 운송 중인 트럭 내에 있는 제품을 RFID 기술을 이용하여 파악한 후 납품을 하게 한다.

최근에는 페이스북(Facebook)과 같은 소셜네트워크(social network)가 등장하여 사용자가 폭발적으로 증가하고 있다. 소셜네트워크는 인터넷상에서 다른 사람들과 친구 또는 사회적 관계를 맺게 해주는 네트워크를 말한다. 이러한 소셜네트워크가 이제는 협업의 도구로 활용되게 된 것이다. 또한 웹 기술의 발달로 인하여 구글 앱스와 같은 도구를 제공하는 사이트가 등장하여 협업에 많은 기여를 하고 있다.

요약

1. 정보시스템의 발전

기업에서 컴퓨터의 활용이 일반화되기 시작한 1960년대의 정보시스템은 회계 데이터를 주로 처리하는 전자자료처리시스템(EDPS)이 대표적이었다. 1970년대의 정보시스템은 기업의 운영과정에서 발생되고 사용되는 각종 데이터를 처리하여 관리정보를 제공하는 경영정보시스템(MIS)이 등장하였으며, 1970년대 후반에는 경영자들의 복잡한 문제해결을 도와주는 의사결정지원시스템(DSS)이 활용되기 시작하였다. 1980년대의 정보시스템은 기업에서 경쟁우위를 획득하기 위한 전략무기로서 전략정보시스템(SIS)이 소개되었다. 1990년대와 2000년대는 정보시스템의 통합이 대세를 이루면서 ERP, CRM, SCM시스템이 등장하였다, 한편으로는 인터넷이 기업의 경영활동에 활용되면서 전자상거래시스템이 보편화되었으며, 기업이 대부분의 경영활동에 디지털 기술을 이용함으로써 본격적으로 e-비즈니스 시대가 도래되었다. 뿐만 아니라 최근에는 사물인터넷, 가상현실, 인공지능, 빅데이터 등의 기술을 활용한 스마트 경영시대에 접어들고 있다.

2. 정보시스템의 유형

기업에서 활용되고 있는 다양한 정보시스템을 경영기능별로 분류하면 생산정보시스템, 마케팅정보시스템, 재무정보시스템, 회계정보시스템, 인사정보시스템 등으로 구분된다. 또한 경영계층별로 정보시스템을 분류하면 거래처리시스템(TPS), 경영정보시스템(MIS), 의사결정지원시스템(DSS), 전문가시스템(ES), 중역정보시스템(EIS)으로 구분된다. 각 유형의 정보시스템은 사용자와 목적 및 특징이 뚜렷이 구분된다. TPS는 조직의 기본 거래를 처리해 주는 시스템이며, MIS는 중간경영자에게 종합적이고 요약된 관리정보를 제공해 주며, DSS는 중간경영자로 하여금 복잡한 문제를 해결할 수 있도록 지원해 준다. ES는 전문가의 지식을 활용하여 문제의 해결책을 제시해 주며, EIS는 최고경영자의 정보욕구를 충족시켜 주는 역할을 한다.

3. 정보시스템의 통합

과거의 전통적인 정보시스템은 기능 중심으로 독립적으로 개발되어 운영되었고, 그 결과 정보시스템의 성과가 기대만큼 높지 않았다. 최근에는 정보시스템을 기능이 아닌, 프로세스 중심으로 통합된 형태의 정보시스템이 많이 활용되고 있다. ERP시스템은 경영자원을 전사적인 차원에서 계획하고 통제하기 위한 통합형 업무 패키지 소프트웨어이다. CRM시스템은 고객 개인에 대한 다양한 정보를 수집 분석하여, 고객과의 관계를 유지, 개선, 강화하고 고객의 가치를 극대화하여 수익을 창출하기 위한 시스템이다. SCM시스템은 공급사슬상의 자재, 정보, 자금의 흐름을 공유해 불필요한 시간과 비용을 제거하기 위한 시스템이다.

4. 전자상거래와 협업

인터넷 기술의 발달로 과거에는 볼 수 없었던 새로운 경제현상들이 등장하였다. 그중에 하나가 전자상거래이다. 기업과 소비자 간의 전자상거래뿐만 아니라 기업과 기업 간의 전자상거래 시대가 도래한 것이다. 한편, 경영환경의 변화 및 경쟁의 심화는 기업 내 협업뿐만 아니라 기업 간 협업의 중요성을 높이고 있다. 이러한 협업을 용이하게 만드는 정보시스템과 기술들이 지속적으로 등장하고 있다.

사례연구 스마트 팩토리, 위기의 제조업 돌파구로

인공지능대학원 콜로퀴엄: AI 국가경쟁력 확산 위한 최고 전문가 논의의 장 펼쳐져

"우리나라의 인공지능(AI) 경쟁력을 배가하기 위해 대학과 대학, 대학과 산업 간 개방형 협력 생태계 구축이 시급하다. 집단지성을 바탕으로 사회와 산업 분야(도메인)의 실질적 문제를 해결할 수 있는 방향으로 기술을 발전시켜야 한다." 과학기술정보통신부와 정보통신기획평가원(IITP), 인공지능대학원협의체(AIGS)가 개최한 '2021 인공지능대학원 콜로퀴엄'에 참석한 국내 최고 AI 전문가들은 AI 방향성에 대해 한 목소리를 냈다. '2021 인공지능대학원 콜로퀴엄'은 26일부터 27일까지 제주도에서 방역수칙을 준수해 온·오프라인 병행 개최했다.

행사에 참여한 AI 전문가들은 '디지털 뉴딜을 선도하는 인공지능 집단 지성'을 주제로, 설립 2주년을 맞이한 AI 대학원 발전 방향을 모색하고, 연구 성과를 공유하는 학술 경연을 펼쳤다.

◇AI 꽃피우려면 '열린 대학'으로 탈바꿈해야

한림대 총장은 '대학혁신의 방향'을 주제로 강연했다. 최 총장은 "대학이 AI라는 첨단 분야를 받아들여 사회수요에 부응하는 결과를 달성하는 데 현재의 대학구조는 적합하지 않아 보인다"며 "학위 종류는 단순하고, 대학과 대학 간 벽이 높고 사회와도 괴리된 닫힌 대학의 모습을 유지하고 있다"고 진단했다. 그는 AI와 같은 혁신기술을 수용, 발전시키기 위해서는 대학의 존재와 역할, 목표, 거버넌스 전반에 대해 근본적인 재설계가 필요하다고 역설했다. 최 총장은 "캠퍼스 중심의 닫힌 대학, 강연, 산·학 협력을 중심을 넘어 열린 대학 개념인 '유니버시티 4.0'이 필요하다"며 "기업이 대학과 소통하고, 대학의 인재가 바깥에 나가 수업하고 교육하고, 일도 할 수 있도록 구조를 변화시켜야 한다"고 말했다.

한림대 총장은 "대학이나 학과전공 분류에도 기계공학, 경제학 등으로 분류하지 않고, 기후변화와 같이 문제를 중심으로 '도메인(분야)'을 설정하고, 그에 필요한 경제학과 공학 등을 동시에 섭렵할 수 있도록 해야한다"며 "문제 중심으로 인재 양성을 재분류하도록 '파괴적 혁신'을 제안한다"고 역설했다.

◇AI, 산업에 적용돼 문제 해결

현대자동차 AIRS컴퍼니 리더(상무)는 '자동차와 AI-모빌리티, 매뉴팩쳐링'을 주제로 현대자동차 그룹의 AI 전략과 활용방향을 소개했다. 김 상무는 "현대차는 AI비전 검사를 통한 완성차 하부 불량인식, 휠 디자인 등 생산 과정에 AI를 적용하고 있다"며 "'셔클' 차량 공유 서비스에도 AI를 적용해 최적 경로를 계산하고 있다"고 소개했다. 김 상무는 "현대차의 성공적 디지털전환을 위한 핵심 3요소는 데이터와 인프라, 기술"이라며 "각 사업영역에서 풍부한 데이터를 주입할 인프라를 확보해 AI 알고리즘을 개선시키는 동시에 AI로 어떤 문제를 해결할 지를 염두에 두고 개발을 진행해 나가야 한다"고 조언했다.

LG AI연구원장은 'LG가 AI를 통해 만들어가는 더 나은 세상'을 주제로 강연했다. LG

AI 연구원이 중심으로 진행 중인 LG에너지솔루션의 배터리 수율 개선, LG화학의 신약 개발, LG전자의 물류 효율 개선 등 그룹차원에서 제기된 다양한 문제에 대해 AI를 통한 해결방안을 제시하는 활동을 소개했다. 배 원장은 "LG가 추구하는 초거대AI는 분야별 전문지식으로 무장한 전문형 AI를 지향한다"며 "실제 사업에 의미 있게 활용되도록 고민을 지속하며 학계와도 안정적인 산학협력 틀을 만들어가겠다"고 역설했다.

국방부도 AI를 활용해 스마트 강군을 만들겠다는 강한 의지를 드러냈다. 박남희 국방부 정보화기획관은 "AI 대학원과 협력해 군장병 특화 AI과정을 마련하는 등 군이 첨단기술을 적용할 수 있도록 학계와 교류·소통을 강화하겠다"고 말했다.

◇초거대 AI 진화위한 학술 교류의 장

IITP 프로젝트 관리자는 5년간 총 3018억원을 투입 예정인 '과기정통부 차세대 AI 핵심원천기술' 사업 운영방향에 대해 소개했다. 이 PM은 우리나라는 현장에서 제대로 쓰일 수 있는 AI 원천기술을 확보에 집중해야 글로벌 경쟁에 대응 가능하다고 진단했다. 미국은 AI 플랫폼과 알고리즘 측면에서 세계최고 수준 경쟁력을 보유했고, 중국의 10억 인구를 바탕으로 양적인 데이터 수집 경쟁력이 강점으로, 우리나라가 같은 방식으로 경쟁하기에는 한계가 존재한다는 판단이다. 이 PM은 "우리나라는 적은 데이터로 알고리즘 확장력을 응용한 '강화학습'과 현장을 중심으로 시행착오 등을 포괄해 성능을 높이는 '평생학습'을 발전시켜 나가야 한다"며 "경쟁형 과제보다는 동일한 문제에 대해 다양한 해결방안을 도전할 수 있는 복수형 과제 방식을 고려해 연구개발(R&D)을 진행해 나가겠다"고 말했다.

행사에서는 AI 대학원 연구 성과를 공유하며 기술진화 방안을 모색했다. '인공지능 컴퓨터 비전 분야 최신 연구 동향' 세션을 통해 스포츠 경기 장면 등을 분석, 상황에 대한 판단을 바탕으로 AI 경기 중계와 심판 활용 등 기술 진화 현황이 제시됐다. 참가자는 '딥러닝 기반 언어정보처리기술의 현재와 미래 세션'을 통해 AI 음성인식과 데이터 처리 능력을 높일 방안을 모색했다. 아울러, AI 소프트웨어플랫폼 현황 진단과 미래, 바이오헬스케어 산업의 새로운 돌파구로서 AI 활용 방안 등에 대해서도 논의가 전개됐다.

출처: 박지성(2021. 8. 29.). 전자신문.

| 사례질문 |

1. 인공지능의 발전을 위하여 대학은 어떠한 노력을 하여야 하는가?
2. 인공지능을 활용하는 기업의 최신사례를 들어 보시오.
3. 무기개발 분야에서 인공지능 기술개발 및 적용사례를 이야기해 보시오.

PART 02

정보기술 기반구조와 응용

PART 02

정보기술 기반구조와 응용

CHAPTER 03

인터넷과 통신기술

1. 인터넷
2. 통신과 네트워크

학/습/목/표

이 장에서는 오늘날 우리가 살고 있는 사회의 특징인 스마트시대에 대해 설명하고, 최근 세계적으로 관심이 높은 4차 산업혁명에 대해 소개한다. 또한 우리 사회생활과 기업경영에 필수적인 정보기술의 발전과 정보시스템의 역할, 조직과 정보시스템 관계에 대하여 설명한다.
경영정보시스템을 이해하기 위해서는 먼저 경영, 정보, 시스템을 살펴보아야 하는데 경영에 대해서는 이 교재의 여러 부분에서 설명하고 있으며, 정보시스템이 경영의 여러 분야에 어떻게 사용되고 활용되고 있는지에 대한 소개도 다양한 측면에서 제시하고 있다. 다음으로 정보시스템의 기본이 되는 자료와 정보, 지식에 관해 살펴보고 일반적인 시스템에 대해 설명한다.
정보시스템을 구체적으로 이해하기 위해 정보시스템 개념과 구성요소에 대해 설명하며, 정보시스템의 다섯 가지 구성요소에 대하여 소개한 후 정보시스템 배경학문과 역할의 변화에 대해 설명한다.

1. 스마트시대의 특징과 4차 산업혁명을 이해한다.
2. 정보기술의 발전과 정보시스템의 기본적인 역할에 대해 살펴본다.
3. 자료와 정보 그리고 지식의 차이를 이해한다.
4. 기본적인 시스템을 이해하고 정보시스템의 구성요소와 배경학문을 살펴본다.

1 인터넷

1) 인터넷의 개념

디지털 환경에서 기업과 개인은 자신의 컴퓨터와 서버에 데이터와 정보를 저장해 두고 수시로 활용하고 있다. 기업들은 서버에 각종 거래처리, 운영 및 계획정보를 저장하고 있으며, 개인들은 자신의 PC, 태블릿PC, 스마트폰 등에 작업한 파일이나 참조할 정보들을 보관하고 있다. 기업 간 거래에서 다수가 협력하여 어떤 작업을 해야 한다면, 서로가 가지고 있는 데이터와 정보공유를 통해 더 효율적으로 협력을 할 수 있을 것이다. 기업 간 협력이 중요한 비즈니스 환경에서 기기와 기기들끼리 서로 통신하고 자료를 주고받을 수 있다면, 업무의 효율성은 더 없이 증가 할 것이다. 오늘날 개방형 월드와이드웹(world wide web: WWW) 기반 인터넷은 이러한 필요에 의해 만들어진 것이다. 처음에는 업무 협력을 위해 연결이 필요한 조직들끼리만 폐쇄형 네트워크를 구축해 쓰다가 그 네트워크에 또 다른 기업 또는 네트워크가 추가되는 방식으로 계속 확산되면서 지금의 인터넷이라는 형태의 거대한 개방형 글로벌 네트워크가 구축된 것이다.

인터넷이란 '사이'를 의미하는 'inter'와 'network'가 합성된 단어로서 인터넷을 한 마디로 정의하면 '네트워크들의 네트워크(the network of networks)'라 할 수 있다. 오늘날 인터넷은 전 세계 수십억 개의 모바일 및 무선기기, PC, 그리고 서버를 연결해 놓은 거대한 통신망이다. 따라서 인터넷의 전체적인 형태나 규모를 정확하게 파악하는 조직이나 개인은 없으며, 이를 관리하는 주체도 사실 없다. 다만, 각 조직이나 개인은 자신의 권한 아래 있는 자원들을 관리하는 방식으로 운영된다. 그렇지만 인터넷에서는 다양한 기종의 컴퓨터와 이질적인 네트워크들 간에 통신이 이루어져야 하므로 공통의 통신규약이 요구된다. 현재 우리가 사용하는 인터넷에서는 TCP/IP(transmission control protocol/internet protocol)를 대표적인 개방형 통신프로토콜로 사용하고 있다.

2) 인터넷의 등장과 활용

(1) 인터넷의 출발

인터넷은 1969년 ARPANET(advanced research projects agency)이라는 이름으로 미국에서 처음 등장하였다. 미국 국방부는 당시 소련(현 러시아)의 핵무기 공격이나 그에 준하는 군사적 위협을 가상하여 어떤 경우에도 작동이 가능하고, 신뢰성 있는 컴퓨터 네트워크(통신망)가 필요했다. 즉, 중간에 있는 몇 개의 컴퓨터시스템이 폭격으로 파괴되더라도, 다른 대체 시스템을 통해서 연결이 되는 안전한 네트워크를 원했던 것이다. 이는 곧 하나의 통신라인이 아닌 다수의 대안적 통신라인을 구축하여 컴퓨터와 컴퓨터를 연결해 둔다면, 적의 공격으로 하나의 통신라인이 파괴되더라도 여전히 다른 통신라인은 가동될 수 있도록 하기 위한 것이다. 이러한 요구조건을 만족시키기 위해서 미국의 대학 연구소가 ARPANET이라는 것을 고안한 것이 인터넷의 시초가 되었다.

그 후 계속 발전하여 1972년 일반에게 공개되었을 당시에는 국방과 관련된 기술 프로젝트를 수행하는 미국 내 50여 개 대학과 연구소들이 이 네트워크에 연결되었다. ARPANET은 1980년대에 이르러 미국과학재단(national science foundation: NSF)이 구축한 NSFNET에 통합되어 거대한 네트워크로 발전하였고, 이에 다른 국가의 네트워크가 연결되면서 거대한 글로벌 네트워크가 형성되기 시작하였다.

초기에는 인터넷을 통해 문서 정보만을 주고받았으며, 사용하는 방법도 매우 까다로웠다. 1990년 이후 월드와이드웹(world wide web: WWW) 서비스가 출현하였고, 하이퍼링크(hyper-link) 방식의 편리한 브라우저(browser)가 제공되면서 사용자는 폭발적으로 증가하였다. 2021년 1월을 기준으로 전 세계 인구 79억 명 중 인터넷 사용자는 46억 6천만 명으로 전 세계 인구의 59.5%이다. 아직도 인류의 40%정도는 편리한 인터넷을 사용하지 못하고 있으며, 인터넷 사용자 46억 6천만 명 중 92.6%(43억 2천만 명)가 모바일 장치를 통해 인터넷을 사용하고 있다.

우리나라에서는 1982년 서울대학교와 당시 구미에 있던 한국전자통신연구소(KIET)의 컴퓨터를 1200BPS 모뎀을 사용하여 연결한 SDN(system development network)을 그 효시로 보는 견해가 지배적이다. 그 후 1994년에 상용서비스망인 KORNET을 구축하면서 본격적으로 인터넷서비스가 시작되었다. 시작은 일본보다 앞선 것으로 보이지만, 외국 네트워크에 접속한 것은 1990년부터 가능하였다.

(2) 인터넷의 가치와 활용

그럼 인터넷이 주는 여러 가지 효용 중 비즈니스 관점에서 어떤 가치(value)가 있는가? 인터넷이 개인의 일상은 물론 다양한 산업에서 여러 가지 기회와 가치를 창출 하고 있다는 것은 이미 잘 알려져 있다. 특히, 비즈니스 관점에서 인터넷이 주는 가치는 매우 크다. 즉, 인터넷은 국가, 사회, 문화, 경제, 경영 등 다양한 분야에 영향을 미쳤지만, 그것을 잘 활용하여 가장 큰 혜택과 효과를 본 분야는 단연 기업의 경영 분야라 할 수 있다. 따라서 인터넷이 갖는 가치를 기업경영의 관점에서 정확히 파악하고 이를 실질적 경영활동에 접목하는 일이 중요하다.

비즈니스 관점의 인터넷 가치는 다음의 [그림 3-1]과 같이 여덟 가지로 요약할 수 있다.

첫째, 기업 경영활동에 고객 참여가 확대될 수 있다. 인터넷을 통해 고객은 자신의 요구사항 또는 불만을 보다 손쉬운 방법으로 전달할 수 있는 경로를 확보할 수 있다. 대부분 기업의 웹페이지와 고객센터 사이트에는 질문을 올릴 수 있는 게시판과 기업과 접촉할 수 있는 이메일 주소와 연락처 등이 제공되고 있다.

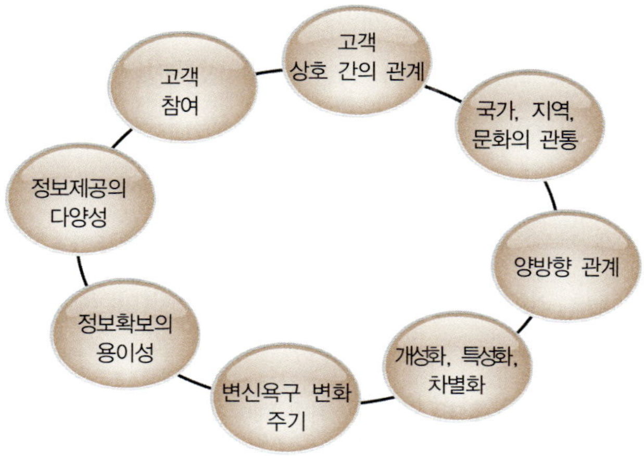

▌그림 3-1▐ 인터넷의 비즈니스적 가치

한편, 이러한 고객 참여는 기업 입장에서도 유리한 점이 많다. 기업은 고객의 적극적 요구사항이나 불만을 경영활동에 활용할 수 있다. 인터넷을 통해 고객에게 접근하기도 용이해서 고객과의 의사소통 빈도수가 증가하고, 이로 인해 고객과 밀접한 관계 형성이 가능해진다. 고객참여가 확대된다는 것은 고객의 중요성이 더욱 부각되었음을 의미하므로 인터넷 환경은 고객 중심적 경영의 가치를 더욱 부각시켜 준다.

둘째, 인터넷은 고객 상호 간의 관계를 증진시킬 수도 있다. 공통의 이해관계를 가진 고객들은 인터넷에서 서로 간의 관계를 더욱 쉽게 형성할 수 있다. 사이버공간에서 고객들은 특정의 목적을 위해 사이버공간을 만들어 정보를 교환하고 요구사항을 조직적으로 전달할 수 있다. 또한 서로에게 유익한 제품정보나 사용정보 등을 공유할 수 있다. 고객들끼리 상호 간의 관계가 발전하다 보면 서로 상품 및 서비스를 교환할 수 있는 형태로 발전할 수도 있다. 이러한 관점에서 소셜네트워크 사이트(social network site: SNS) 및 다양한 온라인 카페 등은 고객들 간의 상호 관계 증진에 매우 큰 영향을 미친다. 또한, 고객들이 때로 소비자연대와 안티 사이트(anti site)를 구축하는데, 이는 기업이 피해야 하는 상황이지만 이를 잘 활용하면 때로 기업에게 도움이 될 수도 있다. 고객 상호 간의 관계 형성이 쉽다는 것은 고객참여가 확대된 것에 따른 가치와 마찬가지로 인터넷 환경은 고객 중심적 경영의 가치를 더욱 부각시켜 준다.

셋째, 인터넷공간에서는 고객을 위한 개인화, 특성화, 차별화 서비스의 구현이 더욱 쉬워진다. 개인 카페나 블로그, SNS 등을 보면 알 수 있듯이 사이버공간에서는 누구나 자신만의 독특한 공간 이미지를 쉽게 구현할 수 있다. 흔히 사람들은 다른 사람, 다른 집단과 구분되는 차별적 기술과 이미지 등을 적용해 자신을 부각시킴으로써 자아를 실현하고자 하는 욕구가 있다. 블로그(blog)의 다양한 스킨, 아바타 구현, 휴대폰의 벨소리와 컬러링, 다양한 이모티콘 등은 이러한 욕구 실현을 위해 제공되는 다양한 콘텐츠 서비스라 할 수 있다.

기업들은 고급 웹 프로그래밍 기술을 이용하여 이러한 사람들의 욕구를 쉽게 충족시킬 수 있는 차별화되고 개인화된 인터넷 서비스를 제공할 수 있다. 개인화, 특성화, 차별화가 용이한 웹 환경에서 기업은 고객 개개인에 대해 일대일(1:1) 개인화(personalization) 서비스를 제공함으로써 고객의 마음을 사로잡을 수 있다. 아마존(Amazon)에서 사용자가 웹사이트에 등록하고 로그인한 후 이루어진 다양한 활동(도서 검색 및 주문 등)을 기반으로 사용자가 검색한 도서나 구매한 도서와 관계된 다른 최신 도서들을 함께 보여 주는 추천 서비스는 개인화의 단적인 예가 될 수 있다.

넷째, 인터넷은 다양한 정보와 전달채널을 제공해 준다. 개방적인 인터넷 기반 기술구조에서는 다양한 내용과 형식의 정보를 다양한 경로를 통해 제공할 수 있는 이점이 있다. 이제는 고객이 원하는 정보를 더 이상 문서 정보에만 한정할 필요가 없다. 음성, 이미지, 동영상, 애니메이션 등 다양한 형식의 정보를 만들어 제공할 수 있으며, 이것들을 각종 SNS, 이메일, 게시판, 블로그, 커뮤니티, 모바일 기기를 통해 전달할 수 있다. 이렇게 고객에 대한 접근성과 밀착성이 강화됨으로써 양질의 고객서비스와 호의적 고객반응을 기대할 수 있다.

다섯째, 인터넷을 통한 정보 제공의 다양성이 확대되는 환경에서는 정보자원관리에 대한

기업의 준비된 대응방식이 특히 필요하다. 따라서 기업은 정보자원관리에 더 많은 관심과 역량을 집중할 때, 경쟁사에 비해 차별화된 경쟁력을 확보할 수 있다. 고객의 정보를 쉽게 얻을 수 있다는 것은 경영에 있어 중요한 시사점을 제공한다.

① 인터넷 환경에는 다양한 분야에서 다양한 형식의 콘텐츠가 존재하지만 모두가 정보로 활용될 수 있는 조건을 갖추고 있지는 않다.

② 데이터가 진정한 가치를 발휘하기 위해서는 인터넷상에서 광범위한 자료를 찾아내고, 이를 토대로 의사결정과 경영에 유용한 정보로 가공되어야 한다. 오늘날 스마트폰을 포함한 다양한 모바일 기기의 출현은 이러한 정보 획득을 더욱 편리하고 신속하게 만들어 주었다.

③ 인터넷이 갖는 가치는 경쟁력을 강화해 줄 수 있는 차별적 정보 확보가 가능하다는 점에 있지만 이것을 부가가치 창출을 위해 활용하는 방법은 기업에게 여전히 남겨져 있다. 그 기회를 잘 활용하는 기업은 경쟁력을 강화하는 기회를 얻을 것이지만 그렇지 못하면 시장에서 퇴출될 것이다. 오늘날 빅데이터(bigdata)는 기업에게 위협이 되기도 하면서 동시에 큰 기회를 제공하는 분야이다.

여섯째, 사용자나 고객의 변신욕구를 신속하게 반영하고, 변화주기를 단축할 수 있다. 인터넷은 고객과의 밀착성이 뛰어나므로 변화에 대한 요구를 신속히 파악하고 이를 제품이나 서비스 설계에 반영해서 고객에게 보다 양질의 서비스와 상품을 제공할 수 있다. 고객의 소리를 들을 수 있고, 이에 대해 신속한 대응을 할 수 있는 인터넷 환경은 비즈니스 유연성을 극대화할 수 있는 가치를 가지고 있다. 글로벌 패션 브랜드 자라(Zara)는 장기 기획 방식을 따르지 않고, 현재 유행을 신속히 포착해 불과 몇 주 안에 디자인-생산-매장 진열 과정을 완성하는 초스피드 공급 방식으로 운영된다. 또한, 다양한 유행 상품에 대한 요구를 충족시키기 위해 다품종 소량생산 방식을 택하고 있는 이 모든 것이 인터넷을 기반으로 한 정보시스템이 있기에 가능한 것이다. 또한, 마켓컬리(Market Kurly)의 샛별 배송은 인터넷을 통해 고객의 요구 사항을 바로 반영한 생활형 서비스라 할 수 있다.

일곱째, 인터넷 문화는 국가, 지역문화를 관통하는 성격을 띠고 있다. 전세계적으로 인터넷이 보편화되면서 국가와 국경의 의미는 점점 쇠퇴하고 있다. 일부 폐쇄적인 국가를 빼고 전 세계인이 모두 동일한 조건으로 인터넷을 이용하고 상호관계를 형성할 수 있다. 이로 인해 세계는 단일시장으로 확대 개편되고 기업은 이 단일 시장을 대상으로 더 많은 사업 기회를 창출하고 있다. 한류 콘텐츠가 세계적으로 소비될 수 있었던 것은 국가와 국경을 넘나드는 개방형 인터넷 인프라와 문화가 있었기 때문에 가능한 것이었다.

여덟째, 인터넷을 통해 양방향 의사소통이 더욱 증진된다. 개방형 인터넷으로 기업은 고객과 방문자의 의견을 양방향으로 쉽게 청취할 수 있게 되었다. 일방적으로 자료를 전달하기보다는 고객의 반응을 신속하게 감지할 수 있으므로 고객의 요구에 부합되는 서비스와 상품을 더 잘 제공할 수 있게 된 것이다. 최근 모바일 기기 기반의 SNS서비스는 이러한 양방향 의사소통을 보다 긴밀하게 만드는 특징이 있다. 또한, 다양한 방문자(잠재고객) 및 고객으로부터 정보를 얻을 수 있기 때문에 고객의 민감한 변화까지도 쉽게 파악하여 이를 경영에 반영할 수 있으며, 이러한 일련의 변화는 고객중심적 경영을 정착시키는 계기가 되기도 한다.

기업이 비즈니스적 관점에서 인터넷의 가치를 잘 인식한다면 이러한 가치를 추구할 수 있도록 인터넷을 기반으로 한 가상가치사슬(virtual value chain)을 설계하여야 한다. 즉, 가치를 창출하는 경영활동과 그렇지 않는 경영활동을 파악하여 비효율적인 비즈니스 프로세스를 가상화하고, 정보공유가 단절된 시스템들을 연결해야 할 것이다.

흔히 인터넷을 '정보의 바다'라고 하지만 사실 인터넷은 정보의 바다가 아니라 진흙 속에서 진주를 캐는 일과 같다. 인터넷에는 바다에 비길 정도로 다양한 분야의 다양한 내용과 최신 콘텐츠가 즐비하다. 이러한 최신의 정보는 지속적으로 창출 되어 기업이 활용 가능한 형태로 저장될 뿐 아니라 초고속으로 정보에 접근할 수 있는 보물창고라 할 수 있다. 하지만 이와 같은 방대한 양의 정보가 체계적으로 정리되어 있지 않을 뿐 아니라 허위사실정보도 많기 때문에 정보의 선택과 활용에 매우 신중을 기해야 한다. 포탈과 검색업체들은 정보의 바다에서 효율적인 정보 검색과 효과적인 정보 디스플레이를 위해 계속 연구하고 있으나, 정보의 질(quality)과 사실(fact) 여부에 대한 판단은 여전히 개인 사용자의 몫이다. 따라서 유용한 정보를 얻는 것은 진흙 속에서 진주를 캐는 일에 비유된다.

(3) 미래의 인터넷

인터넷으로 유발된 다양한 가치를 많은 기업과 개인들이 인식 하면서 인터넷 사용자는 지속적으로 증가 하고 있다. 또한, 이러한 사용자들은 단순히 문자 위주의 데이터 보다 고용량 멀티미디어 데이터(예: 유투브 동영상 등) 사용과 공유가 더 일반화 되고 있는 추세이다. 이에 연구자들은 인터넷에서 데이터를 전송하는 능력이 향상되지 않으면 향후 인터넷에서 정보 공유시 데이터 전송과 수송이 엄청 느리게 될 경향이 발생 할 것이라고 한다. 이러한 우려에 의해 1996년 미국 대학들을 중심으로 인터넷 망 속도와 데이터 처리 능력을 향상시키기 위한 차세대 초고속 기반 네트워크망 구축을 위한 인터넷 2(internet 2)라는 대학연합 연구망을 개발 하고 있다. 인터넷 2는 기존의 TCP/IP 프로토콜 대신 새로운 통신 프로토콜을 가진 연구망으로서 고속 대역폭(bandwidth)의 애플리케이션을 지원하기 위한 기반구조를 제공한다. 2021년 현재 인터넷 2의 고등교육기관 회원 수는 320개가 넘으며, 인터넷 2 연구 그룹은 더욱 효과적인 라우팅 실행(IPv4, IPv6 등), 분산 컴퓨팅, 가상 실험실, 디지털 도서관, 분산 학습 및 원격 교육에 필요한 선도적 애플리케이션들을 위한 신규기술을 개발하고 구현하고자 한다. 비록 이런 유형의 네트워크가 현재 사용 중인 인터넷을 대체할 수는 없으나 향후 더 발전된 인터넷 환경 개발을 위해 개발 된 기술을 실험적으로 적용해 볼 수 있는 시험 환경을 제공한다.

2 통신과 네트워크

텔레커뮤니케이션(telecommunications), 즉 통신이란 전자적인 수단을 이용하여 공간의 장애를 극복하고 한 지역에서 멀리 떨어져 있는 다른 지역으로 정보를 전송하는 것을 의미한다. 오늘날 기업들은 데이터망과 전화망(음성통신)으로 구성된 복잡한 네트워크를 활용하여 정보를 상호교환하고 있다. 일반적으로 전화망은 국가가 구축한 공적인 네트워크 인프라이며 데이터망은 KT, SK, LG와 같은 인터넷서비스공급자(internet service provider: ISP)들이 구축한 사설 네트워크이다.

네트워크는 참가자들이 늘어나면 날수록 그 가치가 기하급수적으로 증가하며 이러한 현상을 네트워크 효과(network effect)라고 한다. 이와 같은 통신혁명으로 기업들은 전자상거래를 통해 거래비용을 줄일 수 있으며, 시공간을 초월하여 업무와 직원들을 관리 및 통제할 수 있어 관리비용을 줄일 수 있다. 또한, 환경과 시장의 변화에 기업들이 더 민첩하게 대응할 수 있으며, 시기적절한 정보의 제공으로 의사결정의 질을 높일 수 있다. 그 외에 지리적·시간적 장애로 인해 발생하는 비용을 절감할 수 있다.

1) 통신의 구성요소

통신, 즉 인터넷과 같은 네트워크 환경에서 정보나 데이터를 한 지역에서 다른 지역으로 전송 하려면 컴퓨터, 입출력장치, 통신채널, 통신처리장치 그리고 통신소프트웨어와 같은 기본적인 요소를 갖추어야 한다. [그림 3-2]는 통신의 구성요소에 대해 묘사하고 있다.

- **컴퓨터**: 정보처리를 담당하는 기본 기기로 보내고 받는 모든 비트(bit)형 데이터는 컴퓨터의 처리를 거친 후 송수신한다.
- **입출력장치**: 모니터, 키보드, 마우스 등
- **통신채널**: 네트워크에서 데이터나 음성을 송수신하는 유무선 매체
  (예: 전화망, 광케이블, 동축케이블, 무선 등)
- **통신처리장치**: 데이터 송수신을 지원
  (예: 모뎀, 멀티플렉서, 컨트롤러, 전방처리기 등)
- **통신소프트웨어**: 통신네트워크의 입출력 활동을 통제하고 그 외 다른 기능 관리

이러한 구성요소들은 통신을 위한 하드웨어, 통신처리를 하는 소프트웨어(프로그램) 그리고 통신규약(프로토콜) 등이 된다.

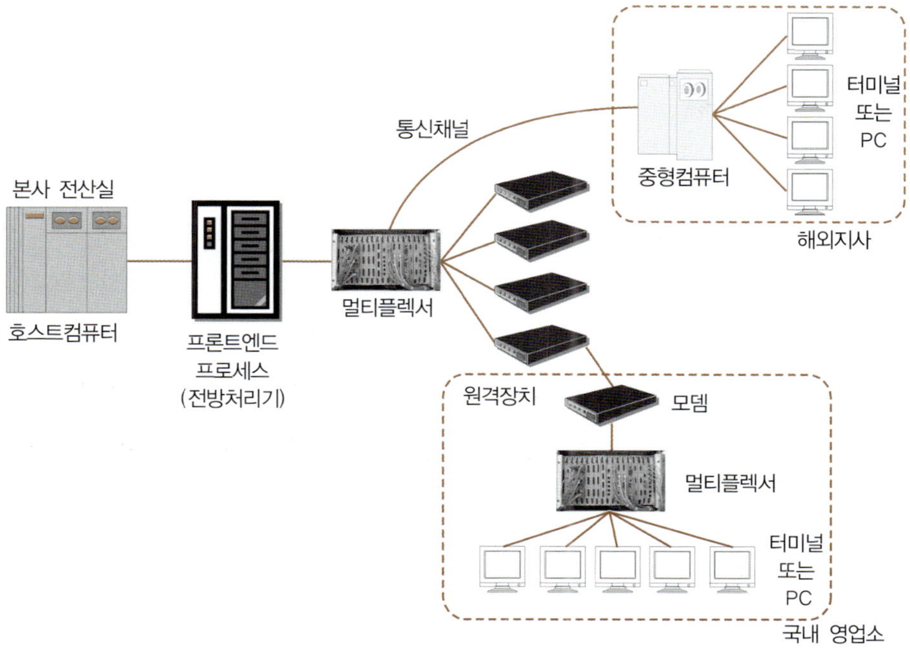

▌그림 3-2▐ 통신의 구성요소

(1) 통신하드웨어

① 모뎀(modem)

모뎀은 디지털 신호를 아날로그 신호로 바꾸기도(modulate) 하고, 아날로그 신호를 디지털 신호로 다시 변환하는 기능(demodulate)을 수행한다([그림 3-4] 참조). Modem이라는 단어는 이 두 단어의 합성어이다. 일반적으로 모뎀은 외장형과 내장형이 있다. 모뎀은 대부분의 선진국에서는 거의 사용하지 않는 통신하드웨어이다.

② 멀티플렉서(multiplexer)

멀티플렉서(multiplexer: MUX)는 데이터 전송의 효율성을 높이기 위해 여러 개의 전송신호를 하나로 묶어 통신채널(케이블)로 보내는 장비이다. 즉, 하나의 채널에 다수의 신호를 실어 보내는 것이다. 예를 들어, 대규모 사무실에서 컴퓨터마다 케이블을 연결하려고 하면 케이블의 수가 과도하게 많아 매우 불편할 것이다. 다수의 컴퓨터를 멀티플렉서로 묶으면 다수의 사용자들이 고가의 모뎀을 공유할 수 있을 것이다.

③ 허브와 스위치(hub and switch)

허브는 데이터가 하나 또는 그 이상의 다른 곳(컴퓨터 장비)에서 한곳으로 모이는 장소이며, 들어온 데이터들은 다시 하나 또는 그 이상의 곳으로 전달된다. 허브는 보통 스위치를 포함하기도 한다(스위치라고 불리는 장비는 보통 허브라고도 한다). 허브는 보내고 받을 데이터가 모여드는 곳인 반면, 스위치는 모여든 데이터를 어떻게 그리고 어디로 보낼 것인지를 결정한다. 스위칭 측면만 고려한다면 허브는 또한 다음에 설명하는 라우터 기능을 포함할 수 있다.

④ 라우터(router)

라우터는 다수의 네트워크 경로 중에 가장 효율적인 경로를 찾아 데이터 패킷(packet)을 안전하게 전송하는 기능을 수행함으로써 데이터의 경로흐름을 제어하는 소프트웨어를 포함한 하드웨어라 할 수 있다. 이를 위해 라우터는 자신과 연결된 네트워크와 호스트들의 정보를 유지·관리함으로써 특정 경로가 이용가능한지, 어느 경로가 빠른 데이터 전송을 지원하는지 판단할 수 있어야 한다. 스위치와 라우터 기능은 네트워크의 환경에 따라 허브에 포함될 수도, 되지 않을 수도 있다.

⑤ 패킷스위칭(packet switching)

패킷스위칭은 통신하고자 하는 호스트가 데이터를 전송하기 전에 연결 경로를 먼저 설정하는 방식인 서킷 스위칭(circuit switching)과 다르게, 보내야 하는 디지털 데이터를 패킷(packet)이라는 작은 조각으로 나눈 후, 이 패킷들을 여러 통신채널에 분배하여 전송하며, 목적지에 도착된 패킷들은 다시 원래 메시지 형태로 재조립하는 기술이다. 이때 라우터 기능을 가진 허브(스위치)가 상대적으로 한가한 경로(통신채널)를 찾아 패킷을 보내기 때문에 네트워크를 보다 효율적으로 활용할 수 있도록 하는 통신기술이다. 조각난 패킷을 나중에 한곳에 모으기 위해서 모든 패킷에는 발신자 컴퓨터의 IP주소가 일일이 저장된다([그림 3-3] 참조).

⑥ 브리지와 게이트웨이(bridge and gateway)

브리지는 하나의 근거리 네트워크(local area network: LAN)에서 동일한 프로토콜을 사용하는 다른 LAN을 연결할 때 필요한 장비인 반면, 게이트웨이는 프로토콜이 서로 다른 네트워크를 연결할 때 필요한 장비이다. 이러한 장비 안에는 앞서 설명한 라우터와 스위치 등의 기능도 포함된다.

이와 같이 통신에 필요한 하드웨어가 작동하기 위해서는 다음과 같은 통신 관련 소프트웨어가 반드시 필요하다.

(2) 통신 소프트웨어

일반적으로 통신 소프트웨어는 하드웨어 장비 안에 이미 설치되어 있거나 사용자가 필요에 따라 별도로 설치할 수 있다. 통신 소프트웨어는 전화 걸기(dialing), 파일전송, 단말기 에뮬레이션 등의 기능을 수행한다. PC가 대형컴퓨터를 이용할 때 단말기 에뮬레이션 기능은 PC가 대형컴퓨터의 단말기(터미널)의 역할을 수행할 수 있도록 해준다. 오늘날 이런 기능들은 세련되고 편리한 인터페이스로 인해 자동으로 실행되거나 편리하게 쓸 수 있게 되어 육안으로 확인하기는 어렵다.

① 통신프로토콜

통신을 위해서는 보내는 쪽과 받는 쪽이 서로 약속된 절차와 규칙에 따라야 하는데 이를 프로토콜(protocol)이라 한다. 프로토콜은 다음과 같은 기능을 수행한다.

- 통신 경로에 있는 하드웨어 장비들을 확인
- 다른 장비들의 신호를 포착
- 전송된 메시지의 오류 유무를 체크
- 메시지가 재전송을 필요로 하는지 확인
- 오류 발생 시 에러 복구

전송 오류는 데이터가 깨져서 도착하는 데이터 변형 오류와 데이터가 도착하지 못하는 데이터 분실 오류가 있다. 전송오류 문제를 해결하는 오류제어(error control)는 통신프로토콜의 기본적인 기능의 하나이다.

오늘날 인터넷에서는 TCP/IP(transmission control protocol/internet protocol)가 세계적인 표준으로 인정되고 있으며, TCP/IP는 디지털 데이터를 패킷들로 나눈 후 각각에 고유주소를 부여한 뒤에 보내며 수신된 패킷들은 다시 합의된 방법에 따라 재구성하는 패킷 스위칭 기술을 이용한다. [그림 3-3]은 패킷 스위칭 네트워크에서 서울에서 제주로 메시지가 어떻게 전달되는지를 보여준다. 원본 메시지가 6개의 패킷으로 쪼개져 각 패킷이 확보된 경로로 전송이 된 후 목적지(제주)에서 재조립된다.

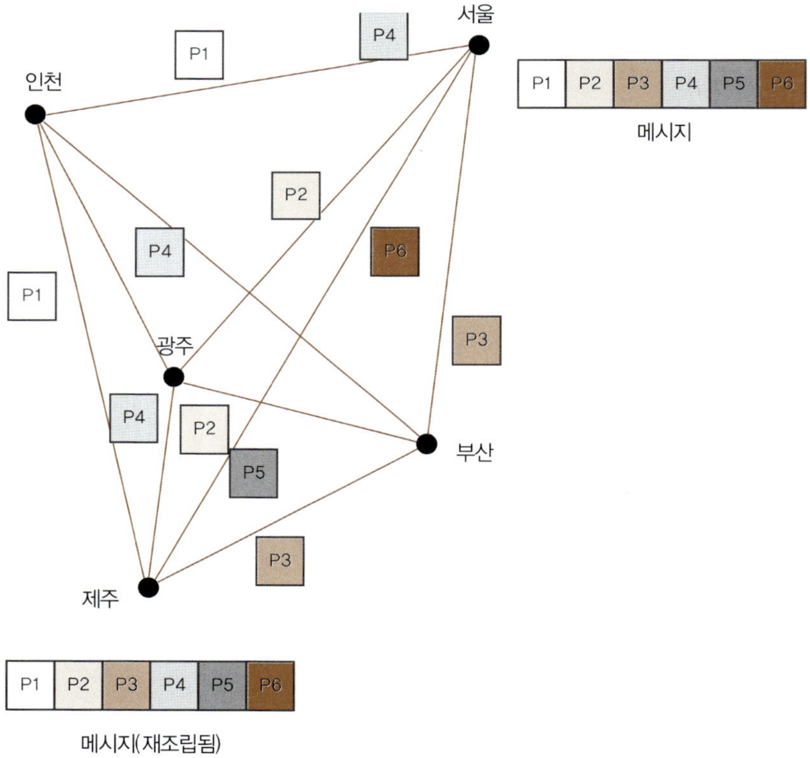

▌그림 3-3▐ 패킷 스위칭(서울 - 제주)

2) 신호의 유형

통신에 이용되는 신호는 아날로그 신호와 디지털 신호가 있다. 아날로그 신호는 주파수(frequency)와 진폭(amplitude)의 크기가 달라지면서 끊임없이 변화하는 전자기파이다. 디지털 신호는 시간에 따라 이산적(discrete)으로 변하는 정보를 말하며, 일반적으로 0과 1이라는 비트(bit)로 표현된다. 앞서 설명한 모뎀은 다음 [그림 3-4]처럼 컴퓨터가 생성한 디지털 신호를 전달하기 쉬운 아날로그 신호로 변경해 주고, 또 받은 아날로그 신호를 컴퓨터가 사용할 수 있는 디지털 신호로 변환해 준다.

▌그림 3-4▐ 신호의 유형: 디지털과 아날로그

3) 전송채널(매체)

네트워크상에서 데이터가 한 곳에서 다른 곳으로 전송 되려면 특정 매체(media)가 필요하다. 이를 전송채널 혹은 통신채널(communication channel)이라고 하며, 전송채널은 크게 유선과 무선으로 나뉠 수 있다. 유선채널에는 케이블(이중연선, 동축 케이블, 광케이블)이 있고, 무선채널에는 마이크로웨이브(microwave), 인공위성, 셀룰러 통신 등이 있다. 오늘날 무선채널의 용도는 갈수록 늘어나고 있다.

(1) 유선채널

① 이중연선(Twisted-pair wire)

- 한 쌍의 구리선이 서로 꼬이도록 제조된 전송매체
- 비용이 매우 저렴하여 흔히 전화선으로 사용되며, LAN선으로도 많이 사용된다.
- 대역폭(bandwidth)이 좁아 전송속도가 떨어진다.

② 동축 케이블(Coaxial cable)

• 흔히 비디오 케이블로 많이 사용한다(예: CATV회사).
• 이중연선에 비해 전자 방해를 덜 받으며, 더 많은 데이터 전송을 할 수 있다.
• 선 하나로 데이터, 화상, 음성 등의 신호를 한꺼번에 전송할 수 있다.

③ 광케이블(Fiber-optics cable)

• 가장 전송속도가 빠른 유선 전송매체로 레이저에 의해 생성된 광 펄스로 정보를 전송하는 매우 얇은 수많은 광섬유 실로 구성되어 있다.
• 보통 하나의 광섬유가 1,500개의 동선과 맞먹는 정보를 전송할 수 있다.
• 비용이 매우 높아 여러 LAN들을 상호 연결하는 기업 백본(backbone) 케이블로 많이 사용된다.
• 전화회사에서 교환국들을 연결하는 회선으로 주로 사용한다.

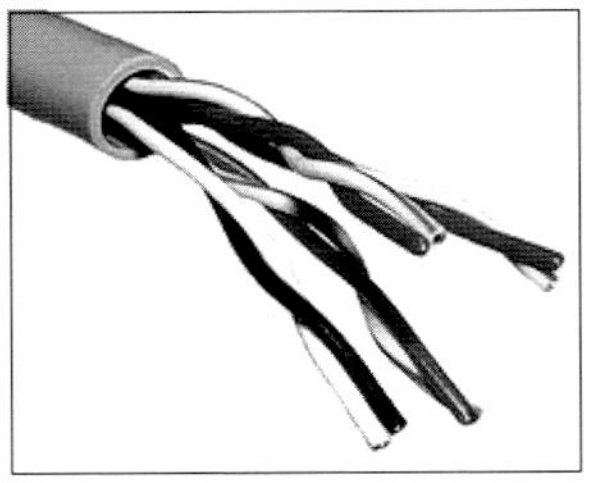

이중연선

동축 케이블

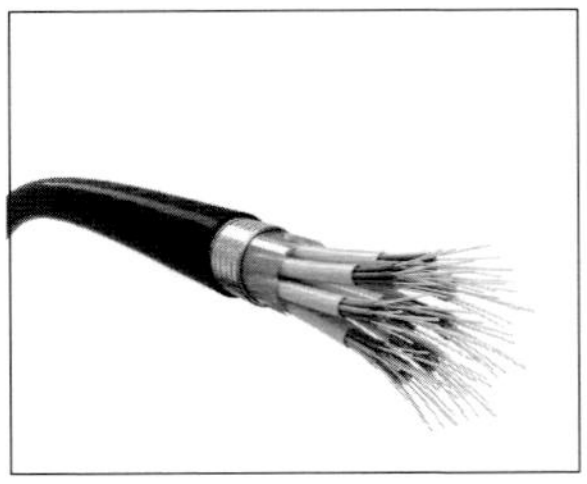

광케이블

(2) 무선채널

무선통신(wireless communication)은 유선매체에 의존하지 않고 공간을 통해 신호를 전달할 수 있어 오늘날 어디서나 정보처리를 가능하게 하는 유비쿼터스(ubiquitous) 컴퓨팅 환경을 제공하는 데 매우 중요한 기술이다. 무선채널은 충돌을 방지하기 위해 지정한 주파수대역의 전파만을 이용해야 하며, 이 주파수대에 따라 다양한 특성과 용도를 갖게 된다.

① 마이크로웨이브

마이크로웨이브(Microwave) 신호는 전자파라고도 하는데, 전기력선과 자기력선으로 이루어진 일종의 유동 에너지이다. 이는 라디오 전파처럼 대기공간을 통해 50km 간격으로 세워진 마이크로웨이브 중계탑을 통해 먼 거리까지 이동한다. 중계탑은 미약한 전파를 계속 강화하여 다시 다른 중계탑으로 보내는 역할을 수행한다. 마이크로웨이브는 음성이나 데이터의 고속송신이 가능하나 직선상태에서만 전송이 가능하여 높은 빌딩이나 산이 있으면 전송이 불가능해지는 단점이 있다.

② 인공위성통신

인공위성을 이용한 통신은 지상에서 마이크로웨이브 신호를 인공위성으로 보내면 위성은 이를 증폭시켜 다시 지상으로 보낸다. 따라서 산이나 거대한 장애물이 있을 때 필요한 매체이다. 이때 이용되는 마이크로웨이브 신호는 지상에서 이용되는 신호보다 주파수가 높다. 위성에서 마이크로웨이브를 받고 보내기 위해 큰 접시 모양의 안테나를 기지국에 설치하며, 매일 전송하는 양이 많지 않을 경우에는 VSAT(very small aperture terminal)라고 하는 작은 접시 안테나를 설치하여 사용한다. 이러한 인공위성통신은 현재 지구에서 정지궤도(geostationary orbit: GEO), 중간궤도(medium earth orbit: MEO), 그리고 저궤도(low earth orbit: LEO) 3 종류가 있다. GEO는 위도 0°인 적도 36,000km 상공의 원형 궤도 위성이며, MEO는 고도가 약 2,000km에서 36,000km인 궤도의 위성이다. 그리고 LEO는 지구의 지상에서부터 고도 2,000km까지의 인공위성 궤도를 말한다. GEO 위성은 정지해 있는 반면, MEO와 LEO 궤도 위성은 움직임이 있다. 흔히 GPS(위치추적시스템)은 MEO 궤도 위성이 제공해 주는 서비스이다. 대기업들은 대체로 인공위성을 통해 본사와 해외법인 간에 대용

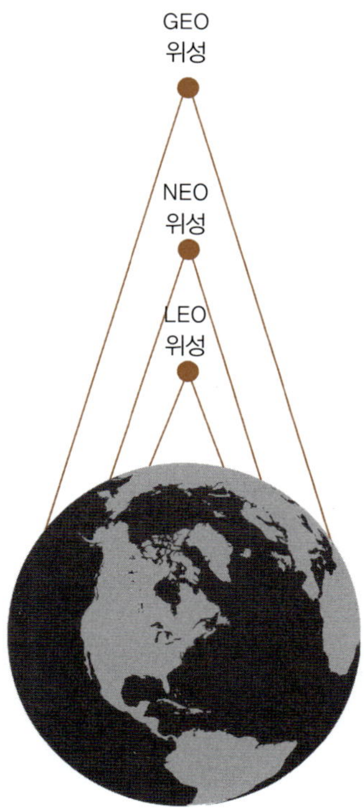

그림 3-5 무선통신 경로

량 데이터를 송수신한다. [그림 3-5]는 인공위성 수신범위 비교를 묘사하고 있다.

③ 셀룰러통신

일반에게 가장 널리 알려진 무선통신방법은 셀룰러(cellular) 통신이다. 이는 한 지역을 여러 개의 작은 셀로 나누고 각 셀마다 무선 기지국을 세워 고주파수의 라디오파(radio wave)를 전달하여 데이터를 주고받는다. 도로 위를 주행하는 자동차에서 셀룰러 전화기를 이용하여 전화를 걸면 그 위치에서 가장 가까운 셀의 안테나에서 이를 받아 가까운 이동전화교환국(mobile telephone switching office: MTSO)으로 보낸다.

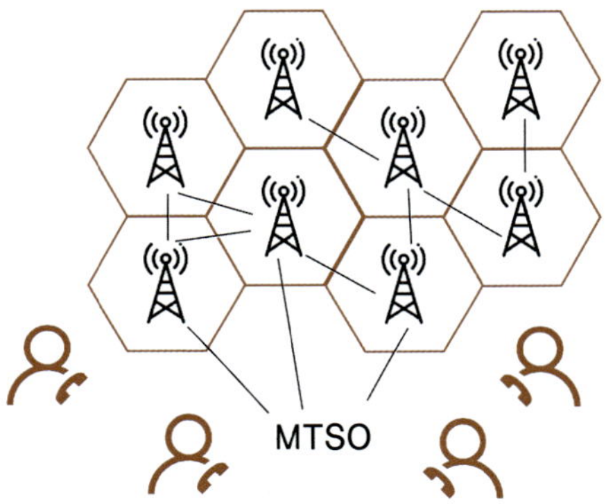

▌그림 3-6▐ 무선통신 경로

MTSO에서는 메시지의 목적지가 일반전화인 경우 일반전화 회선을 이용하여 보내고, 목적지가 이동하는 다른 차량일 경우에는 그 차량에서 가장 가까운 셀로 보낸다. 초기에는 차량전화로 시작하여 현재는 개인용 휴대전화로 활용되고 있다. 셀룰러통신이 아날로그 방식에서 디지털 방식으로 전환된 이후 단문메시지(통상 80자 미만) 서비스(SMS)도 할 수 있게 되었다.

오늘날 무선통신은 앞에서 언급한 모든 기술들이 복합적으로 결합되어 신속한 서비스가 가능하다. [그림 3-7]에서 보여주는 것과 같이 발신자가 데이터 단말 장치(data terminal equipment: DTE)나 전화기(집전화, 휴대폰 등)를 통해 메시지를 보내면 기지국에 있는 다중화장비를 통해 먼 거리에 보낼 메시지는 기지국에 보내지며, 이는 다시 증폭되어 인공위성을 통해 목적지 기지국으로 보내져 수신자에게 전달된다. 짧은 거리의 메시지 경우 인공위성이 아닌 마이크로웨이브 중계탑에 전달된 후 주파수가 증폭되어 목적지 마이크로웨이브 중계탑으로 전달된 후 다중화장비를 거쳐 최종수신자에게 전달된다. 다중화장비는 일종의 분배기로서 지역 전화국에 위치하고 있다.

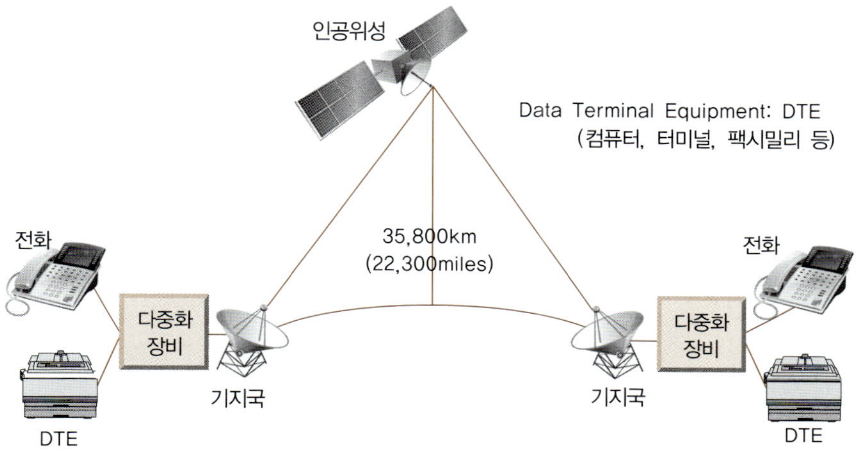

▌그림 3-7▌ 무선통신 경로

4) 네트워크의 유형과 통신기술

컴퓨터 기반의 네트워크는 통신 채널로 컴퓨터와 다른 장치(예: 프린터, 복사기 등)를 연결해 데이터와 정보가 이 연결망을 통해 서로 주고 받을 수 있는 시스템이다. 기존의 문자 기반 데이터에서 현재 음성, 동영상 등 고용량 데이터의 전송이 많아지면서 네트워크는 계속해서 발전되고 있다. 특히, 네트워크의 전송능력을 의미하는 대역폭(bandwidth)은 더 증가하고, 비용은 더 싸지고 있다. 이러한 네트워크는 개인망인 Personal Area Netowork(PAN)에서부터 근거리 통신망인 Local Area Network(LAN), 광역도시 네트워크인 Metropolitan Area Network(MAN), 그리고 원거리통신망인 Wide Area Network(WAN) 이르기 까지 매우 다양하다. 이번 세션에서는 일반적으로 개인과 기업들이 가장 많이 사용하는 LAN, WAN 그리고 LAN과 WAN의 조합으로 기업이 사용하는 엔터프라이즈 네트워크(enterprise network)에 대해 더 자세히 알아본다.

(1) 근거리통신망(local area network: LAN)

근거리통신망은 사무실, 대학캠퍼스, 빌딩과 같이 지역적으로 가까운 공간 또는 제한된 지리적 영역 내에서 컴퓨터와 주변 장비들을 연결하는 통신망을 의미한다. 대부분의 LAN은 이더넷(ethernet)이라는 프로토콜을 사용하며, 근거리통신망은 [그림 3-8(a, b, c)]처럼 일반적으로 스타형, 링형, 버스형이 있다.

① 스타(star)형

교환기를 중심으로 한 전화망에서 유래된 것으로 중앙에 호스트컴퓨터(CPU)를 두고, 이를 중심으로 단말기나 PC들이 연결되어 별 모양을 이루는 네트워크 구조를 말한다. 중앙의 호스트컴퓨터가 중단되면 전체 시스템이 다운되는 취약성이 있다.

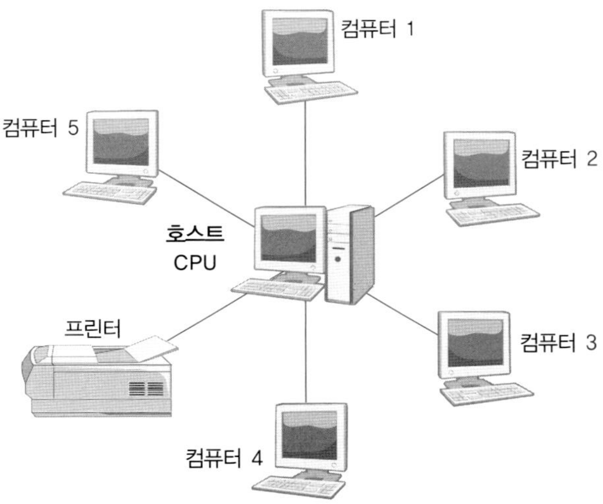

▌그림 3-8a▐ 스타형 네트워크

② 링(ring)형

중앙에 호스트컴퓨터 없이 모든 컴퓨터를 상호 간에 연결하는 구조이다. 메시지는 원을 따라 한 방향으로 돌다가 찾고자 하는 컴퓨터에 도달하면 메시지를 전달한다. 링형의 LAN에서 가장 많이 이용되는 것이 토큰링(token ring) 방식이다. 토큰이라는 전자신호가 LAN에 머물러 있다가 메시지를 보내고자 하는 컴퓨터가 있으면 이 토큰을 받아 데이터를 부착한 후 목적지에 전달하고 다시 다른 컴퓨터가 이 토큰을 이용할 수 있는 유휴상태가 된다. LAN에 물려 있는 한 개의 노드(Node: 컴퓨터 등 전자기기)가 작동하지 않더라도 전체 네트워크가 작동되는 데 문제가 없다는 장점이 있다.

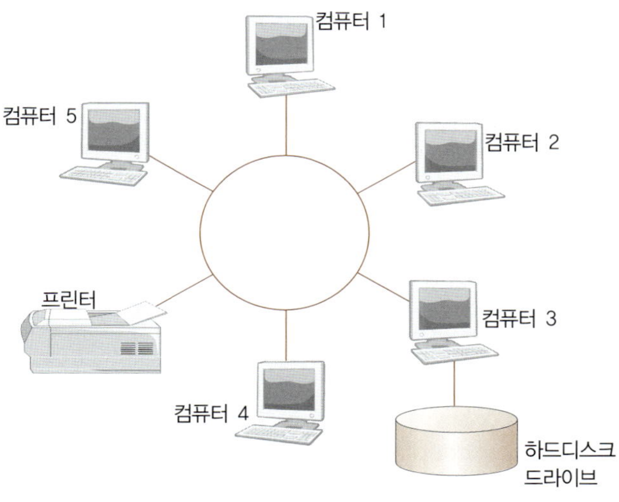

▌그림 3-8b▌ 링형 네트워크

③ 버스형

링형과 마찬가지로 중앙에 호스트컴퓨터가 필요 없다. 다수의 노드(node)들은 T자형의 케이블로 연결되며, 각 장치는 케이블을 버스로 사용하여 데이터를 송수신하는 형식이다. LAN에 새로운 노드를 추가하거나 제거하기는 쉬우며 한 컴퓨터가 고장이 나더라도 전체 LAN은 영향을 받지 않는다는 장점이 있다.

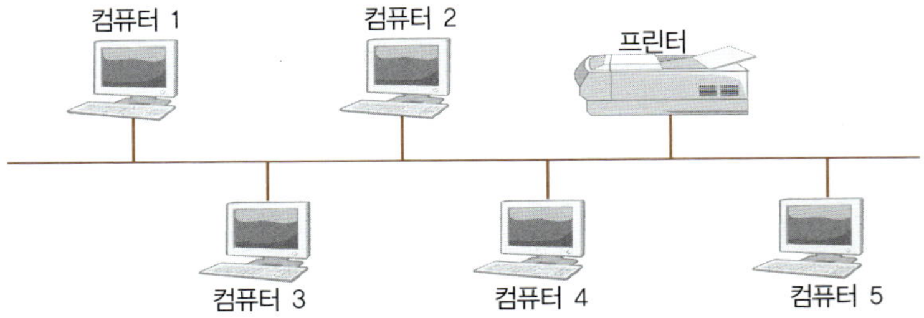

▌그림 3-8c▐ 버스형 네트워크

(2) 원거리통신망

원거리통신망(wide area network: WAN)은 지역, 도시, 국가 등 통신범위가 넓은 네트워크를 말한다. 원거리통신망은 여러 지역에 분산 운영되는 LAN들을 연결해 줌으로써 원거리에 있는 조직들끼리 정보를 주고받을 수 있도록 한다. 즉, WAN은 전형적으로 다수의 LAN을 연결하는 구조이다. 이러한 이유로 WAN에는 LAN과 LAN을 연결하거나 LAN과 WAN을 연결하기 위한 네트워크 장비인 라우터(router)가 포함된다. 원거리통신망 중 인터넷은 가장 일반적이고 강력한 WAN이라 할 수 있다. WAN은 전화통신망(유선), 마이크로웨이브(무선) 중계기(이동통신서비스업체), 케이블업체, 인공위성 등이 결합되어 작동된다.

① 전화통신망(public switched telephone network: PSTN)

음성통신 이외에도 팩스라든가 모뎀을 이용한 데이터통신이 가능하다. 전송속도 및 품질이 대폭 향상되었으며, 기존에 널리 보급되어 있다는 장점이 있다. 우리나라에서는 KT(과거 한국통신)가 서비스를 제공하고 관리하고 있다. 원래 공중용 아날로그 전화망이었던 PSTN은 이제 거의 디지털화하였으며, 지금은 집전화와 같은 고정 전화뿐 아니라 휴대전화도 포함하고 있다.

② 공중데이터 통신망(public data network)

데이터 전송을 목적으로 만들어진 통신망을 말하며, 국가가 도로를 건설하듯 공공 인프라의 일환으로 투자하는 것이다. 대부분의 공중데이터 통신망은 메시지를 패킷이라는 작은 단위로 나누어 전송하는 패킷교환 방식을 채택하고 있어 PSDN(packet switched data network)이라 부르기도 한다. 근래에 와서 각광을 받는 프레임릴레이(frame relay) 방식은 메시지를 매우 작은 가변길이의 패킷으로 나누어 전송하므로 실시간 음성이나 화상보다 데이터 및 이미지 전송에 적절하다. 프레임릴레이 방식은 각 중계 노드에서 오류 검출 및 복구를 위한 복잡한 제어 기능을 최소화하여 고속전송을 가능하게 하였다.

③ 가상사설망(virtual private network: VPN)

가상사설망은 개인기업이 신청(구매)하면 인터넷상에서 두 통신지점 간에 한시적으로 만들어 주는 사설망이다. 대부분의 VPN은 인터넷서비스업체에 의해 제공된다. 개인기업이 독자적인 네트워크를 구축하려면 WAN 네트워크, 보안기능 제품, 라우터 등을 갖추고 직접 운영해야 하므로 비용이 과다한 경우가 많다. 그렇지만 VPN을 통해 기업들은 네트워크의 운영 및 관리를 아웃소싱할 수 있어 네트워크 운영비용을 절감할 수 있다.

(3) 엔터프라이즈 네트워크

오늘날 많은 기업들은 다수의 LAN과 WAN을 서로 연결하여 엔터프라이즈 네트워크(enterprise network)를 구축한다. 엔터프라이즈 네트워크는 부서 및 작업그룹 네트워크에서 컴퓨터 및 관련 장치를 연결하여 통찰력과 데이터 접근성을 촉진하는 엔터프라이즈의 통신 백본이다. 엔터프라이즈 네트워크는 통신 프로토콜을 줄이고 시스템 및 장치 상호 운용성을 촉진하고 내부 및 외부 엔터프라이즈 데이터 관리를 개선할 뿐 아니라 협업을 통한 생산성과 효율성 향상, 기업 정보 접근 제어 그리고 비용 절감이라는 다양한 이점을 제공한다. 하지만 엔터프라이즈 네트워크는 융통성이 부족해 변화하는 요구사항에 대한 대처가 쉽지 않다는 단점이 있다.

(4) 클라이언트/서버 컴퓨팅

클라이언트-서버 컴퓨팅(client-server computing)은 컴퓨터 네트워크 상에서 클라이언트(client)라는 사용자가 요청 하는 서비스에 대해 서버(server)라는 다른 컴퓨터 시스템이 요청 된 서비스를 제공하도록 구조된 것을 의미한다. 즉, 클라이언트가 응용 프로그램 사용이나 데이터 처리를 서버에 요청하면 서버는 이 요청에 따라 적절한 서비스를 제공해 준다. 일반적으로 잘 알려진 클라이언트-서버 컴퓨팅으로는 WWW, FTP 및 다수의 웹 서비스가 있다. 클라이언트-서버 컴퓨팅에는 네트워크 이용이 없어도 자체 프로그램으로 실행할 수 있는 팻 클라이언트(fat client) 또는 리치 클라이언트(rich client)가 있으며, 개인용 컴퓨터의 형태로 가장 흔하게 사용되고 있다. 클라이언트-서버 컴퓨팅의 또 다른 형태는 씬 클라이언트(thin client)로 이는 자체 용량과 처리 능력이 제한되어 있어 네트워크에 의존성이 반드시 동반 되어야 한다.

(5) P2P 컴퓨팅

P2P 컴퓨팅은 각 컴퓨터가 클라이언트와 서버 역할을 병행 하는 분산화된 클라이언트-서버이다. 즉, 클라이언트-서버 컴퓨팅처럼 중앙 서버가 없으며, 각 클라이언트는 또한 서버이면서 라우터 역할을 하는 구조이다. P2P 컴퓨팅은 컴퓨터 자원과 서비스를 클라이언트 간 직접 교류를 통해 공유하는 시스템이다. 이러한 이유로 불법 음원 및 영화 파일 공유와 같은 파일 공유 부분에서는 지속적인 이슈가 제기 되고 있다. 반면, 네트워크 자원의 효율적 사용과 관리가 용이하다는 장점을 가지고 있다.

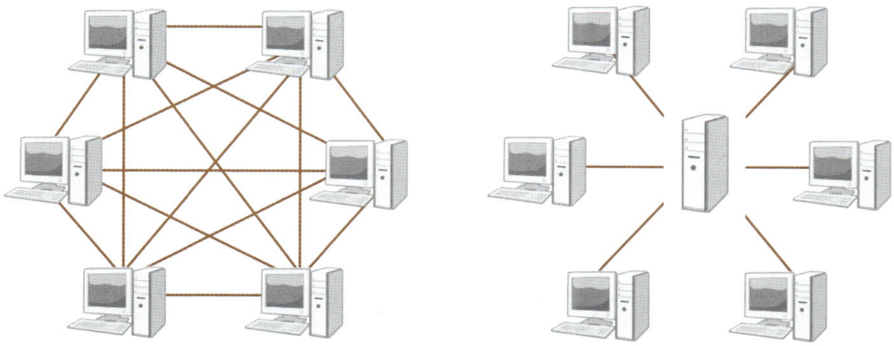

▌그림 3-9▐ 클라이언트-서버 컴퓨팅과 P2P 컴퓨팅

5) 통신서비스

앞에서 설명한 네트워크와 통신기술을 이용하여 오늘날 업무처리 방식을 혁신시키고, 생산성을 획기적으로 개선해 줄 수 있는 다양한 통신서비스가 개발되어 있다. 이러한 통신서비스에는 정보 발견과 관련된 검색 엔진, 콘텐츠 번역기 및 포털 서비스가 있으며, 커뮤니케이션 관련한 서비스로 웹 기반 콜센터, 전자 채팅방, 음성 통신, 통합 커뮤니케이션 등이 있다. 또한, 협업 관련 서비스로 크라우드소싱(crowdsourcing), 전자회의, 전자문서교환(electronic data interchange: EDI) 등이 있다. 이 중 기업의 협업을 위한 서비스인 크라우드소싱, 전자회의시스템 그리고 EDI 기술에 대해 더 자세히 알아보도록 한다.

(1) 크라우드소싱(crowdsourcing)

크라우드소싱은 아웃소싱의 한 형태로 불특정 다수(고객, 종업원 등)로부터 특정 업무나 프로젝트에 대한 의사결정을 위한 자료 수집이나 신제품 개발과 관련된 다양한 아이디어를 얻을 수 있다. 대중들에게 조직이 당면한 문제나 과제에 대해 상대적으로 저렴한 비용으로 많은 대상으로부터 다양한 정보나 의견을 수집할 수 있다. 또한, 크라우드소싱을 통해 기업은 대중 즉, 고객 또는 잠재적 고객의 소리에 귀를 기울여 고객의 요구 사항에 대한 현실적인 정보를 얻을 수 있다. 크라우드소싱은 지리적 한계를 넘어 전 세계로부터 다양한 아이디어를 얻어 기업이 신속한 의사결정과 업무 프로세스를 진행 할 수 있도록 한다. 예를 들면, SAP의 아이디어플레이스(www.ideas.sap.com)는 소프트웨어 개발에 있어 혁신을 위한 아이디어 창출에 활용되고 있다.

(2) 전자회의시스템

원격에 떨어져 있는 두 팀이 서로 얼굴을 보면서 회의를 할 수 있는 화상회의 시스템(video conferencing), 원격에 흩어져 있는 다수의 사람들이 참여하는 공동의 프로젝트가 원활하게 진행될 수 있도록 돕는 텔레콘퍼런싱(teleconferencing), 같은 장소에 모여 회의할 때 정보의 원활한 공유와 회의의 원활한 진행을 돕는 전자회의지원시스템(electronic meeting system) 등 회의를 돕는 다양한 시스템들이 출시되어 있다. 전자회의시스템을 활용해 각자 다른 지리적 위치에서 참여한 참여자들은 서로 문서, 프레젠테이션 등을 공유 할 수 있을 뿐 아니라, 데이터, 음성, 동영상 등을 송수신할 수 있다. 시스코(Cicso)의 텔레프레전스(telepresence) 시스템과 폴리콤(Ploycom)의 리얼프레전스 이멀시브(real presence immersive) 시스템 등이 있다.

(3) 전자문서교환(electronic data interchange: EDI)

전자문서교환은 부가가치통신망(value-added network: VAN)의 특수한 형태로 서로 다른 기업 간에 약속된 포맷(문서양식)을 사용하여 상업적 또는 행정상의 문서를 컴퓨터와 컴퓨터 간에 교환하는 시스템이다. 구조화된 형태의 데이터, 즉 표준 전자문서를 컴퓨터와 컴퓨터 간에 교환하여 데이터의 재입력 과정 없이 즉시 업무에 활용할 수 있어 업무처리의 효율성과 정확성이 획기적으로 개선될 수 있다는 이점이 있다. EDI를 이용하는 기업들에게는 견적요청서, 주문서, 견적서, 운송지시서, 송장 및 지불요청서와 같은 일상적인 종이서류의 교환이 완전히 사라지므로 디지털경영 또는 e-비즈니스가 더욱 촉진된다.

오늘날 EDI는 인터넷을 기반으로 활용되므로 웹 기반 EDI, 인터넷 EDI 또는 오픈 EDI(Open EDI) 등으로 불린다. 인터넷 EDI는 개방형 인터넷 프로토콜을 기반으로 하기 때문에 과거 VAN업체를 통해 구축하는 것보다 구축이 매우 쉽고 운영에 드는 비용도 매우 저렴하다는 장점이 있다. 인터넷이라는 개방형 네트워크의 가장 큰 취약점인 보안의 우려가 있었지만 오늘날 보안에 대해서도 많은 개선이 이루어졌다.

6) 기타 무선네트워킹 기술

(1) 블루투스(bluetooth)

근거리 무선 네트워크 기술 중 하나인 블루투스는 10세기 덴마크와 노르웨이를 통일한 바이킹 헤럴드 블루투스(910~985)의 이름에서 따온 명칭이다. 블루투스는 10m 이내의 개인영역네트워크(personal area network: PAN) 구축에 필요한 무선 네트워킹 표준의 일반적인 명칭이다. 블루투스는 근거리에 있는 컴퓨터, 모바일 기기, 가전제품끼리 양방향으로 실시간 통신을 가능하게 해주는 규격이나 그 규격에 맞는 제품을 말한다. 오늘날 휴대폰과 무선이어폰, 컴퓨터와 무선마우스, 휴대폰끼리의 정보교환, 스마트폰과 가전의 통신 등이 블루투스로 인해 가능해졌다. 그 외 최근 블루투스의 저전력 버전인 블루투스 스마트(bluetooth smart)는 웨어러블 컴퓨터(wareable computer)를 가능하게 해주면서 피트니스, 홈 엔터테인먼트 및 의료 서비스 산업에서도 응용 되고 있는 추세이다.

(2) Wi-Fi(wireless fidelity)

Wi-Fi는 중거리 무선 네트워크 기술로써 무선접속장치(소형의 무선접시)가 설치된 곳을 중심으로 일정거리 이내에 노트북, 스마트폰, 태블릿PC를 통해 인터넷에 접속하도록 해준다. 전송속도가 4~11Mbps로 대용량의 멀티미디어 정보도 주고받을 수 있으며, 장시간 사용해도 가격이 저렴하다. 하지만 Wi-Fi는 커버할 수 있는 거리가 무선접시를 중심으로 30~200m 정도로 협소하다는 단점이 있다.

Wi-Fi는 공항, 호텔, 카페, 도서관 등 공공장소에 있는 공용 핫스팟(hotspot, 하나의 무선 접속 포인트)에서 인터넷이나 기업의 인트라넷과 연결을 가능하게 해

준다. IEEE(the institute of electronical and electronics engineers)라는 표준화 기관이 무선 네트워크 표준을 정하고 있으며, Wi-Fi에 대한 IEEE 표준은 802.11 그룹이다.

(3) 휴대전화(cellular telephone)

휴대전화는 인접한 지역 내 라디오 안테나(cell이라 함)를 통해 통신을 한다. 휴대전화는 데이터 전송에서 더 빠르게 더 다양한 기능으로 지속적으로 진화하고 있다. 1세대(1G) 휴대전화는 음성 통신만 가능한 아날로그 신호를 사용했으며, 대역폭은 매우 낮았다. 1991년 등장한 2세대(2G) 휴대전화 역시 음성 통신이 주요 목적이었지만 디지털 신호를 사용하였다. 데이터 전송속도는 14.4~64Kbps 정도이며, 유럽에서 많이 사용한 Global System for Mobile communications(GSM)과 미국에서 많이 사용한 Code Division Multiple Access(CDMA) 2가지 규격이 있다. GSM 방식이 전 세계적으로 많이 사용 되었지만 국내에서는 CDMA방식을 채택했다.

1998년 네트워크 표준이 도입된 3세대(3G) 이동통신은 음성 데이터와 비음성 데이터(데이터 다운로드, 메일 주고받기, 메시지 보내기 등)를 모두 전송할 수 있게 되었다. 3G 이동통신 규격의 전송속도는 144K~2.4Mbps로 실시간으로 동영상, 사진 등을 전송할 수 있을 만큼 전송속도가 향상되었다. 4세대(4G) 휴대전화는 기존의 기술이나 표준을 따르지 않는다. 4G 서비스는 이동 중 100Mbps, 정지 중 1Gbps 전송 속도를 제공할 수 있다. 1Gbps의 데이터 전송 속도는 MP3 음악 파일 100곡을 2.4초에, 800MB 용량의 영화 1편을 5.6초에 전송받을 수 있는 속도이다. 또한, 4G에서는 음성, 영상, 데이터가 동시에 처리 되는 트리플 플레이 서비스(triple play service: TPS)가 가능해져 음성 통화, TV 시청, 인터넷 접속을 동시에 할 수 있다. 일반적으로 4G 통신으로 알려진 롱텀에볼루션(long-term evolution: LTE)은 무선 초고속 기술로 3G에 비해 10배 이상 빠르다.

5G는 국제전기통신연합(ITU)에서 정의한 5세대 통신규약으로 정식 명칭은 'IMT-2020'이다. 다운로드 속도는 최저 100Mbps에서 최대 20Gbps까지 가능하다. 5G는 초고속·초연결의 특징을 기반으로 가상/증강현실(virtual reality /

augmented reality), 자율주행, 사물인터넷(IoT) 기술 등을 구현할 수 있다. 특히, 2G, 3G, 4G는 휴대전화를 위한 통신망에 불과 했지만 5G는 휴대전화의 영역을 넘어 모든 전자 기기를 연결하는 기술이라는 특징이 있다. SK, KT, LGU+ 국내 이동통신 3사가 2018년 12월 1일 0시를 기점으로 5G 서비스를 세계 최초 시작하였다. 4G에서 2GB 용량의 영화 1편을 받는데 16초가 걸린다면 5G에서는 0.8초면 된다.

(4) RFID

RFID는 Radio Frequency IDentification의 약자로서 무선전자태그 기술로 불린다. RFID시스템은 태그(칩), 리더기, 전자식별코드(electronic product code: EPC), 미들웨어를 포함한 소프트웨어, 호스트컴퓨터로 구성된다. 제품의 정보가 저장된 RFID전자태그를 원격의 리더기가 읽은 후 이 정보를 컴퓨터로 보내 여러 가지 목적으로 가공하여 활용할 수 있는 무선기술이다. 월마트는 상품추적을 자동화하기 위해 공급업체들에게 RFID태그를 상품 팔레트에 부착하도록 요구하였다. 팔레트가 창고에 입고될 때 리더기는 팔레트에 부착된 태그를 읽어 자동으로 입고내역을 기록하고 재고정보를 업데이트할 수 있다.

현재 태그의 가격이 계속 하락하고 하드웨어의 성능이 업그레이드됨에 따라 적용 분야가 물류관리, 재고관리, 항만컨테이너관리, 매장관리 등 계속 확대되고 있는 실정이다. 일상생활에서 사용 되는 대표적인 RFID 태그가 교통카드이다. 그 외 고속도로의 하이패스, 도서관에서 빌려주는 도서나 의류 매장의 옷 그리고 와인 매장의 와인 등에도 RFID 태그가 부착되어 이용되고 있다. 또한, 한우나 인삼 등과 같은 원산지 위변조 방지를 위한 농산물 이력 관리 시스템에도 RFID가 사용 되고 있다. NFC(near field communication)는 비접촉식 근거리무선통신 기술로 개방형 RFID이다. RFID보다 짧은 거리에서 인식되며, RFID는 유통과 물류를 중심으로 활용이 되나 NFC는 보다 다양한 분야에서 사용되고 있다.

요약

1. 비즈니스 관점의 인터넷 가치는 고객 상호 간의 관계 증진, 국가/지역 문화의 관통, 양방향관계의 증진, 개성화/특성화/차별화 증진, 빨라진 변신욕구와 변화 주기, 정보 확보의 용이성, 정보 제공의 다양성, 고객참여 증진으로 설명할 수 있다.
2. 통신의 기본 구성요소는 컴퓨터, 입출력장치, 통신채널, 통신처리장치, 통신소프트웨어로 구성된다.
3. 모뎀(modem)은 디지털 신호를 아날로그 신호로 바꾸기도(modulate) 하고, 아날로그 신호를 디지털 신호로 다시 변환하는 기능(demodulate)을 수행한다.
4. 멀티플렉서(multiplexer: MUX)는 데이터 전송의 효율성을 높이기 위하여 여러 개의 전송신호를 하나로 묶어 통신채널(케이블)로 보내는 장비이다.
5. 허브는 데이터가 하나 또는 그 이상의 다른 곳(컴퓨터장비)에서 한곳으로 모이는 장소로서, 들어온 데이터들은 다시 하나 또는 그 이상의 곳으로 전달된다. 허브는 보통 스위치를 포함하기도 한다. 허브는 보내고 받을 데이터가 모여드는 곳이고 스위치는 모여든 데이터를 어떻게 그리고 어디로 보낼 것인지를 결정한다.
6. 패킷스위칭은 디지털 데이터를 패킷이라는 작은 조각으로 나눈 후, 이 패킷들을 다양한 통신채널을 통해 전송한다. 목적지에 도착된 패킷들은 다시 원래 메시지 형태로 재조립된다. 라우터 기능을 가진 허브(스위치)는 상대적으로 한가한 경로를 찾아 패킷을 보내기 때문에 네트워크를 전체적으로 보다 효율적으로 활용할 수 있는 기술이다.
7. 전송채널은 유선과 무선으로 나뉠 수 있다. 유선채널은 동선(twisted wire pair), 동축선(coaxial cable), 광케이블(fiber optics cable)로 나뉘며, 무선채널은 마이크로웨이브, 인공위성통신, 셀룰러통신이 있다.
8. 네트워크 유형은 근거리통신망과 원거리통신망으로 나뉜다. 근거리통신망의 형태는 스타형, 링형, 버스형이 있으며, 원거리통신망은 전화통신망, 공중데이터 통신망, 가상사설망 등이 있다.
9. 엔터프라이즈 네트워크는 기업의 협업을 위해 사용 되며, 네트워크 처리 방법에 따라 클라이언트-서버 컴퓨팅과 P2P 컴퓨팅이 있다.
10. 다양한 네트워크와 통신기술을 활용한 통신서비스에는 크라우드소싱, 전화회의시스템, 전자문서교환 등이 있다.
11. 오늘날 블루투스, Wi-Fi, 휴대전화 통신, RFID, NFC와 같은 다양한 무선통신 기술들이 있다.

사례연구 사무실서 원격으로 4단 컨테이너 쌓았다… "이게 5G의 힘"

부산광역시 남구에 있는 부산항 신감만부두 동원부산 컨테이너터미널. 길이 약 30m의 대형 크레인이 대형 컨테이너 박스를 옮기고 있다. 크레인에서 집게가 내려와 컨테이너의 좌우 지점을 인식하고, 바로 옆에 있는 야드 크레인으로 옮기는데 3분 남짓한 시간이 걸린다.

그런데 25m 높이에 매달려 있는 조종석 자리는 비어 있었다. 현장 기사 없이 모든 과정이 자동으로 이뤄지고 있기 때문이다. 부산항만공사 관계자는 "크레인 기사가 아니라 관제실에서 원격으로 조종하는 것"이라며 "기존엔 네 명이 번갈아가며 하던 작업"이라고 소개했다.

카메라 8대가 눈 역할, 영상 실시간 전송

LG유플러스가 국내 최초로 스마트항만 구축을 위해 5세대(5G) 네트워크를 도입하면서 달라진 항만 모습이다. 현재는 크레인 두 대에 시범 도입했다. 과거 크레인 기사가 허리를 숙여 아래를 내려다보면서 컨테이너를 옮기는 모든 과정을 실내 관제실로 옮겨왔다. 크레인에 8대의 카메라를 달고 5G 통신을 활용해 관제실로 실시간으로 영상을 보내면, 이 영상을 확인한 후 원격으로 컨테이너를 옮기는 방식이다. 부산항만공사 관계자는 "이제는 혼자서 크레인 4대를 작동할 수 있다"고 말했다.

컨테이너를 쌓아두는 야적장은 항만 터미널에서 병목 현상이 가장 잦은 곳이다. 하루 24시간 가동하는 터미널 운영시스템(TOS)을 도입했지만 컨테이너를 옮기는 크레인은 수동으로 운영돼 기대만큼 효율이 개선되지 않았다.

원격제어 통해 생산성 40% 이상 높아져

5G 크레인 원격제어 시스템이 도입되면서 얘기가 달라졌다. 우선 크레인 한 대당 생산성이 이전보다 40% 이상 향상됐다. 조종석의 시야각 제한으로 3단까지만 쌓을 수 있던 컨테이너를 4단까지 쌓을 수 있어서다. 조종사 한 명당 3~4대의 크레인을 동시에 제어할 수도 있다.

크레인 기사들의 작업 환경도 개선됐다. 이제는 25m 상공에서 허리를 숙여 아래를 바라보며 하루 8시간씩 근무할 필요가 없다. 안전사고 위험이나 목디스크·근육통 같은 근골격계 질환도 줄어들 것으로 기대하고 있다.

이 같은 효과 덕분에 싱가포르·로테르담 등 해외의 컨테이너 터미널들이 자동화 시스템 구축에 적극 나서고 있다. 중국 칭다오항은 이미 2017년 5G와 모바일 에지 컴퓨팅(MEC)을 기반으로 크레인 원격제어 시스템을 구축했다. 시장조사업체인 마켓앤마켓은 세계 스마트항만 시장이 연평균 25% 성장해 2024년 52억7200만 달러(약 5조 8700억원) 규모에 이를 것으로 전망한다.

칭다오는 2017년 도입, 한국은 이제 걸음마

국내 항만은 아직 갈 길이 멀다. 정부가 2030년까지 항만을 자동화·디지털화하는 사업을 추진하고 있지만 물류 자동화 분야에선 속도가 더디다. 핵심은 5G를 이용한 '초저지연' 기술이다. 관제실에서 실시간으로 컨테이너를 옮기려면 영상에 최대한 끊김이 없어야 하는데, 4세대(LTE) 통신으로는 구현이 불가능했다. LG유플이 벤처기업 쿠오핀에 지분 투자를 통해 확보한 '저지연 영상전송 솔루션'은 초고용량 영상을 최대로 압축·전송해 지연 시간을 최소화한다. 실제로 전송시간은 LTE를 이용할 때보다 84%가량 단축(약 10Mbps → 90Mbps)했다.

LG유플은 신감만부두에 5G 시범 시스템을 도입하는데 최근 2년여 동안 40억원을 투입했다. 이번 성과를 바탕으로 조만간 항만공사·쿠오핀 등과 손잡고 부산항 신선대 터미널, 광양항 등에 원격제어 크레인을 확대 구축할 예정이다. 이 회사의 스마트인프라사업 담당자는 "5G는 초고속 네트워크에 다양한 정보기기를 수용할 수 있다는 장점이 있다"며 "자율주행 야드트랙터·인공지능(AI) 영상 분석, 사물인터넷(IoT) 센서 및 드론 등을 활용해 스마트항만 기반을 확대한다는 방침"이라고 설명했다.

출처: 중앙일보(2021. 5. 1.). http://www.koreadaily.com/news/read.asp?art_id=9317586

| 사례질문 |

1. 산업현장에서 5G 기술이 주는 이점은 무엇인지 설명하시오.
2. 산업에서 5G 기술이 성공적으로 활용되기 위해서 필요한 사항들은 무엇이 있을까?
3. 5G 기술이 4차 산업혁명의 다른 분야에 어떻게 활용 가능한지 설명하시오.

CHAPTER 04

전자상거래, 모바일 비즈니스, 소셜 비즈니스

1. 전자상거래의 발전과 개념
2. B2C 비즈니스 모델
3. B2B 비즈니스 모델
4. 모바일 비즈니스와 소셜 비즈니스

학/습/목/표

21세기 디지털 경제시대를 살아가는 우리들에게 인터넷은 공기와 물처럼 소중하고 중요한 존재가 되었다. 인터넷에 기반을 둔 전자상거래는 시대의 흐름으로, 디지털 경영환경에서 새로운 비즈니스 패러다임으로 자리 잡고 있다. 이 장에서는 전자상거래의 기본 개념들을 이해하고, 세부적인 비즈니스 모델에 대하여 살펴보고자 한다. 또한 최근 모바일 기술이 발달하고 소셜 네트워크가 활성화됨에 따라 모바일 비즈니스와 소셜 비즈니스가 새롭게 부각되고 있어 이러한 비즈니스의 특징 및 유형에 대해서도 살펴보고자 한다.

1. 전자상거래란 무엇이며, 어떠한 과정을 거쳐서 발전하였는지에 대해 설명할 수 있다.
2. 전자상거래 비즈니스 모델의 유형으로는 어떠한 것들이 있는지 설명할 수 있다.
3. B2C 전자상거래 비즈니스 모델의 유형으로는 어떠한 것들이 있는지 설명할 수 있다.
4. B2B 전자상거래 비즈니스 모델의 유형으로는 어떠한 것들이 있는지 설명할 수 있다.
5. 모바일 비즈니스란 무엇이며, 위치기반서비스 유형에는 어떠한 것들이 있는지 설명할 수 있다.
6. 소셜미디어란 무엇이며, 소셜 비즈니스의 유형에는 어떠한 것들이 있는지 설명할 수 있다.

1 전자상거래의 발전과 개념

1) 전자상거래의 출현

인류는 지금까지 살아오면서 몇 번의 큰 변화가 있었다. 농기구가 발달하면서 농업혁명이 일어난 결과, 사람들은 일정한 장소에 정착하여 공동사회를 구성할 수 있게 되었고, 증기기관 기술의 발달로 산업혁명이 일어난 결과, 우리 사회는 물질적 풍요를 경험할 수 있게 되었다. 또한, 인터넷 기술의 발달로 인해 디지털 혁명이 일어났으며 그 결과 정치, 경제, 사회, 문화 등 모든 분야에서 엄청난 변화가 일어나고 있다. 특히 경제 분야에서도 디지털시대에 맞는 새로운 패러다임이 자리 잡고 있으며, 경쟁의 원리도 바뀌고 있다. 이 장에서 다루는 전자상거래의 출현도 이러한 맥락에서 이해될 수 있다.

인터넷 기술의 놀랄 만한 성장, 특히 웹 기술이 발전하면서 전자상거래는 폭발적으로 성장하였다. 전자상거래는 인터넷이라는 사이버공간을 바탕으로 시간적·공간적 장벽을 넘어 전 세계를 거대한 사이버 시장으로 묶었으며, 새로운 비즈니스 환경으로 인식되어 급속히 발전하고 있다. 이러한 형태의 빠르고 값싼 거래방식은 기업에게 위협요인이자 동시에 새로운 기회를 제공한다. 전자상거래가 크게 성장하게 된 또 다른 배경에는 개인용 컴퓨터 및 스마트폰의 보급도 큰 역할을 하였다.

불과 30여 년 전만 해도 컴퓨터가 일상생활의 필수적인 도구가 될 것이라고는 아무도 생각하지 못했다. 당시에는 주로 메인프레임이나 미니컴퓨터를 별도로 훈련받은 제한된 전문가들이 전문적인 목적을 위하여 사용하는 도구로서 컴퓨터를 인식하고 있었다. 그러나 정보기술의 발전으로 처리장치와 메모리 등의 눈부신 성능 향상을 통하여 개인용 컴퓨터의 이용률은 급속히 증가하였으며, 기업에서는 컴퓨터가 사무용 도구로서 필수품이 되었다. 개인용 컴퓨터가 이렇게 보급되지 않았다면, 오늘과 같은 전자상거래의 모습도 없었을 것이다.

개인용 컴퓨터는 휴대할 수 없기 때문에 기업은 물론이고 특히, 개인의 경우 전자상거래를 하는 데 제약이 따를 수밖에 없다. 하지만 최근 모바일 기술이 급속도로 확산되면서 이러한 제약을 없애 주고 있다. 모바일 기술은 초기에는 이동 중에 음성통신을 할 수 있도록 해주는 것이었지만, 스마트폰이 개발되어 보급되면서 이동 중에도 데이터통신과 전자상거래를 할 수 있게 되었다. 스마트폰의 보급은 전자상거래를 더욱 활성화시켰을 뿐만 아니라 전자상거래의 모습도 변화시켰다. 예를 들어, 소비자는 위치기반서비스(location-based services: LBS)와 같은 새로운 모바일 비즈니스를 경험하고 있다.

2) 전자상거래의 정의 및 발전과정

텍사스 대학의 Whinston 교수는 전자상거래를 '컴퓨터 네트워크를 통한 상품의 구매와 판매'로 정의하고 있다. 여기서 컴퓨터 네트워크란 인터넷으로 국한하는 것은 아니지만 현실적으로 볼 때 인터넷을 의미한다고 해도 과언이 아니다. 또한 상품의 구매와 판매라는 것도 유형재뿐만 아니라 무형재인 서비스와 더 나아가서는 정보까지 포함한 개념으로 볼 수 있다. 최근에는 전자상거래의 활용영역이 금융, 교육, 문화, 의료 등 다양한 분야에까지 확산되고 있는 점을 고려할 때 전자상거래는 사이버공간에서 수행되는 모든 상거래 행위와 이를 지원하는 활동들을 포함하는 일련의 행위로 정의할 수 있다. 따라서 인터넷을 통한 고객서비스, 교육 및 학습, 커뮤니티 활동 등도 전자상거래에 포함될 수 있다. 더 나아가서는 기업 내 부서 간의 거래가 인터넷을 통해 수행되었다면 전자상거래라고 할 수 있으며, 거래가 수반되지 않는 기업 간 협업도 전자상거래라고 할 수 있다.

전자상거래와 유사한 용어로는 e-비즈니스와 인터넷 비즈니스를 들 수 있다. e-비즈니스는 사용하는 사람에 따라 그 의미가 조금씩 다르지만 일반적으로 인터넷 기술을 활용하여 기업의 핵심 프로세스를 완전히 변화시키는 것으로 정의할 수 있다. 즉 전자상거래뿐만 아니라 고객서비스의 제공, 기업 간 협업, 조직 내 거래 등을 전자적인 방식으로 완전히 변화시키는 것이 e-비즈니스인 것이다. 이러한 관점에서 본다면 앞에서 설명한 넓은 의미에서의 전자상거래와 e-비즈니스는 매우 유사한 개념임을 알 수 있다. 또한 e-비즈니스에서 전자적인 방식이란 바로 인터넷이 핵심이기 때문에 e-비즈니스와 인터넷 비즈니스도 매우 유사한 개념으로 볼 수 있다.

전자상거래는 인터넷이 상용화되기 훨씬 전부터 시작되었다. 1960~70년대 대금지불 및 결제수단으로 전자화폐 개념인 전자자금이체(electronic fund transfer: EFT) 방식이 사용되기 시작한 것이다. EFT는 금융업무에 컴퓨터를 도입하여 자금의 이동을 전자적으로 처리하는 새로운 지급수단으로서 기존의 종이 수표를 대체하게 된 전자상거래의 하나로 볼 수 있다.

1970년대에 접어들면서 기업 간 업무처리에 사용되던 종이로 된 문서 대신 표준화되고 구조화된 데이터를 네트워크를 통해 교환하고 처리하는 방식인 EDI(electronic data interchange)가 등장하였다. EDI는 종이로 된 문서를 교환하는 과정에서 발생하는 시간과 비용 문제, 불필요한 데이터의 재입력과 오류 문제를 줄여주고 자동화를 확산시키는 계기가 되었다. 또한, 결제, 구매, 재고관리, 자금관리 등의 업무에 사용되기 시작하였다.

오늘날 전자상거래가 EFT, EDI와 같은 초기 형태의 전자상거래와 다른 점은 인터넷이라는 매체를 활용하고 있다는 점이다. 초기 형태의 전자상거래에서는 부가가치통신망(VAN)과 같은 폐쇄적인 네트워크를 사용하기 때문에 사전에 협의된 기업만 전자상거래에 참여할 수 있다. 특히, EDI의 경우 거래문서의 내용만 전자적인 방식으로 전송하기 때문에 사전에 데이터의 형식에 대한 약속이 되어 있지 않으면 제대로 거래할 수 없는 한계점이 있었다. 따라서 폐쇄적인 네트워크를 이용한 전자상거래는 여러 가지 제약이 많아 활성화될 수 없었으며, 기능적으로도 오늘날의 전자상거래에 비해 많이 뒤떨어져 있었다.

1990년대 초반, 인터넷이 상용화되고 월드와이드웹(WWW)의 등장으로 대중화되면서 인터넷 기반의 전자상거래가 활성화되어 아마존(amazon.com)과 같은 수많은 전자상거래업체(닷컴기업)들이 탄생하였다. 이들 기업들은 인터넷이 새로운 사업의 기회를 제공한다는 인식 아래 시장에 선두로 진입하여 고객을 빨리 확보하면 경쟁력이 있을 것이라는 생각으로 수익성을 고려하지 않은 채 전자상거래 시장에 뛰어들었다. 하지만 2001년을 정점으로 IT기술 도입을 무작정 시도하고 시장에 뛰어 들었던 닷컴 기업들은 과잉경쟁, 경기불황, 재무관리 능력부족 등으로 대부분 몰락하게 되고, 2001년 이후 시장의 조정단계를 거쳐 탄탄한 비즈니스 모델을 확보한 기업들만이 살아남아 지속적인 성장을 보여주고 있다.

이를 계기로 2001년부터는 전자상거래 산업에 몇 가지 변화가 생기기 시작하였다. 많은 전자상거래업체들이 도산 한 경험을 바탕으로 이전과는 다른 새로운 접근을 시도한 것이다. 첫째, 1990년대에서는 인터넷이라는 기술에 너무 초점을 둔 나머지 비즈니스의 관점을 무시하는 경향이 많았는데, 2001년부터는 수익성을 높일 수 있는 비즈니스 모델을 개발하는 데 노력하였다. 둘째, 초기에는 순수 전자상거래업체들이 주를 이루었지만 2000년대에 접어들면서 전통적인 오프라인업체들도 인터넷을 판매채널의 일부로 활용하기 시작하였다. 또한 순수 전자상거래업체들도 전통적인 매장을 통해서도 판매하기 시작하였다. 즉 온라인과 오프라인 사업을 함께하는 혼합형 전자소매점(click-and-mortar) 업체들이 많이 생겼고, 이들의 경쟁력이 순수 전자상거래업체에 비해 높다는 것이 실증적으로 입증되었다. 셋째, 소셜 네트워크 서비스(social network service: SNS)를 활용한 새로운 비즈니스 모델들이 등장하였다. 웹2.0, UCC(user created contents), 소셜 네트워크 등이 발전하면서 페이스북, 트위터, 인스타그램과 같은 다양한 형태의 소셜 네트워크 서비스가 생겨났으며 사용자가 폭발적으로 증가하면서 이를 기반으로 한 비즈니스가 등장한 것이다.

3) 전자상거래의 영향력

전자상거래는 구매자, 판매자 모두에게 많은 이점을 제공한다. 구매자에게는 거래비용을 감소시켜 준다. 제품을 탐색하는 비용과 구매를 위해 매장으로 이동하는 비용 등이 적게 들기 때문이다. 또한 과거와는 달리 인터넷이 정보 불균형 현상을 해소시켜 줌에 따라 개인소비자도 기업만큼 제품, 가격, 기업에 대한 많은 정보를 획득할 수 있게 되어 저렴하게 제품을 구매할 수 있게 되었다. 판매자도 물리적 공간이 필요하지 않음에 따른 비용절감, 광고 및 마케팅 비용절감, 고객서비스를 웹으로 제공함에 따른 비용절감 등이 가능하다. 그뿐만 아니라 업무처리의 신속성과 정확성 향상도 판매자에게는 중요한 이점이다.

전자상거래는 유통산업에도 많은 영향을 미쳤다. 전자상거래는 제조업체가 유통 중개상을 거치지 않고 최종소비자에게 직접 제품이나 서비스를 판매할 수 있다. 이에 따라 유통비용이 대폭 감소됨으로써 제조업체는 이윤이 증가하고 소비자는 저렴한 가격으로 제품을 구매할 수 있게 되었다. 이러한 현상을 탈중개화(disintermediation) 현상이라고 한다.

탈중개화는 산업별로 차이가 있지만 제조업체와 최종소비자 모두에게 득이 되기 때문에 유통 중개상은 모두 사라질 것으로 예상되었다. 그러나 일부 전통적인 유통 중개상은 사라졌지만 새로운 형태의 유통 중개상은 다시 등장하는 현상이 발생하였다. 이러한 현상을 재중개화(re-intermediation)라고 한다. 재중개화 현상이 나타난 이유는 인터넷이 제조업체와 최종소비자를 직접 연결시키는 효과적인 매체이기는 하지만 여전히 중개상의 매칭 기능이나 제품 구색을 소비자에게 맞춰 주는 기능은 필요하기 때문이다. 또한 아마존과 같은 새로운 중개상은 전통적인 중개상과는 달리 많은 정보와 서비스를 제공하여 중개상의 가치를 높였기 때문이다.

한편 전자상거래 환경은 기업전략, 사업기능, 업무 프로세스 등 기업의 경영활동에도 많은 영향을 미쳤다. 전자상거래의 발전이 가져오는 기업 경영환경의 변화는 내부 환경과 외부 환경으로 나눌 수 있는데, 내부 환경의 경우 제품 및 서비스의 변화, 경영기능(business function)의 변화, 비즈니스 프로세스(business process)의 변화, 경영전략(business strategy)의 변화 등이 있다([그림 4-1] 참조). 외부 환경의 경우에는 기업 간 경쟁 환경의 변화, 공급 수요기업 간 교섭력의 변화, 협력 및 경쟁의 변화 등이 있다.

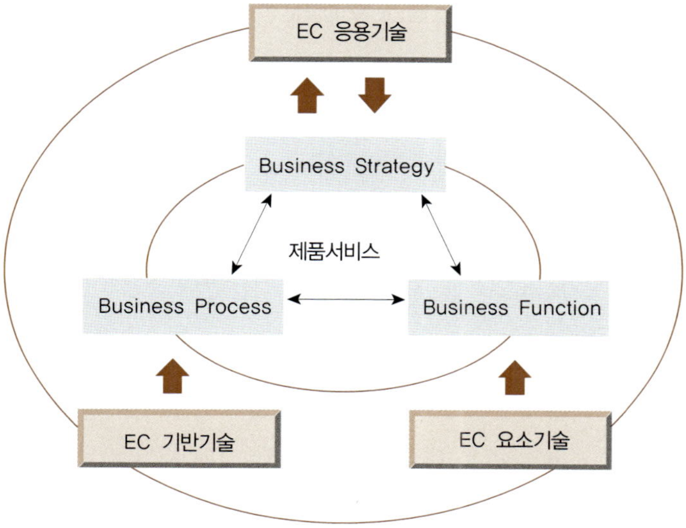

▌그림 4-1▌ 전자상거래의 경영활동에 미치는 영향

출처: 정경수 외(2010). p. 149.

전자상거래가 창조하는 기업환경은 종이가 없는 전자데이터 거래환경, 정보의 상호연결 및 공유 환경, 데이터와 경영활동과정(프로세스)의 표준화된 환경 구현 등을 의미한다. 전자상거래 환경에서의 경쟁은 세계를 무대로 가격, 속도, 높은 품질 등을 겨루는 시대를 맞이하고 있다.

기업들은 전자상거래 환경에서 관련 비용의 최소화, 제품 및 서비스 인도 시간의 단축, 향상된 품질, 제조 및 사무 생산성의 증대를 목표로 하게 되며 정보기술의 발전으로 이들의 동시 실현이 가능하게 되었다. 이와 동시에 사업의 재조정 및 조직의 재설계를 통하여 궁극적으로 경쟁력의 제고를 가져올 수 있다.

전자상거래 환경에서 기업들은 전자상거래 기술 및 표준관리, 전자상거래 전문인력 확보, 기업 내 인적자원의 재배치 및 재교육, 기업 간 정보의 공유, 기업 간 사업과정의 공유 및 공동개발, 자원의 공동이용, 공동의 소비자 가치창출, 공동의 인터넷 마케팅 구축전략 등에 더 많은 관심을 가져야 한다.

4) 전자상거래의 유형

전자상거래의 유형 구분은 비즈니스 모델에 따라 구분하기도 하지만 거래에 관계되는 경제주체에 따라 구분을 하는 것이 일반적이다. 여기서 경제주체는 기업(business), 소비자(consumer), 정부(government)를 의미하며 각각의 주체가 판매자와 구매자의 역할을 할 수 있다. 따라서 B2C, C2B, C2C, B2B, B2G, G2B, G2G, C2G, G2C 총 9가지 유형으로 나눌 수 있으며 여기에서는 대표적인 전자상거래 유형인 B2C, B2B, C2C에 대해 살펴보고자 한다.

(1) 기업과 개인 소비자 간 전자상거래: B2C(business-to-consumer)

인터넷을 이용한 전자상거래의 가장 보편적인 형태는 쇼핑몰에서 고객이 제품과 서비스를 구매하는 것이다. 이와 같이 B2C는 기업(business)과 고객(consumer)인 소비자 간에 거래가 이루어지는 형태의 전자상거래 유형을 말한다. B2C는 주로 인터넷 쇼핑몰의 형태로 이루어지지만, 인터넷뱅킹을 통해 고객이 직접 통장조회, 계좌이체, 통장개설, 대출신청 등을 하는 것도 이에 해당된다. FedEx와 같은 화물운송회사에서 고객이 화물의 현재 위치와 전달확인 여부를 인터넷을 통해 직접 파악하는 경우도 B2C의 예이다. 우리나라 B2C의 시장 규모는 B2B의 2% 미만에 그치고 있지만 매년 급성장하고 있다.

인터넷이 확산되고 사용 편이성이 향상되면서 고객이 직접 거래관계에 참여하거나 서비스 및 정보교환을 하는 비중은 점점 높아지고 있다. 이와 같이 고객이 직접 컴퓨터와 인터넷을 사용해서 업무처리를 하는 형태를 고객컴퓨팅(customer computing)이라고 하며, 전자상거래도 쇼핑몰에서 고객이 직접 컴퓨터를 통해 제품 서비스를 구매하므로 고객컴퓨팅의 한 형태라 할 수 있다. B2C에 대해서는 2절에서 자세히 살펴볼 것이다.

(2) 기업과 기업 간 전자상거래: B2B(business-to-business)

전자상거래 실행은 기업을 중심으로 경영활동 및 거래가 발생하는데, 이때 거래주체가 기업과 기업인 경우에 해당하는 유형이 B2B이다. 즉, B2B는 기업 간 이루어지는 거래로서 주로 부품이나 자재 공급업체와 제조사들 간의 거래가 대부분을 차지한다. 예를 들어, 원자재 및 부품의 조달, 유통 및 물류망의 공유, 생산 및 판매의 협력 분야에서 기업과 기업 간에 전자상거래가 활용될 수 있다. 인터넷이 보편화된 환경으로 변화하면서, 기업들은 B2B 전자상거래에 적은 예산으로 참여할 수 있게 되었다. 이러한 영향으로 기업과 기업 간의 전자상거래의 규모는 빠른 속도로 성장(성장률 20%)하고 있으며, 국내의 경우에도 가장 규모가 큰 유형(전체 전자상거래 시장 규모의 90% 이상)이 바로 B2B이다. B2B에 대해서는 3절에서 자세히 살펴볼 것이다.

(3) 개인 소비자 간 전자상거래: C2C(consumer-to-consumer)

C2C는 개인 소비자와 소비자 간 거래가 형성되는 유형의 전자상거래로 B2B나 B2C에 비해 규모는 작다. 정보기술의 발전과 인터넷의 대중화로 쌍방향 통신이 가능해지면서 소비자들의 능동적이고 적극적인 참여가 가능해졌다. 이러한 환경에서 개인 소비자가 공급주체인 동시에 수요주체가 되면서 생겨난 전자상거래 유형이라 할 수 있다. 개인과 개인 간 거래는 '벼룩시장'과 같은 정보전달지 등을 통해 부분적으로 그리고 국지적으로 진행되었던 것이 인터넷이라는 넓은 사이버 공간상의 매체가 현실화됨에 따라 광범위하게 확산되었다. 대표적인 예가 이베이(ebay.com) 또는 옥션(auction.com) 같은 온라인 경매 사이트이다.

개인과 개인 간 거래에서 P2P(peer-to-peer)라는 용어도 빈번히 사용되는데, P2P는 서버를 경유하지 않고 클라이언트와 클라이언트 간의 커뮤니케이션으로 이루어지는 형태를 말한다. 일반적으로 전자상거래가 클라이언트-서버(clientserv-er) 형태로 운영이 되는 것과 차이가 있으며, P2P 기술을 활용한 전자상거래를 P2P 전자상거래라고 한다. 예를 들어, 과거 소리바다와 같은 파일공유 서비스에서는 P2P 기술을 이용하여 인터넷에 연결된 개인이 컴퓨터에 저장해 둔 데이터와 파일을 서버를 경유하지 않고 직접 다른 개인과 공유할 수 있다. 이밖에 P2P 기술을 이용한 분야는 매우 다양하며 앞으로 더욱 확산될 것으로 보인다. 한편, P2P 전자상거래는 대부분 C2C 형태로 이루어지는 경우가 많기 때문에 P2P와 C2C를 동일한 것으로 간주하는 경우가 있는데 이는 잘못된 것이다.

(4) 온라인과 오프라인 융합 전자상거래: O2O(online-to-offline)

거래의 경제주체에 따라 구분된 B2C, B2B, C2C와는 달리 O2O는 온라인과 오프라인을 연계한 새로운 유형의 전자상거래이다. O2O 전자상거래의 대표적인 예로는 카카오택시, 배달의민족, 우버(Uber), 에어비앤비(Airbnb) 등을 들 수 있다. 그동안 오프라인에서 힘들었던 분석을 온라인에서 구현함으로써 오프라인 사업을 활성화 시킬 수 있게 된 것이다. 최근에는 PC 대신에 스마트폰과 같은 모바일 시스템을 활용하는 경우가 많기 때문에 M2O(mobile-to-offline)와 O2O를 혼용해서 사용하고 있다. 모바일 시스템을 활용하면 고객의 위치 정보와 주변 지역 서비스 가능여부를 쉽게 확인이 가능하기 때문에 M2O 서비스가 확산되고 있다.

2 B2C 비즈니스 모델

경영자가 기업을 창업하여 성장 및 발전시키기 위해서는 적절한 사업계획과 시스템들을 어떻게 기업에 적용할지에 대한 구체적인 계획을 잘 수립하여야 한다. 즉, 어떠한 제품과 서비스를 생산하고 어떤 고객에게 어떤 식으로 판매하여 지속적인 수익을 올릴 것인지를 결정하여야 한다. 이를 일반적으로 비즈니스 모델(business model)이라고 한다. 이번 절에서는 대표적인 B2C 전자상거래 비즈니스 모델의 유형에 대해 살펴보고자 한다.

1) 전자소매

(1) 전자소매의 개념 및 추세

B2C 전자상거래의 대표적인 유형인 전자소매는 오프라인 소매를 온라인으로 구현한 것이다. 1990년대 중반에 인터넷이 상업적인 목적으로 활용될 수 있다는 인식이 확산된 후에 많은 전자상거래업체들이 등장하였는데 주된 형태가 바로 전자소매였다. 1995년 전자서점으로 창업을 한 후 지금은 매우 다양한 제품들을 판매하고 있는 아마존(amazon.com)이 전자소매의 대표적인 기업이다.

1990년대 중반부터 엄청나게 많은 전자소매업체들이 창업을 하였지만 과다한 경쟁, 부적절한 수익 모델, 경제위기 등으로 인해 거의 90% 이상의 전자소매업체들이 1990년대 말에 도산을 하였다. 그러나 아마존과 같이 생존한 전자소매업체들은 2000년 이후부터 급성장을 하였으며, 새로운 전자소매업체들도 끊임없이 등장하였다. 기존의 오프라인 소매업체들도 인터넷을 새로운 판매채널로 활용함에 따라 전자소매 시장은 폭발적으로 성장하였다. 2008년 금융위기 기간에 전자소매 시장의 성장이 잠시 주춤하였으나 그 이후에는 다시 성장하고 있는 추세이다.

초기의 전자소매에서 취급되는 제품은 일부 품목으로 한정되었다. 제품을 고객이 직접 눈으로 확인하고 만져 볼 수 없기 때문에 브랜드 인지도가 높은 품목이나 PC와 같은 표준사양제품이 주로 거래되었다. 또한 배송문제로 규격이 매우 크거나 파손되기 쉬운 품목들은 잘 거래되지 않았고, 주로 음악, 영화 파일 등과 같은 디지털 콘텐츠들이 많이 거래되었다. 그러나 최근에는 고객이 원하는 제품이라면 어떠한 품목이라도 판매되고 있다. 고객의 신뢰를 높이기 위해서 다양한 제도와 서비스들이 등장함에 따라 고객들도 안심하고 제품을 구매할 수 있게 되었기 때문이다. 전자상거래업체 인증서비스, 에스크로(escrow) 서비스 등이 여기에 해당된다.

제품의 수만 늘어난 것이 아니라 전자소매의 형태도 계속 변하고 있다. 특히 최근에는 소셜 네트워크 서비스가 확산되는 점을 활용하여 이를 전자상거래에 결합한 소셜커머스(social commerce)도 등장하였다. 또한 블로그, UCC(user-created content), 가상 시뮬레이션 등과 같이 상호작용적이고 멀티미디어 효과를 낼 수 있는 정보기술의 발달로 인하여 전자소매가 더욱 발전하고 있다.

(2) 전자소매의 주요 특징

전자소매는 다음과 같은 특징을 지니고 있다. 첫째, 판매자의 입장에서 비용 감소 효과를 얻을 수 있다. 물리적 매장, 영업사원 등이 불필요하기 때문에 고정비용이 줄어들며, 전자카탈로그의 활용으로 마케팅 비용이 줄어들어 거래에 수반되는 제반비용들을 절약할 수 있게 된다. 또한, 산업 전체적으로 유통구조가 단순해져 최종 고객에게 값싼 제품을 공급할 수 있게 된다.

둘째, 시장이 확대된다. 전통적인 소매의 경우 지리적인 한계로 인해 시장이 제한되어 있었다. 그러나 전자소매의 경우 가상의 공간에서 거래가 이루어지는 관계로 전 세계의 모든 고객에게 접근이 가능하기 때문에 시장이 넓다. 하지만 시장이 확대되는 것은 경쟁자의 수도 늘어나기 때문에 이러한 환경의 변화에 적절히 대처하지 못하면 오히려 단점이 될 수도 있다.

셋째, 유연성이 높아진다. 유연성이란 환경의 변화에 기업이 빠르게 대처할 수 있는 능력을 말한다. 특히 고객의 요구와 제품에 대한 수요는 빠르게 변하고 있다. 전통적 소매에서는 고객의 선호도를 파악하는 것조차 쉽지 않았다. 하지만 전자소매에서는 쿠키(cookie), 거래로그(transaction log), 인공신경망, 공동필터링(collaborative filtering) 등의 기술을 활용하여 고객의 변화하는 요구를 빠르게 파악할 수 있고, 고객의 요구를 충족시켜 줄 수 있는 제품이나 서비스를 제공할 수 있다.

넷째, 개인화(personalization)와 맞춤화(customization)가 용이하다. 개인화와 맞춤화는 개인의 선호도에 제품이나 서비스를 맞춰 준다는 의미로 거의 비슷한 개념이지만 개인화가 서비스에 초점을 두고 있는 것에 반해 맞춤화는 제품에 초점을 둔다. 전통적 소매에서는 개인의 선호도에 맞추어 매장 배치를 달리할 수도 없고 제품의 가격도 개인에 따라 다르게 책정할 수 없다. 그러나 전자소매에서는 개인의 선호도에 따라 제품이나 서비스를 맞춰 줄 수 있고, 웹사이트에서 제공되는 콘텐츠의 내용도 달리할 수 있으며, 추천하는 제품의 종류도 다르게 할 수 있다.

다섯째, 전통적 소매에서는 구매결정을 도와줄 수 있는 정보를 고객들에게 제공하는 방법이 극히 제한되어 있다. 그러나 전자소매에서는 웹사이트를 통해 제품에 대한 상세한 정보를 다양한 방법으로 다양한 효과를 내면서 제공할 수 있다. 또한, 고객이 정보를 일방적으로 제공받는 것이 아니라 필요한 정보만 선택할 수 있다. 최근에는 판매자가 제공하는 정보뿐만 아니라 고객들이 스스로 만들어 낸 정보를 서로 공유할 수 있기 때문에 그 활용도가 더욱 높아지고 있다.

여섯째, 전자소매의 경우 보안문제가 있을 수 있다. 온라인 거래의 경우 거래 상대방을 볼 수 없어 사기를 당할 수 있다. 또한 웹사이트가 해킹을 당해 고객정보가 유출될 수 있으며, 거래의 내용이 왜곡될 수도 있다. 웹사이트가 디도스(distributed denial of service: DDoS) 공격을 당해 접속이 되지 않을 수도 있고, 처리속도가 현저하게 느려질 수도 있다. 서버나 클라이언트가 바이러스와 같은 악성코드에 감염될 수도 있으며, 피싱(phishing)을 당할 수도 있다. 이러한 문제를 최소화하기 위해 보안기술이 계속 개발되고 있고 관련 법규나 표준이 제정되고 있지만 완벽하게 보안 문제를 해결할 수는 없는 실정이다.

일곱째, 프라이버시(privacy) 침해의 소지가 상대적으로 높다. 프라이버시는 여러 측면에서 얘기될 수 있는데 여기서는 개인의 정보를 보호한다는 측면에서 살펴보아야 한다. 개인의 정보는 개인의 자산으로서 개인에게 권한이 있다. 그런데 개인의 정보를 개인에게 동의를 받지 않고 무단으로 수집하여 활용한다면, 프라이버시 침해가 발생한다. 전통적 소매에서는 개인의 정보를 수집하기가 어려워서 프라이버시 침해의 소지가 적었지만, 전자소매에서는 개인정보의 수집이 너무 쉽기 때문에 허락을 받지 않은 상태에서 정보의 수집 및 활용이 이루어질 가능성이 높다.

여덟째, 배송, 반품 및 교환이 용이하지 않다. 당일 배송도 가능하겠지만 비용이 들기 때문에 일반적으로는 며칠이 소요된다. 고객의 성향에 따라 다르겠지만 대금지불은 하였으나 배송이 오래 걸리는 것을 싫어하는 고객에게는 이것이 불만족 요인이 될 수 있다. 또한 배송문제와는 별개로 반품이나 제품의 교환이 쉽지 않다. 일부 기업은 온라인과 오프라인 사업을 함께하면서 주문은 온라인으로 하고, 반품이나 교환은 오프라인으로 할 수 있도록 함으로써 이러한 문제를 해결하기도 한다.

(3) 전자소매의 유형

전자소매는 전자상거래의 한 유형이지만 전자소매 자체도 여러 가지 유형으로 나눌 수 있다. 먼저 오프라인 사업과의 혼합 여부에 따라 순수 전자소매과 혼합형 전자소매점으로 구분할 수 있다. 순수 전자소매점(pure-clicks)은 온라인으로만 제품을 판매하는 소매업체로서 가장 성공적인 전자소매점으로 아마존이 있다. 반면, 혼합형 전자소매점(click-and-mortar)은 온라인뿐만 아니라 오프라인으로도 제품을 판매하는 경우로 미국의 월마트가 대표적인 예이다. 혼합형 전자소매점의 경우 판매채널이 둘 이상이기 때문에 다채널(multi-channel) 소매점이라고도 한다. 월마트는 오프라인 매장뿐만 아니라 웹사이트에서도 제품을 판매하고 있어 혼합형 전자소매점이라고 할 수 있다. 월마트와 같이 혼합형 전자소매점의 대부분은 유통업체이지만 제조업체인 경우도 있다. 제조업체의 경우 유통업체를 통하지 않고 직접 최종소비자에게 판매하는 경우는 거의 없었으나 최근에는 제조업체가 직접 웹사이트를 통해 제품을 판매하는 경우가 많아지고 있다. 이러한 방식을 직접 마케팅(direct marketing)이라고도 하지만, 오프라인 방식으로 유통업체에게 판매하고 온라인으로 최종소비자에게 판매하는 방식을 병행하기 때문에 혼합형 전자소매에 포함된다고 할 수 있다.

전자소매는 판매자와 구매자가 거래하는 웹사이트(전자시장)의 운영 방식에 따라 전자상점과 전자몰로 구분할 수 있다. 전자상점(e-Shop)은 한 판매업체가 웹사이트를 개설하고 다수의 구매자가 방문을 하여 거래를 하는 형태로 일종의 인터넷 판매 대리점이다. 판매업체는 델(Dell) 컴퓨터와 같이 제조업체일 수도 있고, 아마존과 같은 유통업체일 수도 있다. 전자몰(e-Mall)은 제3의 기업이나 기관이 개설한 웹사이트에서 다수의 판매업체와 구매자가 서로 거래를 하는 형태로 전자상점을 한 곳에 모은 것이다. 전자몰을 운영하는 기업은 제품 전시, 선택, 지불, 배송에 이르기까지 모든 서비스를 제공하며 지원기술 판매, 서비스 제공, 광고사업 등으로 수익을 창출한다 고객은 여러 판매자의 제품을 구매하더라도 마치 한 판매자와 거래를 한 것처럼 지불하고 배송을 받게 되며 쉽게 다양한 제품을 비교하고 구매할 수 있다.

(4) 전자소매의 거래 방식

앞에서 언급한 바와 같이 전자소매의 거래 방식으로는 전자카탈로그를 이용한 고정가격 방식과 경매 및 공동구매를 이용한 변동가격 방식이 있다.

① 전자카탈로그

제품을 소개하기 위해 전통적인 소매에서 사용하는 카탈로그를 전자적인 형태로 만든 것을 전자카탈로그라고 한다. 전자카탈로그의 목적은 판매자를 위해서는 제품을 홍보하고 판매를 촉진시키는 것이며, 구매자를 위해서는 원하는 제품을 쉽게 찾을 수 있도록 해주는 것이다. 이는 전통적인 카탈로그와 동일하다. 그러나 전자카탈로그는 전통적인 카탈로그에서는 볼 수 없는 새로운 기능을 가지고 있다.

전자카탈로그의 이러한 목적을 달성하기 위해서는 먼저 데이터베이스와 제품 디스플레이가 연동되어야 한다. 제품의 정보를 필요할 때 신속하게 변동시키기 위해서는 제품의 정보를 프로그램과 분리를 하여 데이터베이스에 저장을 하고, 데이터베이스와 프로그램을 연결시키면 된다. 이렇게 되면 제품정보가 바뀌더라도 프로그램을 수정하지 않아도 된다.

전자카탈로그를 사용하여 고객이 쉽게 원하는 제품을 찾을 수 있도록 하기 위해서는 디렉토리 및 검색 기능을 포함시켜야 한다. 디렉토리 기능은 제품의 범주를 분류하고 이를 메뉴 방식으로 고객이 선택하도록 하는 방식이다. 메뉴는 계층적으로 되어 있기 때문에 범주의 수가 많더라도 고객이 원하는 제품을 편리하게 선택할 수 있다. 검색 기능은 검색엔진을 활용하여 고객이 키워드를 입력하면 키워드와 관련이 있는 제품들이 화면에 나열된다.

초기의 전자카탈로그는 단순한 문자와 그림만을 활용하여 제품정보를 제공하였지만 최근에는 멀티미디어 기술(동영상, 애니메이션 등)을 활용하여 상호작용적이고 동적인 방식으로 제품정보를 제공하고 있다. 그뿐만 아니라 고객 개인의 선호도에 따라 전자카탈로그 화면에 나타나는 콘텐츠의 내용을 달리하는, 즉 개인화된 방식으로 맞춤형 카탈로그를 제공하며, 기업 내부의 정보시스템과 통합되어 보다 고차원적인 기능을 수행하기도 한다.

전자카탈로그와 함께 전자소매에서 필요한 요소로는 전자카트를 들 수 있다.

쇼핑카트, 장바구니라고도 부르는 전자카트는 고객들이 구매할 의사가 있는 품목들을 임시로 저장해 두는 기능을 가지고 있다. 전자카트는 다시 지불시스템과 연결되어 고객의 주문을 처리하는 데 중요한 역할을 한다.

② 경매 및 공동구매

온라인경매는 인터넷을 이용한 전자상거래에 매우 적합한 거래방식이라고 할 수 있다. 오프라인경매는 시간과 공간의 한계로 인하여 많은 구매자(또는 판매자)를 모을 수 없기 때문에 일부 품목에서 제한적으로 이용된 거래 방식이었다. 그러나 인터넷이라는 매체는 이러한 한계를 없애 줄 수 있기 때문에 전자상거래가 등장한 이후 급속도로 확산된 대표적인 비즈니스 모델이다. 미국의 이베이와 우리나라의 옥션이 급성장한 것도 같은 맥락에서 이해될 수 있다. 그러나 경매의 경우 효율성이 매우 중요하다. 즉, 많은 판매자와 많은 구매자가 모일 수 있어야 거래가 활성화된다는 것이다. 따라서 경매의 경우 선두업체만 시장에서 생존할 수 있는 독특한 특성을 가지고 있다.

한편 공동구매도 전자소매에서 많이 볼 수 있는 거래 방식이다. 일반적으로 구매자가 대량으로 구매를 하면 판매자는 제품가격을 할인해 줄 수 있다. 일반적으로 전자소매의 경우 구매자는 개인 소비자이기 때문에 대량구매를 하지 않는다. 그러나 만약 동일한 제품을 구매하기를 원하는 소비자가 많고 이들이 서로 협력하여 함께 공동으로 구매한다면, 대량구매가 가능할 것이고 그 결과 구매자는 협상력을 가지게 될 것이고 가격도 낮출 수 있을 것이다. 이것이 공동구매의 메커니즘이다. 공동구매는 구매자가 중심이 되어 공동구매자를 모아서 판매자에게 협상할 수도 있고, 반대로 판매자가 중심이 되어 대량판매를 위해 공동구매자를 모을 수도 있다. 최근에는 SNS를 이용한 소셜커머스가 활성화되고 있는데 이 또한 공동구매의 한 형태로 이루어지기도 한다.

2) 디지털 콘텐츠

(1) 디지털 콘텐츠의 개념 및 추세

디지털 콘텐츠란 유·무선 네트워크에서 사용하기 위해 문자, 음성, 이미지, 영상 등을 디지털 방식으로 제작, 처리, 유통하는 정보를 말한다. 이렇게 본다면 전자상거래를 위해 웹사이트에서 제공되는 모든 정보를 디지털 콘텐츠라고 할 수 있다. 그러나 여기서 디지털 콘텐츠란 온라인출판, 전자책, e-러닝, 온라인 엔터테인먼트 등을 말한다.

디지털 콘텐츠를 제공하는 전자상거래의 최근 추세를 살펴보면 다음과 같다. 첫째, UCC, 즉 사용자가 직접 만든 콘텐츠의 유통이 많이 늘어나고 있다. 2000년대 초반만 하더라도 웹사이트에서 제공하는 대부분 정보는 웹사이트 운영자가 만든 콘텐츠였다. 그러나 2000년대 초반에 수많은 전자상거래업체가 도산한 후, Web2.0 개념이 도입되었으며, Web2.0의 특징 중 하나가 UCC이다. 이후 Web2.0의 확산으로 UCC 유통이 빠르게 늘어나고 있으며, 그 결과 유튜브(YouTube)와 같은 인기 있는 웹사이트가 등장하기도 했다.

둘째, 모바일 기술의 발달로 인하여 디지털 콘텐츠의 유통 방식이 달라지고 있다. 소비자들은 언제 어디서나 어떠한 콘텐츠라도 보고 듣기를 원한다. 이러한 욕구를 충족시켜 준 것이 이동통신 기술, 와이파이(Wi-Fi), 스마트폰 등과 같은 모바일 기술이다. 여기서 한 걸음 더 나아가 특정 위치에 있는 고객에게 맞는 콘텐츠를 제공해 주는 위치기반서비스(LBS) 역시 디지털 콘텐츠의 유통방식을 변화시키고 있다.

셋째, 디지털 콘텐츠의 유료화가 추진되고 있다. 인터넷을 통한 전자상거래가 처음 도입된 1990년대 중반부터 대부분의 콘텐츠 제공업자들은 무료로 콘텐츠를 고객들에게 제공하였다. 그 이유는 경쟁이 치열하여 우선 고객을 많이 확보하고자 하는 전략을 취하였기 때문이며, 또한 확보한 고객을 기반으로 한 광고수입이 있었기 때문이었다. 그런데 경기불황으로 인해 광고수입이 급감하게 되자 콘텐츠 제공업자들은 다양한 수입원을 찾게 되었고, 그 결과 디지털 콘텐츠를 유료로 전환하기 시작하였다.

(2) 온라인출판

온라인출판이란 신문, 잡지, 책, 음악, 영화 등을 네트워크를 통해 전자적인 방식으로 전달하는 것을 말한다. 순수 온라인 출판업체가 등장하여 전통적인 출판업체를 위협하자 최근에는 이들도 온라인출판을 병행하여 사업을 하고 있다.

① 온라인신문(전자신문)

온라인신문은 신문사가 직접 콘텐츠를 제공하기도 하지만 뉴스 통합업체(예: 네이버)를 통해서도 제공하고 있다. 사용자 입장에서는 어느 채널을 통해 신문을 보든 상관없지만, 신문사의 입장에서는 힘들게 만든 콘텐츠를 아무런 대가도 치르지 않고 뉴스 통합업체에서 활용하는 것을 결코 방관하고만 있을 수 없을 것이다. 이 문제와 관련하여 신문사와 뉴스 통합업체 간에 적절한 타협점을 찾아야 할 것이다. 왜냐하면, 뉴스 통합업체들도 신문사가 존재하지 않으면 양질의 콘텐츠를 잃게 되기 때문이다.

대부분 사용자들은 오프라인 신문은 유료로 구독하지만, 온라인 신문은 무료로 구독하는 경우가 많다. 신문사들도 오프라인신문의 구독을 유도하기 위해서 홍보차원으로 온라인신문을 무료로 제공하기도 하지만, 오히려 오프라인신문 매출을 떨어뜨리는 결과를 초래하기도 한다. 따라서 타 신문사에서는 제공하지 않는 양질의 차별화된 콘텐츠를 제공함으로써 온라인신문에서도 구독료 수입을 올리려는 시도를 하고 있다. 한편 온라인신문을 이용하는 방법도 다양해지고 있다. 초기에는 PC를 이용하는 방법밖에 없었으나 최근에는 휴대폰, 태블릿PC, 스마트폰, 전자책 리더기 등 다양한 단말기가 활용되고 있다.

② 전자책(e-북)

전자책이란 컴퓨터나 특별 단말기를 통해 읽을 수 있도록 만들어진 디지털 형태의 책이다. 초기의 전자책은 PC를 통해서만 읽을 수 있는 형태였지만 아마존이 킨들(Kindle)이라는 전자책 전용 단말기를 출시하면서 급속도로 확산되고 있으며 최근에는 태블릿PC나 스마트폰과 같은 일반 단말기를 통해서도 읽을 수 있는 형태로 발전하고 있다. 국내에서는 아직 외국과 비교하면 전자책의 활용도가 낮지만, 정부의 정책과 산업의 여건에 따라 점차 확대될 것으로 기대된다.

전자책이 활성화되기 위해서는 다음과 같이 해결해야 할 과제가 있다. 첫째, 지적 재산권보호 문제이다. 전자책은 쉽게 복제가 가능해 생산비용은 줄어들지만 그만큼 불법복제도 용이하게 된다. 불법복제를 방지하기 위한 여러 가지 방안을 마련할 수 있지만, 정당한 사용자들에게는 오히려 불편을 초래하기 때문에 이 또한 쉬운 해결책은 아니다.

둘째, 전자책의 가격문제이다. 전자책의 원가가 종이책에 비해 낮으므로 가격도 낮아야 할 것이다. 그러나 가격이 너무 낮게 책정될 경우 오히려 종이책 매출에 악영향을 미칠 것이고, 너무 높게 책정될 경우 전자책이 잘 팔리지 않게 된다.

▌그림 4-2▐ 밀리의 서재

출처: www.millie.co.kr

▌그림 4-3▐ 윌라 오디오북

출처: https://www.welaaa.com

셋째, 전자책을 읽는 속도를 빠르게 하고, 장시간 읽어도 피로하지 않기 위해서는 전자책의 폰트, 색상, 글자 크기 등에 대하여 세심한 신경을 써야 한다. 너무 화려한 색상도 문제이지만 너무 단순한 것도 바람직하지 않다. 글자 크기도 너무 크게 하면 소형화면에 많은 내용을 담을 수 없고, 너무 작게 하면 읽기 힘들게 된다.

넷째, 아무리 잘 만들어진 전자책이라 하더라도 사용자가 외면하면 전자책은 활성화될 수 없다. 사용자가 전자책을 이용하지 않는 이유 중 가장 근본적인 것은 습관의 문제이다. 지금까지 종이책에 익숙해져 있는 고객이 갑자기 전자책을 수용하기 쉽지 않기 때문이다. 습관의 변경은 점진적으로 이루어지지만 좋은 전자책이 많이 나오고 많은 사람이 이용하게 된다면 이 또한 빠르게 진행될 수 있다.

다섯째, 사용자 입장에서는 전자책이 많이 보급되어야 단말기도 구매할 것이고 전자책을 이용할 것이다. 그런데 출판업자 입장에서는 수익이 보장되어야 전자책을 출판할 것이다. 전자책을 출판하였는데 이용자가 없거나, 전자책의 출판이 오히려 종이책의 매출을 떨어뜨려 전체적으로 수익이 감소한다면 곤란하다.

③ 온라인 엔터테인먼트

디지털 콘텐츠를 크게 분류하면 정보의 성격을 지닌 것과 오락의 성격을 지닌 것으로 나눌 수 있다. 앞에서 설명한 콘텐츠들이 전자에 해당한다면, 온라인 엔터테인먼트는 후자에 해당한다. 온라인 엔터테인먼트는 음악, 영화, 비디오, 게임, 라디오, TV 등과 같은 콘텐츠를 디지털 형태로 배급하여 활용하게 하는 것이다.

음악, 영화, 비디오는 파일공유 사이트를 통해 불법복제가 많이 이루어졌었다. 그러나 저작권 문제가 이슈로 대두되고 소액으로 음악이나 영화를 볼 수 있는 방식이 등장함에 따라 최근에는 유료화가 조금씩 진행되고 있다. 게임의 경우 중독성으로 인해 사회문제가 되고 있지만, 경제적인 측면에서 보면 국내 경제에 많은 공헌을 하고 있다. PC를 이용한 온라인게임이 주를 이루고 있지만, 최근에는 스마트폰을 이용한 모바일게임도 많이 등장하고 있다.

(3) e-러닝

e-러닝이란 교육 및 훈련과 관련된 콘텐츠를 디지털 방식으로 전달하는 것을 말한다. 기업에서는 종업원, 고객 등을 대상으로 하는 교육 및 훈련의 수단으로 많이 이용되고 있으며, 대학에서도 인터넷 강의라는 이름으로 점차 확산하고 있다. e-러닝은 강의 콘텐츠를 단순하게 디지털화하여 제공하는 방법에서부터 상호작용적이면서 복잡한 방법까지 다양하게 이루어지고 있다. 최근에는 강의 효과를 높이기 위해 애니메이션, 시뮬레이션, 증강현실, 게임 등과 같은 기술을 이용하기도 한다. 또한, 태블릿PC와 스마트폰의 보급으로 이동 중에도 강의를 들을 수 있는 m-러닝도 등장하였다.

e-러닝은 많은 장점이 있다. 첫째, 비용을 절감할 수 있다. 강의실 공간이 필요 없으며, 수강인원도 제한이 없다. 같은 강의를 여러 번 하지 않아도 되기 때문에

비용을 많이 줄일 수 있다. 둘째, 시간적·공간적 제약이 없다. 지역적으로 멀리 떨어져 있는 사람도 강의를 들을 수 있으며, 시간이 맞지 않아 강의를 들을 수 없는 경우는 발생하지 않는다. 또한, 다른 사람들에게 지장을 주지 않으면서 강의를 편리한 시간에 언제든지 들을 수 있고, 학습 속도도 본인의 사정에 따라 조절할 수 있다. 셋째, 오프라인 강의에 비해 강의 콘텐츠의 갱신이 비교적 용이하다. 오프라인의 경우 교재가 같더라도 강사가 다르면 강의내용이 달라질 수 있지만, 온라인에서는 일관성이 유지된다.

그러나 e-러닝도 단점이 있다. 첫째, 교육에서 중요한 대면 상호작용이 없다. 강의에서 아이콘택트(eye-contact)는 강의의 집중도를 높일 뿐만 아니라 피드백의 역할을 한다. e-러닝에서는 이러한 것이 결여되어 수강생들의 상태를 알 수 없고 강의 효과도 떨어진다. 둘째, 지적 재산권 보호 문제를 들 수 있다. 강의내용이 담긴 파일을 불법적으로 유출하여 유통하는 것이 상대적으로 쉽기 때문에 이에 대한 보호 대책이 없으면 e-러닝의 발전을 기대할 수 없다. 셋째, 평가문제를 지적할 수 있다. e-러닝에서는 학습에 대한 평가도 원격으로 이루어지는 경우가 많다. 따라서 평가 대상자를 확인하기도 어렵고 다른 사람의 도움을 받고 있는지도 확인하기 어렵다. 객관적이고 공정한 평가가 이루어지지 않으면 교육의 효과를 기대하기 어렵다. 그 외에도 e-러닝을 위한 별도의 설비나 장치가 필요하다든지, 컴퓨터에 익숙하지 않은 사람들이 여전히 많다는 점도 e-러닝의 단점으로 들 수 있다.

한편 교육과 게임(엔터테인먼트)을 결합한 에듀테인먼트(edutainment)도 등장하고 있다. 에듀테인먼트의 주요 목적은 교육에 재미를 가미하여 학습에 더욱 적극적인 참여를 유도하고, 학습경험을 풍부하게 하여 획득한 지식을 오랫동안 기억할 수 있게 만드는 것이다. 초기에는 주로 어린아이들을 대상으로 제한된 범위에서 에듀테인먼트가 적용되었으나 최근에는 성인에까지 적용대상이 넓어지고 교육의 주제도 매우 다양해지고 있다.

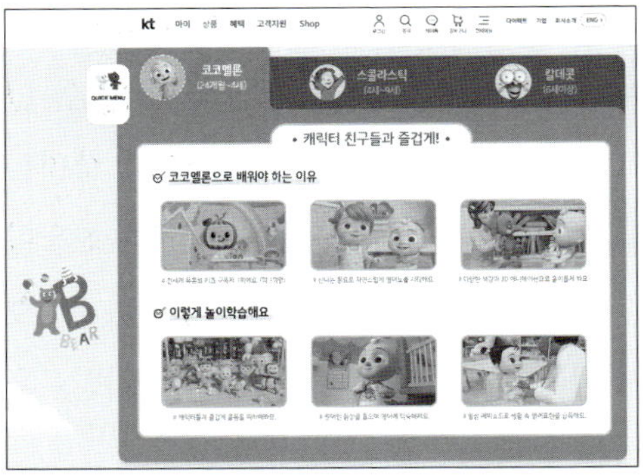

| 그림 4-4 | KT 키즈랜드

출처: product.kt.com

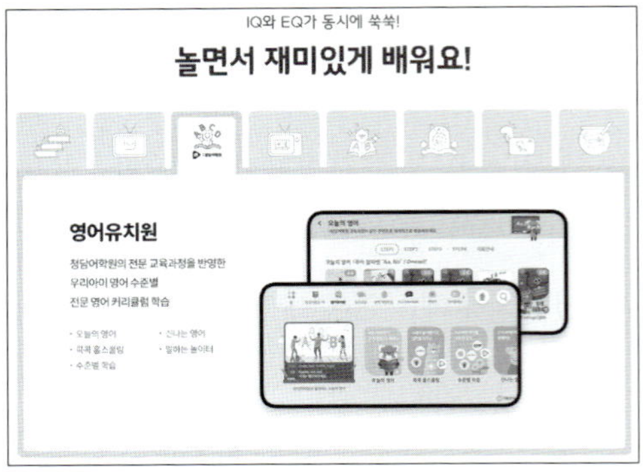

| 그림 4-5 | LG U+ 아이들나라

출처: www.uplus.co.kr

3) 기타 B2C 비즈니스 모델

(1) 포털서비스

인터넷에는 웹사이트가 너무 많아서 사용자가 원하는 웹사이트를 찾기가 쉽지 않다. 포털서비스는 디렉터리 또는 검색엔진을 이용하여 사용자들이 원하는 웹사이트로 안내해 주는 서비스이다. 대표적인 포털업체로는 야후(yahoo.com), 구글(google.com), 네이버(naver.com) 등을 들 수 있다.

초기에는 포털업체들이 순수 포털서비스만 제공하였지만, 요즘은 포털서비스뿐만 아니라 다양한 콘텐츠를 제공하고, 더 나아가서 전자소매를 병행하기도 한다. 즉, 사용자에게 목적지까지 안내해 주는 관문의 역할에서 최종 목적지의 역할로 점차 바뀌고 있다는 것이다. 이에 따라 수입원도 다양하게 바뀌고 있다. 여전히 주된 수입은 광고수입이지만 구독료, 거래수수료 수입, 제휴 수입 등이 발생하기도 한다. 포털서비스의 유형은 수평적 포털과 수직적 포털로 구분할 수 있다. 가장 일반적인 수평적 포털은 일반화된 모든 분야의 검색서비스와 콘텐츠를 제공하는 반면, 수직적 포털은 특별히 전문화된 분야의 검색서비스와 콘텐츠를 제공한다. 수직적 포털은 보털(vertical portals: vortals)이라고도 한다.

(2) 온라인 거래 중개서비스

거래 중개란 판매자와 구매자를 연결해 주는 서비스를 말하며, 이러한 서비스를 통해 고객(판매자와 구매자)들의 시간과 비용을 줄여 준다. 거래 중개는 오프라인에서도 많이 이루어지고 있는 서비스인데, 이를 온라인으로 변경한 서비스라 볼 수 있다. 순수 온라인서비스를 제공하는 업체도 있지만, 오프라인 기업이 온라인 서비스를 병행하는 경우도 많이 있다. 주된 수입은 거래수수료 수입이다. 거래 중개를 필요로 하는 주요 분야로는 재무 및 금융 분야, 관광 및 여행서비스 분야, 고용 및 취업알선 분야 등을 들 수 있다.

거래 중개서비스가 고객들에게 제공하는 주요 가치는 앞에서 언급하였듯이 원하는 구매자와 판매자를 찾는 시간과 비용을 줄여 주는 것이다. 또한, 고객들이 편리하게 서비스를 활용할 수 있게 해주며, 해당 분야의 다양하고 전문적인 정보도 제공해 준다. 한편, 거래 중개서비스가 더욱 활성화되기 위해서는 보안 문제가 해결되어야 한다. 특히 금융거래의 경우 보안 문제는 치명적일 수 있다.

(3) 전자시장서비스

전자소매의 경우 판매자가 웹사이트를 개설하고 구매자가 방문하여 거래가 이루어진다. 일반적으로 오프라인에서 시장이라고 하면 다수의 판매자와 다수의 구매자가 참여하여 서로 거래가 이루어지는 곳이다. 이를 온라인으로 변경한 것이 전자시장이다. 전자시장서비스란 전자시장을 구축하고 거래와 관련된 다양한 기반구조와 서비스를 제공하는 것을 말한다. 전자시장서비스 제공업체가 얻는 수입은 거래수수료이며 주로 판매자로부터 받게 된다. 전자시장서비스에서 제공하는 기반구조 및 서비스로는 제품 카탈로그, 전자카트, 경매시스템, 결제 및 지불시스템, 배송시스템 등을 들 수 있다.

전자시장이 성공하기 위해서는 효율적 시장을 만드는 것이 무엇보다 중요하다. 효율적 시장이란 판매자는 언제든지 제품을 판매할 수 있으며, 구매자는 언제든지 원하는 제품을 구매할 수 있는 시장을 말한다. 효율적 시장을 만들기 위해서는 시장에 판매자나 구매자의 수가 많아야 하며, 이를 위해서는 전자시장서비스 제공업체의 자금력, 마케팅 능력, 브랜드 인지도 등이 무엇보다 중요하다. 따라서 일부 선두업체를 제외하고는 경쟁에서 살아남을 수 없게 되는 것이 이 분야의 특징이다. 즉, 승자독식 현상이 나타나게 된다. 전자시장서비스를 제공하는 대표적인 기업으로는 G마켓(gmarket.co.kr), 11번가(11st.co.kr), 이베이(ebay.com) 등을 들 수 있다.

(4) 커뮤니티 서비스

전자소매, 포털서비스, 거래 중개 등 어떠한 형태의 비즈니스를 하던지 대부분의 웹사이트에서는 사용자 간 정보를 공유할 수 있도록 커뮤니티 서비스를 제공하고 있다. 최근에는 이러한 서비스를 전문으로 제공하는 업체가 등장하여 우리 사회를 엄청나게 변화시키고 있으며 대표적인 서비스로 소셜 네트워크 서비스(social network service: SNS)가 있다.

소셜 네트워크 서비스는 학연, 지연, 관심사가 유사한 사람들끼리 서로 의사소통하고, 거래하고, 콘텐츠를 공유할 수 있도록 온라인 환경을 제공하는 서비스를 말한다. 국내의 '싸이월드'가 초기라고 볼 수 있으며, 그 이후에 마이스페이스(myspace.com), 페이스북(facebook.com), 유튜브(youtube.com) 등 많은 소셜 네트워크 서비스가 등장하였다. PC 기반의 서비스도 많은 사람이 사용하였지만, 최근에는 스마트폰의 보급으로 인하여 소셜 네트워크 서비스 사용 인구는 폭발적으로 증가하고 있다.

아직 소셜 네트워크 서비스를 제공하는 기업은 광고수입에만 의존하고 있지만 앞으로 다양한 수익 모델을 창출한다면 많은 사용자를 기반으로 하여 경쟁력을 높일 수 있을 것이다. 카카오톡은 소셜 네트워크 서비스의 대표적인 예이며 서비스는 무료로 제공하지만, 게임, 쇼핑, 지도정보 등의 다양한 서비스를 함께 제공하면서 새롭게 수익을 창출하고 있다.

3 B2B 비즈니스 모델

1) B2B 전자상거래의 최근 추세

초기의 B2B 전자상거래는 일부 기업 간의 폐쇄적인 형태로 이루어졌으나 인터넷이 대중화되면서 진정한 의미의 B2B 전자상거래 모습을 갖추기 시작하였다. 이후에도 B2B 전자상거래는 B2C와 마찬가지로 다양한 형태로 발전하였는데 최근의 추세를 보면 다음과 같다.

첫째, 앞에서 언급한 바와 같이 우리나라 B2B 전자상거래 시장 규모는 해마다 20% 정도 성장하고 있으며, 앞으로도 이러한 성장추세는 계속 이어질 것으로 예측된다. 그런데 이러한 성장추세는 전 세계적인 추세이다. 특히 지금까지는 대기업을 중심으로 전자상거래가 활성화되었는데, 앞으로는 중소기업으로까지 확대될 것으로 판단된다.

둘째, B2B 전자상거래의 시장 규모의 성장과 함께 내용적인 측면도 점차 복잡해지고 있다. 초기의 B2B 전자상거래의 목적은 주로 거래비용을 줄이는 것이었다. 하지만 최근에는 B2C 전자상거래와 마찬가지로 마케팅 목적이 추가되면서 B2B 전자상거래도 고객 중심적인 내용으로 변하고 있으며, 이에 따라 전자상거래의 모습도 변하고 있다. 또한, 공급사슬의 효율성을 높이고, 구매 프로세스를 개선하기 위한 내용도 새롭게 추가되고 있으며 특히 기업 간 협업상거래가 B2B 전자상거래에서 차지하는 비중이 점차 확대되고 있다.

한편 B2B 전자상거래의 시장 규모가 확대되고 발전할 수 있는 배경에는 관련 기술의 발전이 있다. 이에 B2B 전자상거래 기술과 관련하여 최근의 추세를 보면 다음과 같다.

첫째, 복잡한 B2B 전자상거래를 가능하게 하는 것은 B2B 소프트웨어 및 도구가 발달하였기 때문이다. 특히 보안과 지불 시스템의 발전은 B2B 전자상거래를 더욱 활성화하고 있다.

둘째, 모바일 기술이 B2B 전자상거래에도 확대되고 있다. 모바일 기술은 거래의 공간적 제약을 더욱 제거해 줌으로써 B2B 전자상거래의 활성화에 많은 기여를 하고 있다.

셋째, B2B 전자상거래 분야에도 클라우드 컴퓨팅 서비스가 확대 적용되고 있다. 클라우드 컴퓨팅 서비스는 서버 구입 및 유지보수비용, 소프트웨어 개발 및 구입 비용 등을 줄여 줌으로써 기업들의 자원을 보다 전략적인 분야에 집중할 수 있게 해주는 새로운 컴퓨팅 개념으로 지속해서 성장할 것으로 예측되는 분야이다. 과거에는 B2B 전자상거래를 구현하기 위해서는 B2B 소프트웨어를 구입하거나 개발할 수밖에 없었는데, 최근에는 클라우드 컴퓨팅 서비스를 통해 SaaS(software as a service) 형태로 서비스를 제공 받을 수 있게 된 것이다.

넷째, B2B 전자상거래에도 웹2.0 기술 및 서비스가 적용되고 있다. 웹2.0은 B2C 전자상거래에서 주로 적용되었던 개념이다. 1990년대 중반부터 인터넷이 활성화되면서 B2C 전자상거래는 폭발적인 성장을 하였다. 그런데 2000년을 넘어서면서 거의 대부분의 전자상거래업체들이 도산을 하였다. 그러나 생존을 한 일부 전자상거래업체들은 경쟁력을 더욱 강화하면서 승승장구하고 있다. 이에 따라 도산을 한 기업과 생존을 한 기업의 차이점을 분석하는 과정에서 웹2.0의 개념이 등장한 것이다. 웹2.0은 기업에서 일방적으로 제공하던 콘텐츠 및 서비스 대신에 고객들이 콘텐츠를 만드는 데 직접 참여하고, 이를 개방하여 공유하고, 서로 협동하여 새로운 서비스를 만들어 내는 특징을 지니고 있다. 초기에는 B2C 전자상거래에 주로 적용되어 왔으나 최근에는 B2B 전자상거래에도 적용되고 있다.

2) B2B 전자상거래의 유형

B2B 전자상거래의 유형은 분류방법에 따라 다양하게 구분할 수 있는데 가장 기본적인 방법은 취급하는 품목의 종류에 따라 구분하는 것이다. B2B 전자상거래에서 거래되는 품목의 종류는 직접자재(direct material)와 간접자재(indirect material)로 구분할 수 있다. 직접자재는 기업이 생산하는 제품에 직접적으로 필요한 부품이나 원자재로 전자, 자동차, 조선 등 산업별로 필요한 직접자재는 주로 공급사슬 상에 있는 기업 간 거래에서 취급된다. 간접자재는 사무용품과 같이 직접 생산에 투입되는 것은 아니지만 기업의 운영에 필요한 품목들로 MRO(maintenance, repairs, and operations)가 대표적인 예이다. 이와 같이 취급하는 품목에 따라 B2B 전자상거래는 직접자재를 취급하는 수직적 전자상거래와 간접자재를 취급하는 수평적 전자상거래로 구분할 수 있다. B2B 전자상거래의 유형을 구분하는 또 다른 방법은 전자시장의 운영 주체에 따라 구분하는 것으로 판매자 중심의 B2B, 구매자 중심의 B2B, 중개자 중심의 B2B(e-marketplace)로 구분할 수 있다.

(1) 판매자 중심의 B2B 전자상거래

판매자 중심의 B2B 전자상거래는 개별 판매자, 즉 제품 공급사가 구매기업들에게 제품판매를 위한 전자시장을 구축한 형태로 구매기업이 방문하여 전자카탈로그, 공동구매, 경매, 협상 등 다양한 방법으로 거래가 이루어진다. 이러한 B2B 전자상거래는 판매자가 모든 통제권을 가지고 있으므로 거래에 필요한 대부분의 서비스를 책임지고 제공하게 되며 판매자 측의 이익을 대변하는 경향이 있다. 또한, 가격, 수량, 지불, 배송, 거래조건 등에 대하여 협상이 이루어진다는 특징이 있다.

판매자 중심의 B2B 전자상거래는 폐쇄적으로 운영될 수도 있고, 개방적으로 운영될 수도 있다. 폐쇄적으로 운영된다는 것은 사전에 허락된 구매자 외에는 거래에 참여할 수 없는 것을 말하고, 개방적으로 운영된다는 것은 어떠한 구매자라도 항상 거래에 참여할 수 있는 것을 말한다. 즉각적인 필요에 따라 사전계약 없이 행해지는 현장구매의 경우는 개방적 전자시장을 통해서 이루어지는 경향이 있으며 전략적인 목적에 따라 특정 기업과 특정 제품에 대하여 특정 기간 동안 특정 조건(품질, 가격, 대금결제방법, 수량 등)의 장기계약을 맺고 이에 따라 행해지는 계약구매의 경우는 폐쇄적 전자시장을 통해서 거래되는 경향이 있다.

(2) 구매자 중심의 B2B 전자상거래

B2C에서는 구매자 중심의 전자상거래가 거의 없으나 B2B에서는 구매자 중심의 전자상거래가 매우 흔한 일이다. 구매자 중심의 B2B 전자상거래는 한 기업(구매자)이 여러 공급기업들로부터 제품을 구매할 목적으로 구현된 것으로 구매자가 전자시장의 운영 주체이며 모든 통제권을 가지고 있다는 점 외에는 판매자 중심의

B2B 전자상거래와 유사하다. 삼성전자, GM 등과 같은 대형 기업의 경우 기업의 규모가 워낙 크기 때문에 구매하는 자재의 종류도 많을 뿐만 아니라 양도 많을 것이다. 이러한 상황에서 자재를 구매하기 위해 일일이 판매자가 구축해 놓은 전자시장을 방문하여 거래하는 것은 매우 복잡하고 번거로울 수 있다. 이러한 경우 구매자는 자신들이 구축해 놓은 전자시장에 판매자가 방문하여 거래함으로써 필요로 하는 자재를 쉽게 구매할 수 있게 된다. 판매자 중심의 전자상거래와 같이 구매자 중심의 전자상거래에서의 거래 역시 전자카탈로그, 공동구매, 경매, 협상 등의 다양한 방법으로 이루어지며, 개방적으로 또는 폐쇄적으로 전자시장이 운영될 수 있다.

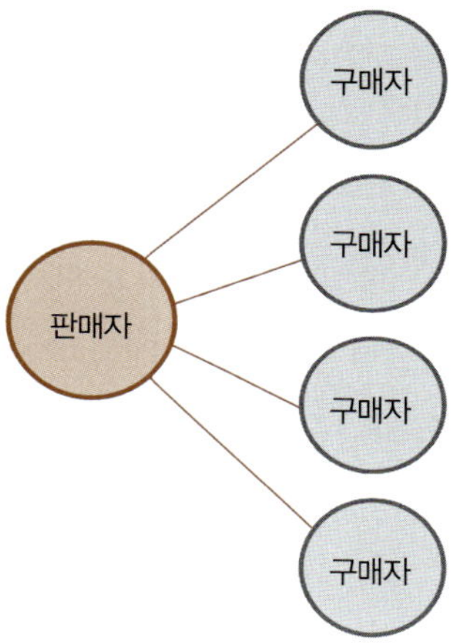

▌그림 4-6▌ 판매자 중심 모델

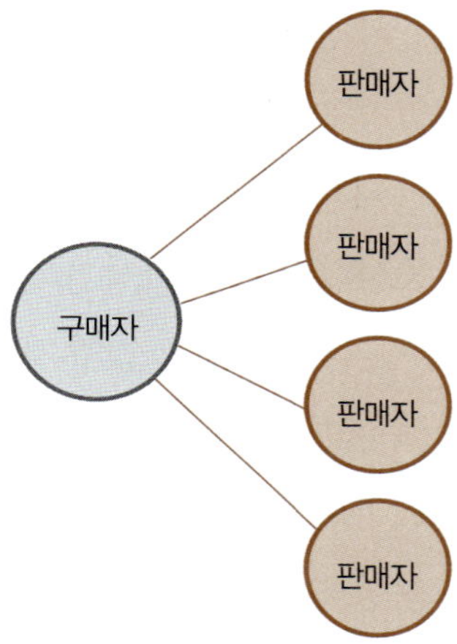

▌그림 4-7▌ 구매자 중심 모델

(3) 중개자 중심의 B2B 전자상거래(e-마켓플레이스)

판매자 중심과 구매자 중심의 B2B 전자상거래가 특정 판매자와 구매자가 중심이 되어 전자시장을 구축하고 통제권을 가지고 있다. 하지만, e-마켓플레이스는 제3의 기업 또는 단체가 전자시장을 구축 및 운영하고 이에 대한 통제권을 가지면서 판매자와 구매자를 상호 연결시키는 허브 역할을 하는 유형의 B2B 전자상거래를 말한다. 따라서 중개자 중심의 B2B 전자상거래를 e-허브(e-hub) 또는 네트익스체인지(net exchange)라고도 한다. e-마켓플레이스 업체는 판매자와 구매자에게 거래와 관련된 모든 서비스를 제공하게 되며 거래에 수반된 수수료를 받게 된다.

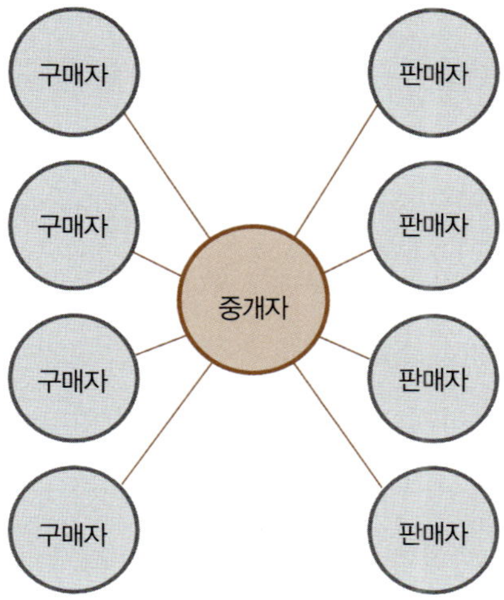

▌그림 4-8▌ 중개자 중심 모델

B2B 전자상거래가 활성화됨에 따라 e-마켓플레이스도 급성장하게 되었으며, 그 형태도 다양하게 변하고 있다. 먼저 e-마켓플레이스 업체가 누구이냐에 따라 분류할 수 있다. 판매자, 구매자와 전혀 관계없는 제3의 기업이 전자시장을 운영하는 경우가 대부분이다. 또는 특정산업에서 판매자와 구매자가 컨소시엄을 형성하여 함께 전자시장을 운영하는 경우도 있다. 예를 들어 일부 자동차제조회사가 공동으로 자동차 부품을 구매하기 위해 e-마켓플레이스를 구축 및 운영하고 있다.

e-마켓플레이스는 기업의 구매품목 대상과 방식에 따라 다양한 e-마켓플레이스로 구분할 수 있다. 구매품목의 대상은 간접자재와 직접자재로 구분할 수 있으며 구매방식은 현장구매와 계약구매로 구분할 수 있다. 그리고 이 두 가지 형태의 구매대상과 방식에 따라 e-마켓플레이스는 다음의 서로 다른 네 가지 유형으로 정의할 수 있다. 간접자재를 현장구매할 수 있도록 지원하는 온라인 유통자(e-distributor), 간접자재를 계약구매할 수 있도록 지원하는 온라인 구매(e-procurement), 직접자재를 현장구매할 수 있도록 지원하는 독립거래소(independent exchange), 직접자재를 계약구매할 수 있도록 지원하는 산업컨소시엄(industry consortium). 이 중 가장 보편적인 유형은 간접자재를 현장구매하는 방식의 온라인 유통자이다. 산업의 종류와 관계없이 모든 기업은 기업을 유지, 보수, 운영하기 위한 자재가 필요한데 이것을 MRO라고 한다. 기업마다 MRO 자재는 수시로 필요하기 때문에 이를 취급하는 e-마켓플레이스가 활성화되어 있다. 대표적인 사례로는 serveone.co.kr, grainger.com, MRO.com, staples.com 등을 들 수 있다.

한편 B2B 전자상거래는 독특한 거래 방식으로 운영되기도 한다. 일반적으로 전자상거래에서는 전자카탈로그, 공동구매, 경매 등의 방식으로 거래가 이루어지는데, B2B에서는 익스체인지(exchange)가 추가된다. 교환 또는 거래소라고도 불리는 익스체인지는 동적 가격결정(dynamic pricing)의 한 유형이다. 동적 가격결정은 제품의 가격이 고정된 것이 아니라 고객의 수요에 따라 지속해서 변동하는 것을 말하며, 경매가 대표적인 예이다. 익스체인지는 동적가격결정 방식이지만 경매와는 조금 다른 방식으로 가격이 결정된다. 익스체인지는 다수의 판매자와 다수의 구매자가 동시다발적으로 판매 또는 구매 요청을 하는 형태로 최초에 제시한 가격은 거래가 성사되기 전까지는 언제든지 수정, 취소될 수 있는 유연한 방식이다.

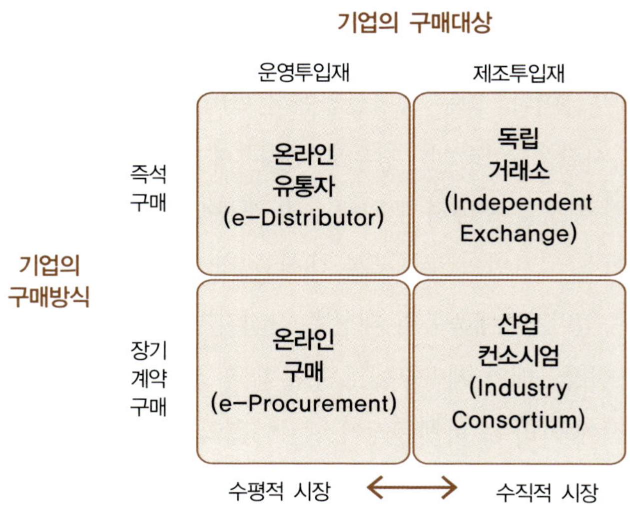

▌그림 4-9▌ e-마켓플레이스의 4가지 유형

출처: 차훈상 외(2019). e-비즈니스와 e-커머스(2판). 법문사.

이 경우 판매자와 구매자는 해당 제품에 대한 특징을 사전에 공유하고 있기 때문에 가격만이 판매 및 구매 결정기준이 되며 주로 직접자재를 현장구매하는 경우에 많이 적용된다.

4 모바일 비즈니스와 소셜 비즈니스

1) 모바일 비즈니스

(1) 등장 배경

전자상거래는 사이버공간에서 거래가 이루어지기 때문에 공간적 제약이 없다는 것이 중요한 특징이다. 그러나 엄격하게 말하면 초기의 전자상거래에서는 약간의 제약이 있었다. 초기에는 대부분 전자상거래가 PC를 이용할 수밖에 없었는데 PC는 고정된 위치에 있기 때문에 이동 중에는 전자상거래를 할 수 없는 제약이 있다. 하지만 스마트폰과 태블릿PC가 확산됨에 따라 진정한 의미의 공간적 제약이 없어지면서 전자상거래는 모바일 비즈니스 또는 모바일 상거래의 시대로 접어들게 되었다. 최근에는 이러한 모바일 비즈니스가 전자상거래에서 차지하고 있는 비중이 더 많아지고 있다. 2021년 기준 우리나라의 모바일 상거래 비중은 전체 온라인 상거래 중 71%를 차지하고 있으며 모바일 환경 구현이 진화하며 사용성이 편해지면서 PC보다 점차 증가할 것으로 예상되고 있다..

모바일 상거래를 활성화하는 기술적 배경으로는 이동통신 기술의 발달과 스마트폰 및 태블릿PC의 확산을 들 수 있다. 초기의 이동통신 기술은 음성통신에 초점을 두었지만 3세대 및 4세대로 접어들면서 데이터통신으로 중심이 바뀌게 된다. LTE(long term evolution)와 와이맥스(Wi-Max)에 기반을 둔 4세대 이동통신 기술과 5세대 이동 통신 기술이 적용되면서 모바일 단말기를 이용한 인터넷의 활용은 두드러지게 확산되고 있다. 또한 와이파이(Wi-Fi) 기술의 발달에 따라 와이파이 핫존(hot zone)이 확대되는 것도 모바일 상거래의 급속한 증가요인으로 들 수 있다. 와이파이는 보안에 취약하다는 단점이 있지만, 상대적으로 속도가 빠를 뿐만 아니라 비용이 적게 든다는 장점이 있어 무료로 이용할 수 있는 장소가 급속히 확대되고 있으며 이동통신의 핵심적인 역할을 담당하고 있다.

한편 스마트폰과 태블릿PC의 보급도 모바일 상거래의 확산에 기여한 바가 매우 크다. 스마트폰은 애플사의 아이폰(iPhone)이 등장한 이후 빠르게 성장하고 있으며, 다양한 애플리케이션('앱'이라고도 함)을 바탕으로 이제는 스마트폰 시대로 접어들었다고 해도 과언이 아니다. 특히 우리나라는 스마트폰 보급률이 95% 정도로 전 세계 1위를 차지하고 있어 모바일 상거래의 전망을 밝게 하고 있다.

모바일 상거래를 촉진하는 기술 외적인 배경으로는 비즈니스 관점에서 설명할 수 있다. 전자상거래의 경쟁이 치열하다 보니 기업들은 고객을 보다 만족시킬 수 있는 제품이나 서비스가 필요하게 되었으며 이러한 서비스 중 하나가 바로 모바일 상거래이다. 기업들은 모바일 상거래 시장이 지속해서 확대됨에 따라 다양한 비즈니스 모델을 개발하고 있다.

(2) 위치기반서비스

무선통신 단말기를 활용하여 언제 어디서나, 이동 중에도 수행할 수 있는 모바일 상거래는 전자상거래의 모든 분야에 적용될 수 있으며 그 중에서도 모바일의 특징을 가장 잘 살린 것은 위치기반서비스(location based service: LBS)라 할 수 있다. 위치기반서비스는 고객의 위치를 기반으로 하여 고객에게 다양한 서비스를 제공하는 서비스이다.

고객의 위치를 파악하는 방법으로는 셀 방식과 GPS(global positioning systems) 방식이 있다. 셀 방식은 이동통신망의 기지국에서 제공하는 셀 정보를 이용하여 소프트웨어적으로 위치를 계산하는 것이다. 이 방식은 건물 안이나 지하에서도 위치를 파악할 수 있는 장점이 있지만, 위치의 오차 범위가 크다는 단점이 있다. 반면, GPS 방식은 이동통신 단말기 내에 장착된 칩을 이용하여 GPS에서 제공하는 위치 정보를 수신하는 방식이다. 이 방식은 위치를 비교적 정확하게 파악할 수 있다는 장점이 있지만, 위성 신호의 방향성 특징 때문에 건물 내에서는 사용이 불가능하다는 단점이 있다. 최근에는 두 방식을 결합한 방식이 적용되기도 한다.

위치기반서비스의 유형은 위치기반 광고, 위치정보서비스, 기타 위치기반서비스로 구분할 수 있다. 첫째, 위치기반 광고는 고객의 현 위치 근처에 있는 업체에서 광고 메시지를 전달하는 것을 말한다. 예를 들어, 백화점 근처를 지나고 있는 고객의 스마트폰에 세일 광고 메시지를 전달하게 되면 고객이 백화점을 방문할 가능성이 높다. 불특정다수를 대상으로 하는 광고에 비해 광고의 효과성이 매우 높은 것은 당연하다. 둘째, 위치정보서비스는 증강현실기법과 결합하여 고객이 스마트폰으로 지정한 사물에 대한 상세한 정보를 제공하는 것이다. 예를 들어, 고객이 근처 성당 건물을 스마트폰으로 지정하면 성당에 대한 상세한 정보가 화면에 나타나게 된다. 셋째, 기타 위치기반서비스는 매우 다양한 형태로 나타날 수 있다. 친구 찾기, 내비게이션, 범죄 예방, 휴대폰 찾기 등과 같이 다양한 분야에서 위치기반 기술을 활용하는 앱이나 비즈니스 모델이 등장하고 있다.

위치기반서비스는 앞으로 지속해서 성장할 것으로 예상되고 있으나, 한 가지 해결해야 할 장애 요인이 있다. 그것은 바로 프라이버시(privacy) 침해 문제이다. 개인의 위치정보는 법적인 보호의 대상이기 때문에 개인에게 사전에 공지 및 허락받지 않은 상태에서 수집, 활용했을 때는 프라이버시 침해가 된다. 물론 스마트폰에는 GPS 기능 작동을 본인이 선택할 수 있기 때문에 어느 정도는 이 문제를 해결할 수 있다. 하지만 위치정보 수집 및 활용이 무차별적으로 이루어졌을 경우에는 큰 사회적 문제가 될 수 있으므로 이 문제를 해결하면서 위치기반서비스가 성장할 수 있는 방안이 모색되어야 할 것이다.

(3) 기타 응용 분야

고객의 위치와 관계가 없더라도 이동 중에라도 모바일 상거래를 할 수 있는 분야는 매우 많다. 사실 모든 전자상거래가 모바일로 이루어질 수 있기 때문이다. 여기서는 대표적인 모바일 상거래의 분야를 살펴보기로 한다.

첫째, 모바일금융 분야를 들 수 있다. 이미 데스크톱 PC를 이용한 인터넷뱅킹은 보편적으로 활용되고 있는 서비스이며 여기에 스마트폰을 이용한 뱅킹 서비스도 점점 확산하고 있다. 고객 입장에서는 외출 중에도 계좌이체, 계좌조회, 금융상품 환매 등 거의 모든 서비스를 이용할 수 있으므로 매우 편리하다. 최근에는 인터넷뱅킹뿐만 아니라 증권회사의 주식거래, 보험가입 및 보험금 청구 등을 모바일 방식으로 제공하는 서비스가 지속해서 증가하고 있다.

모바일 상거래는 모바일 결제(m-payment)를 필요로 하기 때문에 이 분야의 기술도 빠르게 발전하고 있다. 모바일 결제는 스마트폰과 같은 이동통신 단말기를 이용하여 대금을 결제하는 서비스로 구현방법이 다양하다. 금융기관의 계좌를 기반으로 해서 실시간 계좌이체를 하는 방식도 있고, USIM칩에 전자지갑을 내장하여 대금결제를 하는 방식도 있다. 또는 소액결제로서 휴대폰 요금에 포함시켜 통합과금 방식으로 결제를 하는 방식도 있다. 최근에는 NFC(near field communication, 근거리무선통신) 기술을 이용한 대금 지급 방식도 활용되고 있다.

모바일결제를 포함한 모바일금융 분야는 고객에게 편리함, 비용 절감이라는 가치를 제공하는 대신에 보안 문제가 발생할 수 있다. 작은 화면에서 조작하다 보니 터치를 잘못하여 원하지 않는 결과가 초래될 수도 있고, 특히 스마트폰을 분실했을 경우 심각한 문제가 발생한다. 그뿐만 아니라 스마트폰에 대한 해킹 등이 쉬워서 사이버범죄의 대상이 되기도 한다. 최근에는 기술(technology)과 금융(finance)이 융합한 새로운 기술 및 서비스를 의미하는 핀테크(Fintech)라는 용어를 자주 볼 수 있다. 초기에는 은행이나 증권회사 등 금융기관이 주도하여 시스템 관리를 위한 기술적인 부분을 의미하였으나 점차 그 의미가 변화하여 소비자 중심의 개인적이고 상업적인 서비스 용어로 바뀌어 가고 있다. 또한, 혁신의 주체가 금융기관이 아닌 구글, 애플, 삼성, 네이버, 다음카카오와 같은 비금융기관으로 변화하였으며 금융서비스의 모든 영역이 영향을 받고 있다는 점에서 이전의 금융 혁명과는 다른 양상을 띠는 것이 특징이다. 핀테크의 혁신 속도는 기술의 급속한 발전으로 굉장히 빠르게 나타나고 있으며 블록체인, 인공지능(artificial intelligence: AI), 가상현실(virtual reality: VR), 빅데이터, 사물인터넷 등 다양한 기술과 융합하여 하루가 다르게 발전하고 있다. 핀테크는 지급결제, 금융 데이터 분석, 금융 소프트웨어, 플랫폼과 같은 사업영역 안에서 다양한 서비스를 제공하고 있으며 금융회사의 기존 업무를 더 효율적으로 지원하거나 대체하는 역할을 수행할 것으로 기대되고 있다.

둘째, 모바일 헬스케어(healthcare) 분야를 들 수 있다. 모바일 헬스케어는 이동통신 단말기를 이용하여 원격으로 건강진단을 받거나 건강관리를 받는 것을 말한다. 이를 위해서는 의료기술과 정보기술의 접목이 필요하다. 이 분야는 아직 보편적인 서비스는 아니지만 소득수준과 건강에 대한 관심이 높아지고, 노인 인구가 증가하고 있기 때문에 앞으로 모바일 헬스케어가 성장할 여지는 매우 높다. 모바일 헬스케어 서비스가 확산되면 의료비가 절감될 뿐만 아니라 의료기관이 부족한 소외지역에서도 편리하게 의료서비스를 받을 수 있기 때문에 사회적으로도 바람직한 측면이 많다.

모바일 헬스케어가 확산되기 위해서는 제도적인 측면에서 보완되어야 할 부분이 많다. 국가에 따라서는 원격진료를 허용하지 않거나 제한하는 경우가 많기 때문이다. 또한 건강진료를 위해서는 생체정보를 환자 자신이 안전하게 그리고 정확하게 측정할 수 있는 장치가 필요하므로 이 분야에 대한 기술의 발달이 지속적으로 이루어져야 할 것이다.

2) 소셜 비즈니스

(1) 소셜미디어의 등장

최근 인터넷을 이용하는 대부분의 사람은 페이스북, 트위터, 유튜브, 카카오톡 등의 소셜 네트워크 서비스(SNS)를 활발히 이용하고 있으며, 이를 통해 서로 정보와 의견을 공유하면서 대인관계를 넓혀가고 있다. 이런 SNS와 같은 플랫폼을 소셜미디어(social media)라 하는데 소셜미디어는 사용자들이 주도하고 서로 간의 소통이 가능하면서 생각, 경험 등의 정보를 생산하고 이를 확산시키기 위해 사용하는 개방화된 온라인 플랫폼을 말한다. 소셜미디어라는 용어는 크리스 쉬플리(Chris Chiply)가 2004년 'The Blog On 2004 Conference'에서 참여형 미디어의 새로운 형태인 소셜네트워크와 블로그라는 소셜미디어를 언급하면서 알려지게 되었다. 소셜미디어는 웹2.0에 가장 부합되는 미디어 형태로서 기존의 미디어와 가지는 가장 큰 차이점은 개인 사용자가 만든 미디어가 공유되고 계속 정보가 추가되면서 여러 사람들이 함께 만들어 간다는 점이다. 즉, 소셜미디어는 사용자들의 참여(participation)를 기반으로 콘텐츠 접근이나 사용에 장벽이 없고(openness), 쌍방향 대화와 커뮤니티, 다양한 미디어를 연결하는 특성을 가진다. 블로그, 팟캐

스트, 위키, SNS 등이 소셜미디어 범주에 포함되며 페이스북, 트위터, 유튜브, 위키피디아, 인스타그램 등이 대표적인 예이다.

페이스북의 경우 2004년 당시 하버드대학교 학생이었던 마크 주커버그(Mark Zuckerberg)에 의해 창업된 SNS로 우리나라의 싸이월드와 유사한 서비스를 제공하고 있다. 회원으로 가입한 사람들은 '친구 맺기'를 통해 많은 다른 사람들과 사이버상에서 만나 서로의 관심사나 정보를 교환하고, 인맥을 넓혀 나간다. 처음에는 하버드대학교 학생들만 이용할 수 있는 웹사이트였던 페이스북은 이제는 전 세계의 모든 이들의 사랑을 받는 대표적인 SNS로 성장하였다

트위터는 2006년 미국의 잭 도시(Jack Dorsey) 등이 개발한 SNS로 사용자가 하고 싶은 짧은 내용(최대 140자로 제한)의 글을 올릴 수 있는 공간을 제공하며, '팔로우(follow)' 기능을 활용하여 많은 사람에게 등록된 글을 전달할 수 있다. 비록 짧은 글이지만 실시간으로 많은 사람에게 빠르게 전달할 수 있다는 특징을 지니고 있어 트위터는 정보유통의 수단으로서 각광을 받고 있으며 최근에는 뉴스 제공뿐만 아니라 정치인의 홍보수단으로서도 활용도가 매우 높다.

유튜브는 2005년 페이팔 직원이었던 채드 헐리(Chad Hurley) 등에 의해 공동으로 창업된 무료 동영상 공유사이트로 사용자가 동영상을 업로드나 다운로드를 하면서 공유할 수 있게 만든다. 유튜브는 디지털 콘텐츠의 활성화에 많은 기여를 하였으며, 2006년 구글에 인수되어 지속해서 성장하고 있다.

소셜미디어는 혁신적인 기술을 바탕으로 하지는 않지만 많은 사람들의 삶에 큰 영향을 미치고 있고 최근에는 스마트폰 기반의 서비스를 제공함으로써 스마트 미디어로서도 각광을 받고 있다. 대부분의 서비스가 무료로 제공되고 있어 초기에는 수익성 문제에 대한 우려가 있었지만 사용자 증가와 다양한 비즈니스 모델로 수익성 문제가 해결될 것으로 기대하고 있다.

(2) 소셜 비즈니스의 유형

소셜 비즈니스(social business)는 소셜미디어를 활용하여 비즈니스의 가치를 창출하는 활동으로 소셜미디어를 상거래에 활용하는 것뿐만 아니라 비즈니스의 성과를 높이기 위해 기업 내의 업무 프로세스에 적용하는 것도 포함하는 폭넓은 개

념이다. 소셜 비즈니스 모델은 아직은 단순한 형태에서 벗어나지 못하고 있지만 앞으로는 매우 다양한 형태로 발전할 것으로 기대하고 있다. 또한 현재는 소셜 비즈니스의 수익성이 크게 높지는 않지만 앞으로는 많은 사용자를 기반으로 해서 다양한 수익원을 개발할 것이다. 여기서는 대표적 소셜 비즈니스인 소셜 네트워크 서비스와 소셜커머스, 큐레이션 비즈니스에 대해 살펴보고자 한다.

① 소셜 네트워크 서비스(social network service: SNS)

우리나라에선 "누리소통망" 또는 "사회관계망서비스"로 알려져 있으며, 사용자들이 자신만의 온라인 사이트를 구축하여 콘텐츠를 만들고 친구들과의 연결을 통해 콘텐츠나 커뮤니케이션을 공유하는 서비스로 온라인 사회관계의 형성에 중점을 둔 서비스를 말한다. 온라인상에서 친구, 동료 등 지인과의 인간관계를 강화할 수 있도록 해주거나 새로운 인맥을 형성할 수 있도록 해주며 이러한 인맥을 통해 폭넓은 인적 네트워크를 형성할 수 있게 해주는 것이 가장 큰 특징이다. 대표적인 예로 페이스북, 트위터, 유튜브 등이 있다. 하지만 국내에서는 이미 대중화된 SNS 서비스(페이스북, 트위터 등) 이전 이미 소셜 네트워크 서비스가 존재하였다. 1999년 '아이러브스쿨'과 '싸이월드'가 잇따라 오픈하였으며, 이후 2003년 마이스페이스(Myspace)와 링크드인(LinkedIn), 2006년 페이스북, 트위터 등 다양한 SNS 서비스가 생겨났다. 소셜 네트워크 서비스는 대부분의 서비스를 무료로 제공하면서 주로 광고 수입에 의존을 하고 있으며 수입의 안정성을 높이기 위해 다양한 수익모델을 찾고 있다.

▌그림 4-10▌ SNS 종류

출처: https://m.blog.naver.com/hyouncho/221612129733

미국 시장조사기관 Statista에 따르면 2020년 전 세계에서 가장 인기 있는 SNS 서비스는 페이스북이며, 그 다음으로 유튜브, 왓츠업 등의 순으로 나타났다. 이러한 추세는 2019년과 비교 했을 때 10대 SNS 순위에 변동이 없었다.

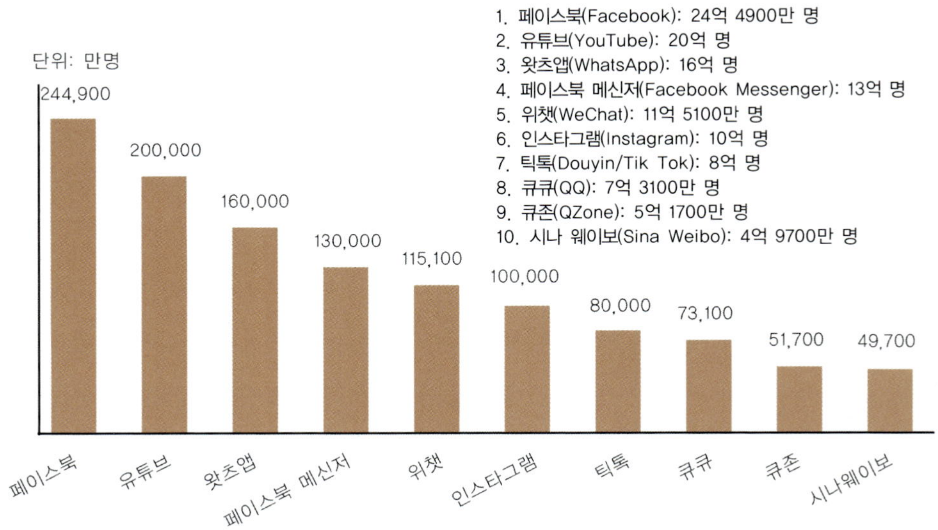

그림 4-11 **2020년 세계 SNS 활성 계정 수**

출처: Statista

2019년 디지털 조선일보에서 10~50대 남녀 693명을 대상으로 한 SNS 사용에 대한 조사에 따르면 전체 응답자의 91.3%가 현재 개인 SNS를 이용 중에 있으며, 가장 많이 사용하는 SNS는 페이스북(29.1%), 인스타그램(27.95), 유튜브(18.8%) 순으로 나타났다. SNS를 사용하는 주요 목적으로는 '사람들과의 커뮤니케이션(63.2%)'로 가장 많았으며, 그 다음으로 '다양한 정보 및 트렌드 파악(60.7%)', '특별한 이유 없이 심심해서(46.9%)' 순으로 나타났다. 이러한 소셜 네트워크 서비스는 ① 개인형 SNS(페이스북, 트위터, 카카오스토리 등), ② 이미지 또는 사진/동영상형 SNS(인스타그램, 틱톡), ③ 정보형 SNS(블로그) 등으로 나눌 수 있다.

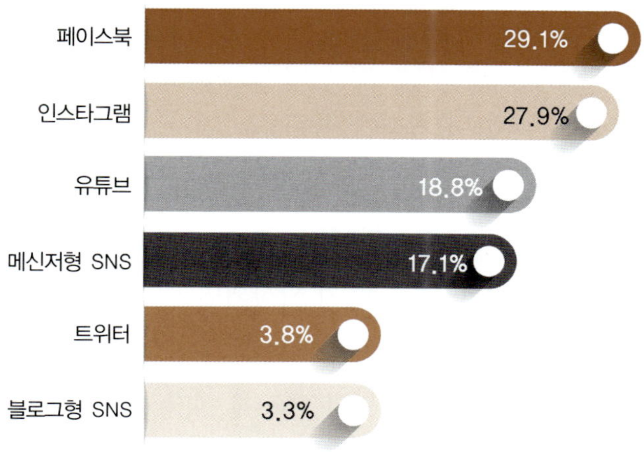

▌그림 4-12▐ 가장 많이 이용하고 있는 SNS

출처: 디지틀조선일보(http://digitalchosun.dizzo.com/)

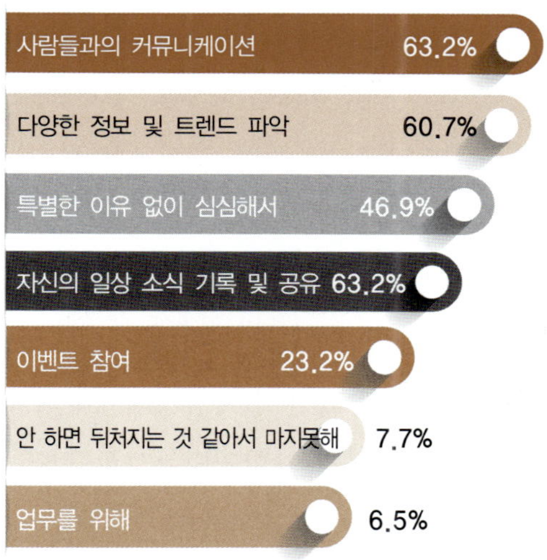

▌그림 4-13▐ SNS 이용 목적

출처: 디지틀조선일보(http://digitalchosun.dizzo.com)

그 외 비즈니스 목적의 SNS인 링크드인, 주제에 따라 텍스트/이미지/동영상을 자유롭게 게재 가능한 SNS인 네이버 밴드 그리고 초대 받은 사람만 가입할 수 있는 폐쇄형 SNS인 클럽하우스(Clubhouse) 등도 있다.

② 소셜커머스

소셜(social)과 커머스(commerce)를 결합한 것으로 SNS와 같은 플랫폼을 통한 온라인상의 사회적 관계를 상거래에 이용하는 전자상거래 또는 소셜미디어를 활용하는 전자상거래를 말한다. 소셜커머스는 2005년 야후의 회원들 간 장바구니 목록을 공유하는 서비스인 쇼퍼스피어(Shoposphere)에서 비롯되었으며 소셜 쇼핑(social shopping)이라고도 한다. SNS가 확산되면서 전자상거래 역시 사람들의 참여와 공개의 방향으로 발전하기 시작하였는데 그루폰(Groupon)이 SNS 기반의 입소무을 통한 공동구매를 성공시키면서 빠르게 성장하였다. 대표적인 소셜커머스 업체로는 쿠팡, 티몬(티켓몬스터), 위메프(위메이크프라이스) 등을 들 수 있다. 소셜커머스와 기존 상거래의 주요 차이점은 소비자와 판매자 사이에 지속적인 상호작용이 이루어지면서 소비자가 판매자의 일부 역할을 대신한다는 점이며 SNS를 이용한 개방적인 대화가 가능하다는 특징이 있다. 소셜커머스는 소셜미디어를 활용하는 방법에 따라 공동구매형, 소셜링크형, 소셜웹형, 오프라인연동형, F-Commerce(페이스북을 활용한 전자상거래 모델) 등으로 구분할 수 있다. 공동구매형은 현재 가장 보편적으로 활용되고 있는 방식으로 원어데이(one a day) 형태의 공동구매 쇼핑몰을 말한다. 사전에 정해놓은 일정 판매량을 초과할 경우 높은 할인율을 적용하여 물품을 구매할 수 있도록 하며 소셜미디어의 구전효과를 바탕으로 구매력을 높일 수 있다. 일반적인 전자상거래에서의 공동구매와는 많은 소비자가 모여 제품이나 서비스의 가격을 할인받는다는 점에서 공통점을 가지지만 소비자가 직접 소셔미디어를 활용하여 적극적으로 구매자를 유치한다는 점에서 차이가 있다. 즉, 소셜커머스에서는 고객이 구매자일 뿐만 아니라 일종의 마케팅 담당자로서의 역할도 한다.

소셜링크형은 기존의 전자상거래 웹사이트에 소셜플러그인(social plugin)으로 SNS 아웃바운드를 가능하게 한 소셜커머스를 말한다. 마케팅의 부가 수단으로 소셜 플러그인이 웹사이트에 포함되며, 소비자들이 생성된 링크를 SNS를 통해 배포함으로써 기업은 새로운 고객들을 유도할 수 있다. 소셜웹형은 소셜미디어가 가지는 다양한 기능을 외부 전자상거래 사이트에서 더 적극적으로 구현한 형태의 소셜커머스를 말한다. 소비자들은 전자상거래 내외에 퍼진 모든 활동을 지인들에게

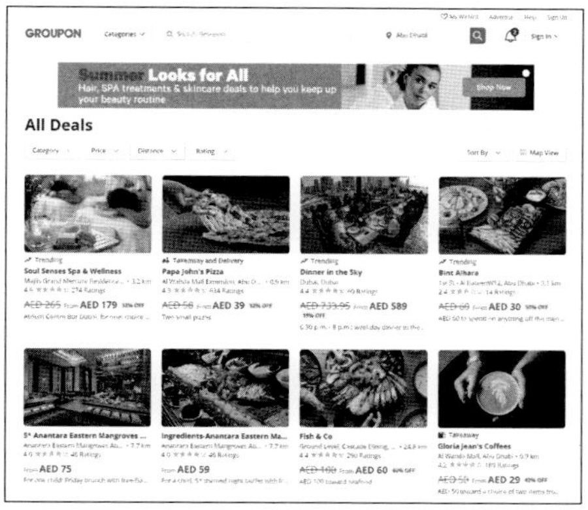

▌그림 4-14▌ 그루폰

▌그림 4-15▌ 국내 소셜커머스 기업

보여줌으로서 소통을 극대화할 수 있고 소비자의 구매, 평가, 리뷰 등이 자동으로 소셜미디어 사이트로 반영되어 공유될 수 있다. 이를 통해 기업은 소비자들의 실시간 피드백 정보를 확인할 수 있고, 판매전략 등 주요 의사결정에 활용할 수 있다. 오프라인연동형은 오프라인으로 제품이나 서비스를 판매하기 위해 소셜미디어를 결합하는 형태를 말한다. O2O(online to offline) 비즈니스 모델로 부르기도 하며 최근에는 스마트폰 기반의 위치기반 서비스와 결합하여 더욱더 발전된 형태로 소비자드에게 필요한 정보가 전달되고 있다. 마지막으로 F-Commerce는 페이스북이나 트위터와 같은 SNS 자체를 전자상거래 플랫폼으로 활용하는 형태를 말한다. 과거에는 마케팅 수단으로만 쓰이던 소셜미디어가 직접 쇼핑몰의 역할을 하게 되는 것이다.

③ 큐레이션 비즈니스

소셜 비즈니스와 같이 사람과 사람이 끊임없이 연결되는 '하이퍼 커넥티드(hyper-connected)' 환경에서 사람을 통한 정보의 발견에 초점을 맞춘 비즈니스를 말한다. 큐레이션(curation)은 이미 존재하는 방대한 정보와 콘텐츠를 목적에 따라 분류하고 유용한 정보를 골라내 가치를 부여한 후 이를 필요한 사람에게 다시 제공하는 서비스이다. 정보가 많아질수록 선별된 양질의 정보에 대한 수요가 커진다는 점을 활용한 새로운 비즈니스라고 할 수 있다. 큐레이션 비즈니스는 소셜네트워크의 성장, 많은 사람의 적극적인 참여, 스마트폰의 확산 등으로 디지털 콘텐츠가 빠르게 증가해 원하는 정보를 찾기가 더욱 어려워지면서 등장하게 되었다. 큐레이션 비즈니스는 필요한 양질의 정보만을 선별하여 제시해 준다는 점에서 주목받으면서 하루가 다르게 진화하고 있다. 큐레이션은 정보가 많아질수록, IT가 발전할수록 더욱 빛을 발하며 소셜 네트워크 위주의 정보보다 오랫동안 전파될 수 있다는 특징이 있다. 사용자의 입장에서는 더 쉽고 편하게 좋은 콘텐츠와 정보를 찾을 수 있게 되었고 기업은 개개인의 특성에 맞는 정보를 추천해 주는 방식을 통해 더 정확하고 빠르게 고객에게 필요한 정보와 서비스를 제공할 수 있게 되었다.

큐레이션 비즈니스는 크게 큐레이션 커머스와 콘텐츠 분야로 나눌 수 있다. 큐레이션 커머스는 많은 정보 중 고객에게 적합한 정보를 찾아 제공해 주는 것에서 더 나아가 온라인 쇼핑과 관련된 상품 정보를 재구성하고 공유하며 이를 판매하는 전자상거래를 말한다. 많은 중소기업이나 스타트업들이 이 분야에 관심을 가지고 있으며 상품 정보가 전문큐레이터나 주변 사람들의 추천을 기반으로 필터링되고 필터링된 정보가 고객의 관심사나 개별 취향에 따라 검색 및 나열이 가능하게 됨으로써 구매의사에 결정적인 영향을 미칠 수 있다. 콘텐츠 큐레이션은 주로 플랫폼 형태로 운영되는 큐레이션 비즈니스로 소셜 큐레이션(social curation)이라고도 한다. 콘텐츠 큐레이션은 특정 주제와 관련된 정보와 콘텐츠를 분류하고 평가하여 필터링하여 서비스 받을 대상과 주제에 적합하게 정보를 제공하는 큐레이션 비즈니스를 말한다. 대표적인 예로 핀터레스트(Pinterest)가 있다. 핀터레스트는 웹상의 수많은 이미지 가운데 관심 있는 특정 이미지만을 선별하여 사용자만의 보드에 주제별로 스크랩하고 관리할 수 있는 서비스이다.

플립보드(Flipboard)는 다수의 언론사와 제휴를 맺고 제휴된 언론사, 소셜네트워크 소식, 블로그 등 콘텐츠를 매거진처럼 보기 쉽게 배열해주는 서비스이다. 스마트폰이나 테이블릿에서 콘텐츠를 편리하게 재구성할 수 있다. 또한, 플립(Flip: 손가락으로 책장을 넘기는 동작)으로 정보를 편리하게 읽기가 가능하며 개인 관심사를 기준으로 콘텐츠를 유통해 주는 것에 중점으로 두는 큐레이션 서비스이다.

▌그림 4-16▐ 핀터레스트
출처: https://www.pinterest.co.kr

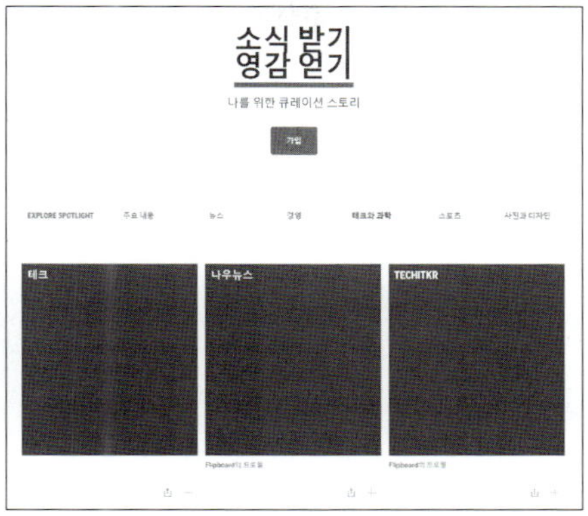

▌그림 4-17▐ 플립보드
출처: https://flipboard.com

기업의 디지털 전환이 지속적으로 이루어지고 있고, 콘텐츠 비즈니스 생태계의 변화가 자리 잡고 있으면서, 큐레이션 비즈니스 소비자와 기업 모두에게 다양한 가치를 제공해 주고 있다. 예를 들면, 소비자들은 소셜 네트워크를 통해 지인들에 의해 합의된 가치 있는 정보만 제공 받을 수 있으며, 기업에게 소비자의 영향력을 확대 할 수 있다. 또한, 기업은 브랜드에 대한 홍보 및 상품/서비스에 대한 소비자들의 반응을 미리 알 수 있을 뿐 아니라 고객의 요구 사항을 정확히 이해함으로써 고객의 만족도를 더 높일 수 있는 기회가 창출된다.

요약

1. 전자상거래의 발전과 개념

전자상거래는 과거에도 EFT, EDI와 같은 형태로 운영되었지만 인터넷이 대중화된 1990년대 중반부터 본격적으로 활성화되면서 아마존과 같은 수많은 전자상거래업체(닷컴기업)들이 탄생하였다. 1999년에서 2000년 사이에 과잉경쟁, 경기불황, 재무관리 능력부족 등으로 인하여 대부분의 전자상거래업체들이 도산하였지만, 2001년부터는 전자상거래 산업에 몇 가지 변화가 생기기 시작하면서 전자상거래 시장 자체는 지속적으로 성장하였다. 일반적으로 전자상거래의 유형은 거래에 관계되는 개체에 따라 B2C, B2B, C2C, B2G, G2C 등으로 구분한다. 하지만, 대표적인 전자상거래 유형은 B2C, B2B 그리고 C2C가 있다. B2C는 기업과 개인 소비자 간의 전자상거래 유형이다. B2B는 원자재 및 부품의 조달, 유통 및 물류망의 공유, 생산 및 판매의 협력 등 다양한 분야에서의 기업과 기업 간의 전자상거래 유형이다. 그리고 B2B나 B2C에 비해 규모는 작지만 개인 소비자 간의 전자상거래가 C2C이다. 최근에는 온라인과 오프라인을 융합한 새로운 비즈니스 모델인 O2O가 활성화되고 있다.

2. B2C 비즈니스 모델

B2C 전자상거래 비즈니스 모델의 대표적인 형태로는 전자소매, 디지털콘텐츠, 포털서비스, 온라인 거래중개서비스, 전자시장서비스, 커뮤니티서비스 등을 들 수 있다. 아마존이 대표적인 기업이라고 할 수 있는 전자소매도 최근에는 많은 변화가 일어나고 있다. 특히 SNS를 기반으로 하는 소셜커머스가 등장하였고, 블로그, UCC, 가상 시뮬레이션 등과 같이 상호작용적이고 멀티미디어 효과를 낼 수 있는 정보기술의 발달로 인하여 전자소매가 더욱 고객들에게 어필하면서 발전하고 있다. 온라인신문, 전자책, e-러닝과 같은 디지털콘텐츠 산업도 최근 급성장하고 있는 분야이다.

3. B2B 비즈니스 모델

B2B 전자상거래 비즈니스 모델의 유형은 취급하는 품목의 종류(직접자재, 간접자재)에 따라 구분할 수도 있고, 전자시장의 운영주체(판매자 중심의 B2B, 구매자 중심의 B2B, e-마켓플레이스)에 따라 구분할 수도 있다. 이중에서 판매자와 구매자와 전혀 관계가 없는 제3의 기업이 운영하는 e-마켓플레이스가 최근 가장 급성장하고 있는데 그 형태도 다양하게 변하고 있다. B2B 비즈니스 모델의 최근 추세를 보면 시장 규모도 성장하지만 관련 정보기술의 발전으로 인해 내용적인 측면에서도 점차 복잡해지고 있다.

4. 모바일 비즈니스와 소셜 비즈니스

최근 스마트폰과 태블릿PC가 확산됨에 따라 모바일 비즈니스(또는 모바일 상거래)의 시대에 접어들게 되었다. 모바일 상거래는 최근에는 시장 규모가 급성장하고 있으며 2021년 기준 우리나라 모바일 상거래의 비중은 전체 온라인 상거래의 70%를 넘어 섰다. 모바일 비즈니스의 대표적인 형태는 고객의 위치를 기반으로 하여 고객에게 다양한 서비스를 제공하는 위치기반서비스(LBS)이다. 또한 SNS의 활성화로 인해 이를 기반으로 하는 소셜 비즈니스도 점차 성장하고 있다. 소셜 비즈니스 모델은 아직까지는 단순한 형태에서 벗어나지 못하고 있지만 앞으로 매우 다양한 형태로 발전할 것으로 기대되고 있다.

사례연구 국내·외 불문 금융권에 생활밀착 O2O서비스 뜬다… 배달·미술품·항공·호텔 등

코로나19로 달라진 시대에 발맞춰 빅테크와 경쟁 차원 '생활금융 플랫폼'으로 변모

신종 코로나바이러스 감염증(코로나19)로 언택트 시대에 돌입하면서 생활밀착형 온-오프라인 연계 플랫폼(Online to Offline: O2O) 서비스가 떠오르고 있다. 금융권에서도 금융플랫폼이 생활밀착형 O2O서비스를 탑재하는 생활금융 플랫폼으로 변모하고 있다. 이는 비단 우리나라만이 아니라 해외에서도 고객과의 접점 확보를 위해 나타나는 현상이다.

산업은행이 최근 발간한 'KDB리포트'에 따르면 생활밀착 산업이 일상생활에 필요한 서비스를 제공하며 대부분 온라인과 오프라인을 연계하는 O2O방식으로 빠르게 전환되고 있다.

최근 코로나19로 비대면 수요가 증가하면서 지난해 기준 O2O서비스 거래액은 126조원으로 전년보다 29.6%나 증가하면서 급성장했다. 지난해 O2O서비스 기업은 총 678개로 1년새 123개나 늘었고, 플랫폼에 입점해 서비스를 공급하는 업체도 53만개 수준으로 같은 기간 55.6%나 급증했다.

지역기반의 중고 상품 거래 플랫폼인 '당근마켓'이나 고객과 서비스 제공자를 연결하는 '숨고', 비대면 모바일 세탁 서비스 플랫폼인 '런드리고' 등이 대표적인 사례다.

금융사들도 이런 흐름에 편승해 각자의 금융플랫폼에 생활밀착형 O2O서비스를 포함시키는 경향을 보이고 있다. 국내 은행들은 디지털금융 규제 완화 이후 생활밀착, 게임, 유통 등 다양한 제휴사와 연계해 생활금융 플랫폼을 구축하려고 시도 중이다.

신한은행의 경우 네이버 부동산 전세 매물 검색부터 대출까지 연계하고 음식주문 배달 플랫폼도 구축하고 있다. 우리은행은 비대면 경매정보서비스나 개인 택배 배달·픽업과 미술품 소액 투자 서비스 등을 제공하고 있거나 준비하고 있다. 농협은행은 꽃배달 서비스를 시작할 예정이다.

산업은행은 보고서를 통해 "생활밀착 서비스 산업은 중개 위주의 자사 플랫폼에서 벗어나 규모의 경제 확보를 통한 시장 선점을 위해 동종·이종 업계 간 합종·연횡 또는 플랫폼 내 제휴가 활발해지고 있다"며 "산업간 융복합이 가속화되며 업종 간 경계가 모호해지는 빅블러(big blur) 시대에 생존하기 위해 금융사들도 자사 금융플랫폼에 생활밀착 서비스를 포함시키는 '생활금융 플랫폼'으로 변모하고 있다"고 분석했다.

빅블러란 기존의 고유 영역과 법칙이 무너지고 경계가 모호해지는 현상을 말한다. 단일 서비스 품목 기반의 플랫폼 모델에서 진화해 타 업체와 제휴를 통해 기존 영위 사업 외의 서비스도 제공하는 멀티 플랫폼 전략으로 바뀌고 있다는 얘기다.

더욱이 네이버, 카카오 등 우리나라의 빅테크 기업들이 금융업에 진출하면서 기존의 금융사들과 경쟁이 심화되면서 금융사들은 자사 플랫폼의 변화가 필요하다고 판단하고 있다. 이는 해외에서도 비슷하게 나타나는 현상이다. 글로벌 시가총액 상위 10개 중 아마존, 애플, 알리바바, 알파벳, 텐센트 등 7개가 금융 관련 비즈니스를 영위하고 있는 빅테크 기업이며, 해외 금융사들도 자사 금융플랫폼에 생활밀착형 비금융서비스를 탑재하고 있다.

싱가포르의 DBS은행은 자체 비금융플랫폼인 'DBS 마켓플레이스(Marketplace)'에서 400개 이상의 제휴 기업이 부동산, 자동차 구매, 항공·호텔 예약, 쇼핑, 교육 등과 같은 서비스를 제공하고 있다. 인도의 SBI은행은 자체 애플리케이션에 택시, 예약, 여행, 대리점, 이러닝 등 서비스를 구축해 놨고, 캐나다의 RBC은행은 RBC 벤처스(Ventures)가 투자한 핀테크 업체들과 협업해 부동산·인테리어·이사 등 플랫폼과 연계해 금융서비스를 하고 있다.

산업은행은 "해외 금융사들도 다양한 비금융 서비스를 제공해 고객과의 접점을 확보하는데 총력을 기울이고 있다"며 "각종 생활 서비스 기능을 추가해 향후 애플리케이션 기반의 금융·생활 서비스를 통합 제공할 수 있는 환경 조성과 고객의 비금융 데이터의 확보를 도모하는 한편, 플랫폼 내 교차 판매와 고객 생활 데이터를 통해 맞춤형 서비스를 제공하려고 노력하고 있다"고 설명했다.

출처: 아이뉴스24(2021. 6. 21.).

| 사례질문 |

1. 언택트 시대에 O2O 서비스의 주요 장점은 무엇인가?
2. 빅블러 현상이 우리 사회에 미치는 영향은 무엇인가?
3. 디지털 환경에서 다양한 서비스가 온라인으로 제공 되면서 발생 되는 우려점에 대해 생각해 보자.

CHAPTER 05

데이터베이스의 관리

1. 데이터베이스시스템의 개요
2. 데이터 모형화(Data Modeling)
3. 관계 데이터 모델
4. 정규화
5. 데이터베이스시스템의 관리

학/습/목/표

이 장에서는 기업이나 조직의 업무를 수행함에 있어서 필수적인 데이터베이스에 관하여 살펴보고자 한다. 모든 기업 활동은 기록되며 이렇게 기록된 데이터들은 효과적으로 관리되어야 한다. 필요한 데이터를 삽입, 수정, 삭제, 검색하는 데이터베이스시스템은 어떻게 구성되어 있는지, 효과적인 데이터베이스시스템은 어떻게 설계되고 운영되는지 등에 대해 알아보고 가장 널리 알려진 관계 데이터 모델에 대해 학습하고자 한다. 또한 데이터베이스시스템을 효과적으로 운영, 관리하기 위해 어떤 것들을 고려하여야 하는지를 알아본다.
이 장을 배우고 난 뒤 아래에 열거한 개념을 이해하여야 한다.

1. 데이터베이스, 데이터베이스시스템, 데이터베이스관리시스템에 대해 이해한다.
2. 데이터베이스시스템의 설계과정에 대해 살펴본다.
3. 개체-관계 모델에 대해 이해한다.
4. 관계 데이터 모델의 구조와 관계 데이터베이스 언어인 구조적 질의어(SQL)에 대해 살펴본다.
5. 정규화의 개념에 대해 이해한다.
6. 트랜잭션과 동시성 제어에 대해 이해한다.

1 데이터베이스시스템의 개요

1) 데이터와 데이터베이스

데이터(data)는 현실 세계(real world)의 사물이나 사건을 관찰 또는 측정하여 얻은 사실(fact) 또는 값(value)을 말한다. 기업경영의 모든 활동은 데이터를 발생시킨다. 생산 부서에서 제품을 생산할 경우 사용된 부품의 숫자는 줄고 완제품의 재고는 늘게 되며, 창고에 있는 완제품을 도매상 또는 대리점에 운송할 경우 완제품의 재고는 줄고 매출액은 늘어나게 된다. 부품의 개수, 완제품의 재고량, 매출액 등을 데이터라 한다. 이러한 데이터 또는 자료들은 추후 경영활동의 성과 측정을 위해 혹은 세금 납부 등 필요에 의해 기록되고 저장된다. 데이터는 앞의 예처럼 숫자 그리고 직원 이름 같은 문자열이나 홍보용 사진, 회사의 상징노래 등과 같은 멀티미디어 형태일 수 있다.

데이터베이스는 기업 또는 조직의 여러 응용 프로그램들이 공동으로 사용할 수 있도록 체계적으로 컴퓨터에 저장되어 있는 데이터들의 집합을 말한다. 데이터베이스를 단순히 데이터들의 집합으로 보면 파일 캐비닛에 저장된 자료들도 데이터베이스라고 할 수 있으나 일반적으로 데이터베이스라 하면 컴퓨터에 저장되어 있는 데이터들의 집합을 의미한다. 데이터베이스시스템이란 데이터를 컴퓨터에 저장하여 사용자가 필요할 때 데이터를 수정하거나 검색할 수 있는 컴퓨터기록시스템이라 정의할 수 있다.

데이터베이스관리시스템(database management system: DBMS)이란 데이터베이스시스템의 핵심 구성요소로서 사용자 또는 응용 프로그램이 하드디스크에 저장되어 있는 데이터베이스에 관한 물리적 상세를 알 필요 없이 원하는 데이터 작업을 요청할 수 있는 소프트웨어 패키지를 말한다.

2) 파일처리시스템과 데이터베이스시스템

데이터베이스관리시스템(DBMS)이 없을 때는 데이터가 어떻게 관리되었을까? DBMS가 없을 때에는 응용 프로그래머들이 프로그램을 통해 데이터를 파일(file)에 직접 써서 저장하고 필요하면 파일을 읽어 필요한 계산을 하였다. 이러한 시스템을 데이터베이스시스템과 대비하여 파일처리시스템(file processing system)이라 부른다.

생산 파일

제품코드	제품상세	생산일시	생산원가	생산량
223-82-E	PVC 파이프 4-in 2.5m	2015-10-3	5,500	800
AR-C3-D	충전드릴 18V	2015-10-5	32,000	50

판매 파일

제품코드	제품상세	판매일시	판매가격	판매량
223-82-E	PVC 파이프 4-in 2.5m	2015-10-9	9,500	200
CH-PH-S	십자드라이버 세트	2015-10-12	18,000	50

재무 파일

제품코드	제품상세	년월	매출이익	재고량
223-82-E	PVC 파이프 4-in 2.5m	2015-10	800,000	600
AR-C3-D	충전드릴 18V	2015-10	360,000	30

▌그림 5-1▐ 파일처리시스템의 예

[그림 5-1]은 파일처리시스템의 간단한 예를 보여 주고 있다. 생산 파일은 언제 무슨 제품을 얼마나 생산하였으며 생산원가가 얼마인지 보여 준다. 참고로 파일의 저장 단위를 살펴보면 제품코드, 제품상세, 생산일시, 생산원가, 생산량 등은 특정 제품에 대한 속성 값으로서 필드(field)라고 부르며, 한 줄로 표시되는 각 필드 값들의 모음을 레코드(record)라 부른다. 파일은 이러한 레코드들이 한 줄로 길게 연결되어 있는 것으로 이해하면 된다.

판매 파일은 각 제품의 판매일시, 판매가격, 판매량을 보여 주며, 재무 파일은 매월 말에 생산 파일과 판매 파일을 읽어 매출이익을 계산하고 월말의 재고량을 보여 주고 있다. 앞의 예에서 파일들은 각각 생산, 판매, 재무 부서에서 관리된다.

앞의 예와 같은 파일처리시스템은 응용 프로그램을 작성하여 파일을 읽고 쓸 줄 알면 그리 어려운 작업은 아니다. 문제는 각 파일들이 통합적으로 관리되지 않기 때문에 제품상세와 같이 불필요한 데이터 중복이 있게 되고 만약 데이터에 변경이 있을 때 변경사항이 제대로 업데이트되지 않으면 파일마다 데이터의 불일치가 생기게 된다. 예를 들어 생산 파일에서는 생산일시를 yyyy-mm-dd라고 쓰는데 판매 파일에서는 mm/dd/yyyy라 표기한다면 매월 말에 재무 파일을 갱신할 때마다 달라진 날짜 표시 형식을 고려하여 데이터를 집계해야 한다. 또한 파일처리시스템의 가장 큰 약점으로는 응용 프로그램이 데이터 파일의 구조에 종속된다는 점이다. 예를 들어, 재무 파일에 생산원가와 판매가격을 포함시키려면 필드의 개수는 7개가 되고 레코드의 길이가 길어지게 된다. 따라서 재무 파일을 관리하는 응용 프로그램이 수정되어야만 한다.

데이터베이스시스템은 DBMS가 응용 프로그램과 데이터베이스 사이에서 인터페이스 역할을 하므로 날짜의 표시 형식이 달라지거나 데이터 파일의 구조가 달라지더라도 변경사항을 DBMS가 알아서 처리하여 응용 프로그램을 수정할 필요가 없게 된다. 즉, 응용 프로그램이 데이터 독립성을 유지할 수 있다.

데이터베이스시스템의 가장 큰 특징은 공유(sharing)와 통합(integration)이라 할 수 있다. 공유란 여러 사용자나 응용 프로그램이 데이터베이스에 동시에 접근하여 작업할 수 있다는 것이며, 통합이란 여러 부서에 따로 따로 흩어져 있는 파일들을 한곳에 통일된 체계 아래 모아 놓았다는 것이다. 공유와 통합은 장점을 주기도 하지만 새로운 문제점을 일으키기도 한다. 예를 들어 데이터 중복(redundancy)을 줄이고 통합하기 위해서는 여러 부서에 공통적으로 적용되는 데이터의 표준화가 선행되어야 하며, 데이터를 한곳에 모아 놓음으로 인하여 보안이 더 취약해질 수 있다. DBMS는 이러한 발생 가능한 문제들에 대한 보완책을 마련한 것으로 DBMS를 사용하는 데이터베이스시스템의 장점은 다음과 같다.

① 데이터 중복을 통제할 수 있다

데이터를 통합하여 관리하므로 데이터 중복 문제를 해결할 수 있고, 설사 효율성을 위해 중복을 허용한다 하더라도 중복을 최소화하여 통제하므로 데이터의 일관성을 유지할 수 있다.

② 데이터 독립성이 확보된다

사용자나 응용 프로그램은 DBMS를 통하여 데이터에 접근하기 때문에 데이터의 구조가 바뀌어도 동일한 명령 또는 프로그램으로 원하는 데이터를 얻을 수 있다.

③ 데이터를 동시에 공유할 수 있다

DBMS가 동시성 제어(concurrency control)를 제공하기 때문에 여러 응용 프로그램이 동시에 동일한 데이터베이스에 접근하여 작업할 수 있다. 동시성 제어란 여러 사용자가 동일한 데이터에 동시에 접근함으로써 발생할 수 있는 오류를 방지하기 위해 접근의 순서에 대해 통제하는 기능을 말한다.

④ 데이터 보안이 향상된다

데이터베이스시스템은 데이터를 중앙통제 방식으로 관리하므로 보안에 더 취약할 수도 있으나 DBMS의 보안 기능이 향상되어 권한이 없는 사용자의 접근이나 허용되지 않은 데이터 연산을 효율적으로 차단할 수가 있다.

⑤ 데이터 무결성을 유지할 수 있다

데이터 무결성(無缺性, data integrity)이란 데이터가 정확한 값을 유지한다는 것이다. 데이터베이스관리자는 무결성 제약조건을 설정하여 입력 오류를 방지할 수 있다. 무결성 제약조건의 예를 들면 근무자의 주당 근무시간이 40시간이 아닌 400시간으로 입력되었을 때 오류를 발견할 수 있도록 '근무시간의 범위는 100시간을 넘을 수 없다'라는 제약조건을 설정할 수가 있다.

⑥ 표준화를 강화할 수 있다

중앙통제 방식으로 관리되므로 데이터베이스관리자는 데이터의 표현에 있어서 필요한 표준(standard)을 적용할 수 있다. 또한 표준화를 위해 여러 부서의 상충되는 요구가 균형 있게 조정될 수 있다.

⑦ 트랜잭션 지원이 가능하다

트랜잭션(transaction)이란 여러 개의 데이터베이스 작업으로 이루어진 논리적 작업 단위를 말한다. 트랜잭션의 좋은 예로 은행 간 이체를 들 수 있다. 은행 간 이체는 출금계좌에서 일정 금액을 인출하여 다른 은행의 입금계좌에 입금하는 일련의 과정으로 이루어진다. 은행 간 이체는 출금계좌에서 인출된 금액이 입금계좌로 완전히 입금이 되든지 그렇지 않고 네트워크 이상 등으로 완전한 이체가 이루어지지 않을 경우 인출된 금액은 출금계좌에 다시 입금되어 데이터베이스의 상태는 트랜잭션이 일어나기 이전의 상태로 되어야 한다. 트랜잭션 지원은 하나의 트랜잭션이 성공리에 수행(commit)되든지 아니면 원래의 상태로 되돌려지도록(rollback) 보장하는 기능이다.

⑧ 응용 프로그램의 개발비용이 줄어든다

응용 프로그램을 개발할 때 데이터에 대한 접근 또는 갱신을 DBMS에 맡기게 되므로 프로그램이 쉬워지고 데이터베이스 구조가 바뀌어도 프로그램을 바꿀 필요가 없으므로 유지·보수비용도 줄일 수 있다.

3) 데이터베이스시스템의 구성

데이터베이스시스템은 데이터베이스, 데이터베이스관리시스템, 하드웨어, 그리고 사용자로 구성되어 있다.

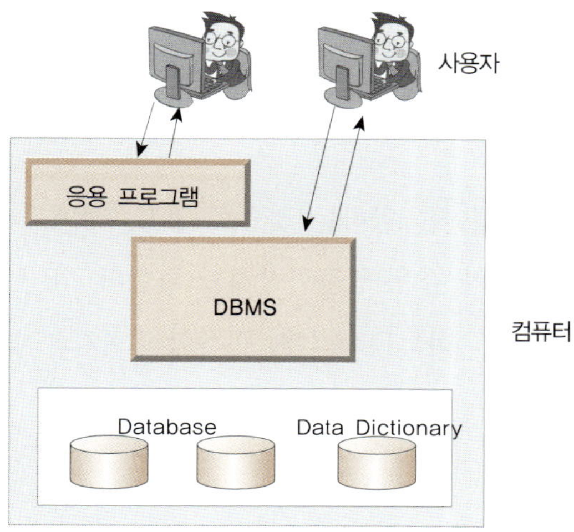

▌그림 5-2▌ 데이터베이스시스템 구성

(1) 데이터베이스

데이터베이스에는 우리가 저장하려는 데이터 외에 데이터베이스의 구조에 대한 데이터를 저장하는 데이터 사전(data dictionary)이 있다. 데이터 사전에 저장되는 데이터는 데이터에 관한 데이터라는 의미로 메타데이터(metadata)라 부른다.

(2) 데이터베이스관리시스템(DBMS)

DBMS는 사용자 또는 응용 프로그램과 데이터베이스 사이에서 데이터베이스 생성과 관리에 관한 모든 작업을 처리하는 소프트웨어 패키지이다. DBMS는 데이터베이스관리자가 데이터 정의어(data definition language: DDL)로 된 명령을 보내면 그 명령에 따라 데이터베이스의 저장 구조를 데이터 사전에 저장하며, 응용 프로그램 또는 사용자가 데이터를 삽입, 삭제, 수정, 검색하기 위해 데이터 조작어(data manipulation language: DML)로 된 명령을 보내면 데이터 사전에 저장되어 있는 메타데이터를 참조하여 필요한 작업을 처리하고 원하는 데이터를 검색하여 제공한다.

DBMS에는 이외에도 보안(security), 회복(recovery), 동시성 제어(concurrency control), 트랜잭션관리자(transaction manager) 등의 유틸리티 프로그램들이 포함되어 있다.

(3) 하드웨어

하드웨어는 컴퓨터 하드웨어를 말하는 것으로 CPU, 주메모리(main memory), 그리고 하드디스크, 모니터와 같은 입출력장치를 말한다. 최근에는 IT기술의 발전에 따라 데이터베이스를 하드디스크에 저장하지 않고 플래시메모리(flash memory)에 저장하여 검색 속도를 높이기도 한다.

(4) 사용자

데이터베이스 사용자는 크게 데이터베이스관리자(database administrator: DBA), 응용 프로그래머(application programmer), 그리고 일반 사용자로 나눌 수 있다. 데이터베이스관리자는 데이터베이스의 관리 책임자로서 데이터 정의어(DDL)를 이용하여 데이터베이스를 생성하거나 수정하고, 일반 사용자들에게 접근 권한을 부여하고 그들이 데이터베이스를 사용하는 데 도움을 주며, 데이터베이스 시스템이 원활하게 운영되는지 관찰하고 필요하면 적절한 조치를 취하는 역할을 한다.

응용 프로그래머는 Visual Basic, C#, C++, Java 등의 고급 프로그래밍 언어를 사용하여 데이터베이스를 잘 모르는 최종 사용자(end user)가 데이터베이스 작업을 할 수 있도록 응용 프로그램을 작성하는 사람들이다. 응용 프로그램을 작성할 때 사용하는 Visual Basic, C#, C++, Java 등의 언어를 호스트 언어(host language)라 부르며 DBMS에게 보내는 데이터 조작어(DML)로 이루어진 질의어(query language)를 임베디드 언어(embedded language)라 부른다.

일반 사용자는 DBMS 판매업체가 제공하는 프로그램을 통해 DBMS에 직접 질의어를 보내기도 하고 응용 프로그래머가 작성한 프로그램을 통해 데이터를 입출력하기도 한다. 은행 창구에서 입출금 업무를 담당하는 직원들은 비록 데이터베이스에 대한 지식이 적어도 설치되어 있는 응용 프로그램을 이용하여 고객이 원하는 은행 업무를 도울 수 있다.

2 데이터 모형화(Data Modeling)

1) 개념적 설계

데이터베이스시스템은 우리가 살아가는 데 있어서 혹은 기업이 기업활동을 하는 데 있어서 필요한 데이터를 저장하였다가 나중에 꺼내 쓰기 위해 필요한 것이다. 따라서 현실 세계를 떠나서 데이터베이스를 생각해 볼 수가 없다. 데이터베이스는 현실 세계에 관한 데이터를 컴퓨터에 저장한 것이다. 여기에서는 어떻게 현실 세계를 모델로 만들어서 어떠한 방법으로 컴퓨터에 저장하는지에 대해 공부할 것이다.

이때 모델(model)이라 함은 표현하려는 현실 세계를 요약하여 개념적 혹은 추상적으로 표현하는 방법 또는 도구를 말하기도 하고 특별히 관심 있는 현실 세계를 모형화(modeling)에 의해 표현 또는 구현한 것을 말하기도 한다. 예를 들어, 현실 세계의 데이터를 개체(entity)와 개체들의 관계(relationship)로 표현하려는 방식을 개체-관계모델(entity-relationship model)이라고도 하며 우리 학교의 도서관 시스템을 개체-관계 모델로 표현한 결과를 모델이라고도 한다. 여기에서는 구현된 결과를 다른 이름으로 부르기로 한다.

대학 도서관의 도서관리 데이터베이스를 생각해 보자. 현실 세계는 도서관의 도서 관리시스템이다. 도서관리시스템의 데이터를 어떻게 컴퓨터 하드디스크에 저장할 수 있을까? 우리는 먼저 우리가 관심을 갖는 시스템의 경계를 생각해야 한다. 도서관에 는 각 층의 넓이, 각 열람실의 넓이, 열람실 테이블의 개수 등에

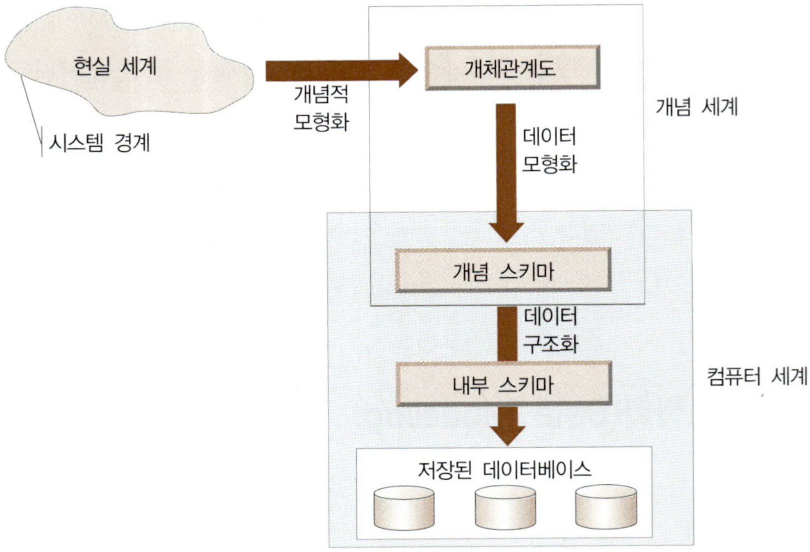

▌그림 5-3▌ 현실 세계의 모형화

대한 데이터가 있지만 우리는 그러한 데이터에는 관심이 없다. 그러한 데이터는 도서관리 데이터베이스가 아닌 시설과의 도서관관리 데이터베이스에 저장될 데이터들이다. 이처럼 현실 세계를 요약하여 데이터베이스에 저장하기 위해서는 먼저 우리가 관심을 갖는 시스템 경계를 분명히 해야 한다.

데이터베이스에서 표현하려는 현실 세계를 명확히 하였다면 다음의 문제는 개념적 모형화(conceptual modeling)이다. 현실 세계를 바로 컴퓨터에 저장할 수 없으므로 무엇을 어떻게 표현해야 할지 먼저 개념적으로 요약할 필요가 있는데 이러한 요약이 개념적 모형화이다. 개념적 모형화에 가장 많이 쓰이는 모델은 개체-관계 모델이다. 개체-관계 모델은 현실 세계를 개체(entity)들과 그 개체들 간의 관계(relationship)로 표현하려는 모델이다.

개체(entity)는 데이터베이스에서 표현하려고 하는 현실 세계의 구별 가능한 객체(object) 혹은 대상을 말한다. 개체는 도서, 학생, 학과, 과목과 같이 표현하려는 대상을 말하는데 도서나 학생과 같이 유형의 개체일 수도 있고, 학과나 과목과 같이 무형의 개체일 수도 있다. 또한, 단독으로 존재할 수 있는 정규 개체(regular entity)와는 달리 정규 개체가 존재하지 않으면 존재할 수 없는 개체가 있는데 이러한 개체를 약한 개체(weak entity)라 부른다. 기업에서 직원의 부양가족이나 영화관의 상영관은 직원이나 영화관이 존재하지 않으면 단독으로 존재할 수 없는 약한 개체에 해당한다.

관계(relationship)는 개체들 사이에 존재하는 연관성을 말한다. 학생과 도서 사이에는 도서대출이란 관계가 있으며, 학생과 과목 사이에는 과목수강이란 관계가 있다. 항상 그런 것은 아니지만 대체로 '개체'가 명사에 해당되는 반면 '관계'는 동사에 해당된다. 동일한 두 개의 개체 사이에는 서로 다른 복수의 관계가 있을 수 있다. 예를 들면, 부서와 사원 간에는 부서소속이란 관계도 존재하지만 부서관리책임이라는 관계도 있다. 물론, 부서의 장은 당연히 그 부서 소속이기는 하나 해당 부서의 책임자가 누구인지 표현하기 위해서는 부서관리책임이란 관계를 고려하여야 한다.

관계에 있어서 고려해야 할 요소로는 첫째, 하나의 개체가 관계를 맺는 상대 개체의 수이다. 모든 부서에는 부서장이 한 명이 있으므로 부서와 사원 사이의 부서관리책임 관계는 일대일(1:1)의 관계이다. 하나의 부서에는 다수의 사원이 근무하므로 부서와 사원 사이의 부서소속 관계는 일대다(1:N)의 관계이다. 만약 사원들이 소속 부서에 관계없이 여러 프로젝트에 참여하고 있고 하나의 프로젝트에는 여러 사원이 참여한다면 프로젝트와 사원 사이의 프로젝트 참여 관계는 다대다(M:N)의 관계이다. 둘째, 개체 타입의 구성원이 모두 관계를 가지느냐 아니냐에 따라 관계 참여가 전체 참여(total participation) 또는 부분 참여(partial participation)로 나뉜다. 모든 부서에는 부서장이 있으므로 부서관리책임의 관계에 있어서 부서는 전체 참여이지만 모든 사원이 부서관리책임을 갖는 것은 아니므로 부서관리책임의 관계에 있어서 사원은 부분 참여가 된다.

개체-관계 모델에서 개체와 관계는 애트리뷰트(attribute)라고 불리는 속성(property)을 갖고 있다. 속성은 개체나 관계를 설명하는 데 사용되는 항목이다. 도서의 경우 도서제목, 저자, ISBN 등이 속성이며, 학생의 경우 학번, 이름, 주소 등이 속성이 된다. 개체뿐만 아니라 관계도 속성을 가질 수 있다. 학생과 도서 사이의 도서대출 관계에는 대출일자, 반납일자 등의 속성이 있다.

[그림 5-4]는 도서관의 도서대출시스템을 개체-관계 모델로 표현한 결과인 개체관계도(entity-relationship diagram: ERD)이다. 개체는 모두 직사각형으로, 관

계는 모두 마름모꼴로, 그리고 속성은 모두 타원형으로 그린다. 각 관계는 일대다(1:N), 다대다(M:N) 등이 표시되어 있고 전체 참여는 두 줄, 부분 참여는 한 줄로 연결되어 있다. 속성 중에서 출판사명, ISBN, 학번과 같이 개체를 유일하게 구별할 수 있는 속성을 키 애트리뷰트(key attribute)라 하며 밑줄을 그어 표시한다.

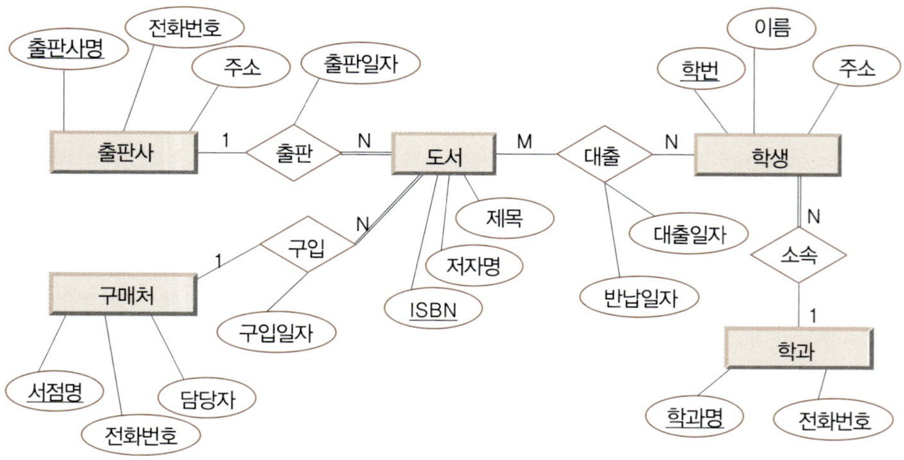

▌그림 5-4▐ 개체관계도(ERD)

데이터 모형화를 할 때 유념하여야 할 것은 모형화를 함에 있어서 하나의 정답만 있는 것이 아니라는 것이다. 따라서 개체나 관계를 설정할 때 여러 가지 다른 방법으로 표현할 수 있다. 앞에서 예로 든 도서관 데이터베이스의 경우 출판사에 대한 상세한 정보가 필요할 때에는 출판사를 개체로 설정할 수도 있지만 출판사에 대한 상세한 정보가 필요하지 않을 때에는 단지 도서를 표현하는 하나의 속성으로 출판사명을 사용할 수도 있다. 마찬가지로 도서대출 관계도 관계로 표시하지 않고 개체로 표시할 수도 있다.

2) 논리적 설계

개념적 설계에 의해 개체관계도(ERD)가 그려지면 데이터베이스의 구조를 논리적으로 어떻게 표현하는가를 결정해야 한다. 데이터 모형화는 현실 세계의 관심 있는 데이터를 논리적으로 이해할 수 있는 구조로 표현하는 것이다. 다시 말해,

전체 데이터베이스가 조직된 형태를 보여 주는 것이다.

전체 데이터베이스를 논리적으로 표현하는 구조에 따라 제약조건(constraint)이 주어지고 데이터를 처리하는 방법인 연산자(operator)의 정의가 달라진다. 지금은 극히 일부에서만 사용되는 계층 데이터 모델(hierarchical data model)에서는 데이터베이스를 트리(tree) 구조로 표현한다.

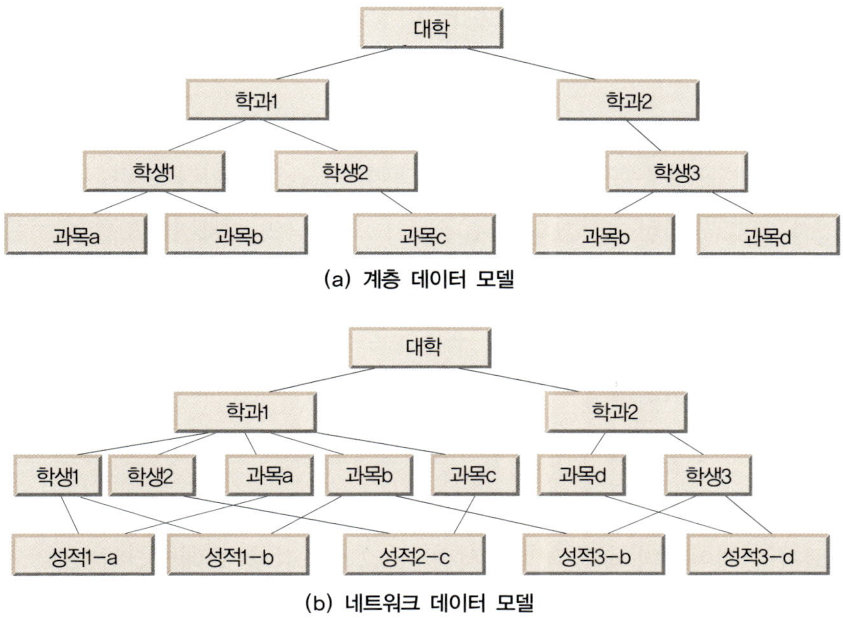

▌그림 5-5▐ 계층 데이터 모델과 네트워크 데이터 모델

[그림 5-5(a)]는 트리 구조를 갖는 계층 데이터 모델의 예를 보여 주고 있다. 트리 구조에서는 상위 노드(parent node)가 하나뿐이다. 즉, 모든 관계는 1:N의 관계를 가진다. 특정 학생이 수강하는 과목을 검색하려면 먼저 해당 학과를 찾고, 그 학과 내에서 학생을 찾은 다음 그 학생이 수강하는 과목을 모두 검색하게 된다. 학과, 학생, 과목을 검색할 때 링크(link)를 사용하기 때문에 응용 프로그램에서 데이터베이스의 구조를 미리 알고 있어야 한다. 계층 데이터 모델을 사용하는 대표적인 DBMS는 IBM사의 IMS(information management system)이다.

[그림 5-5(b)]는 네트워크 데이터 모델(network data model)을 보여 주고 있다.

네트워크 데이터 모델은 계층 데이터 모델과 흡사하나 데이터베이스 구조로 트리 구조가 아닌 그래프(graph) 구조를 취하여 상위 노드(parent node)를 두 개 이상 가질 수가 있다. 검색 연산자는 계층 데이터 모델과 같이 링크(link)를 이용한다.

계층 데이터 모델과 네트워크 데이터 모델이 데이터베이스 구조를 바꾸기가 쉽지 않고 링크를 사용하기 때문에 응용 프로그램이 데이터 독립성을 유지하기 어려웠다. 반면, 관계 데이터 모델은 이해하기가 쉽고, 내부의 구조가 바뀌어도 응용 프로그램의 데이터 독립성을 유지할 수 있어서 현재 판매되는 상용 DBMS는 대부분 관계 데이터 모델을 사용하고 있다.

관계 데이터 모델(relational data model)은 1970년 IBM연구소의 E.F. Codd가 제안한 데이터 모델로 모든 데이터를 릴레이션(relation)이라 불리는 2차원 테이블의 행과 열로 표시한다. [그림 5-6]은 [그림 5-4]의 개체관계도를 테이블 형태로 나타낸 것이다. 각 릴레이션 정의의 괄호 속에는 개체의 속성인 애트리뷰트가 표시되어 있고, 각 개체를 유일하게 구분할 수 있는 키 애트리뷰트는 밑줄로 표시되어 있다. [그림 5-4]에서 출판 관계와 구입 관계는 도서 릴레이션에, 소속 관계는 학생 릴레이션에 포함되어 있다. 대출 관계는 M:N 관계이므로 대출 릴레이션으로 따로 표현되었으며 키 애트리뷰트는 ISBN과 학번이 합하여 표시되어 있다. 이때, 도서 릴레이션의 출판사명과 서점명, 그리고 대출 릴레이션의 ISBN과 학번은 외래키(foreign key)라고 하는데 다른 릴레이션의 키를 가리키는 것이다. 자세한 것은 다음 절의 관계 데이터 모델에서 설명한다.

출판사 (<u>출판사명</u>, 전화번호, 주소)
구매처 (<u>서점명</u>, 전화번호, 담당자)
도서 (<u>ISBN</u>, 제목, 저자명, 출판사명, 출판일자, 서점명, 구입일자)
학생 (<u>학번</u>, 이름, 주소, 학과명)
학과 (<u>학과명</u>, 전화번호)
대출 (<u>ISBN, 학번</u>, 대출일자, 반납일자)

학생

학번	이름	주소	학과명
200801053	노현묵	종로구 인사동	경영
201010027	송치운	성북구 종암동	경영
201202011	김지성	강남구 역삼동	경영정보

▌그림 5-6▐ 관계 데이터 모델의 개념 스키마와 그 예

객체지향 데이터베이스(object-oriented database)는 1980년대 후반 객체지향 프로그래밍 언어가 발전하면서 객체지향의 개념이 데이터베이스에 도입된 것이다. 지금까지의 데이터베이스가 데이터만 저장하였는 데 반해 객체지향 데이터베이스는 메서드를 함께 그룹화하여 객체(object)를 만듦으로써 추상화(abstraction)를 추구한 것이다. 그러나 이미 관계 데이터 모델이 널리 퍼져 많이 사용되고 있기 때문에 크게 발전하지 못하고 상용 관계 DBMS 공급회사들이 관계 데이터 모델과 객체지향 모델의 장점을 따서 객체-관계 DBMS를 출시하였다.

그외의 데이터 모델로는 OLAP(online analytical processing)에 사용되는 다차원 데이터베이스(multi-dimensional database)이다. 관계 데이터 모델이 2차원 테이블을 사용하는 것에 반해 다차원 배열을 사용한다. OLAP은 의사결정 지원 데이터베이스인 데이터 웨어하우스(data warehouse)에서 데이터를 여러 차원으로 나누어 요약과 상세를 반복하며 분석하는 기법이다. 예를 들어 기업의 매출액에 대한 데이터를 저장하려고 할 때, 제품그룹별, 지역별, 연도별, 고객연령별로 데이터를 수집, 저장하여 매출액의 변화가 어느 지역에서 어떤 그룹의 제품에서 일어났는지, 그리고 그 변화를 주도한 고객들의 연령층은 어떤지, 그 변화가 시간의 흐름에 따라 어떻게 변화하는지 등을 분석하려는 기법이다.

데이터 모형화의 결과로 얻어지는 것이 개념 스키마(conceptual schema)이다. 개념 스키마는 논리 스키마(logical schema)라고도 불리는데 스키마(schema)란 데이터베이스의 구성과 제약조건에 대한 명세(specification)를 말하며 개념 스키마는 실제로 저장된 데이터베이스가 아니라 논리적으로 데이터베이스 전체가 어떻게 구성되었는지 보여 주는 명세이다. 관계 데이터 모델로 정리한 개념 스키마를 자세한 내용을 빼고 간단하게 표현하면 [그림 5-6]의 윗부분과 같다.

데이터베이스의 최근의 동향으로는 IT의 발달과 함께 플래시메모리에 데이터베이스를 저장하는 IMDB(in-memory database)를 사용함으로써 디스크 입출력을 줄이는 시스템이 늘어나고 있으며 빅데이터(big data)를 여러 컴퓨터에 나누어 저장함으로써 대규모 병렬처리(massive parallel processing)를 하는 병렬 DBMS가 출시되고 있다.

3) 물리적 설계

데이터 모형화로 얻어지는 개념 스키마는 실제 하드디스크에 저장되는 것을 고려하지 않고 데이터베이스가 논리적으로 어떻게 구성되어 있는지를 보여 준다. 이제 데이터베이스를 하드디스크에 저장을 하려면 어떻게 하면 빠른 시간 내에 원하는 데이터를 찾아서 사용자에게 전달할 수 있는지를 고려하여야 한다. 데이터베이스는 하드디스크에 파일로 저장된다. 파일에 저장된 데이터를 읽기 위해서는 하드디스크의 디스크 헤드(disk head)가 해당 파일의 위치로 이동하여야 하는데 하드디스크의 회전이나 디스크 헤드가 붙어 있는 디스크 암(disk arm)이 이동하는 것은 물리적인 운동으로서 데이터의 전자적인 이동에 비해 엄청난 시간이 소요된다. 따라서 가능하면 하드디스크 입출력 횟수를 줄이며 데이터를 빨리 검색하는 것이 좋다. 또한 시간이 지나면 데이터는 늘어나게 마련이므로 데이터가 늘어날 때 파일의 크기를 얼마 단위로 늘리는 것이 좋은가에 대해서도 의사결정을 해야 한다. 늘리는 공간이 너무 작으면 파일의 크기를 자주 늘려야 하므로 파일이 조각이 나서 입출력에 시간이 걸리며 공간이 너무 크면 디스크 공간을 낭비하는 결과를 가져오기 때문이다.

데이터가 파일에 저장되는 문제에 대해 설계하는 것을 데이터 구조화(data structuring)라고 하며 데이터 구조화로 생겨나는 명세를 내부 스키마(internal schema)라 한다. 내부 스키마에 의해 설계된 내용은 컴퓨터의 운영체제(operating system)에 의해서 하드디스크에 저장된다.

3 관계 데이터 모델

현재 여러 가지 형태의 DBMS가 출시되고 있으나 여전히 데이터베이스 시장에서 가장 많이 쓰이는 것은 관계 데이터 모델을 응용한 관계 DBMS(relational DBMS)이다. 가트너의 조사에 따르면, DBMS 시장은 마이크로소프트, 오라클, 아마존(AWS)의 3사에 의해 주도되고 있으며, 여전히 관계형 DBMS가 새로운 DBMS

어플리케이션과 프로젝트에서 70% 이상 사용되고, 2023년까지 전체 DBMS의 75%는 클라우드 플랫폼에 배치될 것으로 전망했다. 여기에서는 관계 데이터 모델에 대해 구조(structure)와 데이터를 검색하거나 갱신하기 위한 구조적 질의어(SQL)에 대해 학습한다.

1) 구조 및 용어

[그림 5-7]은 [그림 5-6]에 있는 학생 릴레이션을 다시 그린 것이다. 릴레이션이란 관계 데이터 모델을 제안한 Codd가 테이블을 가리키는 용어로 사용한 것으로, 수학적으로 보면 각 애트리뷰트가 가질 수 있는 값들의 모든 가능한 조합의 부분집합(subset)을 의미한다. 릴레이션 스키마(relation schema)는 릴레이션 타입(relation type)이라고도 하는데 특정 릴레이션의 구성 형태를 보여 준다. 학생 릴레이션은 학번, 이름, 주소, 학과명으로 구성되어 있다. 릴레이션의 열(column)에 해당하는 것을 애트리뷰트(attribute)라 하는데 파일에서 필드(field)와 같은 것으로 학생 개체를 표현하기 위해 쓰이는 속성을 말한다. 릴레이션의 행(row)에 해당하는 것을 투플(tuple)이라고 하는데 파일에서 레코드(record)와 같은 것으로 그 행에 있는 애트리뷰트의 값들로 특정 학생을 표현한다. 행들의 집합을 릴레이션 인스턴스라고 하는데 특정 시점에서 릴레이션의 값(value)을 말한다. 즉, 릴레이션의 값 또는 릴레이션 인스턴스란 특정 시점에서의 투플들의 집합이다.

[그림 5-7]에서 학번을 기본키(primary key)라 하는데 키 또는 후보키란 특정 투플을 유일하게 식별할 수 있는 애트리뷰트 또는 애트리뷰트의 집합을 말한다. [그림 5-6]에 있는 대출 릴레이션의 키는(ISBN, 학번)으로 되어 있다. 개체를 유일하게 식별할 수 있는 후보키가 여러 개 있을 때는 그중의 하나를 골라 기본키로 정한다. 외래키(foreign key)는 자신 또는 다른 릴레이션의 키를 가리키는 애트리뷰트를 말한다. 학생 릴레이션에서 학과명은 학생이 속한 학과의 이름으로 외래키이며, [그림 5-6]에서 학과 릴레이션의 기본키인 학과명을 가리킨다.

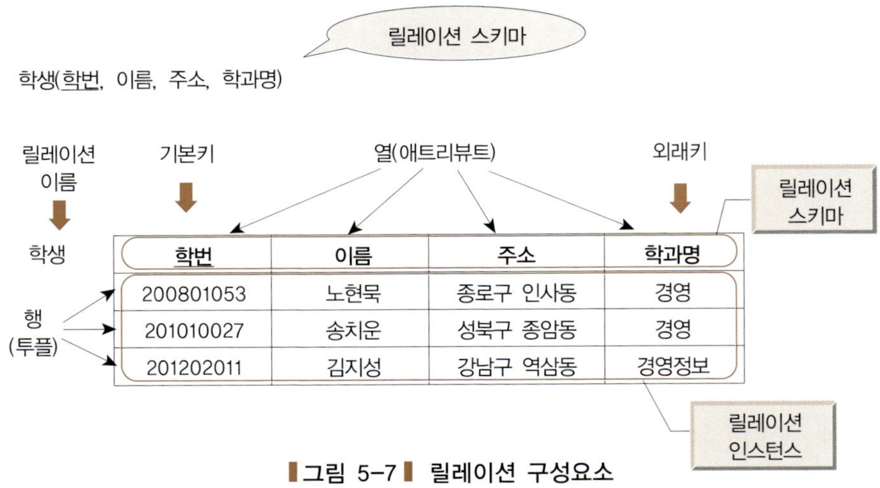

▌그림 5-7▌ 릴레이션 구성요소

릴레이션은 실무에서 테이블이란 용어와 많이 혼용되기도 하는데 릴레이션은 집합의 개념으로서 2차원의 테이블과는 엄격하게 다르다. 다만 관계 데이터 모델을 구현한 DBMS에서 사용하는 SQL 언어의 출력물은 테이블이므로 두 용어가 혼용되고 있다. 릴레이션의 특징을 나열하면 다음과 같다.

① 애트리뷰트는 이름으로 구분하고 좌우 순서가 없다.
테이블에서 열(column)들은 좌우 순서가 있다.

② 각 투플에서 애트리뷰트는 정확히 하나의 값(atomic value)을 갖는다.

③ 각 투플은 위아래의 순서가 없다.
릴레이션 인스턴스는 투플의 집합이므로 순서가 없다.
SQL의 출력인 테이블에서 행(row)들은 상하 순서가 있다.

④ 중복된 투플은 존재하지 않는다.
릴레이션은 투플의 집합이므로 중복이 없다. SQL의 출력에는 중복이 있다.

2) 구조적 질의어

구조적 질의어(structured query language: SQL)는 모든 상용관계 DBMS가 사용하는 데이터베이스 언어이다. 표준화된 언어로 대화식이며 비절차적 언어이다. SQL에 있는 데이터 정의어(data definition language: DDL)와 데이터 조작어(data manipulation language: DML)를 간단히 소개하면 〈표 5-3〉과 〈표 5-4〉와 같다. SQL에서는 릴레이션을 테이블이라 부른다.

▌표 5-3▌ SQL 데이터 정의어 예

데이터 정의어	SQL 예
테이블 생성	CREATE TABLE 과목(과목번호 varchar(8), …);
테이블 구조 변경	ALTER TABLE 과목 ADD CONSTRAINT primary key(과목번호);
테이블 삭제	DROP TABLE 과목;
인덱스 설정	CREATE INDEX 과목인덱스 ON 과목(과목이름);
인덱스 삭제	DROP INDEX 과목인덱스;

▌표 5-4▌ SQL 데이터 조작어 예

데이터 조작어	SQL 예
검색	SELECT 과목번호, 과목이름, 개설학과 from 과목 where 개설학과='경영';
삽입	INSERT into 수강 values('200801053', 'BC214', 'A');
삭제	DELETE from 수강 where 학번='200801053' and 과목번호='IC332';
수정	UPDATE 과목 SET 과목이름='정보시스템' where 과목번호='IC332';

4 정규화

1) 이상 현상과 함수종속

앞에서도 설명하였듯이 데이터 모형화는 하나의 정답만 있는 것이 아니기 때문에 데이터베이스를 설계하는 사람에 따라 여러 가지로 다르게 설계할 수가 있다. 만약 점검을 하지 않고 데이터베이스를 구축할 경우 의도하지 않은 오류가 발생할 수가 있다. 정규화(normalization)는 주어진 개념 스키마가 일으킬 수 있는 오류를 미리 발견하여 미연에 방지할 수 있는 이론을 제공한다. 정규화를 설명하기 위해 [그림 5-8]에 있는 학생_수강 릴레이션을 가정하여 보자.

학생_수강(<u>학번</u>, 이름, 학과명, 학과전화번호, 소속대학, <u>과목번호</u>, 성적)

<u>학번</u>	이름	학과명	학과전화번호	소속대학	<u>과목번호</u>	성적
200801053	노현묵	경영	842-4538	경영대	BC214	A
201010027	송치운	경영	842-4538	경영대	BB302	B
201202011	김지성	경영정보	842-4600	경영대	BB302	A
201202011	김지성	경영정보	842-4600	경영대	IC332	D

그림 5-8 학생_수강 릴레이션(제1정규형)

학생_수강 릴레이션은 모든 애트리뷰트의 값이 원자값(atomic value)이다. 원자값이란 더 이상 잘게 나눌 수 없는 값을 말한다. 학번, 학과전화번호, 과목번호 등은 사실 원자값이 아니라 더 잘게 나눌 수 있는 복합 애트리뷰트(composite attribute)이다. 예를 들어 학번의 맨 앞 네 자리 수는 입학연도를 나타낸다. 여기서는 학번, 학과전화번호, 과목번호는 원자값으로 간주한다. 학생_수강 릴레이션의 기본키는 (학번, 과목번호)다.

제1정규형(First Normal Form: 1NF)이란 릴레이션의 모든 애트리뷰트가 원자값을 갖는 릴레이션을 말하며 제1정규형이 되어야 릴레이션이라 부를 수 있다. [그림 5-8]의 학생_수강 릴레이션은 제1정규형이다. 그런데 학생_수강 릴레이션의 문제점을 살펴보면 다음과 같다.

- **삽입 이상**: 200802022 이상수 경영정보를 삽입하려고 하는데 수강과목이 없어 삽입할 수가 없다.
- **삭제 이상**: 201010027 송치운 BB302 수강 취소로 행을 삭제하면 송치운의 경영학과 소속 사실이 삭제된다.
- **갱신 이상**: 김지성의 이름이 잘못되어 김지영으로 수정하려면 두 행의 값을 수정하여야 한다.

앞에서 열거한 문제가 생긴 이유를 분석하기 위해 애트리뷰트 간의 함수종속을 살펴보자. 함수종속(functional dependency)은 하나 또는 그룹의 애트리뷰트(X) 값을 알면 다른 애트리뷰트(Y)의 값이 유일하게 결정될 때 애트리뷰트 집합 X와 애트리뷰트 Y 사이에 함수종속 관계가 있다고 하고 F: X->Y로 표시한다. 이때 X를 결정자(determinant), Y를 종속자(dependent)라 부른다. [그림 5-9]의 함수종속 다이어그램(functional dependency diagram)을 보면 기본키가 (학번, 과목번호) 이고, 성적은 기본키에 완전 종속(fully dependent)되는 데 반해 이름, 학과명, 학과전화번호, 소속대학은 기본키 중 오직 학번에만 함수적으로 종속되고 있다. 이를 부분 함수종속(partial functional dependency)이라고 한다.

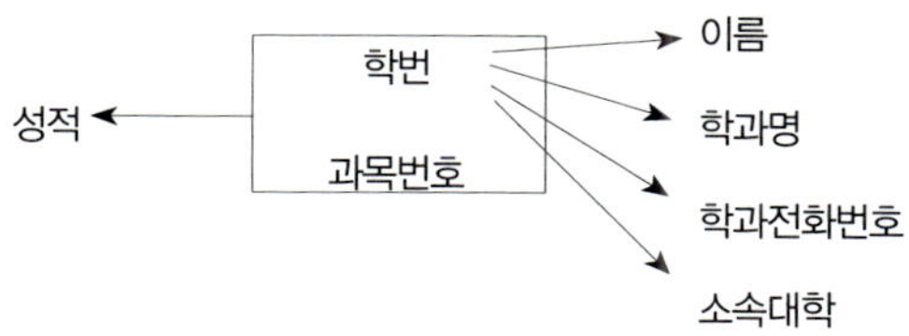

▌그림 5-9▐ 학생_수강 릴레이션의 함수종속 다이어그램

2) 정규화 단계

학번에 부분 함수종속되고 있는 이름, 학과명, 학과전화번호, 소속대학을 따로 떼어 릴레이션을 만들면 [그림 5-10]과 같이 된다. [그림 5-8]에서 [그림 5-10]으로 변경하는 것을 릴레이션 분해(decomposition)라 하는데 분해 작업은 프로젝트(Project, 열 선택) 연산에 의해서 실행된다. [그림 5-10]의 수강 릴레이션과 학생 릴레이션에서는 [그림 5-8]의 학생_수강 릴레이션에서 문제되던 이상(anomaly)들이 아무런 문제없이 실행될 수 있다.

제2정규형(second normal form: 2NF)은 어떤 릴레이션이 제1정규형이고, 키가 아닌 모든 애트리뷰트가 기본키에 완전 함수종속될 경우 제2정규형이라 한다. 다시 말해, 제1정규형이면서 기본키에 부분 종속되는 애트리뷰트가 없는 릴레이션을 말한다. [그림 5-10]의 수강 릴레이션과 학생 릴레이션은 모두 제2정규형이다. 그러나 [그림 5-10]의 학생 릴레이션은 아직 다음의 작업들에서 문제를 일으킨다.

수강(학번, 과목번호, 성적)

학번	과목번호	성적
200801053	BC214	A
201010027	BB302	B
201202011	BB302	A
201202011	IC332	D

학생(학번, 이름, 학과명, 학과전화번호, 소속대학)

학번	이름	학과명	학과전화번호	소속대학
200801053	노현묵	경영	842-4538	경영대
201010027	송치운	경영	842-4538	경영대
201202011	김지성	경영정보	842-4600	경영대

그림 5-10 분해된 수강 릴레이션과 학생 릴레이션(제2정규형)

- **삽입 이상:** 회계학과를 경영대에 신설하여 삽입하려는데 소속 학생이 없어 삽입할 수가 없다.
- **삭제 이상:** 경영정보학과의 김지성이 자퇴하여 삭제하려는데 경영정보학과가 경영대에 소속되어 있다는 사실도 삭제된다.
- **갱신 이상:** 경영학과 전화번호가 842-4538에서 842-4500으로 변경될 때 두 행의 값을 수정해야 한다.

앞의 문제를 해결하기 위해 다시 한 번 학생 릴레이션에 대한 함수종속 다이어그램을 그려 보면 [그림 5-11]에서 보는 것처럼 기본키에 속한 애트리뷰트가 아닌 학과명과 학과전화번호, 학과명과 소속대학 사이에 함수종속 관계가 존재한다. 학과전화번호와 소속대학이 학번에 함수종속이 되는 것은 직접적으로 학번에 종속되는 것이 아니라 학과명을 통하여 이루어진다는 것이다. 즉, A→B, B→C이기 때문에 A→C가 이루어진다. 이러한 함수종속을 이행적 함수종속(transitive functional dependency)라 부른다.

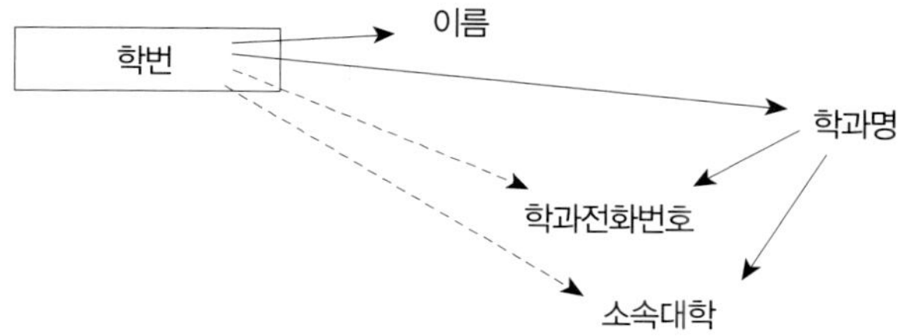

▌그림 5-11▌ 학생 릴레이션의 함수종속 다이어그램

이행적 함수종속 관계가 A→B, B→C로 존재할 때에는 릴레이션을 (A, B)와 (B, C)로 분해한다. [그림 5-12]는 (학번→학과명)과 (학과명 → 학과전화번호, 소속대학)으로 나누어 분해한 결과이다.

수강(학번, 과목번호, 성적)

학번	과목번호	성적
200801053	BC214	A
201010027	BB302	B
201202011	BB302	A
201202011	IC332	D

학생(학번, 이름, 학과명)

학번	이름	학과명
200801053	노현묵	경영
201010027	송치운	경영
201202011	김지성	경영정보

학과(학과명, 학과전화번호, 소속대학)

학과명	학과전화번호	소속대학
경영	842-4538	경영대
경영정보	842-4600	경영대

▌그림 5-12▌ 분해된 수강, 학생, 학과 릴레이션(제3정규형)

제3정규형(third normal form: 3NF)은 제2정규형이면서 키에 속하지 않은 모든 애트리뷰트 사이에 함수종속 관계가 없는 릴레이션을 말한다. 키에 속하지 않은 애트리뷰트들 사이에 함수종속 관계가 없어 서로 독립이면 모두 키에만 함수종속된다는 것이기 때문에 이행적 함수종속이 일어나지 않는다.

BC정규형(boyce-codd normal form: BCNF)은 릴레이션에 존재하는 모든 함수종속의 결정자가 키일 때 BC정규형이라 한다. 제2정규형과 제3정규형은 키에 속하지 않은 애트리뷰트에 대해서만 언급하였고 따라서 키 자체가 여러 개의 애트리뷰트로 이루어진 복합키(composite key)일 경우를 고려하지 못하였다. 키가 복합

키가 아니고 [그림 5-12]의 수강, 학생, 학과 릴레이션과 같이 단일 애트리뷰트인 경우 제3정규형은 자동적으로 BC정규형이 된다.

제4정규형(fourth normal form: 4NF)과 제5정규형(fifth normal form: 5NF)도 정의되어 있으나 실무에서 특별한 경우 이외에는 쉽게 접하지 않고 또한 제5정규형의 경우에는 제5정규형이 맞는지 아닌지 분석하는 것조차 쉽지 않기 때문에 여기서는 생략한다. 요약하면 제1정규형 ⊇ 제2정규형 ⊇ 제3정규형 ⊇ BC정규형 ⊇ 제4정규형 ⊇ 제5정규형 순으로 정규형의 단계가 낮은 정규형은 단계가 높은 정규형을 포함하고 있으며 단계가 높은 정규형일수록 데이터의 중복을 줄이고 일어날 수 있는 오류의 가능성을 배제하는 바람직한 정규형이라고 하겠다.

5 데이터베이스시스템의 관리

데이터베이스시스템의 큰 특징은 공유(sharing)와 통합(integration)이라 하였다. 여러 사용자가 동일한 데이터를 함께 공유할 때 제대로 관리되지 않으면 오히려 문제를 일으킬 수 있다. DBMS는 이러한 위험요소들을 해결하기 위해 여러 가지 기능을 포함하고 있는데 여기서는 그러한 기능에 대해 공부하기로 한다.

1) 트랜잭션

트랜잭션(transaction)이란 여러 개의 데이터베이스 연산으로 이루어진 논리적 작업 단위를 말한다. 앞에서도 설명하였듯이 은행에서 계좌 이체를 하기 위해서는 여러 개의 연산들이 모두 성공적으로 수행되어야만 한다. 트랜잭션을 이루고 있는 개별 연산 중 하나라도 실패를 한다면 트랜잭션은 취소되어야 하고 데이터베이스는 트랜잭션을 시작하기 이전의 상태로 되돌려져야 한다.

트랜잭션을 시작하면 로그 파일(log file)에 트랜잭션의 시작을 적고 필요한 작업을 진행한다. 로그 파일은 모든 데이터베이스 수정이 따로 기록된 파일을 말한다. 작업이 완전히 끝나지 않은 상태에서 에러가 발생하면 트랜잭션의 수행을 중지하고 트랜잭션이 시작하는 시점부터 에러 발생 시점까지 로그 파일에 기록된 것들을 역순으로 하여 데이터베이스에 변경된 결과를 취소(undo)함으로써 복귀(rollback)을 진행한다. 만약 모든 연산 작업을 성공리에 마치게 되면 로그 파일에 성공리에 마쳤음을 적고, 트랜잭션은 끝이 난다.

2) 동시성 제어

데이터베이스시스템에서는 여러 사용자가 동일한 데이터에 동시에 접근할 수 있다. 동시성 제어(concurrency control)란 복수의 사용자가 동시에 데이터베이스에 접근하더라도 서로 간섭이 되지 않고 각 사용자가 단독으로 데이터베이스를 사용하는 것처럼 일관성 있게 트랜잭션을 관리하는 것을 말한다. 동시에 접근하는 트랜잭션들이 순서대로 하나의 트랜잭션이 끝난 후 다른 트랜잭션이 수행된다면 트랜잭션의 속성 때문에 데이터베이스는 항상 일관성을 유지할 수 있다. 이렇게 순차적으로 수행되는 것을 직렬스케줄(serial schedule)이라 한다. 그러나 트랜잭션들이 하나씩 순차적으로 수행되는 것은 매우 비효율적이므로 대부분의 데이터베이스 작업들은 서로 얽혀서 진행된다. 서로 얽혀서 수행되는 것을 비직렬스케줄(nonserial schedule)이라고 하는데 비직렬스케줄을 잘 조정해서 그 결과가 직렬스케줄과 같게 만들 수 있으면 직렬 가능(serializable)이라 한다. 비직렬스케줄을 직렬 가능하게 만들기 위해서는 로킹(locking)기법이 쓰인다. 로킹기법이란 어떤 트랜잭션이 데이터베이스의 특정 레코드(행) 또는 테이블에 접근하기 위해서는 독점권(Lock)을 획득한 연후에 독점적으로 접근할 수 있게 하는 기법이다.

교착상태(dead lock)란 두 개 이상의 트랜잭션들이 서로 다른 트랜잭션이 Lock을 해제하기를 기다리며 무한정 대기하고 있는 상태를 말한다. 트랜잭션들이 교착상태에 빠진 것이 감지되면 교착상태에 빠진 트랜잭션 중 우선 순위가 낮은 트랜잭션을 복귀(ROLLBACK)시켜 교착상태를 깨면 된다. 실무에서는 교착상태를 탐지하기 위하여 대기 그래프(wait-for graph)를 사용하기도 하지만 단순히 타임아웃기법을 이용하여 일정 시간 동안 아무런 작업을 하지 않는 트랜잭션은 교착상태에 빠진 것으로 간주하여 ROLLBACK시키기도 한다.

3) 장애와 회복

장애(failure)란 데이터베이스시스템이 제대로 작동되지 않는 것을 말하는데 장애에는 트랜잭션 장애, 미디어 장애, 시스템 장애가 있다. 회복(recovery)은 장애가 발생하였을 때 데이터베이스를 장애가 발생하기 전의 일관된 상태로 복구시키는 것이다. 트랜잭션 장애는 응용 프로그램에 오류가 있거나 입력 데이터 오류, 통신 오류로 인하여 일어나는 장애를 말한다. 트랜잭션 장애는 오류가 발생할 때 복귀(ROLLBACK)를 함으로써 데이터베이스 상태를 트랜잭션이 시작하기 전의 상태로 만든다고 설명하였다. 복귀는 로그 파일에 시간순으로 기록되어 있는 데이터베이스의 수정사항을 오류 발생 시점부터 트랜잭션의 시작 시점까지 역으로 하나씩 거슬러 올라가며 취소(undo)하여 이루어진다.

미디어 장애는 데이터베이스를 저장하는 하드디스크나 하드디스크 컨트롤러의 고장으로 인하여 발생되는 장애로서, 저장된 데이터베이스의 일부 또는 전체가 손상된 것을 말한다. 미디어 장애의 경우에는 이전에 백업(backup)된 데이터베이스를 이용하여 복구하고 백업 이후의 로그 파일이 존재하면 로그 파일에 있는 내용을 재실행(redo)함으로써 데이터베이스를 회복한다.

시스템 장애는 정전이나 운영체제(operating system)의 오류로 인하여 컴퓨터가 종료될 때 버퍼(buffer)에 있는 데이터가 하드디스크에 저장되기 전에 손실되는 것을 말한다. 일반적인 데이터베이스 작업은 연산이 일어날 때마다 하드디스크에 저장하지 않고 버퍼메모리에 두었다가 그 양이 어느 정도 차면 일괄적으로 하드디스크에 저장된다. 어느 시점에 데이터베이스 버퍼가 다 차서 저장하려고 할 때에는 데이터베이스 버퍼의 내용을 저장하기 전에 로그 파일 버퍼의 내용을 먼저 저장한다. 로그 파일에는 데이터베이스가 수정된 모든 기록이 있으므로 데이터베이스 버퍼의 내용이 저장되지 않았다 하더라도 필요하면 로그 파일을 읽어 재실행(redo)할 수 있기 때문이다. 이를 로그 먼저 쓰기(write log ahead rule)라 한다.

4) 보안과 권한관리

(1) 접근제어기법

보안은 권한이 없는 사용자가 데이터베이스를 읽거나 쓰지 못하도록 하는 것이다. 보안관리 정책에는 임의제어(discretionary security control)와 필수제어(mandatory security control)가 있는데 대부분의 DBMS는 임의제어를 지원하며 일부 DBMS만 필수제어를 지원한다. 보안관리의 대상이 되는 단위 또는 객체는 전체 데이터베이스일 수도 있고 작게는 테이블의 행(투플)이 될 수도 있다.

임의제어는 각각의 사용자에게 접근 가능한 데이터베이스 객체를 지정하는 것이며 필수제어는 사용자가 취급 인가(clearance)를 갖고 있고 데이터 객체도 보안 등급(classification)을 지정받아서 사용자는 자신에게 허가된 등급의 데이터만 접근할 수 있다.

(2) 암호화(encryption)

만약 해킹 등으로 인한 침입 프로그램이 적절한 권한을 가지고 데이터 검색을 한다면 그에 대처할 수 있는 유일한 방법은 데이터의 암호화(encryption)이다. 암호화는 원래의 데이터인 평문(plaintext)을 암호화 키(encryption key)와 암호화 알고리즘(encryption algorithm)을 이용하여 암호문(ciphertext)를 만들어 데이터베이스에 저장한다. 복호화(decryption)는 데이터베이스에서 검색된 암호문을 암호화 키와 암호화에 사용하였던 동일한 알고리즘을 사용하여 평문으로 바꾸는 것이다. 이때 동일한 키가 암호화와 복호화에 쓰일 때 그 키를 대칭키(symmetric key)라 하고 암호화 키와 복호화 키가 다를 때 비대칭키(asymmetric key)라고 한다. 암호화에 대한 좀더 자세한 내용은 14장의 정보시스템 보안에서 다룬다.

요약

1. 데이터베이스시스템의 개요

데이터베이스시스템은 데이터를 컴퓨터에 저장하여 사용자로 하여금 필요할 때 데이터를 수정하거나 검색할 수 있도록 하는 컴퓨터기록시스템이다. 데이터베이스시스템의 가장 큰 특징은 공유(sharing)와 통합(integration)이다. 구성요소로는 데이터들의 집합인 데이터베이스, 데이터베이스를 사용하는 사용자, 데이터베이스를 물리적으로 저장하는 하드웨어, 그리고 사용자와 하드웨어 사이에 있는 인터페이스로서 사용자가 명령을 내리면 그 명령에 따라 데이터베이스에 관한 모든 작업을 관장하는 데이터베이스관리시스템(database management system: DBMS)이 있다. 데이터베이스시스템을 사용하는 장점으로는 중복을 줄이고, 데이터 독립성을 유지하며, 데이터를 동시에 공유하고, 보안을 향상하고, 데이터의 무결성을 유지하며, 부서 간 데이터의 표준을 강화하고, 트랜잭션 지원이 가능하다. 비록 초기 투자비용은 더 드는 단점이 있지만 응용 프로그램이 데이터 독립성을 유지하므로 개발 전체 개발비용이 줄어든다.

2. 데이터 모형화(Data Modeling)

데이터 모형화는 현실 세계를 요약하여 관심 있는 데이터를 컴퓨터에 저장하는 과정이다. 먼저 개념적 모형화는 현실 세계를 개념적으로 파악하여 요약하는 단계로 개체-관계 모델(entity-relationship model)을 사용하는데 현실 세계를 개체(entity)와 개체들 간의 관계(relationship)와 그리고 개체와 관계의 속성으로 표현하여 그 결과는 개체관계도(ERD)로 나타난다. 데이터 모형화는 개체관계도에 표현된 개체, 관계, 그리고 속성을 논리적인 데이터베이스 구조로 요약하는 것이다. 논리적 구조 모형에는 과거 계층모델, 네트워크 모델이 있었고 현재 가장 많이 사용하는 모델은 관계 데이터 모델이다. 데이터 모형화의 결과는 전체 데이터베이스의 논리적 구조를 보이는 것으로 개념 스키마(conceptual schema)라 한다. 물리적 설계는 데이터 구조화라고도 하는데 하드디스크에 데이터를 저장하고 검색하는 작업을 신속하게 할 수 있도록 설계하는 것이다.

3. 관계 데이터 모델

관계 데이터 모델에서는 모든 데이터를 테이블 형태의 릴레이션으로 표현한다. 릴레이션은 테이블을 나타내는 수학적인 용어로서 그 값을 릴레이션 인스턴스라고 하며 행을 나타내는 투플들의 집합을 말한다. 투플은 릴레이션의 열인 애트리뷰트의 값들로 이루어진 것으로 투플의 값은 릴레이션에서 유일하다. 즉 투플의 중복이 없다. 키는 투플을 유일하게 결정하는 식별자로서 중복된 값이 있을 수 없고 키를 구성하는 애트리뷰트의 값이 널(null)이 될 수 없다. 외래키는 해당 릴레이션 또는 다른 릴레이션의 키를 가리키는 애트리뷰트로서 외래키 애트리뷰트의 값은 가리키는 릴레이션의 키에 그 값이 존재하는 것이든지 아니면 널값을 갖는다. 관계 DBMS에서는 자료를 검색하거나 갱신을 할 때 SQL 언어를 사용하며 데이터 조작 명령으로는 SELECT, INSERT, DELETE, UPDATE가 있다.

4. 정규화

데이터 모형화의 결과로 얻어진 개념 스키마는 물리적 설계인 데이터 구조화를 하기 전에 정규화 과정으로 분석함으로써 일어날 수 있는 오류를 방지할 필요가 있다. 정규화를 제대로 하지 않으면 데이터의 중복이 일어나 새로운 데이터를 삽입하고, 기존 데이터를 삭제하고, 수정할 때 이상(anomaly) 현상이 일어날 수 있다. 함수종속(functional dependency)이란 하나 또는 그룹의 애트리뷰트의 값을 알 때 다른 애트리뷰트의 값이 유일하게 결정되는 것을 말한다. 릴레이션을 분석할 때 함수종속 다이어그램(functional dependency diagram)을 그리면 애트리뷰트 간의 함수종속 관계를 쉽게 알 수 있다. 릴레이션의 정규형은 제1정규형부터 제5정규형까지 있는데 낮은 단계의 정규형에서 문제를 해결하기 위해서는 릴레이션을 분해하여 높은 단계의 정규형으로 개선한다.

5. 데이터베이스시스템의 관리

데이터베이스는 여러 사용자들이 동시에 데이터베이스 작업을 하므로 제대로 관리되지 않으면 일관성을 잃기 쉽다. 트랜잭션이란 사용자 또는 응용 프로그램이 실행하는 논리적 작업 단위를 말한다. 여러 트랜잭션들이 서로 얽혀서 작업을 할 때, 로킹(locking) 기법을 사용하면 트랜잭션을 순서대로 실행하는 것과 같이 일관성을 얻을 수가 있는데 이러한 스케줄을 직렬 가능(serializable)하다고 한다. 로킹기법에서는 하나의 트랜잭션이 데이터에 접근하기 위하여 Lock을 요청하여 얻는데, 데이터를 수정하지 않을 때는 공유Lock을 얻고, 데이터를 수정할 필요가 있을 때에는 독점Lock을 요청하여 얻는다.

DBMS는 각종 장애로부터 데이터베이스를 보호하기 위한 장치를 갖고 있는데 그러한 기능을 회복(recovery)이라 한다. 장애로부터 데이터베이스를 보호하기 위해서는 데이터베이스 변경에 관한 모든 사항을 로그 파일에 저장하는데 장애가 발생한 후 시스템이 재시작하게 되면 로그 파일에서 commit된 트랜잭션은 재실행(redo)을 하고 commit되지 않는 트랜잭션은 로그 파일에 기록된 역순으로 취소(undo)를 하여 복귀(rollback)한다.

데이터베이스의 보안은 권한이 없는 사용자로부터 데이터베이스를 안전하게 보호하려는 것이다. 데이터베이스관리자(DBA)는 SQL 명령을 사용하여 사용자에게 접근 권한을 허용하거나 취소할 수 있다. 암호화는 데이터가 탈취되었을 때에도 그 권한이 없는 사람이 알아볼 수 없게 암호문으로 작성하여 데이터베이스에 저장하는 것이다. 암호화 기법에는 문서를 암호화하는 대칭키 암호화 기법과 대칭키를 암호화하여 원거리의 사용자에게 보낼 수 있는 비대칭키인 공개키 암호화 기법이 있다.

사례연구 1 아마존, 오라클DB 떠났다

DB 7천500개 · 데이터 75PB AWS로 옮겨… '탈 오라클' 마무리

아마존이 소비자 비즈니스 부문 내외부 서비스 인프라에 쓰던 수천개 오라클 데이터베이스(DB)를 걷어내 '탈 오라클' 여정을 마무리했다. 인프라에 포함된 오라클DB 대부분을 아마존웹서비스(AWS) DB 서비스로 전환한 것이다.

AWS의 제프 바(Jeff Barr) 수석 에반젤리스트는 지난 15일 AWS 공식 블로그를 통해 아마존 본사가 수년에 걸쳐 내부 오라클DB를 AWS 클라우드 기반의 DB로 전환하는 작업을 수행해 왔으며, 이제 "아마존 소비자 비즈니스가 마지막 오라클DB의 전원을 방금 내렸다"고 밝혔다. 다만 엄밀히 말해 아마존의 기존 인프라에서 오라클DB를 완전히 제거한 것은 아니다. 바 에반젤리스트는 아마존 소비자 비즈니스의 오라클 DB 인프라 가운데 "오라클에 긴밀하게 연결돼 있는 일부 서드파티 애플리케이션이 있고 이들은 이전되지 않았다"고 밝혔다.

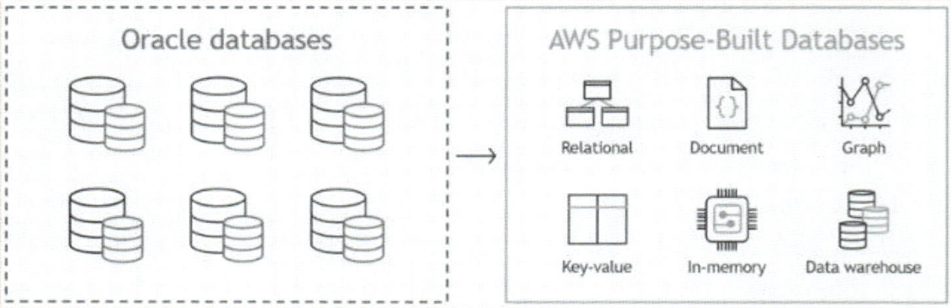

아마존이 수천개 DB와 데이터 관리 환경을 오라클DB에서 아마존웹서비스의 여러 DB 서비스 기반으로 전환했다. [자료=아마존웹서비스]

그는 "수년간 우리는 레거시 오라클DB 수천대를 관리하고 확장하는 일에 너무 많은 시간을 써 왔음을 깨달았다"고 지적했다. 그는 "우리 DB관리자(DBA)가 고부가가치로 차별화하는 업무 대신, 서비스가 커지면서 늘어난 트랜잭션 및 전체 저장 데이터 규모에 단순히 대응하는 데 많은 시간을 쏟았다"며 "여기에는 복잡하고 비효율적인 하드웨어 프로비저닝, 라이선스 관리, 이밖에 현대적인 매니지드 DB 서비스로 처리하는 게 최선인 다른 문제를 다루는 시간이 포함됐다"고 설명했다.

이에 아마존 소비자 비즈니스는 대외 서비스와 내부 업무 시스템 등 100여개 팀을 동원해 오라클DB 이전 작업을 수행했다. 대외 서비스는 알렉사(Alexa), 아마존 프라임, 아마존 프라임 비디오, 아마존 프레시, 킨들, 아마존 뮤직, 오디블(Audible), 숍봅(Shopbop), 트위치, 자포스 등 브랜드를 포함한다. 내부 업무 시스템 부서 담당 영역은 애드테크, 아마존풀필먼트테크놀로지, 컨슈머페이먼트, 커스터머리턴, 카탈로그시스템, 딜리버익스피리언스, 디지털디바이스, 익스터널페이먼트, 파이낸스, 인포섹, 마켓플레이스, 오더링, 리테일시스템 등을 아우른다.

아마존은 약 7천500개 오라클DB에 저장된 내부 데이터 75페타바이트(PB)를 아마존 다이나모DB, 아마존 오로라, 아마존 관계형DB서비스(RDS), 아마존 레드시프트 등 여러 AWS DB 서비스로 옮겼다. 바 에반젤리스트는 DB를 이전하는 동안 결제, 카탈로그 관리, 배송준비, 정산, 비디오스트리밍 워크로드 등을 포함한 관련 서비스를 거의 또는 전혀 중단하지 않았다고 강조했다. 인프라 전환에 따라 DB 비용을 할인가격 기준 60% 절감했고 소비자 대상 애플리케이션 지연시간을 40% 줄였으며 DBA 관리부담을 70% 감축했다고 주장했다.

앞서 아마존이 오라클DB를 2020년 1분기까지 완전히 걷어낼 계획을 세웠다는 내용이 외부에 알려졌다. 지난해 8월초 이 소식이 나오자 오라클은 이튿날 이례적으로 입장문을 통해 "지난해 아마존이 오라클DB와 소프트웨어에 6천만달러를 지불했다"면서 여전히 아마존이 오라클 기술에 상당히 의존하고 있음을 우회적으로 표현했다. 래리 엘리슨 오라클 회장도 재작년 12월 실적발표 컨퍼런스콜에서 "아마존이 오라클DB에 수백만달러를 지불하고 있다"고 지적하며 데이터센터 인프라 시장에서 오라클DB의 입지에 의문을 품은 주주들을 안심시켰다.

실제 아마존의 '탈 오라클' 행보는 15년 전 시작됐고, 5년 전 가시화했다. 가시화 기점은 아마존에 IT서비스를 제공하는 역할을 겸하는 AWS가 지난 2014년 11월 클라우드 관계형DB '오로라(Aurora)'를 출시할 때부터다. 오로라 개발 배경 자체가 오라클DB의 제약을 극복하려는 아마존의 자구책이었다는 게, 지난해 11월 AWS 리인벤트 기조연설에 나선 버너 보겔스 아마존닷컴 최고기술책임자(CTO)의 설명이다. 그는 이 자리에서 2018년 11월 1일 아마존 인프라의 오라클 데이터 웨어하우스(DW) 시스템이 AWS 레드시프트로 전환됐다고 밝히기도 했다.

출처: ZDNet Korea(2019. 10. 23.). https://zdnet.co.kr/view/?no=20191023102205

| 사례질문 |

1. 글로벌 전자상거래 플랫폼인 아마존이 탈 오라클DB를 넘어 자체적인 아마존웹서비스(AWS) DB 서비스를 구축한 것은 어떤 의미를 갖는가?
2. 아마존이 DBMS 시장을 주도하는 기업으로 성장할 수 있었던 이유는 무엇인지 생각해 봅시다.

사례연구 2 마켓컬리, AWS 기반 신선 식품 샛별 배송 서비스 구현 사례

2014년에 설립된 컬리는 장보기 앱 '마켓컬리'를 서비스하는 스타트업입니다. 업계 최초로 아침 7시까지 배송을 완료하는 '샛별배송'이라는 콘셉트를 도입해 신선식품 배달 시장을 개척했습니다. 마켓컬리는 영국 파이낸셜 타임스가 선정한 '아시아 태평양 고성장 기업 2020'의 500개 기업 중 11위에 선정되는 등 성장성을 대내외에서 인정받을 정도로 성장했습니다. 서비스 첫해인 2015년 29억에서 2019년 4,289억의 매출을 기록해 매년 연평균 400%의 높은 성장을 이뤄왔습니다. 물류처리 능력에서도 지난해만 물류 센터 면적을 4.9배 늘려, 출고량이 2.9배 증가하는 등 물류시스템 및 공급망 관리를 고도화하고 있습니다. 이러한 이유로 기존 투자자와 신규투자자들은 마켓컬리가 지금까지 쌓아온 성과에 대한 높은 만족도를 보이며 앞으로의 성장 가능성도 긍정적으로 평가했습니다.

샛별 배송 서비스란?

마켓컬리의 배송 담당 기사의 업무는 저녁 8시에 시작됩니다. 이들은 출근을 하자마자 당일 배송해야 할 해당 권역의 상품을 싣습니다. 배송 관리 시스템은 마켓컬리가 고객과 약속하고 있는 '아침 7시까지 배송 완료' 정책을 지킬 수 있도록 서울과 수도권 지역 전체에 물건을 배송할 장소와 최적의 경로를 안내해줍니다. 예를 들어, 배송 담당 기사는 홍대를 먼저 가고, 이태원을 지나, 마지막으로 동대문에서 하루 근무를 마칠 수 있습니다.

모든 샛별배송 업무가 완료되는 아침부터 마켓컬리 고객서비스 직원들의 하루는 시작됩니다. 고객서비스 직원들은 배송 과정 중 발생된 실수가 있는지 확인하고 이를 처리합니다. 예를 들어, 문제가 있는 물품이나 지연 배송, 혹은 마켓컬리를 이용하는 데 있어서 불편함을 느낄 수 있는 사용자들의 불편을 해결하는 것이죠. 하루 내내 문의 전화를 받아 문제를 해결하는 동안, 복잡한 물류 엔진은 보이지 않는 곳에서 어떤 품목이 얼만큼이나 필요할지 다음 날 주문에 대한 예측 작업을 하게 됩니다. 그리고 다시 저녁 11시에 다음날 아침 배송되어야 할 주문 접수가 마감되면 이러한 모든 과정이 다시 반복되어 시작됩니다.

이것이 바로 요즘 아주 뜨거운 반응을 얻고 있는 식품 배송 서비스 스타트업의 이야기입니다. 초기 단계에 있는 많은 스타트업도 제품 개발 및 서비스에 많은 시간을 쏟겠지만, 아마 마켓컬리처럼 24시간 하루 종일 시스템이 운영되는 스타트업은 거의 없을 것입니다.

당면 과제

마켓컬리는 24시간 내내 시스템이 운영되는 비즈니스 모델을 선택하였습니다. 즉, 고객이 잠들기 전에 주문한 신선식품을 포함한 각종 상품을 물류 센터에서 분류, 패킹, 포장 작업을 거친 후 차량으로 소비자의 현관 앞에 배송해주는 되는 서비스입니다. 또한, 물류 서비스에 각종 상품의 공급사를 관리하는 SCM 서비스도 포함되어 있습니다. 2015년에 서비스를 시작한 마켓컬리는 눈부신 성장세를 보이며, 첫해 29억의 매출을 기록했고, 2019년에는 4,289억 원을 기록하여 148배가량 성장하였습니다. 그에 따른 대규모 주문과 배송을 관리하기 위한 다양한 기술적 문제를 직면하게 되었고, 이런 성장 속도를 안정적으로 뒷받침해줄 시스템이 필요했습니다.

"사업 초기에 저희는 외부의 다양한 업체의 솔루션들을 도입하여 온라인몰과 물류 시스템을 구축했습니다. 당시 3,000~4,000개의 적은 물량의 주문을 처리할 때는 아주 훌륭하게 운영되었습니다. 하지만 회사가 급격하게 성장하면서 시스템의 한계를 보이기 시작했습니다. 이런 문제를 해결하기 위해 기존의 인프라를 AWS로 이전하고, 다양한 마이크로 서비스 지원을 받을 수 있도록 온라인몰과 물류를 클라우드 친화적 구조로 재개발하는 대형 프로젝트를 진행하게 되었습니다."라고 임상석 마켓컬리 CTO가 설명했습니다.

아마존 웹서비스를 선택한 이유 – 유통기한이 짧은 신선 식품의 수요 예측을 위한 데이터 분석

마켓컬리는 고객이 이용하는 온라인몰과 물류시스템을 AWS로 인프라를 이전하는 작업을 2019년 6월에 완료했습니다. AWS로 이전 후 마켓컬리는 안정적 시스템을 갖추게 되었고, 덕분에 기술팀 직원들의 근무 시간도 줄어들어 업무 효율성을 높일 수 있었습니다. 이전 시스템은 많은 물량이 잘 처리되지 않으면 기술팀이 직접 패치를 생성하도록 준비하고, 배송이 잘 진행되는지를 직접 모니터링하며 솔루션을 점검해야 했습니다. 마켓컬리는 Amazon Aurora, Amazon DocumentDB, Amazon ElastiCache를 통해 다양한 물류 서비스 데이터베이스를 유연하게 운영하고 있으며, Amazon MQ, MSK, Amazon DynamoDB 등을 통해서 마이크로 서비스 기반 기술 고도화도 병행해서 추진하고 있습니다.

마켓컬리는 회사의 규모가 급속히 성장하면서 고객을 지원하기 위한 시스템뿐만 아니라 신선한 식품의 수급 및 배송에도 더욱 노력하고 있습니다. 마켓컬리의 매력 중 하나는 고객이 좋은 상품을 찾는 노력을 기울이지 않도록, 각 상품 카테고리별로 한 두 가지의 고품질 옵션만 제공하고 있습니다. 또한, 70여 가지의 상품 입점 기준으로 까다롭게 선정해 상품을 선보이고 있습니다. 현재 마켓컬리에 입점한 약 20,000가지의 상품 중 80%가 신선식품 카테고리에 해당했습니다. 신선식품은 2~3일 정도의 짧은 유통기한을 가지고 있으므로 불필요한 낭비를 없애기 위해 수요를 예측하는 것이 고객 만족 및 사업 성패에 있어 매우 중요했습니다.

임상석 CTO는 "수요를 예측하는 것이 매우 중요하기 때문에 내부 데이터 분석팀을 꾸려서 정확한 예측을 하고자 노력하고 있습니다. 기존 구매 데이터와 날씨 데이터 등을 기반으로 수요 예측 모델을 운영하고 있습니다. 더 정교한 수요 예측 시스템을 구현하기 위해 오픈 소스 기반의 데이터 분석 플랫폼을 구축하고, Amazon Athena와 Redshift를 통해 분석하고 있습니다."라고 설명했습니다.

혜택

마켓컬리의 빠른 성장에 따라 대규모 주문과 배송 관련 기술적 문제는 AWS로 이전하면서 해결할 수 있었습니다. AWS 인프라의 높은 확장성 덕분에 약 60배에 달하는 성장 속도에도 서비스를 안정적으로 지원할 수 있었습니다. 마켓컬리는 규모의 확장과 관련된 더욱 다양한 도전을 하고 있습니다. 최근 유치한 투자자금을 기반으로 물류 센터를 구축하는 일에 총력을 기울이고 있습니다. 기존 물류 센터의 지역적 한계를 극복하여 더 많은 고객에게 서비스를 제공할 수 있도록 지원하고, 규모 면에서도 기존 물류 센터의 3배에 달해 앞으로 대규모의 물량을 처리하게 될 예정입니다.

현재 새벽배송 시장에 대형 유통업체 등 다른 경쟁업체들이 진출했음에도 마켓컬리는 계속 성장세를 이어가면서 시장을 선도하고 있습니다. 임상석 CTO는 "마켓컬리는 서비스 완성도를 높이기 위해 핵심 비즈니스에 집중하면서 더 많은 AWS 머신러닝 서비스를 활용해 데이터 기반 서비스를 늘려나갈 계획"이라고 전했습니다.

출처: Amazon Web Services 한국 블로그(2020. 2. 19.).
https://aws.amazon.com/ko/blogs/korea/korean-grocery-delivery-market-kurly/?nc1=b_rp

| 사례질문 |

1. 마켓컬리가 아마존 AWS 도입과 데이터 분석 기술들을 통해 기업 경쟁력을 높일 수 있었던 이유를 생각해 보자.
2. 기업이 DBMS를 도입하려 할 때 고려하여야 할 사항은 무엇인지 토의하여 보자.

CHAPTER 06 비즈니스 인텔리전스

학/습/목/표

비즈니스 인텔리전스(business intelligence)는 기업의 의사결정 행위와 관련된 데이터베이스, 분석 도구, 애플리케이션 등을 포함하는 포괄적 개념이다. 특히 최근에 이슈가 되고 있는 빅데이터를 비롯하여 데이터 마이닝, OLAP 등이 비즈니스 인텔리전스의 중요한 분야이며 기업의 의사결정에 있어 중요한 역할을 한다.

1. 비즈니스 인텔리전스의 기본 개념을 이해하고 오늘날의 복잡한 비즈니스 환경에서 기업이 생존하기 위해 정보기술을 어떻게 이용하여 문제를 해결하고 새로운 기회를 포착할 수 있는지 이해한다.
2. 비즈니스 인텔리전스의 정의, 개념, 구조를 이해하고 기본적인 데이터 관리 프로세스를 이해한다.
3. 빅데이터를 활용한 비즈니스 인텔리전스의 발전을 이해한다.
4. 비즈니스 분석을 위한 핵심기술인 데이터 마이닝과 텍스트 마이닝의 개념을 이해하고 데이터 분석 기술의 발전을 이해한다.
5. 빅데이터, 공공데이터, 마이데이터 등 데이터 중심의 데이터 경제로의 전환을 이해하고 데이터가 기업의 비즈니스에 미치는 영향을 이해한다.

1 BI의 개요

끊임없이 변화하고 복잡해지는 경영환경과 무한경쟁의 정보화사회에서 적극적으로 시장에 적응하고 혁신적으로 관리 업무를 수행하기 위해서는 전략·전술·운용 등 조직의 모든 계층에서 빠르고 정확한 의사결정이 필요하다. 이를 위해서 적정한 양과 질의 정보·자료·지식이 필요하고 이를 처리하기 위한 프로세스와 적절한 시스템이 요구된다.

BI(business intelligence)라는 용어는 90년대 중반 가트너 그룹에 의해 처음 사용되었지만, 그 기원은 80년대 기업의 최고경영진의 의사결정을 지원하는 EIS(executive information systems)라 할 수 있다. EIS는 실시간 경영자의 요구사항을 제공하는 맞춤형 보고(on-demand reporting)를 비롯하여 요약·예측·동향분석·신분에 따른 정보 접근(status access function)과 CSF(critical success factor) 분석 등의 기능을 가진 경영진을 위한 대표적인 시스템이라 할 수 있다.

90년대 들어 이러한 기능을 가진 다양한 시스템들이 등장했으며 이를 포괄적으로 가트너 그룹에서 BI라는 용어로 통칭했다.

BI는 기업의 의사결정과 관련된 데이터베이스·분석 도구·응용 소프트웨어·방법론 등을 포함하는 포괄적인 개념으로 전략적 의사결정을 지원할 수 있는 기업의 고객·경쟁사·파트너 기업·시장 환경·내부 운용과 관련된 정보체계라 할 수 있다. 또한 전략적 의사결정을 하는 데 사용할 수 있는 데이터와 정보를 수집하고 분석하는 기업 내부의 모든 응용 프로그램과 정보기술을 총칭하는 개념이라 정의할 수도 있다. 분석처리시스템(online analytical processing: OLAP), 데이터 마이닝(data mining), 빅데이터(big data) 등이 대표적인 BI라 할 수 있다.

BI의 기본 목적은 관리자가 데이터베이스와 데이터 웨어하우스에 접근하여 데이터를 가공처리하고 이를 적절하게 분석할 수 있는 기능을 제공하는 것이다. 70년대의 리포팅시스템은 80년대 초 EIS가 소개되면서 경영진의 요구사항을 해결할 수 있는 맞춤형(on-demand) 기능, 예측 기능, CSF 분석 기능, 신분에 따른 정보 접근 기능이 더해졌다. 90년대 중반에는 실제로 이러한 기능들을 모두 장착한 BI 기반의 상업용 EIS 패키지가 소개되었으며, 경영진이 요구하는 정보를 제공할 수 있는 능력을 갖춘 EIS라 할 수 있다. 2005년부터 인공지능과 강력한 실시간의 분석능력을 갖춘 BI가 나타나기 시작했다.

2 BI의 구성요소

기업의 데이터 처리는 온라인 거래처리(on-line transaction processing: OLTP)와 온라인 분석처리(on-line analytical processing: OLAP)로 구분된다. [그림 6-1]에서처럼, 다양한 거래처리시스템을 통해 입력된 데이터는 운용 데이터베이스에 저장되어 추출·변환·적재(extract, transformation, load: ETL)과정을 거쳐 데이터 웨어하우스에 축적되고 최종사용자의 요구에 맞게 분석되어 DSS(decision support system), EIS, 기타 응용 프로그램을 통해 사용된다. BI는 데이터의 수집과 처리에서 시작하여 결과적으로 최종사용자의 의사결정에 필요한 유용한 결과(비즈니스 인텔리전트)를 추출하는 과정이라고 할 수 있다. 분석처리시스템을 강조하여 BI를 데이터 웨어하우스에서 특정 목적에 맞게 데이터 마트를 구축하고 최종사용자의 의사결정을 위한 OLAP, 데이터 마이닝 등 분석하는 과정으로 설명하기도 한다.

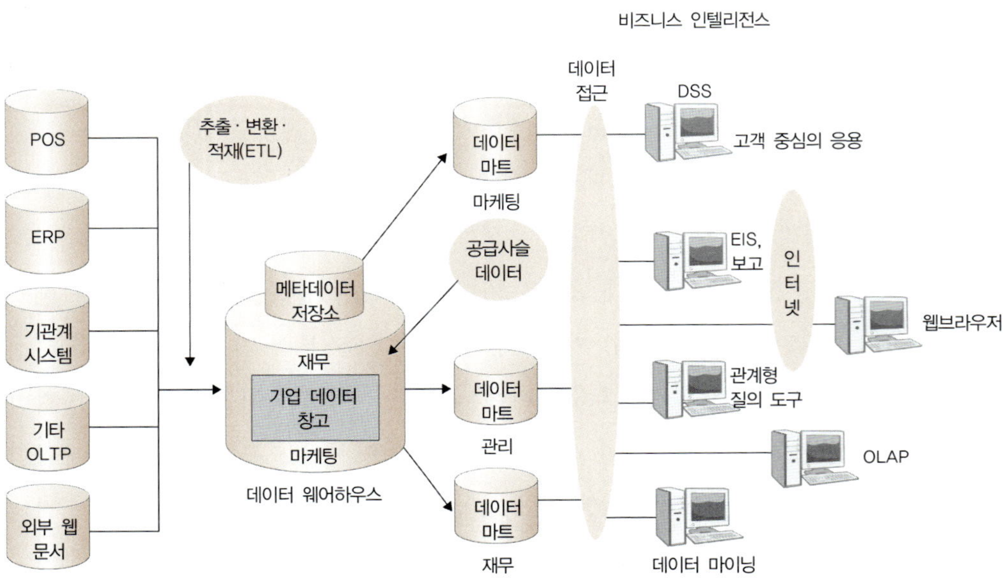

▌그림 6-1▌ BI의 구성

출처: 임규건, 김광용, 김민용, 서우종, 안병석(2003). 재인용.

1) OLTP

온라인 거래처리(on-line transaction processing: OLTP)는 POS, ERP, SCM 등 일상의 반복적인 업무를 수행하는 운용시스템에서 기업의 내부 데이터를 수집하여 저장하는 거래 중심의 온라인시스템이다. 이 외에도 인터넷 서비스, 클릭스트림 데이터(click stream data), 소셜네트워크 데이터 등 다양한 외부원천으로부터 기업의 외부 데이터를 수집 및 저장한다. 기업의 내부 및 외부 데이터를 수집하여 축적하는 것이 온라인 거래처리의 핵심 영역이다.

OLTP는 OLAP와 비교 설명하면 개념의 정립이 쉬워진다. OLTP는 중요한 관리 업무를 수행하고, 기업의 반복적인 거래를 실시간으로 보고하고 분석하는 시스템이다. 그러나 OLTP는 ad-hoc 분석이나 다양한 데이터를 이용하여 분석해야 하는 복잡한 질문에는 그 기능을 하지 못한다. OLAP는 이러한 ad-hoc 분석과 다양한 데이터를 응용해야 하는 복잡한 질문에 답할 수 있도록 설계된 온라인 분석시스템이다. OLTP와 OLAP는 기능은 서로 다르지만 긴밀하게 연계되어 사용되어야 한다. OLAP는 OLTP에서 생성된 데이터를 사용하고, OLTP는 일상의 반복되는 업무 프로세스를 자동화하는 기능을 수행한다. 〈표 6-1〉은 OLTP와 OLAP의 차이를 요약한 것이다.

▌표 6-1▐ OLTP와 OLAP의 차이

	OLTP	OLAP
목적	일상의 반복적 업무	경영자의 의사결정을 지원하고 다양한 질의(query)에 응답
데이터의 원천	거래 데이터베이스(Transactional DB)	데이터 웨어하우스 혹은 데이터 마트
리포팅	일상적, 반복적, 좁은 범위의 구체적 업무	ad-hoc, 넓은 범위의 다차원적인 업무
요구 사양	관계형 데이터베이스	대용량, 특수 데이터베이스 (multi-processor 사용)
속도	빠름	느림 (resource-intensive data 사용)

2) 데이터 웨어하우스

데이터 웨어하우스(data warehouse)는 서로 다른 운용 데이터베이스에서 수집된 논리적 정보 혹은 데이터의 저장소로 최종사용자의 의사결정을 지원하기 위한 분석처리 활동에 사용하기 쉬운 형태로 저장된다. 즉 데이터에 접근, 검색, 분석, 시각화의 처리가 쉬운 형태(예: 관계형 데이터)로 저장되어야 한다. 데이터 웨어하우스에서 정보를 수집하고 관리하는 방법은 데이터베이스와 차이가 있다. 데이터 웨어하우스의 데이터는 과거와 현재의 데이터를 동시에 가지고 있으며 OLAP, 데이터 마이닝, DSS에 사용할 수 있게 구조적인 형태를 가진다. 데이터베이스가 거래 중심의 시스템이라면 데이터 웨어하우스는 의사결정 지원이 중요한 기능이라고 할 수 있다.

데이터 웨어하우스는 관리자의 의사결정을 지원하는 주제 중심의, 통합적, 비휘발성, 시간성을 지닌 데이터들의 집합이다.

- **주제 중심의 데이터(subject-oriented data)**: 판매 · 제품 · 고객 등 세부적인 다양한 주제 중심으로 데이터가 구성되고 정리되므로 관리자들은 성과를 쉽게 파악할 수 있을 뿐 아니라 어떻게 성과가 발생했고 발생의 원인까지도 파악할 수 있다. 데이터베이스가 업무 중심의 데이터로 구성되어 있고 거래를 통해 변화를 지속적으로 업데이트하는 것과 차이가 있다.
- **통합적 데이터(integrated data)**: 데이터 웨어하우스에서는 서로 다른 데이터베이스의 데이터를 일관성 있는 형태로 보관해야 하고 이를 위해서 측정 단위 차이나 명칭의 차이들을 일관성 있게 조정해야 한다.
- **비휘발성 데이터(non-volatile data)**: 데이터가 일단 데이터 웨어하우스에 입력되고 나면 사용자는 데이터를 변경하거나 갱신할 수 없다. 한 시점에서 대량의 데이터가 적재되고 액세스 가능하지만 데이터의 갱신이 발생하지 않는 리포팅을 위한 읽기전용(read-only) 데이터이다. 데이터 웨어하우스에서는 운영 시스템에서 새로운 데이터를 갱신하는 작업 외에는 수시로 변하지 않는 비휘발성의 특징을 지닌다.
- **시계열성 데이터(time-variant data)**: 데이터 웨어하우스에서는 과거 어느 시점의 데이터뿐 아니라, 의사결정을 이끌어 내는 동향 · 편차 · 예측과 비교를 위한 장기적인 추세 등을 포함하는 역사적인 데이터를 포함한다. 데이터 웨어하우스의 모든 데이터는 한시적인 가치를 가지며 시간의 개념은 데이터 웨어하우스의 모든 데이터가 지원하는 하나의 중요한 측면이다.

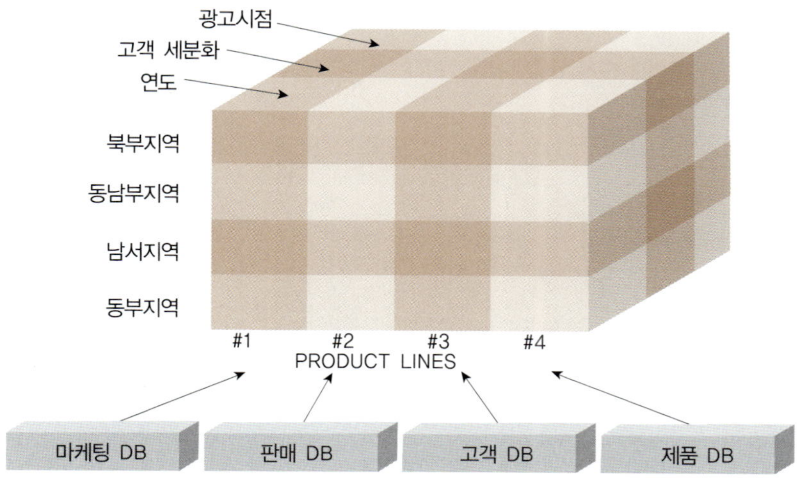

▌그림 6-3▐ 운용 데이터베이스와 데이터 웨어하우스

3) 데이터 마트

데이터 웨어하우스가 기업에 산재하는 여러 개의 운영 데이터베이스를 합쳐 놓은 것이라면, 데이터 마트(data mart)는 특정 주제(예: 판매, 제품, 고객 등)나 특정 부서의 데이터에 초점을 맞춘 것이라 할 수 있다. 데이터 마트는 데이터 웨어하우스의 일부라 할 수 있으며, 마케팅·운용·연구개발 같은 단일 주제의 데이터를 내장하고 있다. 데이터 마트는 종속적이거나 독립적일 수 있는데 종속적 데이터 마트는 데이터 웨어하우스에서 직접적으로 만들어진 데이터 웨어하우스의 부분이며 동시에 일관성 있는 데이터 모델을 사용할 수 있으며, 양질의 데이터를 공급받는 장점이 있다. 데이터 웨어하우스는 일반적으로 개발 및 유지비용이 높기 때문에 데이터 웨어하우스의 사용은 대기업에 한정되어 있다. 이러한 단점을 극복한 데이터 마트가 저비용과 소형의 데이터 웨어하우스를 이용하는 독립적 데이터 마트이다. 독립적 데이터 마트는 전략적 사업부서(strategic business unit), 사업부 등을 위해 만든 소형의 데이터 웨어하우스로서 그 원천은 결국 기업의 데이터 웨어하우스라고 할 수 있다.

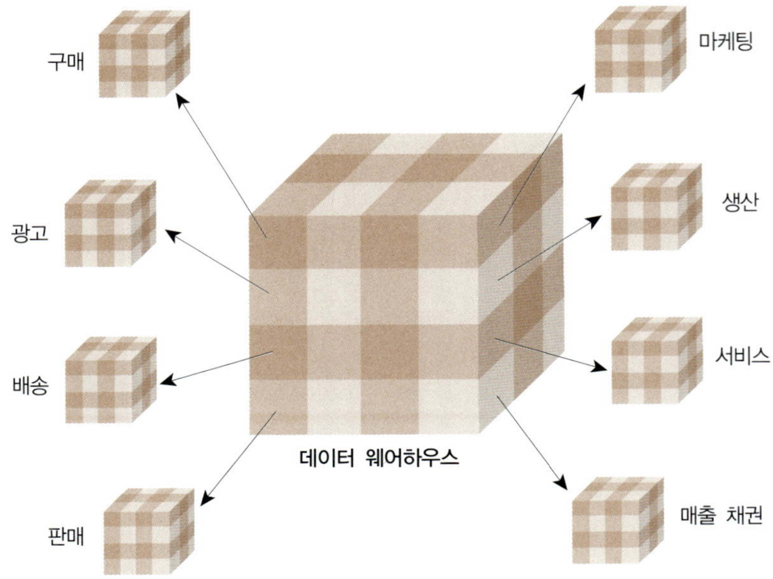

▌그림 6-4▐ 데이터 웨어하우스와 데이터 마트

4) 업무분석 도구

관리자는 다양한 도구와 기술을 이용하여 데이터 웨어하우스의 데이터와 정보를 분석하고 의사결정에 도움을 받는다. BI의 주요 구성요소인 업무분석 도구(business analytics)는 기업의 데이터나 정보를 분석하여 경영자의 의사결정을 지원할 수 있는 모델이나 도구를 의미한다. 기업의 데이터 웨어하우스와 데이터마트의 데이터를 이용하기 위해 사용되는 방법이나 도구로는 질의 및 보고 도구(query and reporting tool), OLAP, 데이터 마이닝 등이 있다. 최근에 와서는 정보기술의 발달로 인해 대량의, 다양한 형태의, 생성주기가 빨라진 데이터를 처리할 수 있는 빅데이터 기술 역시 중요한 업무분석 도구이다. 다양한 도구들을 이용하여 데이터베이스 내의 지식을 발견하는 것이 업무분석의 핵심이다.

(1) 질의 및 보고 도구

관리자가 실시간으로 질의를 통해 정보를 요청하고 결과를 받아 의사결정에 활용하도록 지원하는 기능을 의미한다. DBMS 패키지의 데이터의 추가·수정·삭제·검색 기능을 담당하는 SQL과 유사하다. 데이터 웨어하우스의 질의보고 관련 도구도 데이터베이스의 SQL이나 보고서 생성과 유사하지만 데이터 웨어하우스에서는 일반적으로 사용하기가 단순하고 쉬운 쿼리도구, 분석도구, 시각화 기능을 가진 자체 도구를 제공한다.

(2) OLAP

최종사용자(임원, 관리자)가 다차원 정보인 데이터 웨어하우스에 직접 접근하여 대화식으로 정보를 분석하고, 분석결과를 다양한 보고서 형식으로(GUI)으로 출력하여 의사결정에 활용하는 과정이다. 다차원 정보는 다양한 각도에서 분석될 수 있는 정보를 의미한다. 예를 들어, 매출정보 데이터 웨어하우스에서, 제품별 매출액이 얼마인지, 제품별/권역별 매출액은 얼마인지, 제품별, 권역별, 분기별 매출액은 얼마인지 등 수많은 질의에 대한 분석정보를 얻을 수 있다. 최종사용자는 전산부서와 같은 매개자를 통하지 않고 원하는 정보에 직접 접근하여 분석정보를 얻을 수 있다. 대화식 분석은 이전 분석질문 결과를 이용하여 다음 분석질문을 진행하는 방식으로 다양한 분석을 수행하는 것을 의미한다. 예를 들어, 권역별 매출의 전년 동월 비교 결과는? 호남권의 매출액이 전년 동월 대비 감소한 결과를 도출? 호남권에 속한 각 도시별 매출액 상황은? 목포시의 제품별 매출액 변화는? 마지막으로 분석정보를 표, 그래프 등 다양한 형태로 출력해 볼 수 있다.

(3) 데이터 마이닝

데이터 마이닝은 데이터베이스나 데이터 웨어하우스에 내장된 정보나 데이터들 간 숨겨져 있는 관계를 찾아내는 기술이다. 데이터 마이닝은 데이터 간의 패턴과 관계를 찾아내고 이를 통해 미래의 행위를 예측할 수 있다. 대표적인 업무분석 도구인 데이터 마이닝 기법은 마케팅 분야에서 많이 사용되고 있으며, 특히 고객관계관리시스템에서 많이 사용되고 있다. 예를 들면, 카드회사는 업종 특성상 방대한 양의 고객정보와 고객의 거래행위에 관한 정보를 가지고 있다. 고객의 거래행위 정보를 이용하여 문제해결을 위한 솔루션을 개발한 BC카드의 데이터 마이닝 솔루션은 대표적인 고객 행동 특성을 이용한 BI 솔루션이라 할 수 있다.

3 빅데이터와 BI 발전

1) 빅데이터의 등장과 원천

인터넷과 스마트폰의 등장, 다양한 SNS 출현, 사물인터넷(IoT)이 확산되면서 이전과는 비교할 수 없을 정도로 기하급수적으로 데이터가 증가하고 있다. 사람과 사람, 사람과 기계, 기계와 기계의 상호작용으로 생성되는 데이터의 양은 거대하다. 기업경영에서 데이터를 관리하고 활용하여 비즈니스 인텔리전스를 고도화하는 것이 더욱 중요해 지고 있다. 검색엔진에서 검색하지도 않았는데 관심있어 하는 사이트나 광고가 등장하고, 쇼핑앱에서 구입했던 제품의 할인 상품이 등장한다. 기업이 활용하는 빅데이터 기술의 실제 사례들로, 사이트 가입 시에 '개인정보 활용 동의'에 체크한 내용을 통해 데이터를 수집하고 활용하는 사례들이 보편화되고 있다.

빅데이터의 등장으로 기업은 기존의 ERP, 회계정보시스템 등 기업의 각종 기간시스템에서 생성되는 숫자나 문자열로 구성되는 구조화 데이터뿐 아니라 텍스트, 음성, 동영상 등 비구조화 데이터, XML(extensible markup language)/HTML(Hypertext Markup Language) 데이터와 같은 반구조화 데이터까지 분석해야 한다. 기업은 판매데이터, 고객데이터와 같은 내부 데이터를 넘어 인터넷, 소셜미디어 등 외부에서 발생하는 데이터를 분석하여 비즈니스 의사결정에 활용해야 한다.

전통적인 비즈니스 분석은 주로 데이터 마이닝 기술로 통용되며, 데이터 마이닝은 기존에 축적된 데이터에서 현재의 현상과 결과적인 관점을 제시하기 위한 시각적 구조화와 통계 기반의 분석 기능을 제공하는데 초점이 맞추어져 있다. 반면 빅데이터 분석 기술은 대용량 데이터에서 숨겨진 패턴을 발견하고 이를 기반으로 향후 비즈니스 상황을 예측하여 효율적인 의사결정을 지원한다.

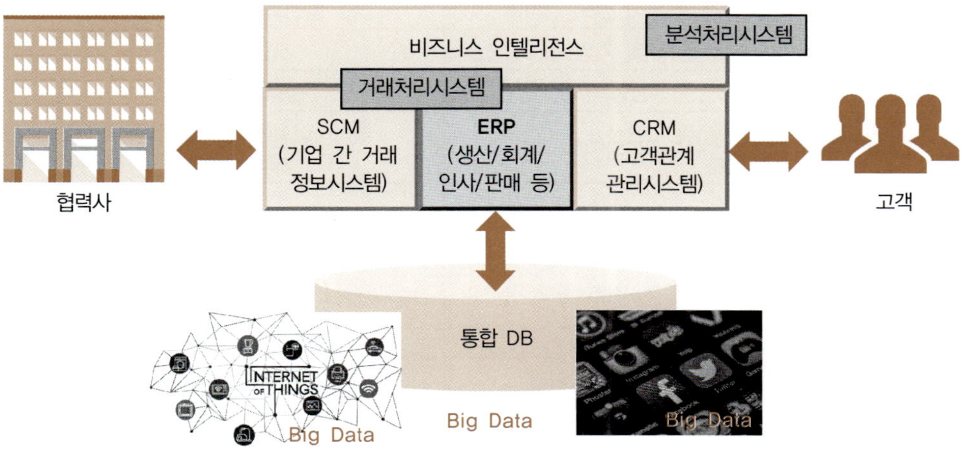

▌그림 6-5▌ 빅데이터와 BI

2) 빅데이터의 개념

빅데이터는 기존 데이터베이스로 처리할 수 있는 역량을 넘어서는 초대용량(테라바이트, 페타바이트급)의 정형, 비정형 데이터를 생성, 수집, 관리, 분석하여 가치를 추출하고 지능화 서비스의 기반을 지원하는 기술을 의미한다. 빅데이터에 관한 가장 대표적인 정의는 가트너(2012)가 제시한 3V, 데이터의 규모(volume), 형태의 다양성(variety), 빠른 주기의 속도(velocity)를 포함하는 개념이다. 빅데이터는 데이터의 양이 거대한 크기를 갖고, 비정형 데이터를 포함하여 다양한 형태를 가지고, 데이터의 생성→유통→사용의 주기가 실시간 또는 단시간 내에 발생하는 특징을 지닌다. 삼성경제연구소(2011)은 기존의 관리와 분석 방법으로는 감당할 수 없을 정도의 거대한 데이터 집합으로 정의했다. 맥킨지 보고서(2011)는 빅데이터를 전통적인 데이터베이스 관리기법으로는 수집, 저장, 관리, 분석할 수 없는 규모의 데이터 집합으로 정의한다.

빅데이터 개념을 전통적 데이터 개념과 비교하면서 데이터 관리에서 새로 등장한 이슈들을 살펴보자.

▌표 6-2▐ 전통적 데이터와 빅데이터의 특징 비교

구분	전통적 데이터	빅데이터
데이터 원천	전통적 정보 서비스	일상화된 정보 서비스
생성 주체	정부 및 기업 등 조직	개인 및 시스템
데이터 구조	정형(구조적)	반정형 및 비정형
데이터 규모	기가바이트(GB)	테라바이트(TB), 페타바이트(PT), 제타바이트(ZB)
생산 주기(속도)	시간, 일	실시간
데이터 보유	정부, 기업 등 조직	인터넷 서비스 기업(구글, 아마존) 포털(네이버, 다음) 이동통신회사(KT, SKT) 디바이스 생산 기업(애플, 삼성)
데이터 관리	중앙집중 처리	분산병렬 처리
데이터 통합	쉬움	어려움
데이터 저장	RDBMS	HDFS, NoSQL

출처: 김수연 외(2018). 재인용.

앞서 정의들을 살펴보면, 빅데이터의 가장 큰 특징은 거대한 규모이다. 빅데이터의 데이터 규모는 기본 단위가 테라바이트(terabyte: TB)이다. 1TB가 1024GB이며, 1페타바이트(petabyte: PB)는 1024TB, 1엑사바이트(exabyte: EB)는 1024PB, 1제타바이트(zetabyte: ZB)는 1024EB의 규모를 가리킨다.

빅데이터는 데이터의 형태에 따라 정형(formatted data), 반정형(semi-structured data), 비정형(unformatted data) 데이터로 구분된다. 정형 데이터는 고정된 크기의 필드에 저장된 숫자, 문자 형태의 데이터로 관계형 데이터베이스에 저장된 데이터이다. 고객데이터, 거래데이터 등이 정형 데이터의 예이다. 비정형 데이터는 고정된 크기의 필드에 저장되지 않은 텍스트, 이미지, 영상, 동영상 등의 데이터를 의미하며, 페이스북, 트위터, 유튜브의 영상 및 이미지, 음원 파일, 문서 등이 예이다. 반정형 데이터는 정형 데이터처럼 고정된 필드에 저장되어 있는 데이터는 아니지만 복잡한 데이터의 구조 정보, 메타데이터 및 스키마를 포함하는 데이터를 의미한다. 예로는, XML, HTML 문서가 있으며, 주로 태그(tag)를 이용해 문서의 구조를 반영한다. HTML5의 경우, 머리글, 바닥글, 탐색줄, 사이드바와 같은 문서의 의미를 위한 시맨틱 태그(semantic tag)들이 추가되어 문서의 구조, 영역, 범위를 명확히 하여 웹 페이지의 전체 또는 일부분의 의미를 부여할 수 있게 되어 검색시 보다 정확한 정보를 추출할 수 있다.

대표적인 빅데이터로 그래프 데이터와 스트림 데이터도 확대되고 있다. 그래프 데이터는 페이스북, 트위터, 카카오톡 등 SNS를 통해 생성되는 데이터는 트윗/친구 관계 등을 통해 서로 연결되며, 이처럼 노드와 링크 형태로 연결되는 데이터를 의미한다. 스트림 데이터는 온도 센서, 습도 센터, 기계에 부착된 센서 등 다양한 IoT 데이터, CCTV 등에 의해 연속적으로 발생하는 방대한 양의 데이터를 의미한다.

▌표 6-3▐ 빅데이터의 형태

종류	설명
정형	고정된 필드에 저장된 데이터 예) 관계형 데이터베이스, 스프레드시트
반정형	고정된 필드에 저장되어 있지는 않지만, 메타데이터나 스키마 등을 포함하는 데이터 예) XML, HTML 텍스트
비정형	고정된 필드에 저장되어 있지 않은 데이터 예) 텍스트 분석이 가능한 텍스트 문서, 이미지, 동영상, 음성 데이터

출처: 이상민(2015).

데이터를 관리하는 방식으로 관계형 데이터베이스 관리시스템(relational database management system: RDBMS)은 모든 데이터가 테이블에 저장된 관계 모델에 의해 저장 관리되는 데이터베이스 시스템으로 대부분의 전통적인 데이터베이스는 이 모델을 기반으로 한다.

하둡 분산파일시스템(hadoop distributed file system: HDFS)은 클라우드 컴퓨터의 각 노드에 빅데이터를 분산저장하여 분산처리하는 기술을 의미한다. 파일을 적당한 크기로 나눠서 각 노드에 분산 저장하고, 데이터 유실이나 부하 분산을 위해 각 블록의 복사본을 유지하는 시스템이다. 하둡은 빅데이터 저장 및 처리 기술로 데이터를 저장하여 실시간으로 데이터를 처리하고 처리된 데이터를 빠르고 쉽게 분석하여 의사결정을 지원하는 기술이다.

NoSQL(not-only SQL, No SQL)은 '데이터를 저장하는 방식이 SQL만 있는 것

은 아니다'라는 의미로, RDBMS와는 달리 데이터 간의 관계를 정의하지 않는 것이 특징이다. NoSQL은 RDBMS에 비해 대용량의 데이터를 저장하며, 분산형 구조를 가지고, 스키마 없이 동작하며 구조에 대한 정의를 변경할 필요 없이 DB 레코드에 필드를 자유롭게 추가할 수 있다.

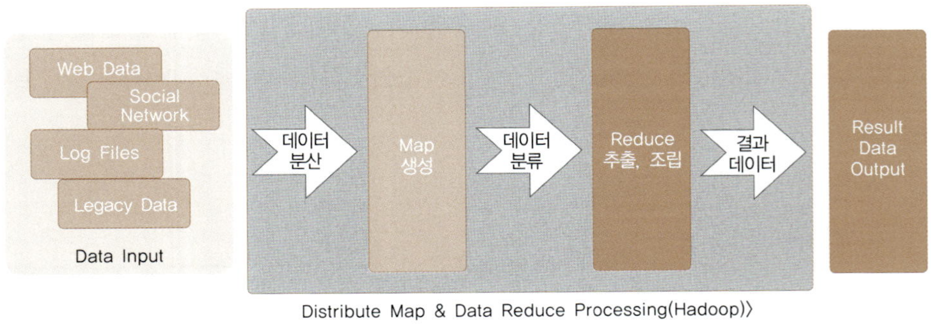

Hadoop의 장점
- 대용량 파일을 저장할 수 있는 분산 파일 시스템 제공
- 클러스터 구성을 통해 멀티 노드로 부하를 분산시켜 처리
- 장비를 증가시킬수록 성능이 Linear에 가깝게 향상
- 오픈소스, Insol Core 머신과 리눅스와 같은 저렴한 장비에 사용이 가능

Hadoop의 단점
- Map/Reduce 방식의 사고의 전환 필요
- Open Source로써 아직은 개발이 진행 중인 상태
- 버전 호환성이 낮으며 구현되지 않은 부분이 많음
- 메모리 및 네트워크 관련 시행착오의 가능성이 높아 장애에 대한 대비가 필요

▌그림 6-6▐ 빅데이터 저장소로서 하둡, 장·단점

출처: 김창수, 송민정(2014).

3) 빅데이터의 특징

빅데이터의 특징은 가트너(2012)가 제시한 3V, 데이터의 규모(volume), 형태의 다양성(variety), 주기의 속도(velocity)를 가지며, 즉 생성된 데이터의 양이 거대하고, 다양한 형태를 가지고, 데이터의 생성→유통→사용의 주기가 매우 빠른 특징을 지닌다. 이후 IBM은 정확성(veracity)을 포함하여 4V로 정의했고, ICT솔루션 업체인 SAS는 가치(value)를 포함하여 5V로 정의하여, 빅데이터의 특징은 계속 추가되고 있다.

① **규모(volume)**: 규모는 생성되는 데이터의 양과 빈도(frequency)에 의해 결정된다. 오늘날 데이터의 규모는 기가바이트(GB)를 넘어 테라바이트(TB), 페타바이트(PB), 제타바이트(ZB)에 이르렀다.

아마존은 상품의 구매 데이터 및 구매에 도달하기까지의 동선 데이터, 신용카드와 같은 결제정보, 책뿐만 아니라 디지털 콘텐츠, 킨들과 연계된 전자책(e-book) 등 보유하고 있는 데이터 규모는 엄청나다. 2019년 아마존은 7,500여 개 오라클 DB에 저장된 내부 데이터 75페타바이트(PB)를 자사가 개발한 RDBMS인 AWS로 옮겼다.

② **다양성(variety)**: 다양성은 정형, 비정형, 반정형의 데이터 형태를 의미한다. 이제까지 기업이 관리의 대상으로 다루는 데이터는 판매내역, 원자재 구매, 제품 재고, 생산 내역과 같은 관계형 데이터베이스로 관리할 수 있는 정형 데이터 형태이다. 빅데이터는 정형 데이터뿐 아니라 웹서비스를 이용한 사용자들의 흔적, CCTV의 영상 데이터, 위치정보, SNS의 데이터, 물건이나 부착되거나 주변에 설치된 센서에서 발생하는 RFID 태그나 센서 값 등 다양한 비정형 데이터를 포함한다.

③ **속도(velocity)**: 빅데이터는 데이터의 실시간 처리 및 지속적 접근을 요구한다. 데이터 생성 및 유통, 수집 및 분석 속도의 증가와 이에 대한 실시간 처리 및 장기간에 걸쳐 데이터를 수집, 분석할 수 있는 것이 빅데이터의 특성 중 하나인 속도이다.

④ **정확성(veracity)**: 정확성은 데이터에 부여할 수 있는 신뢰 수준을 의미한다. 빅데이터의 특성상 방대한 데이터를 기반으로 분석을 수행하기 때문에 데이터 품질의 유지가 중요하다. 소셜 네트워크에서 생산되는 데이터의 신뢰성 문제 등 빅데이터는 다양한 불확실성 요인을 제거해야 한다.

⑤ **가치(value)**: 빅데이터는 데이터의 수집, 저장, 분석뿐만 아니라 분석된 데이터가 기업의 현재 문제를 해결하는데 유용한 정보를 제공하여 새로운 가치를 창출할 수 있는가를 의미한다.

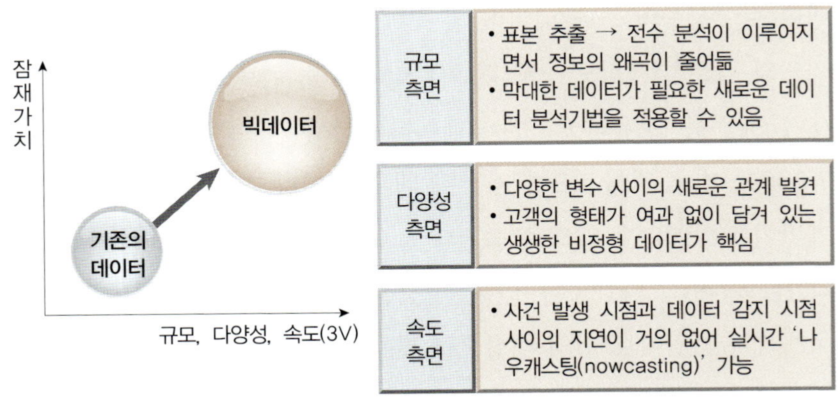

그림 6-6 빅데이터의 유용성

출처: 함유근, 채승병(2012).

4 BI의 주요 분석기술

1) 데이터 마이닝

데이터 마이닝은 기업이 보유하고 있는 방대한 양의 데이터를 이용하여 자동으로 체계적이고 통계적인 규칙이나 패턴을 찾아내는 데이터베이스 파생 기술이다. 데이터 마이닝의 목적은 각종 데이터베이스에 내재된 의미 있는 지식을 발견하는 것이다. 소비자의 행동양식을 이해하기 위해서, 혹은 기업이 당면한 복잡한 문제를 해결하기 위해 다양한 데이터 마이닝 기법이 사용된다. 데이터 마이닝에서 사용하는 기법은 전통적인 통계분석이나 인공지능의 기법을 기업이 보유하고 있는 데이터에 적용시켜 문제를 해결해 나가는 것이 일반적이다. 데이터 마이닝은 기업이 보유하고 있는 데이터에서 지식(knowledge)을 발견하거나 찾아내는 과정이다. 대표적인 데이터 마이닝 기법으로 연관분석(association analysis), 군집분석(cluster analysis), 예측모델링(predictive modeling), 이상치 탐지(anomaly detection)가 있다.

- **연관분석**: 데이터 사이에 존재하는 연관성 규칙을 발견하는 과정이다. 연관성 규칙을 발견하는 작업은 데이터 사이에 존재하는 항목 간의 종속관계를 찾아

내는 작업을 말한다. 월마트에서 아기 기저귀와 맥주를 나란히 진열해 놓았더니 맥주 판매량이 30% 증가했다는 사실은 연관관계의 좋은 사례라 할 수 있다. 비슷한 예로 신라면과 햇반을 나란히 진열한 결과도 기저귀와 맥주의 사례와 비슷하다. 기저귀는 부피가 크기 때문에 아내보다 남편들이 주로 구매하는 경향이 있으며 남편들은 기저귀 진열대 옆의 맥주에 쉽게 구매동기를 느끼게 되는 것이다. 이렇게 두 항목의 구매 패턴을 분석하여 연관성 규칙을 알아내는 과정이 연관분석이며 마케팅에 적절하게 적용할 수 있어 장바구니 분석(market basket analysis)이라고도 한다.

- **군집분석**: 데이터의 특징이나 변수를 기준으로 동일한 그룹에 속하는 항목들은 다른 그룹에 속하는 항목보다 더 긴밀하게 관련된 항목들로 그룹을 구성하는 통계적 분석기법이다. 예를 들면, 성별, 나이, 학력 등의 인구통계학적인 특징이나 과거의 구매 이력을 기준으로 하여 구매 패턴이나 동기가 유사한 소비자들로 그룹을 형성하여 시장을 분리하는 것이 대표적인 군집분석의 사례라 할 수 있다. 분류(classification)와는 달리 군집(clustering)에서는 그룹 간의 계층이 없다.
- **예측모델링**: 데이터의 속성 특징을 기준으로 특정 속성의 값을 예측하는 수리적 모델을 의미한다. 데이터 마이닝에서 예측모델링은 미래를 의미하는 것으로 경험이나 경험자의 의견을 근거로 미래를 예측하는 것(prediction)과 데이터와 수리적 모델을 기준으로 예측하는 것(forecasting)을 모두 포함하는 개념이다. 일반적으로 예측모델링은 이산형(discrete) 목표변수에 사용하는 분류(classification)와 연속형 목표변수에 사용하는 회귀(regression)의 두 가지 유형이 있다. 예를 들어, 온라인 쇼핑몰에 들어온 이용자가 상품을 구매할 것인가 말 것인가를 예측하는 것은 이산형의 값을 가지므로 분류에 해당되고, 수산물 가격의 추이를 예측하는 것은 가격이 연속형의 값을 갖기에 회귀 유형에 속한다.
- **이상치 탐지(anomaly detection)**: 기존의 데이터 패턴과 상이한 데이터를 찾아내어 문제를 해결하는 데이터 마이닝 기법이다. 신용카드 회사의 문제점 중 하나는 도난 및 분실된 카드의 사용이다. BC카드는 데이터 마이닝 기법을 사용

하여 과거 5년 동안의 불법 고객의 신용카드 사용시간, 금액, 장소, 업종 등 개인의 거래 정보와 특성을 분석한다. 이러한 패턴분석을 바탕으로 BC카드 소지자가 카드 사용 패턴이 평소와 다르고 불법 카드 사용자들과 유사한 패턴을 가질 때 위험점수가 자동으로 계산되며, 이 점수가 일정 수준에 오르면 자동으로 거래가 거절되고 카드회사 직원과 본인 확인 절차를 거쳐야만 거래가 성립된다.

2) 빅데이터 분석 기법

빅데이터 분석 기법은 데이터의 양이 방대하고 비정형 데이터의 비중이 높은 데이터를 처리하는 기술로 최근 주목받는 기술은 다음과 같다.

- **텍스트 마이닝(text mining)**: 텍스트 마이닝은 자연어처리(NLP, Natural Language Processing) 기술을 기반으로 비정형 텍스트 데이터에서 의미 있는 정보를 추출하고, 다른 정보와의 연계성 분석 및 주제 분석(topic analysis) 등 비정형 텍스트 데이터의 의미를 분석하는 기술이다. 자연어처리는 텍스트로 구성된 인간 언어를 컴퓨터를 통해 처리하기 위한 기술로, 형태소 분석, 구문 분석, 개체명 인식 등의 기술을 포함하며, 대표적인 자연어처리 사례는 구글 번역기이다. 텍스트 마이닝은 방대한 정보에서 의미 있는 정보를 추출하고 다른 정보와 연계성을 파악, 텍스트가 가진 카테고리를 찾아내는 등 단순한 정보 검색 이상의 결과를 제공한다. 데이터마이닝과 비교하면, 데이터 마이닝은 정형화된 데이터에서 관심 있는 패턴을 찾아내는 기술이라면 텍스트 마이닝은 자연어로 이뤄진 텍스트 즉 비정형 데이터에서 의미를 찾아내는 기술이다.
  텍스트 마이닝의 주요 기술 분야는 텍스트 군집화(text clustering), 텍스트 분류(text categorization), 텍스트 요약(text summarization) 등이다. 텍스트 군집화는 텍스트의 내용을 유사도에 따라 여러개의 소집단으로 분할하는 과정이다. 텍스트 분류는 텍스트의 내용에 따라 미리 정의된 범주(category)를 부여하는 과정이다. 텍스트 요약은 문서의 전체 내용을 반영하는 내용을 추출하는 과정이다.

- **평판 분석(opinion mining)**: 다양한 온라인 뉴스와 소셜미디어 의견, 사용자가 만든 콘텐츠에서 표현된 의견을 추출·분류·이해하여 텍스트 속의 여러 가지 감정상태를 식별해 내는 기술이다. SNS, 블로그, 카페, 게시판, 리뷰 등에서 정형화되지 않은 제품·서비스에 대한 긍정(positive), 부정(negative), 중립(neutral)과 같은 평판(reputation)을 분석, 판별하는 기술이다. 평판 분석은 제품·서비스에 대한 소비자의 선호도, 인지도, 품질 관리 등에 활용되고 있다.
- **소셜 네트워크 분석(social network analytics)**: SNS 상의 비정형 데이터에서 사용자 간의 연결구조와 연결강도를 분석하여 사용자의 명성, 영향력을 측정하는 기술이다. 개인 또는 그룹(예: 연령, 성별, 지역)의 영향력, 관심사, 성향 및 행동 패턴을 분석하여 마케팅에서 활용되고 있다. 대표적인 분석기술인 감성분석(sentiment analysis)은 SNS에서 생성된 비정형 텍스트 데이터에서 감정을 파악하는데 활용되고 있다.
- **군집 분석(clustering analysis)**: 비정형 데이터를 분석하여 유사 특성을 가진 사용자 그룹을 발굴하는 기술이다. SNS에서 사용자들이 작성한 글을 분석하여 비슷한 관심사를 가진 사용자 그룹을 생성하는 기술이다.

5 데이터 경제

1) 데이터 경제로 전환

4차 산업혁명 시대에 데이터가 모든 산업의 발전과 새로운 가치 창출의 촉매 역할을 하는 데이터 경제로 패러다임이 전환 중이다. 가트너 보고서에 2011년 '데이터 경제(data economy)' 개념이 등장한 이후로 '데이터 경제', '데이터 주도 경제' 등 데이터 경제에 대한 논의가 본격적으로 시작되고 있다. 데이터가 기존 생산요소(자본, 노동)를 능가하는 경쟁원천이며 대규모 데이터를 보유하고 활용하는 기업이 시장 혁신을 주도할 수 있다. 데이터 경제의 범위는 데이터의 '수집 · 생산' → '저장 · 관리' → '가공 · 유통' → '분석 · 활용' 과정에서 파생되는 전 산업 분야를 포괄하며, 데이터의 누적에 따라 그 범위는 확대된다. 또한 데이터 활용으로 인해 기업, 공공분야, 개인에게 발생하는 부가적인 이익도 데이터 경제에 포함된다. 데이터 기반으로 국가차원의 데이터 경제 활성화를 위한 범국가적 대응체계 구축을 위한 대책도 마련 중이다.

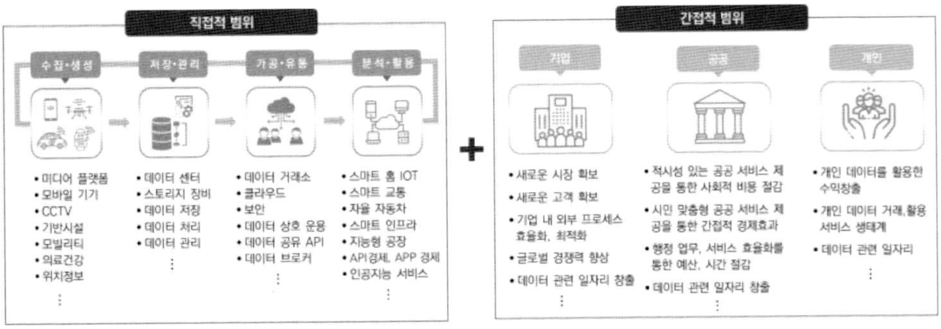

▌그림 6-7▌ 데이터 경제의 범위

출처: 한국정보화진흥원(2018). 재인용.

대통령 직속 기구인 4차산업혁명위원회는 디지털 경제 대전환을 위한 국가 데이터 정책 추진방향을 민간이 제안하는 대한민국 119 프로젝트를 통해 제시했다. 데이터의 가치 있는 활용을 목표로, 국가 데이터 정책의 기본방향을 공급자 편의가 아닌 기업과 시장 중심, 국민의 참여를 촉진하는 사람과 서비스 중심, 개별 정책 보다는 체계적인 거버넌스 중심으로 설정하고, 민간의 오랜 요구에도 해결이 어려웠던 11대 실천과제와 국민이 데이터 활용성과를 직접 체감할 수 있는 9대 서비스를 도출했다.

디지털 경제 대전환을 위한 국가 데이터 정책 추진방향-민간이 제안하는 대한민국 119 프로젝트

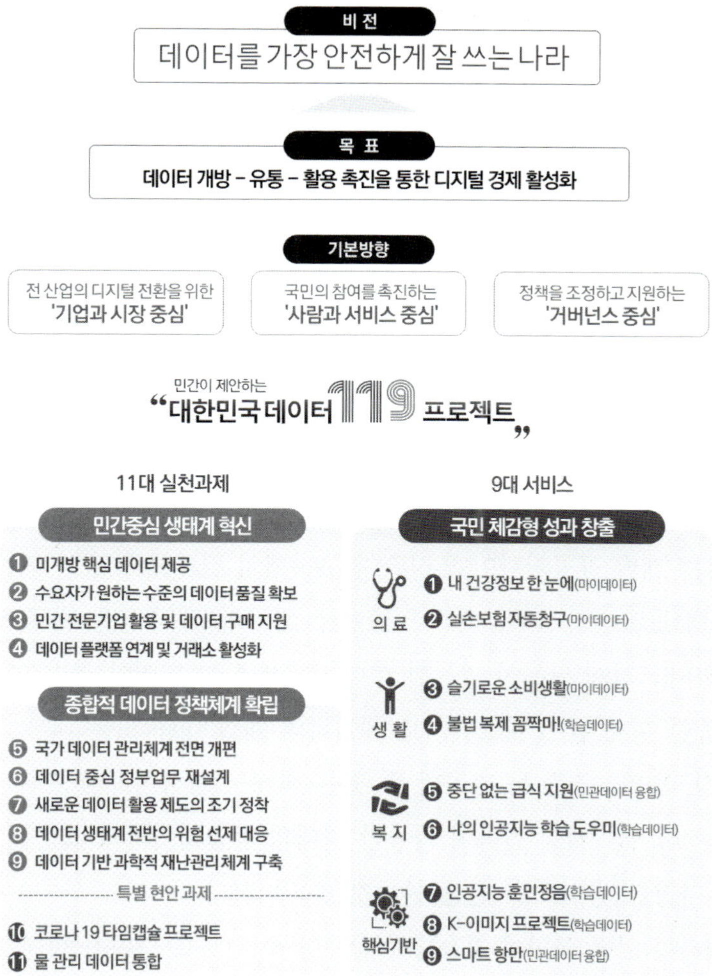

▌그림 6-8▌ 국가 데이터 정책 추진방향 비전 체계도

출처: 제21차 4차산업혁명위원회, 관계부처 합동(2021.2.17.).

2) 공공데이터(open data)

정부는 보유한 공공 정보를 적극적으로 개방하여 국민과 공유함으로써 소통과 협력을 확대하기 위해 공공데이터 정책을 추진하게 되었고, 2013년 7월 공공데이터의 제공 및 이용활성화에 관한 법률(약칭: 공공데이터법)을 제정하고 10월부터 시행하였다. 공공데이터 개방이란 정부, 지방자치단체 및 공공기관이 보유·관리

하는 공공데이터를 이용자가 자유롭게 활용할 수 있도록 다양한 형태로 개방·제공하는 것이다. 대한민국 정부, 지방자치단체 및 공공기관은 공공데이터를 이용자가 자유롭게 활용할 수 있도록 다양한 형태로 개방·제공하고 있다. 단, 개인정보보호, 제3자의 권리(저작권 등)가 포함된 정보, 국가 안보와 질서에 관련한 정보는 제외된다.

공공데이터는 데이터베이스, 전자화된 파일 등 공공기관이 법령 등에서 정하는 목적을 위하여 생성 또는 취득하여 관리하고 있는 광(光) 또는 전자적 방식으로 처리된 자료 또는 정보로서 다음과 같은 것을 지칭한다.[1] 첫째, 「전자정부법」에 따른 행정정보, 둘째, 「국가정보화 기본법」에 따른 정보 중 공공기관이 생산한 정보, 셋째, 「공공기록물 관리에 관한 법률」에 따른 전자기록물 중 대통령령으로 정하는 전자기록물, 그 밖에 대통령령으로 정하는 자료 또는 정보가 있다. 따라서, 공공데이터는 개별 공공기관이 일상적 업무수행의 결과물로 생성 또는 수집·취득한 다양한 형태(텍스트, 수치, 이미지, 동영상, 오디오 등)의 모든 자료 또는 정보를 대상으로 하며, "기계 판독이 가능한 형태"로 "제공"이 되어야 한다. 여기서 "기계 판독이 가능한 형태"란 소프트웨어로 데이터의 개별 내용 또는 내부 구조를 확인하거나 수정, 변환, 추출 등 가공할 수 있는 상태를 말하며, "제공"이란 공공기관이 이용자로 하여금 기계 판독이 가능한 형태의 공공데이터에 접근할 수 있게 하거나 이를 다양한 방식으로 전달하는 것을 의미한다.

공공데이터는 일반 국민이 자유롭게 활용할 수 있도록 다양한 형태로 개방·제공하고 이를 활용하여 다양한 고부가가치를 창출하는 데 활용된다. 공공데이터는 세금, 사회안전, 교육, 고용, 보건, 주택공급, 농업 등 각 분야별로 정보들이 대규모 '데이터 셋'으로 지속적으로 업데이트된다는 특징이 있고, 이는 행정기관 본연의 행정목적 달성 또는 공공정책의 결정을 지원하는 데 활용된다.

---

1) 공공데이터의 제공 및 이용 활성화에 관한 법률, 제2조

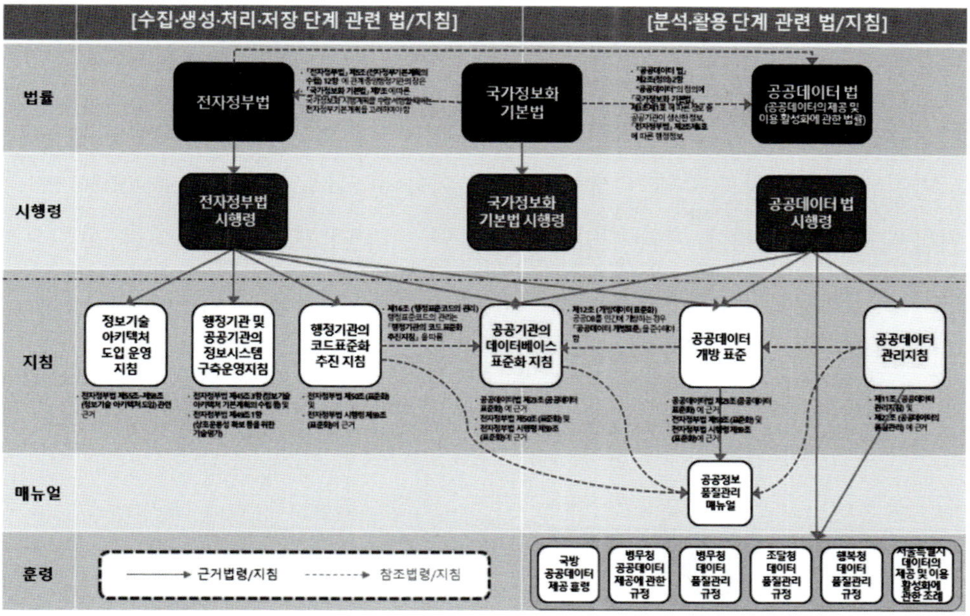

▌그림 6-9▐ 데이터 관련 법체계

출처: 홍종현(2018).

정부는 2013년 공공데이터포털(www.data.go.kr) 구축 이후 각 기관별로 흩어져 있는 공공데이터를 통합 제공하고, 파일데이터, 오픈API 등 다양한 형태로 제공하여 국민들이 활용하기 쉽도록 서비스 제공하고 있다.

공공데이터는 누구나 자유롭게 이용 할 수 있으며 공공데이터포털을 통해 국민이 쉽고 편리하게 공공데이터를 이용할 수 있도록 파일데이터, 오픈API, 시각화 등 다양한 방식으로 제공하고 있으며, 누구라도 쉽고 편리한 검색을 통해 원하는 공공데이터를 빠르고 정확하게 찾을 수 있다.

3) 마이데이터(mydata)

디지털 기술혁신으로 촉발된 디지털 전환이 금융 산업뿐만 아니라 전 산업부문으로 확산되면서 데이터를 활용한 비즈니스는 폭발적으로 증가하고 있으며, 개인데이터의 경제적·사회적 가치 또한 점점 더 중요해지고 있다. '내'가 생성하는 '나의' 데이터에 대한 통제권과 개인정보 보호가 중요한 문제로 부각되었다. 이에 따른 해결책으로 등장한 개념이 바로 마이데이터(mydata)다. 마이데이터란 본인 정보에 대한 개인의 권리를 보장하고, 정보 주체인 개인의 동의에 따라 본인 데이터를 개방·활용하는 것을 의미한다.

마이데이터는 정보 주체인 개인이 '정보 이동권(right to data portability)'에 근거하여 본인 데이터에 대한 개방을 요청하면, 기업이 보유한 데이터를 개인(요청자) 또는 개인이 지정한 제3자에게 개방하도록 하는 것이다. 즉, 본인 데이터에 대한 개인의 통제력 및 권한을 강화함으로써 정보 주체자의 의지에 따라 데이터에 대한 개방 및 활용을 용이하게 하는 것을 의미한다.

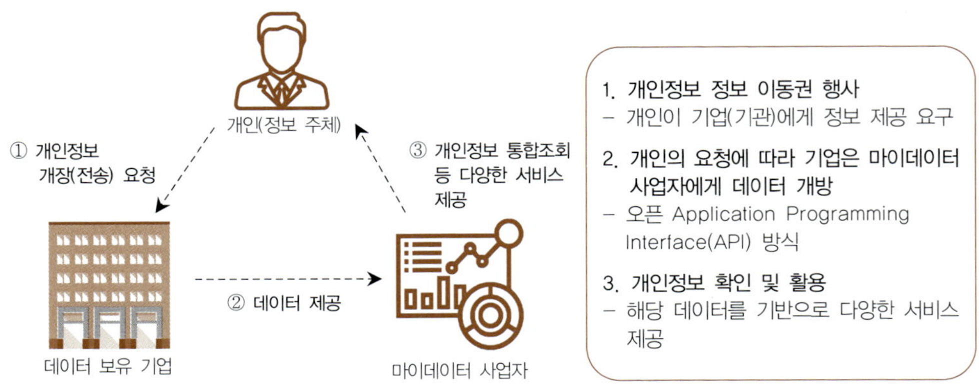

▌그림 6-10▌ 마이데이터 개요

출처: 삼정KPMG 경제연구원(2018). 재구성.

전 세계적으로 데이터 경제로의 이행 과정에서 주요국은 정보주체인 개인의 동의에 따라 기업이 보유한 개인정보를 제3자에게 전송·활용하는 마이데이터의 법적 근거를 정비하고 있다. EU, 영국, 호주 등은 정보 주체인 개인의 정보 이동권을 강화하는 한편, 금융권 내 개인데이터를 API 방식으로 제공·활용할 수 있도록 입법을 추진 중이다. 국내에서도 데이터 기반의 혁신적 서비스 창출 및 금융 산업의 경쟁 촉진, 데이터에 대한 자기 결정권 강화를 골자로 마이데이터에 대한 법적 기반을 조성 중에 있으며, 금융권 내 경쟁 심화와 더불어 새로운 비즈니스·혁신의 기회가 도래할 것으로 예상된다.

마이데이터는 금융, 의료, 통신, 유통 등과 같이 데이터가 여러 기업·기관에 분산되어 있고, 정보 주체의 권리에 근거하여 해당 데이터가 개방될 경우 가치를 창출할 수 있는 모든 분야에 적용된다. 특히 금융 산업의 경우, 은행, 보험사 등 여러 금융회사에 개인정보가 분산되어 있고, 금융회사 내 축적된 데이터를 개인이 생성하였음에도 불구하고 그 소유권을 법적으로 정의하기가 어려웠다. 그 결과, 개인데이터는 해당 금융회사의 전유물인 것처럼 폐쇄적으로 운영·관리되어 개인이 권리를 주장하기 어려웠다.

1. **금융정보 통합조회: 분산되어 잇는 개인 금융거래 등의 정보를 통합하여 가독성이 높은 형태로 제공** → 개인이 자신이 거래하는 금융회사나 웹사이트를 방문하지 않고도 본인 금융정보를 한 곳에서 종합적으로 확인가능
2. **재무현황 분석: 일괄 수집된 개인 금융정보 등을 기초로 개인 재무현황 분석**
→ 고객의 금융·거래데이터를 집계하여 고객의 소비패턴, 재무상태 등을 분석하고 분석결과를 고개에게 제공
3. **신용관리·정보관리 지원: 개인 재무현황을 기초로 신용상태 개선을 위한 맞춤형 재무 컨설팅 및 본인정보 관리 업무** → 개인신용평가 기초자료 등을 분석하여 신용평점 개선 관리를 위한 정보를 신용평가 기관에 대리 제출 또는 잘못 등록된 개인정보 삭제 등을 권고
4. **금융상품 정보제공·추천: 개인 재무현황을 기초로 개인에게 맞춤형으로 금융상품 추천** → 개인의 현 재무현황 및 신용상태에 따라 상품별 가격과 혜택을 비교하여 개인에게 최적화된 금융상품을 추천

▌그림 6-11▐ 금융분야 마이데이터 서비스 유형

출처: 삼정KPMG경제연구원(2018). 재구성.

마이데이터를 도입하게 되면 금융분야에서는 개방된 데이터를 활용하여 개인에게 다양한 데이터 기반 금융서비스가 활성화된다. 여러 금융회사에 분산되어 있는 본인의 데이터를 한 번에 확인·관리할 수 있게 되고, 데이터 기반의 맞춤형 재무서비스나 금융상품 비교·추천 등 개인의 편의성을 향상시킬 수 있는 새롭고 다양한 금융서비스가 가능하다. 또한 정보 주체의 의지에 따라 데이터에 대한 접근·활용이 결정되기 때문에 기업 중심의 현 데이터 관리체계가 개인 중심으로 전환될 것으로 예측된다.

데이터 경제로의 이행과 개인의 정보활용이 중요해짐에 따라 정보 주체의 권리 보장과 정보 활용 가능성 증대, 개인정보 활용에 근거한 신산업 육성 및 사회적

후생 증가라는 측면을 고려하여 개인정보 활용과 보호 간 균형을 모색해야 한다는 의견이 지속적으로 제기되었다. 정부는 '데이터를 가장 안전하게 잘 쓰는 나라'라는 슬로건 아래 데이터 규제 혁신을 적극적으로 추진하고 있다. 그 일환으로 2018년 11월 데이터 3법(개인정보보호법 · 정보통신망법 · 신용정보법)에 대한 개정안이 발의되었으며, 주요 내용은 〈표 6-3〉과 같다.

표 6-3 2018년 11월 발의 데이터 3법 개정안 주요내용

소관법령	소관부처	법률 목적	개정안 주요 내용
개인정보 보호법	행정안전부	• 이름, 주민등록번호 등 개인을 식별할 수 있는 정보의 범위, 법 적용 대상, 수집 및 이용 기준 정의	• 개인정보와 관련된 개념체계를 개인정보·가명정보·익명정보로 명확화 • 가명정보는 통계작성, 연구, 공익적 기록 보존의 목적으로 처리할 수 있도록 허용 • 서로 다른 기업이 보유하고 있는 정보집합물은 대통령령으로 정하는 보안시설을 갖춘 전문기관을 통해 결합하고, 전문기관의 승인을 거쳐 반출 허용 • 가명정보를 처리하거나 정보집합물을 결합하는 경우에는 관련 기록을 작성·보관하는 등 대통령령으로 정하는 안전성 확보조치 이행 및 특정 개인을 알아보는 행위 금지 • 감독기구는 개인정보보호위원회로, 관련 법률이 유사·중복 규정은 개인정보보호법으로 일원화
정보 통신망법	과학기술 정보통신부 방송통신 위원회	• 정보통신망을 안전하고 활발히 이용하도록 유도 • 이용자 개인정보 보호	• 정보통신망법에 규정된 개인정보 보호에 관한 사항을 개인정보보호법으로 이관 • 온라인상의 개인정보 보호와 관련된 규제 및 감독의 주체를 방송통신위원회에서 개인정보보호위원회로 변경
신용정보법	금융위원회	• 금융거래 등 상거래에서 개인의 신용 판단 시 필요한 신용정보의 이용범위와 수집, 관리 방법 등을 규정	• 금융분야 데이터 활용 및 보호를 위한 방안 마련 • 신용정보 관련 산업 경쟁활성화를 위한 규제체계 정비 관련 • 신용정보 주체 보호를 위한 방안 마련

출처: 삼정KPMG 경제연구원(2018). 재구성.

과학기술정보통신부는 마이데이터 사업과 관련하여 ① 제도 및 기술기반 확보, ② 본인정보 제공과 활용에 대한 인식 개선, ③ 서비스 및 적용 다양화라는 단계별 추진 전략을 마련하고 있다.

특히, 대국민 활용성이 높은 금융이나 통신 분야에 우선적으로 마이데이터를 적용하는 한편, 에너지, 유통 등의 분야로 점차 확대하고 향후 분야간 융합 서비스를 발굴할 계획이다. 2018년 금융·통신 2개 분야에 대한 시범사업을 시작으로, 2021년에는 의료·공공·생활소비·금융·교통 분야에서 마이데이터 실증서비스 지원사업이 진행 중이다.

▌표 6-4▌ 2021년 마이데이터 실증서비스 선정 과제

분야	과제명	수행기관		서비스
		주관	참여	
의료	만성콩팥병의 전국망 마이헬스데이터	서울대학교 산학협력단	강원대병원, 고려대 산학협력단, 넥스트도어, 명지병원, 부산대병원, 을지대 산학협력단, 이한규내과, 인제대서울백병원, 잇마플, 창원파티마병원, 한림대강남성심병원	만성콩팥병 환자 데이터 기반 개인 맞춤형 서비스(맞춤 식단, 운동 코칭 등) 및 신약개발 임상시험 매칭 서비스 제공
의료	'마이헬스링크' 플랫폼을 통한 건강관리 올인원 서비스	㈜에비드넷	강동경희대병원, 강동성심병원, 강릉아산병원, 강원대병원, 경상국립대병원, 경희의료원, 길의료재단, 대구가톨릭대의료원, 동국대 산학협력단, 라이나생명보험 명지의료재단, 부산대병원, 순천향대 서울병원, 순천향대 천안병원, 신한생명보험, 아주대병원, 원광대병원, 원주세브란스기독병원, 차의과대 분당차병원, 한양대 산학협력단, 혜원의료재단	중·대형병원 환자 의료데이터를 표준화 및 통합하여 '마이헬스링크' 플랫폼을 구축, 개인 통합 의료데이터를 제3자(의료진, 활용기관 등)에게 중개
의료	헬스케어 마이데이터 기반 만성질환 예방 및 관리서비스	㈜아이크로진	네이버클라우드, 부산대병원, 웰트, 제이엘케이 한국마이크로 의료로봇연구원	임상기록, 개인건강기록, 유전체정보 등의 의료데이터를 활용하여 헬스케어 플랫폼 구축 및 만성질환 예방·관리 서비스 제공
공공	MILIPASS 행복한 육군가족을 위한 나의 현역정보 활용지원서비스	한국간편결제 진흥원	다큐브, 육군본부, 쿠콘, 포스뱅크솔루션즈, 현대이지웰	병역정보 및 소비(제로페이) 내역을 활용하여 군인·군인가족 대상 모바일 자격확인, 간편결제 및 맞춤형 할인 서비스 제공
공공	'이사온' 서울시 원클릭 이사행정 서비스	서울특별시	신한은행, 유라클, 에스앤피랩, 한국부동산원	이사에 필요한 전입신고, 확정일자, 대출 등의 서류를 데이터세트 형태로 제공하는 행정처리 간편화 서비스

생활 소비	스마트 생활 소비를 위한 컨슈머 비서 서비스	KT	비씨카드, 스마트로, 아톤, 포뎁스	통신사 및 카드결제 데이터 분석을 통한 소비자 맞춤형 상권분석, 가격변화추이, 포인트 제공 서비스
금융	플랫폼 노동자를 위한 소득통합정리 및 대안신용평가	신한카드	링크아시아 매니지먼트, 메쉬코리아, 코리아크레딧뷰로	소득 증빙이 어려운 플랫폼 노동자의 흩어진 소득정보를 통합 관리하고, 이를 활용한 신용점수 향상, 개인 맞춤형 금융상품 추천 서비스 제공
교통	마이데이터 기반 안심대리운전 서비스 개발	인플랩	7080대리운전, 교통안전환경연구소, 아롬정보기술, 한국교통안전공단, 한국노총전국 연대노동조합, 한국대리운전협동조합, 한국대리운전총연합회	대리운전 기사의 운행데이터, 근로데이터를 활용한 실시간 출도착·위치 알림 및 개인 소득 통합관리 서비스

요약

1. BI의 개요

BI(business intelligence)는 기업의 의사결정과 관련된 데이터베이스, 분석도구, 응용소프트웨어, 방법론 등을 포함하는 포괄적인 개념으로 전략적인 의사결정을 하는 데 사용할 수 있는 데이터와 정보를 수집하고 분석하는 기업 내부의 모든 응용 프로그램과 정보기술을 총칭하는 용어이다.

빠르게 변화하는 기업환경과 정보화사회에서 적극적으로 변화에 대응하고 혁신적으로 관리업무를 수행하기 위해 BI는 정보기술을 이용하여 문제를 해결하고 새로운 기회를 포착할 수 있는 중요한 솔루션이며 고객, 제품, 서비스, 공급자, 파트너, 경쟁사 등에 대한 개별 자료와 정보를 모으고, 관리하며, 분석하는 정보체계를 말한다.

2. BI의 구성

BI는 OLTP를 비롯한 기업의 데이터 처리 영역, 추출 및 변환과정을 거쳐 데이터 웨어하우스 및 데이터 마트 구축, 최종사용자의 의사결정 지원을 위한 OLAP, 데이터마이닝 등 업무분석 영역으로 구성된다.

온라인 거래처리(OLTP)는 POS, ERP, SCM 등 일상의 반복적인 업무를 수행하는 운용시스템에서 기업의 내부 데이터를 수집하여 저장하는 거래 중심의 온라인시스템으로 기업의 내부 및 외부데이터를 수집하여 축적하는 것이 온라인 거래처리의 핵심 영역이다.

데이터 웨어하우스는 업무분석이나 의사결정을 지원하는 서로 다른 운용 데이터베이스에서 수집된 논리적 정보 또는 데이터의 집합이며 데이터 웨어하우스에서 정보를 수집하고 관리하는 방법은 기존의 데이터베이스와 근본적으로 다르다. 데이터베이스가 거래 중심의 시스템이라면 데이터 웨어하우스는 의사결정의 지원이 중요한 기능이며 주제 중심의, 통합된, 시간의 흐름에 따라 달라지는, 비휘발성 데이터라는 특징을 갖는다.

데이터 마트는 특정 주제(예: 판매, 제품, 고객 등)나 특정 부서의 데이터에 초점을 맞춘 것이라 할 수 있다. 데이터 마트는 데이터 웨어하우스의 일부라 할 수 있으며, 마케팅·운용·연구개발 같은 단일 주제의 데이터를 내장하고 있다.

업무분석 도구는 업무분석 도구는 기업의 데이터나 정보를 분석하여 경영자의 의사결정을 지원할 수 있는 모델이나 도구를 의미한다. 기업의 데이터 웨어하우스와 데이터마트의 데이터를 이용하기 위해 사용되는 방법이나 도구로는 질의 및 보고 도구(query and reporting tool), OLAP, 데이터 마이닝, 빅데이터 분석 기술 등이 있다.

3. BI의 주요 분석기술

BI를 가능하게 하는 대표적인 기술에는 데이터에 숨어 있는 유용한 지식을 찾아내는 데이터 마이닝, 텍스트 마이닝 등이 있다.

데이터 마이닝은 기업이 보유하고 있는 방대한 양의 데이터를 이용하여 자동으로 체계적이고 통계적인 규칙이나 패턴을 찾아내는 데이터베이스 파생 기술이다. 데이터 마이닝의 목적은 각종 데이터베이스에 내재된 의미 있는 지식을 발견하는 것이다. 대표적인 데이터 마이닝 기법으로 연관분석(association analysis), 군집분석(cluster analysis), 예측모델링(predictive modeling), 이상치 탐지(anomaly detection)가 있다.

텍스트 마이닝은 자연어처리(natural language processing: NLP) 기술을 기반으로 비정형 텍스트 데이터에서 가치와 의미를 찾아내는 기술이다. 자연어처리는 글로 된 인간 언어를 컴퓨터를 통해 처리하기 위한 기술로, 형태소 분석, 구문 분석, 개체명 인식 등의 기술을 포함하며, 대표적인 자연어처리 예로는 구글 번역기가 있다. 텍스트 마이닝은 방대한 정보에서 의미 있는 정보를 추출하고 다른 정보와 연계성을 파악, 텍스트가 가진 카테고리를 찾아내는 등 단순한 정보 검색 그 이상의 결과를 제공한다.

4. 빅데이터와 BI 발전

빅데이터란 생성된 데이터의 양이 거대한 크기를 갖고, 비정형 데이터를 포함한 다양한 형태를 가지며, 생산과 유통 그리고 소비에 이르는 주기가 단시간 내에 일어나 관리와 분석이 기존의 방법으로는 불가능한 데이터의 집합을 의미한다. 빅데이터의 특징은 엄청난 규모(volume), 형태의 다양성(variety), 주기의 속도(velocity)를 포함하는 개념이다.

빅데이터의 등장으로 기업은 기존의 ERP, 회계정보시스템 등 기업의 각종 기간시스템에서 생성되는 숫자나 문자열로 구성되는 구조화 데이터뿐 아니라 텍스트, 음성, 동영상 등 비구조화 데이터, XML 데이터와 같은 반구조화 데이터까지 분석해야 한다. 기업은 판매데이터, 고객데이터와 같은 내부 데이터를 넘어 인터넷, 소셜미디어 등 외부에서 발생하는 데이터를 분석하여 비즈니스 의사결정에 활용하는 것이 필요하다.

5. 데이터 경제

4차 산업혁명 시대에 데이터가 모든 산업의 발전과 새로운 가치 창출의 촉매 역할을 하는 데이터 경제로 패러다임이 전환 중이다. 데이터가 기존 생산요소(자본, 노동)를 능가하는 경쟁원천이며 대규모 데이터를 보유하고 활용하는 기업이 시장 혁신을 주도할 수 있다. 데이터 경제의 범위는 데이터의 '수집 · 생산' → '저장 · 관리' → '가공 · 유통' → '분석 · 활용' 과정에서 파생되는 전 산업 분야를 포괄하며, 데이터의 누적에 따라 그 범위는 확대된다. 또한 데이터 활용으로 인해 기업, 공공분야, 개인에게 나타나는 부가적인 이익도 데이터 경제에 포함된다.

공공데이터는 데이터베이스, 전자화된 파일 등 공공기관이 법령 등에서 정하는 목적을 위하여 생성 또는 취득하여 관리하고 있는 광(光) 또는 전자적 방식으로 처리된 자료 또는 정보를 의미한다. 공공데이터 개방이란 정부, 지방자치단체 및 공공기관이 보유·관리하는 공공데이터를 이용자가 자유롭게 활용할 수 있도록 다양한 형태로 개방·제공하는 것이다. 대한민국 정부, 지방자치단체 및 공공기관은 공공데이터를 이용자가 자유롭게 활용할 수 있도록 다양한 형태로 개방·제공하고 있다.

마이데이터는 본인 정보에 대한 개인의 권리를 보장하고, 정보 주체인 개인의 동의에 따라 본인 데이터를 개방·활용하는 것을 의미한다. 마이데이터는 정보 주체인 개인이 '정보 이동권(right to data portability)'에 근거하여 본인 데이터에 대한 개방을 요청하면, 기업이 보유한 데이터를 개인(요청자) 또는 개인이 지정한 제3자에게 개방하도록 하는 것이다. 즉, 본인 데이터에 대한 개인의 통제력 및 권한을 강화함으로써 정보 주체자의 의지에 따라 데이터에 대한 개방 및 활용을 용이하게 하는 것을 의미한다.

사례연구 데이터 분석 기반의 특화된 금융서비스, 「핑안보험그룹」 데이터를 활용한 수익 창출의 독보적 선두주자

중국의 핑안보험그룹(이하 핑안)은 세계 최고 수준의 기술 주도 금융서비스 회사이다. 중국뿐만 아니라 세계에서 가장 유망한 보험사 중의 하나인 핑안은 2018년 상반기 기준으로 600억 달러의 보험료 수입을 기록하였다. 홍콩(SAR) 및 상하이 증권거래소에 상장되어 있고, 자기자본수익률(return on equity: ROE) 기준으로 업계 최고이다. 핑안의 시가총액은 2018년 기준 2,000억 달러로 이는 보험사 중 시가총액 기준으로 전 세계 1위이며, 3년 만에 두 배 이상 상승하였다. 핑안은 2019년 기준 전체 사용자가 약 3억 명에 이르는 온라인 의료 서비스 플랫폼 굿닥터뿐만 아니라 기업가치가 약 45조 원에 달하는 중국 최대 온라인 자산관리 플랫폼인 루팍스 또한 보유하고 있다.

핑안은 디지털 전환(digital transformation)의 일환으로 디지털 플랫폼을 채택하였고 그 결과 핑안은 눈부신 디지털 진화를 보여주고 있다. 핑안은 이미 보험 사업을 넘어 최첨단 기술회사로 성장하였으며, 인공지능(AI), 블록체인(Blockchain), 클라우드(Cloud) 등의 분야에서 높은 수준의 기술을 보유하고 있다. 핑안은 발전된 기술을 금융서비스, 의료, 자동차, 부동산, 스마트시티(Smart City) 등 핑안이 보유한 플랫폼 및 사업 생태계에 접목함으로써 디지털 혁신을 주도함과 동시에 중국인의 생활 방식도 변화시키고 있다.

핑안: 다수의 플랫폼 내 고객의 금융·비금융 정보를 통합적으로 축적 및 활용 …플랫폼 간 교차판매 역량 탁월

핑안은 금융분야에서는 2019년 6월 기준 1억 9,600만 명 이상, 의료 및 헬스케어, 부동산 등 디지털 플랫폼 기준으로는 5억 7,600만 명 이상의 고객에 대한 방대한 실데이터를 보유하고 있다. 핑안은 각 생태계별 디지털 플랫폼을 통해 축적된 고객데이터를 또 다른 생태계 내에서 분석하고 활용하기 위해 개인금융위원회, 그룹금융위원회, 그룹기술팀 등의 별도의 조직을 그룹 차원에서 운영한다.

핑안은 여러 생태계에 축적된 방대한 고객데이터 중 금융정보뿐만 아니라 여러 디지털 플랫폼에서 축적된, 보험과 상관없는 비정형 데이터까지도 통합·분석하여 마치 하나의 퍼즐을 완성하듯 고객의 니즈를 파악한다. 이렇게 파악된 고객의 니즈에 따라 고객에게 가장 적합한 금융상품이나 서비스를 제안하고 추천함으로써 핑안의 금융 생태계에서 제공하는 상품과 서비스에 대한 수요로 이어진다. 예를 들어, 핑안의 자동차 구매 플랫폼인 오토홈을 통해 자동차를 구입한 고객들에게 자동차 보험을 제안하는 식이다. 서로 다른 디지털 서비스 플랫폼에서 얻은 고객의 정보는 핑안의 보험 및 금융서비스 플랫폼에 엄청난 정보 우위 등과 같은 판매 경쟁력을 제공함은 물론, 사업 부문의 경계를 넘나드는 수익 창출을 가능하게 한다.

특정 생태계에서 파악된 고객의 니즈가 그룹 내 또 다른 생태계에서 흡수되므로 그룹 전체적으로 수익 창출에 대한 효율성이 극대화될 수 있고, 생태계 간 발생하는 시너지도 엄청나다.

실제로 핑안의 2018년 신규보험 가입자 4,000만 명 중 36%가 핑안의 생태계 내에서 유입된 고객이었다. 핑안의 비즈니스 모델은 사용자 데이터에 대한 분석을 기반으로 고객에게 맞춤형 금융상품 및 서비스를 제공함으로써 수익창출에 대한 효율성과 플랫폼 간 시너지를 극대화시키는데 매우 최적화된 모델이라 할 수 있다. 핑안의 이러한 데이터 역량은 그룹의 경쟁력을 극대화하며 시장을 선도하는 종합 금융서비스 기업으로서의 위치를 공고히 하는 핵심 원동력이다.

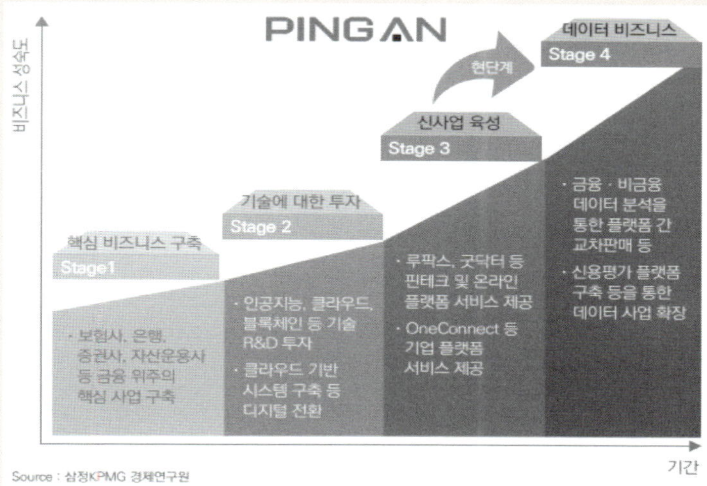

출처: 삼정KPMG 경제연구원(2020). pp. 31~35.

| 사례질문 |

1. 핑안이 자사의 축적된 빅데이터를 활용하여 새로운 비즈니스 모델을 개발하는 방법을 설명해 보시오.
2. 데이터 관리를 통한 비즈니스 인텔리전스가 기업의 경쟁력에 어떻게 기여할 수 있는지 설명해 보시오.

PART 03

정보시스템의 활용

CHAPTER 07

전사적 시스템

학/습/목/표

인더스트리(Industry 4.0)으로 알려진 4차 산업혁명은 기업의 비즈니스와 기술 환경을 혼란에 빠뜨렸다. 특히 전사적 시스템(ES)은 이러한 추세에서 더욱 그 중요성이 높아지고 있다. 여기서 ES는 기업의 다양한 부서에서 포괄적으로 사용하는 시스템으로 ERP시스템, 공급사슬관리시스템, 고객관계관리시스템이 대표적인 전사적 시스템이라 할 수 있다. ERP시스템은 기업이 보유하고 있는 자원의 활용을 계획하고, CRM은 고객의 구매이력과 취향을 분석하여 그들을 만족시켜서 기업에 대한 충성도를 제고하고, SCM은 제품과 자재의 유통과 물류와 관련하여 외부 조직과의 협력과 관련된 의사결정을 지원하는 시스템이다.

1. 기업의 기능별 응용시스템을 통합한 시스템이며 부서 간 업무의 균형을 유지할 수 있는 기업용 소프트웨어인 전사적 자원관리시스템(enterprise resource planning systems: ERP systems)의 중요성을 설명할 수 있어야 한다.
2. ERP시스템을 정의하고 시스템의 전략적 사용방법을 설명할 수 있어야 한다.
3. 고객관계관리시스템(customer relationship management systems: CRM systems)을 정의하고 CRM의 전략적 사용방법을 설명할 수 있어야 한다.
4. 공급사슬관리시스템(supply chain management systems: SCM systems)을 정의하고 SCM의 전략적 사용방법을 설명할 수 있어야 한다.

1 전사적 시스템의 개요

기업의 다양한 부서에서 포괄적으로 사용하는 응용시스템을 전사적 시스템(enterprise systems)이라 한다. 기업에서 범용으로 사용하는 대표적인 전사적 시스템에는 전사적 자원관리시스템(ERP), 고객관계관리시스템(CRM), 공급사슬관리시스템(SCM)이 있다. 일반적으로 기업의 기본적 기능과 이를 지원하는 업무는 [그림 7-1]과 같이 마케팅과 판매 부서로부터 시작하는 전형적인 프로세스가 있다. 고객의 구매 이력과 취향을 분석하여 그들을 만족시키고 기업에 대한 충성도를 제고시키는 업무는 고객관계관리 시스템의 지원을 받아 쉽게 수행할 수 있다. 고객의 주문이 발생하면, 고객에 관한 정보가 수집되고 주문은 공급사슬에서 먼저 처리된다. 고객 관련 정보는 매우 유용하며 주문이 처리된 이후에도 CRM에서 그 고객에 대한 서비스와 마케팅을 위해 계속 적으로 수집하고, 업데이트하며 분석해야 할 것이다. 기업 내의 관련 부서에서 CRM 과 SCM의 지원을 받아 고객의 주문과 관련된 업무를 처리함과 동시에 기업 내의 다 른 부서에서는 보유하고 있는 자원의 활용에 관한 계획을 ERP시스템을 이용하여 효율적으로 수행해야 할 것이다.

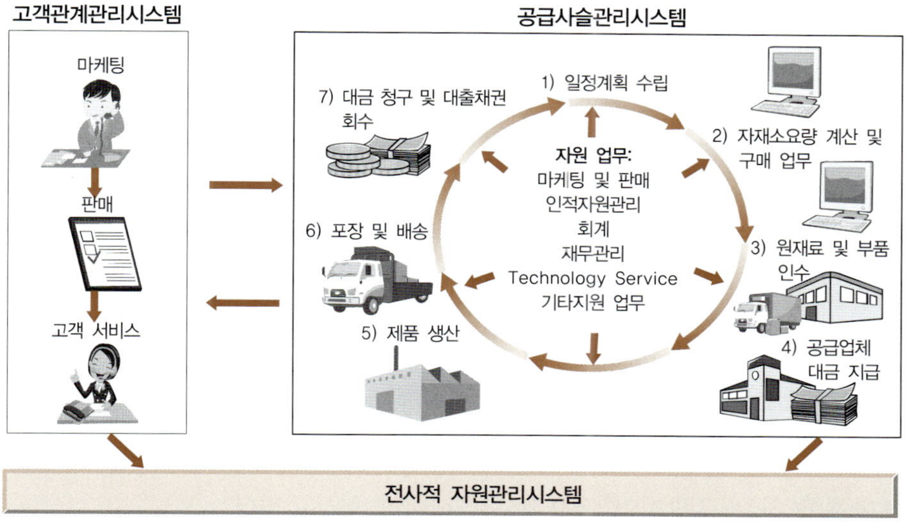

▌그림 7-1▌ 전사적 시스템의 기능

일반적으로 전사적 자원관리시스템은 다양한 기능을 가진 업무영역의 개별 응용시스템을 중앙의 데이터베이스를 기반으로 통합한 시스템이라 할 수 있다. 즉, 인적자원관리시스템, 구매관리시스템, 생산관리시스템, 재무관리시스템, 회계시스템 등을 중앙의 데이터베이스시스템을 중심으로 통합한 시스템이다. 만약에 기능별 영역마다 고유의 데이터베이스를 가지고 개별 시스템이 업무를 독립적으로 처리한다면 데이터의 중복성, 무결성 등 여러 가지 문제를 야기할 수 있을 것이다. 특히 전사적 자원관리시스템은 처리하는 업무 프로세스가 기업의 모든 영역과 관계가 있기 때문에 복잡한 비즈니스 환경에서 통합된 전사적 시스템은 필수적이다.

고객관계관리시스템은 인터넷과 같은 정보기술의 발달로 인하여 과거와는 달리 고객 개개인에 대한 많은 정보를 축적하고 분석할 수 있게 되어, 선별된 고객으로

부터 수익을 창출하고 장기적인 고객관계를 위한 시장 중심의 전사적 응용시스템이다. 고객관계관리시스템 역시 고객과 관련된 판매 부서나 마케팅 부서만 관련 있는 것이 아니라 다른 부서의 업무와도 연계되어 있다. 고객의 수주를 처리하기 위해서는 생산계획이나 구매 부서와의 연계가 필요하며, 판매사원이나 마케팅 요원을 관리하기 위해서는 인적자원관리나 회계시스템 등과도 무관하지는 않기 때문에 시장과 관련된 전사적 시스템으로서 고객관계관리시스템은 중요하다.

공급사슬관리시스템 역시 고객의 요구를 수행해 나가는 과정에서 직·간접으로 관련된 모든 조직을 포함한다. 공급사슬관리시스템은 모기업인 제조업체, 원재료, 부재료 및 부품의 공급업자, 운수업자, 창고, 도/소매상뿐 아니라 고객까지도 포함하는 포괄적인 시스템이다. 공급사슬에 포함된 모든 조직은 신제품개발, 마케팅, 제조, 유통, 자금, 고객서비스 등의 기능뿐만 아니라 고객의 요구를 수행하는 데 필요한 모든 기능을 포함한다. 따라서 공급사슬관리시스템 역시 물류와 관련된 응용 시스템으로서 기업 내부로는 전사적으로 연계된 모든 부서를 포함할 뿐 아니라, 기업 외적으로는 공급업자, 운수업자, 창고, 도매업자, 소매업 및 고객까지 포함해야 하는 포괄적인 전사적 시스템이라 할 수 있다.

2 전사적 자원관리시스템

1) 기본 개념

ERP시스템은 기업의 재무와 회계, 생산관리, 판매관리, 재고 및 인사관리 등 전사 적인 데이터를 일원화시켜 관리하고 자원을 계획적이고 효율적으로 운용하여 생산성 을 극대화하는 통합정보시스템을 의미한다. ERP란 용어를 처음 사용한 가트너(The Gartner) 그룹은 ERP시스템을 조직 내부의 업무 기능들이 균형과 조화를 이루며 운용될 수 있도록 지원하는 차세대 업무시스템이며, 실무적으로는 제조, 회계, 물류 및 기타 업무 기능을 조화롭게 하는 응용시스템의 집합이라 정의하였다. 미국 생산 및 재고관리협회(American Production and Inventory Control

Society: APICS)에서는 그래픽유저인터페이스(graphical user interface: GUI), 관계형 데이터베이스(relational database: RDB), 4세대 언어(4 generation), 클라이언트/서버(client/server) 시스템, 개방형 시스템 등의 최신 정보시스템을 적용하고 고객주문에서부터 제조, 출하, 그리고 회계처리에 필요한 전사적 자원을 계획하기 위한 회계지향의 정보시스템이라 정의한다.

ERP가 등장한 배경은 크게 기업환경의 변화와 정보기술의 진보라는 두 가지 측면으로 나누어 볼 수 있다. 기업환경의 변화 측면에서는 우선 국제화·개방화 시대를 맞이하여 급변하는 기업의 내부 및 외부 환경에 대응하고자 조직 규모의 감량 혹은 슬림화의 필요성과 경영혁신의 도입 및 조직구조의 재구축 등과 같은 과감한 개혁이 요구되면서 90년대부터 도입되기 시작되었다. 이것은 BPR과도 관계 깊은 것으로 최근의 경영자들이 경영혁신 수단으로 BPR에 관심을 가지고 있지만, 재설계된 프로세스로 업무를 처리하는 21세기의 조직을 만드는 데 20세기의 정보기술로는 재설계된 프로세스를 구현할 수 있는 도구로서의 역할을 제대로 수행하지 못하고 있다. 따라서 BPR에 의해 재설계된 프로세스를 구현해 줄 수 있는 정보시스템이 필요하게 되었다. 실제로 많은 기업들은 생산량과 이익을 중요시하던 양적관리에서 고객요구에 신속히 대응하는 유연성과 통합성을 중요시하는 질적관리체제로 진화하고 있으며, 아울러 조직에 대한 패러다임도 변하고 있는데 계층별 조직에서 동적으로 변하는 시장조건에 신속하게 대응할 수 있도록 관료적인 위계질서를 과감히 제거한 팀 구조를 지향 하고 있다. 이와 같이 기업은 통제보다는 책임으로, 프로세스는 품질과 유연성 중심으로 재편성되기 때문에 기업은 개방적이고 네트워크화되어야 하며, 동시에 기업내부의 프로세스 혁신을 넘어서 '공급사슬관리' 차원에서 기업과 공급자, 생산자 그리고 고객을 효과적으로 연결하는 정보시스템인 ERP시스템의 등장이 요구되었다. 정보 기술적 관점에서 ERP의 등장은 LAN과 같은 네트워크의 구축, 클라이언트/서버 환경을 기반으로 하는 정보시스템의 도입, 인터넷의 활용 등으로 웹 기반의 ERP시스템의 도입이 매우 용이해졌다는 이유도 있지만 무엇보다도 급변하는 경영환경, 빠르게 발전하는 정보기술을 동시에 반영하는 정보시스템 설계 및 구축의 어려움이 중요한 등장 이유로 자리 잡고 있다.

다양한 현장의 요구를 적시에 수용할 수 있는 정보시스템을 기업이 자체 개발하는 데에는 정보시스템 부서의 인력 및 예산문제로 어려움이 있으며, 많은 비용과 시간을 통해 개발하여도 정보시스템의 수명주기가 끝나기도 전에 환경변화에 따라 새로운 정보시스템 개발이 요구되는 것이 현실이다. 이미 검증되었고 구축기간이 단축된 ERP시스템의 등장은 당연한 것으로 받아들여지고 있다.

이상과 같이 ERP가 등장한 기업 환경적 배경과 기술적 배경을 보면 경쟁력을 강화하기 위하여 인프라 차원에서는 정보기술을, 경영혁신 차원에서는 BPR에 큰 관심을 두고 BPR과 최신의 정보기술을 동시에 추구할 수 있도록 등장한 개념이다.

2) ERP 시스템의 특성

ERP시스템은 기존 정보시스템이 가지고 있는 경영환경적, 정보기술적 요인에 의한 문제점을 극복할 수 있는 대안의 성격도 띄고 있지만, 단순한 정보시스템의 역할을 뛰어넘어 기업전략 및 조직구조, 문화까지 변화시키는 경영혁신적 특징을 가지고 있다. 이는 기업 내 모든 업무를 회계시스템과 연결하여 업무를 통합하고 재편성함으로써 업무처리 속도를 향상시키고, 노동력을 절감하며, 정확한 의사결정 및 비용감소의 효과를 거둘 수 있다. 그리고 기업의 모든 업무가 통합되어 모든 자료는 한 번의 입력으로 중복 및 불일치를 제거하여 정보관리의 효율을 높인다. 또한 ERP시스템 패키지는 특정 회사나 특정 업종을 대상으로 한 것이 아니라 모든 기업 업무에 적용 가능하도록 개발된 범용시스템이며, 기본적으로 인터넷 기반의 웹이나 클라이언트/서버 구조로 설계되어 있어 확장성이 뛰어날 뿐만 아니라 사용자가 시스템 내에 저장된 자료를 쉽게 조회, 분석, 출력할 수 있다.

ERP시스템은 리엔지니어링 사상을 토대로 첨단 정보기술을 활용하여 패키지로 구축된 것으로, ERP시스템 내에는 벤치마킹(benchmarking)된 세계 초일류 기업의 선진 프로세스(best practice)가 내장되어 있기 때문에 ERP시스템 도입과 동시에 리엔지니어링이 자동적으로 수행되는 효과가 있다. 또한 ERP시스템은 각 기능을 독립성이 강한 모듈로 구성하고 구성테이블(configuration table)을 제공하여 ERP시스템을 자사의 업무특성에 맞게 조정할 수 있도록 하고 있다. 그러나 ERP

시스템은 매우 복잡한 소프트웨어로 구성되어 있기 때문에 자사의 업무에 적합하도록 커스토마이징(customizing)하는 데 많은 비용, 시간과 전문지식이 필요하다. 또한 ERP시스템의 구축 시에는 많은 기능을 자사의 환경에 맞추고, 현업 사용자 교육을 하는 데 최소한 6개월에서 2년 정도의 시간이 소요되며, ERP 패키지 도입에 따른 H/W·S/W 구입, 컨설턴트 확보, 자체인력의 교육훈련, 업무전환으로 인한 부대 활동에 많은 비용이 소요된다. 이러한 많은 투자에 비해 실제로 효과가 나타나기까지 상당한 시간이 걸린다. ERP시스템은 기업의 조직과 문화에도 많은 영향을 미친다. 운용과 재무에 관한 정 보에 실시간 접근을 가능하게 하여 기업의 관리구조를 합리화하고 적은 수의 계층을 갖는 신축적이며 민주적인 조직구조를 구축할 수 있게 해주는 반면에, 통제의 집중화 와 업무 절차의 표준화를 수반하여 계층적인 지시와 통제를 중심으로 하는 획일적인 문화에 적합하다는 특성도 동시에 가지고 있다. 따라서 ERP시스템은 개별적인 업무 기능 영역을 지원하던 기존의 정보시스템과 비교할 때 기업의 경영 전반에 미치는 영향이 훨씬 크기 때문에 기업 내 특정 부서가 ERP시스템 구축에 미온적이거나, 원래 목표한 방향대로 ERP시스템이 구축되지 못하면 큰 낭비가 될 수 있다. 대부분의 ERP시스템들은 약간의 차이점을 갖고 있지만, 일반적으로 다음과 같은 특성을 가지 고 있다.

① 업무 및 프로세스 통합화

ERP시스템은 프로세스, 데이터, 조직의 통합을 추구한다. 프로세스 측면에서 세계 일류 기업들이 가지고 있는 표준화된 최상의 비즈니스 프로세스(best practice)를 받아들일 수 있다. 그리고 데이터 측면에서는 통합 데이터베이스를 유지하여 모든 데이터 는 한 번만 입력함으로써 데이터의 중복 저장을 방지할 수 있고, 실시간으로 데이터를 갱신하여 데이터 무결성을 유지할 수 있다.

② 프로세스 리엔지니어링의 실현

ERP시스템은 BPR(business process reengineering)을 지원할 뿐만 아니라 직접 구 현할 수 있는 정보기술 도구이다. 대부분의 기업들이 BPR 프로세스를 수행한 후 ERP시스템을 구축하거나 BPR 프로젝트와 ERP시스템을 병행하여 구축하고 있다. 세계 초일류 기업들의 프로세스를 분석하여 이를 최고의 실행(best practice) 형태로 시스템에 반영하였다. 따라서 이렇게 개발된 ERP시스템에서 제공하는 프로세스를 커스터마이징(Customizing)하여도 간접적인 BPR 효과를 얻을 수 있다.

③ 글로벌화에 대한 대응

기업의 해외진출이나 국제적으로 사업이 확대되는 경우에 대비하여 기업은 각국의 언어와 통화를 비롯한 회계기준 및 법 제도에 대해서도 대응해야 한다. ERP시스템은 여러 나라의 언어와 통화를 지원하고 있으며, 몇몇 국가는 회계원칙이나 상법, 세법 을 수용하여 이를 지원해 주고 있다. 예를 들어, 미국 지사에서 달러기준의 거래를 회계장부에 기장 하더라도 ERP시스템은 자동적으로 한국 원화기준의 거래로 전환 기장하여 재무제표에 반영하고 있다. ERP는 이러한 다국적 환경에서 시스템을 구축 하고 운용하는 것을 전제로 하고 있기 때문에 글로벌화에 대한 대응을 가능하게 한다.

④ 파라미터(parameter) 설정으로 시스템의 유연성 확보

ERP시스템은 다양한 기업의 조직구조와 프로세스 변화에 적용 가능하도록 설계되어 있다. 따라서 빠르게 변하는 기업의 조직구조를 유연하게 지원할 수 있는 정보시스템을 구축할 수 있게 해준다. 해외에 새로운 지사, 공장을 설립하거나 기업의 원가 중심점을 새롭게 만들거나 없애는 경우, ERP시스템은 새로운 조직구조를 유연하게 지원해 주고 있다. 또한 ERP시스템에서 전사적으로 설정한 비즈니스 프로세스를 개 별 사업단위별로 다르게 가져갈 수 있는 유연성도 가지고 있다. 이는 과거 MRPⅡ 시스템에서 높은 실패의 원인이었던 유연성 부족을 ERP시스템에서는 파라미터 설정(configuration) 기능을 이용하여 보완한 것이다. ERP시스템에는 업종별 산출물 표본(template)이 이미 내장되어 있으므로 한 가지의 업무를 정의하기 위해 수백여 종의 파라미터를 모두 설정하지 않아도 된다.

⑤ 최신의 정보기술

ERP시스템은 인터넷 기반의 웹 시스템, CASE, 4세대언어(4GL) 등 최신의 정보기 술을 이용하여 구축함으로써 정보기술의 발전 추세에 맞추어 유연하게 대응할 수 있다. 따라서 국내뿐만 아니라 해외에서도 과거 수십 년 전에 구축한 중앙집중형 시스템을 보유한 기업에서도 첨단의 정보기술에 의해 ERP시스템을 새로이 구축할 수 있는 기회가 가능하다.

⑥ 짧은 구축 기간 및 유지보수 기간

ERP시스템은 자체 개발한 기존의 경영시스템과 비교할 때 구축 기간이 짧고 유지 보수비용이 적게 든다. 현재 ERP시스템이 구축 기간은 계속 짧아지고 있으며 단기간 구축방법론의 등장으로 이는 더욱 가속화될 전망이다. 특히 중소기업의 경우에는 비용과 시간의 제약요인으로 인하여 이러한 방법론의 적용이 필수적이다.

⑦ 시스템의 확장성

업무단위가 모듈로 구성되어 있어서 시스템 도입 후에도 사용자가 요구하는 특정 비즈니스의 요건들을 충족시키도록 기존의 패키지를 수정할 수 있다. 업무단위가 모듈로 구성되어 있어서 자사의 환경에 맞는 모듈들만 먼저 선택하여 시스템을 구축한 후, 다음에 다른 모듈들을 추가하여 확장할 수도 있다.

또한 그룹웨어를 비롯한 PDM(product data management)이나 EDI 등과 연계하여 확장된 분야까지 기능을 지원하고 있다.

⑧ 개방성

ERP시스템은 개방시스템으로 TCP/IP(transmission control protocol/internet orotocol), EDI(electronic data interchange) 등 업계 표준의 통신 인터페이스를 사용하고, 컴퓨터응용디자인(CAD), 바코딩 장치나 RFID(radio frequency Iidentification), PDA(personal digital assistant)등 다른 애플리케이션과 쉽게 연동할 수 있는 개방 인터페이스를 사용한다. 그리고 다양한 운영시스템, 데이터베이스와 네트워크를 사용할 수 있어 멀티벤더 형태의 정보시스템 구축이 가능하다.

3) ERP시스템의 발전과정

ERP시스템은 1970년대의 자재소요량계획(material requirement planning: MRP)과 1980년대의 제조자원계획(manufacturing resource planning: MRPⅡ)을 비롯하여 JIT, 전사적 품질관리(total quality management: TQM), 경영정보시스템(MIS), 중역정보시스템(executive information system: EIS) 등의 분야에 그 기본을 두고 있다.

ERP시스템은 1970년대 생산, 제조 분야에서 논의되기 시작했던 MRP에 그 기원을 두고 있다. ERP시스템의 발전과정은 1970년대 기업의 원활한 자재구매활동을 위해 재안된 자재소요량 계획인 MRP에서 출발해, 영업과 회계 분야가 포함된 제조자원계획인 MRPⅡ로 발전되어 현재 조직이나 기업 간에 상호 필요한 정보를 교환할 수 있는 ERP시스템으로 진화되었다.

MRP는 제품에 필요한 원자재, 가공품, 반제품, 부품 등에 관한 사항들을 자재수급 계획과 생산관리로 통합시킨 체계적인 자재정보관리 기술이다. 이를 구현하기 위해서는 자재명세서(bill of materials: BOM), 기준생산계획(master production schedule: MPS), 재고기록표(inventory file) 등의 기준 정보가 필요하다. MRP는 이들 기준 정보를 근거로 어떤 물건(원자재, 가공품, 반제품 등)이 언제, 어느 곳에 필요한지 예측하고, 모든 제조활동과 관리활동이 이 계획에 근거해 이루어지도록 하는 것이다.

초기의 MRP시스템은 확고한 개념의 미정립, 컴퓨터와 통신기술의 부족, 데이터베이스 기술의 미흡 등으로 시스템을 구현시키기에는 여러 가지로 부족한 점이 많았다. 특히 제조 관련 설비능력의 한계를 고려하지 않거나 일정계획의 변동사항을 실시간으로 반영해 주지 못했기 때문에 실현 불가능한 생산계획을 수립하는 등 문제점이 있었다.

1980년에 이르러 대량생산의 제조환경이 다품종 소량생산의 형태로 변모함에 따라 고객지향의 업무체계가 요구되었고, 이에 따라 수주관리, 판매관리, 회계관리, 재무관리 등의 중요성이 크게 대두되기 시작하였고, 정보기술의 발달로 데이터베이스나 통신네트워크가 중요한 기술로 등장하면서 MRP는 큰 변화를 맞게 되었다. 기존 MRP의 문제점을 개선시키면서 수주관리, 판매관리 등 새로운 기능을 포함시킨 시스템으로 확장된 것이다. 즉 생산현장의 실제 데이터와 제조자원의 용량 제한을 고려하고, 자동화된 공정데이터의 수집, 수주관리, 재무관리, 판매주문관리 등의 기능이 추가되어 실현 가능한 생산계획을 제시하면서 제조활동을 안정된 분위기에서 효율적으로 움직일 수 있는 MRP Ⅱ(manufacturing resource planning)가 탄생하게 되었다. MRP Ⅱ의 개념은 CAD/CAM과 생산계획의 주변 업무를 다루는 방향으로 발전해 생산능력 계획과 기준생산계획의 피드백, 조달예산계획, 설비구입계획, 재고예산계획 등 제조·재무계획 전반에 관한 사항과 판매계획과의 연동까지 가능하도록 확장되었다.

MRP Ⅱ는 스케줄링 알고리즘과 시뮬레이션 등 생산활동을 분석하는 도구가 추가되면서 더욱 지능적인 생산관리 도구로 발전하게 된 것이다. 그리고 MRP Ⅱ 역시 구현하는 정보기술상의 한계로 부문 간의 진정한 통합과 유연성이 미흡하다는 한계점이 있다. 1990년대에 들어 컴퓨터 기술의 발전이 더욱 가속화되면서 많은 제조기업들은 MRP Ⅱ를 확장한 통합정보시스템, 즉 ERP의 도입을 추진하게 되었다. 고객회사, 하청회사 등 상·하위 공급사슬 네트워크와 설계, 영업, 원가회계 등 회사 내 연관 부서의 업무를 동시에 통합적으로 고려하지 않고서는 올바른 의사결정을 내릴 수 없다는 인식을 하게 된 것이다.

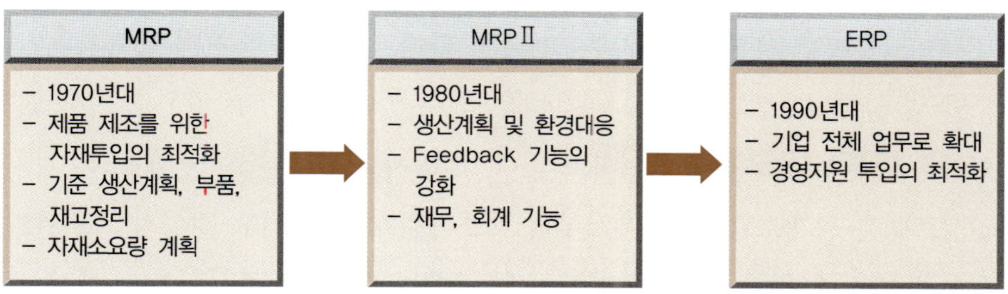

▌그림 7-2▐ ERP 시스템의 발전과정

1998년도 AMR(advanced manufacturing research)의 보고 자료에 따르면 각 기업 들이 정보기술을 고객서비스의 증진, 프로세스 재정립, 고객관리 등 기업의 경쟁우위를 지속적으로 지켜나가기 위한 하나의 도구로 활용하고 있다. 이러한 기회에 급격하게 짧아지는 제품의 라이프사이클(life cycle)과 날로 다양해지고 있는 소비자의 요구 에 기업이 전사적으로 대응하기 위하여 ERP가 효율적으로 활용될 수 있다고 보는 것이다.

ERP는 생산 및 자재관리 업무는 물론 설계, 재무, 회계 및 원가관리, 영업 및 고객 관리, 인사관리 등의 순수 관리 부문과 경영지원 기능을 포함하는 통합정보시스템의 형태를 가지면서 MRP와 다른 새로운 시스템으로 발전해 가고 있다. 최근의 ERP시스템은 데이터 웨어하우스(DW), 고객관계관리(CRM), 공급사슬관리(SCM), 전자상거래와 최고경영자들이 기업의 경영정보를 보다 정확히 파악하고 이를 주주 또는 투자자들의 가치를 극대화하는 데 활용할 수 있도록 해주는 통합 분석용 애플리케이션인 기업전략관리(strategic enterprise management: SEM) 등의 새로운 영역으로 범위를 넓혀 '확장된 ERP시스템(extended ERP system)'으로 발전하고 있다.

4) ERP의 기본구조 및 프로세스

(1) ERP의 기본구조

전사적 자원관리시스템은 기본적으로 조직의 기능별 응용시스템의 집합(collection of functional applications)이며 확장형 ERP시스템(extended ERP) 혹은 ERP II는 이를 시장 혹은 외부고객과의 관계로 확장과 동시에 협력사와의 자재조달 및 물류시스템과 연결시킨 것이라 할 수 있다. [그림 7-3]은 ERP시스템을 구성하는 기본적인 모듈을 표시하고 있다. ERP시스템의 발전과정에서 본 것처럼 ERP시스템은 자재소요량계획에서부터 제조자원계획, 그리고 전사적 자원관리시스템으로 발전해 왔다. 재고 관리시스템, 구매관리시스템 중심의 MRP에서 생산관리 및 품질관리, 설비/금형관리 모듈 그리고 원가관리 모듈을 포함시켜서 MRP II로 발전했으며, ERP시스템은 여기에 일반회계, 자금/자산관리 모듈, 인사/급여 경영관리 등의 일반관리와 관계된 응용 프로그램을 포함시켜서 전사적인 관리시스템으로 완성되었다. 확장형 ERP시스템은 전사적 자원관리시스템에 협력사와의 물류 정보공유를 위한 단축형 공급사슬관리시스템과 시장 및 고객과의 관계를 강화시킬 수 있는 단축형 CRM을 포함할 수 있다. 이처럼 [그림 7-3]은 ERP시스템의 기본적인 구성도를 나타내고 있다.

▌그림 7-3▌ ERP시스템의 기본 구성

(2) ERP의 기본 프로세스

[그림 7-4]는 ERP시스템의 기본적인 프로세스를 나타내고 있다.

먼저, 고객으로부터 주문을 접수하면 판매관리 부서에서는 납기일을 고객에게 통보하고 판매계획을 생산한다. 판매계획이 생성되면 생산관리 부서에서는 이를 바탕으로 생산계획을 생성하게 된다. 제품의 생산계획에 따라 자재소요량계획(MRP)을 수립하고, 구매 부서에서는 이를 바탕으로 필요한 자재를 주문한다. 발주한 자재는 내자접수 및 검사를 통해 자재창고에 입고되고 동시에 대금이 공급업체에 지급되고, 자재는 작업지시에 의해 제조공정에 투입된다. 제조공정에 투입된 자재는 제품으로 완성되어 생산실적에 반영되며 이는 공정 검사를 거쳐 제품창고에 입고된다. 이 과정에서 외부에 아웃소싱한 외주업체에 의해 생산된 제품 역시 적정한 검사과정을 통해 제품창고에 입고된다. 제품창고에 입고된 제품은 판매관리 부서에서 발행한 제품거래 명세서에 의해 출하되어 물류과정을 거쳐 고객에게 배달된다. 출하된 제품은 회계 부서에 의해 매출상품으로 등록되고, 이 금액은 고객에 의해 지불된다. 앞의 [그림 7-4]의 ERP 프로세스는 단순한 형태의 고객주문처리 프로세스라 할 수 있으며, 이 프로세스에는 판매관리 부서, 구매관리 부서, 생산계획 부서, 생산 부서, 회계 부서 등 다섯 개의 부서가 관련되어 있다. 고객주문처리 프로세스는 연관성 있는 업무의 집합이라 정의할 수 있는 프로세스 중심의 애플리케이션인 ERP의 특성을 잘 나타내 는 전형적인 프로세스라 할 수 있다.

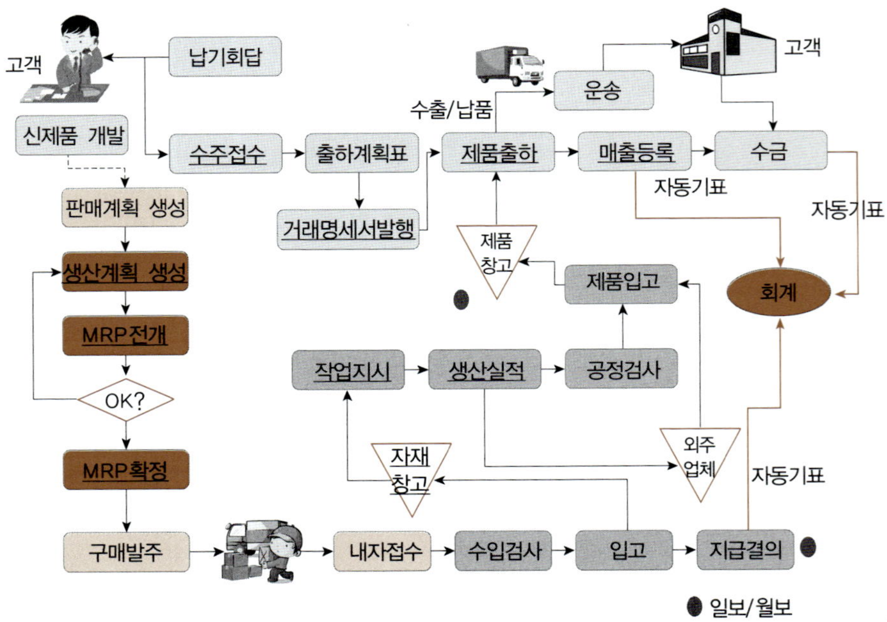

▌그림 7-4▌ ERP 프로세스

3 공급사슬관리시스템

1) 기본 개념

기업환경의 변화에 따라 공급사슬관리의 역할이 점차 중요해지고 있다. 고객의 제 품에 대한 기대 수준이 점차 높아지고, 제품의 수명주기는 짧아지고 있으며, 공급망의 글로벌화로 인해 공급사슬에 참여하는 기업체 수는 점차 늘어가면서 공급사슬의 관리가 복잡하고 어려워지고 있다. 운송비용과 재고비용의 증가로 물류비용은 높아지고 있으며, 고객 수요와 성향에 대한 정보가 소매상, 도매상, 지역물류센터 등의 공급사슬로 전달되는 과정에서 지연, 왜곡되어 예측의 불확실성 높아지고 있다. 그리고 다품종 소량 생산방식의 결과로 대상 품목이 많아지면서 재고 및 물류관리를 비롯해 주문관리, 생산계획, 추적관리 등이 복잡해지고 이에 따라 공급사슬관리의 중요성이 점점 부각되고 있다. 특히 기업 간 경쟁의 심화로 원가 및 주문처리의 효율성을 제고하고, 고객지향적인 시장의 요구에 대한 적응을 위해 공급사슬관리를 통한 혁신의 요구가 증대되고 있는 것이 현실이다.

전통적인 공급사슬관리시스템은 물류 혹은 유통에 있어서 불필요한 단계나 중복된 업무를 제거하는 것이 기본 목적이다. 일반적으로 미국인들이 아침에 먹는 시리얼이 공장에서부터 슈퍼마켓의 진열대에 오르기까지 평균 106일이 소요된다고 한다. 제품의 물류 흐름은 제각기 창고를 가진 공급업체, 제조사, 물류센터, 도매상, 소매상들로 구성되며 이들 물류 주체 간의 제품, 자금, 정보의 흐름이 생산의 효율성(efficiency)과 물류의 효과성(effectiveness)을 결정한다.

공급사슬관리시스템은 다양한 기능을 가진 기업 간 시스템으로 첨단의 정보기술을 사용하여 고객, 제조업체, 공급자, 유통센터 등 기업 간의 협력을 위한 핵심 프로세스를 연결한다. 공급사슬관리의 목적은 빠르고 효율적인 공급사슬을 구축하여 공급자, 제조업체, 유통센터, 고객까지의 전 단계의 가치를 극대화하는 것이다.

SCM은 고객의 요구를 수행해 나가는 과정에서 직간접으로 관련된 모든 조직을 포함한다. 제조업체, 원·부재료의 공급업자, 운수업자, 창고, 도·소매상뿐 아니라 고객 자신까지도 포함하는 개념이다. 그리고 공급사슬에 포함된 모든 조직은 신제품개발, 마케팅, 제조, 유통, 자금, 고객서비스 등의 기능뿐만 아니라 고객의 요구를 수행하는 데 필요한 모든 기능을 포함한다.

예를 들어, 월마트에 세제를 사러 간 고객의 경우를 보자. [그림 7-5] 세제 공급사 슬에서 보듯이 고객으로부터 시작된 공급사슬은 고객이 방문한 월마트 매장으로 연결되고, 창고나 유통센터에서 제3자에 의한 트럭으로 공급된 매장 진열대의 세제로 연결된다. 유통센터나 완제품 창고는 P&G 같은 세제제조회사에 의해 제품을 공급받고, 제품을 생산하는 P&G의 공장은 여러 협력업체로부터 원 부재료를 공급받고 이들 협력업체 역시 2차 협력업체로부터 재료를 공급받을 수 있다. 예를 들면, 세제의 포장재료는 목재회사에서 펄프를 공급받은 제지회사에서 원재료를 공급받는 포장재료 납품업체에서 공급받는다.

공급사슬은 단계별로 관련된 조직에 의해 정해진 정보, 물질, 자금의 흐름을 갖는다. 월마트 매장은 제품을 고객에게 제공할 뿐만 아니라 가격과 제품과 관련된 다양한 정보를 고객에게 제공한다. 고객은 제품에 대한 대가를 지불하고 월마트는 POS 데이터와 함께 보충해야 할 제품에 관한 정보와 제공된 제품에 대한 대가를 다시 유통센터에 제공한다. 유통센터는 납품일정, 수량, 가격정보 등을 다시 월마트에 제공할 것이다. 이러한 재료 혹은 제품, 정보, 자금의 흐름을 공급사슬 전반에 걸쳐 관련된 조직에서 생성되고 소통된다.

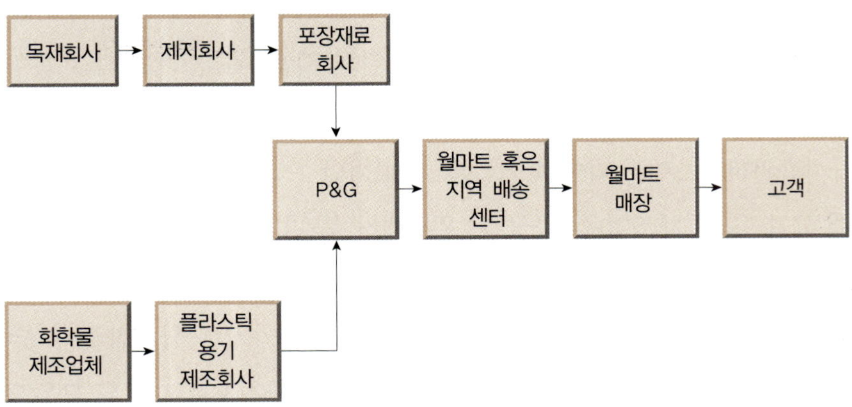

[그림 7-5] 세제 공급사슬

앞의 사례에서 보듯이 고객은 공급사슬에서 필수적인 존재이며, 공급사슬의 주된 목적은 고객의 요구를 만족시키는 데 있다. 공급사슬은 공급업자, 제조업체, 유통센터, 소매상, 그리고 고객 사이의 제품, 재료, 부품의 흐름을 떠오르게 하며, 사슬의 양방향으로 제품, 자금, 정보의 흐름을 그려 볼 수 있게 하는 기능을 한다. 실제로 제조업체는 여러 협력업체로부터 다양한 부품, 재료를 공급받고, 다수의 유통업체에 제품을 공급한다. 따라서 공급사슬은 엄밀히 말하면 일대일의 관계가 아닌 공급네트 워크 혹은 공급웹(supply web)이라 할 수 있다.

2) 공급사슬관리시스템의 주요 요소와 목적

공급사슬관리시스템이 비교우위의 경쟁력을 가지려면 공급사슬상의 주체 즉, 공급 업체, 제조업체, 도매상, 소매상, 소비자 간의 의사소통과 개별 주체의 효율성이 있어야 한다. 효율과 소통으로 공급사슬의 성과를 제고하려면 공급사슬의 성과에 영향을 미치는 공급사슬의 여섯 가지 요소들을 분석해야 할 것이다. 공급사슬관리시스템의 요소는 다음과 같다.

- 설비(facilities): 공급사슬의 네트워크에서 실제로 그리고 물리적으로 존재하는 것으로 제품이 조립되고, 저장되는 현장이라 할 수 있다. 생산설비와 저장/유통과 관련된 설비는 공급망에서 대표적인 설비라 할 수 있으며, 이들 설비의 기능, 위치, 설비능력(capacity), 그리고 유연성은 공급망의 성과에 직접적인 영향을 미친다.
- 재고(inventory): 공급망의 네트워크에 존재하는 원/부자재, 재공품, 완제품을 포함하는 개념이다. 재고 정책의 변화는 공급사슬의 효율과 공급사슬의 주체들 사이의 소통에 큰 변화를 가져온다. 예를 들어, 의류 소매상이 충분한 재고를 가지고 고객을 상대한다면 고객에 대한 응대성이 높아지고 만족도가 제고되지만 의류 소매상은 재고 비용을 부담해야 하므로 효율성이 뒤떨어진다. 사례에서 보듯이 스페인의 의류 소매상 자라(Zara)는 상품의 리드타임을 줄이기 위하여 전사 적인 노력을 기울인 결과 낮은 재고비용으로 고객에 대한 응대성을 제고시킬 수 있었다.

- **운송**(transportation): 공급사슬의 네트워크상의 어느 위치에서 특정한 위치로 재고를 이동시키는 것을 의미한다. 운송은 공급사슬이 보유한 수단이나 경로 중에서 다양하게 선택할 수 있으며, 선택에 따라서 성과와 특성이 다르다. 운송에 있어서 선택은 공급사슬의 효율과 소통에 커다란 영향을 끼칠 수 있다. 예를 들어, 우편판매회사가 카탈로그를 가장 빠른 Fedex를 이용하여 고객에게 배송했다면 고객에 대한 응대성은 높아지겠지만 높은 비용으로 인해 공급사슬 전체의 효율성은 낮아질 것이다.
- **정보**(information): 공급사슬의 네트워크상에 존재하는 설비, 재고, 운송, 원가, 가격, 그리고 소비자에 대한 데이터나 데이터의 분석을 의미한다. 정보는 공급사슬의 주체, 즉 공급업체, 제조업체, 도매상, 소매상, 혹은 소비자의 행동에 직접적인 영향을 주기 때문에 공급사슬의 주요 요소 중에서 성과에 가장 큰 영향을 미친다고 할 수 있다. 예를 들어, 제약회사가 11월 환절기의 감기로 고생하는 환자의 수를 지역별로 정확하게 분석하여 예측한다면 효율과 소통이 제고되므로 공급사슬의 성과는 높아질 것이다.
- **소싱**(sourcing): 공급사슬의 네트워크상에서 생산, 저장, 조립, 운송, 정보의 관리 등의 행위를 누가 하는가에 관한 선택이라 할 수 있다. 전략적 차원에서 볼 때 어떤 행위는 기업이 자체적으로 처리하고 어떤 기능은 외부의 전문가에게 맡기느냐에 관한 의사결정이다. 소싱에 관한 의사결정은 공급사슬의 효율과 응대성에 영향을 미친다. 모토로라의 경우, 제조 분야의 많은 부분을 중국의 제조업체에 아웃소싱(outsourcing)한 결과 제조공정상 회사의 효율은 높아졌지만 고객 응대성은 거리와 소통에 관한 문제로 떨어졌다고 할 수 있다.
- **가격**(pricing): 기업이 공급사슬네트워크에 제공하는 재화와 용역에 부가하는 경제적 가치이자 대가이다. 가격은 재화나 용역을 제공받는 공급사슬 네트워크상의 기업의 행동양식에 영향을 미치기 때문에 공급사슬의 성과에 직접적인 영향을 미친다. 예를 들어, 운송업체가 고객의 리드타임에 따라 운송비를 달리 책정하면 효율을 강조하는 도매상은 기다리다가 주문을 받아 제품이 필요할 때마다 운송 회사에 주문하여 운송비를 절감할 것이고, 대응성을 중시하는 소매상은 대량으로 한 번에 주문하여 고객이 언제라도 원하면 공급할 수

있게 할 것이다.

공급사슬관리의 첫째 목적은 이를 통해 창출한 가치의 극대화에 있다. 이는 빠르고 효율적인 공급망을 구성하여 제품의 개발 단계부터 출시까지 전 과정을 관리하여 공급사슬이 부가하는 가치를 극대화하는 것이다. 공급사슬이 부가하는 가치란 투입 된 총비용과 이로부터 생성된 총수익과의 차이를 의미한다. 공급사슬이 창출한 가치는 최종 제품에 대해 고객이 지불하려는 금액과 고객의 요구를 만족시키기 위해 공급 사슬 전 단계에서 사용된 원가와의 차이라 할 수 있다. 예를 들어, 고객이 월마트에 세제를 24,000원에 샀다면 이 금액은 이 공급사슬의 수익이 되고, 세제를 제조하기 위해 공급사슬의 여러 단계에서 발생한 원가(예: 17,000원)와의 차액이 공급사슬의 이익(7,000원)이다. 공급사슬의 기본적인 목적은 공급사슬의 이익을 극대화하는 것이며, 공급사슬의 이익은 공급사슬의 개별 단계에서 관련된 조직 이익의 합이라 할 수 있다. 공급사슬에서의 정보, 자금, 제품의 흐름은 비용을 의미한다. 이러한 흐름의 적절한 관리는 공급사슬관리의 성공과 직결된다.

공급사슬관리의 둘째 목적은 공급사슬에 연관된 모든 조직의 공급을 동기화(synchronization)하는 것이다. 이는 소비자의 다양한 요구에 제품공급 과정을 일치시키는 것이라 할 수 있다. 수요와 동기화된 공급은 고객의 요구사항, 즉 시간·제품·장소 등을 일치시킬 수 있다. 소매상은 고객의 요구사항을, 도매상은 소매상의 요구 사항을, 유통센터(distribution center)는 도매상의 요구사항을, 원부재료 공급업체는 제조업체의 요구사항을 만족시킴으로써 수요와 공급 능력의 일치 혹은 동기화를 구현할 수 있다.

셋째, 공급사슬관리의 주요 목적 중에 하나는 소비자 만족도의 극대화를 통한 공급 사슬의 활성화이다. 공급사슬관리는 기본적으로 고객으로부터 시작되고 공급사슬상에서 발생하는 불확실성은 공급사슬의 상단, 즉 원자재 공급업체로 갈수록 더욱 확대된다. 원자재 공급업체로부터 고객까지 하나의 시스템으로 볼 때 공급사슬시스템은 고객의 만족을 극대화해야 한다. 이런 의미에서 공급사슬관리를 고객의 만족에 중점을 둔다는 의미로 고객사슬관리(customer chain management)라 부르기도 한다.

3) 공급사슬과 정보기술

세계 최대의 유통업체인 월마트의 기본 사업전략은 소비자가 원하는 가장 싼 값에 제품(every day low price)을 공급하는 것이다. 월마트가 경쟁업체보다 가격 경쟁에 서 우위에 설 수 있는 것은 여러 가지 성공요인이 있지만 탁월한 물류시스템 역시 중요한 성공 요인이라 할 수 있다.

월마트의 공급사슬관리 기법은 업계 최고의 수준이라 할 수 있고, 현재 많이 사용 하고 있는 대부분의 SCM 기법은 월마트에서 시작되었다 해도 과언이 아니다. Cross-docking 시스템, 바코드와 스캐너를 사용한 POS에서부터 최근의 RFID를 이용한 물류관리시스템, CPFR(collaborative planning, forecasting and replenishment)은 월마트에서 시작한 공급사슬관리시스템의 대표적인 실무기법이라 할 수 있다.

월마트는 1983년에 물류시스템관리를 위해 위성을 쏘아 올리고, 경쟁업체에서 금전등록기를 사용하던 1988년에 이미 바코드와 스캐너를 사용하는 POS시스템을 도입 하였다. POS시스템의 결과로 고객들은 계산대 앞에서 대기 시간이 짧아지고, 바코드가 업계 표준으로 자리 잡은 이후 공급업체에서는 제품박스에 바코드를 부착하게 되었다. 결과적으로 당시 월마트의 주요 취급품목인 3,200여 가지의 제품에 대한 각 점포 판매실적을 본사 컴퓨터로 1시간마다 취합할 수 있게 되었으며 취합된 POS 데이터는 제조업체에도 바로 전송되어 각 배송센터에서 필요한 공급량을 미리 예측할 수 있게 해주어 즉각 납품이 가능하게 되었다.

무선인식장치(radio frequency identification)인 RFID는 라디오 주파수 통신방식을 이용해 먼 거리에서 정보를 인식하는 장치로서 기존의 바코드 역할을 하는 일종의 tag라 할 수 있다. 월마트는 2003년 유통업계 최초로 RFID를 도입했으며, 2010년까지 모든 상품에 RFID 태그를 부착하기로 했으나 아직까지 도입과정에 있다. 삼성전자와 LG전자는 2012년 3월부터 미국 월마트에 납품하는 가전제품에 RFID 태그를 부착했다. 이는 월마트가 자사에 제품을 납품하는 글로벌 제조회사들을 대상으로 RFID 부착을 권유한 데 따른 조치다. 월마트는 공급망관리 효율화 차원에서 물류창고 등에 RFID 게이트를 설치, 창고 입고정보와 판매정보를 결합해 실시간으로 재고를 관리하고 있다.

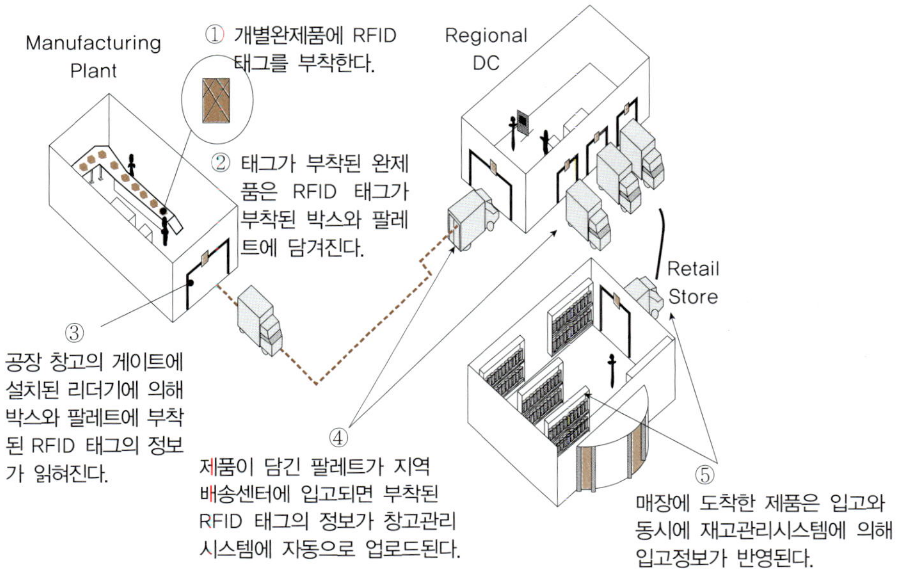

▌그림 7-6▐ RFID를 이용한 월마트의 물류시스템

[그림 7-6]은 월마트의 RFID 태그를 이용한 물류시스템을 보여 주고 있다. 먼저 제조공장에서는 개별 완제품에 RFID 태그를 부착하고, 태그가 부착된 완제품은 RFID 태그가 부착된 박스와 팔레트에 담겨진다. 공장 창고의 게이트에 설치된 리더기에 의해 박스와 팔레트에 부착된 RFID 태그의 정보가 읽혀지고 읽혀진 정보가 저장되고 지역 배송센터(regional distribution center)로 전송된다. 공장에서 출고된 제품이 담긴 팔레트가 지역 배송센터에 입고되면 부착된 RFID 태그의 정보가 창고관리시스템(warehouse management systems)에 자동으로 업로드된다. 창고의 제품은 향상된 정확성과 감소된 인건비로 출고되어 매장의 창고에 입고된다. 지역 배송센터에서 매장에 도착한 제품은 입고와 동시에 재고관리시스템에 의해 입고정보가 반영된다. 매장 창고에 설치된 리더기에 의해 입고된 제품의 정보와 기존 매장의 재고관리시스템상의 정보에 따라 입고된 제품은 매장의 적절한 위치에 디스플레이되어 매장관리의 효율을 높이고 도난을 방지하고 동시에 광고

효과를 높일 수 있다. 실제로 제품이 매 장에 도착하면 월마트 직원은 휴대용 판독기로 제품의 RFID 태그를 읽어 제품별로 사이즈, 수량, 가격 등의 정보를 망라한 데이터베이스를 매장별로 구축하게 되고, 이후 진열된 제품에 부착된 RFID 태그를 판독기로 읽어서 동일제품군 중에서 어느 제 품이 몇 개 팔렸으며 몇 개의 여분이 현재 남았는지를 파악하여 매장별로 판매관리와 제품관리를 효율적으로 할 수 있게 된다.

4 고객관계관리시스템

1) 기본 개념

시장개방, 경쟁의 심화, 소비자 욕구의 변화에 따라 기업은 불특정 다수의 대중을 향한 마케팅 활동이 더 이상 기대치만큼 효과가 없다는 것과 다양한 상품 못지않게 서비스의 질도 향상되어야 한다는 것을 깨달았다. 고객은 조금만 불만족스러운 대접을 받아도 언제든지 경쟁자의 상품으로 눈을 돌리게 된다. 그뿐만 아니라 신규 고객을 창출하는 데 소요되는 비용이 기존의 고객을 계속 유지시키는 데 소유되는 비용보다 훨씬 많기 때문에 고객과의 관계를 유지, 개선, 강화시키는 것이 매우 중요하게 되었다. 또한 인터넷과 같은 정보기술의 발달로 인하여 과거와는 달리 고객 개개인에 대한 많은 정보를 축적 및 분석할 수 있게 되어 선별된 고객으로부터 수익을 창출하고 장기적인 고객관계를 위한 CRM 시스템이 등장하게 되었다.

CRM은 기업이 체계적으로 고객과의 관계를 관리할 수 있도록 지원해 주는 소프트웨어이며 인터넷 관련 능력을 포함하는 경영기법으로 포괄적인 개념이다. CRM은 고객과의 친밀감을 높이고, 업무 프로세스의 성과개선을 통해 고객과 장기적이고 이윤을 창출할 수 있는 관계를 만들고 이를 유지 발전시켜 나가는 역할을 한다. CRM은 back-office와 front-office의 기능과 함께 웹사이트나 콜센터 등 고객과의 접촉점을 연결하는 역할을 한다. 또한 CRM은 전략적 도구나 소프트웨어 도구라 할 수 있다. Cherry Tree & Co.는 CRM 소프트웨어를 "기존의 고객이나 미래의 잠재고객에 관한 데이터의 수집·통합·분석하고, 이를 기업 전체에 전달하는 것을 지원하는 front-end 도구"라고 정의하고 있다.

인터넷의 사용과 함께 등장한 e-CRM은 고객 중심의 전자상거래를 지원하는 소프트웨어 패키지로서 고객 데이터베이스를 활용하여 고객에 관한 정보를 수집 분석하여 맞춤형 고객관계관리를 통하여 보다 높은 수준의 서비스를 제공하고 있다. 또한 CRM의 확장된 개념으로 사용되는 ERM(enterprise relationship management)은 고객뿐 아니라 공급자, 비즈니스 파트너 등의 모든 기업의 이해관계자들과의 관계를 관리하는 소프트웨어 패키지라 할 수 있다.

CRM의 기능은 크게 다섯 가지로 볼 수 있다. 먼저, CRM을 통해 기업은 새로운 고객을 파악하고, 이들과 접촉하여 고객을 확보할 수 있게 한다. CRM은 고객과 시장에 대한 정보를 생성하고, 이를 통해 수익성과 잠재이익을 가진 목표시장을 파악할 수 있으며, 적절한 접촉수단(eg., mail, phone 등)을 선정하여 광고를 기획하여 전반적인 판매 프로세스를 관리할 수 있다. 둘째, CRM을 통해 기업은 고객의 요구 및 취향에 대해 올바른 이해를 할 수 있다. CRM은 데이터 웨어하우스나 전자상거래 소프트웨어 패키지, 콜센터 등의 다른 기술과 통합하여 고객의 구매이력, 욕구 및 취향의 변화, 불만 등에 관한 정보를 얻고 이를 분석하여 고객의 요구를 제품이나 서비스에 반영시킬 수 있다. 셋째, 기업은 CRM을 이용하여 보다 개인화되고 맞춤식인 제품 및 서비스를 제공함으로써 고객과의 관계를 강화시킨다. 즉, 제품의 사양, 가격범위, 견적, 카탈로그 등에 CRM에서의 정보를 이용하여 고객의 고유한 요구를 반영시킬 수 있다. 넷째, 기업은 CRM을 이용하여 판매사이클을 최적화시킬 수 있다. 판매 프로세스의 생산성은 계약과정을 빠르게 하고 수익성을 개선시키는 데 있다. 판매 사이클의 개선은 온라인 주문, 카드결제, 경매, 대금지급(billing) 요청, 주문처리관리, 결제 프로세스의 개선 등을 통해 이루어진다. CRM 솔루션은 대부분 이러한 수단 등을 포함하고 있으며 SCM의 모듈로부터 중요한 정보를 고객 인터페이스로 실시간 전달을 가능케 한다. 또한 기업 전반에 걸친 공급, 생산, 유통 프로세스의 제약조건을 이해하고 수익성과 배송 속도를 빠르게 한다.

마지막으로 기업은 CRM을 이용하여 교차판매(cross-selling)와 업셀링(up-selling) 기회를 파악할 수 있다. 즉, 고객의 과거 구매 행동을 분석하여 높은 부가가치를 가진 교차판매와 업셀링 기회를 고객에게 제공할 수 있다. 여기서 교차판매란 금융회사들이 자체 개발한 상품에만 의존하지 않고 다른 금융회사가 개발한 상품까지 판매하는 적극적인 판매방식을 말한다. 즉, 교차판매는 금융기관들의 대형화 및 겸업화 추세가 가속화 하면서 나타난 현상 가운데 하나로, 전통적인 수익모델로는 더 이상 이윤을 창출하기 어렵다는 현실 인식에서 등장한 새로운 유형의 수익모델을 말한다. 또한 유사한 개념으로 업셀링 또는 업셀은 고객이 현재 찾고 있는 상품의 유사 상위 상품으로 판매 유도하는 것을 말한다.

완전하게 서로 연계된 CRM시스템은 [그림 7-7]과 같이 다양한 고객접촉점을 통해 고객 및 시장과 관련된 자료를 얻으며, 수집된 정보를 데이터베이스에 저장한다. 일단 수집되고, 저장되고, 체계적으로 정리된 정보는 다양한 목적으로 사용될 수 있게 분석 정리된 후 기업 내부의 사용자에게 접속될 수 있도록 한다. CRM 시스템은 조직 전반에서 수집된 고객에 관한 자료를 사용자에게 편리하게, 실시간으로 사용될 수 있도록 제공함으로써 조직 전체가 서로 연계된 하나의 판매 네트워크로 역할을 수행할 수 있게 한다.

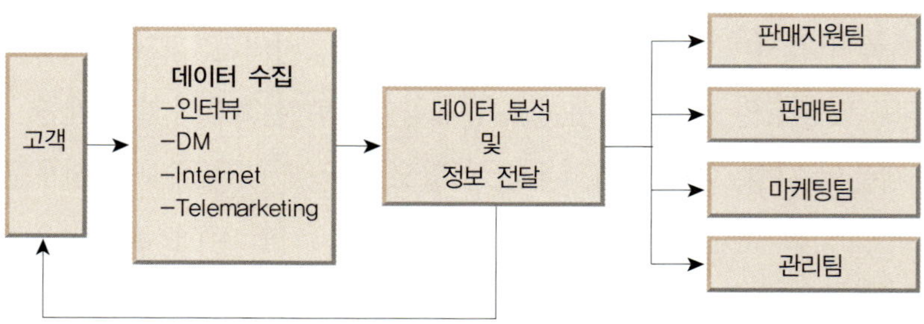

그림 7-7 CRM의 정보 수집 및 활용

CRM 프로세스 모델에서는 기업과 기존 고객 혹은 잠재고객과의 접촉이 발생하면 조직구성원이 고객과 마케팅/판매/사후서비스 기능 간의 관계를 한눈에 알아볼 수 있도록 부서 간의 밀착된 연계가 필수적이다. 기업과 고객과의 관계는 기업과의 최초 접촉, 판매 사이클에서의 고객의 현재 상태, 계좌, 고객서비스 부서와의 판매 후 관계, 구매이력에 따른 상품소개 등을 포함한다.

또한 웹사이트의 발전으로 채널 최적화(channel optimization) 개념이 있는데, 이는 사이트 방문객들이 어디를 통해 사이트에 들어왔는가를 파악해 어떤 검색엔진의 어떤 검색어가 손님을 가장 많이 끌어들이는지 알아내게 된다. 즉, 인터넷 로그(log) 분석을 통해 웹사이트의 '트래픽 질'을 파악하는 것인데, 이는 방문객이 어느 경로를 통해 사이트를 방문했는지, 처음 도착한 페이지는 어디인지, 사이트를 방문한 후 어느 링크를 클릭했는지, 언제 어디서 사이트를 빠져 나갔는지를 일일이 분석하는 것이다.

2) 관계마케팅과 고객가치

전통적인 마케팅 접근 방식은 고객의 필요와 취향에 따라 시장을 세분화하고, 제품과 서비스가 디자인되고, 이들이 세분화된 고객에게 주어지는 것이 대량 마케팅의 기본 개념이라 할 수 있다. 그러나 정보기술의 발달과 유연한 생산기술(flexible manufacturing)의 개발로 기업이 개별 고객의 필요와 취향을 만족시키는 것은 자기 제품을 경쟁기업의 제품과 차별화시키고 동시에 비교우위를 가질 수 있는 중요한 마케팅 전략이 되었다. 이제 기업의 마케팅 부서는 개개의 고객과의 관계가 모든 의사 결정의 중심이 되는 것을 인식하기 시작하였다. 이러한 관점에서 기업은 제품 중심의 마케팅에서 고객 중심의 마케팅으로 마케팅 전략이 변화하였고 고객을 계속 유지하기 위해 개별 고객의 만족도를 높이는 것이 마케팅관리의 중요한 기준이 되었다. 어느 수준까지의 고객만족이 제품에 대한 고객의 충성도를 가져오고 동시에 기업에 수익을 가져올 수 있는지에 대한 의문은 항상 기업의 중요 이슈가 되어 있다. SPC(satisfaction-loyalty-profit chain) 사슬이론에 따르면 고객의 만족도는 고객충성도를 야기하고, 고객충성도는 기업의 이익과 직결된다고 한다. 따라서 고객만족도와 충성도는 이익의 핵심 지표라 할 수 있다.

데이터베이스 마케팅은 제품의 광고활동 효율을 높이기 위한 가치 있는 정보를 기 업에 제공하여, 이를 이용하여 기업이 고객을 세분화하고 그들의 필요와 취향을 분석 할 수 있게 하였다. 수년에 걸친 첨단 정보기술의 발달은 기업이 그들의 고객과 잠재적인 고객에 관한 엄청난 양의 자료를 분석하고 이를 수집하여 그들의 마케팅활동에 이용할 수 있게 하였다. 일반적으로 고객 데이터베이스는 비슷한 취향의 고객들을 개별 그룹으로 분류하는 역할을 하고, 개별 그룹으로 분류된 고객 집단은 서로 다른 세분화된 시장으로 취급되어 다른 그룹과 다르게 그 그룹에 적합한 마케팅활동을 하였다. 예를 들면, 그룹에 따라 다른 내용의 우편 홍보물을 서로 다른 시점에 횟수도 다르게 개별 그룹에 속한 고객들에게 보내어 마케팅 효과를 제고하는 것은 데이터베이스 마케팅의 성과라 할 수 있다. 우편 홍보물 대신 e-mail이나 트위터, 페이스북 같은 SNS(social networking service), 혹은 문자메시지를 개별 고객의 취향에 적합한 형태나 시점에 보낸다면 그 효율성은 더욱 높아질 것이다.

CRM은 데이터베이스 기술과 최근의 통신기술을 이용하여 시장을 세분화한 마케팅 의 개념을 개인 고객의 수준까지 상세한 개별 고객의 데이터를 수집하고 분석할 수 있게 하였다. 다시 말하면 CRM은 데이터베이스 마케팅의 실행원칙을 더욱 세분화하여 개인 고객 수준까지 실행하고 기업과 고객과의 관계를 강화시켜 나가고 있다.

과거의 마케팅 행위의 기본 목적은 제품이나 서비스에 대한 고객의 충성도를 유지 하고 강화시켜 나가는 것이었다. 이러한 목적의 근간에는 제품이나 서비스에 충성도가 있는 고객은 거래행위가 반복되고, 가격 인상이나 단편적인 문제점에 대한 관용을 그들에게 기대할 수 있으며, 결과적으로 고객의 충성도는 회사의 이익으로 연결된다는 논리에 근거하고 있다. 그러나 고객은 움직이는 존재이다. 그들은 항상 최상의 상품을 추구하고, 리베이트나 할인가격을 요구하며, 끊임없이 고객센터에 질문하고 불평할 수 있기 때문에 고객충성도를 유지하고 강화하는 기업의 노력은 이익의 원천이기보다 비용이 요구되는 행위라 할 수 있다. CRM의 중요 기능 중의 하나는 서로 다 른 유형의 고객을 파악하고 개인 고객과 기업 간의 적절한 상호작용을 위하여 특별한 전략을 개발하는 것이다. 예를 들면, 수익성이 높은 고객과 보다 긴밀한 관계를 개발하기 위한 마케팅 전략을 수립하고, 수익성 높은 고객을 유치하기 위한 전략을 개발하고, 수익성이 낮거나 없는 고객을 파악하기 위한 적절한 전략을 수립하여 그러한 고객과의 관계를 단절하는 마케팅활동

역시 CRM의 중요 기능이라 할 수 있다.

고객가치는 CRM에 있어서 매우 중요한 개념이다. 고객가치는 고객과 기업과의 관계를 경제적 가치로 환산한 것으로 고객으로 인해 발생하는 순수익 혹은 공헌이익이라 정의할 수 있다. Kumar와 Reinartz는 고객가치의 개념을 CRM에 포함하여 "CRM이란 데이터베이스와 통신기술을 이용하고 분석하여 기업의 개별 고객의 평생가치(lifetime value)를 최대화하기 위해 전략과 이의 실행"이라고 정의하였다. 결국 CRM 은 기업에 가장 이익을 많이 제공하는 고객을 선택하는 과정인 동시에 이들의 평생가치를 최대화할 수 있는 기업과의 적절한 상호작용을 수립해 나가는 과정이다.

3) CRM과 정보기술

고객관계관리시스템은 마케팅 관점과 정보 기술적인 측면을 포괄적으로 내포하고 있는 개념이다. 가트너(The Gartner) 그룹에서 정의하기를, 마케팅 측면에서의 CRM은 고객관리에 필수적인 요소들, 즉 사업전략, 영업 프로세스, 조직의 경영능력, 고객과 시장에 관련된 영업정보 등을 고객 중심으로 정리 통합하여 고객활동(customer interaction)을 개선함으로써 고객과의 장기적인 관계를 구축하여 경영성과를 개선하기 위한 새로운 경영방식이라 하였다. 이와 달리 정보기술적인 관점에서 CRM이란 기업 전반에 걸쳐 고객 데이터와 기업 내외부의 고객 관련 데이터를 데이터베이스에 통합하여 DB의 분석 결과와 정보를 다양한 고객접점(영업사원, 콜센터, 웹사이트, e-mail, direct message)에 배분하여 기업이 고객접점에서 고객과 상호작용하는 데 활용하도록 하는 비즈니스 과정(business process)를 의미한다고 정의하였다.

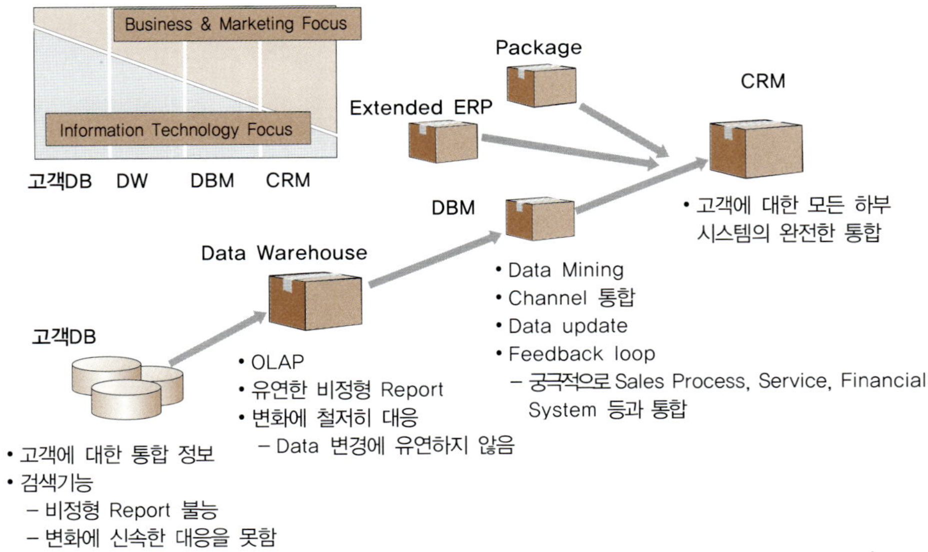

그림 7-8 CRM과 정보기술

그림에서 보는 바와 같이 정보기술적인 측면에서 CRM은 고객 데이터베이스의 구축에서 시작하여 데이터 웨어하우스로 발전하였고 90년대의 데이터베이스 마케팅을 거쳐 2000년대의 CRM으로 완성되었다. 고객DB는 고객에 관한 정형적이고 구조적인 데이터를 수집하고 고객에 관한 통합된 정보를 보관하는 것이다. 고객DB는 기술적으로 CRM의 근본이 되지만 정형적인 데이터만 수집하여 분석할 수 있으므로 변화에 신속하게 적응하지 못하고 비정형적인 보고서를 작성할 수 없는 단점이 있다. 데이터 웨어하우스는 온라인 분석처리(online analytical processing)의 기반이 되는 것으로 대표적인 분석적 고객관계관리 프로그램이다. 비구조적인 데이터와 시간의 흐름에 따른 데이터를 수집하고 보관할 수 있기 때문에 시장 상황의 변화에 유연하게 적응할 수 있으며, 풍부하고 다양한 데이터를 이용하여 데이터마이닝이나 빅데이터의 기법을 사용하여 고객이나 시장을 분석할 수 있는 근간이 되고 있다. 그리고 데이터베이스 마케팅은 고객에 관한 데이터베이스를 구축, 필요한 고객에게 필요한 제품을 직접 판매하는 것으로, 원투원(one-to-one) 마케팅이라고도 한다. 즉 어느 고객이 무엇을 얼마나 자주 구매했는지, 어느 매장에서 어떤 유형의 제품을 구매했는지, 언제 재구매·대체구매를 할 것인지 등과 같은 데이터를 가지고 고객의 성향을 분석, 향후 필요한 마케팅 전략을 수립하는 것이다. 미국의 항공회사는 데이터베이스 마케팅을 잘 활용하는 것으로 알려져 있는데, 예를 들어 출발 전에 탑승객에 대한 자료를 파악, 승무원에게 전달해 고객이 좋아하는 와인과 식사, 그리고 취미까지 고려해 고객에게 감동을 안겨주는 서비스를 하고 있다. 최근 들어서는 항공회사뿐 아니라 은행, 유통, 제조업체까지 데이터베이스 마케팅이 도입되었다. 이러한 발전과정을 거쳐 고객관계관리시스템은 확장형 전사관리시스템의 부분으로서 혹은 독립된 엔터프라이즈시스템의 하나로서 CRM이 완성되었다.

요약

1. 전사적 시스템

기업에서 포괄적으로 사용하는 응용 소프트웨어 패키지를 전사적 시스템(enterprise systems)이라 하고 대표적인 전사적 시스템에는 전사적 자원관리시스템(ERP), 공급사슬관리 시스템(SCM), 고객관계관리시스템(CRM)이 있다. ERP는 다양한 기능을 가진 업무영역의 개별 응용시스템을 중앙의 데이터베이스를 기반으로 통합한 시스템이며 SCM은 제조업체, 원재료, 부재료 및 부품의 공급업자, 운수업자, 창고, 도/소매상, 고객까지 포함하는 포괄적인 시스템으로 물류와 관련된 응용시스템이다. CRM은 인터넷과 같은 정보기술의 발달로 인하여 고객 개개인에 대한 많은 정보를 축적하고 분석할 수 있게 되어, 선별된 고객으로부터 수익을 창출하고 장기적으로 고객과의 관계를 증진시키기 위한 시장 중심의 전사적 응용시스템이다.

2. 전사적 자원관리시스템(ERP)

ERP는 기업의 재무와 회계, 생산관리, 판매관리, 재고 및 인사관리 등 전사적인 데이터를 일원화시켜 관리하고, 자원을 계획적이고 효율적으로 운용하여 생산성을 극대화하는 통합정보시스템이다.

ERP의 등장 배경은 기업환경의 변화와 정보기술의 발달이라는 두 가지 측면에서 생각할 수 있다. 글로벌 시대를 맞이하여 급변하는 기업의 내부 및 외부 환경에 대응하고, 경영혁신의 도입 및 조직구조의 재구축 등과 같은 과감한 개혁이 요구되면서 ERP가 등장하게 되었다. 또한 경영환경의 변화와 빠르게 발전하는 정보기술을 동시에 반영하는 정보시스템의 설계 및 구축의 어려움으로 인해 ERP를 도입하기 시작하였다. ERP의 발전과정은 70년대의 자재 소요량 계획(MRP)에서 출발하여 80년대에 제조자원계획(MRP II)으로 발전하였으며 90년대에 들면서 IT의 발전이 더욱 가속화되면서 MRP II를 확장한 통합정보시스템인 ERP로 진화하였다. ERP의 일반적인 특성은 업무 및 프로세스의 통합화, 프로세스 리엔지니어링의 실현, 글로벌화에 대한 대응, 파라미터 설정으로 시스템의 유연성 확보, 최신의 정보기술 활용, 짧은 구축기간 및 유지보수, 시스템의 확장성, 개방성의 확보를 들 수 있다.

3. 공급사슬관리시스템(SCM)

기업환경의 변화에 따라 공급사슬관리의 역할이 점차 중요해지고 있다. 전통적인 공급사슬 관리는 물류 혹은 유통에 있어서 불필요한 단계나 중복된 업무를 제거하는 것이 목적이다. ERP가 기업 내부의 업무를 원활하고 효율적인 수행을 목적으로 한다면 SCM은 기업 외부에 존재하는 공급자들과의 긴밀한 관계를 유지하고 관리하기 위해 개발되었다.

또한 SCM은 기업 간 시스템으로 첨단의 정보기술을 이용하여 고객, 제조업체, 공급자, 유통업체 간의 물류와 관련된 핵심 프로세스를 연계하여 빠르고 효율적인 공급사슬을 구축하여 공급자, 제조업체, 유통채널, 고객까지의 모든 단계의 가치를 극대화하고 고객의 요구를 만족 시키는 것이 궁극적인 목표이다. SCM의 도입효과로는 재고의 감소, 절차 간소화로 업무처리 시간의 단축, 안정된 공급, 자금 흐름의 개선, 이익의 증가 등을 들 수 있다.

4. 고객관계관리시스템(CRM)

CRM은 기업이 체계적으로 고객과의 관계를 관리할 수 있도록 지원해 주는 소프트웨어이며, 인터넷과 첨단의 정보기술을 이용하여 고객 개인에 대한 정보를 수집하고 분석하여 선별 된 고객으로부터 수익을 창출하고 장기적인 관계를 유지할 수 있도록 지원해 주는 통합정보 시스템이다. 즉 CRM은 고객의 충성도를 높이고, 기존 고객을 유지하며, 기업의 수익성을 제고하기 위한 제반 문제를 다룬다.

CRM이 확장된 ERM은 고객뿐만 아니라 공급자, 비즈니스 파트너 등 모든 기업의 이해관계자들과의 관계를 관리하는 소프트웨어 패키지 또는 개념을 말한다. CRM의 기능은 크게 다섯 가지로 나눌 수 있다. 첫째, CRM은 기업에게 새로운 고객을 파악하고, 새로운 고객을 확보할 수 있게 한다. 둘째, CRM은 기업이 고객의 요구 및 취향에 대해 올바른 이해를 할 수 있도록 한다. 이를 통해 고객의 요구를 제품이나 서비스에 반영시킬 수 있다. 셋째, 기업은 CRM을 이용하여 보다 개인화되고 맞춤형 제품 및 서비스를 제공함으로써 고객과의 관계를 강화시킨다. 넷째, 기업은 CRM을 이용하여 판매 사이클을 최적화시킬 수 있다. 판매 사이클의 개선은 온라인 주문, 카드결제, 대금지급 요청, 주문처리 관리, 결제 프로세스의 개선 등을 통해 이루어진다. 마지막으로 기업은 CRM을 이용하여 보다 높은 부가가치를 가진 교차판매(cross-selling)와 업셀링(up-selling) 기회를 파악할 수 있다.

사례연구 Zara의 공급사슬관리

시장 상황이 빠르게 변화하고 경쟁우위가 속도에 의해 결정되는 의류산업에서 공급망관리 는 성공의 핵심적인 요소다. Zara는 기민한 공급사슬(agile supply chain)을 이용한 시장 대 응으로 패션산업에서 가장 성공적인 기업이 되었으며 효율적으로 물류를 관리하는 대표적인 기업이 되었다. 패션산업에서 기민함이란 예측할 수 없는 시장 수요의 변화에 대응할 수 있는 능력을 의미한다. Zara는 1975년에 스페인의 Amancio Ortega에 의해 설립된 Inditex 그룹에 소속된 의류회사다. Inditex 그룹은 Zara 이외도 Bershka, Massimo Dutti, Pull and Bear, Stradivarius 등의 브랜드를 가지고 있으며, 현재 세계 3위의 의류 유통업체이다. 2010 년 기준으로 Zara는 전 세계 77개국에 4,907개의 점포를 운영하고 있으며, 본사가 위치한 스페인 코루나 지역에 3,000여 명의 디자이너가 매년 40,000개의 아이템을 디자인하여 이 중 엄밀한 선별과정을 거쳐 10,000여 아이템을 고객에게 선보인다.

Zara의 기민한 공급사슬은 제품구성과 디자인, 구매 및 생산, 제품유통, 판매 및 피드백 등 네 부분으로 나누어 설명할 수 있다.

제품 구성과 디자인

Zara는 고유의 제품을 가지고 있지만 대부분의 Zara 제품은 유명 브랜드를 모방한 것이다. Zara 디자이너의 주된 임무는 혁신적인 제품 디자인이 아니라 기존 제품의 주요 패션 요인들을 목적에 맞게 재구성하여 새로운 제품을 디자인하는 것이다. Zara는 '쁘레따 뽀르떼'나 '오꾸뚜르' 같은 유명 패션쇼, 클럽, 도심의 번화가 등에서 패션의 요소를 찾아내어 샘플을 만들고 이를 새로운 제품으로 재구성하는 작업으로 유명하다. Zara에서 특이한 점의 하나는 원단(fabrics)은 시즌이 시작되기 전 미리 주문하되 색상 없이 주문하여 먼저 확보하고, 배송되었을 때의 유행에 맞게 디자이너가 색상을 선택할 수 있게 하는 점이다. Zara의 또 다른 특징은 내부 작업과 외부의 아웃 소싱이 균형을 이루게 관리하는 것이다. 바느질, 재봉 작업, 그리고 염색 등의 노동 집약적인 작업은 외부에 하청을 주지만 디자인, 샘플 제작, 컴퓨터를 이용한 재단 등 높은 수준의 기술을 요구하는 작업은 내부에서 직접 처리한다.

구매 및 생산

구매행위는 마케팅, 판매, 디자인, 제조 등 조직의 기능별 부서와의 상호 작용으로 가치를 부가하는 매우 중요한 업무 프로세스라 할 수 있다. 먼저 글로벌 마켓 에서 기민한 공급사슬관리는 원/부재료를 낮은 가격에 구매함으로써 제품의 가격경쟁력을 가져올 수 있다. 둘째, 제품의 수명주기가 짧아진 상황에서 다양한 고객의 취향을 만족시키기 위해서는 다품종 소량생산이 필수적이다. Zara는 매주 새로운 상품을 출시하여 시장의 변화에 적응하고 고객의 방문을 유도한다. 셋째, 새로운 기술은 시장의 수요와 상품의 공급에 따라 하루에도 상품의 가격이 몇 번씩 변화할 수 있다. 따라서 이러한 수요 공급의 변화를 면밀히 관찰할 수 있는 정보기술이 필요하며 이러한 모니터링 기술은 구매에도 바로 적용한다. 제조에 직접 사용되는 재료는 양질의 재료이며, 적절한 시점에 적절한 장소로 최상의 상태에서 최소의 비용으로 공급되어야 한다. Zara의 기민한 공급사슬관리는 구매에 있어 중요한 역할을 하며 협력사와 아웃소싱을 통해 효율을 높인다. 공급사슬관리자의 주안점은 자원을 최대한 활용하고, 재고를 최소화하며, 리드 타임을 최소화는 세 가지라 할 수 있다. 이는 가격에 영향을 주고, 고객을 만족시키며, 수익성, 재고회전율, 매출액 등에도 영향을 미친다.

Zara에서는 주문도 될 수 있으면 줄이고 제품 생산 로트(LOT)도 가능한 최소화한다. 그러나 전 세계 매장이 늘어날수록 리드타임을 더 이상 짧게 가져갈 수 없는 게 현실이다. 패션 상품의 특성은 제품 제조기술이 복잡한 것이 아니라 시장에서의 불확실성이 높은 것이다. Zara에서는 이러한 불확실성을 줄이기 위해 기본 사양에서 일정한 범위 내에 속하는 제품을 주로 생산하는 전략을 수립하여 제품의 범의를 축소시켰다. 시장에서 인기가 없더라도 소량이어서 손실의 폭이 좁고 이러한 상품은 곧 가격을 낮춰서 팔 고 바로 새로운 상품으로 교체되어 시장의 검증을 받는다. Zara 제품의 80%는 기본 라인에 속하는 제품이고 유행과 관련된 신제품은 20%에 불과하다.

제품유통

공급사슬관리에 영향을 주는 기업활동은 여러 가지다. 배송 시간은 기업 이미지와 밀접한 관계가 있다. 구매하고자 하는 제품이 매장에 없을 때 고객은 경쟁사의 상품을 구매하고 이들 중 20%의 고객은 다시 돌아오지 않는다. 물류 측면에서 Zara는 빠르게 변화하는 패션산업에서 처음으로 일주일에 두 번 신제품을 출시하는 최초의 기업이다. 일반적인 패션 산업에서 세계적인 브랜드를 갖는 의류회사가 평균 4개월에 한 번 상품을 출시하고, 아시아 지역의 패션 사업자는 평균 6개월 내지 9개월에 한번 새로 운 상품을 출시하는 데 비해 Zara는 일주일에 한 번씩 새 상품을 소개하고 일주일에 2회에 걸쳐 매장에 상품을 배송한다. 새로운 상품은 매주 새로운 고객을 매장으로 끌어 들여 신상품을 구매할 수 있게 하고, 기존의 상품은 판매가 부진하더라도 소량을 항상 진열한다. 이러한 방법으로 Zara는 시장의 변화에 적응하고, 새로운 상품을 일주일 두 번 배송함으로써 매장에 활기를 불어넣고 새로운 고객을 창출해 나가고 있다.

Zara의 성공에는 효율적이고 기민한 공급사슬, 효율적인 조직관리, 그리고 가장 중요한 요인은 고객 중심의 운영관리라 할 수 있다. 예를 들어, 2006년 10월에 영화 〈마리앙 트와네트〉가 EU와 미주지역에서 공전의 히트를 칠 때 Zara 매장은 금단추가 장식된 중 세풍의 벨벳 가운과 재킷이 주요 상품으로 가을 매장을 주도했으며, 9/11 사건으로 전 세계가 침통해 있을 때, Zara 매장에서는 일주일 동안 검정색과 어두운 색의 옷만 진열하고 판매하였다. 이러한 고객 중심의 경영, 기업환경과 소통하는 정책은 Zara의 마케팅활동에 중요한 변수로 항상 작용한다.

판매 및 피드백

고객과 제조업체와의 규칙적인 소통은 공급사슬관리의 기본이다. 고객이 공급자에게 상품에 대한 자신의 의사를 전달하고, 이러한 소통에 관여하게 되면 고객과 공급업체와의 관계가 형성된다. Zara의 디자이너들은 개별 매장의 판매와 재고에 관한 정보를 매일 보고받고 이를 바탕으로 현장에 대한 자신들의 의견을 제시한다. Zara에서는 이러한 과정을 상황인식공유(shared situation awareness)라 한다. 상황인식공유 과정은 기본 자료를 관찰하고, 이를 인식하며, 그리고 가설을 검증한다. 일반적으로 판매 및 매장 재고에 관한 기본 자료는 Zara의 매장관리자에 의해 시간대별로 조사되고 이를 바탕으로 매장관리자는 본사에서 보내는 상품을 수동적으로 판매하는 것이 아니라 시간대별 자료를 바탕으로 상품을 주문한다. 이러한 주문을 기준으로 매장관리자의 개인별 성과는 측정된다.

또한 영업이 끝난 뒤에 매장관리자는 현장분석팀이 되어 하루 동안의 성과를 검증하고 탈의실에서 입혀진 옷, 고객들에게 팔리지 못한 옷에 대해 조사하여 패턴 분석을 바탕으로 디자인팀에 보고된다. 현장에서 분석된 자료는 Zara의 본사 팀들에게 전해진다. 이 자료를 바탕으로 본사의 디자인팀, 테스트용 디자인제작팀(fast prototyping team), 마케팅분석팀 그리고 바이어들이 함께 소통하여 여성복, 남성복, 그리고 아동복으로 나뉘어져 새로운 디자인을 창출해 낸다. 이 또한 분석결과에 따라 폐지되거나 trial base로 매장에 보내어져 고객들의 반응을 살핀다.

Zara의 본사에는 Fashion Street라고 불리는 특이한 부서가 있다. 새로운 디자인의 색상, 재질, 원단 등이 전체적인 컬렉션과 잘 어우러지는지 확인하기 위한 분석팀인데, 본사의 지하 에 밀라노와 런던 등의 패셔너블한 스트리트를 재현하여 윈도우숍, 인테리어 디자인, 라이트와 음악까지 선별하여 Zara에 속해 있는 건축가, visual merchandiser, 그리고 디자이너들과 서로 소통하여 현장과 같이 고객반응을 분석한다.

| 사례질문 |

1. 제품 생산과 관련된 Zara 공급사슬관리의 특징은 어떤 것이 있는가?
2. Zara의 판매와 관련된 공급사슬의 성과는 현장의 판매 매니저와 디자이너의 관계 관리가 중요한 역할을 하였다. Zara의 매장과 디자이너 간의 의사소통(communication)에 대해 설명해 보자.
3. Zara 제품의 짧고 빠른 생명주기가 고객에 미치는 효과에 대해 설명해 보자.

CHAPTER 08

경쟁전략과 정보시스템의 전략적 활용

1. 우위 확보
2. 정보기술의 전략적 활용

학/습/목/표

오늘날 인터넷과 정보통신의 발달로 인하여 전 세계가 하나의 지구촌을 형성함으로써 대부분의 국내 기업은 국내 시장에서 벗어나 국제무대에서 외국의 거대한 기업과 치열한 경쟁을 할 수밖에 없다. 이 경쟁에서 이길 수 있는 방법 중의 하나로서 정보기술을 활용한 정보시스템을 전략적으로 활용하는, 이른바 전략정보시스템을 활용하여 경쟁에서 유리한 우위를 점하는 것이다. 따라서 이 장에서는 경쟁우위 확보를 위한 전략정보시스템, Michael Porter가 제시한 본원적 경쟁전략, 다섯 가지의 경쟁세력 및 가치사슬 모형에 대해서 학습하고자 한다. 또한 기업에서 정보기술을 전략적으로 활용하여야 하는 이유와 의의를 이해하고자 한다.

1. 전략정보시스템의 개념을 이해할 수 있는가?
2. Michael Porter의 경쟁전략 모형 세 가지를 구분하면 어떤 것들이 있는가?
3. 정보기술의 전략적 활용의 의미, 목적, 원인을 설명할 수 있는가?

1 우위 확보

1) 정보시스템의 전략적 활용

정보시스템이 기업경영활동에 처음으로 도입된 시기는 대체로 1950년대이다. 1950년대부터 1960년대에 이르기까지의 정보시스템은 기업경영활동에 필요한 정보를 제공하는 것이 아니라 단순히 거래에서 발생하는 자료를 처리하는 목적으로 대량의 데이터를 효율적으로 신속, 정확하게 처리하는 초보수준의 정보시스템으로서 EDPS라고 하였다. 당시에는 회계 업무 관련 거래처리가 대부분이어서 오늘날의 거래처리시스템(TPS)과 비슷한 형태였다.

1970년대에는 데이터처리 기술의 발전과 컴퓨터의 성능 향상으로 경영활동에 필요한 정보를 처리하고 제공할 수 있는 수준으로 발전하게 되었는데, 이때의 정보시스템을 협의의 경영정보시스템(MIS)이라고 한다. 이를 통해 제공되는 정보는 주로 중간관리층에서 경영관리와 정보 보고를 목적으로 활용되었으므로 정보보고시스템(IRS), 또는 정보자원관리(IRM)라고 불리기도 하였다. 1970년대 후반, 경영환경이 복잡해지면서 기존의 정보시스템으로는 경영문제 해결을 위한 경영자의 의사결정을 지원하는 데 한계가 있어, 이를 해결할 수 있는 정보시스템의 필요성이 제기되었는데 이를 위해 개발된 정보시스템이 바로 의사결정지원시스템(DSS)이다.

1980년대에는 기업 간 경쟁이 더욱 극심해지면서, 경쟁우위를 차지하기 위한 전략적 무기로서의 정보시스템 역할이 요구되었다. 이것이 오늘날의 전략정보시스템(SIS)으로서 정보시스템의 전략적 역할을 강조한 개념이다. 따라서 전략정보시스템(SIS)은 TPS, 협의의 MIS, IRS, DSS 등과 같이 별도로 존재하는 정보시스템이 아니라, 기존의 정보시스템에 인터넷, 정보통신망 등을 이용하여 정보시스템을 전략적으로 활용하는 개념이다.

정보시스템을 전략적으로 활용한다는 것은 정보시스템을 단순한 사무작업의 효율화뿐만 아니라 경쟁회사와의 차별화 등 경영전략 수행의 효율적 수단으로서 기업의 경쟁우위를 획득 및 유지하여 기업 구조의 변혁 및 혁신, 신규 사업의 창출, 기업 간 협력 확대, 고객과 공급업체와의 상호연결, 제품과 서비스의 차별화 등을 유도하여 기업의 경쟁력을 강화시킨다는 것이다. 간단한 사례로서 금융기관의 대규모 온라인시스템, 인터넷 뱅킹의 등장, 항공회사의 좌석예약시스템, 슈퍼마켓(체인점) 등에서의 판매시점관리(POS) 등을 들 수 있다.

요즈음에는 대외 지향적인 전략시스템뿐만 아니라 기업 구조의 재구축을 위한 업무 재설계(BPR)와 같은 경영전략을 수립하고 BPR 전략에 적합하게 정보시스템을 재구축하는 접근 방식을 채용하는 경우도 있다. 최첨단 정보기술을 이용한 전략정보시스템을 수단으로 활용하여 기업의 구조를 변화 및 혁신시키고, 기업경영을 효율적으로 수행함은 물론 급변하는 글로벌 환경하에서 성장하고 경쟁력을 강화시키는 기업의 사례가 다양하게 나타나고 있다.

기업이 정보시스템을 전략적으로 활용하는 방법은 크게 네 가지로 구분할 수 있다. 첫째, 정보시스템을 적절하게 활용하여 제품 또는 서비스의 본질이나 내용을 상당 부분 변화시킬 수 있으며, 둘째, 정보기술을 활용하여 고객관계관리(CRM)를 더욱 강화시킬 수 있고, 셋째, 정보기술을 활용하여 공급자와의 관계에서 전략적 우위를 확보할 수 있고, 넷째, 효율적으로 내부관리 및 통제를 가능하게 함으로써 전략적으로 목적을 용의하게 달성 할 수 있다.

요컨대, 이러한 전략정보시스템을 활용함으로써 기업은 궁극적으로 고객, 공급자, 경쟁자, 신규 진입 기업, 대체재 생산자와의 관계에서 경쟁우위를 획득할 수 있게 된다. 기업이 경쟁우위를 획득 및 유지하고, 경쟁 목적 달성에 도움을 줄 수 있도록 정보기술을 사용하는 정보시스템(TPS, MIS, IRS, DSS 등)은 모두 전략정보시스템(SIS)이 될 수 있다.

따라서 전략정보시스템이란 기존의 정보시스템에 정보기술과 경쟁전략 개념을 융합하여 기업의 프로세스, 제품, 서비스 등에 정보 자원을 전략적으로 활용함으로써 기업의 경쟁우위(competitive advantage)를 확보하고 부가가치를 창출하는 시스템이다.

2) 경쟁전략 모형

전략정보시스템에서 가장 빈번하게 등장하는 개념이 전략과 경쟁우위라는 용어이다. 여기에서 전략(strategy)이라는 용어는 군사학에서 유래한 것으로, 기업에게 주어진 제약조건하에서 기업의 목표를 달성하기 위하여 경영자들이 행하는 의사결정이라고 할 수 있다. 개인을 포함하여 모든 조직은 경쟁상대보다 지속적으로 경쟁우위를 획득하면 생존 및 번영이 가능하다. 환언하면, 경쟁시장에서 해당 산업의 평균 수익성보다 해당 조직의 수익성이 높을 때 경쟁상대에 비해 경쟁우위를 가지고 있다고 할 수 있다. 즉, 경쟁우위란 해당 조직이 경쟁상대에 비해 우월적 위치를 제공하는 제품, 서비스, 프로세스, 능력 등을 개발하는 것이라고 할 수 있다. 이러한 경쟁우위를 획득할 수 있는 방법을 수립하는 것이 경쟁전략이다.

Michael Porter는 기업에서의 경쟁전략을 설명하는 모형으로서 (1) 경쟁세력 모형, (2) 본원적 전략, (3) 가치사슬 모형의 세 가지 개념을 제시하였다.

(1) 경쟁세력 모형

Porter의 경쟁세력 모형은 동일 산업 내에서의 기업의 위치를 지켜 주거나 위협하는 다섯 가지의 주요 경쟁세력을 [그림 8-1]과 같이 제시하였으며, 이들이 산업에서의 경쟁 강도를 결정짓는다고 하였다. [그림 8-1]은 기업의 경쟁전략을 이해하고 적용시킬 수 있는 일반적인 모형으로서 산업별로 약간씩 차이가 있을 수 있으며, 특히 인터넷과 웹의 등장으로 인하여 경쟁의 본질이 바뀌게 되었다. 즉 경쟁의 강도는 더욱 심화되었으며 기업의 수익성은 더욱 감소되었다. Michael Porter가 제안한 다섯 가지의 경쟁세력(competitive forces)은 ① 신규 진입 기업의 위협, ② 공급자의 협상력, ③ 구매자의 협상력, ④ 대체품 및 서비스의 위협, ⑤ 동일 산업 내에서의 기업 간 경쟁이다. [그림 8-1]은 이 경쟁세력 사이의 관계를 보여 주고 있다.

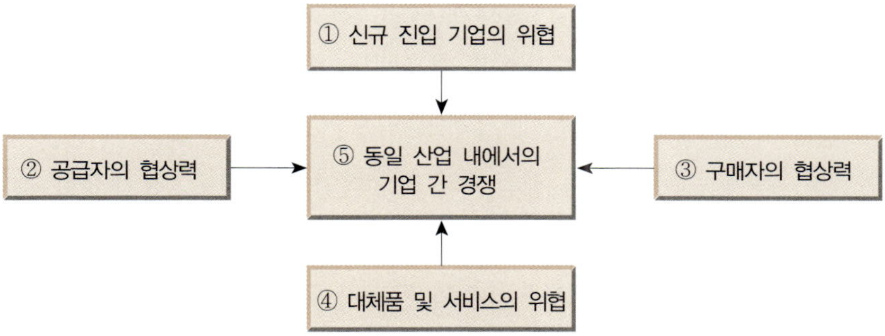

그림 8-1 Michael Porter의 경쟁세력 모형

① 신규 진입 기업의 위협

특정 산업 분야에서 사업 전망이 밝고 동시에 진입장벽이 낮으면, 새로운 경쟁자의 진입이 쉬워서 신규 진입 기업의 위협이 높아지게 되는데, 만약 신규 기업이 진입하게 되면 그 산업은 혼란을 겪게 되고 기존 기업들은 더욱 경쟁이 심화되어 생존하기 어려워진다. 음식점, 커피전문점 등과 같이 진입장벽이 낮은 산업은 신규 진입기업의 위협이 크며, 경쟁이 치열하다. 그러나 대규모의 자본과 기술이 투입되는 석유화학, 플랜트 등과 같은 장치산업의 경우에는 진입장벽이 높으며 정부의 허가를 받아야 하기 때문에 신규 진입 기업의 위협은 매우 낮은 편이다. 향후 사업전망, 진입장벽의 강약, 규모의 경제, 소요자본, 교체비용, 유통경로로의 접근, 정부정책, 절대적 비용우위, 기존 기업의 보복 정도 등에 따라 진입위협이 달라진다. 특히 인터넷을 이용하거나 웹사이트를 구축하여 기업을 운영하는 경우에는 진입장벽이 낮아 신규 기업의 진입 위협이 매우 높은 편이다.

② 공급자의 협상력

공급자의 협상력은 구매자가 선택할 수 있는 공급자의 수에 따라 달라진다. 즉 소수의 공급자가 있거나, 대체품이 없는 경우, 제품이 완전히 차별화되어 있으면 공급자의 협상력은 증대되지만, 그 반대의 경우에는 대체로 공급자의 협상력이 낮아진다. 공급자는 자신들이 공급하는 원재료의 가격인상을 요구하거나 판매하는 제품이나 서비스의 질을 낮추겠다는 위협으로 협상력을 발휘하는 경우가 많으므로 공급자의 협상력이 높은 산업에 진입하는 것은 바람직하지 않다. 그러나 인터넷상에서는 공급자의 협상력은 상황에 따라 달라진다. 즉 공급자가 공급사슬을 일원화하면서 특정 구매자에게 집중할 경우에는 공급자의 협상력이 높아지게 되고, 구매자들이 다양한 공급자를 보유하고 있으며 가격비교를 통해 공급자를 선택할 수 있는 폭이 큰 경우에는 공급자의 협상력이 약화된다. 공급자의 협상력을 약화시키는 방법 중의 하나가 한 구매자가 여러 공급자와 관계를 갖는 것이다. B2B 마켓플레이스(marketplace)가 다수의 공급자와 구매자가 거래하는 인터넷 전자상거래 서비스이므로 공급자의 힘을 감소시키는 효과를 지니고 있다.

③ 구매자의 협상력

구매자의 협상력은 구매자의 선택권의 다소에 달려 있다. 즉 구매자의 선택권이 많거나, 소수의 대규모 구매자가 있거나, 제품차별화가 이루어지지 않은 경우에는 구매자의 협상력이 높지만, 구매자의 선택권이 적을 때는 구매자의 협상력이 낮다. 구매자는 기업이 제공하는 제품과 서비스의 품질 향상 및 가격 인하를 요구하기 위하여 소비자단체 또는 NGO단체를 조직하여 기업에 유·무형의 압력을 가하기도 한다. 따라서 구매자의 협상력이 높은 산업으로의 진입은 바람직하지 않다. 오늘날처럼 인터넷을 적극적으로 활용하면 구매자의 협상력을 높일 수 있다. 이러한 현상은 소셜커머스(social commerse)에서도 두드러지게 나타난다. 그러나 기업에서 운영하고 있는 고객충성도 프로그램은 궁극적으로 구매자의 협상력을 약화시키는 역할을 하고 있다.

④ 대체품 및 서비스의 위협

오늘날은 첨단기술의 발달로 인하여 항상 새로운 기능을 가진 제품이나 서비스가 나타남으로써 기존의 제품과 서비스를 대체할 대체재가 등장할 가능성이 상존한다. 이처럼 대체재가 등장할 가능성이 높거나, 대체품의 가격이 현저하게 낮거나, 혁신기술에 의해 대체품이 개발될 경우에는 대체품 및 서비스의 등장 위협이 높고 반면에 대체 가능성이 낮다면 대체재의 위협은 낮아지게 된다. 오늘날 고객들은 우표 구매 대신에 e-mail을 활용하고, 유선전화 대신에 스마트폰이나 인터넷전화(VoIP)를 활용하고, 금융기관의 창구 이용 대신에 ATM 또는 인터넷(모바일)뱅킹을 활용하거나 필름을 사용하는 카메라 대신에 디지털 카메라를 사용하여 대체재의 활용이 증대되고 있는 반면에 기존 제품의 사용 빈도도 점점 줄어들고 있다. 그러나 많은 대체품이 있다고 하더라도 전환비용(switching cost)을 높임으로써 경쟁우위를 얻을 수도 있다. 여기서의 전환비용은 구매처를 변경함으로써 발생하는 경제적 및 시간적 비용을 의미한다.

⑤ 동일 산업 내에서의 기업 간 경쟁

동일 산업 내에서의 기업 간 경쟁이 심하면 경쟁의 위협이 높으나, 동일 산업 내에서의 기업 간 경쟁이 심하지 않으면 경쟁의 위협이 낮다. 특히 경쟁기업이 많거나 시장점유율이 비슷하거나 철수장벽이 높은 경우에는 그렇지 않은 경우에 비해 경쟁의 위협이 높아진다. 따라서 이런 경우에는 진입하기 어려운 산업으로서 할인점, 자동차 제조 및 서비스업체, 여행사 등이 이에 해당된다. 이들은 주로 저가격과 고품질의 서비스로 경쟁우위를 확보하기 위하여 치열하게 경쟁하고 있다.

(2) 정보기술을 통한 경쟁세력 모형의 변화

신생산업 혹은 기존의 산업의 구조적 매력도는 산업의 평균 수익성 규모와 장래 수익성에 따라 결정되는데, 이러한 분석의 가장 대표적 도구가 바로 경쟁세력 모형이다. Porter가 제시한 전통적인 경쟁세력 모형은 인터넷으로 대표되는 ICT의 발달에 따라 5가지 경쟁의 본질을 변화시켰고, 이 경쟁의 본질이 변화하게 된 가장 중요한 수단은 바로 협상력(bargaining power)의 변화에서 유래한다. 즉, 전통적인 경쟁세력 모형에서 공급자나 구매자가 협상력을 통해 동일 산업내 기업간의 경쟁에서 우위를 차지할 수 있었던 이유는 협상력의 크기를 결정하는 정보의 양과 폭, 그리고 품질에서 공급자와 구매자가 우위에 있기 때문이다. 그러나 ICT의 발전과 보급으로 누구에게나 공평하게 제공되는 정보 탐색의 기회와 가능성은 이러한 구매자와 공급자, 신규 진입자, 대체제 사이의 경쟁우위의 본질을 변화시켜 기존 산업의 역학관계를 재편하게 만들었다는 것이 매우 중요한 시사점이다. 그러나 경쟁력의 우위가 협상력에 의해 결정된다는 원리는 변함이 없기 때문에 우리는 ICT의 발달과 보급으로 변화하게 된 각 경쟁세력의 협상력에 대한 변화의 특징을 파악하면 산업의 매력도와 장래 수익성에 대한 분석을 수행할 수 있게 되는 것이다. 이 변화의 추세는 긍정적인 측면과 부정적인 측면이 모두 존재하며, 다양한 방식으로 산업의 효율성을 향상시키고 시장의 전체규모를 증가시키는 장점을 가지고 있다.

ICT 기술은 제품 및 공급자와 관련된 정보에 대한 구매자의 접근을 용이하게 만들어 구매자의 협상력을 증가시킨다. 또한, 체계적으로 조직화된 판매 인력이나 기존 유통망에 대한 접근 등에 관한 필요성을 감소시켜 전통적인 유통망에 대한 협상력을 개선시킨다. 따라서 구매자의 협상력은 증가하게 된다. 한편, ICT의 보편성과 개방성으로 기업은 자신의 독점적 제공물을 지속적으로 유지하는데 어려움을 겪게 되고 이에 따라 경쟁자간의 차이점이 적어지게 되어 경쟁자간의 경쟁강도는 더욱 심화된다. 또한, 시장의 지리적 물리적 영역이 사라지는 특징으로 인하여 경쟁의 범위가 넓어지고, 경제가 사라진 시장에 새롭게 등장하는 기업들은 제공물의 독특한 차별성 보다는 파괴적인 가격 경쟁에 참여하게 된다. 이처럼 ICT가 산업구조에 적용됨으로써 정보의 가용성이 확대된다는 점, 구매와 마케팅, 유통에 분야의 범위가 확대된다는 점, 그리고 구매자와 판매자가 보다 쉽게 서로를 찾아내어 거래를 성사시킬 수 있다는 점 등이 긍정적인 효과로 작용하지만 정보 접근과 탐색의 용이성은 개별 기업의 차별성을 사라지게 하여 가격 경쟁으로 경쟁의 본질을 변화시키는 부정적 효과도 존재한다. 이러한 경쟁의 본질에 대한 변화를 자세하게 아래 그림에 제시하였다. (+) 기호는 전통적인 경쟁의 본질에서 ICT의 보급으로 개선된 긍정적 효과를 나타내며, 반대로 (-) 기호는 오히려 기존의 경쟁 우위를 감소시키는 부정적인 효과를 의미한다.

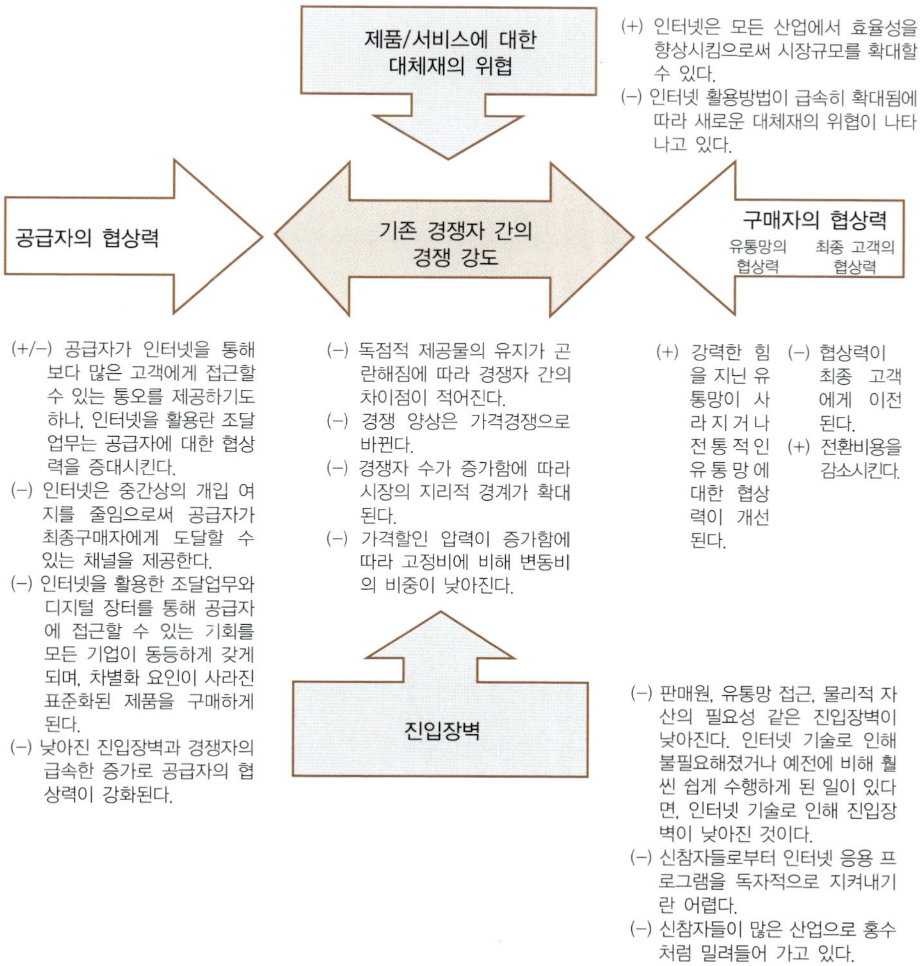

▮그림 8-2▮ 인터넷이 어떻게 산업구조에 영향을 미치는가

출처: 김창완(2001). 경영전략과 인터넷, p.165. Sogang Havard Business.

(3) 본원적 전략

상기의 다섯 가지의 경쟁세력을 분석한 후, 이에 대한 대응전략을 수립하여야 한다. 경쟁우위 획득을 위한 전략에는 전략우위요소와 경쟁의 범위를 결합시키는 방법에 따라서 3개의 전략으로 구분할 수 있다. 이 전략을 Michael Porter는 본원적 전략(generic strategy)이라고 하였으며 [그림 8-3]과 같이 ① 비용우위 전략, ② 차별화 전략, ③ 집중화 전략으로 제시하였다. 또한 전략을 상황에 맞게 적절하게 활용하여야 하는데, 여러 개의 전략을 동시에 실행하면 거의 실패한다고 Porter는 주장하였다.

		경쟁우위	
		저비용	차별화
경쟁범위	넓은 범위	비용우위 전략	차별화 전략
	좁은 범위	비용 집중 전략	차별화 집중 전략

▌그림 8-3▐ Michael Porter의 본원적 전략

출처: 정경수 외(2010). p. 334 재수정.

① 비용우위 전략

비용우위 전략(cost leadership strategy)은 동일 산업 내에서 제품 및 서비스의 품질은 일정하게 유지하면서도 경쟁상대에 비해 가장 낮은 가격으로 제품 또는 서비스를 제공하는 것이다. 이 전략은 규모의 경제적 이점을 활용하거나, 생산공정 단축 또는 첨단기술을 이용한 생산비 절감, 각종 비용의 최소화를 통해 비용상의 우위를 차지하는 것이다. 국내의 이마트나 미국의 월마트 등은 자동재고 충전시스템을 이용하여 재고 창고 수요를 줄여서 저장공간을 줄이고 동시에 재고비용을 줄임으로써 판매공간을 늘렸다. 또한 저가항공사가 출현하여 경쟁상대에 비해 저렴한 항공요금으로 비용상의 우위를 차지하는 사례를 볼 수 있다.

② 차별화 전략

차별화 전략(differentiation strategy)은 자사의 제품 및 서비스를 경쟁사의 그것과 차별화시키거나 또는 경쟁사의 차별화 이점을 감소시키는 방안을 개발하는 것으로서 제품 차별화, 시장 차별화, 서비스 차별화 등이 있다. 이 전략은 기업 제품 또는 서비스를 집중하거나, 특정 시장영역 또는 틈새시장에서 이점을 가지는 것이다. 독일의 메르세데스 벤츠나 BMW 자동차 등의 설계 및 생산기술 등의 차별화, Dell의 대량 고객화 전략을 통한 차별화, Southwest Airlines의 저가, 단거리, 쾌속 비행 항공사로서의 차별화 등을 예로 들 수 있으며, 한국의 한강 수상택

시는 성공하지 못한 사례로 볼 수 있다.

③ 집중화 전략

집중화 전략(focus strategy)은 특정 구매자 집단이나 지역적으로 제한된 틈새시장에 집중하는 전략으로서 비용집중 전략 또는 차별화 집중 전략을 채택할 수 있다. 예를 들면, 금융기관에서 기여도가 높은 고객을 VIP고객으로 선정하거나, 백화점에서 매출이 높은 주요 고객을 선정하여 '차별화 집중 전략'을 채택하여 집중관리하는 경우가 이에 해당된다. 백화점에서는 주로 최고급 부유층 고객들만을 집중 판매 대상으로 하여 최고급 고가제품을 판매하기 때문에 소규모 틈새시장에 집중하는 전략을 잘 활용하고 있다.

(4) 가치사슬 모형

대부분의 기업은 Porter의 경쟁세력 모형을 이용하여 일반적인 전략을 설계한다. 이렇게 수립된 전략을 가장 효과적으로 활용하기 위해서 Michael Porter의 가치사슬(value chain) 모형을 적용한다. 즉 가치를 가장 많이 부가시키는 프로세스나 활동에 전략정보시스템(SIS)을 적용시키는 것이다.

가치사슬 모형에서 본원적 활동(주 활동, primary activities)은 ① 내부 물류, ② 운영생산, ③ 외부 물류, ④ 마케팅 및 판매, ⑤ 고객서비스 활동이다. 본원적 활동의 경우 왼쪽에서 오른쪽으로 이동할수록 가치가 부가되어 가치가 점점 커지게 된다. 그리고 이 활동은 주로 기업의 제품과 서비스의 원재료 구입, 생산 및 배포와 관련된 것으로 구매자가 값을 지불하고 구입하게 될 가치를 생성한다. 지원활동(support activities)은 본원적 활동을 지원하며 이 지원활동은 ① 기업의 하부구조, ② 인적자원 관리, ③ 제품 및 기술개발, ④ 구매활동으로 구성되어 있다.

이 가치사슬 모형을 통하여, 경영자들은 기업의 제품, 서비스 또는 전반적인 활동에서 가치를 가장 많이 부가하는 프로세스를 찾아서 해당 프로세스에 대해서 다양한 정보기술을 접목시켜 전략적으로 활용하여야 한다. [그림 8-4]는 가치사슬 모형에서 본원적 활동과 지원활동의 내용을 보여 주고 있다.

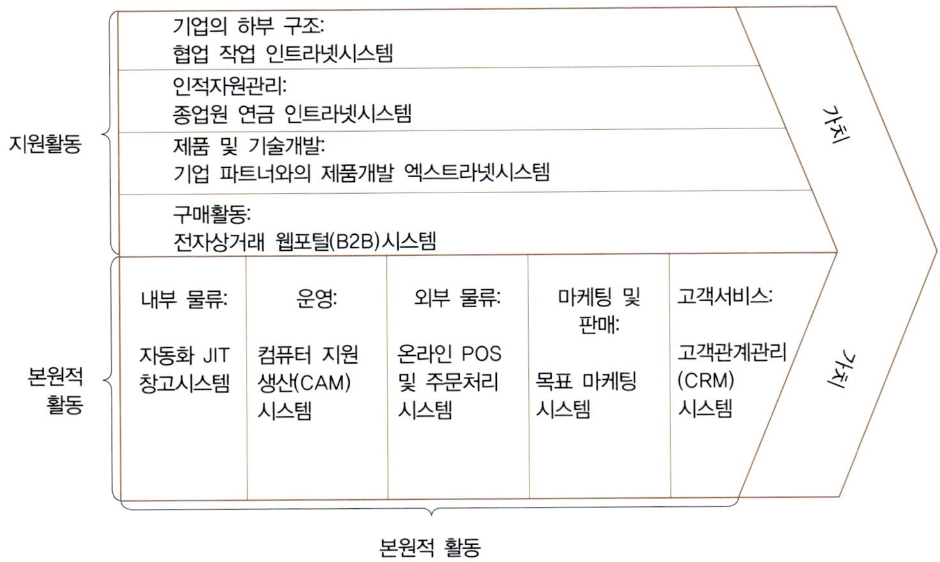

▌그림 8-4▐ Porter의 가치사슬 모형

① 가치사슬에서의 전략정보시스템 활용

[그림 8-4]는 가치사슬에서 본원적 활동 및 지원활동에서 사용될 수 있는 전략정보시스템(SIS)의 예를 보여 주고 있다. 본원적 활동의 경우, 내부 물류는 품질관리, 원재료 접수 및 관리, 공급 일정 등과 관련된 활동으로서 '자동화 창고 시스템'이 지원한다. 운영은 제조, 포장, 생산관리, 품질관리 및 설비 유지 보수 등과 관련된 활동으로서 '컴퓨터 지원 생산(CAM)시스템, 컴퓨터 지원 유연생산시스템'이 지원한다. 외부 물류는 완제품, 주문처리, 발송, 납기준수, 송장 발행 등과 관련된 활동으로서 '자동화된 배송시스템, 온라인 POS 및 주문처리시스템'이 지원한다. 마케팅 및 판매는 고객관리, 주문처리, 판촉, 판매분석, 시장조사 등과 관련된 활동으로서 '자동주문시스템, 목표마케팅시스템'이 지원한다. 마지막으로, 고객서비스는 보증, 유지보수, 교육 및 훈련, 업그레이드 등과 관련된 활동으로서 '고객관계관리(CRM)시스템'이 지원한다.

본원적 활동을 지원하는 지원활동의 경우, 기업의 하부 구조는 법률, 회계, 재정관리 등과 관련된 활동으로서 '전자스케줄링 및 메시지시스템, 협업 작업 인트라넷시스템'을 통해 협업 업무를 지원한다. 인적자원관리는 종업원들의 채용, 훈련, 경력개발 등과 관련된 활동으로서 '인력계획시스템, 종업원에게 혜택을 주는 인트라넷시스템'을 지원하여 종업원들이 쉽게 자신의 정보에 접근하도록 한다. 제품 및 기술개발은 제품 및 공정 설계, 생산공학, 조사 및 개발 등과 관련된 활동으로서 'CAD시스템, 파트너와의 제품개발 엑스트라넷시스템'을 통해 기업이 협력업체와 공동으로 제품 및 프로세스를 설계·개발하도록 한다. 이러한 사례는 항공회사나 자동차회사들이 상호 협업시스템을 통해 새로운 모델을 출시하고 생산할 수 있다. 마지막으로, 구매 활동은 공급자관리, 자본조달, 하청, 명세서 등과 관련된 활동으로서 "공급자를 위한 전자상거래 웹포털(B2B)시스템"을 통해 기업이 공급업체로부터의 온라인 구매 업무를 향상시킬 수 있다.

(5) 경쟁우위 전략

Michael Porter가 제시한 3개의 본원적 전략 중 비용우위 전략 및 차별화 전략이 포함된 5개의 기본적인 경쟁우위 전략을 실시하여야 경쟁세력의 위협을 감소시켜서 경쟁우위를 지속적으로 유지할 수 있다. 집중화 전략을 포함시키지 않은 이유는 [그림 8-3]에서와 같이 비용 집중화 전략 및 차별화 집중화 전략을 이용하기 때문이다.

① 비용우위 전략

비용우위 전략(cost leadership strategy)은 전술한 바와 같이 경쟁상대에 비해 동일한 품질의 제품 및 서비스를 최저비용으로 제공하는 것이다. 이를 위해서는 기존의 전통적인 생산방식을 혁신적인 생산방식으로 변경하거나, 다기능을 접목시킨 부품의 통합, 신기법의 적용 등을 통하여 비용을 낮추어야 한다. 이외에도 비용우위 전략은 공급자나 구매자의 비용을 줄일 수 있어야 한다. 미국 월마트의 사례가 이에 해당된다.

② 차별화 전략

차별화 전략(differentiation strategy)은 전술한 바와 같이 자사의 제품 및 서비스를 경쟁사의 그것과 가격, 품질, 애프터서비스 등에서 차별화시키는 것을 의미한다. 구매자들은 기능, 품질, 애프터서비스 등이 우수한 차별화된 제품에 대해 높은 수준의 비용을 지불하고서라도 구매를 하게 된다. 이런 차별화 전략을 통해서 구매자의 상표 충성도를 높이게 된다. 차별화 전략을 수행하기 위해서는 소비자들에게 차별화된 가치를 제공하여야만 한다. 아마존은 소비자 프로파일링이란 기법을 활용해 자신을 차별화한다.

③ 혁신 전략

혁신 전략(innovation strategy)이란 기업의 전통적인 운영 방식을 새로운 방식으로 획기적으로 바꾸는 것을 의미한다. 즉 혁신 전략은 기존에는 없던 새로운 제품이나 서비스를 개발하거나, 새로운 시장에 진입하는 것이다. 이외에도 기존의 제품과 서비스에 새로운 기능을 추가하는 것도 혁신 전략에 해당한다. 또한 제품과 서비스를 제조하는 새로운 방법을 찾는 것도 혁신 전략이라고 할 수 있다. 일본 도요타자동차의 경우 새로운 생산 및 기술 등에 대한 혁신을 지속적으로 수행한 결과, 세계적인 경쟁력을 확보한 사례와 CitiBank의 ATM 개발 등이 혁신 전략에 해당된다.

④ 운영효과성 전략

운영효과성 전략(operational effectiveness strategy)은 내부 업무의 프로세스를 개선하여 동종 경쟁사에 비해 업무를 더 쉽게, 생산적으로 수행하도록 하는 것이다. 이러한 개선활동은 품질 향상, 생산성 향상, 내부 직원 및 고객만족도를 높여 궁극적으로 업무의 효과성을 높여 주게 된다.

⑤ 고객지향 전략

고객지향 전략(customer orientation strategy)은 고객을 행복하게 함으로써 고객만족도를 함양하는 데 초점을 맞추는 전략이다. 즉 고객이 요구하고 기대하는 것이 무엇인지를 분석하여 고객의 기대를 최대한 충족시켜 고객만족을 유도하는 전략이다. 이 전략을 효과적으로 달성시킬 수 있는 효과적인 방법은 고객과의 일대일 관계를 가능하게 하는 웹 기반 시스템을 활용하는 것이다.

상기의 5개의 기업 경쟁우위 전략을 지원하기 위한 실행방안을 제시하면 〈표 8-1〉과 같다.

표 8-1 정보기술을 이용한 경쟁우위 전략 실행방안

전략	정보기술 활용
비용우위	• 기업 프로세스 비용을 지속적으로 절감하기 위하여 IT를 활용 • 고객 및 공급업체 비용을 낮추기 위해 IT를 활용
차별화	• 제품 및 서비스를 차별화하기 위해 새로운 IT 기능을 개발 • 경쟁업체의 차별화 우위를 절감시키기 위해 IT 기능을 활용 • 선정된 틈새시장에서 제품 및 서비스를 집중하기 위해 IT 기능을 활용
혁신	• IT 요소를 포함한 신제품 및 서비스를 개발 • IT를 이용하여 신규시장 및 틈새시장을 개척 • 급격하게 비용을 절감하고, 품질·효율성·고객서비스를 향상시키고, 시장 진입시간을 단축하기 위하여, IT를 활용하여 기업 프로세스에 급격한 변화를 시도(BPR)
운영효과성	• 내부 업무 프로세스 개선을 위해 IT를 활용 • 품질 향상, 생산성 향상, 내부 직원 및 고객만족도 향상을 위해 IT를 활용
고객지향	• 고객만족도 조사 및 분석을 위해 IT를 활용 • 웹 기반 시스템을 활용

2 정보기술의 전략적 활용

기업 간의 경쟁이 국경을 초월하여 전 세계에 걸쳐 무한경쟁으로 치닫게 됨에 따라 기업이 경쟁을 극복하고 생존하기 위해서 정보시스템과 정보기술을 전략적으로 활용하고 이를 통하여 경쟁우위를 획득하여야 한다. 과거에는 정보시스템의 활용을 통하여 기업 내부의 효율성 향상, 단기적 비용 절감, 경영자의 업무지원 수준 등에 초점을 맞추었으나, 현재에는 기업의 경쟁우위 확보를 위한 경쟁 무기로 활용하고 있다. 즉, 기업의 전략을 달성하는 수단으로써 정보시스템을 적극적으로 활용하고 있는 것이다. 이것이 바로 정보기술의 전략적 활용이며, 그 의미는 '기업이 경쟁상대보다 경쟁우위를 차지하기 위하여 정보시스템과 정보기술을 전략적으로 활용하는 것'이라 정의할 수 있는데, 기업에서의 정보시스템 및 정보기술의 사용목적이 다음의 사항 중 어느 하나에 해당된다면 전략적 활용이라고 할 수 있다.

① **경쟁 위협에 대한 대응**: 기업이 치열한 경쟁에서 생존하기 위하여 활용하는 경우
② **새로운 경쟁 유형의 주도**: 경쟁력을 높이기 위하여 정보 자원을 무기로 활용하는 경우
③ **근본적인 경쟁전략의 지원**: 상대적인 우위를 유지하기 위하여 활용하는 경우로서 전략적으로 활용하는 데 가장 중요한 요소이다.

이를 위해서는 기업의 경영전략과 정보시스템의 관계를 우선 파악해야 한다.

1) 경영전략과 정보시스템의 전략적 활용

경쟁우위 확보를 위해 정보시스템을 전략적으로 활용하기 위해서는 우선 경영전략과의 통합을 이루어야 한다. 경영전략은 기업이 달성하고자 하는 목적을 위해 상세한 방법과 프로세스를 설계한다. 이 때 정보시스템은 3가지 방식으로 활용될 수 있다. 우선, 경영전략을 효과적으로 실행하는 보조적인 수단으로서 정보시스템을 활용하는 것이고, 두 번째는 정보시스템의 운영을 책임지는 부서의 기능이 제대로 수행될 수 있도록 조직에 대한 정비를 새롭게 하는 것이며, 마지막 방식은 경영전략의 수행방식과 일치되도록 정보시스템을 재설계하는 것이다. 첫 번째 보조적인 수단으로 정보시스템을 활용하는 것은 경영전략을 수행하는 과정에서 필요한 조정과 통제의 기준이 되는 현재 성과의 취합과 보고, 의사결정에 필요한 적절한 정보의 제공 등 단순한 기능적인 지원을 의미하며, 두 번째 정보시스템 조직의 재정비는 경영전략을 수행하는 과정에서 필요한 의사결정에서 정보시스템 부서 의견이 우선되지 않도록 조직적인 체계에서 권한과 책임을 재설정하는 것을 의미한다. 이 두 가지 방식은 정보시스템을 경쟁우위 확보를 위해 전략적으로 활용한다기보다는 경영전략 수립과 실행의 보조적인 수단으로서 정보시스템을 소극적으로 활용하는 것을 의미한다고 볼 수 있다. 그러나 마지막 세 번째 방법은 경영전략의 수립단계에서부터 정보시스템의 활용을 적극적으로 고려하여 정보시스템의 기능과 특징이 경영전략의 수행과 직접적으로 연관되도록 재설계하는 것을 의미하므로 진정한 의미의 전략적 활용이라고 볼 수 있다. 만일, 기업이 SNS를

이용한 보다 적극적인 마케팅을 통해 기업의 브랜드 인지도를 향상시키고, 시장의 도달범위를 확대하여 매출액을 증가시키는 경영전략을 수립하고자 한다며, 정보시스템은 소비자의 반응 분석을 위한 텍스트마이닝, 감성분석 등이 가능한 시스템을 도입하여야 하며, 방대한 양의 데이터 수집과 저장, 분석을 위한 빅데이터 시스템을 갖추어야 한다. 이처럼 경영전략과 정보시스템의 조화와 통합(alignment)이 정보시스템의 전략적 활용에 적합한 방식이다.

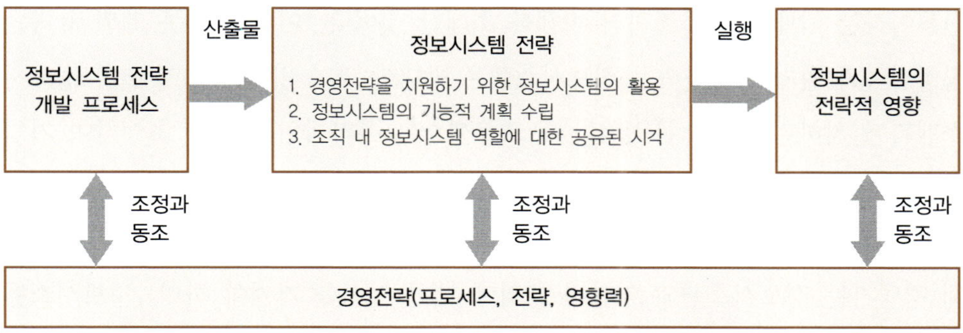

▌그림 8-5▐ 정보시스템 전략 수립을 위한 개념적 프레임워크

출처: Daniel Q. Chen et al.(June 2010.). MIS Quarterly, 34(2), pp. 233-259.

2) 정보시스템전략 삼각형

정보시스템을 전략적으로 활용하기 위해서는 반드시 경영전략과 목표에 합치되도록 지원할 수 있어야 하며, 또한, 정보시스템은 조직의 의사소통의 근간의 되는 신경계에 해당하므로 조직시스템을 지원하여야 한다. 이를 그림으로 표현하면 아래와 같다.

▌그림 8-6▐ 정보시스템전략 삼각형

출처: Pearlson & Saunders(2013). managing & using information systems: a strategic approach. p. 24.

2016년 국내의 대표적인 쇼핑몰 기업이 해커에 의해 고객정보가 일부 침해되는 사고를 인지하고 이를 고객들에게 사과하는 사건이 발생하였다. 물론 조사결과 주민번호와 금융정보는 유출되지 않았고, 비밀번호는 암호화되어 있어 안전하다고 발표하였으나 이미 고객들에게 신뢰를 읽고 난 다음이었다. 이즈음 이 기업이 전략적으로 가장 중요하게 판단하고 있었던 것은 광고효과나 매출 증대가 아니라 개인정보보안에 관한 사항이었다. 그러나 이에 부응하지 못하는 부적절한 정보시스템은 고객서비스를 일시간 중단시켜 매출뿐만 아니라 고객의 신뢰도와 기업의 신용이라는 막대한 유무형적인 피해를 초래한 것이다. 이처럼 잘못 계획된 혹은 경영전략과 일치하지 못하는 정보시스템은 박대한 과다 비용을 초래하며, 정보시스템과 일치하지 않는 업무방식, 즉 프로세스는 추가적인 비용을 초래하여 기업의 경쟁우위를 훼손시키게 된다. 따라서 정보시스템전략 삼각형에서 나타내듯이 경영전략과 조직전략, 정보전략을 일치시키는 체계가 반드시 필요하다. 이를 위해 경영자는 정보시스템의 역할과 효과에 대한 지식을 가져야 하며, 정보시스템 도입과 활용에 관련된 의사결정에 대한 지식을 가지도록 해야 한다. 가장 중요한 것은 경영자 스스로 경영전략의 구성 요소로서 정보시스템을 이해하고 파악해야 한다는 것이다. 정보시스템의 구성요소를 기술, 사람, 프로세스라 정의한다면 경영자가 정보시스템을 전략적으로 활용하기 위하여 가져야 할 역량의 체계는 아래와 같이 정의될 수 있다.

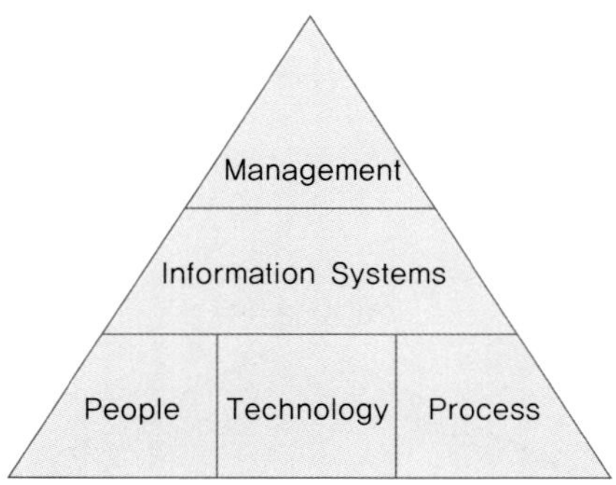

▌그림 8-7▌ 경영자 역량의 체계

출처: Pearlson & Saunders(2013). managing & using information systems: a strategic approach. p. 18.

정보기술과 정보시스템을 전략적으로 활용함으로써 신제품개발 기간 단축과 생산비용을 절감시킨 사례로 Deere & Company 사를 들 수 있다. Deere & Company 사는 신제품개발 아이디어를 상품화하여 시장에 출시하는 데 소요되는 시간을 5년에서 2년으로 단축하였으며, 제품 생산에 따른 손익분기점을 10년 내에 50%로 감축하였으며, 작업에 필요한 설비와 인력을 10대의 기계와 5~6명의 담당자에서 2대의 기계와 1명으로 수행할 수 있게 되었다. 이와 유사한 사례는 매우 많다.

이처럼 정보기술이나 정보시스템이 업무 효율화나 경영자의 의사결정 지원의 차원을 넘어 경쟁환경을 극복하기 위해 전략적으로 활용되는 원인을 살펴보면 다음과 같다.

① 기업환경의 격변에 따른 경쟁 여건의 변화를 들 수 있다. 최근 기업은 경쟁의 자율화, 국제화, 각국 정부의 규제완화에 따른 국제경쟁의 가속화 등으로 인하여 극심한 경쟁환경을 맞이하고 있으며, 향후에도 이와 같은 추세는 더욱 심화될 것으로 예상되어 경쟁우위 확보가 기업의 사활이 달린 중요한 문제가 되었다.

② 이와 같은 경쟁환경에서 기업은 생존하기 위하여 다각적인 방법을 모색하고 있으며 정보기술과 정보시스템을 주요한 수단으로 인식하고 활용하고 있다. 즉 정보기술과 정보시스템을 단순한 자동화 또는 경영정보 제공 등의 차원을 넘어 경쟁우위 획득을 위한 경쟁전략 수단으로 활용하고 있다는 것이다.

③ 컴퓨터 관련 H/W와 S/W의 발전, 인터넷 및 통신기술의 획기적 발전과 그에 따른 가격의 급속한 하락 및 성능 향상으로 중소기업에서도 쉽게 활용할 수 있는 환경이 조성되었기 때문이다.

④ 스마트사회의 급진전에 따라 그동안 누적되었던 빅데이터를 처리하여 데이터 마이닝을 활용하여 중요한 정보를 획득하고 이를 경영활동에 활용함으로써 성과를 높이고 동시에 경쟁력을 강화시킬 수 있기 때문이다.

그러나 대개의 경우 정보기술이나 정보시스템을 이용하여 획득한 기업의 경쟁우위는 장기간 지속되기 어려운데 그 이유로는 경쟁상대가 최대한 빠른 시간 내에 고객에게 유사한 정보기술이나 정보시스템을 제공하기 때문이다. 예를 들면, 미국의 American Airline이 SABRE시스템(온라인 컴퓨터 예약시스템)을 개발하여 경쟁우위를 차지하자 United Airline을 포함한 나머지 항공사들이 공동으로 Apollo 시스템을 개발하여 활용함으로써 경쟁우위 기간이 그리 오래 지속되지 않았으며 지금은 세계의 모든 항공사가 나름대로 독자적인 시스템을 개발하여 활용하고 있다. 또한 CitiBank는 1977년에 ATM을 개발하여 상당기간 경쟁우위를 유지하였으나 오늘날 세계의 모든 은행들이 ATM을 사용하고 있다. ATM이 없으면 기본적인 은행영업을 수행할 수 없기 때문이다.

처음으로 전략정보시스템을 도입하여 실행하는 기업은 일반적으로 경쟁비용 면에서 어느 정도의 이익을 얻게 되어 단기간의 경쟁우위는 큰 차이를 만들게 된다. 단기간의 경쟁우위란 기업이 어떤 전략정보시스템을 사용하든지 간에 후발 경쟁사들이 이 시스템을 벤치마킹하여 성능이 더 우수한 시스템을 사용하는 것을 의미한다. 그럼에도 불구하고, 정보기술 기반의 제품이나 서비스를 시장에 출시한 첫 번째 실행 기업은 다수의 신규 고객을 확보할 수 있고, 또한 경쟁업체에 비해 혁신적인 시장 리더라는 이미지를 얻을 수 있기 때문에 추가적인 이익을 얻는다.

요약

1. 전략정보시스템(SIS)은 TPS, 협의의 MIS, IRS, DSS 등과 같이 별도로 존재하는 정보시스템이 아니라, 기존의 정보시스템에다가 인터넷, 정보통신망 등을 이용하여 정보시스템을 전략적으로 활용하는 개념이다. 따라서 전략정보시스템이란 정보기술과 경쟁전략(competitive strategy)을 결합하여 기업의 프로세스, 제품, 서비스 등의 정보 자원을 전략적으로 활용함으로써 기업의 경쟁우위(competitive advantage)를 확보하고 부가가치를 높이기 위한 시스템이다. 요컨대, 이러한 전략정보시스템을 활용함으로써 기업은 궁극적으로 고객, 공급업체, 경쟁업체, 신규 진입업체, 대체재 생산업체와의 관계에서 경쟁우위를 획득할 수 있게 되며, 기업이 경쟁우위를 획득 및 유지하고, 경쟁목적 달성에 도움을 줄 수 있는 정보기술을 사용하는 정보시스템(TPS, 협의의 MIS, IRS, DSS 등)은 모두 전략정보시스템(SIS)이 될 수 있다.

2. Michael Porter는 기업의 경쟁전략을 설명하는 모형으로서 경쟁세력 모형, 본원적 전략, 가치사슬 모형의 세 가지 개념을 제시하였다. 경쟁세력 모형에서 5개의 경쟁세력으로서 ① 신규 진입 기업의 위협, ② 공급자의 협상력, ③ 구매자의 협상력, ④ 대체품 및 서비스의 위협, ⑤ 동일 산업 내에서의 기업 간 경쟁을 제시하였다. 또한 이에 대한 대응전략에 해당하는 본원적 전략(generic strategy)으로서 ① 비용우위 전략, ② 차별화 전략, ③ 집중화 전략을 제시하였다.

3. Michael Porter는 가치사슬(value chain) 모형에서, 본원적 활동(주 활동)은 (1) 내부 물류, (2) 운영, (3) 외부 물류, (4) 마케팅 및 판매, (5) 고객서비스 활동을, 지원활동은 (1) 기업의 하부 구조, (2) 인적자원관리, (3) 제품 및 기술개발, (4) 구매활동을 설명하였다. 또한 5개의 기본적인 경쟁우위전략으로서 ① 비용우위 전략, ② 차별화 전략, ③ 혁신 전략, ④ 운영효과성 전략, ⑤ 고객지향 전략을 제시하였다.

4. 정보기술의 전략적 활용이란 '기업이 경쟁상대보다 경쟁우위를 차지하기 위하여 정보시스템과 정보기술을 전략적으로 활용하는 것'을 의미하는데, 기업에서의 정보시스템 및 정보기술의 사용목적이 ① 경쟁위협에 대한 대응, ② 새로운 경쟁 유형의 주도, ③ 근본적인 경쟁전략의 지원을 위하여 활용하는 경우에는 전략적 활용으로 볼 수 있다. 전략적으로 활용되는 원인으로는 ① 기업환경의 격변에 따른 경쟁 여건의 변화, ② 경쟁환경에서 기업은 정보기술과 정보시스템을 경쟁우위 획득을 위한 경쟁전략 수단으로의 활용, ③ 컴퓨터 관련 H/W와 S/W의 발전, 인터넷 및 통신기술의 획기적 발전과 그에 따른 가격의 급속한 하락 및 성능 향상으로 인한 활용 범위의 확대, ④ 빅데이터 처리와 데이터 마이닝을 활용한 중요 정보의 획득 및 경영활동에 적용을 통한 경쟁력 강화 등을 들 수 있다. 그러나 정보기술이나 정보시스템을 전략적으로 이용하여 획득한 기업의 경쟁우위는 장기간 지속되기 어려우나 단기간의 경쟁우위를 확보할 수 있다.

사례연구 경쟁우위 확보를 위한 금융권의 디지털 혁신

모바일 플랫폼 활성화, 생체정보 활용, 디지털뱅크 출현

경쟁우위를 확보하기 위해서는 조직(기업)이 프로세스, 제품, 서비스 등의 정보자원을 포함하여 정보시스템과 정보기술을 전략적으로 활용하여야 한다. 현재 우리나라의 금융권에서는 경쟁우위를 차지하기 위한 치열한 경쟁이 일반화되고 있는데 금융혁신의 추진 내용을 살펴보자.

현재 금융권에서는 블록체인·인공지능(AI)·챗봇(chat-bot)·바이오인증·로보어드바이저(roboadvisor) 등의 바람이 불면서 4차산업혁명과 연계하여 변화의 속도가 급변하고 있다. 과거와는 달리 모바일, 핀테크 등에 기초한 인터넷전문은행의 등장, 예대마진의 감소, 저금리 현상의 지속, 극심한 경쟁 등으로 인하여 녹록지 않은 경영환경으로 변하고 있다.

이러한 환경하에서, 금융권은 공통으로 '디지털'이라는 문제에 직면하고 있다. 즉 디지털 금융을 통해 시장선도자로서의 위치 선점에 총력을 기울이고 있다. "디지털 신한을 통한 생산성 혁신", "디지털 금융 기반의 '판' 바꾸기 전략", "강력한 플랫폼" 등이 그 사례이다.

최근의 모바일 플랫폼 사례를 보면, 리브(Liiv·국민은행), 써니뱅크(신한은행), 1Q뱅크(하나은행), 위비뱅크(우리은행), 올원뱅크(농협은행), 아이원뱅크(기업은행) 등이 선을 보이고 있다.

시중은행의 이러한 노력은 비대면의, 모바일 활용의 지속적 상승에 기인한다. 즉, 2016년 인터넷뱅킹(모바일 포함)의 하루 평균 이용금액은 42조4247억 원, 이용 건수는 8750만 건인데 이중 스마트폰 기반의 모바일뱅킹 이용금액은 일평균 3조1206억 원(전년대비 27.6% 상승), 이용건수도 5290만 건(25.3% 상승)으로 늘었다. 전체 인터넷뱅킹 이용 건수에서 스마트폰뱅킹이 차지하는 비중이 60%를 넘어섰다(한국은행).

이에 힘입어, 스마트 자동화기기(ATM)를 창구에 놓고 무인 셀프뱅킹을 구현하거나(S, W은행), 영업점 창구에 태블릿PC를 설치하여 전자서명을 통해 서류 작업을 하게 함으로써(S, H, I은행) 은행의 디지털화 환경 구축을 선도하고 있다.

'디지털 분산거래 장부'로 불리는 블록체인(Blockchain)은, 금융사의 보안성과 비용효율성을 극대화하는 기술로서, 거래 참가자들이 내용을 분산해 기록하는 방식이다. 즉 중앙서버에 거래 정보를 집중하지 않기 때문에 비용이 적게 들고 보안에 강하다. 활용도가 매우 광범위하여 '블록체인 혁명'으로 불린다.

은행업계와 금융투자업계는 공동의 블록체인 플랫폼을 상반기에 구축하되, 특히 은행권 컨소시엄은 복잡한 서류발송과 확인과정이 필요한 외국환 지정거래은행 변경에 블록체인 기술을 우선적으로 도입할 계획이다.

생체정보를 활용해 본인 인증 이외에 결제까지 하는 '바이오페이' 서비스 도입도 추진된다. 현재 지문·홍채·정맥 등을 공인인증서를 대체하는 본인 인증 수단으로 활용 중인데, 조만간 손바닥을 대기만 하면 손바닥 정맥을 읽어 카드 결제가 이뤄지는 '핸드페이'와 같은 서비스도 시범 적용될 예정이다.

머지않아 곧 출범하게 될 인터넷 전문은행은 24시간 어느 때나 10분 이내로 계좌 개설, 예금·대출·송금·자산관리 등 100% 비대면 방식으로 모든 서비스를 제공하는 은행이다. 인터넷은행은 빅데이터를 이용한 신용평가를 통해 중신용자를 겨냥한 중금리 대출을 내놓을 예정이어서 기존의 카드·캐피탈·저축은행권에도 큰 영향을 미칠 것으로 예상된다.

개별 금융권의 금융혁신사례

K금융그룹은 핀테크 사업 확장, 앱 서비스 개선 등과 같은 고객 편의에 초점을 맞춘 '생활 속의 금융'을 구현함으로써 미래금융을 선도하고 경쟁력 차별화를 꾀하고 있다.

이미 인터넷전문은행 대응 모델인 리브(Liiv), 리브 메이트(Liiv Mate), 글로벌 디지털 뱅크인 리브 캄보디아(Liiv Cambodia)를 2016년까지 구축 완료하였으며, 2016년 6월에 오픈하여 '생활 속의 금융'을 구현했다는 평가를 받고 있는 모바일플랫폼 리브 앱은 일정 관리를 기본으로 금융서비스를 연계해 주는 방식이다. 2016년 11월에 출시된 리브 메이트는 그룹 통합 포인트 서비스로서 포인트를 현금처럼 사용할 수 있으며, LG유플러스와 제휴하였다. LG유플러스 고객은 이 앱에서 통신요금 조회 및 포인트로 납부 가능하며 웹툰, 영화, 세차, 가사도우미, 로또번호 추천서비스 등도 포인트로 결제할 수 있다.

금융권 최초로 출시한 디지털 저금통인 '리브통(Liiv Tong)'은 사물인터넷(IoT) 기술을 활용해 모바일 앱과 연계하여 주목을 받고 있다.

S금융그룹은 혁신적 디지로그 서비스 제공, 스마트ATM 활용, 핀테크 해외 진출, 비대면 실명인증 등을 통해 디지털 금융을 계속 진화시키고 있다.

1990년 7월 명동지점에 국내 최초로 ATM(자동화기기) 설치, 1999년 7월 국내은행 최초로 인터넷뱅킹 도입, 핀테크를 활용해 바이오 인증방식을 도입한 최초의 스마트 ATM인 '스마트라운지(디지털 키오스크)'를 개발해 미래형 점포모델인 '스마트 브랜치' 1호점을 원주혁신도시에 개설했다.

또한 써니뱅크를 통해 대한민국 최초로 비대면 실명인증을 통해 계좌개설이 가능해지면서 금융소외자가 금융에 쉽게 접근할 수 있게 되었다. 동시에 '써니베트남'을 출시하면서 해외시장으로 진출했다.

W은행은 국내 첫 모바일 플랫폼 '위비' 활용과 위비 핀테크랩으로 스타트업을 육성하고 번역 서비스를 통해 해외시장을 공략함으로써 금융영토를 점차 세계로 확장하고 있다.

디지털 서비스로서 '위비'(Wibee) 모바일 플랫폼은 이미 브랜드화 되었다. 2015년 5월 처음으로 모바일 전문은행인 '위비뱅크'가 출시됐다. 특히 '위비 모아빌 대출'은 핀테크 기술을 접목해, 스마트폰만 있어도 대출받을 수 있는 서비스로서 24시간 대출이 가능하며, 정부의 '사잇돌 중금리 대출' 모델로도 선정됐다. 지난해 1월에는 금융권 최초 모바일 메신저 '위비톡'을 선보였으며, 5초 만에 송금이 가능한 '톡톡 보내기'나 회비를 관리하는 '더치페이' 등 금융 특화 기능도 갖췄다. '꿀 파트너'는 기업이 직원이나 고객에게 무료 메시지를 보낼 수 있게 개발됐다.

해외 네트워크를 활용하여 현재 25개국, 총 253개의 해외 네트워크를 보유하고 있다. 위비톡이 10개 국어를 지원할 수 있도록 개발했다. 이 은행은 전자상거래, 간편결제 등 핀테크 업체와의 제휴뿐만 아니라 '위비 핀테크랩'에는 7개의 핀테크 스타트업 기업이 입주해 있으며, 빅데이터, 로보어드바이저, 인공지능(AI) 등 최신 핀테크 서비스를 출시했다.

이렇게 디지털 혁신을 선도할 수 있었던 것은 직원들의 근무 복장 전면 자율화, 유연근무제도 도입 등을 통한 개방적인 근무 환경 속에서 나오는 창발적인 아이디어로 급변하는 금융 환경변화에 대한 대응이 가능했기 때문이다.

H금융지주는 '핀크'를 출범시켜 핀테크 기업과의 상생을 시도하고 해외 서비스를 확대하여 디지털 금융을 기반으로 금융의 '판'을 바꾸고자 노력하고 있다.

H금융은 2017년 1월 분야별 셀(Cell) 조직을 도입함으로써 의사결정 단계를 축소하면서 각 셀 장에게 담당 프로젝트에 대한 전적인 권한과 책임을 부여하였으며, 소속 직원들도 프로젝트의 성격에 따라 합치거나 분리되는 등 유연성을 갖췄다. 그 결과 2월 28일 간편 해외송금 '1Q Transfer'의 서비스 지역을 총 15개 국가로 확대하였는데, 이 서비스는 송금 수취인의 거래 은행, 계좌번호 없이 휴대폰 번호만으로 간편하게 송금하는 핀테크형 서비스다. 수취인은 송금 도착 문자를 받은 후 본인이 원하는 수취 방법을 선택해 돈을 수령하면 된다.

지난해 11월 출시한 '텍스트 뱅킹(Text Banking)'은 로그인이나 인증 절차 없이 문자메시지(SMS)나 음성인식을 통해 송금하는 대화형 금융 플랫폼이다. 또한 스마트폰 뱅킹(1Q Bank)에서 본인 지급 계좌와 자주 쓰는 계좌를 등록하면 1일 300만원까지 문자 메시지로 송금할 수 있다.

'핀크(Finnq)' 지난해 10월 하나금융과 SK텔레콤이 생활금융 플랫폼 제공을 위해 만든 합작투자회사로서 기존 핀테크(Fintech)와는 차별화된 빠르고(quick), 수준 높은(quality) 서비스를 제공해 새롭게 도약하는(quantum leap) 혁신적 기업이 되겠다는 뜻이다.

출처: 중앙일보(2017. 3. 30.).

| 사례질문 |

1. 금융권의 디지털 혁신의 키워드가 무엇인가?
2. 금융권에서 디지털 혁신이 일어나고 있는 이유가 무엇인가?
3. 블록체인 혁명이란 무엇인가?
4. 개별 금융사에서 주장하고 있는 경쟁우위요소가 무엇인가?

CHAPTER 09

지식경영과 지식관리시스템

1. 지식경영
2. 지식경영 프로세스
3. 학습공동체의 활용
4. 지식관리시스템

학/습/목/표

기업의 지식을 관리하고, 지식자원과 이를 둘러싸고 있는 지식환경을 경영하는 것은 기업의 미래를 위한 최선의 투자이다. 성공적인 기업들은 문서화된 지식 및 컴퓨터에 저장된 지식뿐만 아니라, 종업원들이 오랜 세월 기업 근무를 통해 얻은 개인적으로 소유한 지식인 노하우도 지식관리시스템을 사용하는 지식경영을 통하여 활용한다. 이 장에서는 지식경영을 정의하고, 지식경영의 범위, 지식의 분류, 기업의 지식창출 과정, CoP 활성화를 통한 지식경영의 성숙, 지식관리시스템의 유형 등을 살펴본다. 지식경영을 활성화하기 위해서 기업들이 실행공동체 또는 지식동아리를 만들어 적극적인 지식의 공유와 창출에 노력하는 모습들을 살펴본다.

1. 지식경영이란 무엇이며, 어떻게 접근하여야 하는가?
2. 지식의 종류와 분류는 어떠한가?
3. 조직의 지식창출 과정은 어떻게 설명할 수 있는가?
4. 실행공동체 CoP는 무엇이며, 어떻게 활용되고 있는가?
5. 지식관리시스템은 어떻게 구축되는가?
6. 지식관리시스템의 유형에는 어떠한 것들이 있는가?

1 지식경영

지식경영은 조직이 보유하고 있는 경험, 노하우, 기술 등의 무형적 지적자원과 시스템 등에 분포된 유형적 지식자원에 대한 효율적 관리를 통해 새로운 경영문화를 창조하는 과정이다. 지식경영은 지식을 창출하고 활용함으로써 시장변화에 능동적으로 대처하고 조직 전체의 문제해결능력을 향상시키며, 저비용 고수익의 부가가치를 창출할 수 있도록 돕는 경영전략이다.

1) 지식경영의 세 가지 범주

기업의 지식경영은 세 가지 범주로 나누어 볼 수 있는데, 지식을 경영하는 차원(management of knowledge), 지식 자원을 경영하는 차원(management of knowledge resource), 지식환경을 경영하는 차원(management of knowledge environment) 등으로 나누어 볼 수 있다([그림 9-1] 참조).

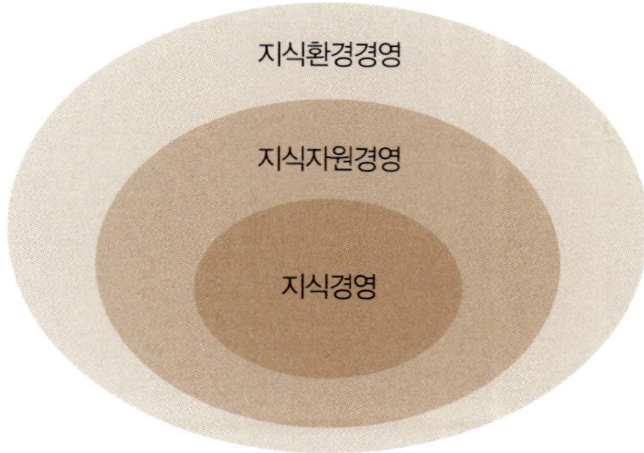

▌그림 9-1▌ 지식경영의 범주

지식을 경영하는 차원에서는 지식의 분류, 지식 지도의 개발, 지식창출 과정의 관리, 지식공유환경 조성 및 실행공동체의 결성 및 활성화 등이 중요하다. 지식자원을 경영하는 차원에서는 연구개발 부서의 관리, 특허권, 상표권, 저작권을 포함하는 지식재산권 관리, 지식창출의 원동력이 되는 인적 자원의 개발 및 관리 등이 중요하다.

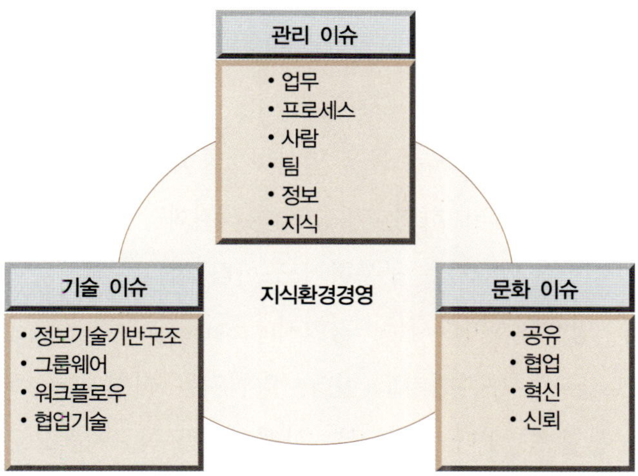

▌그림 9-2▌ 지식환경경영

지식환경경영은 기업의 지식관리를 효과적으로 달성하는 통합적인 접근법으로 업무, 프로세스, 사람, 팀, 정보, 지식 등을 관리하는 이슈, 정보기술 기반 구조, 그룹웨어, 워크플로우, 협업기술 등 기술 관련 이슈, 종업원 간의 지식공유, 협업, 혁신, 신뢰 등을 다루는 문화 관련 이슈들을 포함하는 거시적인 지식환경경영을 의미한다([그림 9-2 참조]).

2) 지식의 분류

인간의 지식은 전문성을 중심으로 표면지식(surface knowledge)과 심층지식(deep knowledge), 전문지식(expert knowledge)과 잠재전문지식(latent expert knowledge) 등으로 구분할 수 있다. 표면지식은 행동과 상황으로 구성되며, 단순한 영역 문제를 해결하거나 신속한 구현 가능, 엉성한 상황에서 사용 가능한 지식을 의미한다. 심층지식은 원인과 결과의 관계, 사건의 계층적 인식, 계획과 목표, 난해한 문제해결 등에 사용되는 지식을 포함한다. 전문지식은 활동 중인 전문가를 통해서 얻을 수 있는 전문지식을 의미하며, 잠재전문지식은 인쇄된 자료로부터 이용 가능한 형태로 변환이 필요한 지식을 말한다.

지식은 형태에 따라 크게 형식지와 암묵지로 나누어 볼 수 있다. 형식지는 인간의 언어나 수식 또는 기타 구조적인 형태로 표현되어 있는 지식으로 선언적 지식과 절차적 지식으로 구분한다. 선언적 지식(declarative knowledge)은 사실(facts)과 단언(assertions) 등을 말하며, 절차적 지식(procedual knowledge)은 일련의 행동(actions)과 결과(consequences) 들을 말한다. 암묵지는 언어나 수식 기타 형태로 표현되지 않은 지식을 의미하며, 이 중에 형식지화할 수 있으나 아직 형식지로 표현되지 않는 지식을 잠재지로 구분하기도 한다.

지식의 형성 방식에 따라서는 경험지(experiential knowledge)와 분석지(analytic knowledge)로 구분하기도 한다. 경험지는 사실지(kowwhat)와 방법지(knowhow)로 구분할 수 있다. 사실지는 사례지식과 참고지식으로 나눌 수 있으며, 사례지식은 업무수행 시 경험한 중요한 체험 및 주요 성공 실패 사례에 관한 지식이다. 참고지식은 사규, 관련 법규, 용어집, 장비매뉴얼과 같이 업무수행상 참조하거나 숙지하는 관련 지식을 말한다. 방법지는 조직방법론과 개인방법론으로 구분할 수 있으며, 조직방법론은 조직이 반복되는 업무를 수행하면서 축적하게 되는 업무절차 및 문제해결에 대한 지식을 말한다. 개인방법론은 자신의 업무에 대한 매뉴얼이나 작업에 필요한 기술 등에 대한 개인의 숙련도 등을 의미한다.

분석지는 유형지(pattern)와 모델지(model) 등으로 구분할 수 있다. 유형지는 요소지식과 관계지식으로 구분할 수 있는데, 요소지식은 조직의 운영에 중요한 고객, 제품, 생산공정에 대한 분석결과 등을 의미한다. 관계지식은 분석대상 요소 간의 관계에 대한 분석결과와 관련된 지식이다. 모델지는 의사지원지식과 의사결정지식으로 구분할 수 있는데, 의사지원지식은 기업 업무 수행상의 핵심 의사결정을 지원하는 분석 모델로 예측 모형들이 여기에 속한다. 의사결정지식은 기업 업무 수행상의 핵심 의사결정을 수행하는 분석 모델 등을 의미한다.

기업의 지식자산 구축

지식경영은 정보기술을 활용하여 지식을 중심으로 조직 및 경영 자산을 구축하는 것이다. 경영자의 책임이란 지식의 획득 · 발견 · 활용 등을 존중해 주고 보상해 주는 지식문화를 개발하는 것이다. 경영자는 지식획득에 대해서 새로운 기업의 역할과 책임을 개발하도록 노력해야 한다. CKO(Chief Knowledge Officer)는 기업의 지식경영 프로그램을 담당하는 중역이다. 이러한 지식경영 프로그램은 최고 지식경영 책임자(CKO)에 의해 관리된다. CKO는 기업 내에서 새로운 지식 자원을 발견하고 또한 현재 사용 중인 지식을 잘 활용하기 위한 프로그램 및 시스템을 설계한다.

정보시스템은 명시지식 및 암묵지식을 인식하고, 획득하고, 코드화하고, 확산하므로 조직학습을 촉진시킬 수 있다. 일단 정보가 시스템에 수집되고 저장되면, 이 정보는 공유할 수 있고 계속해서 재사용이 가능하다. 기업은 최선의 업무지침서를 코드화하기 위하여 정보시스템을 사용해야 하고, 종업원들이 이 최선의 업무지침서의 지식을 좀더 널리 사용할 수 있도록 해야 한다. 최선의 업무지침서(best practices)란 특정 기업이나 산업에 의해 개발된 가장 성공적인 해결책이거나 문제해결 방안을 말한다. 기업 내에서 현재 사용 중인 업무지침서의 품질을 향상시키고, 현재 또는 미래 종업원을 훈련시키거나 의사결정을 지원하기 위하여, 최선의 업무지침서는 반드시 저장되어야 한다. 조직메모리(organizational memory)란 기업의 의사결정이나 다른 목적에 사용될 수 있도록 기업의 과거로부터 현재까지 저장된 학습지식을 말한다. 정보시스템은 전문지식을 가진 종업원들을 연결하기 위한 지식 네트워크를 제공하여, 특정 분야의 전문지식을 가진 종업원들을 쉽게 찾아내어 그들의 암묵지식을 공유할 수 있게 한다.

2 지식경영 프로세스

1) 지식경영 가치사슬

지식경영이란 기업지식을 생성하고, 저장, 전환, 적용하기 위해 기업 내에 개발된 일종의 기업 프로세스라고 할 수 있다. 지식경영 가치사슬은 가치 부가활동을 포함하고 있는데, 자료 및 정보취득, 지식획득, 지식저장, 지식확산, 지식적용 등이다.

- **지식획득**: 기업은 필요한 지식을 유형에 따라 여러 방법으로 획득한다. 첫 번째 지식관리시스템은 정형화된 지식(문서, 보고서, 프레젠테이션, 최선의 업무지침서 등)에 대해 기업 자료실을 구축하는 것이고, 종업원들에 대해서는 경험에 입각하여 문서를 만들도록 요구하는 것이다. 이러한 노력은 준정형화된 지식(전자메일, 음성메일, 메모 등)까지도 포함하도록 한다. 일부 기업은 기업 내에서 종업원들이 분야별로 전문지식을 획득하기 위하여 기업 내에 온라인 전문가 통신망을 구축하여, 종업원들이 기업 내에서 분야별로 전문지식을 보유한 전문가를 쉽게 찾도록 하고 있다.
- **지식저장**: 지식이 발견되면, 문서·패턴·전문가 규칙 등은 컴퓨터에 저장되어야 하고, 종업원에 의해 검색되고 사용되어야 한다. 지식 저장은 데이터베이스와 지식베이스를 구축하는 것이다. 문서관리시스템은 기업의 관련 규정에 따라 문서를 컴퓨터에 저장하고, 인덱스하고, 태그를 만들고 있다. 문서관리시스템은 많은 문서를 저장하기에 적합한 대형 데이터베이스이다. 기업 내의 전문가 동호회 및 전문가 시스템은 기업 프로세스 및 기업에 해당 지식을 적용시키고 필요한 지식을 저장하는 데 도움을 준다.
- **지식분산**: 포털 사이트, 전자메일, 메시징, 검색엔진 기술은 기업 내에 지식 및 정보를 크게 확산시킨다. 이러한 기술에다 문서, 데이터, 그래픽 등을 공유하기 위하여 그룹웨어 기술 및 사무시스템 등이 추가되었다. 오늘날의 정보기술은 정보 및 지식의 부족보다는 정보 및 지식의 과도한 생성을 초래하였다고 볼 수 있다. 경영활동과 의사결정에 적합한 정보와 지식이 지식분산 과정을

통하여 경영자에게 전달되어야 한다.

- **지식적용**: 지식관리시스템(KMS)의 유형에 관계없이 기업과 경영자가 당면한 기업의 실제적인 문제에 기업지식이 공유되지 않거나 적용되지 않으면, 기업지식은 기업에 가치를 부가하지 못한다. 기업지식은 경영의사결정에 적용되어야 하며, 현재 사용 중인 또는 신규 의사결정지원시스템(DSS)에도 적용되어야 한다. 결국, 신규 기업지식은 기업의 프로세스 및 핵심 응용시스템에 활용되어야 한다.

2) 조직의 지식창출 과정

Nonaka는 지식창조기업에서 조직의 지식창출 과정을 SECI 모형으로 설명하고 있다. SECI 모형은 나선형 프로세스(spiral process)로 암묵지와 형식지라는 두 가지 종류의 지식이 네 가지 변환과정을 거쳐 새로운 지식으로 창출됨을 설명한다. SECI 모형은 네 가지 변환과정 각각에 대응한 네 가지 Ba를 소개하고 있는데, Ba는 장(場)으로서 장소(place)를 가리킨다. Nonaka와 Konno(1998)는 SECI 모형의 네 단계에서 지식이 생성되기 위해서 어떠한 장(Ba)을 제공하여야 할 것인가에 초점을 맞추고 있다. Ba는 영어의 Place에 해당하는 사람들의 만남의 장을 의미한다. 이는 위원회 또는 프로젝트 팀들이 만나는 회의나 사이버공간상에서 대화의 장을 의미한다.

지식경영은 기업활동에 필요한 지식을 획득, 창출하여 조직메모리에 저장, 축적하고 기업 내 각 업무 부서로 전파하여 공유하게 함으로써 기업의 성과를 지속적으로 제고시키고자 하는 체계적 지식관리 과정이다. 성공적인 기업들은 문서화된 지식 및 컴퓨터에 저장된 지식뿐만 아니라 종업원들이 오랜 세월 기업 근무를 통해 얻은 개인적 경험을 통해 보유한 지식 및 노하우도 지식관리시스템에 저장하여 사용한다. 이들 기업들은 저장된 지식을 기업의 종업원들이 함께 공유함으로써 기업의 지식수준을 높이고, 이 지식을 기업의 서비스 및 제품에 적용해서 경쟁력을 높이고자 한다. 지식생성은 형식지와 암묵지 간의 상호작용이 나선형을 이루어 순환하는 과정이며, 개인의 지식은 그룹의 지식, 조직의 지식, 조직 간의 지식으로 그 지식수준이 상승하면서 발전하게 된다.

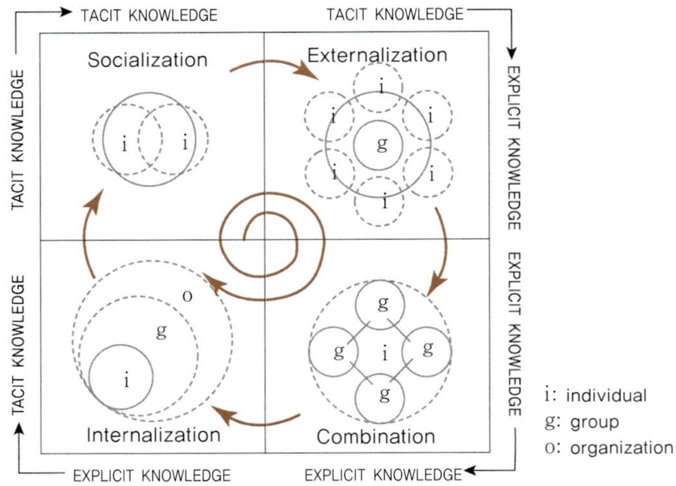

▌그림 9-3▐ 조직 지식창출 과정의 나선형 진화

SECI 모형은 사회화(socialization), 외부화(externalization), 결합화(combination), 내재화(internalization) 과정으로 이루어진다. 사회화는 개인이 가지고 있는 암묵지를 동료들에게 전수하여 여러 사람의 암묵지로 공유해 가는 과정(암묵지 → 암묵지)이다. 이 과정에서는 지식생성을 위하여 사람과 사람이 대면접촉(face-to-face experience)을 시작하는 과정으로 개인들이 기분, 감정, 경험, 정신모형(mental model) 등을 공유하는 장(originating ba)이 만들어진다.

외부화는 개인의 암묵지가 다른 사람의 암묵지와 공유되고 통합되면서 보다 명시적 형태로 변환되는 과정(암묵지 → 형식지)이다. 이 과정에서는 암묵지를 형식화하는 곳으로서 만남의 장(ba)이 만들어지며(interacting ba), 동료 간의 상호 검토(peer-to-peer reflection)를 통하여 지식이 공식화된다.

결합화는 정형화된 지식이 주변으로 전파되면서 각각의 형식지가 서로 합쳐지고 통합되어 새로운 형식지가 창조되는 과정(형식지 → 형식지)이다. 이 과정에서는 가상공간에서의 상호작용이 활발하게 이루어지며, 새로운 형식지를 기존의 정보 및 지식과 결합시켜 조직 전체적 형식지를 창조하고 체계화하는 장(cyber ba)

이 만들어진다. 팀과 팀이 시간과 공간을 초월하여 체계적으로 협력하는 과정(group-to-group systemization)이 진행된다.

내재화는 형식지가 각 개인에 의해 체화됨으로써 자신만의 새로운 지식, 즉 암묵지를 창출해 내는 과정(형식지 → 암묵지)이다. 이 과정에서는 지속적인 연습을 동반한 멘토링이나 활발한 현장체험(on-the-site) 등을 통하여 개인 스스로 교육 및 학습하는 과정(exercising ba)이다.

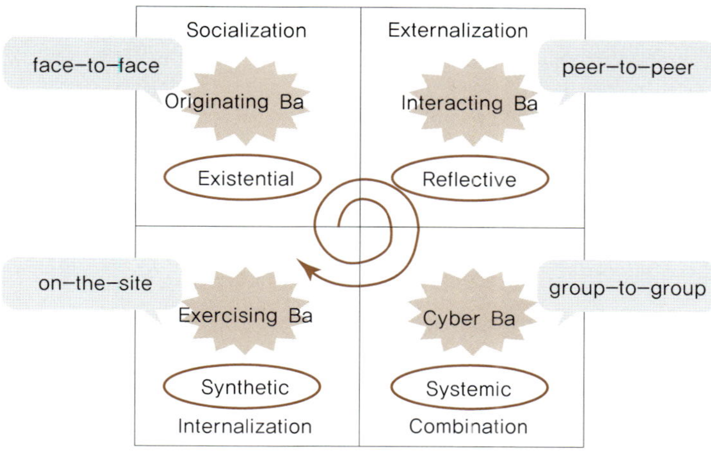

▌그림 9-4▐ Ba의 네 가지 특징적 모습

일본의 샤프(Sharp)는 프로젝트 팀을 활용하여 긴급 프로젝트(urgent projects)들을 수행하였는데, 팀은 각 부서의 팀장에 의해서 선발되었으며, 기존의 R&D 부서와는 독립적으로 업무를 수행하였다. 긴급 프로젝트들은 18개월 미만에 종결되었으며, 타 부서보다 자원 사용에 있어서 최우선권이 부여되었으며, 본사의 전폭적인 지원을 받았다. 이 팀은 창의생활센터(Creative Lifestyle Focus Center)의 지원을 받아 사용자 관점에서 제품라인을 조정하고 고객의 욕구나 가치에 기반을 둔 신제품 생산을 위해 다양한 시스템을 개발하였다.

3) 기업의 지식경영 능력

기업의 지식경영 능력은 하부구조관리 능력(knowledge infrastructure capability)과 지식경영 프로세스관리 능력(knowledge process capability)으로 나누어 볼 수 있다. 지식경영에 필요한 하부구조는 기술(technology), 구조(structure), 문화(culture) 등으로 나누어 볼 수 있는데, 기술은 정보기술, 정보시스템, 커뮤니케이션 등과 관련된 시설, 설비, 물리적 프로세스 등을 통하여 조직 내에서 정보와 지식이 통합되어 활용되도록 하는 기반이 된다. 조직구조는 부서별 기능별 정보와 지식이 원활히 공유되고 활용될 수 있도록 개발되어야 한다. 유연한 조직구조의 개발은 조직 내 부서 간의 장벽을 뚫고 지식공유와 협업이 이루어지는 것을 촉진할 수 있다. 지식경영의 가장 어려운 과제는 조직의 문화 개발에 있다. 효과적인 지식경영은 조직문화로 정착시키는 것이다. 지식경영에 대한 비전을 개발하여 조직구성원들에게 스며들게 하여야 하며, 매일 매일의 일상적인 활동에 전달되어 조직의 목표를 달성할 수 있으며, 미래의 조직목적에 다다를 수 있도록 방향성을 가지고 있어야 한다. 지식경영 미션은 조직이 추구하는 가치들과 공통의 지향성을 가지고 있어야 한다.

지식경영 프로세스와 관련된 능력은 지식획득(knowledge acquisition) 프로세스 능력, 지식전환(knowledge conversion) 프로세스 능력, 지식활용(knowledge application) 프로세스 능력, 지식보호(knowledge protection) 프로세스 능력 등으로 나누어 볼 수 있다. 지식획득 프로세스 능력은 지식을 창출하기 위해서 협업하고 새로운 지식을 모색하고 현존하는 지식을 활용하여 새로운 지식을 창출하는 혁신 활동을 포함한다. 현재의 실무 작업들을 분석하고 타 조직과 비교함으로써 차이를 발견하고 이를 극복하려는 벤치마킹을 통하여 조직은 새로운 지식을 창출한다. 서로 다른 배경과 경험, 인지스타일 등을 가지고 있는 조직의 구성원들이 협업하는 과정에서 학습이 일어나고 지식을 공유하게 되며 새로운 지식을 창출할 수 있는 가능성을 높이게 된다.

지식전환 프로세스 능력은 현존하는 지식을 이용할 수 있는 능력으로 지식표현 표준을 이용하여 지식을 조직하고 결합하고 구조화하며 조정하고 분배하는 능력을 말한다. 진부한 지식을 갱신하고 활용 가능한 지식을 통합하여 활용할 수 있도록 규칙과 절차를 개발하고 일상화하며 집단문제해결이나 의사결정에 활용하는 능력을 말한다.

지식활용 프로세스 능력은 지식의 효과적인 저장과 추출 및 색인하는 방법들을 갖추어 나가는 것을 의미한다. 이 과정은 실제로 지식을 사용하는 과정이 조직 내에서 얼마나 효율적이고 효과적으로 이루어지고 있느냐와 관련되어 있다.

지식보호 프로세스 능력은 조직 내에서 지식의 비합법적인 또는 부적합한 사용을 막을 수 있는 능력이나 지식의 유출을 방지할 수 있는 능력을 말한다. 기업들은 특허권, 상표권, 저작권 등을 통하여 지식을 보호하고 있으나, 지적재산권을 통하여 보호받는 데에는 한계가 너무 많다. 지식보상제도나 근로자윤리강령, 직무설계 등을 통하여 구체적인 지식보호 방안들이 마련되고 있다.

Nonaka와 Takeuchi에 따르면 기업은 새로운 지식을 창출하고 활용함으로써 경쟁력 있는 제품과 서비스를 만들어 내며, 이러한 지식을 바탕으로 지속적인 경쟁우위를 확보하게 된다. 지식의 중요성이 강조되면서 지식 자원의 창출과 공유를 촉진하는 지식경영이 기업의 핵심 전략이 되었다.

오늘날의 지식정보화 시대에서, 일부 경영이론가들은 무형자산인 지식자산이 유형자산인 물리적 자산 및 재무자산만큼 기업의 경쟁우위 및 생존을 위해 중요하다고 주장하고 있다. 지식이 핵심 생산자산 및 전략자산이 되고 있기 때문에, 기업의 성공은 지식을 생성하고, 수집하고, 저장하고, 분배하는 기업능력에 크게 의존하고 있다. 지식을 활용하면, 기업은 유한한 자원을 좀더 효율적이고 효과적으로 활용할 수 있다. 지식이 없으면, 기업은 자원활용 면에서 비효율적이고 비효과적으로 되어 결국 도태되고 만다.

미래에 대한 불확실성이 증대되고 있는 오늘날의 기업환경에서 오랫동안 지속되는 경쟁우위를 창출하는 방법이 바로 지식경영이다. 치열한 경쟁환경에서 경쟁우위를 확보하기 위해서 기업은 지식생성 기업 또는 학습 기업이어야만 한다. 지식생성 기업은 새로운 지식을 끊임없이 생성하고, 기업 내에 이 지식을 널리 확산시키며, 제품 및 서비스에 이 지식을 신속하게 적용시키는 기업이다.

Nonaka(1991)에 따르면 지식생성 기업은 명시지식/형식지식과 암묵지식을 이용한다. 명시지식(explicit knowledge)은 데이터, 문서, 컴퓨터에 저장되어 있는 지식이다. 암묵지식(tacit knowledge)은 종업원들이 개인적으로 보유하고 있는 직관 경험 노하우 등이며, 형식화되지 않은 지식이다. 암묵지식은 기업 내에서 가장 중요한 정보가 되기도 한다. 기업에서 오랜 세월 근무한 종업원은 제품 생산방법, 서비스 인도방법, 특정 고객 취급방법, 핵심설비 작동방법 등과 같은 많은 사항에 대해 글로 표현할 수 없는 노하우를 지니고 있다. 이러한 암묵지식은 기업 어디에도 기록되어 있거나 저장되어 있지 않다. 왜냐하면 이러한 지식은 오랜 세월에 걸쳐 종업원의 머릿속에 들어 있고 수정된다. 더욱이, 이러한 많은 암묵지식은 기업 내에서 함께 사용하면 좋을 위치에 있는 다른 종업원과도 전혀 공유되지 않는다. 왜냐하면 지식을 공유하는 데에 대한 기업의 인센티브도 없고, 종업원이 사용하고자 하는 지식이 어디에 있는지를 모르기 때문에 요구조차 하지 않는다.

3 학습공동체의 활용

지식경영의 활성화를 위하여 대기업들은 학습공동체(community of practice: CoP)를 구성하게 되었다. CoP는 도제관계에서 초보자가 전문가와 삶을 공유하면서 공동생활을 통하여 기술을 습득하며 멤버십을 확보해 가는 과정에서 활용되었던 지식 습득방법을 모방하여 새로운 모습으로 기업의 지식경영에서 활용되고 있다. 이는 특정 주제에 대해서 관심 있는 사람들이 모여 집단을 구성하고 관심 있는 주제나 수행 중인 일에 지속적으로 상호작용함으로써 서로를 도우며, 지식을 쌓아 나가는 과정을 말한다. 포항제철의 경우 2006년부터 지식경영의 활성화를 위하여 사내 학습동아리를 적극적으로 잘 활용하고 있다. 지식공유, 활용, 창출 문화를 체계적으로 확산시키고 조직학습으로 이끌기 위해 전사적으로 학습동아리를 통하여 맞춤형 컨설팅과 동아리 리더 워크숍, 타 회사 벤치마킹 등을 실시하였다. 2011년까지 2,700여 개가 넘는 학습동아리에서 연인원 52,000명 이상이 직무 학습동아리와 지식경영 동아리에 참여하여 현장의 업무효율 향상, 낭비 개선,

직원 간의 유대 강화에 큰 성과를 거두었다. 또한 지식마일리지제도를 통하여 현금보상, 회장표창, 승진가점을 부여하고 지식교육 과정, 지식전문가 워크숍, 지식심화 교육제도 등을 통하여 직원들에게 지식근로자로서의 역량을 향상시키고 있다. 협력사가 함께 참여하는 학습동아리 우수사례 교류회를 통하여 구성원들이 우수사례를 공유하고 학습동아리 참가자들에 대한 사기 진작을 도모하고 있다.

비록 많은 지식작업 및 정보작업 업무가 개인별로 작업하도록 설계되었으나, 기업에서는 작업그룹을 지원하는 것이 점차 중요해지고 있다. 이 작업그룹은 공식적인 프로젝트팀뿐만 아니라, 기업 전문지식의 주요 근원인 비공식적인 학습동아리 모임도 포함한다. 학습동아리 모임은 국내외 여러 지역에 근무하거나, 살고 있으나 동일한 전문지식이나 흥미를 가진 기업 내의 비공식적인 그룹을 말한다. 공식적인 프로젝트팀과는 달리, 학습동아리 모임은 어느 한정된 시간 내에 특정 결과물을 만들 책임은 없으나, 그들이 작업현장에서 부딪치는 문제에 대해 동일 지역이나 다른 지역의 동료들을 지원하기도 하고, 교육하기도 한다.

기업의 최고경영자(CEO)나 최고 지식경영 책임자(CKO)는 기업 내에 학습동아리 모임을 활성화시켜야 한다. 학습동아리 모임은 유사한 작업 관련 활동 및 취미를 갖고 있는 기업 내외의 전문가 및 종업원들의 비정규적인 사회적 네트워크이다. 이러한 학습동아리 활동은 특정 작업 문제를 해결하기 위하여 교육, 콘퍼런스, 온라인 뉴스레터, 기술과 경험의 공유 등을 포함한다. 현재 IBM 및 세계은행과 같은 대기업은 수천 개의 온라인 학습동아리 모임을 개발하여 운영하고 있다. RioTinto라는 자연 자원 기업은 환경표준, 지하안전, 드래그라인(dragline)의 운영 등과 같은 주제에 대해 업무향상을 위한 30개의 활동적인 학습동아리 모임을 운영하고 있다.

4 지식관리시스템

지식관리시스템은 지식의 획득에서 축적, 공유, 재사용 및 새로운 지식의 창출에 이르는 지식의 전체 생명주기를 효과적으로 관리하는 지식경영 하부구조(infrastructure)를 말한다. 이는 조직이나 기업의 지식 자원의 가치를 극대화하기 위한 통합적인 지식관리 프로세스를 지원하는 정보시스템이다.

지식관리시스템(knowledge management systems: KMS)은 기업지식을 관리하는 데 적용되는 컴퓨터정보시스템의 한 분야이다. 종업원이 오랜 세월 동안 기업 근무를 통해 얻는 개인이 보유한 개인지식(암묵지식)도 기업지식이다. 따라서 암묵지식인 개인지식을 기업 내 다른 종업원들이 이용 가능하도록 만드는 것이 지식생성 기업의 주요 활동이다. 이러한 작업이 기업 내에서 지속적으로 발생해야 하며 또한 기업 내 모든 계층에서 발생해야 한다. 현재 포스코(POSCO)는 지식관리시스템(KMS)를 운영하고 있으며, 회사의 경영 이익에 기여하는 우수지식을 지식관리시스템에 많이 등록한 우수 종업원들을 선정하여 이 종업원들에게 많은 혜택을 부여하고 있다. 포스코는 이렇게 업무 수행 중 취득한 우수지식을 전 종업원이 함께 공유함으로써 철강산업 분야에서 세계적인 경쟁력을 보유하고 있다.

오늘날 지식정보화시대에서 종업원의 지식을 관리하는 것은 매우 중요하다. 지식관리시스템(KMS)은 기업 내에서 종업원 및 경영자에게 기업지식의 생성, 저장, 확산 등을 지원하는 지식기반 정보시스템이다. 지식관리시스템의 예로서 과거에 성공적으로 수행하였던 최선의 업무지침서(best practices), 판매제안 전략, 고객문제 해결시스템 등에 대한 인트라넷 접속 등을 들 수 있다.

오늘날 지식경영은 정보기술의 주요 전략적 활용 분야 중의 하나가 되고 있다. 많은 기업들은 조직학습 및 기업노하우를 관리하기 위하여 지식관리시스템을 구축하고 있다. 지식관리시스템의 주요 목적은, 기업 내 필요한 시간 및 장소에서 기업지식을 사용할 수 있도록 하며, 지식작업자가 주요 기업지식을 생성하고 저장하고 활용할 수 있도록 하는 것이다. 지식관리시스템(KMS)에 저장되는 자료는 프로세스, 절차, 특허, 참고자료, 계산식, 최선의 업무지침서, 예측자료, 주요 보관자료 등이다. 지식관리시스템에서 이용될 수 있는 주요 정보기술은 인터넷 및 인트라넷 웹사이트, 그룹웨어, 지식베이스, 온라인 토론그룹 등이 있다.

지식관리시스템은 조직학습 및 지식생성을 촉진시킨다. 이 시스템은 지식작업자에게 신속한 피드백을 제공하고, 종업원의 행동변화를 촉진시키고, 기업 실적을 크게 향상시키도록 설계되었다. 조직학습 프로세스가 지속되고 지식베이스가 확장됨에 따라, 지식생성 기업은 기업 프로세스, 제품, 서비스에 기업지식을 적용시킨다. 이것은 기업이 좀더 혁신적이고 신속하게 고품질 제품 및 고객서비스를 제공하여, 시장에서 강력한 경쟁자가 되도록 하는 것이다.

데이터(data)는 가공이 되지 않은 숫자나 사실이다. 정보(information)는 데이터를 가공하거나 해석한 것이다. 지식(knowledge)이란 입증된 정보(authenticated information)이다. 즉, 지식이란 개개인의 마음속에 내재된 정보이며, 사실, 절차, 개념, 해석, 아이디어, 관찰, 판단에 관련된 개인화된 정보를 말한다.

기업은 다양한 조직학습 메커니즘을 사용하여 지식을 생성하고 수집한다. 자료수집, 시행착오(실험), 계획된 활동의 측정, 고객 및 외부로부터 피드백 등을 통해, 기업은 경험을 얻게 된다. 학습 기업은 신규 기업 프로세스를 만들고 경영의 사결정 패턴을 교체함으로써 학습을 반영하기 위하여 기업의 행동을 조정한다. 이 변화과정을 '조직학습(organizational learning)'이라고 한다. 외부 환경의 변화를 신속하게 인식하고 대응하는 기업은 학습 메커니즘이 빈약한 기업보다 더 오래 생존할 것이다.

지식경영은 정보기술의 전략적 활용 중의 하나가 되고 있다. 오늘날의 많은 기업들은 조직학습 및 기업 노하우를 관리하기 위하여 지식관리시스템(KMS)을 구축하여 지식경영을 하고 있다. 지식관리시스템을 구성하는 데에도, 여러 종류의 정보기술이 지식관리시스템을 구축하는 데 사용된다. 즉, 인터넷, 인트라넷, 그룹웨어, 데이터 마이닝, 지식베이스 및 온라인 토론그룹 등과 같은 정보기술이 지식관리시스템에서 사용되고 있는 주요 핵심 기술이다.

지식경영이란 기업지식을 생성하고, 저장하고, 전환하고, 적용하기 위해 기업 내에 개발된 일종의 기업 프로세스라고 할 수 있다. 지식경영 기업은 조직학습을 가능하게 하는 기업이다. 지식경영은 외부 환경으로부터 학습하고 기업 프로세스에 지식을 적용시킬 수 있는 기업의 능력을 향상시킨다.

지식관리시스템(KMS)은 기업지식을 관리하는 데 적용되는 정보시스템이다. 지식관리시스템은 (1) 지식분산, (2) 지식공유, (3) 지식생성, (4) 지식획득 및 지식코드화를 통하여 기업 프로세스를 지원하거나 향상시키기 위해 개발된 IT-기반

시스템이다. 지식관리시스템에는 다음과 같은 네 가지 종류의 정보시스템이 있다([그림 9-5] 참조). 이러한 정보시스템들은 정보작업 및 지식작업을 지원하며 기업 지식베이스를 정의하고 생성한다.

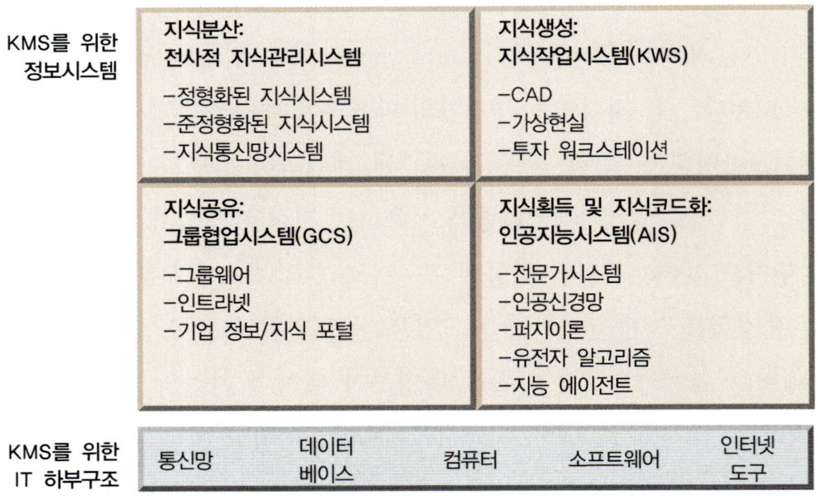

▌그림 9-5▐ 지식관리시스템

출처: 정경수 외(2010). p. 368.

① **전사적 지식관리시스템**: 지식분산

② **그룹협업시스템**(group collaboration systems: GCS): 지식공유

③ **지식작업시스템**(knowledge work systems: KWS): 지식생성

④ **인공지능시스템**(artificial intelligence systems: AIS): 지식획득 및 지식코드화

전사적 지식관리시스템은 디지털 콘텐츠 및 지식을 수집하고, 저장하고, 확산시키고, 활용시키는 데 사용되는 기업의 전반적인 지식관리시스템이다. 전사적 지식관리시스템은 정형화된 문서, 준정형화된 문서, 비정형화된 문서를 구성하고 저장하는 데이터베이스와 도구를 제공한다. 이 시스템은 기업 내 특정 분야에서 전문지식을 보유한 종업원을 찾기 위한 온라인 목록과 도구도 제공한다. 그룹협업시스템(GCS)은 전사적 지식관리시스템을 지원하기 위하여 종업원 사이의 협업 및 통신을 위한 웹 기반 도구를 제공하고 있다.

지식작업시스템(KWS)은 고도로 훈련된 지식작업자와 전문가의 활동을 지원하여, 이들이 새로운 지식을 생성하고 기업에 이 지식을 활용하도록 한다. 인공지능시스템(AIS)은 새로운 지식을 획득하여, 기업 내 다른 종업원들이 재사용할 수 있도록 기업과 경영자에게 코드화된 지식을 제공한다. 지식관리시스템은 정보기술(IT) 하부구조로서 강력한 컴퓨터, 통신망, 데이터베이스, 인터넷 도구 등을 필요로 한다.

1) 전사적 지식관리시스템

전사적 지식관리시스템에서 사용되는 정보작업은 주로 정보를 생성하고 처리하는 작업이다. 이 작업은 통상 두 종류의 정보작업자에 의해 수행된다. 하나는 지식작업자(knowledge workers)이며 주로 지식과 정보를 생성하는 작업을 수행하고, 다른 하나는 데이터작업자(data workers)이며 주로 정보를 처리하고 분배하는 작업을 수행한다. 데이터작업자는 비서, 판매원, 자료기록자 등이며, 반면에 지식작업자는 연구자, 설계자, 건축가, 작가, 재판관 등이 여기에 속한다. 일반적으로 지식작업자와 데이터작업자는 구분되는데, 지식작업자는 주로 고등교육을 받은 사람들이고 전문기업의 구성원이다. 또한 지식작업자는 업무수행에 있어서 독자적인 판단을 사용한다. 따라서 지식작업자와 데이터작업자는 각자가 필요로 하는 정보가 다르며 사용하는 컴퓨터 시스템도 상이하다.

전사적 지식관리시스템에서 사용되는 기업지식베이스에는 다음과 같은 세 종류의 지식(정형화된 지식, 준정형화된 지식, 통신망 지식)이 포함된다. 〈표 9-1〉은 지식의 유형을 보여 준다.

〈표 9-1〉의 정형화된 지식시스템 및 준정형화된 지식시스템은 지식저장소로서의 역할을 수행한다. 지식저장소(knowledge repository)란 기업이 지식의 효율적인 관리 및 사용을 위해 지식을 한곳에 집적한 기업지식 창고이다. 지식저장소는 기업포털 및 검색엔진 기술을 이용하여 접속할 수 있고, 기업 데이터베이스에 있는 정보를 접속하기 위한 도구를 제공하고 있다.

표 9-1 전사적 지식관리시스템에서의 지식 유형

지식 유형	지식 내용	관련 지식관리시스템
정형화된 지식	형식지이며, 정형화된 문서 및 보고서의 형태로 이미 기업 내에 존재하는 지식. 80년대 말이나 90년대 등장한 초기 KMS는 이런 정형화된 지식을 주로 취급.	정형화된 지식시스템
준정형화된 지식	전자메일, 음성메일, 메모, 카탈로그, 디지털 사진, 게시판, 및 비정형화된 문서의 형태로 기업 내에 존재하는 지식. 공식화되지 않은 준정형화된 지식.	준정형화된 지식시스템
통신망 지식	암묵지이며, 어떠한 형태로 문서화되어 있지 않음. 개별 종업원들의 경험과 같이 숙련된 종업원의 머릿속에 들어 있는 지식. 지식의 공급과 수요를 연결하는 통신망을 구축. 각 분야별 전문가 온라인 목록을 제공하여 종업원이 해당 전문가를 찾도록 통신기술을 사용.	지식통신망 시스템 (전문지식 위치 및 관리시스템)

출처: 정경수 외(2010). p. 370 재수정.

(1) 정형화된 지식시스템

정형화된 지식은 명시지식(explicit knowledge)을 말한다. 기업의 정식 문서에 존재하는 지식뿐만 아니라 기업 전문가와 그들의 의사결정 패턴을 관찰하여 기업이 만든 정식 규정에 존재하는 지식이다. 정형화된 지식의 핵심 과제는 적절한 데이터베이스 스키마의 생성이며 여러 상황에서 종업원들이 쉽게 접속할 수 있는 데이터베이스의 구축이다. 데이터베이스에 저장된 지식을 정형화된 지식이라고 하며, 이러한 시스템을 '정형화된 지식시스템'이라고 한다.

(2) 준정형화된 지식시스템

준정형화된 지식이란 정식 문서나 정식 보고서에는 존재하지 않는 기업 내 모든 디지털 정보이다. 기업의 비즈니스 내용의 약 80% 정도가 준정형화되어 있다고 추측되고 있다. 즉 폴더, 메시지, 메모, 제안서, 템플릿, 전자메일, 그래픽, 전자 슬라이드 프레젠테이션, 여러 형태로 제작되거나 여러 지역에서 만들어진 비디오 등에 들어 있는 정보를 말한다. 이러한 유형의 지식을 준정형화된 지식이라고 하며, 이런 지식을 처리하는 시스템을 '준정형화된 지식시스템'이라고 한다.

경영자들이 당면한 핵심 과제는 이러한 준정형화된 지식을 수집할 수 있고 일관성이 있는 형태로 정형화할 수 있는 데이터베이스 및 기술 하부구조를 구축하는

것이다. 여러 소프트웨어 벤더들은 전통적인 정형화된 문서뿐만 아니라 준정형화된 문서를 추적·저장·구성할 수 있는 시스템을 제공하고 있다.

(3) 지식통신망시스템

통신망 지식은 암묵지식(tacit knowledge)을 말하며 종업원의 노하우, 전문지식 및 경험과 같이, 아직 정형화된 형태로 문서화되지 않고 종업원이 보유한 비공식적인 내부 정보이다. 즉, 적절한 지식이 디지털 문서의 형태로 되어 있지 않고, 대신 기업 내 개별 전문가의 머릿속에 들어 있다. 지식이 쉽게 발견되지 않기 때문에, 종업원은 지식을 재발견하기 위하여 상당한 자원을 소비하여야 한다.

지식통신망시스템은 전문지식 분야에 대해 기업 내 전문가의 온라인 목록을 제공하여, 종업원들이 기업 내 적절한 전문가를 쉽게 발견하도록 정보기술을 제공한다. 지식통신망시스템은 암묵지식, 비정형화된 지식, 문서화되지 않은 지식을 데이터베이스에 저장할 수 있는 명시지식으로 전환하도록 해야 한다. 기업 내 전문가에 의해 개발된 해결책은 지식 데이터베이스에 저장된다. 이러한 신규 지식은 기업 최선의 업무지침서(best practices)로서 또는 자주 문의되는 질문(FAQ)의 답변으로서 지식 데이터베이스에 저장된다.

2) 그룹협업시스템

그룹협업시스템(GCS)은 전사적 지식관리시스템을 지원하기 위하여 종업원 사이의 협업 및 통신을 위해 포털, 검색엔진, 협업 도구(전자메일, 메시징, 그룹웨어 등)와 같은 지원기술을 제공하고 있다. 이를 통해 종업원들이 기업지식베이스를 검색하고, 기업 내외에서 통신하고 협력하며, 새로운 환경에 저장된 지식을 적용시킨다.

(1) 그룹웨어

그룹웨어(groupware)란 그룹의사결정지원시스템(group decision support systems:

GDSS)에서 사용되는 소프트웨어이다. 그룹웨어란 협력소프트웨어라고도 하는데 작업그룹 및 작업 팀이 그룹 업무를 수행하는 데 필요한 작업을 공동으로 수행하게 하는 소프트웨어이다. 그룹웨어는 작업그룹 간의 협력을 촉진하기 위하여 다양한 소프트웨어 사양과 기능을 통합하였으며, 수요가 매우 빠르게 증가하는 일반목적용 응용 소프트웨어이다. 예를 들면, Lotus Notes, Novell Group Wise, Microsoft Exchange 등과 같은 그룹웨어제품은 전자메일, 토론그룹 및 데이터베이스, 일정계획, 업무관리, 데이터, 오디오 및 비디오화상회의 등의 다양한 기능을 이용하여 작업그룹 간의 협력을 지원한다.

작업그룹의 협력과 조정을 위한 주요 기술로서, 전자메일, 화상회의, 그룹웨어 등이 있다. 앞에서 언급한 바와 같이, 그룹웨어는 작업그룹의 협력 작업 환경을 만드는 주요 도구이다. 그룹웨어는 세 가지 기본 원칙이 있는데 이는 통신, 협력, 조정이다. 작업그룹이 문서상으로 함께 작업하고, 회의일정을 조정하고, 전자양식을 발송하고, 공유폴더에 접근하고, 전자토론에 참여하고, 공유 데이터베이스를 개발하고, 전자메일을 발송하도록 한다. 컨설팅 기업, 법률회사, 금융 관련 기업 등과 같은 정보기업에서는, 그룹웨어가 종업원들의 지적자산을 공유하는 데 매우 중요한 도구가 되고 있다.

그룹웨어제품은 사용자들의 협력 업무 욕구를 충족시키기 위하여 다방면에서 변화하고 있다. 그룹웨어는 여러 나라에서 근무하는 팀 구성원들이 전 세계적인 협력이 가능하도록 인터넷, 인트라넷 및 엑스트라넷을 사용하도록 설계되었다. 예를 들면, 팀 구성원들이 전자메일, 프로젝트 토론모임, 연합 웹 페이지 개발 업무를 수행하기 위하여 인터넷을 사용할 수 있다. 팀 구성원들은 프로젝트 뉴스 및 프로젝트 진행보고서 등을 게시하고, 웹서버에 저장된 문서상에 공동으로 작업하기 위하여 기업 인트라넷을 사용할 수 있다.

(2) 기업 정보/지식 포털

먼저 포털(portals) 사이트에 대해 살펴보자. 포털이란 웹이나 내부 기업 데이터에 초기 진입점을 제공하는 웹사이트이다. 우리가 많이 사용하는 야후, 네이버, 다음, 네이트 등이 포털 사이트이다. 이런 포털 사이트는 뉴스, 스포츠, 일기예보,

전화번호 목록, 지도, 게임, 쇼핑, 전자우편, 기타 서비스와 같은 정보 목록을 인터넷상에 제공한다. 즉, 이런 포털 사이트를 통해 고객이 원하는 거의 모든 데이터에 접근이 가능하다.

이 책에서는 기업지식포털(enterprise knowledge portals: EKP)과 기업정보포털(enterprise information portals: EIP)을 동일한 의미로 사용한다. 기업정보포털(EIP)이란 기업의 모든 인트라넷 사용자 및 일부 외부 엑스트라넷 사용자에게 다양한 기업 내외 정보 및 서비스에의 접속을 허용하는 인트라넷 및 기타 IT 기술을 사용하는 웹-기반 인터페이스이다. 기업정보포털(EIP)은 종업원들이 업무를 수행하는 데 필요한 모든 내외 정보원을 한곳에서 편리하게 접속할 수 있으므로 종업원 생산성을 향상시킨다. 예를 들면, 기업정보포털에서 사용되는 내부 정보 및 서비스는 ① 전자메일, 프로젝트 웹사이트, 토론그룹, ② 인적 자원 웹서비스, ③ 고객, 재고, 기타 기업 데이터베이스, ④ 의사결정시스템 및 지식관리시스템 등을 포함한다. 또한 기업정보포털에서 사용되는 외부 정보 및 서비스는 ① 산업, 재무, 기타 인터넷뉴스서비스, ② 사업별 토론그룹에의 연결, ③ 고객 및 공급업체 인터넷 및 엑스트라넷 웹사이트에의 연결 등을 포함한다. 기업정보포털은 기업의 개별 사용자 및 사용자 그룹의 욕구에 적합하도록 설계되어 있다.

기업정보포털의 이점은 ① 기업 사용자에게 필요한 정보를 제공하고, ② 주요 기업 인트라넷 웹사이트 자원에 쉽게 접속하도록 하고, ③ 산업 및 기업 뉴스를 제공하고, ④ 일부 고객, 공급업체, 기업 파트너에게 기업 데이터에 쉽게 접속하도록 한다. 기업정보포털은 사용자들이 필요로 하는 정보 및 서비스의 검색을 한 장소에서 편리하게 접속하므로, 사용자들이 기업 및 인터넷 웹사이트에 과도하게 접속하는 것을 방지하여, 기업 노동력의 생산성을 향상시킨다. 기업정보포털은 기업 인트라넷에의 개별 웹-기반 인터페이스이며, 이 기업 인트라넷은 사용자들에게 다양한 기업 내외 정보, 데이터베이스, 서비스에의 접속을 편리하게 한다.

종업원 사이에 경쟁을 유발시키고자 하는 기업에서 그룹구성원 간에 공유관심이 없으면, 그룹협업 및 지식-공유 기술만으로 정보공유를 촉진시키지 못한다. 기업정보포털시스템이 기업의 필요와 작업환경에 적합하도록 설계되고, 또한 경영자들이 기업 내 협력 분위기를 촉진시킨다면, 이 기술은 그룹작업의 생산성을 크게 향상시킬 수 있다. 성공적인 지식공유를 하기 위해서는 적절한 지식공유환경을 필요로 한다.

3) 지식작업시스템(KWS)

지식작업이란 새로운 지식과 정보를 만드는 정보작업의 영역이다. 예를 들면, 지식작업자는 신제품을 만들거나 현재 사용 중인 제품기능을 개선시키는 방안을 모색한다. 지식작업은 고도로 전문화된 영역으로 구분되며, 각 영역은 해당 영역의 작업자를 지원하는 별도의 지식작업시스템(knowledge work systems: KWS)을 사용한다. 지식작업자는 기업 및 경영자에게 필요한 세 가지 주요 역할을 수행한다.

① 기업 외부세계의 지식이 발전함에 따라, 기업을 최신 지식수준으로 유지
② 해당 지식 분야, 변화 발생 분야, 기회 등에 관한 내부 컨설턴트로서의 업무수행
③ 변화 프로젝트를 평가하고, 시작하고, 증진시키는 변화 에이전트로서의 업무수행

지식작업자와 데이터작업자는 어느 정도 상이한 정보시스템을 필요로 하고 있다. 대부분의 지식작업자는 워드프로세서, 음성메일 등과 같은 사무정보시스템에 의존하거나 전문화된 지식작업시스템을 이용한다. 지식작업시스템(KWS)은 지식생성을 촉진시키고, 새로운 지식과 전문지식이 기업에 적절하게 통합되도록 특별히 고안된다.

지식작업시스템(KWS)은 지식작업자의 특별 요구를 반영하도록 설계된다. 지식작업시스템은 지식작업자에게 그래픽, 분석 도구, 통신 및 문서관리 도구 등과 같이 지식작업자가 필요로 하는 특수 도구를 제공해야 한다. 과학연구자, 제품설계자, 재무 분석가 등과 같은 지식작업자가 정교한 그래픽 업무나 복잡한 계산 업무를 신속하게 처리하기 위하여, 지식작업시스템은 강력한 컴퓨터 성능을 필요로 한다. 지식작업자는 외부 지식에도 관심이 있으므로, 지식작업시스템은 지식작업

자가 외부 데이터베이스에 신속하고 쉽게 접근하도록 해야 한다.

사용자에게 친숙한 인터페이스가 지식작업시스템에 매우 중요하다. 사용자에게 친숙한 인터페이스는 사용자가 컴퓨터를 배우는 데 많은 시간을 투자하지 않고, 사용자가 필요한 업무수행 및 정보획득을 하는 데 소요되는 시간을 절약한다. 시간절약은 대부분의 일반작업자보다 지식작업자에게 더욱 중요하다. 왜냐하면 지식작업자는 높은 급여를 받기 때문에, 지식작업자의 시간을 낭비한다는 것은 값비싼 것이며 지식작업자는 쉽게 정보과부하에 빠질 수 있다.

지식 워크스테이션은 수행될 특정 업무에 적합하도록 설계된다. 설계기술자는 재무분석가와는 다른 워크스테이션을 필요로 한다. 설계기술자는 3차원 CAD시스템을 취급할 수 있는 강력한 그래픽 기능을 필요로 한다. 그러나 재무분석가는 많은 외부 데이터베이스의 접근을 필요로 하고, 또한 규모가 큰 재무데이터를 효율적으로 저장하고 접근할 수 있는 광학디스크 기술을 필요로 한다.

지식작업시스템(KWS)의 사례

지식작업시스템은 (1) CAD시스템, (2) 시뮬레이션 및 모델링 작업을 위한 가상현실시스템, (3) 재무 워크스테이션 등의 시스템을 활용하고 있다.

첫째, CAD시스템은 컴퓨터와 전문 그래픽 소프트웨어를 사용하여, 설계도면을 만들고 수정하는 작업을 자동화한다. 전통적인 설계방식을 사용하면, 각 설계사양 수정은 모형제작 및 물리적으로 실험할 초기모형을 필요로 한다. 이런 수정작업이 여러 번 반복되어야 하므로, 많은 비용과 시간이 소요된다. CAD 워크스테이션에서, 설계자는 단지 설계 작업의 종료 단계에서만 물리적 초기모형의 제작을 요구한다. 왜냐하면 나머지 설계 작업이 컴퓨터에서 쉽게 검증되고 수정이 가능하기 때문이다. 또한 CAD 소프트웨어는 제조공정을 위한 설계사양을 제공하기 때문에, 많은 비용과 시간을 절감하며 또한 제조공정에서 문제를 별로 발생시키지 않는다.

둘째, 가상현실시스템은 일반적인 CAD시스템의 범위를 넘어 시각화, 모형화, 시뮬레이션 등의 기능을 제공하고 있다. 이 시스템은 대화식 그래픽 소프트웨어를 사용하여 사용자들이 현실 상황에 매우 밀접한 컴퓨터 시뮬레이션 작업을 수행한다. 많은 가상현실시스템에서, 사용자들은 용도에 따라서 특수 옷, 헤드기어, 장비 등을 착용한다. 특수 옷에는 사용자의 동작을 기록하는 센서가 부착되어 있어 즉각 컴퓨터에 해당 정보를 송신한다. 예를 들면, 주택의 가상현실 시뮬레이션을 이용하여 주택에 들어가면, 다리, 손, 머리의 움직임을 감지할 수 있는 복장을 필요로 한다. 또한 비디오 스크린을 장착한 보안경, 오디오장비, 감지장갑 등을 이용하여 가상현실에 몰입하게 한다.

마지막으로, 금융회사들은 브로커, 거래자, 포트폴리오 관리자들의 지식과 시간을 관리하기 위해 투자 워크스테이션을 사용하고 있다. 일부 금융회사들은 기업 내외 자료원으로부터 많은 데이터를 통합하기 위해 투자 워크스테이션을 설치하였다. 이 통합 데이터에는 계약관리 데이터, 실시간 및 과거 시장 데이터, 연구보고서 등이 포함된다. 과거 재무분석가들은 여러 시스템 데이터를 검색하여 필요한 정보를 만드는 데 상당한 시간을 투자하였다. 이제는 필요한 정보를 신속하고 큰 오류 없이 제공하기 때문에, 투자 워크스테이션은 주식선정에서부터 고객레코드 갱신에 이르기까지 전체 투자과정을 단순화시켰다.

4) 인공지능시스템

기업은 전문가의 개별지식 및 작업집단의 통합지식을 포착하고 해당 지식베이스를 코드화하고 확장하기 위하여 인공지능(AI) 기술을 이용하고 있다. 여러 인공지능 분야에서 전문가시스템(expert systems: ES)이 전문가의 지식을 포착하는 데 가장 중요하다고 볼 수 있다. 여기에서는 지식베이스에 지식을 표현하는 여러 방안 중에서 (1) 개별 전문가의 지식을 표현하는 규칙기반 지식(rule-based knowledge)을 이용하는 전문가시스템 및 (2) 작업집단의 기업지식을 표현하는 사례기반추론(case-based reasoning)을 이용하는 전문가시스템에 대해서만 간략하게 살펴보고자 한다.

(1) 전문가시스템

전문가시스템(ES)이란 제한된 특정 분야에서 인간전문가의 의사결정 과정을 모방하여 컴퓨터시스템이 인간전문가처럼 사용자에 조언을 제공하는 지식기반 정보시스템이다. 전문가시스템의 다섯 가지 구성요소로서 ① 지식베이스(knowledge base: KB), ② 추론기관 프로그램(inference engine program), ③ 사용자 인터페이스 프로그램(user interface program), ④ 지식획득 프로그램(knowledge acquisition program), ⑤ 설명기구 프로그램(explanation facility program) 등이 있다.

지식엔지니어(knowledge engineer)는 전문가시스템을 개발하고 유지 보수하는 전문가이다. 지식엔지니어는 해당 분야의 전문가와 접촉하여 '지식획득 프로그램'을 이용하여 '지식베이스(KB)'에 해당 전문가의 지식을 저장하고 또한 저장된 지식을 갱신 및 확장한다. 일반 사용자는 '사용자 인터페이스 프로그램'을 이용하여 지식베이스(KB)에 저장된 전문가의 지식을 이용한다. '설명기구 프로그램'은 일반 사용자에게 지식베이스(KB)에 있는 지식을 해당 상황에 대해 어떻게 제공하였는지 제공과정을 설명한다. 이 모든 작업은 '추론기관 프로그램'이 관리하고 통제한다.

전문가시스템의 지식베이스(KB)에 지식을 표현하는 방법으로는 ① 사례기반 추론(case-based reasoning), ② 프레임기반 지식(frame-based knowledge), ③ 객체기반 지식(object-based knowledge), ④ 규칙기반 지식(rule-based knowledge) 등과 같은 여러 방법이 있다. 여기에서는 규칙기반 지식 방법과 사례기반 추론 방법에 대해서만 설명한다.

전문가시스템을 개발하는 방법으로 LISP 및 Prolog와 같은 인공지능(AI) 언어를 사용할 수 있으나, 가장 신속하고 쉬운 방법은 개발 도구로서 전문가시스템쉘(expert system shell)을 사용하는 것이다. 전문가시스템쉘이란 여러 전문가시스템 구성요소 중에서 지식베이스(KB)가 비어 있는 전문가시스템으로 구성되어 있는 소프트웨어 패키지이다. 비어 있는 지식베이스에 해당 전문가의 지식을 IF-THEN 형태의 규칙(rule)으로 표현하면 전문가시스템이 신속하게 완성되는 것이다.

사실 전문가시스템은 모든 분야에 적용하기는 어렵고, 일부 분야인 ① 의사결정관리(금융 포트폴리오 분석 등), ② 진단 및 문제해결(의료진단, 원류 매장량 예측 등), ③ 설계 및 배치(통신망 설계, 선박 설계 등), ④ 선택 및 분류(정보 분류 등), ⑤ 프로세스 감시 및 관리(생산 감시 등) 등과 같은 일부 특정 분야에 성공적으로 사용되고 있다. 즉, 전문가시스템의 사용 영역은 문제해결 영역이 잘 규명되고 범위가 비교적 좁고 제한된 분야이다. 전통적인 정보처리 방식으로는 해결하기 어려운 논리적인 추론과정을 필요로 하는 복잡한 문제에 전문가시스템이 해결책을 제시하고 있다.

(2) 개별지식 획득: 규칙기반 지식(rule-based knowledge)을 사용

전문가의 지식은 컴퓨터가 처리할 수 있는 방식으로 표현되어야 한다. 그중의 하나가 규칙기반 지식(rule-based knowledge) 표현방법을 사용하는 것이다. 즉, 지식베이스에 지식을 표현하기 위하여 'IF(조건)-THEN(결론)' 형태의 규칙(rule) 방식을 사용하는 것이다. '조건(condition)' 부분이 사실이면 '결론(conclusion)' 부

분이 실행되는 것이다. 예를 들면, 하나의 규칙(rule)의 사례로서

IF ANNUAL_INCOME > ₩30,000,000 (조건)
THEN PRINT NAME AND ADDRESS (결론)

지식베이스(KB)에는 이러한 규칙(rule)이 200개에서 10,000개 정도가 들어 있다. 이 지식베이스에서 해당 규칙(rule)을 검색하기 위해서 추론기관프로그램(inference engine program)을 사용한다. 추론기관의 검색방법으로 전방추론(forward chaining) 과 후방추론(backward chaining) 방법이 있다. 전방추론 방법에서 검색엔진은 사용자에 의해 입력된 정보를 가지고 시작하여 결론에 도달하기 위하여 지식베이스를 검색하는 방식이다. 후방추론 방법에서 지식베이스 검색방식은 하나의 가설을 가지고 시작하여, 해당 가설이 채택되거나 기각될 때까지 선택된 사실에 대해 사용자에게 질문을 하는 방식으로 진행한다.

(3) 기업지식 획득: 사례기반 추론(case-based reasoning)을 사용

전문가시스템은 주로 개별 전문가들의 지식을 포착하는 데 사용되고 있으나, 기업은 종업원들이 오랜 세월 동안 구축한 작업집단의 지식 및 경험을 보유하고 있다. 이러한 기업지식은 사례기반 추론(case-based reasoning: CBR) 방식을 사용하여 포착하고 저장된다. 사례기반 추론에서는, 사례(전문가들의 과거 경험 설명)가 데이터베이스에 저장되었다가 기업 종업원이 유사한 특성을 지닌 새로운 사례를 당면하였을 때 이를 검색하여 이 지식을 다시 사용하게 된다. 새로운 문제에 대해 전문가시스템은 유사한 문제 특성을 지닌 과거의 저장된 사례들을 검색하여, 이 중에서 가장 밀접한 사례를 발견하여, 새로운 문제에 대해 과거 사례의 해결방안을 적용시킨다. 성공적인 해결책이 새로운 문제에 적용되며, 이것들은 지식베이스에 다른 사례와 함께 저장된다. 실패한 해결책도 왜 이 해결책이 성공하지 못하였는가에 대한 설명과 더불어 사례 데이터베이스에 저장된다.

전문가시스템은 지식베이스에 IF-THEN 규칙(rule)의 형태로 전문가의 지식을 저장하였다가 개별 전문가의 지식을 검색한다. 그러나 이와는 반대로 사례기반

추론은 일련의 사례들로 지식을 나타내며, 이 지식베이스는 기업 종업원에 의해서 끊임없이 확장되고 수정되어야 한다.

(4) 인공지능시스템

머신비전산업에서 인공지능 기술인 머신러닝, 딥러닝이 빠르게 확산되고 있다. 인공지능 자동화 기술을 통하여 사물 인식의 비전 기술(vision technology)의 상용화가 가능해질 뿐만 아니라 수많은 데이터의 학습 기술로 빠르고 정확하며 신뢰성과 유연성을 갖춘 비전 인식 기술을 가능하게 했다. 이런 기계학습은 데이터 마이닝(data mining) 또는 패턴 인식(pattern recognition)이라고도 불린다. 기계학습은 크게 지도학습(supervised learning)과 비지도학습(unsupervised learning)으로 분류를 하고 있다. 하지만 경우에 따라 강화학습(reinforcement learning)을 추가하여 3가지로 분류로 정리되고 있다.

지도학습(supervised learning)이란 어떤 입력에 대해서 어떤 결과가 나와야 하는지 사전 지식을 갖고 있는 경우에 해당 입력에 대해 특정 출력이 나오도록 하는 규칙을 찾아내며 회귀 방법이 여기에 해당한다. 즉, 미리 알려진 훈련 데이터를 학습시켜서 새로 수집되는 데이터가 속할만한 군집을 찾는 것이다. 훈련 데이터가 커지면서 데이터로부터 나타나지 않던 현상까지도 일반화시켜서 시스템에서 처리할 수 있게 되는 것이며 구글의 "Alpha-Go" 시스템이 그러한 예이다. 비지도학습(unsupervised learning)이란 입력은 있지만 정해진 출력이 없는 경우를 말하며, 순수하게 데이터들이 갖고 있는 속성들을 이용해 그룹으로 나누는 경우를 말하며, 지도학습이 회귀 방법을 사용하는 것과 달리, 분류(clustering)에 해당이 된다. 가령, 인구 통계학적인 기본적인 자료인 성별, 나이, 학력, 출생 지역, 기타 등의 데이터 조합을 이용하여 어떤 정당이나 단체를 지지하는지 살펴보는 것도 해당된다. 일반적으로는 컴퓨터 클러스터링, 그림이나 동영상에 대한 자동 인식(auto tagging), 시장 조사 등에 사용이 된다. 강화학습(reinforcement learning)은 로봇의 학습 등에 사용할 수 있으며, 자신과 환경과의 상호 관계에 따라 자신의 행동을 개선해 나가는 학습법을 말한다.

또한, 자연어 처리도 인공지능의 도움을 받아 진행할 수 있다. 인간보다 더 빠르고 넓은 사고와 학습 능력, 그리고 지식 데이터베이스를 갖고 있는 시스템들이 등장하고 있다. 복잡한 일들을 컴퓨터 프로그래밍을 통해 효과적으로 수행할 수 있도록 구현한 기술, 인공지능(artificial intelligence)이 그 중 하나이다. 인공지능은 수백 개나 수천 개의 '조건-시행문(if-then)'의 논리적 과정을 거쳐 특정 분야의 지식을 얻어내며, 이 과정에서 컴퓨터가 스스로 학습하며 지식체계를 축적하고 있다. 인공지능의 기술에는 사람의 언어를 이해하고 분석이 가능한 자연어 처리 기술과 그래픽 패턴을 분별해내는 이미지 인식 기술 등이 있다.

(5) 기계 학습(machine learning)과 딥 러닝(deep learning)

머신러닝 모델 및 데이터를 이용한 예측은 경제, 의료, 교육, 농업 등 각종 산업의 다양한 분야에서 과거 축적된 데이터를 머신러닝 모델을 적용하여 예측된 결과를 주요 의사결정에 활용하고 있다. 예를 들어, 미래 주가의 등락률을 예측하고자 머신러닝 기법 중 합성곱 신경망(convolutional neural network: CNN) 딥러닝 모델에 차트 이미지 데이터 적용 및 주가 패턴 학습을 통하여 매매 빈도 패턴과 예측 시점을 다른 주가 등락 예측 연구들보다 정확도를 향상 시켰다. 우리나라의 주요 사망 원인 2위에 해당하는 심혈관 질환 중 허혈성 심장질환에 대하여 실제 병원에서 의료 전문가 및 의사가 작성한 초기 기록의 데이터 셋을 머신러닝의 다층 퍼셉트론, 나이브 베이즈, 서포트 벡터 머신 모델에 학습시켜 확진 환자를 80% 예측함으로써 병원에서 불필요한 검사를 시행할 필요성과 그 경우를 줄이고, 좀 더 효율적으로 진단하는데 기여할 수 있다. 현재 지속적으로 논의 중인 학생들의 사교육 참여 및 지출에 대하여 주요 사교육 참여 변수들을 예측하고 교육학 연구에 머신러닝 기법을 활용하고자 랜덤 포레스트, 나이브 베이즈, 서포트 벡터 머신, 인공신경망 모형에 적용하여 모형간의 예측성과를 비교 분석함으로써 그 활용 가능성을 확인하였다. 이외에 농축산업 분야에서도 머신러닝을 활용하여 농산물 생육에 중요한 날씨를 예측하고 축산 농가에서는 가축의 생산력을 예측하는 연구가 이루어지고 있다. 농업과 관련된 기상 정보는 기상청의 GloSea5(global seasnoal forecast system version 5)에서 기후 전망을 제공하고 있지만 거리에 따른 상관성이 고려된 기계학습법인 공간랜덤포레스트(spatial random forest)를 적용하여 장기 농업기상정보 1년의 일평균기온을 예측하였다. 또한, 머신러닝 방법론을 사용하여 축산농가의 의사결정지원에 활용할 수 있는 방안을 제시하고자 양돈관리프로그램인 Pigplan을 통해 축척된 자료를 로짓(logit)모형, 인공신경망, 의사결정나무트리(decision tree), 앙상블(ensemble), k-최근접 이웃(k-nearest neighbor: KNN) 모델에 적용하여 예측 모델을 비교 분석함으로써 효율적으로 양돈농장의 모돈 생산성 예측 성능을 증명하였다.

표 9-2 전머신러닝 모델 응용 사례

머신러닝 모델	연구자	연구내용
서포트 벡터 머신 로지스틱 회귀 인공신경망	서광규 (2005)	A 보험회사의 2002~2003년의 12개월 보유 고객 데이터베이스 활용하여 고객 이탈 분석 및 예측 모형 구현
결정 트리	임세현과 허연 (2006)	2003년~2004년 온라인 자동차 보험 계약 고객 데이터 기반 고객 이탈 예측
로짓 모형 인공신경망 결정 트리 앙상블 모델 k-최근접 이웃	이민수과 최영찬 (2009)	양돈관리프로그램인 Pigplan을 통해 축적된 데이터 셋으로 양돈농장의 모돈의 산차별 생산성 예측.
합성곱 신경망	송현정과 이석준 (2018)	주식 차트 이미지 데이터를 이용하여 주가패턴을 학습하여 미래 주가 등락률 예측
로지스틱 회귀 서포트 벡터 머신 랜덤 포레스트	이동규 외 (2018)	국내 전 업계 대기업 카드사의 6개월간 무실적 휴먼 고객 데이터 기반 휴먼 예측 고객 분석
다층 퍼셉트론 나이브 베이즈 서포트 벡터 머신	박평우 외 (2018)	심혈관 질환 중 허혈성 심장질환에 대하여 실제 병원에서 의료 전문가 및 의사가 작성한 초기 기록의 데이터 셋으로 확진 환자를 80% 예측
랜덤 포레스트 나이브 베이즈 인공신경망 서포트 벡터 머신	김영식과 김훈호 (2019)	학생들의 사교육 참여 및 지출에 대하여 주요 사교육 참여 요인 예측
합성곱 신경망 순한 신경망	최준영 외 (2019)	딥러닝 기반 미세먼지 측정소 간의 관계와 미세먼지와 기상 데이터의 관계를 학습하여 미세먼지 농도 예측 모델 제시
랜덤 포레스트	김준석 외 (2020)	기상청의 GloSea5(Global seasnoal forecast system version 5)의 기후 전망 데이터 셋을 이용하여 장기 농업기상정보 1년의 일평균기온을 예측
랜덤 포레스트 서포트 벡터 머신	나광택 외 (2020)	실제 증권사의 온라인 대 고객 마케팅 CRM에 활용 중인 고객에 대한 이탈 예측 모델링 및 원인 규명
선형 회귀 랜덤 포레스트 에이다부스트	이인지과 윤현식 외(2020)	지역축제 관련 관측 변수 데이터를 이용하여 방문객 수 예측 모형 개발 및 특성 변수들의 영향력 비교

로지스틱 회귀 랜덤 포레스트 XGboost	김상휘 외 (2020)	통신 서비스 이용고객의 행동 패턴을 분석하여 고객 이탈을 예측할 수 있는 이탈 방지 시스템 구현

① 로지스틱 회귀(logistic regression: LR)

로지스틱 회귀는 독립 변수의 선형결합을 이용하여 사건의 발생 가능성을 예측하는데 사용하는 통계기법이다(Cox, 1958). 종속 변수 1개와 여러 독립변수와의 상간 관계를 분석하여 종속변수를 예측하는 모형으로 종속 변수가 범주형 데이터이고 0 또는 1인 경우 사용되는 선형 회귀분석이다. 어떤 값의 독립변수가 주어지더라도 종속 변수가 1의 범주에 포함하는 확률을 예측한다.

하나의 종속 변수와 한 개 이상의 독립변수 사이의 인과관계를 표현하기 위해 가장 잘 적합되고 모수의 수를 절약한 모형을 찾아내는데 궁극적인 목표를 둔다.

② 서포트 벡터 머신(support vector machine: SVM)

서포트 벡터 머신은 두 그룹의 분류 문제를 해결하기 위한 새로운 머신러닝 모델로 처음에는 서포트 벡터 네트워크(support-vector network)로 3가지 아이디어로 제안되었다. 첫째, 두 그룹의 데이터 점들을 분류를 위한 해결책으로 최적의 초평면(optimal hyperplanes) 찾는 것이고 둘째, 선형분류가 불가능한 데이터 셋에 대하여 비선형분류를 위한 내적연산(convolution of dot-product), 마지막으로는 소프트 마진(soft margins)으로 분류 오류의 허용률을 이용한 머신러닝 기법이다.

③ 랜덤 포레스트(random forest, RF)

램덤 포레스트 기법은 독립적인 결정 트리(decision tree)의 결합하여 결정 트리의 과적합(overfitting)을 개선한 앙상블 분류 예측 기법으로 데이터 셋을 임으로 k개로 분리된 결정 트리 정하고, 독립변수들을 임으로 샘플링하여 각각의 결정 트리에서 예측력이 높은 독립 변수를 기준으로 하위 노드로 분할하고 하위의 각 노드 또한 이와 같은 방법으로 최하위 노드까지 분할함으로서 여러 결정 트리의 앙상블 머신러닝 기법이다. 일반적으로 변수의 개수가 m개이면 각 분할에서 램덤으로 m/3개의 변수를 선택하여 결정트리가 만들어지고 데이터와 변수를 샘플링하여 서로 조금씩 다른 트리들로 구성되어 각 트리들의 예측값은 과적합(overfitting) 문제가 발생하지 않고 간편하고 빠른 학습과정에도 높은 정확도와 일반화 할 수 있는 성능을 보유한 기법이다.

④ 가우시안 나이브 베이즈(gaussian naive bayes: GNB)

나이브 베이즈는 베이즈 정리을 적용한 쉽고 간단한 확률 분류기로 각 속성의 변수를 독립변수로 간주하고 이미 일어난 사전 확률에 대하여 사후 확률을 추론하여 예측하는 조건부 확률적 기법이다. 레이블링된 지도학습(supervised learning)에서 효과적으로 학습되어 복잡한 실제 상황에서도 활용될 수 있다. 연속적인 데이터를 처리할 경우 모든 클래스와 관련된 연속 값이 가우스 분포(gaussian distribution)에 따라 분산된다는 가정하에 훈련 데이터 셋을 클래스 별로 분할하고 모든 클래스의 평균과 표준편자를 계산하여 연속 데이터 셋의 확률을 추정하고자 가우시안 나이브 베이즈 기법을 활용하고 있다.

⑤ 인공신경망(artificial neural network: ANN)

인공신경망은 서로 연결되어 있는 뉴런(neuron)과 뉴런이 정보를 주고받는 사람이나 동물의 신경계 구조를 기반한 수학적 모형으로 1958년 Rosenblatt의 퍼셉트론(perceptron) 학습 규칙 개념의 등장에 따라 인공지능 개발 분야에서 큰 기대와 주목을 받았고 이후 1969년 Minsly and Papert는 퍼셉트론이 간단한 XOR 분류를 수행할 수 없음을 수학적으로 증명되어 그 한계가 밝혀졌다. 하지만, 1986년 Rumelhart이 은닉층을 가진 다층 퍼셉트론을 학습할 수 있는 방법으로 역전파 알고리즘(backpropagation algorithm) 소개함으로써 인공신경망에 대한 다양한 연구와 적용이 발전되어 왔다. 다층 퍼셉트론 신경망은 입력층(input layer), 한 개 이상의 은닉층(hidden layer), 출력층(output layer) 구성되고 입력층과 출력층의 입력 유닛(input unit)과 출력 유닛(output unit)은 각각 분류 파라메터 값과 결과 기댓값을 처리하고 입력층과 출력층 중간의 은닉충은 각 유닛의 입력과 출력 특성을 비선형으로 구현함으로서 신경망의 성능을 향상시키고 있다.

요약

1. 지식생성 기업은 새로운 기업지식을 끊임없이 생성하고, 기업 내에 이 기업지식을 널리 확산시키고, 기업 제품 및 서비스에 기업지식을 신속하게 적용시키는 기업이다. 지식관리시스템(KMS)이란 기업 내에서 종업원 및 경영자에게 기업지식의 생성, 저장, 확산 등을 지원하는 지식기반 정보시스템이다.

2. 데이터는 가공이 되지 않은 숫자나 사실이다. 정보는 데이터를 가공하거나 해석한 것이다. 지식이란 입증된 정보이다. 즉, 지식이란 개개인의 마음속에 소유된 정보이다. 기업도 인간과 마찬가지로 다양한 조직학습 메커니즘을 사용하여 지식을 생성하고 수집한다. 오늘날의 많은 기업들은 조직학습 및 기업 노하우를 관리하기 위하여 지식관리시스템(KMS)을 구축하여 지식경영을 하고 있다. 지식경영 가치사슬은 다섯 개의 가치부가활동(데이터 및 정보 취득, 지식획득, 지식저장, 지식확산, 지식적용)을 사용하고 있다. 지식경영 가치사슬의 각 단계는 데이터 및 정보를 유용한 정보로 전환하면서, 데이터 및 정보에 가치를 부가한다. 지식경영시스템에는 ① 전사적 지식관리시스템(지식분산), ② 그룹협업시스템(지식공유), ③ 지식작업시스템(지식생성), ④ 인공지능시스템(지식획득 및 지식코드화)과 같은 다양한 시스템이 사용되고 있다.

3. 지식분산을 위한 전사적 지식관리시스템에는 ① 정형화된 지식시스템, ② 준정형화된 지식시스템, ③ 지식통신망시스템(전문지식 위치 및 관리시스템) 등이 사용되고 있다. 지식 공유를 위한 그룹협업시스템에는 그룹웨어 및 기업 정보/지식포털시스템이 사용되고 있으며, 전사적 지식관리시스템을 지원하고 있다. 지식생성을 위한 지식작업시스템에는 지식을 생성하기 위하여 ① CAD시스템, ② 시뮬레이션 및 모델링 작업을 위한 가상현실시스템, ③ 재무 워크스테이션 등과 같은 시스템이 사용되고 있다.

4. 지식획득 및 지식코드화를 위한 인공지능시스템에는 여러 인공지능(AI) 분야에서 특히 전문가시스템(ES)이 중요하다. 전문가시스템이란 제한된 특정 분야에서 인간전문가의 의사결정 과정을 모방하여 컴퓨터시스템이 인간전문가처럼 사용자에 조언을 제공하는 지식기반 정보시스템이다.

사례연구 데이터 기반 비즈니스 인공지능 – 쿠팡(Coupang)

IDC 발표에 따르면 세계 데이터양은 33ZB(2018년)에서 2025년 175ZB로 연평균 61% 성장을 전망하고 있다. 2019년 초 전 세계 인터넷 이용자 수는 모바일 인터넷의 사용자 수 39억 명으로 추정하고 있으며 생산되는 총 데이터의 80% 이상이 비정형 데이터로 매 분 400시간이 넘는 분량의 새로운 동영상이 업로드되고 있다.

데이터 기반 4차 산업혁명의 핵심 지능정보기술은 기업의 비즈니스 환경에도 큰 변화를 일으켰다. 특히, 기술의 변화는 기업 업무 방식에 혁신을 일으켰다. 이는 사회 전반에 적용하여 전통적인 사회 구조를 디지털 기술로 혁신시키는 디지털 트랜스포메이션(digital transformation)으로 디지털 기업화가 진행되고 있다. 사물인터넷(IoT), 클라우드 컴퓨팅, 인공지능(AI), 빅데이터 솔루션 등 핵심 지능 정보기술로 기존 전통적인 운영 방식과 서비스 등을 혁신하는 대변혁 과정을 거쳐 디지털 기업으로 거듭나고 있으며 네트워크 환경의 비즈니스 생존 전략이기도 하다. 디지털 기업으로의 가장 중요한 원천은 기업 내, 외의 데이터 흐름을 원활히 함으로써 조직 내 서로 다른 부서와의 데이터 이동이 원활히 진행되는 것이 우선적이다. 곡물을 저장하는 굴뚝 모양의 창고인 사일로(Silo)처럼 부서 간 내부 이익만을 위해 데이터 흐름을 차단한다면 더 이상의 혁신은 이루어질 수 없을 것이다.

데이터 프로세스, 즉 데이터 기반 인공지능 기술을 활용한 기업의 변화가 디지털 기업을 만들어내고 있다. 국내 최대 전자상거래업체인 쿠팡(Coupang)은 고객의 주문을 예측하고 효율적 배송을 위한 최적의 경로를 예측하는 인공지능을 활용하고 있다.

"얼마나 많은 제품을 더 많은 고객들에게 더 빠르고 편리하고 만족스럽게 전달할 수 있을까?"

"직원들이 얼마나 더 효율적이고 즐겁게 일할 수 있을까?"

데이터 분석을 통한 놀라운 혁신을 쿠팡은 고민했다. 이 모든 것의 답은 인공지능이었다.

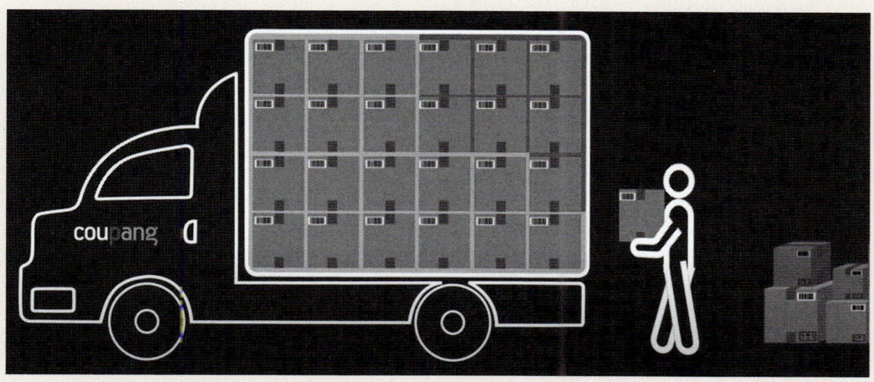

출처: 쿠팡 뉴스룸(https://news.coupang.com)

인공지능이 다양한 데이터를 스스로 학습해 최적의 알고리즘을 만들어내는 기술을 이용하여 로켓 배송의 모든 과정을 총괄하는 시스템 즉, 쿠팡의 머신러닝은 고객이 주문하기도 전에 주문량을 예측해 입고한다. 또한, 입고된 상품을 어디에 진열할 것인가? 해당 상품은 어떤 동선으로 꺼내올지도 인공지능이 정해준다. 걸음 수는 계속 줄어도 효율을 더 높아질 수 있도록 쿠팡 AI는 끊임없이 개선하고 있다. 여기서 끝이 아니라 준비된 제품들은 이미 쿠팡카에 담길 위치까지 지정하여 배달경로를 최적화 과정을 거친다. 즉, 쿠팡맨의 배달 시간을 계산하여 운전하기 좋은 최적의 경로까지 계산해 준다.

쿠팡 AI는 주문부터 배송까지 모든 것을 가이드하며 연간 수억 회 이상의 주문 규모도 빈틈없는 익일, 새벽, 당일 전국 배송 등의 서비스를 이어 가고 있다. 인공지능이 만드는 놀라운 혁신이 기업의 비즈니스 모델로 자리 잡고 있다.

| 사례질문 |

1. 쿠팡이 도입한 인공지능을 활용한 시스템의 효과는 무엇인지 고객만족 측면에서 논의해 보자.
2. 쿠팡의 인공지능 시스템은 어떤 종류의 데이터를 학습해야 하는지에 대해 논의해 보자.

CHAPTER 10

프로세스 혁신과 비즈니스 프로세스관리

1. 비즈니스 프로세스
2. 경영혁신과 BPR
3. 비즈니스 프로세스관리(BPM)

학/습/목/표

4차 산업혁명 시대의 기업 혁신을 위한 개념으로 비즈니스 프로세스(business process: BP)가 있다. 이는 원래 1990년대에 들면서 정보기술을 활용한 프로세스의 변화와 경영혁신에 관한 기법들이 소개되었다. 경영혁신을 실행하는 과정에서 최적의 업무흐름을 달성하기 위해서는 비즈니스 프로세스가 변해야 하며 이러한 변화를 위해서는 프로세스의 혁신과 프로세스의 관리가 중요한 이슈로 등장하게 된다.
이 장에서는 비즈니스 프로세스에 대해 살펴보고 프로세스관리를 근간으로 하는 대표적인 경영혁신 기법인 비즈니스 프로세스 리엔지니어링(business process re-engineering: BPR)에 대하여 설명하였다. BPR의 기본 원칙과 실행 절차를 소개한 후에 프로세스관리와 관련이 있는 비즈니스 프로세스관리(BPM) 의 개념을 설명하고 BPM의 기능과 BPMS를 소개하였다.

1. 비즈니스 프로세스의 역사와 구성요소에 대해 이해한다.
2. 경영혁신과 비즈니스 프로세스 리엔지니어링(BPR)에 대해 살펴본다.
3. BPR의 특징과 기본원칙에 대해 이해한다.
4. 비즈니스 프로세스관리(BPM)의 등장배경과 BPR과의 차이점을 알아본다.

1 비즈니스 프로세스

1) 도입 배경

비즈니스 프로세스(BP)란 특정한 과제를 해결하기 위해 존재하는 규격화된 활동의 조 합으로 실제로 업무를 처리하는 방법을 말한다. 예를 들면 고객이 어떤 상품을 주문하면 대금 결제, 상품 포장, 상품 배달, 애프터서비스 등으로 구성된 프로세스를 거치게 된다. 프로세스에서 중요한 것은 고객들에게 가치 있는 결과를 제공하는 것인데 대부분의 기업들이 부서별 또는 개별 작업만 관리하다 보니 고객의 입장에서 필요한 전체적인 프로세스의 효율화는 달성하기 어렵다.

역사적으로 살펴보면 18세기 중반 Adam Smith는 그의 저서 '국부론'에서 분업의 중요성을 강조함으로써 산업혁명의 이론적 기초를 제시하였다. 당시의 조직은 분업을 통하여 생산성을 향상시키고 대량생산을 가능하게 하였다. 이러한 이론적 근거를 바탕으로 산업사회는 기능을 중심으로 하는 조직구조를 갖게 되었다. 이러한 구조가 지속적으로 발전된 결과, 생산, 경리, 인사, 판매, 자금 등의 부서가 기업 내부의 필요에 의해 만들어졌으며, 시간이 경과함에 따라 기업의 조직구조는 더욱 복잡하게 되었으며 관료적인 조직구조의 불합리한 측면이 나타나기 시작하였다. 20세기 초반 테일러는 효율성 제고를 위해 프로세스의 중요성을 분석하였다. 시간연구, 동작연구와 함께 연계된 업무의 효율성 분석은 프로세스를 이해하는 데 중요한 역할을 하였다.

한편 분업으로부터 발전된 관료적인 조직구조는 일반적으로 부분 최적화(suboptimization), 부서 간의 협조부재, 분리주의 등의 문제를 가지게 되었으며 이러한 문제들을 해결하기 위한 대표적인 혁신기법으로 비즈니스 프로세스 리엔지니어링(BPR) 또는 프로세스 이노베이션(PI)이 등장하였다. BPR은 1990년 Michael Hammer에 의해 처음으로 소개되었으며 정보기술을 이용한 프로세스의 변화를 통해 기업의 성과를 극적으로 향상시키는 경영기법이다.

2) 구성 요소

프로세스의 구성요소는 입력, 전환, 출력, 입력에 대한 공급자, 출력을 사용할 고객, 통제, 피드백, 프로세스 오너 등이다. 프로세스의 목표는 입력에 가치가 부가된 출력을 만들어 내는 것이며 프로세스의 기본적인 특징은 전환, 피드백, 반복성을 들 수 있다. 프로세스의 구성요소와 기본적인 특징은 [그림 10-1]에 잘 나타나 있다.

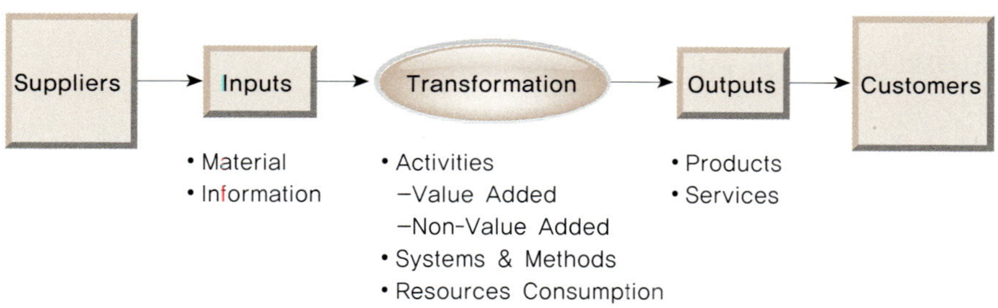

▌그림 10-1▐ 프로세스의 구성요소

(1) 전환(transformation)

[그림 10-1]에서 보는 바와 같이 프로세스의 출력은 전환의 결과물이라 할 수 있다. 프로세스의 입력은 그것이 재료, 설비, 정보 등 어떠한 형태이든지 연계된 일련의 활동들에 의해 출력물로 변화된다. 출력을 받을 대상은 외부의 고객, 내부의 부서, 직원, 혹은 기계 또는 설비가 될 수도 있으며 경우에 따라서는 미래의 사용을 위한 보관 장소가 될 수도 있다. 일반적으로 전환은 물리적 전환, 위치전환, 거래전환, 정보 전환 등으로 분류된다.

물리적 전환은 원재료, 반제품 등이 일련의 과정을 거쳐 완제품이 되듯이 유형의 자산이 부가가치의 과정을 거치면서 형태가 변화되는 과정을 의미한다. 위치전환은 장소의 변화를 통해 부가가치가 창조되는 전환이다. 거래전환은 가치의 교환을 통한 부가가치의 창출과정이며 은행이나 주식거래와 관계있는 전환이다. 마지막 정보전환은 자료의 처리를 통한 부가가치의 창출을 의미하며 이러한 경우 입력은 자료가 되고 출력은 재무제표와 같은 의미 있는 정보가 된다. 모든 프로세스는 적어도 하나 이상의 전환과정을 통해 가치를 창출해 낼 수 있다.

(2) 피드백(feedback)

피드백 통제는 정상적인 출력을 유지할 수 있도록 전환과 관련된 활동들을 수정하고 바로잡는 규제 수단이라 할 수 있다. 출력에 가치를 부여하는 모든 생산적인 프로세스에는 피드백 통제가 필요하다. 피드백은 일반적으로 프로세스의 출력 부분이나 전환과정의 내부에서 발생하는 정보의 형태를 갖는다.

(3) 반복성(repetition)

반복성 혹은 순환성은 프로세스의 중요한 요소이며 이는 프로세스가 같은 방법으로 계속적으로 수행되는 것을 의미한다. 어떤 프로세스는 그 속성상 계속적인 반면 다른 프로세스는 간헐적으로 수행된다. 일반적으로 석유정제와 같은 화학처리 프로세스는 계속적인 반면, 주문식 생산방식은 간헐적인 공정이라 할 수 있다.

3) 프로세스 모델

프로세스는 일반적으로 원재료, 반제품, 혹은 데이터로부터 시작된다. [그림 10-2]에서 보듯이 전환과정이 작업 O1에서 시작되고 있다. 작업 O1의 결과는 다음의 작업인 O2로 보내져 다른 활동에 의해 가치가 부가된다. 프로세스의 출력은 On을 나갈 때까지 개개의 작업에 의해 가치가 부가되며 마지막 작업인 On을 마칠 때 프로세스의 최종 출력물이 된다. [그림 10-2]에 설명된 프로세스 모델은 프로세스의 경계가 명확하며, 명확한 프로세스의 경계는 프로세스 내부의 입력에서 출력까지의 업무 흐름을 분명하게 보여 준다. 프로세스 내부에는 서브 프로세스 간의 접점인 인터페이스가 존재하며 인터페이스는 프로세스 내에 존재하는 부서 간의 경계를 의미한다.

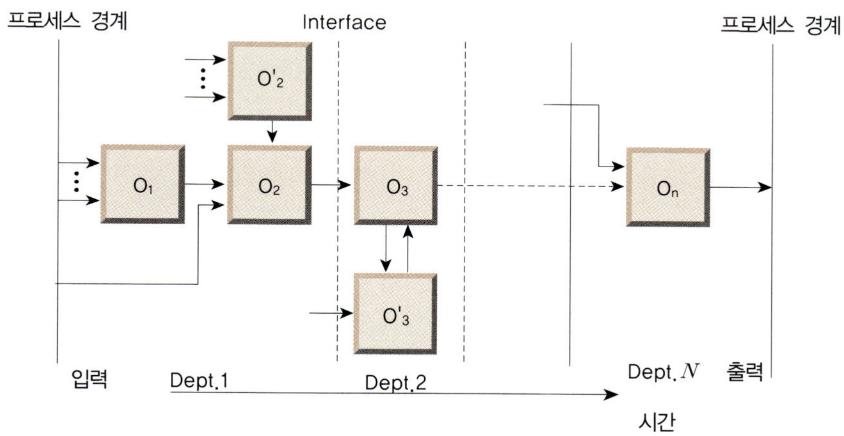

▌그림 10-2▌ 프로세스 모델

4) 프로세스의 평가

기업 내에 존재하는 프로세스는 인력채용 프로세스, 교육 프로세스, 생산 프로세스, 구매 프로세스, 조달 프로세스, 배달 프로세스, 전략 프로세스, 신제품개발 프로세스 등 다양한 종류의 프로세스가 존재한다. 비즈니스 프로세스를 잘 이해하는 것은 경영자로 하여금 회사 전체가 어떻게 운영되고 있는지에 대한 큰 그림을 볼 수 있게 한다.

프로세스를 크게 둘로 나누면 프런트-오피스 프로세스와 백-오피스 프로세스로 나눌 수 있다. 프런트-오피스 프로세스는 소비자 지향 프로세스로 외부에 있는 소비자가 받는 제품이나 서비스와 관련이 있으며 주문처리, 소비자와의 의사소통, 영수증 청구 등을 포함한다. 백-오피스 프로세스는 비즈니스 지향 프로세스로 소비자들에게는 보이지 않지만 비즈니스의 효과적인 운영을 위해서 필수적인 프로세스를 말하며 목표 설정, 일별 계획, 성과 피드백과 보상, 자원 할당 등이 포함된다. 프로세스를 평가하기 위해서는 어떤 비즈니스 프로세스가 핵심적인 프로세스인지를 찾아내야 하며 핵심적인 프로세스는 기업의 핵심 성공요인과 직결되는 프로세스이다.

프로세스 맵 또는 비즈니스 프로세스 모델은 프로세스를 그림으로 나타낸 것으로 조직 내의 기능에 따라 프로세스가 어떻게 구성되어 있으며 시간의 흐름에 따라 어떻게 움직이는가를 분석하고 다른 프로세스와의 연결고리를 찾으며 전체적으로 시간을 줄이고 고객만족에 초점을 맞춘 시각화된 설명이다.

프로세스 맵의 가치는 먼저 전체적이고 통합적인 관점에서 기업활동을 분석함으로써 프로세스들 간의 관계를 명확히 이해하는 데 있으며, 프로세스와 관련된 조직구성원들이 동참함으로써 조직 전체가 이해할 수 있는 프로세스 맵의 제작이 가능하다. 또한 프로세스 맵은 종업원이 자신들의 업무가 어떻게 제품이나 서비스에 가치를 부가하는가를 명확하게 보여 줌으로써 종업원들이 자신의 업무에 자부심을 가지게 할 수 있다. 또한 프로세스는 고객에게 포커스를 맞춤으로 고객의 입장에서 업무처리를 디자인할 수 있는 장점이 있다.

(1) 현재 프로세스 맵

비즈니스 프로세스 맵을 작성할 때 일반적으로 무엇이 문제인지에 대한 기능적 프로세스를 나타내는 현재 프로세스 맵(as-is process map)으로 시작한다. 현재 프로세스 맵은 매핑된 작업의 현재 상태를 나타내며 다음 단계로 어떠한 문제들이 존재하며, 어떻게 문제를 해결하고 개선해 나갈 것인지에 대한 미래 프로세스 맵(to-be process map)을 작성하게 된다.

[그림 10-3]은 어떤 기업의 현재의 주문처리 프로세스를 보여 준다. 현재 프로세스 맵을 작성하기 위해 프로세스가 포함하는 다양한 부서의 직원으로 구성된 프로세스 매핑 팀을 구성하여 프로세스와 관계된 부서의 활동 및 입력과 출력, 전환의 관계를 나타내고, 프로세스의 입력을 출력으로 전환시키는 활동들의 순차적인 관계를 도식화해야 한다. 프로세스 맵을 작성하다 보면 업무처리 프로세스가 확립되어 있지 않은 활동들이 많은 것을 발견하게 된다.

프로세스 맵을 통하여 프로세스 매핑 팀은 하위 프로세스 사이의 중요한 인터페이스를 파악하고, 하위 프로세스가 완료되는 시점을 알 수 있으며, 다양한 분석을 통하여 중복되거나 불합리한 활동, 부가가치가 없는 활동을 제거함으로써 프로세스의 흐름을 유연하게 하고 새롭게 디자인할 수 있다.

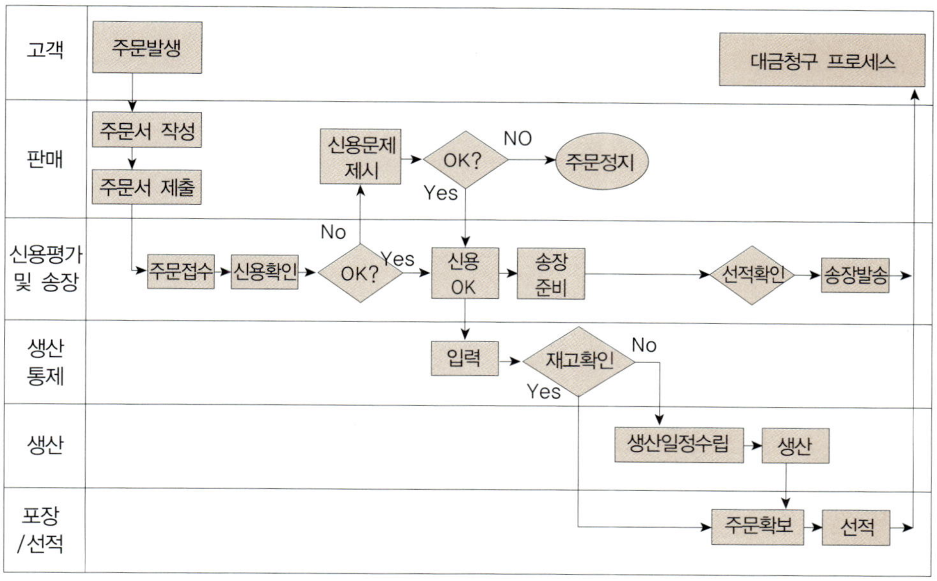

그림 10-3 현재 프로세스 맵

(2) 미래 프로세스 맵

[그림 10-3]에서 제시한 현재 프로세스 맵에는 여러 가지의 문제점들이 존재하는 데 먼저 판매원이 고객의 주문서를 제출하는 시간이 오래 걸리고 프로세스의 단계가 너무 세분화되어 있으며 판매관리 차원에서 여러 개의 주문을 모아서

한꺼번에 처리하기 때문에 프로세스 속도가 느리다. 또한 고객에 대한 신용평가를 신규 고객뿐만 아니라 기존 고객에까지 실시하고 있으며 신용평가 시점 역시 주문을 접수함과 동시에 하지 않고 있기 때문에 프로세스 시간이 지연되고 있다.

이러한 문제점을 개선하기 위해 프로세스 매핑 팀은 판매관리 부서를 배제하고 주문서를 판매직원이 직접 입력시키고, 프로세스 시간을 줄이기 위해 주문처리와 신용 평가를 동시에 실시하며, 신규 고객에게만 신용평가를 실시하고 고객의 주문, 판매부서의 주문서 완성 및 제출, 신용관리 부서로 주문 전달, 배송 단계의 주문 픽업 등 주문과 관련된 단계별 활동을 간소화하여 전체 프로세스 시간을 줄이고 단순화시켰다. 새로운 프로세스 맵은 [그림 10-4]에서 효율적이고 효과적인 미래의 프로세스들을 보여 주고 있다.

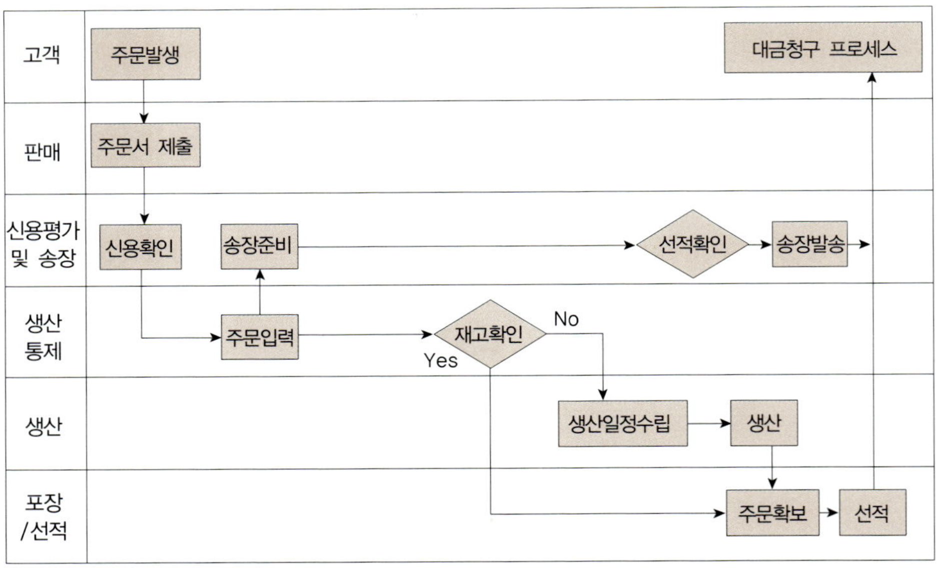

▌그림 10-4▌ 미래 프로세스 맵

5) 프로세스의 관리

프로세스의 관리는 제품이나 서비스가 고객에게 전달되는 순환과정을 지속적으로 개선시켜 나가는 방법이며, 기능별 활동을 반복적이면서도 신뢰할 수 있도록 하며 또한 성과를 측정할 수 있는 단계로 새로이 편성하는 것을 말한다. 효과적인 프로세스 관리를 위해서는 다음의 네 가지 요소가 잘 관리되어야 한다.

첫째, 프로세스 목표관리가 이루어져야 한다. 프로세스의 목표는 프로세스의 과정 중 중간목표 설정의 기본이 되고 있으며 프로세스의 각 단계마다 중간목표가 점검되어야 한다. 송수관을 관리할 때 마지막 단계의 수질이나 수압도 중요하지만 파이프라인의 연결점마다 이것을 계속적으로 측정하여 마지막 목표가 이루어질 수 있도록 하듯이 프로세스 목표관리에서도 단계별로 중간 목표를 설정하고 이를 지속적으로 점검하여야 프로세스 목표를 완수할 수 있다.

둘째, 프로세스 성과관리가 수행되어야 한다. 프로세스 목표와 중간 목표가 설정되면, 프로세스 출력에 대한 내부 및 외부고객의 피드백이 있어야 하고, 관리자는 프로세스 단계별 출력에 대한 피드백을 프로세스 목표와 연계하여 평가할 수 있는 체계를 갖추어야 한다.

셋째, 프로세스 자원관리가 이루어져야 한다. 자원의 적절한 배분은 관리자들의 중요한 의무이며 효율적인 프로세스의 필수조건이다. 프로세스 중심의 자원의 분배는 기존의 기능 중심의 자원분배와 차이가 있다. 기능 중심의 자원분배가 부서 간의 조정이나 정치력에 의해 결정되는 반면, 프로세스 중심의 분배는 프로세스 목표 달성을 위해 필요한 자원의 양이 먼저 결정되고 프로세스 목표 달성의 공헌도에 따라 프로세스에 분배된 자원이 다시 기능별 부서로 재분배된다.

넷째, 프로세스 인터페이스관리가 이루어져야 한다. 일반적으로 하나의 프로세스 활동의 출력은 다른 프로세스 활동의 입력이 된다. 이러한 접촉점이 인터페이스이며 대부분 프로세스의 개선은 인터페이스의 개선을 통해 이루어진다.

2 경영혁신과 BPR

1) 경영혁신 개념과 BPR의 도입 배경

20세기 후반에 들면서 프로세스관리를 근간으로 하는 경영혁신 기법이 소개되었다. 기존에는 정보기술의 활용이 다분히 자동화 위주로 발전되었으며 또한 정보기술의 전략적 활용에 의한 경쟁우위의 달성을 목표로 하는 전략정보시스템도 등장하였다. 그러나 경영의 효율성을 획기적으로 제고하는 경영혁신의 개념은 1990년도를 전후하여 미국에서 먼저 소개되었다. 1990년 Michael Hammer 교수가 자신의 논문에서 비즈니스 프로세스 리엔지니어링(business process reengineering: BPR)을 소개하였고, 1993년에 Davenport는 프로세스 이노베이션(process innovation: PI)을 소개하였다.

1980년대에 미국의 대표 기업들이 쇠퇴하고 제조업의 생산성이 일본의 경쟁 기업들에게 뒤처지자 이를 만회하기 위하여 혁신적인 경쟁력 제고의 필요성이 대두되었다. BPR의 기본적인 정의는 '정보기술을 이용하여 프로세스를 새롭게 디자인함으로써 획기적인 성과를 획득하려는 시도'라 할 수 있으며 이를 통해 조직을 변화시킬 수 있다고 주장하였다.

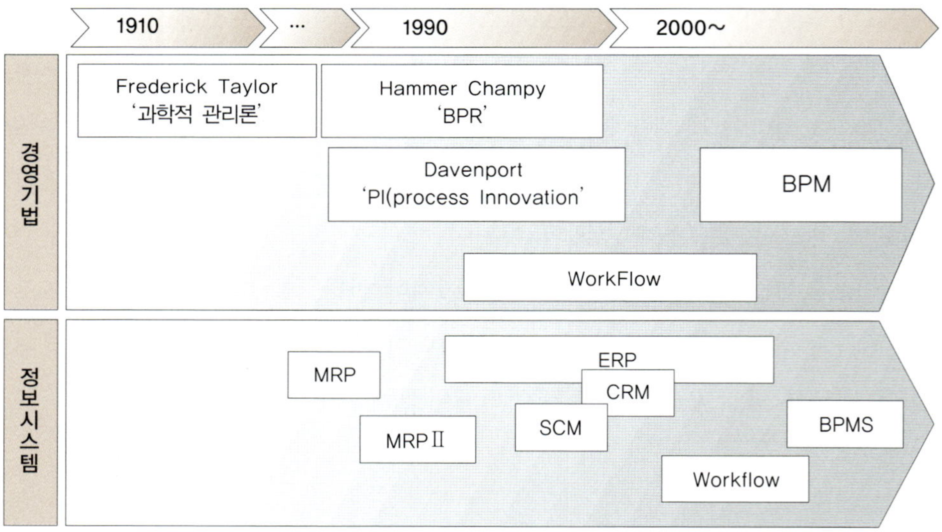

▌그림 10-5▌ 프로세스 중심의 경영기법 및 정보시스템

출처: 김진태(2005).

BPR에서는 정보기술과의 유기적 결합이 중요하며 다음으로는 업무 프로세스의 재설계가 중요하다. 따라서 정보기술이 경영혁신을 어떻게 지원할 것인가 하는 문제와 경영혁신에 정보기술이 어떻게 사용되어야 하는가 하는 문제를 동시에 고려해야 한 다. 이후 ERP에 의한 새로운 프로세스의 도입이 일반화되었으나 기업의 내·외부 환경 이 급속하게 변하고 ERP의 경직성 문제가 대두되었다. 이러한 경직성을 해결하기 위 해 워크플로우 관리의 개념이 도입되고 비즈니스 프로세스 관리(BPM) 기법이 등장하였다. [그림 10-5]는 프로세스 중심의 경영기법과 이에 따른 정보시스템의 발전과정을 잘 보여 주고 있다.

2) BPR 개념

정보기술을 이용한 프로세스의 변화를 통해 경영의 성과를 추구하는 경영혁신 기법을 지칭하는 용어로 BPR, PI, Business Reengineering 등 다양한 용어를 사용하지만 이 교재에서는 BPR의 개념을 처음으로 소개한 Hammer의 BPR을 사용하기로 한다. BPR은 단순한 경영기법이 아니라 기업이 생존하기 위해 사용하는 다양한 경영기법을 포함하는 새로운 경영의 패러다임이라 할 수 있다. Hammer가 제시한 BPR은 '비용, 품질, 서비스, 속도 등 기업의 주요 경영성과 지표를 극적으로 향상시키기 위해 업무처리방법을 근본적으로 다시 생각하고 새롭게 디자인하는 것'이라 하였다. 여기에서 말하는 근본적으로 다시 생각한다는 것은 현재의 모든 구조와 절차를 버리고 완전히 새로운 방법을 만들어 내는 것을 말한다. 극적인 향상을 기한다는 것은 점진적인 개선을 의미하는 것이 아니라 낡은 것은 버리고 새로운 어떤 것으로 대체해야만 이룰 수 있다.

초기의 BPR 이론가들은 Porter의 가치사슬과 같이 기업을 포괄적인 프로세스들로 구성된 것으로 이해하였다. 그들은 전체적인 프로세스의 최적화를 이루기 위해서는 먼저 기업의 주요 프로세스를 정의하고 그 중에서 투자 수익률이 높은 프로세스에 기업의 노력을 기울여야 한다고 주장하였다. 그러나 BPR은 프로세스의 변화 이상의 의미를 가지고 있다. BPR의 진정한 의미는 프로세스 변화와 동시에 최적화를 위한 프로세스 간의 연계, 이를 지원할 수 있는 관리체계에 있다.

[그림 10-6]에 나타난 Hammer와 Champy(1993)가 소개한 비즈니스 다이아몬드를 보면 조직의 계획에 있어 중요한 네 가지 요소를 제시하였는데 비즈니스 프

로세스, 과업과 조직의 구조, 관리통제시스템, 가치와 신념 등이 포함된다. 비즈니스 다이아몬드 모 형은 간단하지만 새로운 조직을 만들거나 조직의 문제를 진단하는 데 상당히 유용한 모형이다. 예를 들면 조직의 문화를 바꾸려는 시도를 하면서도 관리에 대한 문제나 통제의 방법을 바꾸지 않는 경우는 목적을 달성하기 어렵다는 것이다.

▌그림 10-6▐ 비즈니스 다이아몬드

출처: Hammer, M., & Champy, J.(1993).

3) BPR의 특징

BPR의 특징은 크게 세 가지로 요약할 수 있다. 첫째 BPR은 기능 중심의 조직을 프로세스 중심으로 전환하였다. BPR을 처음으로 주장한 Hammer가 의미하는 극적인 성과는 업무처리 방법을 전문화된 개인이나 특정 부서 중심의 개별적인 업무에서 관계있는 업무들의 연계를 통하여 새로이 구성함으로써 이루어진 것이다. 즉, BPR이란 전통적인 관료 및 기능 중심의 조직을 고객 중심을 기반으로 재구성한 것이라 할 수 있다.

둘째, 기업가정신이다. 다른 경영혁신 기법과 마찬가지로 BPR 역시 고객 중심의 관리 및 조직문화를 강조한다. 고객의 변화하는 취향에 빠르게 효율적으로 대응하려면 기존의 관료적인 시장 대응책을 버려야 하며 시장에 관한 지식이 확대된 고객과의 관계관리를 위한 혁신적인 프로세스가 필요하다. 고객 중심의 사고 및 기업가정신 기반의 조직문화는 기업의 생존을 위한 필수적인 요소이다. 특히 최고경영층의 의지와 리더십이 가장 중요한 성공요인임을 관련 연구에서 실증적으로 보여주고 있다.

셋째, BPR을 가능하게 하는 것은 정보통신 기술이다. Hammer나 Davenport 등 초기의 BPR 전문가들은 80년대 프로세스 개선 프로젝트에 직접 참여하여 정보기술이 어떻게 프로세스의 변화를 가져오며, 부서 간의 연계를 가능하게 하며, 극적인 성과를 이루는지 직접 체험한 정보기술 전문가들로, 체험을 바탕으로 BPR을 개념화하여 소개하였다.

4) BPR의 기본 원칙

Hammer 등이 제시한 BPR의 기본 원칙은 다음과 같다.

첫째, 업무 중심의 일 처리가 아닌 결과 중심의 일 처리가 되도록 하라는 것이다. 전통적으로 분업과 전문화의 원칙에 의해 업무가 너무 세분화되어 오히려 업무의 원만한 흐름에 방해가 되는 일들이 자주 일어나게 됨으로써 결과물 중심의 일처리가 되도록 하라는 것이다.

둘째, 프로세스의 결과물을 받는 자가 그 프로세스를 수행하도록 하라는 것이다. 기능적인 부서조직에서 프로세스의 결과물을 받는 자와 프로세스를 실행하는 자는 다른 부서에 소속된 경우가 일반적이다. 이러한 경우 이원화에서 발생되는 의사전달의 착오, 시간적인 손실 등에 의한 비효율이 발생하게 된다.

셋째, 정보가 발생되는 현장에서 정보처리 절차를 완수하라는 것이다. 정보가 발생 되는 부서와 정보를 처리하는 부서가 이원화되어 있을 때 비효율이 발생하게 된다. 따라서 정보를 생산하는 부서 또는 사람이 정보의 생성과 동시에 필요한 정보처리 업무를 수행하는 것이 바람직하다.

넷째, 분산 자원의 집중관리가 필요하다. 조직의 자원이 분산되어 있는 경우에는 자주 비효율의 문제가 발생한다. 분산된 자원을 집중적으로 관리하면 중복처리를 피할 수 있고 처리 시간을 단축할 수 있으며 관리비용에 대한 통제가 이루어져 비용절감이 가능하다.

다섯째, 여러 활동들을 순차적으로 처리하지 말고 병렬 방식의 업무처리를 하라는 것이다. 전통적인 기업들이 가지고 있는 공통점 중의 하나는 순차적인 기능들 간의 연결이 미약하다는 것이다. 따라서 순차적인 기능들 사이의 연결을 강화하고 더 나아가 필요한 기능들을 동시처리가 가능하도록 조정하고 통합해야 한다. 이를 위해서는 데이터베이스의 공유와 원활한 의사소통이 필수적이다.

여섯째, 일이 행해지는 현장에서 의사결정과 정책판단이 이루어지도록 하라. 일이 행해지는 현장의 사람들은 판단 능력이 부족하거나 시간상의 여력이 부족하다는 선입견으로 인해 의사결정과 정책적인 판단이 바로 이루어지지 못하는 경우가 많다. 이러한 경우 비효율과 시간상의 지연은 피할 수 없다. 따라서 정보기술의 지원을 통해 정보가 수집되는 현장에서 의사결정과 정책적인 판단이 이루어지도록 해야 한다. 일곱째, 정보가 발생되는 곳에서 단 한 번 입력이 이루어지도록 하라. 동일한 정보를 사용하는 정보의 수집이 여러 장소와 경로를 통해 일어나게 되면 비용이 증가할 뿐만 아니라 자료의 중복으로 인한 많은 문제점이 발생한다. 따라서 정보의 입력은 정보가 발생되는 곳에서 바로 입력이 이루어져야 한다.

5) BPR의 실행 절차

BPR 프로젝트는 점진적인 개선이 아닌 근본적인 프로세스의 변화를 통하여 극적인 경영성과를 목적으로 하는 혁신기법이다. 또한 BPR의 프로세스 변화는 정보시스템을 통해 구현되고 이는 기업의 문화, 조직구조, 관리체계 등 조직 전반에 걸친 급격한 변화가 요구된다. 프로젝트의 성공을 위해 요구되는 급격한 변화로 인해 BPR 프로젝트 의 실패율은 다른 경영기법과 비교하여 상당히 높은 것으로 알려져 있다. BPR의 실행 절차는 컨설팅회사마다 약간의 차이가 있으나 근본적인 절차는 유사하다.

BPR 프로젝트의 실행 절차는 [그림 10-7]과 같이 여덟 개의 단계로 이루어진다. 먼저 BPR의 기회 파악 단계에서는 운영위원회를 구성하고 주요 대상 프로세스의 파악, 프로세스 우선순위 결정이 중요하다. 다음의 준비 단계에서는 프로젝트팀을 구성하고 팀원교육, 프로젝트 계획 수립이 주요 활동이다.

다음은 실제 프로젝트팀의 활동이 시작되는 단계로, 현행 프로세스를 분석하는데, 현재 프로세스의 구조 및 성과 분석, 부가가치 활동의 파악, 정보시스템상의 문제점과 원인 분석 등을 포함한다. 다음은 프로세스의 비전을 설정하는 단계로 프로세스 고객의 요구사항을 파악하고 프로세스의 성과 측정 방안 및 프로세스 목표를 제시하며 프로세스의 특성을 분석하여 프로세스 비전을 설정한다. 기술설계 단계에서는 새로운 프로세스를 설계하고 이를 위한 정보시스템을 분석하고 설계하여 프로토타입을 개발하고 정보기술 플랫폼을 결정한다.

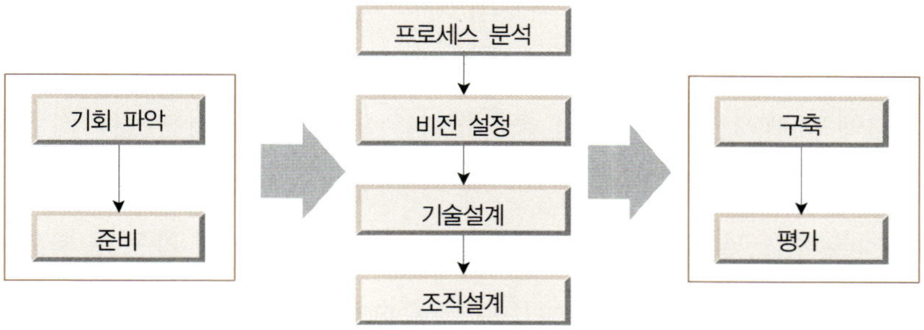

▌그림 10-7▌ BPR의 실행 절차

조직설계 단계에서는 업무 및 기술 요구사항을 정의하고 새로운 프로세스에 맞게 조직구조를 개편하고 권한을 위임(empowerment)하며, 평가와 보상제도를 결정하고, 변화관리 프로그램을 설계한다. 다음은 프로세스를 실제로 구축하는 단계로 프로젝트팀이 새로운 프로세스와 이를 지원할 시스템을 구현하고, 이를 테스트하고, 사용자 교육과 훈련을 실시한다. 마지막 평가 단계에서는 프로세스 성과를 측정하여 이를 지속적인 개선과제로 연결될 수 있도록 한다.

3 비즈니스 프로세스관리(BPM)

1) 등장배경

BPR은 정보화시대가 요구하는 새로운 경영기법을 제시했다는 점에서 많은 주목을 받았으나 상당한 기업이 도입에 실패하였고 급진적인 변화는 쉽지 않은 일이었다. BPR에 따른 변화관리도 상당한 문제점을 가져오게 되었으며 기업의 내·외부 환경이 급속하게 변화하여 이를 반영하는 데도 시스템의 경직성으로 인하여 어려움이 발생하였다. 또한 새로운 프로세스를 재설계하고 그러한 프로세스를 실행하는 데 들어가는 노력과 시간이 엄청나게 많이 소요되었다. 따라서 한 번의 BPR 구축으로 프로세스를 재설계하고 조직을 바꾸는 대신에 지속적인 업무 프로세스의 관리를 목적으로 하는 BPM(business process management)이 등장하게 되었다.

BPM을 거시적인 관점에서 접근하면 상호 긴밀한 연관성을 가지면서도 기업 내부에 산재해 있는 다양한 정보시스템을 통합하고, 프로세스상에 존재하면서도 정보시스템에서 빠져 있는 업무의 통합관리를 할 수 있게 하는 관리기법을 말한다. 한편 미시적인 관점에서 보면 비즈니스 프로세스가 효율적으로 유지되고 관리되도록 감독하고 통제하는 활동을 BPM이라 하고, 이러한 활동을 지원해 주는 소프트웨어가 BPM 시스템(business process management systems: BPMS)이다.

BPM은 점진적이고 지속적인 업무흐름의 개선활동, 프로세스 자체를 관리하는 활동, 비즈니스와 정보기술 간의 밀접한 연계를 구성하는 활동 등을 포함한다. 기업 내 모든 업무를 한 번에 BPM으로 이동시킬 수 없기 때문에 순차적이고 체계적인 방법으로 접근해야 한다. 즉 기업의 프로세스를 관리하는 활동 자체를 위한 인프라로 BPM이 등장하였다. BPR과 BPM을 비교하면 〈표 10-1〉과 같다.

▌표 10-1▌ BPR과 BPM의 비교

구 분	BPR	BPM
변화의 정도	급진적 변화	생애주기에 따른 변화
As-is와 To-be	현재의 프로세스, 새로운 프로세스	적용되지 않음
시작 포인트	제로 베이스	New 또는 현재의 프로세스
변화의 주기	일회성	일회성, 주기적, 지속적 진화
요구되는 시간	장기간	실시간
실행	파괴적임, 빅뱅	점진적
위험수준	높음	낮음
수행방법	하향식	하향식 또는 상향식
프로세스의 수	하나의 큰 프로세스 별로	동시다발적, 여러 프로세스
적용의 범위	광범위, Crosss functional	전사적 프로세스관리
주요 동인	정보기술	프로세스 기술
시간의 범위	미래지향적	과거, 현재, 미래

출처: 이재규 외(2011).

2) BPM과 BPMS의 기능

BPM의 기능은 비즈니스 프로세스들을 모니터링하거나 작업의 흐름을 자동화하는 등 여러 가지의 역할을 수행할 수 있다. 일반적으로 BPM은 다음 세 가지의 기능을 수행한다.

첫째는 업무 프로세스의 자동화로 워크플로우와 비슷한 개념으로 적용이 쉽다는 장점이 있다. 다음으로는 업무 프로세스의 개선으로 소프트웨어로 업무를 처리함으로 인하여 기존의 업무처리에 필요한 기간과 자원을 대폭 감소시키는 역할을 하게 된다. 마지막으로 새로운 업무 프로세스의 생성이다. 이러한 기능은 현재 진행 중인 업무를 최적화하는 것을 뛰어넘어 향후의 새로운 비즈니스 프로세스를 도입하게 함으로써 기업의 경쟁력을 강화시킨다.

BPMS는 조직의 경계를 뛰어넘는 자동화된 프로세스를 만들어 내기도 하고, 모니터링하기도 한다. 또한 BPMS는 기업이 프로세스들을 관통하는 일들을 도와주기 위해 특정한 프로그램을 넘어서기도 한다. 어떤 BPMS는 프런트-오피스 프로그램으로 판매나 주문 프로세스와 같이 사람과 사람을 연결시키는 프로세스이다. 또 다른 BPMS는 백-오피스 프로세스를 지원하는 프로그램으로 주로 시스템과 시스템을 연결하며 대부분의 경우 기업 외부에 있는 웹 기반 요소들을 포함한다.

요약

1. 비즈니스 프로세스

비즈니스 프로세스는 특정한 과제를 해결하기 위해 존재하는 규격화된 활동의 조합으로 실제로 업무를 처리하는 방법을 말한다. 프로세스에서 중요한 것은 고객들에게 가치있는 결 과를 제공하는 활동 또는 작업인데, 대부분의 기업들이 부서별 또는 개별 작업만 관리하다 보니 고객의 입장에서 필요한 전체적인 프로세스의 효율화는 달성하기 어렵다.

프로세스의 구성요소는 입력, 전환, 출력, 입력에 대한 공급자, 출력을 사용할 고객, 통제, 피드백, 프로세스 오너 등이 있으며 기본적인 특징은 전환, 피드백, 반복성이 있다. 프로세스 맵은 비즈니스 프로세스를 그림으로 나타낸 것으로 현재 프로세스 맵(as-is process map)과 미래 프로세스 맵(to-be process map)이 있다. 마지막으로 프로세스관리에서 중요한 것은 프로세스의 목표관리가 이루어져야 하며 성과관리가 수행되어야 한다는 것이다. 또한 프로세스 자원관리가 이루어져야 하며 인터페이스 관리도 효과적으로 수행되어야 한다.

2. 경영혁신과 BPR

경영의 효율성을 획기적으로 제고하는 경영혁신의 개념은 1990년도를 전후하여 BPR과 PI 등이 소개되었다. BPR은 정보기술을 이용하여 프로세스를 새롭게 디자인함으로써 획기적인 성과를 획득하려는 시도라고 할 수 있으며 세 가지의 중요한 특징을 가지고 있다. 첫째 BPR 은 기능 중심의 조직을 프로세스 중심으로 전환하였다. 둘째 BPR은 고객 중심의 관리 및 조직문화를 강조한다. 마지막으로 BPR을 가능하게 하는 것은 정보통신 기술이다.

BPR의 기본 원칙은 업무 중심의 일처리가 아닌 결과 중심의 일처리가 되도록 하라는 것과 프로세스의 결과물을 받는 자가 그 프로세스를 수행하도록 하라는 것이 있으며 분산 자원의 집중관리, 현장에서 의사결정과 정책판단이 이루어지도록 해야 한다고 한다. BPR의 실행 절 차에 대해서도 여덟 단계의 실행 절차를 제시하였다.

3. 비즈니스 프로세스관리(BPM)

BPR은 프로세스 중심의 새로운 경영기법을 제시하였다는 점에서 많은 주목을 받았으나 급 진적인 변화를 추구하는 것이 쉽지 않은 작업이기 때문에 좀더 점진적인 프로세스의 관리를 통해 효율성을 추구하는 비즈니스 프로세스관리 기법이 등장하였다.

BPM의 등장배경을 설명하고 BPM과 BPMS 실제적인 기능을 소개하였다. BPM은 조직의 경계를 넓힐 수 있는 자동화된 시스템을 만들고, 적용하고, 모니터링하는 방법이며 비즈니스 프로세스가 더욱 효율적으로 실행될 수 있도록 해줄 뿐만 아니라 성취도를 측정하고 개선의 가능성을 평가할 수 있는 도구를 제공해 준다.

사례연구 보잉787 드림라이너 사례

Boeing 787 드림라이너(Dreamliner)의 개발은 여러 가지 이유로 지연이 되었는데 그 중 하나는 글로벌 공급사슬의 문제였다. 글로벌 공급사슬은 비용을 절감하고 개발 기간을 단축하기 위해 만들어진 네트워크였지만 실제로는 여러 가지 문제를 일으켰다. 보잉은 드림라이너 프로젝트를 통해 대형 여객기의 개발에 따른 프로세스를 개편하기로 결정하였다. 즉 지금까지 주로 사용하였던 기술적인 노하우에 의존하는 방법을 탈피하여 글로벌 공급사슬의 프로세스에 협력(collaboration)이라는 경쟁적인 도구를 활용하기로 하였다.

드림라이너 프로젝트에는 혁신적인 설계와 새로운 재료들을 사용하는 것 이외에도 제조 프로세스에 큰 변화를 도입하였다. 보잉은 매우 복잡한 공급사슬을 구축하였는데 전 세계의 103개 지역에 산재해 있는 50여 개의 파트너 기업을 포함하고 있었다. 이러한 공급사슬을 구축한 목적은 백억 달러 이상 소요되는 새로운 비행기의 설계와 제작에 따르는 재무 리스크를 줄이고 새로운 제품의 개발에 들어가는 시간을 단축하는 것이다. 파트너들의 전문성과 기술을 서로 보완하기 위해서는 복합적인 재료나 기체 동역학(aerodynamics), IT 인프라 등에 관한 여러 지역에 소재한 회사들의 전문지식과 기술을 끌어모아야 했다. 이러한 변화는 과거 경쟁의 기반을 비용절감에 두었던 것에서 벗어나 숙련된 기술에 의한 경쟁기반을 제공하였다. 이러한 공급사슬의 구축은 보잉이 비행기의 제작에 가장 중요한 두 가지 부분, 즉 동체와 날개를 외주로 생산하게 된 시발점이 되었다.

시제품 개발에 들어간 지 6개월 만에 문제점이 나타나기 시작했다. 기술자들은 복합재료들을 구워서 동체의 바깥을 만드는 과정에서 예상하지 못한 거품들이 생기는 현상을 발견하였다. 이러한 일로 인하여 프로젝트는 1개월가량 연기되었다. 보잉의 관리자들은 늦어진 시간을 보충할 수 있으며 모든 것은 순조롭게 진행되고 있다고 주장하였다. 그러나 다음으로 코에 해당하는 앞부분의 테스트에서 큰 문제가 발생하였다. 이번에는 소프트웨어 프로그램에 문제가 있다는 것이 확인되었는데 여러 제조사에서 설계된 제품과 관련이 되었다. 프로그램들은 서로 소통하지 못했으며 이로 인하여 전체 공급사슬이 고장 나 버렸다. 전자제품의 통합에도 문제가 발생하였다. 비행기의 여러 파트들을 단단하게 고정시키기 위한 티타늄 고착제에 문제가 있다는 사실을 발표했을 때 보잉은 이미 위험 지역에 깊숙이 들어가 있었다. 글로벌 공급 네트워크는 통합이 제대로 이루어지지 않았으며 단지 몇 개의 공급사에 전적으로 의지해야 하는 상황이 되었다.

이 사례는 과도한 공급사슬에 의존하는 위험을 보여 주는 것이며 비즈니스를 계획한 대로 수행하기 위한 능력에 상당한 문제를 야기하는 것이었다. 급진적으로 새로운 프로세스를 추진하게 되면 예상하지 못한 문제들을 만나게 된다. 어떤 경우에는 기업의 경쟁력을 훨씬 뒤떨어지게 하여 기업경영에 실패를 초래할 경우도 생긴다. 그러나 이 사례의 경우에는 드림라이너의 주된 경쟁제품인 에어버스 380 프로그램도 글로벌 공급사슬 모형을 사용하고 있으며 이로 인해 에어버스 개발 프로그램도 몇 년간 지연되었다. 이들의 경쟁은 지금도 계속되고 있다.

(역자 주: 꿈의 항공기로 불리는 보잉787은 탄소섬유를 사용한 경량화로 뛰어난 연비를 자랑하며 실내 기압을 낮추고 습도를 높여 쾌적한 항공여행을 하도록 설계되었다. 새롭게 바뀐 창문은 사이즈가 커지고 터치스크린이나 리모컨을 통해 창문의 투명도를 조절하는 등 첨단기술을 적용하고 있다. 당초 2008년 인도를 목표로 항공기를 개발하였는데 사례에서 보여준 바와 같은 여러 가지의 문제로 인하여 2011년 가을 처음으로 일본의 ANA사에 인도가 되었다. 우리나라의 대한항공과 한국항공우주산업 등도 부품제작에 참여하고 있으며 대한항공에서는 2017년 2월 시애틀에 있는 보잉본사에서 보잉787 항공기 인수식을 가졌으며 2019년 까지 10대를 도입할 예정이다.)

출처: Pearlson, K. E., & Saunders, C. S. 2010.

| 사례질문 |

1. 보잉사에서는 왜 787 드림라이너를 설계하고 개발하는 데 급진적인 프로세스 재설계를 채택하였는가?
2. 이 사례와 같이 급진적인 변화나 급진적인 프로세스의 변화를 추구할 때 있을 수 있는 위험에는 어떠한 것들이 있는지 조사해 보자.
3. 여러분들이 프로젝트 관리자라면 드림라이너 개발 프로젝트가 겪은 문제를 피하기 위해 어떠한 일들을 하겠는가?

PART 04

정보시스템의 개발과 관리

CHAPTER 11

정보시스템 계획

1. 계획의 종류
2. 계획이 어려운 이유
3. 계획 방법의 변화
4. 여덟 가지 계획 기법

학/습/목/표

초스피드로 변하는 시대에 기업들은 가급적 짧은 시간에 효과적으로 기업의 전사적 전략을 선도하거나 지원하는 데 필요한 정보시스템을 계획하는 일이 매우 중요하다. 이를 위해 시스템 부서는 정보를 필요로 하는 사용자들, 현장 직원들의 필요와 취향 그리고 고객과 파트너 기업 사용자들의 불만사항과 필요를 분석하여 미래의 시스템을 사전에 준비함으로써 기업이 환경변화에 신속하게 적응할 수 있도록 도와야 한다. 이 장에서는 이러한 계획에 필요한 이론과 기법들 그리고 사례를 살펴보고자 한다.

1. 계획의 종류와 특성을 이해한다.
2. 정보시스템 계획이 어려운 이유를 이해한다.
3. 전략수립의 현대적 접근방법인 감지와 대응(sense-and-respond) 전략이 필요한 이유와 특징을 이해한다.
4. 여덟 가지 정보시스템 계획 기법 각각의 핵심 개념, 정보시스템 계획의 용도, 그리고 사례를 이해한다.

급변하는 정보기술(IT) 환경에서 정보시스템 계획은 매우 중요하다. 향후 기업의 정보처리 수요가 어떻게 변할지, 첨단 IT가 기업의 현재와 미래의 경쟁구도, 경영방식, 경영전략에 어떠한 영향을 미칠지를 예측하여 IT 투자 포트폴리오에 대한 계획과 조정을 면밀하게 세우지 않는다면 오늘날과 같이 빠르게 변하는 기술환경에서 기업은 경쟁 우위를 계속 창출해 나갈 수 없다. 예를 들어, 스마트워크와 재택근무가 확산되고 있다면 우리 기업에게 적용할 수 있는 직무의 종류와 범위를 우리 기업은 어떻게 정할 것인지, 이를 위해 우리가 사전에 계획해야 하는 정보 인프라는 어떤 것이 있는지를 알아볼 필요가 있을 것이다. 먼저 계획의 종류에는 어떤 것들이 있는지 알아보자.

1 계획의 종류

계획이란 일반적으로 계획 기간(planning horizon)에 따라 세 가지 유형으로 분류할 수 있다. 즉, 계획 기간에 따라 계획의 성격과 내용은 많이 달라진다. 〈표

11-1〉은 계획의 유형에 따른 특징과 관리를 위한 강조점을 요약해서 보여 주고 있다.

6개월~1년을 바라보는 단기 계획은 상당 부분이 이미 결정되어 있는 계획이라 할 수 있다. 이런 계획은 필요 자원, 일정, 비용, 이익에 대한 논의가 이미 끝난 계획들이어서 내용에 큰 변화를 주기는 어렵다. 따라서 프로젝트 관리시스템의 향상을 통해 일정, 비용, 성과에 있어 발생하는 문제점을 가능하면 줄여 가는 전략을 택해야 할 것이다.

1~2년을 바라보는 중기 계획의 경우 계획 방법론(planning methodology)을 사용하여 계획의 효과를 극대화할 수 있다. 따라서 적절한 프로젝트 관리 기법의 선정은 중기 계획의 효과성에 큰 영향을 미칠 수 있다.

3~5년에 걸친 장기 계획은 대체로 구체적인 특정 프로젝트가 구상되기 어렵다. 따라서 경영자가 계획할 때 상당한 유연성과 재량권을 가질 수 있다. 이렇게 장기간에 걸친 계획은 IS 아키텍처와 인프라(예: 데이터, 애플리케이션, 네트워크 아키텍처)에 대한 것들을 포함할 수 있을 것이다. 이 장에서는 장기간에 걸친 전략적 시스템의 계획에 주로 초점을 두고자 한다.

표 11-1 계획의 종류

계획 기간	초점	이슈	책임자
3~5년	전략적	비전 아키텍처, 사업목표	상위경영층, CIO
1~2년	전술적	자원배분, 프로젝트 선정	중간관리자, IS라인 파트너, 위원회
6개월~1년	운영적	프로젝트 관리, 회의시간, 예산 목표	IS전문가, 라인매니저 파트너

2 계획이 어려운 이유

정보시스템 계획은 어렵다는 얘기를 흔히 한다. 그것은 다음과 같은 다섯 가지 이유 때문이다.

첫째, 사업(비즈니스) 목표와 시스템 계획이 조율되어야 하기 때문이다.

전략적 시스템일수록 사업 목적과 그에 따른 부수적인 목표와 잘 조율되어야 할 필요가 있다. 비록 최고경영자가 전략적 사업 목표를 매우 민감하게 생각하더라도 정보 부문을 책임지고 있는 CIO(chief information officer)가 전략계획에 참여하지 않았다면 사업 목표와 전략에 정보시스템 계획이 빠져 조율되지 못한다. 따라서 오늘날 대기업일수록 CIO가 최고경영진에 포함되어 전략수립의 초기 단계에 적극 참여해야 한다. 특히 인터넷 전자상거래의 급격한 증가는 CEO가 정보시스템 계획에 관심을 가지고 직접적으로 관여해야 할 필요성을 높이는 중요한 요인이 되고 있다.

둘째, 기술의 발전 속도가 매우 빠르기 때문이다.

기술이 급속도로 변하기 때문에 계획을 포기하는 것이 아니라 계속적으로 계획을 보완해야 한다는 말이 된다. 연말에 몇 개월간 계획을 수립한 후 다음 해에 그 계획을 집행하는, 연 단위로 계획을 수립하는 일은 이미 시대의 추세에 맞지 않다. 오히려 계획과정은 현재 의사결정의 발판이 될 수 있는 미래에 대한 가장 적절한 비전을 계속적으로 만들어 가는 것이 되어야 할 것이다. 그런 다음 최신 기술(emerging technology)을 계속 관찰하면서 계획의 변경이 필요한지를 지속적으로 관찰해야 한다. 상당수 기업은 '첨단기술그룹'을 두어 이를 전담하도록 한다.

셋째, 기업은 개별적인 프로젝트보다는 전체 포트폴리오를 중시해야 하기 때문이다.

최근에는 기업들이 개별적인 프로젝트가 아닌 다수 프로젝트의 포트폴리오 개발에 더 중점을 둔다. 이러한 추세는 프로젝트를 보다 다면적으로 평가해야 하므로 보다 정교한 형태의 계획을 필요로 한다. 즉, 하나의 프로젝트가 다른 프로젝트와 어떻게 맞물려 가고 어떻게 균형을 이루는지의 검토가 매우 중요하다. 예를 들어, 우리 기업이 너무 내부 지향적인 통제 목적의 시스템에 치중함으로써 고객과 협력업체와 상호작용 업무를 돕는 시스템의 개발에는 너무 소홀함이 없는지를 챙기는 것이라 할 수 있다. 정보시스템 계획의 한 방법인 인터넷(혹은 e-비즈니스) 가치 매트릭스(internet value matrix)를 사용하여 다수 프로젝트의 포트폴리오 개발을 수행할 수 있다.

넷째, 인프라 개발에 필요한 막대한 예산을 얻기가 어렵기 때문이다.

정보 인프라의 구축이 중요하다는 사실은 모두가 인정하면서도 이를 위한 자금지원은 대부분 기업들이 주저한다. 인프라의 구축은 흔히 대형 개발프로젝트가 진행되면서 수행된다. 중요한 것은 주요 애플리케이션들을 업그레이드하면서 동시에 인프라도 같이 향상시키는 일이 무척 어렵고 비용이 많이 소요되는 작업이다. 현재 다수의 기업이 과거의 메인프레임 기반 정보시스템에서 분산처리 형태인 클라이언트-서버 기반시스템 위에 ERP를 구축하고, 궁극적으로는 인터넷과 연동되는 웹 환경으로 전환하면서 IT 인프라 투자를 강화하고 있다.

다섯째, 결과에 대한 공동책임을 져야 하기 때문이다

CIO가 단독으로 추진한 계획보다 CEO, CFO, COO와 공동으로 추진한 계획이 보다 많은 호응을 얻고 추진하기도 쉽다. 시스템 계획은 더 이상 IT와 IS에만 국한되는 계획이 아니라 전사적 사업계획으로 보아야 한다. 따라서 다수 이해관계자의 동의를 구하고 설득을 해야 하므로 계획이 점점 힘들어지는 것이다.

3 계획 방법의 변화

인터넷과 정보통신 기술의 발전과 함께 전통적 계획 방법 수행에서 전제되었던 많은 가정이 변화하였다. 사업 세계의 빨라진 속도는 시간에 대한 사람들의 생각을 변하게 하였으며, 계획하는 데 소요되는 시간과 경쟁업체의 움직임에 대응하는 시간에 대한 생각을 근본적으로 바꾸어 놓았다. 따라서 이러한 시간적 요인들은 기업이 사업계획과 전략 수립에 대한 태도를 바꾸어 놓았으며 여기에서는 이러한 변화를 설명하고자 한다. 먼저 기업들이 계획할 때 전통적으로 선택해 온 선형적인 전략 수립 방법을 설명하고, 이 선형적 전략 수립 방법의 한계, 그리고 새로운 전략 수립 방법을 차례대로 설명하고자 한다.

1) 전통적 전략 수립 방법

전통적인 전략 수립 방법은 상당히 선형적으로 진행되는데, 이는 다음과 같이 단계적으로 진행되는 특징을 가진다([그림 11-1] 참조).

① 경영자는 기업이 가고자 하는 목표를 설명하는 전략적 사업계획을 수립한다.

② 전략적 사업 계획을 근거로 CIO는 IT가 어떻게 전략적 사업계획을 지원할지를 결정한다.

③ IS 전략의 효과적인 수행을 위한 IT 실행 계획을 수립한다.

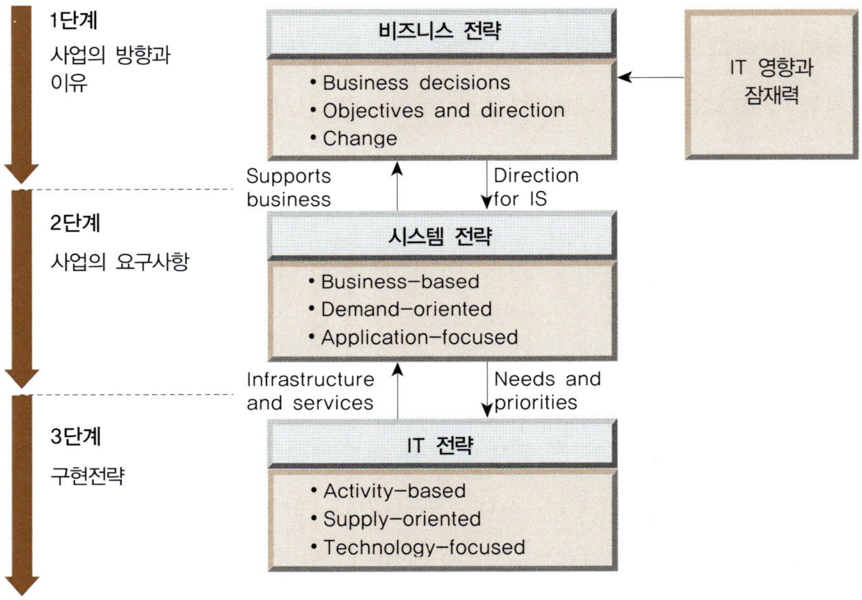

그림 11-1 전통적인 전략수립 방법

기업은 이러한 계획(예: 5년 계획)을 수립하기 위해 때로 1년이라는 시간을 소요하기도 한다. 그러나 만일 CIO가 최고경영진에 포함되어 있지 않았다면 전략적 사업계획에는 IT의 전략적 옵션들이 전혀 고려되어 있지 않을 것이다. 그렇다면 사업전략에 IT 부분을 다시 반영하려 한다면 또 상당한 시간이 소요되므로 전략 계획 수립에 필요한 시간은 더욱 늘어날 것이다.

기업의 전사적 전략을 근거로 IS 부서는 사업계획을 지원하는 데 필요한 시스템 전략을 수립할 것이며, 최종적으로 그러한 시스템 전략을 근거로 기업이 필요로 하는 역량을 제공하는 방법을 서술한 기술기반 IT 전략을 수립한다. 이러한 순차적 전략 수립 방법은 다음과 같은 가정들을 전제로 유효하였다. 그러나 이러한 가정들이 오늘날에는 더 이상 유효하지 않다는 문제가 있으며, 따라서 전략 수립에 혁신적인 현대적 접근방법이 요구된다.

- 미래는 예측 가능하다.
- 3단계를 거치면서 전략을 수립하는 시간이 충분하다.
- IS 부서는 사업부서를 지원하고 따라갈 뿐이다.
- 기업에 대한 넓은 시야를 가지고 있는 최고경영자가 기업을 가장 잘 안다.
- 기업은 군대와 같다. 리더가 명령을 내리면 사병은 모두 따라간다. 즉 최고경영자가 방향을 지시하면 모두 그 방향으로 따라간다.

2) 현대적 접근방법: 감지와 대응(sense-and-respond) 전략

- **대규모 단일 전략을 세우기보다 다수의 소규모 전략을 동시다발적으로 전개한다.**

과거에는 최고경영자가 전사적 전략을 분명하게 드러내는 것이었다. 그러나 빠른 속도로 변하는 현대에는 이러한 전략이 갖는 위험성이 매우 크다. 만일 한 가지 전략에 모든 것을 걸었는데 잘못되었을 경우 그 기업에 치명적일 수 있기 때문이다.

예측이 어려운 사업 환경에서는 미래를 한 걸음씩 한 걸음씩 감지와 대응 방식으로 접근해야 한다. 즉 새로운 기회나 가능성을 탐지한 후 실험적으로 즉각적으로 그 성과를 확인하는 방식으로 미래를 탐지해 나가는 것을 말한다.

감지와 대응적 방법이란 [그림 11-2]와 같이 수많은 작은 실험적 사업들을 동시다발적으로 전개하며 미래의 가설에 맞아떨어지는지를 수시로 검토하며 나아가는 것을 말한다. 현대적 접근방법은 다음과 같은 특징을 가진다.

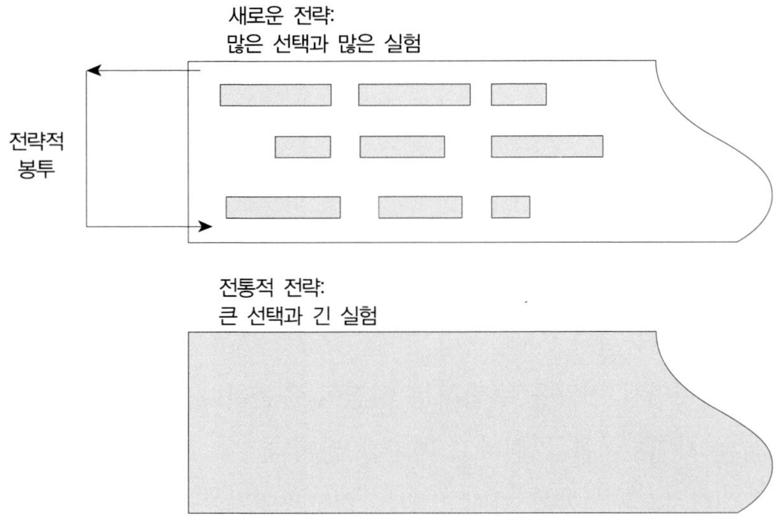

▌그림 11-2▌ 감지와 대응 방식의 전략수립

• 모바일 직원(고객을 응대하는 직원)을 중심으로 전략을 세운다.

인터넷시대에는 고객, 협력업체, 파트너 기업과 긴밀하게 의사소통해야 한다. 급속하게 변하는 시대에 시장과 긴밀하게 연계되는 전략을 세운다는 것은 시장(고객)과 밀접한 접촉이 가능한 전략을 세워야 한다는 것이다. 따라서 전략은 움직이는 모바일 직원, 즉 고객, 협력업체, 파트너 기업과 늘 교류하는 직원(예: 영업사원, 콜센터 응답원, A/S직원, 웹마스터 등)을 중심으로 수립되어야 한다.

기업의 미래와 가장 가까운 직원, 즉 젊은 직원들을, 전략을 수립하고 수정하는 과정에 에이전트로 적극 활용할 수 있어야 한다. 인터넷 시대에는 인터넷 환경에 익숙한 젊은 직원들이 전략수립과 실행의 중심에 서게 해야 한다.

• 전략적 봉투(envelope)를 이용하여 전략수립을 지도한다.

다수의 잠재적 기업전략들을 중앙의 통제도 없이 마구잡이로 집행한다는 것은 큰 혼란만 야기할 뿐이다. 따라서 전략적 봉투라는 메커니즘(strategic mechanism)을 활용해야 하는데, 이것을 만드는 일이 CEO의 가장 큰 책임이라 할 수 있다.

전략적 봉투란 CEO가 전략을 직접 만들기보다 전략적 실험(시도)에 필요한 파라미터(parameter)를 정해 줌으로써 소규모 전략을 수립하고 추진하는 데 필요한 가이드라인을 지정해 준 후 이를 계속 관리해 나가는 것을 말한다. 시장에서 일어나고 있는 추세의 변화를 감지하고 각각의 실험들이 잘 진행되고 있는지, 각 실험들이 필요한 충분한 지원을 받고 있는지 아니면 그 열기가 시들어 가는지를 알기 위해서는 계속적인 모임을 통한 토론이 필요하다. 최고경영자가 이 전략적 봉투를 관리하는 방법은 다음과 같다.

(1) 전략 간담회의 개최

전략 간담회는 경영환경의 변화에 대해 정보를 공유하고 변화에 대한 대응책을 의논하기 위한 중역들의 모임이라 할 수 있다. 예를 들면, 운영담당 부사장의 책임하에 모바일 직원의 규모에 대한 현황과 대책을 보고하거나, 기술담당 이사가 기업에 응용될 수 있는 미래의 첨단기술을 소개하는 일들이 있을 수 있다. 이러한 회의에서는 현재의 시장변화 속도와 보조를 맞추거나, 시작되고 있는 새로운 경향을 포착하거나 새로운 프로젝트를 시작하거나 유망 분야에 대해 자원을 더 투입하는 등의 결정을 내린다.

(2) 신규사업 실험자들과 정기적인 모임

경영자는 예산이 투입된 신규 사업의 책임자들과 정기적인 모임을 갖고 프로젝트의 진척도와 애로사항을 확인하고 전략적 봉투가 정한 가이드라인을 벗어나는 일은 없는지 확인할 필요가 있다. 성공적인 신규 사업에 필요한 적절한 전사적 지원은 이뤄지고 있는지, 새로운 대체 기술이나 제품의 출현으로 사업성에 문제는 없는지 등을 확인하는 회의가 될 것이다.

앞서 언급하였듯이 CIO가 늘 전략수립 과정에 참여해야 하는 것은 아니지만 인터넷 기술이 기업환경의 변화를 주도하는 오늘날 CIO가 전략수립에 참여하지 않는다면 많은 문제가 생기게 된다. 기업의 전사적 전략수립 과정에 IS부서의 적극적인 참여가 이루어지기 위해서는 IS부서도 전략적 성향을 갖도록 해야 하는데, 이를 위한 방법으로는 첫째, CIO는 IS부서가 다른 부서로부터 신뢰를 얻도록 해야 하며, 둘째, 지금 IS부서가 하고 있는 많은 일들을 가급적이면 외주를 주고 IS 직원들로 하여금 새로운 실험들을 시도하고 전략을 짜는 일에 있어 현업 부서의 파트너들을 지원하는 새로운 역할을 찾도록 해야 한다.

IS부서는 새로운 사업을 추진하기 전에 잠재적인 미래를 테스트할 필요가 있다. 즉 새롭게 가능한 미래를 준비하기 전에 새로운 IT의 가능성을 미리 점검하는 절차이다. 미래를 테스트하기 위한 두 가지 방법으로는 첫째, 실험적 사업을 위해 자금을 지속적으로 제공하는 일이며, 둘째, 신기술 동향을 관찰, 보고하는 신기술 사업단을 두는 일이다.

인터넷을 통한 전자상거래의 활성화는 제대로 된 IT 인프라의 구축이 선행되어야 한다. 따라서 중요한 IT 결정의 하나는 이 인프라에 관한 것이라 할 수 있다. 실험적 IT 인프라에는 ① 일관된 데이터 정의와 공통성을 유지하는 일, ② 다양한 휴대기기를 이용한 모바일 전자상거래 표준을 만들어 정착시키는 일, ③ 전자상거래 보안과 개인정보보호를 위한 다양한 조치를 취하는 일, ④ ERP, SCM 등이 공동으로 운영될 수 있는 기술적 플랫폼을 설정하는 일이다.

4 여덟 가지 계획 기법

여기에서는 정보시스템을 계획할 때 활용할 수 있는 여덟 가지 기법과 이론을 설명하고자 한다. 각 방법은 고유의 장단점이 있으며, 계획의 기간과 내용에 따라 활용 여부가 달라질 수 있다. 예를 들어, 새로운 시스템이나 소프트웨어가 조직에 도입된 후 관리하는 방법을 계획하려면 성장단계론이 적절할 것이다. 모든 기술들은 나름의 생명주기(life-cycle)가 있으며 그 기술이 어느 단계에 있는가에 따라 기술관리의 초점이 달라진다는 측면에서 성장단계론은 매우 적절한 가이드가 되어 줄 수 있다. 5년 이상을 내다보는 정보시스템에 대한 장기비전을 구축해야 한다면 시나리오 계획법이 보다 적절할 것이다.

- 떠오르는 세 가지 힘(three emerging forces)
- 성장단계론(stages of growth)
- 핵심 성공요인(critical success factors)
- 경쟁세력 모형(competitive force model)
- 가치사슬분석(value chain analysis)
- e-비즈니스 가치 매트릭스(e-business value matrix)
- 연관성 분석 계획법(linkage analysis planning)
- 시나리오 계획법(scenario planning)

1) 떠오르는 세 가지 힘(three emerging forces)

UC 버클리 교수 Downes는 과거 경제와 신경제의 차이를 기술의 역할 면에서 구분하였다. 과거 경제에서는 IT를 변화를 실현하는 도구로 보았지만, 신경제에서는 IT가 변화를 주도한다고 보았다. 그래서 그는 디지털화, 글로벌화, 규제 완화의 세 가지 떠오르는 힘을 제시하였다.

(1) 디지털화

기술혁신이 가속화되면서 시장에는 경쟁의 기반을 통째로 흔들어 버리는 새로운 비즈니스 모델들이 계속 출현하고 있다. 온라인서점인 Amazon.com은 도서 시장의 경쟁구도를 근원적으로 흔들며 전통적인 강자였던 Barnes and Nobles사의 전통적인 비즈니스 모델을 변화시켜 버렸다. 인터넷전화(VoIP)의 출현으로 전통적인 유선전화 서비스의 강자였던 KT는 자신의 비즈니스 포트폴리오를 과거의 유선전화 중심에서 모바일 통신, 인터넷서비스, 미디어, 스마트에너지, 핀테크서비스, 재난/안전/보안 분야 등으로 다각화 하고 있다. Porter의 경쟁세력 모형에 근거했던 전략가들은 이제 디지털 기술을 핵심 전략도구로 포용해야 할 때가 되었다.

(2) 글로벌화

값싼 통신비와 낮은 물류비용으로 국경을 넘나드는 기업들의 활동은 증가해 왔다. 오늘날 해외 아웃소싱과 해외 쇼핑몰에서 직접 구매하는 일도 큰 유행이 되어가고 있다. 시장을 구분할 때도 더 이상 국내 아니면 글로벌로 이분화하지 않는다. 국내 여행사들도 직·간접적으로 저렴한 항공권의 예매를 대행하는 대규모 여행포털 사이트인 한국의 인터파크뿐 아니라 해외의 Travelocity.com와 Expedia.com 등의 영향을 받지 않을 수 없다. 따라서 기업들은 이익을 공유할 수 있는 원거리 파트너 기업들과 손을 잡을 수 있다면 더 높은 경쟁적 우위를 확보할 수 있다.

(3) 규제 완화

WTO의 출현, FTA의 확산으로 통신, 금융, 운송, 유틸리티 분야의 상호교역에 미치는 개별 정부의 영향력은 지속적으로 약화되어 왔다. 따라서 지역의 독점기업들도 특정 산업에서 절대적인 영향력을 점차 잃고 있다. IT와 규제완화 덕분에 지리적으로 멀리 있는 기업조차 언제라도 지역의 기업들로 하여금 자신들의 전략을 따르게 할 수 있게 된 것이다.

Downes가 제시한 이 세 가지 힘 때문에 신경제 시대의 전략계획은 더욱 예측 불가능하고 복잡해지고 있다. 지식정보화시대에는 최신 스마트제품들이 끊임없이 과거의 경제이론의 타당성을 시험한다. 디지털 상품(게임, 교육콘텐츠, 기사 등)은 이미 전통적인 경제이론의 하나인 '수확체감의 법칙'의 무용성을 입증하였다. 새로운 전자기기(스마트 폰, 테블릿PC 등)의 출현으로 MP3 음악파일, e-books, 모바일 애플리케이션(앱)의 수요가 어느 정도일지 예측하기 힘들어 신경제하의 전략수립은 더욱 힘들고 정확성이 떨어질 수밖에 없다. 따라서 전략계획의 수립과정이 더욱 신속하고 유연해야 할 필요가 있으며, 이 과정에 IS부서의 적극적인 참여가 더욱 필요해지고 있다.

2) 성장단계론(stages of growth)

Nolan과 Gibson은 조직들이 새로운 기술을 도입한 후 그 기술의 조직 내 확산이 다음 4단계를 거친다고 보았다.

① 1단계: 초기성공(early success) 단계

이 단계는 새로운 기술의 사용이 시작되는 단계이다. 비록 어려운 일이 있을 수도 있지만 초창기의 성공적인 기술 도입은 그 기술에 대한 흥미와 실험정신을 유발한다.

② 2단계: 확산(proliferation) 단계

초기 성공을 기반으로 그 기술을 바탕으로 한 새로운 제품이나 서비스가 시장에 봇물처럼 나오면서 그것에 대한 흥미가 급격하게 상승하는 단계이다. 사용자가 다양한 제품들을 써 볼 수 있는 기회는 있지만 성장세가 통제 불능이 되기도 한다. 확산 단계는 사용자가 새로운 기술을 접해 보고 학습하는 단계이기도 한다.

③ 3단계: 통제(ccntrol of proliferation) 단계

지나친 확산과 성장은 결국 통제의 필요성을 낳게 된다. 경영진은 신기술을 사용하는 비용이 너무 지나치고 다양한 제품과 서비스를 이용하다 보면 낭비적인 요인도 생겨나기 마련이다. 따라서 힘들지만 시스템을 통합하려는 노력을 시작하며, 제품과 서비스의 공급자들도 표준화 노력을 시작한다.

④ 4단계: 성숙된 활용(mature use) 단계

이 단계에 이르면 특정 기술의 사용이 성숙하게 된다. 기술의 주도적인 디자인이 만들어지면서 다음에 올 신기술의 향방을 설정하기도 한다. 기업 안에는 여러 개의 상이한 기술들이 각기 다른 단계에 있을 수 있는데, 예를 들어 전자결제시스템은 초기성공 단계이지만 이메일은 성숙된 활용 단계로 평가가 가능하다.

성장단계론은 기업이나 기술이 현재 조직의 학습곡선에서 어느 수준에 있는지 가늠하는 일을 돕는다. 각 단계마다 관리원칙이 다르고, 단계마다 주로 활용하는 정보기술이 다르기 때문에 IT/IS 전략을 수립할 때 고려해야 하는 요인들을 이해하는 데 도움을 줄 수 있다. 현재 멀티미디어(음성, 동영상)를 편집하고 구현하는 소프트웨어(예: Windows Media Player, lightworks 등)는 다양하게 출시되어 있는데 이 기술은 확산 내지 통제의 단계에 있다고 보여진다. 기업은 조직 내에 멀티미디어 편집에 필요한 소프트웨어의 활용에 대한 적절한 관리지침을 만들 필요가 있을 것이다. 반면에 워드프로세스, 스프레드시트와 같은 사무자동화 프로그램은 이미 성숙 단계에 있다고 볼 수 있어 이를 이용하는 고급 사용자들을 위한 적절한 지원기능과 주기적인 업그레이드 예산을 책정할 필요가 있을 것이다. 따라서 각기 단계가 다른 기술과 도구들을 관리하고 업그레이드를 계획할 때 강조점은 당연히 달라질 것이다.

3) 핵심성공요인(critical success factors: CSF)

Rochart가 처음 제안한 핵심성공요인은 기업 경영자가 필요로 하는 정보를 정의하기 위한 방법의 하나로 사용되었다. 기업경영이 잘되고 있는지를 알기 위해서 경영자는 몇 가지 핵심적인 영역(현금흐름, 부채비율, 시장점유율 등)에 대한 정보가 필요하며, 이러한 영역들이 경영자에 있어서 핵심성공요인이라고 할 수 있다. 대개 경영자가 주목해야 하는 영역들은 열 개 이하에 지나지 않는다. 경영자의 핵심성공요인은 다음 네 가지 소스로부터 도출할 수 있다.

① 현재 사업을 하고 있는 산업 또는 업종과 관련된 요인들

에너지 기업의 경영자들에게는 국제유가의 변동, 경제성장률, 환경운동지수 등이 늘 관심을 두어야 할 지표라 할 수 있으며, 증권회사의 증권분석가에게는 미국이나 일본의 주가지수 변동, 주요 선진국의 경제지표들이 핵심성공요인이라 할 수 있다.

② 자기 기업과 관련된 요인들

기업이 해당 업종 내에서 차지하는 경쟁적 위치에 따라 핵심성공요인은 달라질 것이다. 경영자들은 매일 현금흐름, 결제 약속어음의 규모(외상매입금), 재고수준 등이 핵심성공요인이 될 수 있다. 어떤 업종에서는 대기업이 취하는 일련의 변화와 전략적 결정들이 바로 중소기업 CEO가 관심을 가져야 할 핵심성공요인이 될 수 있을 것이다.

③ 기업환경

소비트렌드, 정치적, 경제적 요인과 같은 기업환경적 요소도 기업의 핵심성공요인이 될 수 있다. 예를 들어, 에너지회사의 경우 국제유가와 환율이 중요한 요인이므로 중동을 비롯한 국제적 정세가 핵심성공요인이 될 수 있다. 최근에는 전자상거래와 사이버 무역의 확대로 인터넷 관련 기술의 발전도 많은 CEO들에게 있어 핵심성공요인이 되고 있다.

④ 일시적인 조직요인

한시적으로 발생하는 재고부족, 노사갈등에 따른 조업단축, 제품결함에 따른 리콜조치 등도 기업의 핵심성공요인이 될 수 있다.

핵심성공요인은 기업이 속한 산업, 업종 그리고 중역의 담당 업무에 따라 달라질 수 있다. 핵심성공요인은 기업의 경영목표를 설정하고 그 목표를 이루기 위해 중점관리해야 하는 요인을 찾도록 도와주며, 아울러 이런 요인을 정량화해서 측정할 수 있는 지표를 만드는 일도 가능하게 한다. 아울러 이러한 목적을 위해 필요한 미래의 시스템과 애플리케이션의 개발, 그리고 이를 위한 정보인프라가 정보시스템 계획의 대상이 될 수 있을 것이다.

4) 경쟁세력 모형(competitive force model: CFM)

Michael Porter의 경쟁세력 모형은 IT의 전략적 활용 분야에서 가장 많이 이용된 모델의 하나이다. 기업들은 생존하기 위해 다섯 가지의 경쟁적 힘(competitive forces)을 분석하고 이에 대응하여야 하는데, 이 다섯 가지 힘을 어떻게 통제하느냐에 따라 기업의 경쟁력이 결정된다. [그림 11-3]은 다섯 가지 경쟁적 힘을 요약해서 보여 주고 있다.

첫째, 경쟁적 힘은 신규진입 업체의 위협이다. 인터넷은 다양한 분야에서 신규업체가 진입을 쉽게 하도록 만들어 주어 진입장벽을 낮춰 주는 역할을 해왔다. 예를 들면, 여행 관련 인터넷 사이트들은 기존의 오프라인의 여행사의 큰 위협이 되고 있다. 따라서 적절한 M&A와 공격적인 R&D 투자를 통해 신규 진입 업체의 위협을 주도적으로 줄여나가는 것이 주요 IT 전략이 되어야 할 것이다.

둘째, 경쟁적 힘은 구매자(고객)의 협상력이다. 구매자는 좋은 품질의 제품을 낮은 가격에 구매하기를 원한다. 따라서 구매자의 협상력이 커지면 기업(공급자)은 불리해진다. 웹 기반 마켓플레이스(B2B 전자상거래), 인터넷 경매사이트, 가격비교사이트의 발전은 구매자에게 더 많은 정보를 제공함으로써 이들에게 선택의 범위를 넓혀 주고 협상력을 높여 준다. 기업은 이렇게 무한정으로 확대되는 구매자의 파워에 적절하게 맞설 수 있는 전략을 세워야 할 것이다.

셋째, 경쟁적 힘은 공급자의 협상력이다. 원료와 부품을 공급하는 공급자의 힘이 강하면 제품의 원가와 품질에 있어 제조회사가 주도적인 권한을 갖지 못한다. 특히 인터넷은 작은 기업들이 큰 기업과 경쟁할 수 있는 길을 쉽게 열어 주고 있다. '나라장터'라는 정부의 전자입찰시스템을 통해 중소기업들도 정부기관에 물품 및 서비스공급을 더 쉽게 할 수 있게 되었다. 기업은 이러한 공급자의 협상력을 약화시키기 위한 전략을 수립해야 하며, 스스로가 공급자라면 자신의 협상력을 높일 수 있는 정보시스템적 방안을 강구해야 할 것이다.

넷째, 경쟁적 힘은 대체제품 또는 대체서비스의 가능성이다. 인터넷의 확산은 이러한 예를 수없이 많이 제공하고 있다. e-메일이나 e-카드는 이미 종이 편지와 카드를 대체하였다. 이러한 대체 제품이나 서비스가 많다는 것은 그만큼 기업의 경쟁적 환경이 치열하다는 것을 의미한다.

끝으로 경쟁업체들의 경쟁의 강도(intensity of rivalry among competitors)도 산업이나 업종의 경쟁 강도에 영향을 미친다. 국내의 이동통신서비스, 가전제품

시장을 보면 경쟁 강도가 해당 업체들의 R&D 투자, 가격정책, 서비스 전략에 심대한 영향을 미침을 알 수 있다. SK텔레콤, KT, LG U플러스 등 3개의 이동통신사가 보조금 지급, 요금제, 신제품 및 기술도입에 있어 벌이는 치열한 경쟁을 보면 이를 쉽게 알 수 있다.

IT 기반 전략적 제휴는 이러한 경쟁적 구도를 자사에게 유리할 수 있도록 바꿀 수 있다. 이제 경쟁구도는 개별기업 대 개별기업에서 가치사슬망(value-chain) 대 가치사슬망으로 변하고 있다. 즉 기업이 단독으로 잘하기보다 가치사슬망으로 묶여 있는 협력업체, 파트너와 협력적 전략을 수립할 때 더 효과적으로 경쟁할 수 있는 것이다.

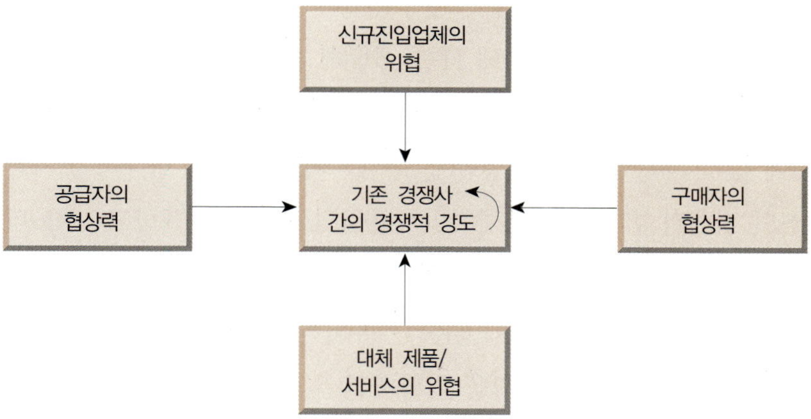

▌그림 11-3▐ Michael Porter의 경쟁세력 모형

이러한 경쟁적 힘을 다루기 위한 세 가지 본원적 전략은 다음과 같다.

첫째 전략은 제품 및 서비스의 차별화 전략이다. 차별화된 제품 또는 서비스를 제공함으로서 더 높은 가격을 받고 구매자가 경쟁업체로 거래처를 옮기는 것을 저지하며, 끊임없이 구매자의 선택의 폭과 협상력을 약화시키는 것이다. 기업은 자신의 제품과 서비스를 차별화하기 위하여 끊임없이 혁신하며 IT를 전략적으로 활용한다. 네이버는 지식검색이라는 차별화된 서비스 제공을 통해 경쟁우위를 구축하였고, 전자상거래업체인 쿠팡은 로켓배송이라는 차별화된 서비스 제공을 통해 타 전자상거래 업체와의 차별화를 성공적으로 수행하였고 국내시장 전자상거래

분야 수위권 업체로의 성장에 성공하였다.

둘째 전략은 프로세스 혁신과 원가 절감을 통한 저가 전략 또는 비용우위 전략이다. 진정한 경쟁적 우위가 없이 단순 저가 전략을 지속적으로 구사하면 저가 전략 업체와 차별화 전략 업체 사이에 끼여 샌드위치 신세가 될 수 있다. 대구 지역의 섬유업체가 어려움을 겪게 된 것은 부가가치가 높은 고급 섬유는 이태리와 일본 기업 대비 열세이고 가격에 있어서는 중국에 뒤지면서 대구의 섬유업체가 설 자리기 좁아진 것이다.

셋째 전략은 집중화 전략으로서 특정 제품이나 특정 지역에 마케팅을 집중하는 전략을 말한다. 흔히 차별화된 제품 혹은 초저가로 특정 목적시장(target market)을 효과적이며 효율적으로 공략할 수 있다.

자기 기업에게 유리하도록 이 다섯 가지 경쟁적 힘에 변화를 주고, 세 가지 본원적 전략 중 하나를 구사하기 위해 IT를 어떻게 활용할 수 있을지를 생각할 수 있다는 점에서 경쟁세력 모형이 IT 계획 도구로 활용될 수 있다. 경영자는 이러한 경쟁적 힘에 있어 자기 회사와 경쟁업체, 구매자와 공급자의 현재적 위치를 분석한 후 자신의 경쟁적 힘을 강화할 수 있는 본원적 전략을 선택하고 이를 위한 IT 계획을 수립할 수 있을 것이다. 예를 들어, 고객이 쉽게 주문할 수 있도록 손쉬운 주문시스템을 구축하고 주문결정에 필요한 유익한 정보(재고정보, 경쟁사의 가격 등)를 제공함으로써 고객의 협상력을 약화시킬 수 있다.

5) 가치사슬 분석(value chain analysis)

Michael Porter가 1985년에 제시한 가치사슬 분석도 정보시스템 계획에 유용하게 사용될 수 있다. 가치사슬(value chain)이란 기업이 생산하는 제품과 서비스에 가치를 부가하는 기업의 모든 활동을 말하며 이 활동들은 사슬처럼 연결되어 있다고 하여 '가치사슬'이라 불렀다.

가치사슬은 [그림 11-4]와 같이 5개의 핵심활동과 4개의 지원활동으로 구성되어 있다.

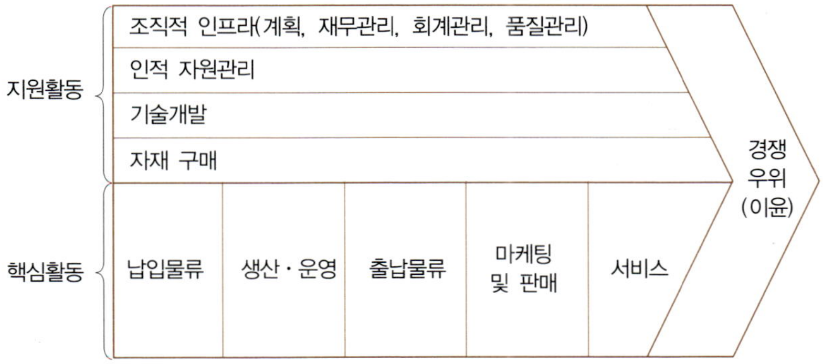

▌그림 11-4▐ 가치사슬

기업이 각 제품과 서비스를 생산하는 데 필요한 핵심 및 지원활동을 면밀히 분석하면 각 활동에 어떻게 가치를 부가할 수 있을 지를 생각할 수 있다. 각 활동에 대한 원가정보를 확보할 수 있다면 각 활동의 비용효과 분석을 수행할 수 있으며, 적절한 가치를 창출하지 못하는 활동은 리엔지니어링(혁신)의 대상이 될 수 있을 것이며, 해당 활동의 혁신에 필요한 정보시스템을 계획하는 데 활용될 수도 있다. 때로 다른 기업들은 이러한 핵심 및 지원활동을 어떻게 수행하고 있는지를 면밀히 분석하여 잘하는 부분이 있다면 그 활동을 아웃소싱할 수도 있을 것이다.

가상가치사슬(virtual value chain)

기업이 구축하는 가상가치사슬은 기본적으로 인터넷을 기반으로 구축되는 정보망이다. Rayport와 Sviokla는 물리적 제품과 장소를 의미하는 물리적 시장(market place)과 정보가 물리적 제품과 장소를 대체하는 사이버 시장(market space)을 구분하였다. 인터넷을 기반으로 하는 전자상거래 세계에서 우리는 어떻게 기업들이 사이버 시장만의 고유 가치를 창조할 것이며, 어떻게 사이버 시장과 물리적 시장의 가치를 창조하고 이들을 상호보완할 수 있을지를 전략적으로 생각해야 한다.

전통적인 물리적 가치사슬에서는 정보를 가치의 원천으로 보기보다는 지원적 요소로 생각하였다. 그러나 사이버 시장(가상가치사슬)에서 고객을 위한 새로운 가치를 창출하기 위해서는 정보를 적절하게 이용하는 일이 매우 중요하다. 예를 들면, 미국의 택배회사 FedEx는 물류추적시스템을 개발하여 고객이 스스로 자기 물품의 현 위치를 조회할 수 있도록 정보를 공개함으로써 고객서비스라는 부가적인 가치를 창출하였다. 사이버 시장에서 가치를 창조하는 일은 정보가 전달되고 공유되는 가상적 가치사슬에도 적용된다. 사슬의 각 단계마다 데이터를 모으고(gather), 조직하고(organize), 선택하고(select), 합성하고(synthesize), 분배

(distribute)하는 5단계를 거쳐 부가가치를 창출할 수 있다. 가상가치사슬에서 기업이 정보를 이용하여 가치를 더하는 일은 다음 3단계를 거치면서 더욱 진화해 간다.

• 운영(operation)을 투명(visible)하게 만든다.

기업은 정보를 통하여 실질적(physical) 운영상황을 잘 알고 있어야 한다. 직원이 실질적 운영상황에 대한 정보에 접할 수 있게 하면 가치사슬망에서 발생하고 있는 모든 활동들을 더욱 미세하게 조정할 수 있게 되고 그로 인해 경쟁적 우위를 얻을 수 있다. 미국의 스넥 제조사 프리토레이는 영업사원으로 하여금 매장에서 바로 제품정보, 경쟁사의 제품 및 판촉활동을 휴대용 단말기를 이용하여 입력할 수 있도록 하고 있다. 이러한 정보를 통해 경영자들은 수요변동에 따라 생산스케줄을 더 잘 맞출 수 있게 되고, 더 효율적인 배달 루트를 정할 수 있으며, 현지에 보다 적합한 판촉이벤트를 기획할 수 있게 되었다.

• 물리적 활동을 가상활동으로 대체하도록 한다.

예를 들면, 가상 디자인팀은 전 세계에 흩어져 있는 디자인팀의 구성원들을 가상공간에서 묶어 주고 협력해서 디자인할 수 있도록 돕는다. 즉, 시간과 공간이 더 이상 제약조건이 되지 못하도록 하는 것이다. 다수의 구성원들이 공유 게시판과 화상회의를 통해 작업결과를 공유하고 토론을 진행할 수 있어 출장의 횟수를 줄일 수 있다.

• 가상공간에서 고객과의 관계를 형성한다.

기업은 가치가 고객에게 제대로 전달되도록 정보의 흐름을 잘 디자인하여야 한다. 즉 가상공간을 매개로 한 새로운 고객관계를 구축하여야 한다. 여러 해에 걸쳐 USAA(미국 군인보험공제회사)는 고객에 대한 고급정보를 모아 그것을 직원들이 접근할 수 있도록 함으로써 더 나은 고객서비스를 제공할 수 있었다. 예를 들면, 고객별 리스크 프로파일을 만들어 고객에게 꼭 맞는 맞춤형 보험상품을 개발한 것이다.

사이버 시장은 물리적 시장과는 다른 여러 가지 독특한 경제규칙을 가지고 있다. 첫째, 디지털 자산은 결코 소진되지 않으며 적은 비용으로 여러 형태로 재가공하여 사용될 수 있다. 즉 One-Source Multi-use의 특성이 있다. 둘째, 새로운 차원의 범위의 경제(economies of scope)라는 이익이 있다. 회사 규모가 작더라도 제품을 보여 주는 데 드는 고정비용이 적기 때문에 큰 시장을 대상으로 대기업과 대등하게 경쟁할 수도 있다. 끝으로 사이버 시장에서는 거래비용이 낮기 때문에 과거와 비교해서 현저하게 낮은 비용으로 고급정보를 모으고 배부할 수 있다. 따라서 기업들은 이 가상가치사슬의 구현에 필요한 정보시스템 계획을 세울 수 있을 것이다.

6) e-비즈니스 가치 매트릭스(e-business value matrix)

CEO와 CIO는 수많은 정보시스템 프로젝트들의 우선순위를 정하는 일에 큰 어려움을 겪고 있는데 포트폴리오관리 방식은 큰 도움을 줄 수 있다.

미국의 네트워크 장비 제조업체 시스코가 사용한 포트폴리오 방식인 e-비즈니스 가치 매트릭스는 모든 정보시스템 프로젝트를 그것이 기업에 대해 가지는 가치를 기준으로 다음과 같이 네 가지 범주로 분류하였다.

- 새로운 근간들(new fundamentals)
- 운영적 탁월(operational excellence)
- 합리적 실험(rational experimentation)
- 급진적 혁신 전략(breakthrough strategy)

각 프로젝트의 가치는 〈표 11-2〉처럼 네 가지 범주별로 ① 사업적 중요성, ② 아이디어의 참신성이라는 두 가지 관점에서 높고 낮음으로 평가될 수 있다.

표 11-2 e-비즈니스 가치 매트릭스

	사업적 중요성	아이디어의 참신성
새로운 근간들	낮음	낮음
운영적 탁월	높음	낮음
합리적 실험	낮음	높음
급진적 혁신 전략	높음	높음

(1) 새로운 근간들(new fundamentals)

사업의 핵심역량이 아닌 비용(overhead) 측면에서 새로운 업무 방식을 구현하는 데 필요한 프로젝트를 말한다. 프로젝트의 위험도는 낮으며 생산성의 향상에 초점을 두는 프로젝트라 할 수 있다. 이러한 프로젝트는 운영 방식을 개선함으로써 현저한 비용절감효과를 가져다준다(예: 웹 기반 보고서 생성시스템, 전자결제시스템, 화상회의시스템 등). 이러한 프로젝트는 3~6개월 이내에 생산성 향상을 입증해 보일 정도로 신속하게 입안되고 집행되어야 한다.

흔히 이러한 프로젝트는 IS직원에 의해 사용자들의 적극적인 참여 없이 신속하게 진행되며, 기업의 기본적인 뿌리를 흔드는 프로젝트이기 때문에 기업문화의 변화도 수반한다.

(2) 운영적 탁월(operational excellence)

운영적 탁월을 추구하는 프로젝트는 정보의 공유와 신속한 접근을 통한 프로세스 리엔지니어링을 필요로 하며 중간 정도의 위험도를 가진 프로젝트를 말한다. 즉각적인 효과나 보상을 기대하기는 어렵지만 일반적으로 고객(사용자)만족의 증대와 기업의 기민성 향상이라는 목표에 초점을 둔다. 이러한 프로젝트의 효과는 조직구성원들에게 가시성이 높기 때문에 IS부서의 신뢰성을 높이는 데 큰 기여를 할 수 있는 프로젝트이다(예: 중역정보시스템).

이러한 프로젝트의 기간은 대략 12개월이며, 참여직원은 여러 부서에서 차출되는 프로젝트팀으로 추진된다.

(3) 합리적 실험(rational experimentation)

합리적 실험은 새로운 기술이나 아이디어를 실험하는 프로젝트여서 위험도가 매우 높다. 실험하고자 하는 개념(아이디어)이 옳은지를 검증하는 것이 목적이어서 몇 개월 정도 단기간에 끝낼 수 있는 성격의 프로젝트여야 한다. 경쟁업체를 앞지르고자 하는 업체는 이러한 프로젝트를 적어도 몇 개는 동시적으로 진행시켜야 할 것이다. 예를 들면, 미디어 스트리밍, 비디오 콘퍼런싱, SNS를 통한 마케팅 등 혁신적 협업시스템 등이 여기에 해당된다.

이러한 프로젝트는 실험적이기 때문에 실패하더라도 기업에 큰 타격을 주는 것은 아니나 성공할 경우에는 그 기업에 큰 사업적 기회가 될 수 있다. 이러한 인큐베이터 프로젝트는 단기간에 수행되는 실험형 사업이며 기금도 단계적으로 증액시켜 가야 한다. 팀원은 풀타임 정규직 직원이어야 하지만 반드시 IT부서 출신일 필요는 없으며, 실패하더라도 프로젝트 참여 직원들에게 책임을 물어서는 안 되는 프로젝트이다.

(4) 급진적 혁신 전략(breakthrough strategy)

급진적 혁신 전략은 기업이나 업계에 엄청난 영향을 줄 수 있는 프로젝트이며, 많은 상상력이 요구되며 위험부담이 높은 프로젝트이다. 예를 들면, 이베이(국내의 옥션)는 사고파는 행위에 있어 세계적인 혁신을 일으킨 사업이었다. 파트너 기업과 엑스트라넷을 기반으로 한 SCM(supply chain management, 공급망관리)을 구축함으로써 엄청난 운영적 효율성을 얻을 수도 있다. 이동통신회사가 자신의 통신비즈니스를 통해 얻은 고객통화정보를 활용하여 고급상권정보 ASP(application service provider)사업을 시작하는 것도 이러한 종류의 프로젝트로 볼 수 있다.

기업 내에서 소규모 벤처회사로 출발하지만 프로젝트가 진행되면서 엄청나게 많은 투자를 요구할 수도 있다. 필요한 인재를 사내 여러 부서로부터 차출하며 차출된 구성원이 긴밀하게 협력할 수 있도록 한다. 일반적으로 이러한 조직은 독립적으로 운영되며 프로젝트 리더는 최고경영자(CEO, CFO)에게 직접 보고하는 체계를 갖게 된다.

7) 연관성 분석 계획법(linkage analysis planning)

연관성 분석 계획법은 전자적 채널의 구축을 위한 전략을 세우기 위한 기법으로 기업이 다른 조직들과 맺고 있는 연결고리(linkage)를 분석하는 방법이다. 연관성 분석 계획은 다음과 같은 3단계를 거친다.

① 다양한 외부 조직들, 파트너들과 맺고 있는 힘의 역학구조(power relationship)를 정의한다.

② 공급자, 고객, 전략적 파트너를 포함한 '확대기업' 그림을 그린다.

③ 제품이나 서비스의 정보 부분을 전달하는 전자채널을 계획한다.

(1) 힘의 역학구조를 정의한다

기업 간 전자적 링크를 만들기 위한 전략을 수립하기 위해서는 먼저 기업과 연관을 맺고 있는 공급자, 고객, 경쟁업체, 정부기관들 사이에 존재하는 힘의 역학

구조를 이해할 필요가 있다. 이를 위해 Primozic 등은 Michael Porter의 경쟁세력 모형(CFM)에서 나온 ① 경쟁의 강도, ② 공급자의 협상력, ③ 구매자의 협상력, ④ 대체재의 위협, ⑤ 신규 경쟁업체의 진입 위협이라는 5개 경쟁적 요소에 더하여 기술, 인구통계, 글로벌 경쟁환경, 정부의 규제 등을 추가하였다. Primozic 등이 제시한 2단계는 다음과 같다.

- 현재 힘(주도권)을 가진 조직을 찾는다.
- 기업이 직면하고 있는 미래의 위협과 기회를 찾는다.

구체적인 분석은 다음과 같은 과정을 밟는다.

- 먼저 기업이 타 조직들과 관계를 맺고 있는 모든 연관관계(linkage)를 찾는다.
- 각 연관관계를 어느 조직이 현재 주도적으로 관리·통제하고 있는지 알아본다.
- 아무도 통제하지 않고 있는 중요한 연관관계를 찾아 통제하는 방법을 모색한다.

기업들은 이렇게 찾아낸 연관관계를 주도적으로 전자적 채널로 연결하고 이를 적극적으로 관리·통제함으로써 구매자와 공급자에 대한 협상력을 높이고 경쟁적 시장에서 주도권을 유지할 수 있다.

(2) '확대기업' 그림을 그린다

앞 단계에서 얻은 해답을 근거로 '확대기업' 그림을 그린다. '확대기업'이란 자신의 기업 그리고 자신과 관계를 맺고 있는 모든 외부 조직들, 즉 공급업체, 구매자, 정부기관, 금융기관 등을 모두 포함하는 조직개념이다([그림 11-5] 참조).

「확대기업」을 그려 봄으로써 경영자는 확대기업의 개념을 이해할 수 있게 되고 그것에 존재하는 다양한 관계들을 주도적이며 체계적으로 관리할 필요성을 느끼게 된다. 「확대 기업」 관리를 위한 원칙은 첫째, 기업의 성공은 직원, 관리자, 공급자, 제휴업체, 유통채널 등을 포함하는 모든 개체들과의 관계에 의해 좌우되며, 둘째, 재화와 서비스 비용의 70%는 정보 콘텐츠가 차지하므로 전략적 도구로서 정보를 관리하는 일이 매우 중요하다.

확대기업의 관점으로 볼 때 기업들은 윈-윈(win-win) 전략을 구사해야 한다.

예를 들면, 공급자는 구매자에게 JIT(just-in-time) 방식으로 원자재가 필요한 때 적은 양을 적시에 공급해 줌으로써 재고 부담을 줄여 주는 한편, 구매자는 부품이 공급되는 즉시 현금으로 결제함으로써 상호호혜 원칙에 따라 비즈니스를 하는 것이다. 이는 가치사슬 분석에서 언급하였듯이, 오늘날 개별 기업 간의 경쟁은 중요성이 감소하고 있으며 가치사슬 대 가치사슬의 경쟁이 더 중요한 시대가 되었기 때문이다.

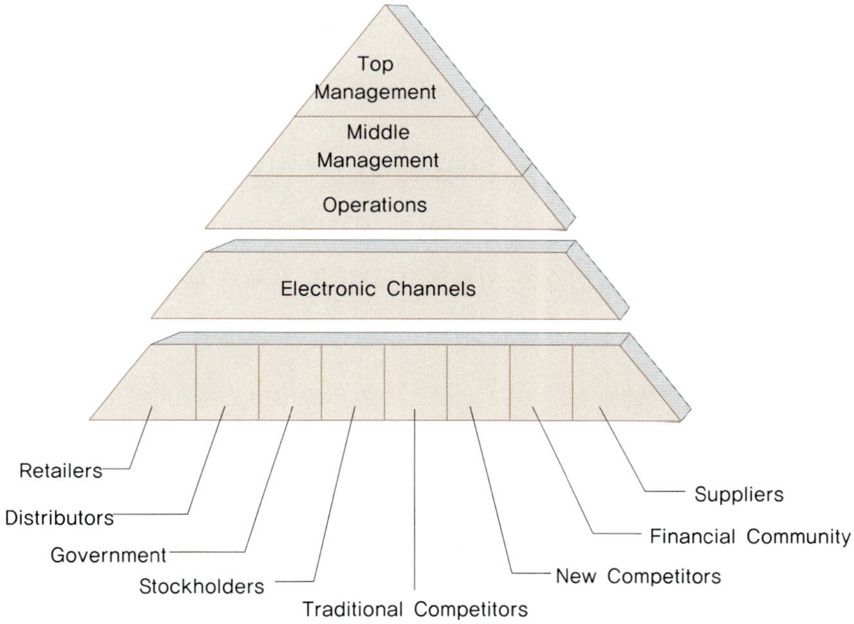

▌그림 11-5▌ 확대기업

(3) 전자채널(electronic channel)을 계획하라

전자채널(혹은 온라인 채널)이란 제품이나 서비스의 일부분으로서 고객이나 공급사가 필요로 하는 정보와 지식을 만들어 제공하는 데 사용되는 양방향 전자적 링크를 말한다. 전자채널은 마케팅, 사무, 유통, 고객서비스와 같은 부문에서 필요한 제품과 서비스에 대한 정보를 양방향으로 공유하는 네트워크를 말한다. 이 전자채널을 지배하는 기업이야 말로 틈새시장 기회가 부상할 때마다 신속하게 그 시장에 접근할 수 있기 때문에 성공적 기업이 될 것이다. 인터넷의 확산으로

세계가 보다 좁아지고 빨라지면서, 가장 길고 효율적인 전자채널을 확보한 기업이 경쟁우위 확보에 유리할 것이다.

연관성 분석 계획법을 통해 기업들은 스스로 확대기업의 그림을 그릴 수 있게 되며, 전자적 연결망 구축을 통해 상호관계를 더욱 공고히 할 필요가 있는 조직들을 파악할 수 있으며, 관계를 관리하고 통제하는 데 필요한 전자적 채널의 구축을 계획할 수 있다. 예를 들면, 웹 기반 EDI, SCM과 같은 기업 간 정보시스템(inter-organizational system: IOS) 구축에 필요한 장기계획이 필요할 것이다.

8) 시나리오 계획법

시나리오란 연극이나 영화를 제작하는 데 필요한 대본에서 나온 용어로서 경제나 국가, 그리고 사업환경이 미래에 어떻게 전개되어 갈지를 이야기하는 가상적 스토리라 할 수 있다. 시나리오가 있으면 사람들은 실제로 변화하는 삶의 다양한 관점을 더 잘 이해할 수 있고, 그로 인해 시나리오에 서술된 미래에 도달하는 길을 쉽게 모색할 수 있다.

시나리오 계획법은 미래를 예측하려는 것이라기보다 달라질 미래를 상정하고 이를 결정짓는 요인을 탐색하고 이러한 변화가 일어날 때 선택해야 하는 행동을 결정하도록 돕는다.

흔히 우리는 과거의 자료를 정교하게 분석한 것을 기반으로 장기계획을 수립하는 방법을 잘 알고 있지만 이러한 방식은 커다란 추세변화를 동반하는 확률이 낮은 사건(변화)을 예측하는 일에는 적합하지 않다.

시나리오 계획법은 다음과 같은 4단계를 거쳐 진행된다.

① 해결해야 하는 문제와 분석에 포함되는 시간대를 정의한다. 이때 CIO가 던질 수 있는 질문 하나는 “지금부터 10년까지 정보시스템은 어떻게 관리되어야 할 것인가”이며, IS직원의 질문은 “성공적인 커리어개발을 위해 내가 지금 갖추어야 하는 기술은 무엇인가”가 될 수 있다.

② 해결해야 하는 문제에 지대한 영향을 미칠 주요 트렌드를 찾는다. 일반적으로 시나리오 기획자는 이런 트렌드를 사업환경, 정부와 규제, 사회적 트렌

드, 기술적 트렌드, 글로벌환경이라는 범주를 이용하여 분류한다. 도출된 트렌드들은 각각이 미칠 영향력이나 영향의 방향성 측면에서 검토되어야 한다. 영향력을 측정하기가 어렵거나 때로 상충되는 트렌드는 '불확실한' 트렌드로 분류하여야 할 것이다.

③ 불확실한 요인을 찾는다. 이러한 불확실한 요인은 불확실성의 정도에 따라 '높음', '중간', '낮음'으로 나누고 각각에 대해 별도의 시나리오를 작성하여 4개의 시나리오를 도출한다. 이 단계는 현실적으로 일어날 수 있는 확률이 가장 높은 시나리오만이 아닌 예상 밖으로 전개될 수 있는 독특한 미래 상황도 고려해야 한다.

④ 시나리오 작성. 각 시나리오는 불확실성과 일어날 가능성에 근거하여 자성된다. 일어날 가능성을 시나리오에 반영하기 위해서 시나리오 기획자는 미래의 진로를 바꿀 수 있는 '촉발사건(triggering event)'을 포함한다. 촉발사건의 예는 세계적인 사건(닉슨의 중국 방문, 9.11테러사건, 한미 FTA 통과, COVID-19 대유행 등), 어떤 기업그룹의 중요한 행위, 업계의 사건(주요 기업의 파산이나 M&A 등)이 될 수 있을 것이다. 시나리오는 과정의 결과와 어떻게 그 결과에 이르는지를 기술한다.

경영자는 이렇게 개발된 시나리오들을 손에 들고 자신의 현재 전략이 각각의 경우에 유효한지 여부를 고심해야 한다. 지금보다 나은 전략은 없는지를 고심해야 하며 트렌드의 변화를 감지하기 위해 측정 가능한 요인들을 설정해야 한다. 메모리를 포함한 하드웨어 가격의 지속적인 하락과 네트워크의 발전은 기업의 데이터 저장과 관리 옵션에 큰 변화를 가져다줄 것이며, 무선통신의 발전과 여성의 사회 진출의 증가는 직원들이 일을 하는 방식(예: 재택근무, 일자리 나누기 등)을 크게 바꿀 것이며 이를 지원하기 위한 정보인프라와 정보서비스의 내용도 크게 변하게 될 것이다. CIO는 이러한 변화를 상정하고 이에 대응하는 데 필요한 정보인프라와 시스템을 계획할 필요가 있다.

요약

1. 정보시스템 계획은 다섯 가지 이유 때문에 어렵다. 첫째, 사업(비즈니스) 목표와 시스템 계획이 조율되어야 하기 때문이다. 둘째, 기술의 발전 속도가 매우 빠르기 때문이다. 셋째, 기업은 개별적인 프로젝트보다는 전체 포트폴리오를 중시해야 하기 때문이다. 넷째, 인프라개발에 필요한 예산을 얻기가 어렵기 때문이다. 다섯째, 결과에 대한 공동책임을 져야 하기 때문이다.
2. 전통적인 전략계획 수립 방법은 많은 한계가 있다. 따라서 현대적 접근방법으로서 감지와 대응(sense-and-respond) 전략이 필요하다. 감지와 대응 전략은 첫째, 대규모 단일 전략을 세우기보다 다수의 소규모 전략을 동시다발적으로 전개한다. 둘째, 모바일 직원(고객을 응대하는 직원)을 중심으로 전략을 세운다. 셋째, 전략적 봉투(envelope)를 이용하여 전략수립을 지도한다. 전략적 봉투란 CEO가 전략을 직접 만들기보다 전략적 실험(시도)에 필요한 파라미터(parameter)를 정해 줌으로써 소규모 전략을 수립하고 추진하는 데 필요한 가이드라인을 지정해 준 후 이를 계속 관리해 나가는 것을 말한다.
3. 떠오르는 세 가지 힘(three emerging forces)은 디지털화, 글로벌화, 규제완화이다. 이 세 가지 힘으로 인해 신경제하의 전략계획은 더욱 예측 불가능하고 복잡해지고 있다.
4. 계획 기업의 하나인 성장단계론은 조직들이 새로운 기술을 도입한 후 그 기술이 조직 내에 확산되어 가는 데 4단계를 거친다고 보았다. 초기성공 단계, 확산 단계, 통제 단계, 성숙된 활용 단계이다. 성장단계론은 기업이나 기술이 현재 조직의 학습커브에서 어느 수준에 있는지 가늠하는 일을 돕는다. 각 단계마다 관리원칙이 다르고, 주로 활용하는 IT가 다르기 때문에 IT 전략을 수립할 때 고려해야 하는 요인들을 이해하는 데 도움을 줄 수 있다.
5. 핵심 성공요인(critical success factors: CSF)은 경영자가 필요로 하는 정보를 정의하기 위한 방법의 하나이다. 경영자가 필요로 하는 정보를 안다는 것은 정보시스템 계획의 출발점이라 할 수 있다.
6. 경쟁세력 모형(competitive force model: CFM)은 IT의 전략적 활용을 생각할 때 가장 많이 이용된 모델이다. 기업들은 생존하기 위해 다섯 가지 경쟁적 힘(competitive force)을 분석하고 이에 대응하여야 하는데, 이 다섯 가지 힘을 적절하게 조절함으로써 자사의 경쟁력을 향상시킬 수 있는 시스템 방안을 계획할 수 있다.
7. 가치사슬 분석(value chain analysis)은 정보시스템 계획에 유용하게 사용될 수 있다. 가치사슬(value chain)이란 기업이 생산하는 제품과 서비스에 가치를 부가하는 기업의 모든 활동을 말하며 이 활동들은 사슬처럼 연결되어 있다고 하여 '가치사슬'이라 불렀다. 기업의 핵심 및 지원활동을 면밀히 분석한 후, 각 활동에 가치를 부여할 수 있는 IT활용 전략을 계획할 수 있다. 오늘날 기업은 인터넷을 근간으로 하는 가상가치사슬(virtual value chain)의 구축을 통하여 물리적 가치사슬을 급속도로 대체하고 있다.

8. CEO와 CIO는 수많은 정보시스템 프로젝트들의 우선순위를 정하는 일에 큰 어려움을 겪고 있는데 e-비즈니스 가치 매트릭스(e-business value matrix)는 큰 도움을 줄 수 있다. 시스코는 자사의 IT프로젝트를 새로운 근간들(new fundamentals), 운영적 탁월(operational excellence), 합리적 실험(rational experimentation), 급진적 혁신 전략(breakthrough strategy)으로 분류하였다.
9. 연관성 분석 계획법(linkage analysis planning)은 전자적 채널의 구축을 위한 전략을 세우기 위한 기법으로 기업이 다른 조직들과 맺고 있는 연결고리(linkage)를 분석하는 방법이다. 이 전자적 연결고리를 통제하고 있는 조직이 누구인지 파악하고 아직 그런 조직이 없다면 빨리 이 연결고리 시스템을 선점하는 계획을 세워야 한다.
10. 시나리오 계획법은 미래를 예측하는 것이라기보다 달라질 미래를 상정하고 이를 결정짓는 요인을 탐색하고 이러한 변화가 일어날 때 선택해야 하는 행동을 결정하도록 돕는다. 따라서 미래가 매우 불투명한 정보기술의 성격상, 시나리오 계획법은 전략 수립에 유용한 도구로 쓰일 수 있다.

사례연구 시스코의 e-비즈니스 가치 매트릭스

미국의 시스코(Cisco)는 네크워크 장비 제작과 판매에 있어 세계 최고인 회사이다. 시스코는 IT프로젝트 포트폴리오관리를 위해 앞에서 설명한 e-비즈니스 가치 매트릭스를 활용하였다. 새로운 근간들, 운영적 탁월, 합리적 실험, 급진적 혁신 전략에 해당하는 시스템의 예를 들어 보자.

새로운 근간들

중역들에게 있어 출장비 정산과 보고서 작성은 매우 성가신 일이다. 시스코는 15명으로 구성된 팀(그중에 8명은 IT 부서에서 차출)을 만들어 쉽게 쓸 수 있는 온라인 출장 정산 및 보고시스템(Metro)을 구축하였다. Metro는 출장비를 정산하는 방식을 근본적으로 바꾼 시스템이라 할 수 있다.

직원이 출장비를 정산하려면 그냥 웹사이트에 들어가서 보고서를 작성하기만 하면 된다. Metro는 직원이 회사의 출장방침을 준수했는지 확인해 주며, 환율 조회를 위해 경리 부서와 자문해 주기도 한다. 일단 제출된 보고서는 결제라인에 있는 상사에게 돌게 되고 그 과정에서 보고서의 목적, 출장비용, 출장방침의 준수 여부를 설명해 준다. 결제과정에서 문제가 없으면 2~3일 안으로 출장비를 직원의 계좌에 지불해 준다. 이 시스템은 매우 편리해 많은 직원들이 이 시스템을 빠르게 받아들였다.

운영적 탁월

시스코의 중역들은 해당 부서의 성과를 일목요연하게 볼 수 있는 중역정보시스템 서비스를 받고 있다. 중역정보시스템의 각 메뉴들은 기업의 데이터 웨어하우스와 연결되어 있다. 중역정보시스템은 중역에게 꼭 필요한 정보를 24시간 업데이트하여 제공하며, 중역이 원할 때 신속하게 상세정보에도 접근할 수 있도록 도와준다. 그래서 언제라도 자신이 책임지고 있는 부서의 성과(수입, 지출, 시장점유율, 이율 등)를 확인할 수 있다.

합리적 실험

정보가 물 흐르듯 하게 하고, 보다 정교한 전략적 기술을 구사하기 위해 시스코는 Delta Force라는 시스템을 만들었다. 애플리케이션과 최종 사용자 사이에는 항시 갭이 있기 마련이다. 경영자는 자신의 복잡한 문제해결을 위해 정교한 모델로 구성된 시스템을 원하지만 IT개발자는 정작 그러한 시스템을 제공하기 어려워하고, IT개발팀이 힘겹게 만든 시스템이지만 용도가 경영자에게 딱 맞지 않는 경우가 비일비재하다. 그래서 시스코는 지속적으로 실험적 시스템을 시도해 오고 있다. 예를 들면, IPTV(스마트TV)를 통해 전 직원들이 온라인으로 회의를 할 수 있는 시스템을 만들었다. 만일 시스템이 유용한 것으로 증명이 되면 신제품교육을 할 때 활용할 수 있을 것이다.

급진적 혁신 전략

시스코는 앞에서 배운 가상가치사슬(e-SCM)의 구축을 급진적 혁신 전략으로 보았다. 26개의 공장이 시스코 제품을 생산하고 있는데 시스코가 소유하고 있는 것은 5개에 지나지 않는다. 따라서 '감지와 대응(sense-and-respond) 전략'을 구사하기 위해 시스코는 자본을 설비에 너무 묶이지 않도록 하고, 효과적인 공급망(supply chain) 구축을 통해 경쟁력을 확보해야 한다. 쉽지는 않겠지만 시스코가 시도하는 가상가치사슬망 또는 가상제조시스템이 만일 잘못된다면 시스코는 심각한 타격을 받을 수 있다. 그렇지만 이 프로젝트가 성공할 경우에는 시스코에 엄청나게 큰 이익을 가져다줄 수 있기 때문에 시도를 하는 것이다.

출처: McNurlin, B. C., Sprague, R. H., & Bui, T.(2009).

| 사례질문 |

1. 왜 기업은 앞에서 설명한 네 가지 포트폴리오에 적절한 예산을 배정하고 균형감 있게 사업들을 추진해야 하는가? 기업 경영의 현재와 미래의 관점에서 설명해 보자.
2. 앞의 네 가지를 균형감 있게 추진하기 위해서 IT 부서와 사용자 부서들은 어떻게 역할분담을 하는 것이 가장 적절할지 토론해 보자.

CHAPTER 12 정보시스템 개발

1. 정보시스템 개발의 개요
2. 정보시스템 개발 방법론
3. 정보시스템 개발 방법론의 유형
4. 구조적 분석을 이용한 시스템 분석 및 설계

학/습/목/표

이 장에서는 조직의 정보시스템을 개발하기 위한 방법론을 설명하고자 한다. 정보시스템의 개발은 단순하게 응용 프로그램을 만드는 것이 아니라, 정보시스템의 모든 구성요소 간의 상호작용을 고려해야 한다. 정보시스템 개발 방법론은 정보시스템의 모든 구성요소를 고려하여 성공적인 정보시스템을 개발하기 위한 이론체계이다. 기업이나 조직의 정보시스템을 성공적으로 구축하기 위해서는 체계적인 방법과 절차를 따를 필요가 있는데 그러한 개발 방법론에는 어떠한 것들이 있는지를 설명하고, 구조적 분석을 이용하여 시스템을 분석하고 설계하는 과정을 단계적으로 설명하려고 한다.
이 장을 배우고 난 뒤 아래에 열거한 개념을 이해하고 있는지 확인하기 바란다.

1. 응용 프로그램의 개발에 대해 이해한다.
2. 정보시스템 개발 방법론의 필요성에 대해 이해한다.
3. 정보시스템 개발 방법론의 발전 과정에 대해 이해한다.
4. 시스템 개발 수명주기에 대해 이해한다.
5. 프로토타이핑 및 최종 사용자 개발에 대해 이해한다.
6. 객체지향에 대해 이해한다.
7. 구조적 분석 방법의 절차 및 문서화에 대해 이해한다.
8. 정보시스템 개발 조직에 대해 이해한다.

1 정보시스템 개발의 개요

컴퓨터와 정보통신 기술이 발전하면서 조직이나 기업은 문제해결 또는 업무의 효율성을 높이거나 의사결정의 지원 등 다양한 목적으로 정보시스템을 이용하고 있다. 초창기 정보시스템은 단순한 문제를 해결하는 프로그램으로 출발하여 70년대 거래처리시스템(transaction processing system: TPS)을 거쳐 현재 ERP(enterprise resource planning), CRM(customer relationship management), 공급망 관리시스템(supply chain management: SCM), 지식경영시스템(knowledge management system: KMS) 등 많은 종류의 정보시스템이 등장하여 발전하고 있다.

정보시스템이 발전하면서 정보시스템에 대한 조직이나 기업의 요구사항은 더욱 다양해지고 있으며, 이를 충족시키는 시스템을 개발하는 문제 또한 더욱 복잡해지고 위험요소도 증가하고 있다. 넓은 의미에서 시스템 개발 분야는 시스템을 구축하고 운영하는 데 발생될 수 있는 여러 위험요소를 최소화하고 사용자 요구사항에 부합하는 시스템을 구축하는 방법론이라 볼 수 있다.

정보시스템을 설계하고 개발하는 분야를 시스템 개발(systems development) 혹은 시스템 분석 및 설계(systems analysis and design)라 한다. 시스템 개발은 단순하게 응용 프로그램을 만드는 것이 아니라 정보시스템의 구성요소인 하드웨어, 소프트웨어, 데이터, 네트워크, 사람 등 모든 요소를 포함하여 계획, 설계, 구현 및 유지 보수하는 것을 말한다.

시스템 개발은 시스템 분석 및 설계 혹은 소프트웨어 공학(software engineering) 학문 분야에 속한다. 소프트웨어 공학이라고 하는 이유는 정보시스템의 개발 절차가 건물을 짓거나 토목 공사와 같이 공학의 요소를 많이 포함하고 있기 때문에 공학과 소프트웨어를 접목한 방법론이 발전되어 왔기 때문이다. 예를 들어 도서관 건물의 주요 기능은 책을 체계적으로 관리하고 대여하는 기능을 수행하지만 동일한 건물은 찾아보기 힘들다. 조직의 환경이나 건축을 시공하는 사람에 따라서 다양한 모양과 규도를 갖는다. 시스템 개발 또한 동일한 기능을 갖는 시스템일지라도 조직환경이나 분석 및 개발자에 따라서 다양한 형태로 개발된다. 이와 같은 이유로 흔히 정보시스템의 개발과정은 건축에 비유된다.

집에서 개인이 사용할 책꽂이나 책상을 만든다고 하면 필요한 재료를 가지고 직접 제작할 수 있다. 하지만 규모가 큰 건물을 짓는 경우 안전성을 분석하고 설계하고 시공하는 등의 절차를 거쳐야 한다. 정보시스템 또한 마찬가지다. 개인이 사용할 응용 프로그램을 만드는 것은 책꽂이를 제작하는 것과 같이 쉽게 제작하는 것이 가능하지만 부서 혹은 조직 전체가 사용할 규모가 큰 시스템의 경우 집을 건축하는 것과 같이 조직의 환경이나 기존 시스템 및 사용자의 요구사항을 분석하고 앞으로 개발할 시스템에 대한 분석과 설계과정이 반드시 필요하게 된다.

무형의 정보시스템을 개발하는 것은 일반 제품을 만드는 것과 달리 많은 위험요소와 어려움이 존재한다. 성공적인 정보시스템 개발을 위해서는 최종 사용자의 요구사항을 파악하는 것이 무엇보다 중요하다. 하지만 많은 시간과 비용을 들여도 최종 사용자가 어떤 시스템을 원하는지 파악하는 것은 어려운 일이다. 또한 건물의 경우 공사가 진행되면서 건물이 증축되는 과정을 볼 수 있지만 정보시스템의 경우 개발이 완료되기 전까지 중간 과정을 보여 주기 어렵다. 정보시스템 개발을 어렵게 만드는 여러 요소는 〈표 12-1〉과 같다. 이러한 위험을 최소화하기 위하여 정보시스템 개발 방법론을 사용하여 정보시스템을 개발하게 된다.

표 12-1 정보시스템 개발이 어려운 이유

종류	내용
요구사항 결정의 어려움	시스템 개발의 성공은 최종 사용자가 만족하는 시스템을 개발해야 한다. 시스템의 최종 사용자조차도 자신이 어떤 시스템을 원하는지 모르는 경우가 많다. 많은 시간과 비용이 요구사항을 분석하는 데 사용된다.
요구사항의 변경	시스템 개발 기간 동안 요구사항이 변경된다. 특히 프로젝트 기간이 긴 경우 많은 요구사항 변경이 발생하게 되고 이를 반영하기 위하여 프로젝트를 변경하는 것은 많은 비용과 문제를 수반하게 된다.
일정 및 예산관리의 어려움	시스템 개발 완료 시간을 예측하여 일정을 계획하는 일은 다른 물리적인 제품을 생산하는 것과 비교하여 어려운 점이 많다. 왜냐하면 필요한 기능을 찾아내고 기능을 구현하는 데 소요되는 시간을 산출하기가 쉽지 않다. 따라서 노동시간 및 노동비용을 산출하는 것이 어렵고 결국 예산을 관리하기 어렵게 된다.
규모의 비경제	정보시스템 개발은 어느 정도까지는 규모의 경제가 존재하지만 20명을 넘어서게 되면 작업자당 평균 기여도가 낮아지게 된다. 참여 인원이 많아질수록 회의와 조정활동을 수행할 관리자가 증가하기 때문에 규모의 비경제가 발생하기 시작한다. 브룩스의 법칙(Brooks's Law: The Mythical Man Month, 1975, Addison Wesley)-지연되는 프로젝트에 더 많은 인원을 추가하는 것은 프로젝트를 더 늦어지게 만든다-이 적용된다.

출처: Kroenke, D. M.(2009).

1) 응용 프로그램의 개발

정보시스템의 발전과 더불어 시스템을 개발하는 방법론 또한 변화하고 발전해 왔다. 넓은 의미에서 정보시스템은 응용 소프트웨어에 속하며, 응용 소프트웨어를 개발하는 언어의 발전과 밀접한 관계를 맺으면서 변화·발전해 왔다. 따라서 다양한 방법론을 설명하기에 앞서 응용 프로그램 만드는 방법에 대하여 살펴보고자 한다.

좁은 의미에서 응용 프로그램은 특정 운영체제에서 실행 가능한 파일을 뜻한다. 실행 파일은 사람이 사용하는 언어로 기술된 소스코드(원시코드)를 언어 번역기를 이용하여 기계가 이해할 수 있는 언어로 번역한 것을 말한다. 소스코드는 사람이 사용하는 언어로 작성하며, 언어 번역기가 해석할 수 있도록 특정 문법에 맞추어서 작성한다. 소스코드를 작성하는 것을 코딩이라 한다. 언어 번역기는 라인 단위로 해석하는 인터프리터(interpreter)와 소스 전체를 해석하는 컴파일러(compiler)로 구분할 수 있다. 소스코드 제작에 사용되는 언어를 보통 프로그래밍 언어라고 일컫고 프로그래밍 언어의 문법을 익혀서 소스코드를 작성하는 사람을 프로그래머라 한다.

프로그래밍 언어는 다음 〈표 12-2〉와 같이 1세대 기계어, 2세대 비구조적 언어, 3세대 구조적 언어, 4세대 객체지향 언어로 발전해 왔다.

표 12-2 프로그래밍 언어의 발전 과정

발전	특징	종류	비고
1세대 언어	초창기 언어이며 기계어	어셈블리어	
2세대 언어	비구조적 언어	포트란, 코볼	GOTO 문의 단점 존재함
3세대 언어	구조적 언어	C언어, 파스칼	프로시저 혹은 모듈 위주의 언어
4세대 언어	객체지향 언어	C++, Java, Ada	3세대 언어에 클래스 추가와 비주얼 프로그램

비구조적 언어는 특정 라인으로 이동하는 GOTO문을 사용하였다. GOTO문은 프로그램 수행이 라인을 이쪽저쪽으로 이동하면서 실행되는 소위 스파게티 코드를 만들어 유지보수가 어려웠고, 프로그래밍의 생산성을 저하시키는 원인 중 하나였다.

구조적 언어는 GOTO문 사용을 금지하고 코드의 재사용성을 높이기 위하여 프로시저(procedure) 혹은 모듈이란 방법을 사용한다. 모듈(module)은 입력과 출력 기능을 갖는 하나 이상의 논리적 기능을 수행하기 위한 명령어들의 모임을 뜻하는데 프로시저와 동일한 개념이다. 프로시저는 엑셀(excel)에서 사용하는 sum( ), average( )와 같은 함수와 동일하다고 생각하면 된다.

객체지향 언어(object-oriented programming: OOP)는 재사용성과 확장성을 높이기 위하여 구조적 언어에 클래스의 개념을 추가하였다. 객체는 클래스로부터 만들어지며, 데이터의 구조와 행위, 즉 데이터의 조작이나 연산을 결합하여 구조화시킨 것을 말한다. 객체지향 언어는 사용자 요구사항의 변화에 대하여 유연하게 대처할 수 있고, 재사용성을 높이며, 유지보수를 쉽게 만드는 장점을 갖는다.

운영체제(operating system: OS)가 윈도우 환경으로 변화하면서 사용자 인터페이스가 GUI(graphical user interface)로 발전하였다. 운영체제가 발전하면서 프로그래밍 언어 또한 객체지향과 GUI 환경을 쉽게 지원하는 Visual C++, Java, Visual C#, Visual Basic 등 많은 언어가 등장하였고 최근에는 인공지능과 빅데이터 분석 등의 발전과 함께 Python, R 등의 인터프리터 언어도 활용도가 높아지고 있다.

2 정보시스템 개발 방법론

1) 개발 방법론의 개념

방법론(methodology)은 특정 분야에서 사용되는 원리에 대한 분석이나 조사 절차를 말한다. 정보시스템의 개발 방법론은 정보시스템의 원리를 분석하고 조사하기 위한 절차를 말하며, 정보시스템을 개발하기 위한 작업 방법이나, 절차, 산출물, 기법 등을 논리적으로 정리해 놓은 것으로, 하향식 개발(top-down) 방법론과 상향식 개발(bottom-up) 방법론으로 나누어진다. 하향식 개발 방법론은 상위 레벨의 모듈에서 하위 모듈로 레벨다운(level-down)하면서 개발하는 방법을 말하며 구조적 분석이 여기에 속한다. 상향식은 하위 모듈에서 상위 모듈로 레벨 업(level-up)하면서 개발하는 방법을 말하며 프로토타이핑(prototyping)이 여기에 속한다.

개발 방법론의 선택은 어떤 정형화된 방법이 있는 것이 아니고 조직의 환경, 개발 환경, 개발 규모, 개발 비용, 개발 시간 등 현재 처한 상황에 알맞은 것을 선택해야 한다.

2) 시스템 개발 방법론의 필요성과 발전과정

1970년대 이전에는 정형화되거나 명확한 시스템 방법론이 존재하지 않았고, 프로그래머나 개발자의 경험이나 지식에 의존하여 정보시스템을 개발하였기 때문에 이 시기를 방법론 부재의 시기라 한다. 시스템에 대한 요구사항이 복잡하지 않았으며, 규모 또한 현재와 비교하여 크지 않은 시기였다. 이 시기에는 주로 하드웨어와 소프트웨어의 성능 향상, 효율적인 코딩 등 기술 향상에 초점을 두어 개발하였다. 기술에 초점을 두었기 때문에 비즈니스의 요구분석보다는 더 향상된 기술을 적용하려는 경향이 많았으므로 사용자의 요구사항을 충분하게 분석하고 적용하지 못하는 경우가 많았고 이는 시스템 개발 실패의 중요한 원인 중 하나가 되었다.

1970년대 Royce는 전통적인 시스템 개발 방법론인 시스템 개발 수명주기(systems development life cycle: SDLC)를 제시하였다. 구조적 분석의 대표적인 방법론으로 폭포수 모형이라고 한다. 시스템 개발의 전 과정을 여러 단계별로 정의하고 각 단계를 순차적으로 진행해 나가는 방법이다. 각 단계에는 철저한 문서화를 요구한다. 방법론 부재의 시기에는 개발자의 경험에 의존하여 시스템을 개발하였기 때문에 사용자의 요구사항 적용의 어려움, 유지보수의 어려움, 중간 산출물의 부재 등 여러 단점이 존재했는데, SDLC는 각 단계에 다양한 종류의 문서를 작성하여 이러한 단점을 보완한다. 문서화는 SDLC의 가장 큰 특징이자 장점이고 또한 너무 많은 문서화 요구는 단점이 되기도 한다.

1980년대 James Martin은 정보공학 방법론(information engineering methodology)을 정립하였다. 정보공학 방법론은 프로세스에 중점을 두는 구조적 방법론과 달리 기업 내에 존재하는 데이터를 중심으로 시스템을 분석하고 설계하여 구현하는 방법이다. 시스템 개발을 조직의 전략에 기초하여 분석하고 데이터 중심으로 개발하며, 자동화 도구를 사용한다.

또한 4세대 언어와 비주얼 프로그래밍 언어의 등장으로 사용자 인터페이스를 쉽게 만들 수 있게 되었다. 즉 사용자의 요구사항을 시스템 전체가 아닌 모형(prototype)을 만들어서 사용자에게 제시하고 피드백을 받아서 요구사항을 반영하는 것이 가능해졌으며 이러한 방법론을 프로토타이핑 개발이라고 한다.

1990년 객체지향 언어가 등장하면서 객체지향 방법론(object-oriented methodology)이 등장하였다. 객체지향 언어의 사용이 보편화되면서 90년대에 많은 종류의 객체지향 방법론이 등장하였다. 1990년대 중반 이후 인터넷의 급속한 보급에 따라 산업구조와 비즈니스 환경의 변화를 따라잡기 위해 애자일(agile) 방법론이 등장하는 등 정보시스템 개발 방법론은 꾸준히 발전하고 있다.

3 정보시스템 개발 방법론의 유형

1) 시스템 개발 수명주기

시스템 개발 수명주기(systems develpment life cycle: SDLC) 방법론은 프로세스에 중점을 두는 개발 방법론으로 가장 오래된 방법론이며 대규모 프로젝트에 적합한 방법론으로서 이후 등장한 개발 방법론의 기준이 되기도 한다. 개발 절차를 단계별로 정의하고 각 단계에 요구하는 문서를 작성하여 유지보수와 관리를 용이하게 한다.

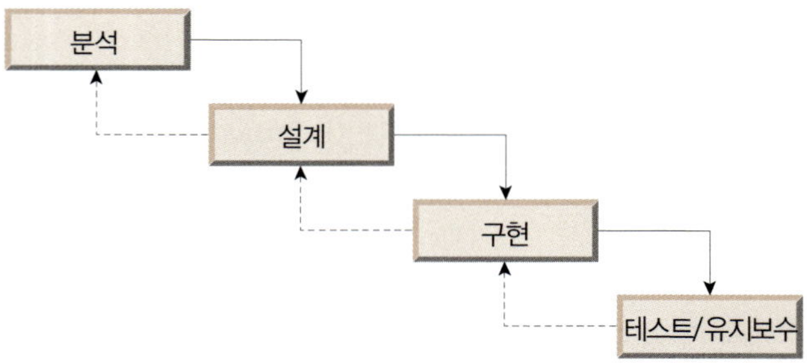

▌그림 12-1▌ 시스템 개발 수명주기

시스템 개발 수명주기는 [그림 12-1]과 같이 분석 단계에서 작성한 문서를 바탕으로 다음 단계인 설계 단계로 진행하고 이후, 다시 설계 단계의 문서를 바탕으로 구현 및 유지보수하는 방법으로 마치 폭포가 흐르는 것처럼 프로세스가 진행되기 때문에 폭포수 모형이라고 한다. 그림에서 실선 화살표는 개발 단계의 진행을 나타내며, 점선 화살표는 피드백을 뜻한다. 보다 자세한 내용은 4절에 다루기로 하고 여기에서는 기본적인 사항만 살펴보기로 한다.

- **설계**: 분석 단계의 자료를 바탕으로 '어떻게(how)' 할 것인지를 결정하는 과정이다. 분석 단계에서 식별된 기능의 모듈을 설계하고 인터페이스에 대한 세부 설계가 이루어진다.
- **구현**: 설계 단계의 모듈을 바탕으로 프로그래밍 언어를 이용하여 프로그램을 작성(코딩)하고 모듈의 오류를 테스트하여 시스템을 전환하는 단계이다.
- **테스트 및 유지보수**: 시스템 전체의 안정성 및 정확성 등을 검사하고 시스템의 개선 사항이나 보완 사항 등 추가 개발 등의 과정을 수행하는 단계이다.

SDLC의 장점과 단점은 〈표 12-3〉과 같다.

표 12-3 SDLC의 장점과 단점

장점	- 규모가 크고 복잡한 시스템 개발에 유리하다. - 각 단계의 문서화를 통하여 일관된 시스템 구축이 가능하다. - 시스템의 중간 산출물 및 각 단계의 문서를 이용하여 유지보수가 쉽다. - 가장 검증을 많이 받은 방법론이다. - 프로젝트의 책임 소재가 분명하며, 조직 전체에 영향을 미친다.
단점	- 지나친 문서화 때문에 프로젝트 기간을 초과하기 쉽다. - 유연성이 부족하다. 시스템 개발 중간에 요구사항 변경, 기술의 변화 등에 대한 대처가 어렵다.

2) 프로토타이핑

프로토타이핑(prototyping) 개발은 모형을 제작하는 방법으로 사용자 인터페이스만 빠르게 개발하여 사용자에게 직접 보여 주고 요구사항을 피드백 받아서 적용하면서 점차적으로 시스템을 완성해 가는 방법이다. 즉 시스템 개발 초기에는 모듈이 완성되지 않은 입력과 출력 화면을 제작하여 사용자에게 의견을 물어보고 점차적으로 기능을 완성해 나가는 방법이다. 먼저 사용자의 요구사항을 분석하고 4세대 언어와 CASE(computer-aided software engineering) 도구를 이용하여 가장 핵심적인 기능에 대하여 모형을 제작한 후, 사용자의 테스트 과정을 거쳐 수정 보완하는 과정을 반복함으로써 전체 시스템을 완성하는 방법을 사용한다.

프로토타이핑 방법론의 장점과 단점은 〈표 12-4〉와 같다.

▌표 12-4▐ 프로토타이핑 방법론의 장점과 단점

구분	내용
장점	– 최종 사용자의 요구사항을 가장 잘 반영할 수 있는 방법론이다. – 전통적인 개발 방법론에 비하여 시스템 개발 중간에 변경이 쉽다. – 보다 빠르게 개발하는 것이 가능하다. – 시스템 개발 초기에 오류를 발견하여 수정하는 것이 가능하다. – 지나친 문서 작성의 부담을 덜 수 있다.
단점	– 사용자의 지나친 요구 변경으로 시간과 비용이 발생할 수 있다. – 지나친 문서화의 축소로 인하여 유지보수의 어려움이 발생할 수 있다. – 규모가 크거나 정형화되지 않은 사용자 그룹의 경우 적용이 어렵다.

3) 최종 사용자 컴퓨팅

4세대 언어, 비주얼 프로그래밍 언어, 관계형 데이터베이스 등이 등장하면서 컴퓨터 전문가뿐만 아니라 최종 사용자도 쉽게 필요한 프로그램을 만드는 것이 가능해졌다. 이와 같이 전문가가 아닌 일반 사용자가 직접 시스템을 개발하는 것을 최종 사용자 컴퓨팅(end-user computing: EUC)이라 한다. 최종 사용자 컴퓨팅 시스템은 사용자가 직접 개발하고 기존의 전산 부서는 기술 지원을 담당하게 된다.

최종 사용자 컴퓨팅 방법론의 장점과 단점은 〈표 12-5〉와 같다.

▌표 12-5▐ 최종 사용자 컴퓨팅 방법론의 장점과 단점

구분	내용
장점	– 사용자의 학습 효과가 있으며, 사용자가 직접 개발하므로 사용자 요구사항을 가장 잘 반영할 수 있다. – 시스템에 대한 애착심과 만족도가 높다. – 소규모 시스템의 경우 적은 비용으로 개발하는 것이 가능하다.
단점	– 전문성과 기술 부족으로 시스템의 완성도가 낮아질 수 있다. – 시스템 개발에 대한 교육에 시간과 비용이 소요된다.

4) 객체지향 개발

객체지향 개발(object-oriented development: OOD) 방법론은 객체지향 프로그래밍에 기반을 둔 개발 방법론이다. 스파게티 코드를 만드는 주요한 원인으로 지목된 GOTO 문의 사용은 소프트웨어의 유지보수를 어렵게 만들고 소프트웨어의 생산성 저하의 원인이 되었다. 이를 극복하기 위하여 1970년대 구조적 언어와 기법이 등장하였다.

구조적 언어는 순차, 분기, 반복 구조를 갖는 모듈을 사용하여 유지보수와 소프트웨어 생산성 문제를 해결하고자 했다. 모듈의 사용은 코드의 재사용성을 높이고 유지보수를 쉽게 만들었고 결과적으로 소프트웨어의 생산성에 기여하였다. 하지만 정보시스템의 사용이 확대되면서 시스템에 대한 요구사항이 다양해지고, 요구사항의 변화도 빨라졌다. 이와 같은 환경은 보다 적응력이 높고 변화에 빠르게 대처할 수 있는 유연성 높은 언어의 필요성을 증대시켰으며 객체지향 언어의 등장 배경이 되었다.

1960년대 시뮬레이션 언어인 Simula는 현재 객체지향의 특징인 캡슐화(encapsulation)와 다형성(polymorphism)의 개념을 소개했으며, 1980년대 Smalltalk를 설계하면서 객체지향(object-oriented)라는 용어가 최초로 사용되었다. 1980년대와 1990년대에 C++, Java와 같은 다양한 객체지향 언어가 개발되었다.

프로그래밍 언어의 패러다임이 구조적 언어에서 객체지향 언어로 변화하면서 다양한 객체지향 개발 방법론이 등장하였다. 많은 연구자들이 다양한 방법론을 제시하면서 표준의 필요성이 부각되었고, 1990년 중반에 표준화 작업이 진행되어 1997년 UML(unified modeling language)이라는 객체지향 분석 및 설계를 위한 표준 방법론이 완성되었다.

(1) 객체지향의 개념

객체(object)는 세상에 존재하는 사물을 말한다. 예를 들어 학생, 자동차, 회사 등 현실 세계에 존재하는 사물이나 추상적인 개념으로 표현하려는 어떤 대상을 말한다. 객체는 특성을 나타내는 속성(property)과 동작 혹은 움직임을 나타내는 메서드

(method)를 갖는다. 속성과 메서드를 갖는 대상은 클래스를 사용하여 표현한다.

클래스는 객체지향의 가장 큰 특징이자 중요한 개념이다. 객체지향은 구조적 언어에 클래스를 추가한 것으로 정의하기도 한다. 클래스는 현실에 존재하는 사물을 속성과 메서드를 이용하여 추상화한 것을 말한다. 속성은 클래스의 특성을 저장하기 위한 변수이며, 메서드는 변수를 조작하거나 혹은 행위를 나타내는 함수(function)를 말한다.

클래스는 객체를 만들기 위한 형판인 템플릿(template)이며, 객체는 클래스라는 템플릿을 이용하여 만든 실제로 존재하는 하나의 구현된 실체(instance)를 말한다. 다음 [그림 12-2]의 (a)는 학생 클래스의 예이다. 학생은 학번, 이름, 학점의 속성을 갖고, '학점계산'이라는 메서드를 갖는 클래스를 그림(class diagram)으로 나타낸 것이다. 클래스의 속성이나 메서드는 현실에 존재하는 모든 속성을 포함하는 것이 아니라 필요한 속성만 포함하면 된다. 현실에서 학생 속성의 경우 주소, 전화번호, 가족관계 등 많은 속성이 존재하지만 학번, 이름, 학점 속성만 포함하여 정의한 것이다. 이와 같이 정의된 클래스를 바탕으로 '홍길동'이란 실제로 존재하는 학생을 생성하면 홍길동이란 객체가 된다.

객체지향의 세 가지 특징은 캡슐화(encapsulation), 상속(inheritance), 다형성(polymorphism)이다. 캡슐화는 앞의 학생 클래스의 예처럼 학번, 이름, 학점의 속성과 학점계산이라는 메서드를 하나로 묶어서 표현하는 것을 말한다. 또한 캡슐화는 정보의 은닉과 관련된다. 정보은닉이란 클래스 내부를 블랙박스화하여 외부에서 접근하는 것을 숨기거나 제한하는 것을 말한다. 즉, 클래스 내 속성에는 특정 메서드를 통하여 접근하도록 함으로써 불필요한 접근이나 잘못된 접근을 방지하는 것을 말한다.

상속은 코드의 재사용성과 확장성을 높일 수 있는 객체지향의 중요한 개념이다. 상속은 클래스를 계층적으로 구성하고 상위 클래스 혹은 부모 클래스의 속성과 메서드를 하위 클래스 혹은 자식 클래스가 물려받는 것을 말한다. [그림 12-2]의 (b)는 학생 클래스를 상속받는 '대학생', '고등학생'의 예이다.

학생 클래스는 대학생과 고등학생 클래스의 부모 클래스이며, 대학생은 학생 클래스를 상속받는 자식 클래스이며 유도 클래스 혹은 파생 클래스(derived class)

라고도 한다. 대학생 클래스를 이용하여 객체를 생성하면 학생 클래스의 학번, 이름, 학점 속성을 상속 받아 갖게 된다. 상속은 'is-a' 상속과 'has-a' 상속으로 구분된다. [그림 12-2]의 (b) 예는 학생 클래스를 상속 받는 대학생과 고등학생 클래스가 계층적으로 구성된 상속 관계이며 'is-a' 상속에 해당된다. 즉, 대학생 클래스와 고등학생 클래스는 모두 학생 클래스라는(is-a) 것이다. [그림 12-2]의 (c)는 'has-a' 상속의 예를 나타낸 것이다. 한 점을 나타내는 'Point'라는 클래스는 x, y 좌표를 나타내는 속성을 가지며, 선을 나타내는 'Line'이라는 클래스는 시작점을 나타내는 Point와 끝을 나타내는 Point를 갖는 경우 Line 클래스 내에 두 개의 Point를 포함하게 된다. 이를 'has-a' 상속이라 한다.

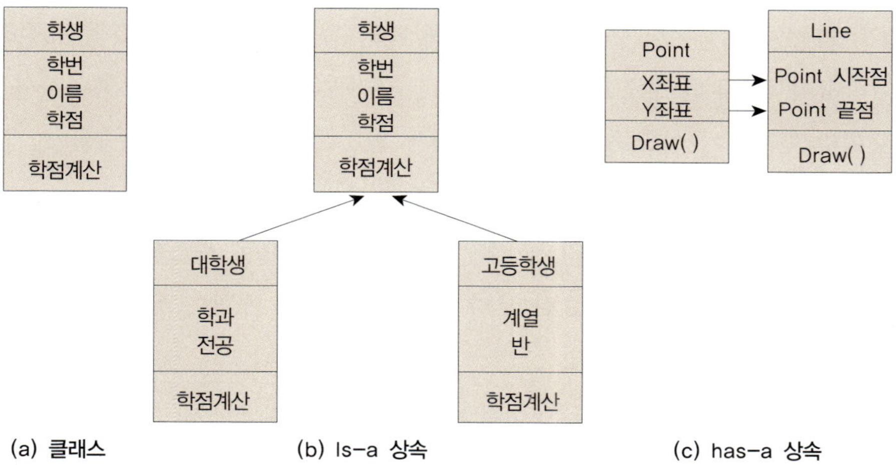

▌그림 12-2▌ 클래스와 상속 관계

다형성(polymorphism)은 동일한 이름의 메서드 혹은 함수가 여러 다른 기능을 수행하는 것을 말하며, 오버로딩(overloading)과 오버라이딩(overriding)이 있다. 오버로딩은 함수의 이름이 같고 매개변수(parameter)가 다른 함수를 말하며, 오버라이딩은 상속 관계에서 부모 클래스와 자식 클래스에 있는 함수의 이름과 매개변수가 동일한 함수를 말한다. 객체지향 이전에는 동일한 공간에 함수 이름이 같은 경우는 허용되지 않았다. 즉 동일한 기능을 수행하는데 입력 매개변수만 다른 경우에도 함수의 이름을 다르게 지정해 주어야만 했다. 객체지향에서 이를 다형성이란 개념으로 허용하면서 메서드의 유연성을 높이고 코드를 단순화시킬 수 있어 읽기 쉬우며 유지보수도 보다 간편해졌다.

(2) 객체지향 개발 방법론

객체지향 개발 방법을 이용한 시스템 개발 단계는 SDLC와 마찬가지로 기본적으로 분석, 설계, 구현, 유지보수의 단계로 나누어진다. 객체지향은 사용자의 요구사항을 분석하는 절차는 동일하지만 표현 방법에서 차이가 난다. 객체지향 분석은 객체 모델링, 동적 모델링, 기능 모델링 세 가지 모형을 사용하여 표현한다. 객체 모델링은 객체를 식별하고 상속 관계를 분석하여 계층적으로 표현하는 것으로 객체 다이어그램을 주로 사용하며, 시스템의 정적인 특징을 표현한다. 동적 모델링은 기능의 수행 상태를 시간의 흐름에 따라 동작과 상태의 변화를 표현하는 것을 말하며, 상태 다이어그램, 사건추적도, 사건흐름도를 이용하여 표현한다. 기능 모델링은 객체가 어떤 상태에서 수행하는 활동을 정의하고, 기능 정보의 흐름을 기술하며, 자료흐름도를 이용한다(정대율 외, 2007).

설계 단계에서는 분석 단계의 세 가지 모델링을 바탕으로 시스템의 구조를 설계한다. 객체를 구현하는 데 필요한 보다 세부적인 속성, 메서드 등을 정의하고 기술한다.

구현은 객체지향을 지원하는 언어를 바탕으로 설계 단계에서 작성한 모듈을 코딩하여 프로그램을 완성하는 단계이다. 이후 테스트 및 유지보수는 다른 개발 방법론과 같은 절차로 진행된다.

5) 애자일 개발 방법론

애자일 개발 방법론(agile software development)은 1990년대 중반 인터넷의 급속한 보급과 이에 따른 산업 구조 및 비즈니스 환경의 급변에 대응하기 위해 기존의 전통적인 개발 방법론보다 효율적인 개발방법을 제시하기 위해 고안되었다(NIPA, 2018b). 기존의 산출물 중심의 개발 방법론을 사용한 정보시스템 프로젝트에서 이해 당사자 간의 의사소통 부족, 사용자 요구사항 확정, 프로젝트 일정관리 및 산출물 관리의 어려움이 가중되는 상황이 반복되는 것에 대한 반성에서 출발하였다. 2001년 애자일 개발 선언문 이후 미국과 유럽을 중심으로 전세계에 확산되고 있으며 2015년 82%, 2016년 88%의 글로벌 기업이 애자일 방법론을 사용하고 있는 것으로 나타날 정도로 확산이 빠르다. 〈표 12-6〉은 애자일 방법론과 전통적 개발 방법론의 차이를 보여준다.

표 12-6 애자일 방법론과 전통적 방법론의 차이점(NIPA, 2018a)

조사 방법	전통적 개발 방법론	애자일 방법론
적용환경	요구사항이 비교적 명확하고 리스크가 낮은 경우	요구사항이 불확실성과 리스크가 높은 경우
통제방식	프로세스 중심	사람 중심
프로세스 모델	정의된(defined) 프로세스	경험적(empirical) 프로세스
계획수립	초기에 최대한 요구사항을 확정하고 상세 계획 수립	개략적인 범위와 일정을 수립하고 주기적으로 상세 계획
개발 모델	폭포수 모델	점진적/반복적 중심
사용자 참여	사용자 참여가 제한적	사용자의 지속적인 참여
요구변경	변경을 가급적 억제	변경을 주기적으로 포용
프로젝트 목표	계획 준수	고객가치 증대
팀원 역할	개인 책임으로 일하며 한정된 역할 수행(I자형 인재)	팀 책임으로 일하면 포괄적인 역할 수행(T자형 인재)
조직	기능(functional) 팀	기능복합(cross-functional) 팀
팀 평가	상위관리자 평가, 상대평가	다면 평가, 절대평가

4 구조적 분석을 이용한 시스템 분석 및 설계

정보시스템 개발을 위한 시스템 개발 방법론은 앞에서 살펴본 바와 같이 개발환경이나 프로그래밍 언어의 발전과 더불어 발전해 가고 있다. 사용자의 요구사항이나 여러 가지 환경에 따라서 세부 내용의 차이가 있을 수 있으나 여기에서는 일반적으로 모든 시스템 개발 방법론의 기본이 되는 구조적 분석 방법 위주로 보다 자세하게 살펴보고자 한다.

시스템 개발은 [그림 12-3]과 같이 시스템 조사, 분석, 설계, 구현, 유지보수

단계로 이루어진다.

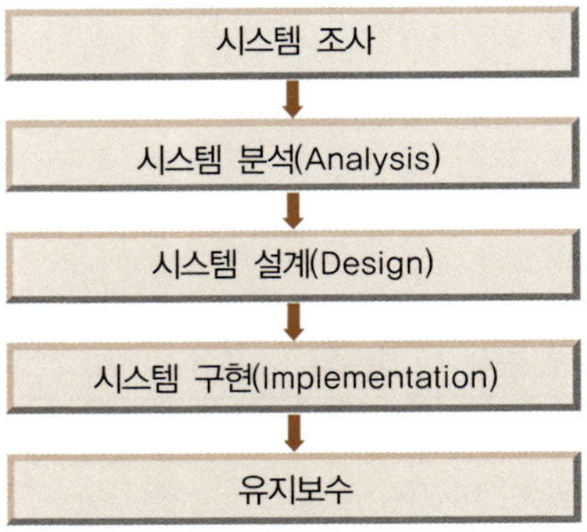

▌그림 12-3▐ 구조적 분석 방법론의 개발 절차

1) 시스템 조사

시스템 조사 단계에서는 현재의 조직이나 기업의 환경과 현행 시스템(as-is 시스템)을 분석하여 보다 나은 시스템(to-be 시스템)의 필요성 및 타당성 등을 조사하는 단계이다. 즉 현행 시스템의 문제점을 파악하고 이를 해결하기 위한 대안을 제시하는 단계에 해당한다. 시스템 조사 단계에서는 연구조사팀 구성, 현행 시스템 분석, 타당성 분석 등의 활동을 수행하고 결과를 문서화하는 단계이다.

시스템 조사는 현재 조직의 환경과 내부 업무를 조사하고 현재 사용되고 있는 시스템을 분석하고, 법적·윤리적·시간적·기술적·경제적·운영적 타당성 등을 조사하여 시스템 개발 제안서, 시스템 정의서 등에 조사 내용을 기술하는 단계이다. 시스템 조사 보고서는 이후 분석 단계의 기초 자료가 된다.

2) 시스템 분석

시스템 분석은 사용자의 요구사항을 조사하여 시스템이 '무엇(what)'을 수행할 것인가를 조사하는 단계이다. 시스템의 기술적인 면을 조사하는 것이 아니며, 현행 업무를 조사하여 문서화하는 단계이다. 즉 시스템이 완성되고 나면 최종 사용자가 될 업무 담당자의 관점에서 분석해야 한다.

시스템 분석 과정에서는 사용자의 요구사항을 파악하는 것이 중요하다. 하지만 업무 담당자가 수행하는 업무의 내용 및 절차를 파악하는 것은 쉽지 않은 문제이다. 따라서 〈표 12-7〉과 같은 방법으로 자료를 수집한다.

▌표 12-7▌ 사용자 요구사항 조사 방법

조사 방법	내용
면담	가장 많이 사용되는 방법 중 하나이다. 자료 수집을 위하여 개인면담 혹은 집단면담으로 직접 만나서 진행한다. 먼저 면담 대상자를 선정하고 면담에 필요한 질문을 설계하여 면담을 수행한다. 질문은 구체적인 답변을 요구하는 폐쇄식 질문, 면담 대상자의 의견이나 설명을 요구하는 개방식 질문 등을 사용하여 작성한다.
설문조사	설문지는 여러 질문 항목으로 구성되며, 다수의 조사 대상자의 의견을 수렴하는 방법이다. 많은 사람에게서 짧은 시간에 데이터를 얻을 수 있지만 면담과 비교하여 분석에 필요한 자료를 얻기는 어렵다.
문서조사	업무 프로세스를 파악하기 위하여 조직에서 사용하는 각종 보고서, 정책 및 규정집, 각종 계획서 등 문헌조사 방법을 말한다. 조직 내 정형화된 문서나 양식은 이후 시스템 개발 과정에 많은 도움을 준다.
관찰법	직접 현장의 업무 담당자가 업무를 처리하는 과정을 관찰하고 기록하는 방법이다. 업무 담당자가 자신의 업무 수행 절차와 방법을 진술하지 못하는 경우에 적합하다.
JAD (Joint Application Development)	회의를 통한 정보수집 방법으로 1970년 IBM에서 개발한 기법이다. 해당 시스템 사용자, 분석가, 개발자, 관리자, 컨설턴트 등이 참여하는 집단 회의 기법을 말한다.

이와 같이 다양한 방법으로 현재 업무, 업무 절차, 사용자 요구사항을 조사한 후 이를 바탕으로 분석 도구를 이용하여 현실을 모델링하게 된다. 분석 도구는 자연어 형태의 문장으로 기술하기보다는 건물의 설계도와 같이 그림이나 기호를 이용한다. 언어 속에 숨겨져 있는 모호함을 줄이고, 보다 명확하게 쉽게 인지하기 위하여 그림이나 기호를 이용한다.

시스템 분석 단계는 시스템 조사 후 만든 보고서와 요구사항 분석 등을 통하여 조사한 내용을 바탕으로 많은 종류의 문서를 분석 도구를 이용하여 작성하게 된다. 대표적인 문서로는 기능계층도, 자료흐름도(DFD), 미니명세서(MS), 자료사전(DD) 등이 있다.

(1) 기능계층도(functional hierarchy diagram)

일반적으로 조직은 업무 기능별로 계층적으로 세분화되어 나누어져 있다. 기업의 경우 하나의 기업은 여러 부문으로 기능이 세분화되고 다시 하나의 부문은 여러 부서로 세분화되어 운영된다. 이와 같이 업무 프로세스를 계층적으로 구성하여 그림으로 나타낸 것을 기능계층도(functional hierarchy diagram)라 한다.

기능계층도의 각 기능은 보통 사각형을 사용하여 표현하며, 상위 기능에서 하위 기능으로 계층적으로 나타낸다. 사람이 한꺼번에 인식할 수 있는 개수는 7~9개 정도로 알려져 있다. 따라서 기능의 하위 기능이 이 개수를 넘지 않도록 하는 것이 좋다. 만약 초과하는 경우 한 수준 올려서(level-up) 표현하는 것이 좋다. [그림 12-4]는 기능계층도의 예이다.

[그림 12-4] 기능계층도의 예

왼쪽 그림은 최상위 레벨(level-zero)의 기능계층도를 나타낸 것으로, 각 기능은 사각형으로 표현하여 기능의 레벨 번호와 기능의 명칭을 기록한다. 오른쪽 그림은 왼쪽 '고객관리' 기능을 레벨 다운(level-down)한 예이다. 일반적으로 기능이 많은 경우 하나의 페이지에 표현할 수 없으므로 그림과 같이 하위 레벨을 분리하여 나타낸다.

기능계층도는 자료흐름도 작성 이전에 작성하며 자료흐름도를 작성하는 데 중요한 자료로 사용되므로 기능 누락 없이 분석하는 것이 중요하다.

(2) 자료흐름도(data flow diagram: DFD)

자료흐름도는 시스템 분석에서 가장 널리 사용되고 가장 중요한 문서 중의 하나이다. 어떤 자료가 누구에게서 생성되어 어떤 프로세스를 거쳐 어떤 자료로 변환되고 최종적으로 누구에게 전달되는지를 그림으로 표현한 것이다. 자료흐름도에 사용되는 기호와 의미는 〈표 12-8〉과 같다.

▌표 12-8▐ DFD의 표기법

기호	기호 이름	내용
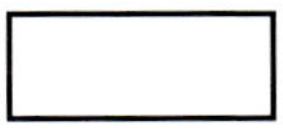	외부실체 (external entity)	• 데이터를 처음 입력하는 주체 • 변환 과정을 거친 데이터를 최종적으로 받는 주체 • 시스템의 외부 개체
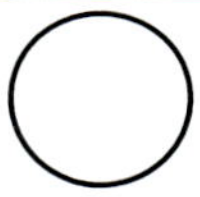	프로세스 (process)	• 시스템이 수행하는 기능으로 처리기라고도 함 • 데이터의 변환 과정 • 프로세스는 하위 프로세스로 세분화됨
	자료저장소 (data store)	• 데이터의 저장 장소 • 서류함, 데이터베이스, 파일 등
	자료흐름 (data flow)	• 화살표를 이용하여 자료의 흐름을 나타냄 • 화살표 위에 자료 이름을 명시함

외부실체는 데이터를 입력하는 주체이자 최종 데이터를 받는 주체이다. 외부실체는 사각형으로 표시하되 외부실체 이름을 표기해야 한다. 외부실체의 이름은 명사 형태로 나타내야 하며, 담당자 이름이나 포괄적인 조직 이름을 사용하기보다는 역할을 수행하는 명칭을 표시해야 한다. 예를 들어 '홍길동', '학교 부서'보다는 '광고주', '학생처'와 같이 표시하는 것이 좋다.

프로세스는 입력 자료의 변환을 나타내는 것으로 변환 방법은 DFD에 표시하지 않는다. 즉 어떤 자료가 입력되어 어떤 자료가 출력된다는 것을 나타내고 변환 과정은 표시하지 않는다. 변환 과정은 미니명세서에 표시한다. 원에는 변환 이름을 부여해야 하며, 변환 이름 위에 고유 식별번호를 레벨 단위로 표시한다. 이름은 동사의 의미를 부여할 수 있도록 해야 한다. 예를 들어 '고객', '고객 정보'와 같은 명사는 적합하지 않으며, '고객관리'와 같이 동사의 의미를 갖도록 해야 한다. 또한 처리 과정은 명시하지 않기 때문에 이름만으로 변환 과정을 짐작할 수 있도록 하는 것이 좋다.

자료저장소는 데이터 처리를 거친 자료가 임시 혹은 장기적으로 저장되는 장소를 나타내는 것이다. 자료저장소 이름은 '고객파일', '상품파일'과 같이 명사 형태로 나타낸다.

자료흐름은 기본적으로 한 방향 화살표로 나타낸다. 단 자료저장소의 갱신을 나타내는 경우 양방향 화살표를 사용할 수 있다. 화살표 위에는 자료의 명칭을 표시해야 한다. 자료의 명칭은 명사 형태로 나타내며 하나의 화살표에 여러 자료 명칭을 부여할 수 있다. 자료와 실물을 구별하여 실물을 자료흐름에 표시할 수 없다. 예를 들어 '고객'보다는 '고객신상 정보'와 같이 실물이 아닌 데이터의 흐름을 나타내어야 한다.

▌표 12-9▌ DFD 표기법의 오류

DFD 오류 표기	설명
	외부실체와 외부실체는 자료의 흐름을 표시할 수 없으며, 중간에 프로세스를 추가하여 프로세스와 외부실체 간 자료의 흐름을 표시해야 한다.
	외부실체와 자료저장소 간 직접 자료의 흐름을 표시할 수 없으며, 중간에 프로세스를 추가하여 외부실체와 프로세스, 프로세스와 자료저장소 간 자료의 흐름을 표시해야 한다.
	자료저장소와 자료저장소 간 자료의 흐름을 표시할 수 없고, 프로세스를 거쳐야만 한다.
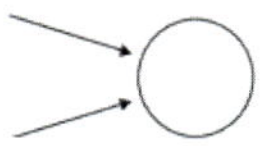	자료의 입력만 있고 출력이 없는 프로세스는 존재할 수 없다. 이를 블랙홀이라 한다.
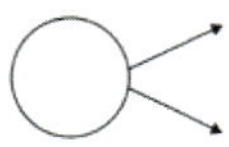	자료의 입력이 없고 출력만 있는 프로세스는 존재할 수 없다. 이를 화이트홀이라 한다.
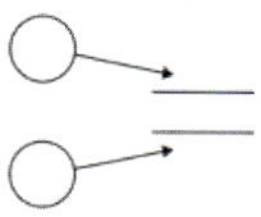	자료의 입력만 있고 출력이 없는 자료저장소는 존재할 수 없다. 입력된 자료는 반드시 다른 프로세스에 출력되어야 한다.
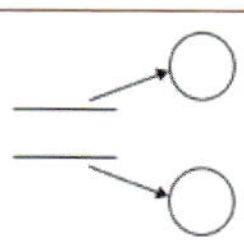	입력 자료가 없고 출력만 있는 자료저장소는 존재할 수 없다. 자료저장소에서 자료가 출력되려면 반드시 입력 프로세스가 있어야 한다.

자료흐름도는 건물의 설계도와 같이 표기하는 규칙이 정해져 있으며 이를 따라야 한다. 일반적으로 외부실체와 프로세스, 프로세스와 자료저장소 그리고 프로세스와 프로세스 사이의 자료흐름을 표시한다. 〈표 12-9〉은 표기 규칙의 대표적인 오류를 나타낸 것이다.

자료흐름도의 최상위(level 0) 프로세스를 배경도(context diagram)라 한다. 배경도는 시스템 전체를 하나의 프로세스인 원으로 나타낸다. 즉 시스템 전체를 한 프로세스로 나타내어 어떤 외부실체에 어떤 자료가 생성되고 전달되는지를 나타낸다. 프로세스에는 레벨 도식번호를 나타내는 것이 원칙이지만 배경도에서는 생략 가능하며, 자료 저장소는 일반적으로 배경도에 표시하지 않는다. [그림 12-5]는 배경도의 예이다.

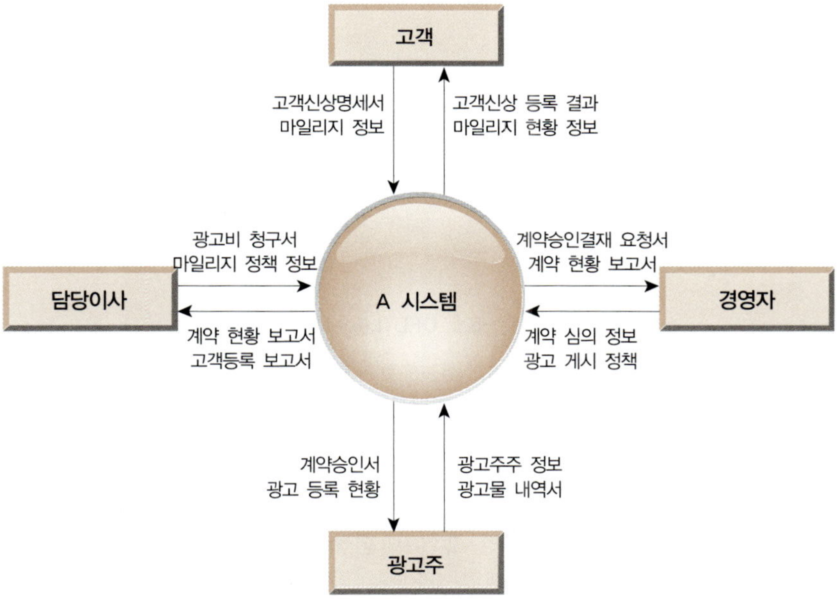

▌그림 12-5▐ 배경도의 예

DFD는 배경도를 바탕으로 점차 하위 프로세스로 분할하면서 작성한다. [그림 12-6]은 배경도를 6개의 프로세스로 분할한 예이다. 그림과 같이 분할된 각 프로세스에는 레벨 번호를 부여하여 프로세스 이름과 함께 표시하며, 어떤 외부실체에서 어떤 자료가 어떤 프로세스를 통과하여 저장되고 최종적으로 어떤 외부실체에게 변환되어 전달되는지 나타낸다. 이처럼 DFD는 더 분할할 필요가 없을 때까지 하위 프로세스로 분할하여 작성하게 된다. 즉 레벨1의 6개의 프로세스는 각각 다시 하위 프로세스로 분할하여 작성하게 된다(그림을 단순화하기 위하여 일부 외부 실체와 자료저장소는 생략함).

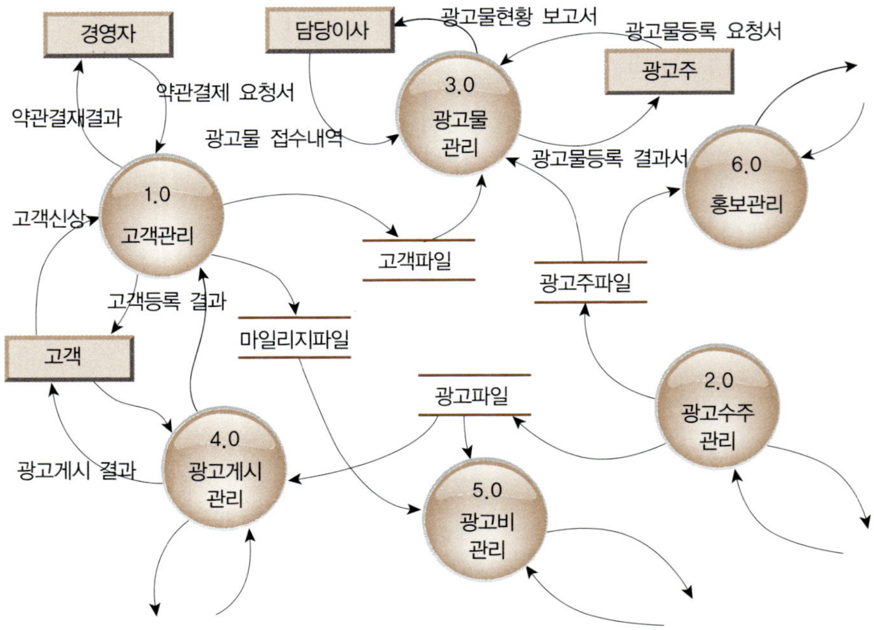

▌그림 12-6▐ DFD Level-1의 예

(3) 미니명세서(mini-specification: MS)

미니명세서는 DFD에서 원으로 표시된 프로세스가 수행하는 기능을 명시한 것이다. 프로세스는 입력 자료를 처리 혹은 변환하여 출력 자료를 생성하는데 변환 방법을 명시하게 된다. DFD상에 있는 모든 프로세스를 대상으로 작성해야 하며, 애매모호함 없이 간단하고 명료하게 작성해야 한다.

미니명세서는 어떤 프로세스가 어떻게 동작하는지보다는 무엇을 하는 것인지에 대하여 중점을 두고 기술해야 한다. 미니명세서는 명령문과 산술식이 포함된 언어로 기술하며, 순차(sequence), 선택(selection) 혹은 분기, 반복(repetition) 구조로 기술한다. 다음은 미니명세서의 예이다.

```
IF 필수입력사항=NULL THEN
    필수입력사항 입력 요구
ELSE
    IF 고객ID 중복 THEN
        다른 ID 입력 요구
    ELSE
        고객신상 등록
        등록결과 출력
    END IF
END IF
```

(4) 자료사전(Data Dictionary: DD)

자료사전은 DFD의 자료저장소의 내용을 정의한 것을 말한다. 자료저장소에 저장되는 자료 항목, 자료의 내용 등을 특정 표기법에 따라서 작성하며, 데이터베이스 설계의 자료로 이용된다. 자료사전의 표기법은 〈표 12-10〉과 같다.

표 12-10 자료사전의 표기법

기호	내용	예
=	정의(is composed of)	'학생파일=학번': 학생파일은 학번으로 구성됨을 의미한다.
+	구성(concatenation)	'학생파일=학번+이름': 학생파일은 학번과 이름으로 구성됨을 나타낸다.
[|]	선택(choose only one of)	'학생파일=학번+[재학 | 휴학]': 재학 또는 휴학 중 하나가 선택됨을 의미한다.
{ }	반복(iteration)	'학생파일=학번+1{과목+점수}6': 과목과 점수가 최소 1개, 최대 6개까지 있다는 것을 의미한다.
( )	생략 가능(optional)	'학생파일=학번+(전화번호)': 전화번호는 생략 가능함을 의미한다.
* *	주석(comment)	예 생략함.

출처: 정대율 외(2007).

다음은 앞의 DFD의 '고객파일' 자료저장소에 대한 자료사전의 예이다.

```
고객파일=
    고객ID+성명+비밀번호+주민등록번호+사업자등록번호+상호명+
    전화번호+휴대전화번호+우편번호+도.시.군+주소+전자우편+등록일+
    마일리지포인트+계좌번호+거래은행
```

시스템 분석 단계는 크게 프로세스 모델링과 데이터 모델링으로 구분할 수 있다. 프로세스 모델링은 앞에서 살펴본 자료흐름도, 미니명세서, 자료사전과 같이 프로세스와 자료의 흐름의 관점에서 시스템을 분석하는 방법이다. 프로세스 모델링은 자료가 어떤 프로세스를 거치면서 어떻게 변화하는지에 중점을 두고 분석하기 때문에 자료를 저장하고 관리하는 방법이나 절차가 명시되지 않는다.

데이터 모델링은 조직에서 사용하는 데이터를 사용자 관점에서 분석하여 도식화하는 기법을 말한다. 개체관계도(entity-relationship diagram: ERD)는 데이터 모델링의 대표적인 도구이며, 데이터베이스 구축에 이용된다. 프로세스 모델링을 데이터 모델링으로 변환하는 도구나 방법은 존재하지 않는다. DFD의 자료저장소와 자료사전을 참고로 ERD를 작성하게 된다. ERD는 5장 데이터베이스관리와 중복되므로 상세 설명은 생략하기로 한다. 하지만 정보시스템의 모든 입력 자료는 데이터베이스를 이용하여 관리되므로 데이터 모델링은 매우 중요한 절차이다. 정보시스템은 데이터를 입력받아서 처리 혹은 변환 과정을 거쳐 정보를 생성하고 이를 의사결정이나 혹은 기타 목적으로 사용하게 된다. 좋은 데이터 없이는 좋은 정보를 생성하는 것이 불가능하다(garbage in, garbage out: GIGO). 좋은 정보를 생성하기 위한 모든 자료는 데이터베이스를 통하여 관리되기 때문에 이에 대한 분석이나 설계는 정보시스템 개발에 매우 중요한 부분을 차지한다.

3) 시스템 설계

시스템 설계 단계는 시스템 분석 단계의 자료를 바탕으로 '어떻게(how)' 시스템을 개발할 것인가에 중점을 두고 시스템을 구체화하는 과정이다. 분석 단계에서 작성한 DFD, DD, 미니명세서 등의 자료를 기초로 입출력, 프로세스, 모듈 등을 상세하게 설계하는 과정이다.

시스템 설계는 먼저 분석 단계에서 작성한 DFD를 이용하여 구조화 차트를 작성한다. 구조화 차트는 DFD의 프로세스를 계층 구조를 갖는 모듈로 변환하고 모듈 간 자료와 제어의 흐름을 나타낸 것을 말한다. DFD의 프로세스 기능을 명시하여 미니명세서를 작성하는 것과 같이 각 모듈에 대하여 모듈 명세서를 포함한 모듈 상세설계를 작성한다. 또한 데이터베이스와 입력 화면과 출력 화면을 설계한다.

(1) 구조화 차트

구조화 차트는 DFD의 프로세스를 계층 구조의 모듈로 변환하는 것을 말한다. 모듈은 독립성이 높게 유지되도록 설계해야 한다. 모듈의 독립성은 모듈 간의 결합도(coupling)와 모듈 내부의 응집도(cohesion)로 측정한다. 모듈 간 결합도는 모듈 간의 상호의존도를 의미하며, 모듈의 응집도는 모듈 내 기능의 일치 정도를 나타낸다. 모듈 간 독립성을 높이기 위하여 모듈의 결합도는 낮아야 하고,

표 12-11 구조화 차트의 표기법

구성요소	기호	내용
모듈		모듈의 정의 모듈의 식별번호와 모듈 이름이 명시됨
		재사용 모듈 이미 다른 곳에서 정의되어 재사용되는 모듈
	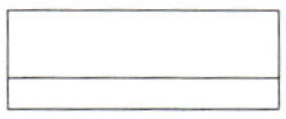	정보은닉 모듈 접속 양식이 복잡한 경우 공유영역에 결합자를 숨김
	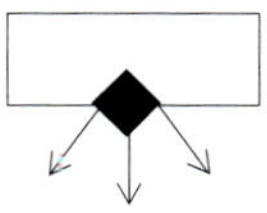	조건이 있는 모듈 특정 조건에 따라서 종속 모듈을 선택적으로 호출
호출선		화살표 꼬리 쪽이 호출하는 모듈이고, 머리 쪽이 피호출 모듈, 즉 종속모듈을 나타냄
	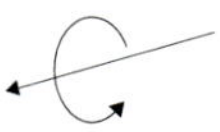	종속 모듈을 반복하여 호출함
결합자		화살표 방향으로 데이터가 전달됨을 의미함 데이터 이름이 화살표에 표시됨
		화살표 방향으로 제어의 이동을 나타냄
연결표시		같은 페이지 내의 기호 연결
		다른 페이지로 기호 연결
주석		부연 설명이 필요한 경우 사용

출처: 정대율 외(2007).

응집도는 높아야 한다. 즉 모듈과 모듈의 상호 의존도는 낮게 하고 모듈은 최소 기능을 수행하도록 설계해야 한다. 모듈의 독립성이 높으면 재사용성이 높아지고 유지보수가 쉬워진다. 이와 같이 모듈의 독립성을 고려하여 구조화 차트를 작성해야 한다.

구조화 차트는 DFD의 프로세스를 모듈로 변환하여 작성한다. DFD의 배경도는 구조화 차트의 최상위 모듈로 변환되고 시스템 전체 메뉴를 제어하는 기능을 수행한다. DFD의 각 수준(level)별 프로세스는 구조화 차트의 각 계층의 모듈과 서로 대응된다. 하지만 DFD를 구조화 차트로 변환하기 위한 정형화된 변환 규칙을 정의하기 어렵기 때문에 시스템 분석가의 경험과 상황에 의존해야 하는 경우가 많다. 이러한 어려움을 보완하기 위한 방법으로 변환분석과 거래분석의 방법이 있으나 범위를 벗어나므로 설명을 생략하기로 한다.

[그림 12-7]은 구조화 차트의 예이다. 그림과 같이 각각의 모듈에는 식별번호와 모듈 이름을 명시하고, 자료와 제어의 흐름을 계층적으로 표현한다.

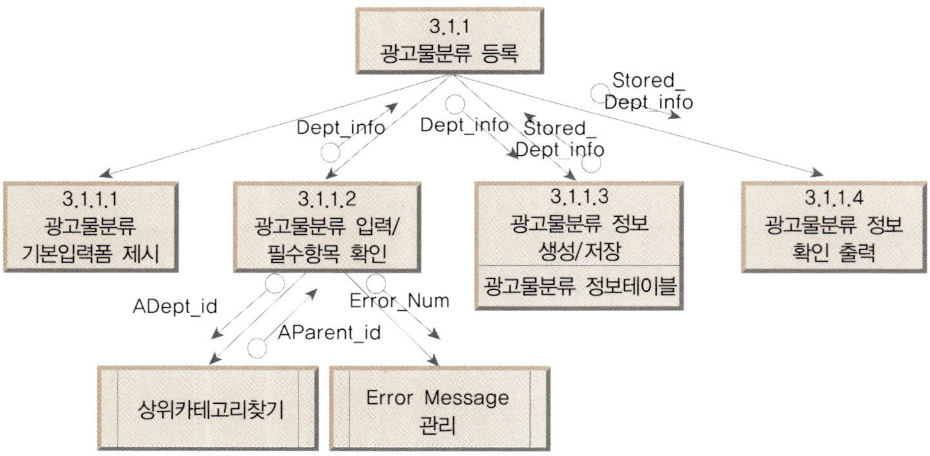

▌그림 12-7▌ 구조화 차트의 예

(2) 모듈 상세설계

모듈 상세설계는 구조화 차트에 있는 각 모듈의 기능을 구조적 프로그램의 세 가지 제어구조인 순차, 분기, 반복 구조로 표시하는 것을 말하며, 프로그램 코드의 기초가 된다. 현재까지 많은 종류의 모듈 상세설계 도구가 개발되어 사용되고 있다. 여기서는 많이 사용되는 순서도(flowchart)와 N-S 차트(Nassi-Shneiderman chart)만 소개하기로 한다.

순서도는 가장 먼저 개발된 도구이며, 작성하기 쉽고, 이해하기 쉽지만 복잡한 모듈에는 적용하기에 적합하지 않다. 구조적 모델링에서 사용하지 않는 GOTO 문을 사용하여 설계하기 쉽기 때문이다.

N-S 차트는 GOTO 문을 사용하지 않고 순차, 반복, 분기 구조를 지원하는 도구이며, 모듈 설계의 기본 도구로 사용되고 있다. N-S 차트의 표기법은 〈표 12-12〉와 같다.

▌표 12-12▐ N-S 차트의 표기법

구조	표기법	비고
순차	문장	순차는 위에서 아래 문장으로 수행됨을 의미함
분기	조건	- '조건'에 분기하는 조건을 명시하고 조건에 일치하는 열이 수행됨을 나타냄 - 프로그래밍의 IF 문, 혹은 CASE 문을 나타냄
반복	반복블록 / 반복 탈출 조건 반복 탈출 조건 / 반복블록	- 특정 조건을 만족하는 동안 반복블록 영역을 반복하여 수행됨을 나타냄 - 프로그램의 loop 문을 의미함

N-S 차트의 예는 [그림 12-8]과 같다. 그림에서 (a)는 구조화 차트의 최상위 모듈을 나타낸 것으로 시스템 전체의 메뉴 구성이 나타난다. 그림 (b)는 순차, 반복, 분기의 구조가 모두 포함된 예이다.

N-S 차트는 GOTO 문을 사용하지 않고 제어구조를 표현할 수 있으며, 읽기 쉽고, 프로그램으로 변환하기 쉬운 장점이 있지만 대형 프로그램의 경우 도식화가 어려우며, 데이터 구조와 연결하기 어려운 단점도 있다.

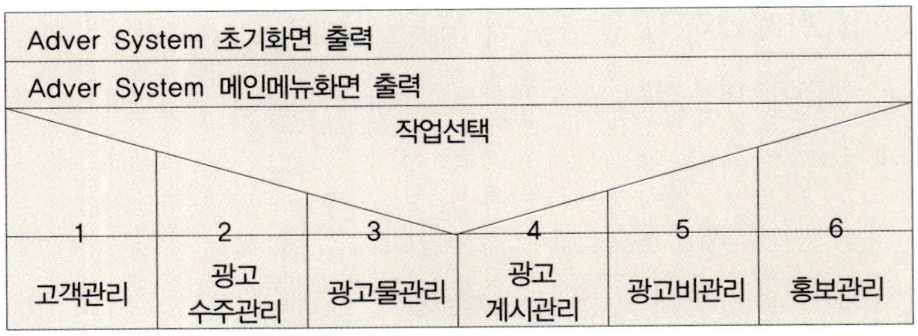

(a) 구조화 차트의 최상의 모듈

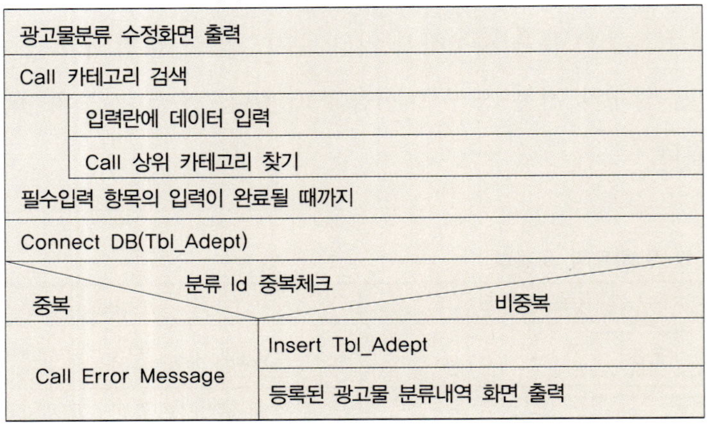

(b) 순차, 반복, 분기의 구조가 모두 포함된 예

▌그림 12-8▐ N-S 차트의 예

의사코드(pseudo code)는 컴파일을 거쳐 기계어로 변환되는 소스코드가 아니고 사람이 이해하기 쉽도록 작성하는 코드를 말한다. 물론 순차, 분기, 반복 구조로 표현한다. 조건은 'IF' 문과 'CASE' 문을 이용하여 나타내고, 반복구조는 'WHILE', 'FOR', 'UNTIL' 등을 이용하여 나타낸다. 많이 사용되는 IF, WHILE, FOR 문의 표기법과 사용 예는 〈표 12-13〉과 같다.

구조적 언어가 보편화되기 전에는 Basic 계열의 문법을 사용하였으나 현재는 C 언어 혹은 C++의 문법을 이용하는 경우도 많다.

▌표 12-13▐ 조건문과 반복문의 예

구조		표기법의 예	사용 예

조건	IF	IF 조건 THEN
		ELSE
		ENDIF
			IF score >= 70 THEN
			"합격" 출력
			ELSE
			"불합격" 출력
			ENDIF

반복	WHILE	WHILE 조건 ENDWHILE	WHILE i <= 100 s=s+i i=i+1 ENDWHILE
	FOR	FOR iteration bounds ENDFOR	FOR i=1 TO 100 s=s+i ENDFOR

(3) 사용자 인터페이스 설계

사람은 저장하는 장치, 계산하는 장치와 같은 하드웨어와 직접 의사소통을 할 수 없다. 사람이 컴퓨터라는 장치를 사용하기 위해서는 사람과 컴퓨터 장치 사이에 의사소통이 가능하도록 하는 매개체가 필요하다. 이를 사용자 인터페이스라 한다. 인터페이스 설계는 사용자가 시스템과 원활하게 의사소통을 할 수 있도록 입력 폼이나 출력 폼을 설계하는 것을 말한다.

사용자가 보다 쉽고 편하게 시스템을 사용할 수 있도록 인터페이스를 설계하는 것이 중요하며, 다음과 같은 사항을 고려하여 설계하는 것이 좋다.

- 폼 레이아웃은 일관성을 유지해야 한다. 시스템의 메뉴, 폼 컨트롤의 크기, 위치 등이 일관성 있게 설계되어야 한다. 예를 들어 모든 입력 폼의 저장 버튼은 크기가 같아야 하고 동일한 위치에 배치해야 한다. 만일 폼에 '저장', '수정', '삭제' 버튼이 있는 경우, 버튼의 크기뿐만 아니라 배열순서도 동일하게 해야 한다.
- 사용자가 사용하기 편하도록 설계해야 한다. 예를 들어 입력 폼에 키보드를 이용하여 입력하는 컨트롤과 마우스를 이용하여 선택하는 컨트롤이 섞여 있는 경우 키보드 입력을 먼저 하고 마우스 선택을 나중에 하도록 하는 것이 좋다.
- 사용자는 GUI(graphical user interface) 환경과 웹 환경에 익숙하기 때문에

적절한 이미지를 추가하거나 폼의 색상을 적절하게 선택하여 설계해야 한다. 이미지와 컨트롤은 너무 크지 않게 하는 것이 좋다.

- 사용자가 현재 어떤 작업을 수행하는지 쉽게 알 수 있도록 설계해야 한다. 마법사 형태로 프로세스가 순서대로 진행되는 경우 어느 단계에 있는지 명확하게 표시하는 것이 좋다. 또한 여러 입력 폼과 출력 폼이 실행되는 경우 현재 어느 폼에 있는지 쉽게 알 수 있도록 해야 한다.
- 도움말 기능을 포함해야 한다.

입력과 출력 폼은 직접 그려도 무방하지만 웹 페이지 혹은 비주얼 프로그래밍 언어를 이용하면 쉽게 작성할 수 있다.

4) 시스템 구현

시스템 설계 단계의 문서를 이용하여 코딩 과정을 거쳐 프로그램을 완성하는 단계이다. 프로그래밍은 특별한 방법론이 존재하지 않으며, 코드를 작성하는 프로그래머의 개인 성향이나 역량에 따라 성능이나 자원의 소모가 좌우된다.

시스템 구현 단계는 실제로 코딩을 하고 프로그램을 완성하는 단계이므로 시스템 분석 및 설계 전 과정에서 시간과 비용이 많이 들 것 같지만 실제로 가장 적게 투입된다.

코딩 후 시스템의 정상 작동에 대한 테스트 과정이 수행된다. 모든 가능한 오류를 테스트하는 것은 현실적으로 불가능하기 때문에 가능한 많은 오류를 찾고 수정하는 과정을 수행한다. 테스트는 단위 테스트(unit test), 시스템 테스트(system test), 합격판정 테스트(acceptance test)로 나누어진다.

단위 테스트는 개별 모듈에 대한 오류를 찾고 수정하는 과정으로 개별 함수나 프로시저에 대한 오류를 테스트하는 과정을 말한다. 시스템 테스트는 정보시스템의 전체적인 기능을 테스트하는 과정으로 모듈 간 통합에 의한 오류의 유무, 모듈 간 데이터 교환의 오류 유무 등을 시스템 전체 관점에서 테스트하는 과정이다. 합격판정 테스트는 시스템의 운영 준비 여부를 테스트하는 과정으로 사용자에 의해서 행하여진다. 사용자의 요구사항에 부합하고 사용자의 요구 기능이 제대로 구현되었는지 등에 대한 테스트 과정이다.

테스트가 완료되면 시스템을 실제 사용할 조직에 시스템을 전환하게 된다. 시스템 전환(system conversion)은 조직에서 기존의 시스템을 새로운 시스템으로 교체하는 것을 말하며, 일괄 전환(direct conversion), 병행 전환(parallel conversion), 시험운전 전환(pilct conversion), 단계별 전환(phased conversion) 등의 방법으로 나누어진다.

- **일괄 전환**: 특정 시간에 기존의 시스템을 새로운 시스템으로 즉시 교체하는 방법을 말한다. 가장 간단한 방법이지만 가장 위험한 방법이다. 만일 새로운 시스템에 문제가 발생하면 파급 효과가 가장 큰 방법이다. 일괄 전환의 예는 Microsoft 사의 Office 제품의 새로운 버전의 설치에서 찾을 수 있다.
- **병행 전환**: 기존의 시스템과 병행 사용하면서 점차적으로 새로운 시스템으로 교체하는 방법이다. 기존의 시스템과 새로운 시스템을 병행 사용하면서 두 시스템을 비교하면서 점차 새로운 시스템으로 전환하는 방법이다. 시간과 비용이 많이 들지만 안전한 전환 방법이다.
- **시험운전 전환**: 조직의 부서나 어떤 한 부분에서 새로운 시스템으로 전환한 후 시험 가동하여, 시험 가동이 성공적이면 조직 전체의 시스템을 교체하는 방법이다.
- **단계별 전환**: 조직의 부서나 조직 단위별로 전환하는 방법이다. 한 지역 혹은 하나의 부서에 먼저 설치하여 운영하고, 다음 지역 혹은 부서에 설치하는 방법으로 조직 전체 시스템을 단계적으로 전환하는 방법이다.

5) 유지보수

유지보수(maintenance)는 시스템이 사용자의 요구사항을 충족시키는지 검사하고 수정 및 보완하는 과정을 말한다. 시스템에 있는 오류의 수정뿐만 아니라 업무의 변경에 따른 수정, 사용자의 새로운 요구사항을 반영하여 시스템을 수정하는 과정 등을 포함한다.

5 정보시스템 개발 조직

성공적인 정보시스템 개발을 위해서는 많은 구성원이 참여한다. 정보시스템 개발 조직은 정보시스템 부서를 맡고 있는 총 책임자인 CIO(chief information officer)를 비롯하여 정보시스템 관리자, 시스템 분석가, 개발자, 프로그래머 등으로 구성된다.

CIO는 최고정보책임자, 정보담당 임원, 정보기술 담당 중역을 일컫는다. 초창기에는 정보시스템을 업무 자동화를 통한 효율성 제고 등 경영을 지원하는 수단으로 인식하다가 그 중요성이 강조되면서 조직의 경쟁우위의 도구 혹은 수단으로 인식하게 되었다. 조직의 경쟁우위 수단인 정보시스템을 회사 전체 차원에서 관리할 필요성이 높아지면서 정보시스템 기능을 총괄하는 직책이 필요하게 되었다. 이를 담당하는 것이 CIO이다. CIO는 조직의 목적이나 목표에 부합하는 정보시스템을 다른 부서, 외부 조직과 연계하여 장기적인 정보시스템의 전략과 계획을 수립하는 역할을 수행하는 정보기술 담당 부서의 최고 관리자이다.

정보시스템 관리자는 정보시스템 전반의 관리 업무를 담당한다. 정보기술에 대한 전반적인 지식과 함께 세부 정보기술 분야의 전문적인 지식이 요구되는 직책으로 데이터베이스 관리자(database administrator: DBA), 네트워크 관리자, 서버 관리자 등이 있다.

시스템 분석가는 정보시스템의 요구사항을 분석하고 시스템을 설계하는 역할을 수행한다. 시스템 분석과 설계 업무 담당자이며, 현업 사용자와 개발자의 중간에서 의사소통 및 조정 역할을 수행한다. 시스템 분석가에게 요구되는 자질은 문제를 분석하고 해결하는 능력, 정보기술에 대한 지식과 변화 추세, 비즈니스에 대한 지식, 프로젝트관리 능력 등이 있다.

개발자는 정보시스템 개발의 기술적인 부분을 담당하며, 프로그래머는 프로그래밍 언어를 이용하여 코딩 업무를 담당하는 사람을 말한다.

요약

1. 정보시스템 개발의 개요

정보시스템은 조직의 목적을 달성하기 위하여 개발되며, 정보기술의 발전과 더불어 발전하고 있다. 정보시스템의 개발은 단순한 응용 프로그램을 개발하는 것보다 많은 위험요소가 존재하드로, 성공적인 정보시스템의 개발을 위해서는 정보시스템의 모든 구성요소를 고려하여 개발하여야 한다. 정보시스템에 대한 요구사항이 다양해지고 시스템의 규모가 커짐에 따라서 정보시스템의 개발은 점점 더 어려워지고 있다. 이러한 환경을 극복하기 위하여 정보시스템의 개발 방법론이 등장하여 발전하고 있다. 시스템 분석 및 설계 혹은 소프트웨어 공학이란 학문 분야에 속하는 정보시스템 개발 방법론은 응용 프로그램 개발 언어 혹은 도구의 발전과 더불어 발전하고 있다.

2. 응용 프로그램의 개발

응용 프로그램은 소스코드를 기계가 이해할 수 있는 언어로 변환하는 프로그래밍 언어를 통하여 완성된다. 프로그래밍 언어는 초창기 언어인 기계어를 시작으로 비구조적 언어, 구조적 언어, 객체지향 언어로 발전해 왔다. 구조적 언어는 비구조적 언어의 단점인 GOTO 문을 지양하고 소프트웨어의 생산성을 향상시키기 위하여 모듈이란 개념을 도입하였다. 조직의 요구사항 변화에 보다 유연하게 대처하고, 코드의 재사용성을 높이고, 확장성을 높이기 위하여 구조적 언어에 객체를 생성하기 위한 클래스의 개념을 추가한 객체지향 언어가 등장하여 발전하고 있다.

3. 개발 방법론

방법론은 특정 분야에서 원리에 대한 분석이나 조사 절차를 말한다. 정보시스템을 개발하기 위한 작업 방법이나, 절차, 산출물, 기법 등을 논리적으로 정리해 놓은 체계를 정보시스템 개발 방법론이라 한다. 초창기 정보시스템은 소수의 프로그램 개발자에 의하여, 보다 기술적인 부분에 중점을 두어 개발되었기 때문에 사용자의 요구사항을 충분하게 반영하지 못하였다. 사용자의 요구사항을 반영하고, 정보시스템 개발의 여러 위험요소를 극복하기 위하여 70년대 구조적 개발 방법론인 시스템 개발 수명주기(systems development life cycle: SDLC)가 등장하여 이후 방법론의 토대가 되었다. 구조적 방법론은 분석, 설계, 구현, 테스트 및 유지보수 단계를 거쳐 시스템이 개발되며, 각 단계에 요구하는 문서를 작성하여야 한다. 문서화를 통하여 규모가 크고 복잡한 시스템을 일관성 있게 구축할 수 있으며, 단계별 유지보수 또한 쉽게 할 수 있다. 하지만 지나친 문서화는 프로젝트 기간의 연장, 유연성 부족의 단점을 갖는다. 프로토타이핑 개발 방법론은 지나친 문서화를 지양하고 모형을 제작하여 사용자에게 보여 주고 피드백을 받아서 점차적으로 시스템을 개발해 가는 방법이다. 4세대 언어, 관계형 데이터베이스 등이 등장하면서 전문가가 아닌 일반 사용자가 직접 시스템을 개발하는 것을 최종 사용자 컴퓨팅이라 한다. 프로그래밍 언어의 패러다임이 구조적 언어에서 객체지향 언어로 변화하면서 다양한 객체지향 개발 방법론이 등장하였으며, 1997년 UML(unified modeling language)이라는 객체지향 분석 및 설계를 위한 표준 방법론이 완성되었다. 1990년대 중반 이후 인터넷의 보급에 따른 산업구조 및 경쟁구조의 변화와 함께 개발과정에서 발생하는 변화에 대한 수용을 강조하는 애자일 방법론도 발전하고 있다.

4. 구조적 방법론을 이용한 시스템 분석 및 설계

구조적 방법론은 시스템 조사, 시스템 분석, 시스템 설계, 시스템 구현, 유지보수 단계로 이루어진다. 시스템 조사는 조직의 환경이나 시스템을 분석하고 향후 시스템의 필요성 및 타당성을 조사하는 단계이다. 시스템 분석 단계는 시스템이 무엇(what)을 수행할 것인가를 조사하는 단계이며, 기능계층도, 자료흐름도(DFD), 미니명세서, 자료사전(DD) 등의 문서를 작성한다. 시스템 설계 단계는 분석 단계의 문서를 바탕으로 어떻게(how) 시스템을 개발할 것인가에 중점을 두며, 구조화 차트, 모듈 상세설계 등의 문서를 작성한다. 시스템 구현 단계는 설계 단계의 상세설계를 바탕으로 코딩 과정을 거쳐 프로그램을 완성하고 시스템의 오류를 테스트한 후 전환하여 프로젝트를 완성하게 된다.

5. 정보시스템 개발 조직

정보시스템 개발 조직은 CIO(chief information officer), 정보시스템 관리자, 시스템 분석가, 개발자, 프로그래머 등으로 구성된다. CIO는 정보 부서를 총괄하는 담당 임원이며, 정보시스템 관리자는 시스템 전반의 관리 업무를 담당한다. 시스템 분석가는 정보시스템의 요구분석과 시스템 설계를 담당하며, 사용자와 기술적인 부분을 담당하는 개발자 및 프로그래머 사이에서 조정 역할을 수행한다.

사례연구 1 한국농어촌공사 차세대 전사포털 구축사업

한국농어촌공사는 2016년 2월 차세대 전사 포털 구축사업을 완료하고 운영에 들어갔다. 7년전 구축한 기존의 포털시스템이 현재 실정에 맞지 않아 시스템을 재구축한 것이다. 현재 안정적으로 운영되고 있는 농어촌공사의 포털시스템은 모든 산업분야 특히 공공기관에서 강조되고 있는 협업과 소통의 활성화와 통합 업무 환경을 구축했다는 점에서 다른 공공기관의 관심을 받고 있다. 농어촌공사는 메뉴 구성에서부터 SNS, 메신저 등 디자인까지 현업의 요구사항을 적극적으로 반영, 포털시스템 구축의 모범 사례로 지적되고 있다.

한국농어촌공사는 스마트워크 기반으로 직원 간 실시간 의사소통 및 정보공유를 통한 협업강화의 필요성과 정부 3.0 실현 및 알권리 충족을 위한 전자문서 서비스 공개 확대에 대응하고 유연근무, 재택근무 등 새로운 근무 유형 도입으로 언제 어디서나 일할 수 있는 정보시스템 환경을 갖추는데 이번 포털 구축사업의 초점을 맞췄다. 이외에 포털을 통해 집단지성을 통한 창의적인 아이디어 발굴 등 개방 공유 소통 협업 활성화도 기대했다.

농어촌공사는 이를 위해 협업과 소통중심의 그룹웨어와 전자문서시스템 및 전자문서 원문공개시스템을 구축했다. 또한 사용자 중심의 새로운 통합 커뮤니케이션(UC) 체계와 실시간 협업 소통을 위한 소셜네트워크 서비스(SNS)체계를 마련했으며 모바일 오피스(mKRC)기능을 대폭 개선했다.

이번 농어촌공사 포털시스템의 가장 큰 특징은 기존 콘텐츠 위주의 정형화된 포털에서 개인화된 포털로, 관리자 중심에서 사용자 중심으로, 정적에서 동적으로 변했다는 점을 꼽고 있다. 관리자가 푸시하는 것이 아니라 관리자는 콘텐츠를 만들고 사용자가 이를 사용할 수 있도록 개인화 기능이 많이 추가됐으며, 사용자 편의성을 위한 반응형 UX도입으로 직관적이고 개인화가 가능한 맞춤형 포털 서비스 체계를 구축했다는 것이다. 또한 디자인도 최신 트랜드에 맞춰 개발하였을 뿐만 아니라 평균 응답시간이 0.3초로 응답시간도 빨라졌다.

시스템 바로가기, 사이트맵, 나의 메뉴 구현으로 메뉴 구조 및 접근성도 개선됐으며 일정관리와 회의, 설문 등의 업무를 나의 할 일에서 확인할 수 있도록 업무 지원시스템도 개선됐다.

헬프데스크를 서비스데스크로 확대한 것도 눈에 띈다. 서비스데스크를 통해 직원들의 각종 요구사항을 빠르게 처리하고 처리 결과를 알 수 있도록 시스템화했다. 직원이 서비스데스크를 통해 어떤 문제를 제기할 경우 이를 해당 직원에 통보하고 해당직원의 조치사항에 대해 요청한 직원이 조치사항에 대해 평가를 할 수 있도록 한 것이다.

이번 포털 시스템에서는 사내 SNS기능도 크게 강화했다. SNS를 통해 직원 간 소통은 물론 업무 공유도 가능할 수 있게 했다. 직원들 간의 소통을 위해 기존 게시판 형태로 운영되던 소통의 장을 카페 형태로 변화시켰는데 소통과 관련해서는 특히 집단지성을 위한 '지혜터'가 눈길을 끌고 있다. 지혜터 내에 사내 SNS, 카페, 토론방 그리고 공사의 백과사전이라 할 수 있는 Wiki를 구축해 협업과 소통의 장으로 활용할 수 있도록 한 것이다.

메신저와 포털을 연계해 포털에서 업무 대부분을 처리할 수 있도록 했다는 것도 이번 시스템의 주요 특징이다. 포털에서 직원 검색을 하고 검색된 직원에게 쪽지를 보내고 전화를 할 수 있도록 했다.

전자결재의 원문 공개 지원기능도 향상됐다. 원문확정 기능은 물론 결재문서 개인정보 검출 기능도 지원하고 있다. 기존에는 결재 프로세스 상에서 취소가 불가능했으나 현재는 취소가 가능하도록 중간결재자 결재취소 기능을 부가했다. 이외에 결재문서 댓글과 결재 흐름도 기능으로 결재 현황을 한눈에 볼 수 있도록 했다.

농어촌공사는 이번 차세대 전사 포털을 구축하면서 스마트 오피스 활성화를 위해 모바일 오피스 개선에도 많은 관심을 기울였다. 안드로이드와 iOS 등 모바일 기기에서도 메신저를 사용할 수 있도록 했으며 기존 PC가 아닌 서버에 데이터를 저장하는 방식으로 시스템을 개선했다.

모바일과 PC 메신저에서 동일하게 정보를 공유할 수 있도록 했으며 쪽지 회수 / 쪽지함 규칙 등 통합 메시지함 기능도 강화했다. 이외에 이미지 뷰어, 예약발송, 수신자 지정 방식 등 쪽지 기능은 물론 스티커, 화면캡처, 이전 대화 등 대화하기 기능, 그리고 HTML5 지원 웹관리자 페이지를 구현해 관리자 기능을 강화했다.

한국농어촌공사는 이번 포털시스템을 구축하면서 현업의 요구사항을 적극적으로 반영했다. 시스템 구축에 들어가면서 요구분석단계 전까지 현업으로부터 각종 요구사항을 취합해 메뉴 구성 등에 적극 반영했다. 전자문서의 원문을 공개할 때 시스템 상에서 개인정보와 관련돼 문제가 없는지를 확인하게 한 것도, 또한 SNS, 메신저 등을 디자인만 다를 뿐 카톡처럼 사용하기 쉽게 만들어 소통을 쉽게 할 수 있었던 것도 상당부분 현업의 요구사항을 수용한 결과였다.

출처: 컴퓨터월드, 2016. 5. 2.

| 사례질문 |

1. 포털시스템이란 무엇인가?
2. 한국농어촌공사의 포털시스템 구축에서 가장 강조되었던 점은 무엇이라 할 수 있는가?
3. 중소기업에서 포털시스템을 구축한다면 어떤 기능들이 들어가도록 조언을 하겠는지 토의해 보자.

사례연구 2 (주)엔비티의 애자일 방법론 도입 성공 사례

엔비티는 2012년 설립된 스타트업이다. 국내에 선보인 세계 최초 모바일 잠금화면 플랫폼 '캐시슬라이드(cashslide)'는 2017년 현재 1,800만 명 이상의 사용자를 확보하고 있으며, 국내의 성공을 바탕으로 해외 시장에도 적극 진출하여 중국에서 '쿠화(coohua)'도 성공 궤도에 안착시켰다. 2017년에는 임직원 100여 명의 회사로 성장했다.

엔비티는 빠르게 변하는 모바일 앱 시장에 사업적으로 유연하게 대처하기 위하여 2013년에 개발 조직에서 애자일 방법론을 도입하였다. 도입 초기에는 애자일 코치에 적합한 사내 인력을 선발하여 전환 배치하였으며, 이후 경험 있는 애자일 전문가를 채용 배치하며 애자일 방식을 성숙시켰다.

이후 엔비티는 이 회사는 전사적으로 애자일 방식을 사용하여 제품을 개발하고 있다. 3개의 제품개발실과 1개의 연구실이 있으며 각 실은 사업의 특성에 따라 애자일 방식을 다르게 사용한다. B2B와 기술 연구를 다루는 경우 칸반을 주로 사용하고, B2C의 경우 스크럼/XP를 하이브리드하여 주로 사용한다. 주력 사업인 캐시슬라이드 제품개발실은 3개의 개발팀으로 구성되어 있다. 이 중 2개의 팀은 신규 개발 과제를 주로 담당하고, 1개의 팀은 개선 및 운영 개발 과제를 주로 담당한다. 신규 개발 과제를 담당하는 2개의 팀은 전담 애자일 코치와 함께 프론트엔드 앱 및 백엔드 서버 개발자, 제품 디자이너 등 6~7명으로 구성되어 있는 기능 혼합(cross-functional) 팀이다.

팀의 애자일 코치는 개발팀이 담당한 개발 과제가 성공적으로 완료될 수 있도록 전반적인 개발 활동을 조율하는 엔지니어링 매니저 역할을 한다. 더불어 각종 계획, 일간 스탠드업, 회고, 리뷰 등의 활동을 퍼실리테이션 하면서 개발 팀이 자기조직화 할 수 있도록 코칭하고 이끈다.

개선 및 운영 개발 과제를 주로 담당하고 있는 개발팀은, 전담 애자일 코치가 있지 않으며, 제품의 아키텍트가 엔지니어링 매니저 역할을 한다. 주로 담당하는 과제의 특성상 칸반을 주로 사용한다. 반면 신규 개발 과제를 주로 담당하는 개발팀은 스크럼을 중심으로 관련 방법들을 하이브리드한 방식을 주로 사용한다.

캐시슬라이드 제품개발실에는 제품개발실 소속으로 1명과 각 개발팀 소속 2명, 총 3명의 애자일 코치가 있다. 캐시슬라이드 제품개발실 외 다른 제품개발실에는 애자일 코치가 없으나, 필요시 요청을 하면 해당 제품개발실은 애자일 코칭을 지원 받을 수 있다. 제품 책임자는 제품개발실 별로 1명씩 배정된다. 캐시슬라이드 제품개발실은 제품/파티 백로그 정제 미팅, 파티과제 기획, 데일리 스탠드업 미팅, 제품/파티 회고, 월별 제품 리뷰, 분야별 학습조직 등의 활동을 진행하였다.

엔비티사는 애자일 적용을 통해 빠르고 유연한 개발문화를 가지게 되었으며, 시장의 변화에 신속하게 대처하며 더 나은 서비스를 사용자에게 제공할 수 있게 된 것이 주요 효과라고 설명한다. 직원들은 '일반적인 회사에서보다 더 많은 의사결정권을 가지게 되면서 업무에 대한 오너십이 높아졌고, 높은 성취감을 느낄 수 있게 되었다.' 고 이야기한다. 엔비티는 캐시슬라이드 제품 외 새로운 제품들을 지속적으로 출시하며 빠르게 성장하고 있다.

출처: SW중소기업을 위한 경량개발 방법론, NIPA, 2018

| 사례질문 |

1. 본 사례에서 애자일 방법론과 전통적인 개발 방법론이 SDLC, 객체지향방법론 등의 차이점이 잘 나타난 부분은 어디인가?
2. 애자일 성공사례로 소개된 엔비티는 모바일 IT 서비스를 하는 중소기업. 엔비티에서 성공적으로 적용된 방법론이 전통적인 제조기업에도 잘 적용될 수 있을지 토의해보자.

CHAPTER 13

아웃소싱과 클라우드 컴퓨팅

1. 아웃소싱의 정의
2. 오프쇼어링의 정의
3. 아웃소싱의 유형
4. 정보기술의 아웃소싱
5. 클라우드 컴퓨팅

학/습/목/표

정보기술이 발전함에 따라 기업은 정보 자원의 상당 부분을 아웃소싱에 의지할 수밖에 없는 상황이다. 아웃소싱은 물류비용의 저렴화와 값싼 통신비용으로 말미암아 국내업체뿐만 아니라 해외업체까지도 쉽게 아웃소싱의 파트너가 되고 있다. 클라우드 컴퓨팅은 기업들의 아웃소싱을 보다 경제적이고 효율적으로 이용할 수 있게 할 것으로 기대된다. 여기에서는 기업들의 정보 자원 활용을 위한 아웃소싱의 정의, 유형, 활용 효과 등을 살펴보고 클라우드 컴퓨팅의 발전방향과 사례들을 살펴보고자 한다.

1. 아웃소싱은 무엇인가?
2. 아웃소싱의 유형에는 어떠한 것들이 있는가?
3. 아웃소싱의 필요성과 효과는 무엇인가?
4. 클라우드 컴퓨팅은 무엇인가?
5. 클라우드 컴퓨팅은 어떻게 발전하고 있는가?
6. 클라우드 컴퓨팅을 활용하는 기업의 사례들은 어떻게 확산되고 있는가?

1 아웃소싱의 정의

1980년대 이전에는 세계 대부분의 기업이나 조직들이 자체 혁심역량 위주의 기업경영을 하던 시기로 아웃소싱에 큰 관심을 기울이지 않은 상태였다. 그 당시에는 글로벌 경쟁이 심화되지 않은 상태였으며, 기업들 역시 자체 기획·설계·생산·판매로 이어지는 일괄 시스템만으로 효율적인 경영활동을 영위할 수 있었기 때문이었다. 그러나 1980년대 이후 미국의 장기적인 불황을 시작으로 세계 각지에서 기업의 구조조정 등 변화의 바람이 일면서 많은 기업들이 주력 사업 분야로 회귀하게 되었다. 이로써 부품 조달을 비롯한 많은 비즈니스 프로세스 상에서 아웃소싱이 확대되고, 그만큼 기업의 내부조직과 자원을 활용한 경제활동의 비중은 줄어들게 되었다. 이와 같은 기조 속에서 현재 까지도 아웃소싱의 중요성은 계속되고 있다.

아웃소싱은 기업의 생산 프로세스나 서비스 프로세스의 일부 또는 전부를 외부 전문업체에 위탁하여 외부의 자원을 효율적으로 활용하는 경영전략이다. 기업의 자원과 능력은 한정되어 있고 기업마다 보유하고 있는 핵심역량이 다르기 때문에 한 기업이 모든 기능을 잘할 수는 없다. 아웃소싱을 통해 기업은 비교우위에 있는 핵심역량에 집중하고 기타 부수적인 기능은 외부 전문업체에 위탁함으로써 기업의 경쟁력을 더욱 높일 수 있다. 소싱(sourcing)은 인소싱과 아웃소싱 두 가지로 분류되는데, 인소싱은 전통적인 방법으로, 조직의 계통과 체계를 통해 서비스와 기능을 직접 전달하는 경제활동 방식을 말하고, 아웃소싱은 부품 조달을 비롯한 사업의 일부 또는 많은 부분을 외부에 위탁하는 방식을 말한다.

기업들이 아웃소싱을 하는 이유는 투입되는 비용을 절감하거나, 유연한 생산시스템을 구축하기 위해, 또는 비교우위에 있는 기업의 핵심역량에 집중하기 위함이다. 이외에도 내부 자원의 부족으로 이를 대체하기 위한 수단을 확보하거나, 기업 전체의 효율성 증대를 위하여 아웃소싱을 활용한다. 또한 기업들은 자신의 기업이 보유하고 있지 않은 특별한 정보기술을 사용하기 위해 아웃소싱을 활용하기도 하며, 경영환경의 변화에 대응하기 위하여 유연성 확보를 목적으로 아웃소싱을 활용하기도 한다. 그리고 내부 기반시설에 투자비가 부족한 경우 또는 혁신을 추진하고자 하는 경우에도 아웃소싱이 활용되고 있다.

2 오프쇼어링의 정의

오프쇼어링은 기업들이 제조 및 서비스 분야의 업무 일부를 인건비가 싼 해외로 이전시키는 현상을 말한다. 2000년대 초반부터 미국의 제조업체들이 생산, 용역 등을 인건비가 싼 중국과 인도로 보내기 시작하면서 본격화되었다. 오프쇼어링은 아웃소싱과 비슷한 개념이지만, 생산 프로세스 등과 같이 국한된 제조 영역에서의 이전을 뜻하는 아웃소싱 보다 적극적인 경영전략이다. 오프쇼어링은 첨단 정보통신기술(ICT)의 발달과 선진국·개발도상국 간의 임금격차로 인해 발생한다. 인터넷과 디지털 기술이 발달하면서, 콜센터, 데이터 분석, IT 서비스, 제품 연구 및 신제품 디자인 등의 업무에 이르기까지 아웃소싱의 영역이 확대되고 있다. 또한, 오프쇼어링의 경우도 미국 기업을 중심으로 증가하고 있다. 특히, 임금수준도 낮으며, 정보통신 분야의 영어 구사능력을 갖춘 숙련된 노동력이 풍부한 인도에 IT 관련 서비스를 발주하는 경향이 두드러지고 있다. 하지만 국내의 자본과 설비가 해외로 빠져나간다는 점과 국내의 저학력·미숙련 노동자들이 일자리를 잃는다는 점에서 심각한 사회문제가 되기도 하여, 최근에는 리쇼어링 현상이 발생하기도 한다.

오프쇼어링은 IT업체와 데이터 처리가 주 업무인 금융업체를 중심으로 활발하게 이루어지고 있으며, 거대기업들도 동참하는 추세이다. 대표적인 사례로 IBM은 2004년 기준 4,730명의 인력을 오프쇼어링을 통해 충당하였으며, GE, Citibank도 상당수의 해외 인력을 고용 중이다. 또한 정보기술 집약형 업종의 대표적 기업인 Accenture, Google, Oracle, SAP, Verizon 등은 적극적으로 오프쇼어링을 활용 중이다.

3 아웃소싱의 유형

1) 위치와 통제에 따른 아웃소싱의 유형

아웃소싱은 조직의 내부와 외부 활용 정도, 지역적으로 해외 또는 국내 활용에 따라, 국내 아웃소싱, 해외 아웃소싱, 내부 공유서비스, 내부 오프쇼어링 등으로 나눌 수 있다.

- **국내 아웃소싱**: 계약회사가 고객회사를 위한 소프트웨어를 개발하거나 제품을 공급하는 형태
- **해외 아웃소싱**: 해외의 협력업체나 공급업체가 제품이나 소프트웨어 개발을 담당하는 형태
- **내부 공유서비스(국내 내부 공급)**: 국내에서 사내 프로젝트를 통하여 협력업체나 자회사가 제품과 소프트웨어 개발 등을 담당하는 형태
- **내부 오프쇼어링(해외 인소싱)**: 해외에 서비스센터를 개설하여 소프트웨어를 개발

하여 내부 수요를 충족하는 형태

해외 아웃소싱과 내부 오프쇼어링

해외 아웃소싱은 규모의 경제를 달성하고 비용을 효과적으로 줄일 수 있다. 더 나은 기술에 접근할 수 도 있고 프로세스를 향상시키는 동기부여가 가능하며 세계적인 수준의 표준을 모방할 수 있다. 반면에 제품 및 서비스의 인도과정에서 통제가 어려우며, 제한된 범위의 프로세스 만이 가능하고, 사후 서비스가 불안정 할 수 있다. 생산공정에 대한 지식을 획득하는 것은 제한되며, 장기간의 계약관리를 보장하는 것이 해외 아웃소싱의 성공에 필수적인 요소이다.

내부 오프쇼어링은 다국적 기업에서 생산공정을 한 지역에 집중함으로써 비용측면에서의 효율성을 증가시킬 수 있다. 프로세스 통제가 내부에서 가능하고, 프로세스 관련 지식을 보유할 수 있으며, 내부 보안이 철저히 이루어질 수 있다. 아웃소싱에 비하여 더 많은 비용이 투입되고, 변화에 느리게 반응할 수 밖에 없으며, 프로세스를 향상시키기 위한 동기는 약해질 수 있으며, 기술과 프로세스 개선 노력을 통해서만 비용 절감이 가능하다. 내부의 비효율성이 인소싱 센터에 전파될 수 있는 위험이 있다.

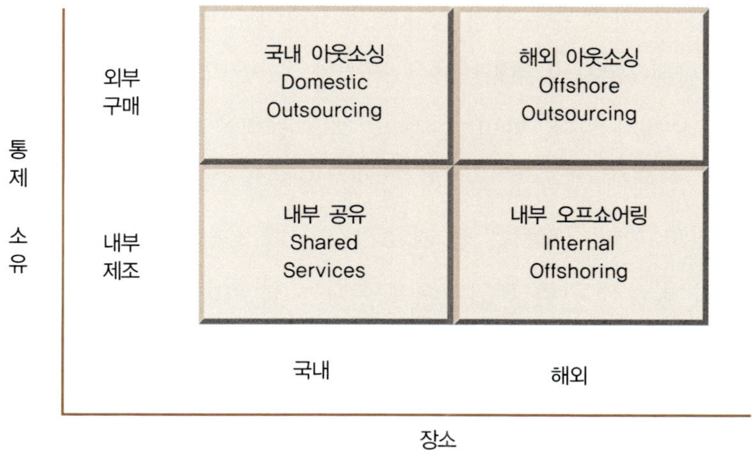

▌그림 13-1▐ 아웃소싱과 오프쇼어링의 비교

2) 아웃소싱의 목적과 영역에 따른 유형

과거에 비해 경영환경이 복잡해지고 경쟁이 심화됨에 따라 기업은 더 이상 모든 분야에서 경쟁우위를 가지기 힘들게 되었다. 기업이 수행하던 기능의 일부를 외부 공급자에게 위탁·주문함으로써, 기업은 특정 경쟁우위 분야를 핵심역량으로 선택하여 자원과 전략을 집중하고, 나머지는 아웃소싱을 활용하게 된다. 구체적으로, 아웃소싱의 목적은 ① 조직 관련 유연성(경영환경에 대한 유연한 대처, 조직 변환), ② 업무 향상 관련 전문성(새로운 혁신 또는 발전 기대, 성과 향상), ③ 재무 관련 저비용(기초 투자비용 축소, 유동성 향상, 비용절감에 의한 수익창출) 등을 추구한다. 아웃소싱은 전략적, 전술적으로 구분되는데, 전술적인 경우는 단순 아웃소싱으로 경비절감이 목적이며, 전략적인 경우는 기업 전체의 경쟁력 향상을 위해 아웃소싱을 결정한다. 따라서 전략적 아웃소싱은 ① 미래 기업의 목표 및 방향 ② 핵심역량 ③ 총원가구조 ④ 장기 전략 등이 고려되어야 한다.

아웃소싱은 기업들의 세부 영역에 따라서 디자인/설계 분야, 제조 분야, 정보기술/지원 분야 등에서 사용될 수 있다. 디자인/설계 분야에서의 아웃소싱은 대부분 외주업체의 전문성을 활용하고자 하며, 낮은 원가를 목적으로 OEM(original equipment manufacturer) 방식을 활용한다. OEM은 주문자의 의뢰에 따라 제조업체는 생산을 하고 주문자의 상표를 부착하여 판매하는 방식을 의미한다. 이 경우 시장적시성 확보 및 투자비용은 최소화되지만 영업허가권 문제와 제조유연성이 적다는 문제가 있다. 반면, 설계 및 개발 능력을 갖춘 제조 업체가 유통망을 확보한 판매 업체에 제품을 공급하는 생산방식을 ODM(original design manufacturer)이라고 한다. ODM은 총 제조시간이 다소 느려지고 투자비용이 증가하며, 구매자가 공급자 관리를 연계해야 한다는 단점이 있다. 공급자 관리를 위해 SCM을 통한 통제가 가능할 수는 있으나, 제조/생산 전반에 걸쳐 하도급 업체에 대한 높은 의존도 때문에 차후에 발목을 잡히는 경우나 믿는 도끼에 발등을 찍히는 상황이 발생할 수 있다.

정보기술과 지원 분야에서는 정보시스템 아웃소싱인 ITO(information technology outsourcing), 기업 특정영역을 아웃소싱을 주는 BPO(business process outsourcing), 전문지식 분야의 전부 또는 일부를 아웃소싱하는 KPO(knowledge process outsouring) 등이 있다.

정보 자원을 아웃소싱하는 데에는 주로 정보기술 아웃소싱(ITO), 비즈니스 프로세스 아웃소싱(BPO), 지식 프로세스 아웃소싱(KPO) 등이 활용된다. 정보기술 아웃소싱(ITO)은 하드웨어, 소프트웨어, 플랫폼, 정보관리 인력, 인터넷, 통신망 등 기업의 정보 자원과 관련된 부문을 아웃소싱하는 것을 말하는데, 대부분의 기업들은 범위의 차이는 있지만 많은 부분에서 정보기술 전문업체들이 제공하는 정보 서비스를 아웃소싱하여 경제적이고 효율적으로 활용하고 있다. 비즈니스 프로세스 아웃소싱(BPO)은 기업의 일부 생산 활동 또는 서비스 활동을 외부의 전문업체에 아웃소싱하는 것을 말하며, 부품생산의 일부 과정, 서비스의 일부 과정, 인터넷 콜센터, 온라인 콜센터 등을 외부 전문업체로부터 아웃소싱하여 활용하기도 한다. 지식 프로세스 아웃소싱(KPO)은 기업의 조사분석, 신용평가 모델링 등에 적용하고 있으며, 투자은행과 컨설팅기관 등에서 적극적으로 활용하고 있다.

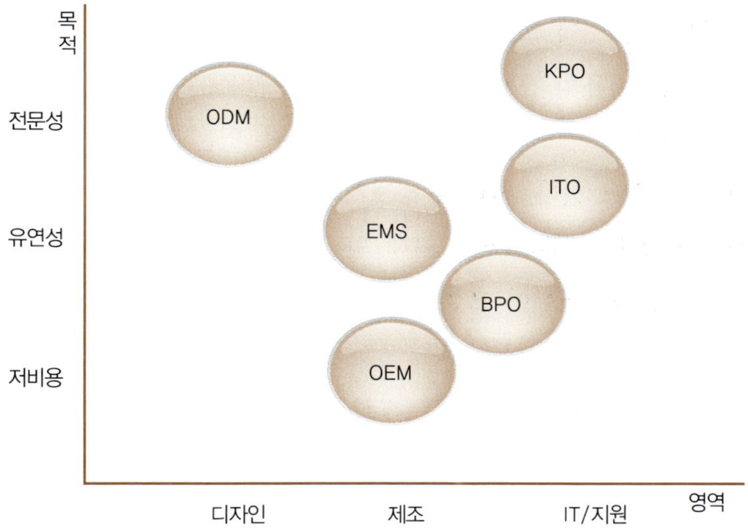

▌그림 13-2▌ 아웃소싱의 목적과 영역에 따른 유형들

대표 사례로 공장 없는(fabless manufacturing) 나이키의 예를 들수 있다. 나이키는 핵심역량인 R&D, 스포츠 마케팅, 브랜드 이미지 설정에 매진하고, 생산은 전량 아웃소싱에 의존하고 있다. 다수의 공급자 활용 전략을 채택하여, 공급 파트너들은 10년 이상 장기간 동안의 관계를 유지하며 최신 제품을 생산하고 있다. 중국 등지에서의 대규모 공급자들은 특정 품목 또는 제품을 전담하고 생산하기도 한다.

4 정보기술의 아웃소싱

생산, 마케팅, R&D 등의 기능에 대해서는 과거부터 비용절감을 위해 아웃소싱을 많이 하였으나, 정보시스템 기능에 대한 아웃소싱은 정보 자원의 중요성과 보안이라는 측면에서 아웃소싱의 대상에서 제외되어 왔다. 그러나 1980대 후반 USAA(united services automobile association)-IBM과 같은 주요 성공사례가 소개되면서 정보시스템의 아웃소싱에 대한 관심도가 높아져 점차 확산되기 시작하였다. 더욱이 조직의 정보기술 환경이 급격하게 변화함에 따라 정보시스템의 아웃소싱이 조직에서 취할 수 있는 중요한 전략적 선택이 되었다. 기술측면에서, 정보기술의 급격한 발달로 인하여 새로운 정보기술의 도입 및 관리문제를 내부적으로 해결한다는 것이 조직에는 적지 않은 부담이 되고 있다. 조직측면에서는 정보기술에 대한 비용의 증가로 이를 고려하지 않을 수없는 상황이 발생하고 있기도 하며, 정보기술이 조직의 경쟁력을 높일 수 있는 중요한 수단이 되고 있다는 점 또한 부각되고 있다. 따라서 정보시스템의 일부 기능 또는 전부에 대해 외부 서비스 공급업체인 벤더(vendor)에 의존하는 아웃소싱이 확산되고 있다.

아웃소싱의 확산과 더불어 그 특징도 시대에 따라 변하고 있다. 아웃소싱의 변화 추세를 보면 다음과 같다.

첫째, 일반적으로 중소기업이 아웃소싱을 하는 이유는 정보시스템 기능을 자체적으로 제공할 여력이 없기 때문이다. 그러나 최근에는 정보시스템 부서가 잘 갖추어진 대기업에서도 아웃소싱을 하고 있는 추세이다. 대기업도 외부 서비스 제공업체들의 기술력을 활용하여 데이터를 처리함으로써 부가가치가 높은 부분에 자원을 집중시키고 있다.

둘째, 아웃소싱의 범위와 깊이의 강도가 커지고 있다. 과거에는 애플리케이션 패키지, 계약에 의한 프로그래밍, 특정 분야의 정보 처리에 국한되어 아웃소싱을 하였지만, 1990년대부터는 정보통신 관리, 시스템 통합, 애플리케이션 개발, 시스템 운영 등 보다 중요한 업무에까지 아웃소싱을 도입하고 있다.

셋째, 모든 기능에 대해 아웃소싱을 하는 방법도 있지만, 특정 기능에 대해서만 아웃소싱을 실행하는 선택적 아웃소싱이 증가하고 있는 추세다.

넷째, 외부 서비스 제공업자의 입장에서는 자신들이 조직 기능의 일부를 담당하고 있을 뿐 관리에 대한 책임을 지지 않으려는 것이 현재까지의 경향이었다. 그러나 최근에는 아웃소싱 산업의 경쟁이 치열해짐에 따라 자신들이 제공하는 서비스에 대한 책임도 감수하는 서비스 제공업자들이 증가하고 있는 추세이다.

다섯째, 서비스 제공업자와 아웃소싱을 요청한 조직의 관계는 일반적으로 엄격한 계약에 따라 유지되어 왔다. 최근에는 이러한 관계가 상호 신뢰에 바탕을 둔 파트너십(partnership)의 관계로 변하고 있다.

지금까지 설명한 아웃소싱의 추세를 보면 정보시스템 기능에 대한 조직의 관점이 달라졌다는 것을 알 수 있다. 과거에는 정보시스템을 특정 부서의 기능으로 간주하였지만, 지금은 조직의 모든 부서에서 필요로 하는 기본적인 기능으로 보고 있다. 또한 정보시스템을 기술뿐만 아니라, 정보의 활용이나 정보 자원의 관리라는 측면에서 바라보고 있다.

아웃소싱이 확산됨에 따라 아웃소싱의 성과는 직접적으로 정보시스템 및 조직의 성과로 직결된다. 그러나 아웃소싱을 하였다고 해서 무조건 성과가 높아지는 것은 아니며, 어떤 방식으로 아웃소싱을 추진하느냐에 따라 성과가 달라질 수 있다. 그러면 아웃소싱의 성과를 높이기 위해서는 어떻게 하여야 하는가? 아웃소싱의 방식은 아웃소싱을 도입할 당시에 결정하여야 할 아웃소싱의 여러 차원(dimension)에 따라 달라진다. 고려해야할 아웃소싱의 차원으로는 아웃소싱의 정도, 대상, 유형, 기간, 서비스 공급자의 수, 계약의 방식 등을 들 수 있다.

1) 정보기술 아웃소싱 분야

아웃소싱을 고려할 때 가장 중요한 것은 아웃소싱의 정도이다. 아웃소싱이 조직에 확산되기 이전에는 아웃소싱을 도입할 것인가에 대한 결정이 중요하지만, 일단 도입이 결정 되고 나면 아웃소싱을 어느 정도까지 적용할 것이냐의 문제가 대두된다. 어느 정도 아웃소싱을 할 것인가를 결정하기 위해서는 이에 대한 타당한 측정 지표가 필요하다. 아웃소싱 정도는 정보시스템 예산 대비 아웃소싱 예산의 비율, 산업평균 대비 상대적 정도, 의사결정 및 책임의 정도, 총 자산에 대한 아웃소싱 비용의 비율 등 다양한 방법으로 측정될 수 있다.

아웃소싱 정도를 측정하는데 가장 중요한 요인은 아웃소싱 대상의 선정이다. '모든 기능을 인소싱(insourcing) 할 것인가 아니면 아웃소싱을 할 것인가'와 같이 이분법으로 결정하는 방식은 바람직하지 않다. 인소싱과 아웃소싱의 중간 형태로 일부 기능은 인소싱을 하고 나머지는 아웃소싱을 하는 미들소싱(middlesourcing)의 형태를 취하는 방식이 보다 합리적일 수 있다. 외부에 노출되어서는 곤란하거나 전략적으로 중요한 부분은 자체 정보기술 인프라와 인력을 확보하여 인소싱을 하고, 기타 부수적인 부분은 아웃소싱을 하는 것이 일반적인 방식이다. 아웃소싱 대상에 대한 분류는 시스템 수명주기나 적용 업무에 따라 분류하기도 하지만, 가장 많이 사용되는 방식은 정보시스템의 기능에 따라 분류하는 것이다. 다음은 기능에 따라 분류한 전형적인 예이다.

▌표 13-1▐ 정보기술 아웃소싱의 대상

대상	주요 업무
애플리케이션 개발	새로운 애플리케이션의 개발 및 통합
시스템 운영 및 유지보수	시스템 운영 및 하드웨어, 소프트웨어, 데이터, 기타 시설의 관리 및 유지보수
네트워크의 관리 및 유지보수	네트워크와 관련된 제반시스템의 관리 및 유지보수
최종 사용자 지원	PC와 모바일 디바이스의 구매 및 유지보수, 정보센터의 운영 등 최종 사용자에 대한 지원 및 교육
시스템 계획 및 관리	정보시스템 계획, 프로젝트의 계획 및 관리, 정보전문가의 교육, 컨설팅 업무

출처: 정경수 외(2010). p. 510.

2) 정보기술 아웃소싱 전략의 유형

어떠한 경우에, 어떤 부분에 대해 아웃소싱을 도입할 것인가에 대한 물음에 답하기는 쉽지 않다. 분명한 것은 아웃소싱 대상의 선정은 성과에 직접적으로 영향을 미치기 때문에 조직의 목표 등을 고려하여 신중하게 정해야 한다. 일반적으로 다음과 같은 경우에 아웃소싱을 하면 위험을 최소화하면서 효과를 최대한 높일 수 있을 것이다. 첫째, 경쟁업체에 비해 우위에 있지 못한 정보시스템의 경우, 둘째,

문제가 발생하여도 조직에 큰 영향을 미치지 않는 정보시스템의 경우, 셋째, 조직의 정보시스템 기능이나 자원이 취약한 경우, 넷째, 아웃소싱을 통해 정보기술에 대한 노하우(knowhow)를 획득하고 내부에 축적하고자 할 경우이다. 그러나 이러한 경우가 아니더라도 조직이 처해 있는 상황에 따라 아웃소싱의 형태나 정도 등이 달라질 수 있다.

아웃소싱의 전략 유형은 다양한 기준에 따라 분류될 수 있다. Nam(1996)은 [그림 13-3]에서 볼 수 있듯이 아웃소싱의 유형을 애플리케이션의 전략적 중요성과 서비스 제공업자에 의해 대체되는 정도를 두 개의 축으로 구성하여 사분면 상에 네 가지 전략을 나타냈다. 네 가지 전략은 Support, Reliance, Alignment, Alliance이다.

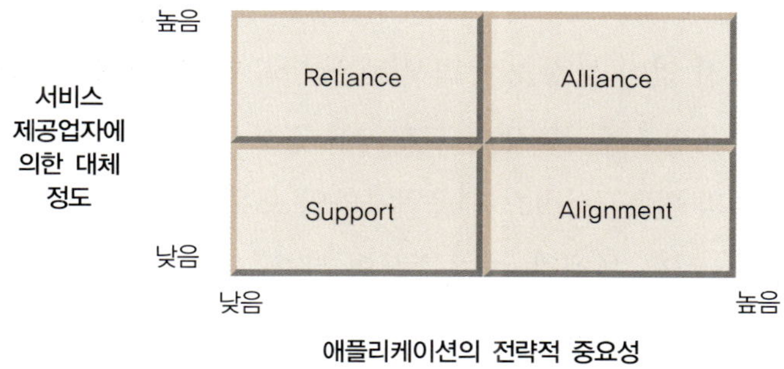

[그림 13-3] 정보기술 아웃소싱의 전략 유형

출처: 정경수 외(2010). p. 512.

- **지원(support)**: 서비스 제공업자에 의해 대체되는 정도와 애플리케이션의 전략적 중요성이 모두 낮은 경우이다. 이 유형은 가장 전형적이면서 초기 형태의 아웃소싱 방식이다. 계약에 의한 프로그래밍, 하드웨어의 유지보수 등을 위한 아웃소싱이 여기에 해당된다.
- **의존(reliance)**: 전략적 중요성은 낮지만 서비스 제공업자에 대한 의존도는 높은 경우이다. 아웃소싱 분야에서 널리 알려져 있는 IBM-Kodak 사례가 여기에 해당된다. 비용절감이 주된 목표이며, 장기 계약을 하는 것이 특징이다.
- **제휴(alignment)**: 서비스 제공업자에 대한 의존도는 낮지만 애플리케이션의 전

략적 중요성은 높은 경우이다. 정보시스템 계획 및 설계에 대한 컨설팅이 여기에 해당된다. 의존도는 비록 낮지만 서비스 제공업자가 조직에 미치는 영향은 크다고 할 수 있다.

- **동맹(alliance)**: 서비스 제공업자에 대한 의존도도 높고 애플리케이션의 전략적 중요성도 높은 경우이다. 전략적으로 중요한 분야에 대하여 모든 책임을 지고 아웃소싱을 하는 것이다. 새로운 제품의 개발 또는 새로운 시장의 공략을 위한 시스템의 계획 및 설계가 여기에 해당된다. 서비스 제공업자와 장기 계약을 맺는 것이 일반적이다.

아웃소싱의 유형을 자산 아웃소싱과 서비스 아웃소싱으로 나눌 수 있다. 자산 아웃소싱은 정보기술 인력, 하드웨어, 소프트웨어 등 자산을 아웃소싱하는 것이다. 장비의 임대 및 유지보수가 대표적인 예이다. 반면에 서비스 아웃소싱이란 이러한 자산의 이전 없이 특정 기능의 서비스 만을 아웃소싱하는 것이다. 대표적인 예는 콜센터의 운영을 들 수 있다. 그 외에 정보시스템의 유형, 정보시스템의 요소, 정보시스템의 활동, 서비스 제공업자와의 소유 및 지배구조, 정보시스템 구성요소의 위치, 소유권, 통제권, 아웃소싱의 기간, 서비스 제공업자의 수 등에 따라 아웃소싱의 유형을 구분하기도 한다.

3) 정보기술 아웃소싱의 효과

정보기술 아웃소싱의 효과는 매우 다양하고 광범위하다. Cheon(1992)은 이를 체계적으로 분류하여 전략적 효과, 경제적 효과, 기술적 효과로 나누었다. 구체적인 내용을 보면 다음과 같다.

(1) 전략적 효과

첫째, 조직의 역량을 핵심적인 분야에 집중할 수 있다. 이는 아웃소싱의 근본적인 목적이라고 할 수 있다. 기술과 경영은 상호 영향을 미치기 때문에 기술과 경영 어느 하나도 소홀히 할 수 없다. 아웃소싱은 정보기술에 대한 문제를 다른 조직에 일임함으로써 경영 문제에 보다 관심을 기울일 수 있게 한다.

둘째, 조직에는 우수한 정보기술 인력이 있지만 이들은 일상적인 정보시스템 운영 및 유지보수에 대부분의 시간을 보내고 있다. 이러한 업무를 아웃소싱하게 되면 이들을 보다 창의적이고 조직의 경쟁력을 높일 수 있는 업무에 활용할 수 있게 된다. 그 결과 사용자의 요구에 신속하고 유연하게 대응할 수 있게 된다.

셋째, 정보시스템 부서에서 정보기술 인력의 능력은 매우 중요하다. 그러나 정보기술이 워낙 빠르게 발전하기 때문에 수준 높은 정보기술 인력을 유지하는 것이 쉽지 않다. 아웃소싱을 하면 이러한 문제에 대한 고민은 서비스 제공업자의 몫으로 돌아간다. 서비스 제공업자들이 정보기술 인력을 선발, 훈련, 관리하여야 한다. 하드웨어와 소프트웨어에 대한 부분도 마찬가지이다. 아웃소싱을 하면 정보기술 자산을 보유함으로써 부담하여야 할 비용과 위험을 피할 수 있다.

(2) 경제적 효과

첫째, 최근 정보기술에 대한 비용이 증대되고 있는데, 이러한 점이 조직으로 하여금 아웃소싱을 활용하게 만들고 있다. 서비스 제공업자들 입장에서는 많은 조직에 서비스를 제공함으로써 규모의 경제(economies of scale)를 달성할 수 있다. 따라서 조직의 입장에서는 아웃소싱을 통해서 비용을 절감할 수 있을 뿐만 아니라, 다양한 서비스 제공업자를 상대로 아웃소싱을 할 수 있기 때문에 범위의 경제(economies of scope) 또한 누릴 수 있다.

둘째, 정보기술의 발전은 정보기술에 투자하는 비용에 대한 예측을 어렵게 한다. 아웃소싱을 하면 서비스 제공업자와 고정가격으로 계약함으로써 비용에 대한 불확실성을 제거할 수 있다.

(3) 기술적 효과

첫째, 최신 정보기술의 활용은 조직의 경쟁력 향상에 많은 도움을 줄 수 있다. 조직의 정보기술 기반구조를 항상 최신의 상태로 유지하는 것도 어려울 뿐만 아니라 이를 활용할 수 있는 인력을 확보하는 것도 힘들다. 서비스 제공업자들은 정보기술 분야의 최신 지식과 다양한 경험을 갖추고 있으며 최신 기술을 획득하기 위해 많은 투자를 하고 있어 아웃소싱을 통해 이들의 전문성을 효율적으로 이용할 수 있다.

둘째, 정보기술 기반구조의 특성 상 변화가 빠르게 일어나고 있기 때문에 기존 기술은 쉽게 노후화된다. 서비스 제공업자들은 사업의 성격상 항상 최신의 정보기술을 제공하지 않으면 안 된다. 따라서 아웃소싱을 하면 정보기술 기반구조의 노후화에 따른 위험을 감소시켜 주고 유연성을 높여 준다.

셋째, 아웃소싱을 하면 정보기술 인력의 활용이 훨씬 쉬어진다. 정보기술 인력의 특성상 필요한 시점에 필요한 수준의 인력을 확보한다는 것은 쉬운 일이 아니다. 그러나 아웃소싱을 통해 비용만 지불하면 이러한 문제를 해결할 수 있다.

모든 조직이 아웃소싱을 통하여 효과를 보는 것은 아니다. 아웃소싱에 대한 잘못된 이해와 관리의 부재는 오히려 조직에 심각한 문제를 야기할 수 있다. 아웃소싱의 위험적인 요소는 다음과 같다.

첫째, 정보시스템을 개발하고 운영하는 데 책임을 외부업체에 넘김으로써 정보시스템 기능에 대한 통제권을 잃어버릴 수 있다. 특히 전문가가 없어 서비스 제공업자와의 계약을 유리하게 체결하지 못하였다면 서비스 제공업자에게 전적으로 의존하게 되는 결과를 초래한다.

표 13-2 아웃소싱의 효과와 위험

효과	위험
• 전략적 효과 - 조직의 역량을 핵심 분야에 집중 - 정보기술 인력의 창의적 업무에 활용 - 정보기술 자원의 보유 부담 회피 • 경제적 효과 - 비용절감 - 정보기술 비용에 대한 불확실성 제거 • 기술적 효과 - 최신 정보기술의 활용 - 정보기술 기반구조의 노후화 위험 제거 - 정보기술 인력 활용이 용이	• 정보시스템 기능에 대한 통제권 상실 • 내부 기밀사항이나 정보의 유출 • 예상하지 못한 비용의 발생 • 정보기술에 대한 지식 축적 곤란 • 계약 준수의 엄격한 관리 곤란

출처: 정경수 외(2010). p. 515.

둘째, 아웃소싱을 하게 되면 조직의 중요한 내부 기밀사항이나 정보가 유출될 가능성이 있다. 물론 서비스 제공업자의 입장에서는 이러한 점을 최우선적으로 고려하여 고객들의 우려를 없애 주겠지만 가능성은 항상 있는 것이다. 따라서 전략적으로 중요한 분야에 대한 아웃소싱은 신중을 기하여야 한다.

셋째, 비용절감은 아웃소싱의 장점이지만 때로는 단점이 될 수도 있다. 서비스 요청업체의 문화와 서비스 제공업체의 문화가 달라 서로 의사소통이 잘되지 않는 경우 조정에 따른 비용이 발생한다. 아웃소싱 계약을 잘 준수하는지 감시 감독하는 비용, 그리고 서비스 제공업자에 대한 의존도가 높아 발생하는 비용 등도 반드시 고려해야한다. 이러한 비용들은 아웃소싱을 고려할 때 예견한 비용이 아니라 추후에 인지되는 비용인 경우가 많다.

넷째, 아웃소싱을 하면 정보기술에 관련된 지식의 축적이 어렵게 된다. 아웃소싱으로 인해 기존 정보기술 인력은 조직 내부에서 자신의 고유한 역량을 발휘할 수 있는 역할 또는 직책을 구하기 힘들게 된다. 이는 결국 조직 내부의 정보기술에 대한 지식을 쌓을 수 있는 인적자원을 잃게 되는 악순환의 고리가 될 수 있다. 또한 아웃소싱을 통해 서비스 제공업자의 정보기술 인력에만 의존하게 되면 결국 내부 인적자원의 교육이나 자기 개발 등의 필요성을 느끼지 못해 조직 내부의 정보기술 역량은 점차 감소될 수 있다.

다섯째, 서비스 제공업자의 목적과 조직의 목적이 다르기 때문에 적절히 통제하지 못하면 아웃소싱의 효과를 높일 수 없다. 적절한 계약과 그 계약의 준수에 대한 관리는 쉽지 않다. 이러한 점 때문에 최근에는 서비스 제공업자와의 파트너십에 대한 관심이 높아지고 있다. 아웃소싱의 효과와 위험을 〈표 13-2〉에 요약하였다.

(4) 정보기술 아웃소싱의 성공요인

아웃소싱이 성공하기 위해서는 아웃소싱에 대한 의사결정(대상, 정도, 기간, 서비스 공급업자의 선정, 계약 내용 등)뿐만 아니라 관리적인 측면에서 고려하여야 할 점이 많다. 아웃소싱 제공업체와 서비스수준협약(service level agreement: SLA)을 체결하여 쌍방 간 보다 체계적인 관계를 설정하려 노력하고 있지만 여전히 상호신뢰 및 커뮤니케이션 등 비계약적 요소가 아웃소싱 성공의 중요한 열쇠로 인식되고 있다. 아웃소싱의 성과에 영향을 미치는 요인을 설명하면 다음과 같다.

① 파트너십(partnership)

서비스 제공업자는 적절히 통제하지 않으면 고객이 아니라 자신들의 목적을 위해 노력하려는 경향이 있어 엄격한 계약을 체결하여야 하는 것으로 알려져 왔다. 그러나 동기부여 없이 엄격한 계약을 통해서만 아웃소싱이 성공한다는 것이 얼마나 어려운 일인지 경험적으로 알게 되었다. 따라서 최근에는 서비스 제공업자와의 파트너십이 중요한 성공요인으로 등장하고 있다.

파트너십은 아웃소싱에 대해 아웃소싱을 요청한 기업과 서비스 제공업자가 동일한 책임을 지는 협력적인 관계를 말한다. 파트너십이 아웃소싱의 성공을 위해 중요하다는 것은 United Services Automobile Association(USAA)의 사례에서도 잘 알려져 있다. USAA(아웃소싱 요청 업체)와 IBM(서비스 제공업자)은 엄격한 계약보다는 서로 협력적인 관계를 유지함으로써 아웃소싱의 성과를 높였다.

② 최고경영자와 CIO의 협력관계

정보시스템의 전략적 가치가 증가할수록 CIO의 역할도 점차 중요해지고 있다. CIO의 역할이 변하고 중요해짐에 따라 최고경영자와 CIO의 관계에 대한 관심도 증대되고 있다. 최고경영자와 CIO의 관계가 협력적일수록 정보시스템 계획 및 구현이 효과적으로 이루어져 궁극적으로는 정보시스템의 전략적 활용이 가능해진다. 최고경영자는 정보시스템의 역량에 대한 이해, 정보시스템의 활용에 대한 의지가 있어야 하며, CIO는 조직의 목표를 이해하고 이를 달성할 수 있는 정보시스템의 전략을 수립하여야 한다. 최고경영자와 CIO의 협력적인 관계는 일종의 조직 내 파트너십이라고 할 수 있다. USAA와 IBM의 사례에서와 같이 두 조직 간의 파트너십도 중요하지만 이를 위해서는 각 조직 내의 협력관계 또한 중요하다.

③ 최고경영자의 관심과 지원

정보시스템 개발에 최고경영자의 관심과 지원이 성공의 필수 요건이라는 것은 이미 잘 알려져 있는 사실이다. 새로운 시스템을 개발한다는 것은 조직에 변화를 초래하는 것이다. 인간은 근본적으로 변화를 싫어하는 경향이 있기 때문에 조직적인 저항에 직면할 수 있다. 변화에 대한 조직구성원들의 공감대를 형성하기 위해서는 최고경영자의 관심과 강한 리더십이 필요하다.

정보시스템의 일부 또는 기능 전부를 서비스 제공업자에게 이전하는 아웃소싱은 조직에서의 큰 변화라고 할 수 있다. 더욱이 정보시스템 서비스를 제공하는 과정에서 조직문화가 다른 구성원들이 갈등을 일으키는 경우, 심각한 저항에 부딪치게 된다. 따라서 최고경영자는 전사적인 차원에서 조직구성원에게 아웃소싱의 전략과 비전을 제시하여야 한다.

5 클라우드 컴퓨팅

클라우드 컴퓨팅(cloud computing)은 인터넷 기반(cloud)의 컴퓨터기술(computing)을 의미하는데, 구름(cloud)은 컴퓨터 네트워크 상에 숨겨진 복잡한 인프라 구조, 인터넷을 뜻한다. 클라우드 컴퓨팅은 사용자가 원할 때면 언제든 필요한 IT 자원을 사용할 수 있는 서비스를 제공한다. 즉, 복잡한 소프트웨어를 자신의 컴퓨터에 설치하지 않고도 인터넷 접속만으로 사용자가 원하는 서비스를 언제든 사용할 수 있고, 동시에 PC, 스마트폰, 테블릿 등과 같은 다양한 정보통신기기로 데이터를 손쉽게 공유할 수 있는 사용 환경을 말한다. 개인이 웹에 접속해서 포토샵이나 오피스 같은 프로그램을 사용할 수 있고, 그 작업의 결과물도 웹에 저장해 두고 언제든 수정 및 복제할 수 있다. 가상공간의 서버를 활용하여 여러 사람이 개인 작업을 동시에 할 수 도 있다. 모바일 뱅킹을 활용한 계좌이체, 항공기·열차의 실시간 좌석예약시스템 등이 대표적인 클라우드 컴퓨팅의 활용 사례이다. Google Apps의 경우, 웹 브라우저로 이용할 수 있는 일반적인 비즈니스 응용 프로그램들을 온라인으로 제공하고 소프트웨어와 데이터는 서버에 저장한다.

1) 클라우드 컴퓨팅의 정의

클라우드라는 용어는 1990년대에 거대한 규모의 ATM(automated teller machine)을 지칭하는 데서 쓰이다가, 소비자 중심의 웹 기반이 형성되는 21세기에 들어서 클라우드 컴퓨팅이라는 용어가 널리 퍼지기 시작했다. 클라우드 컴퓨팅을 통해 사용자들은 다양한 데이터를 신뢰성 높은 서버에 안전하게 보관할 수 있고, 인터넷에 연결되기만 한다면 누구나 다양한 작업을 할 수 있는 컴퓨팅 환경을 누릴 수 있다. 또한 개인이 보유하거나 휴대해야 하는 장비와 저장공간의 제약을 받지도 않는다. 그러나 서버가 해커로부터 공격당하면 개인정보가 유출될 수 있고, 재해로 서버의 데이터가 손상되면 사전에 백업되어 있는 데이터는 복구가 불가능할 수도 있다.

클라우드 컴퓨팅은 서로 다른 물리적인 위치에 존재하는 컴퓨터들의 리소스를 가상화 기술로 통합해 제공하는 기술이다. 즉 하드웨어(hardware)와 소프트웨어(software) 같은 IT 자원을 필요할 때 필요한 만큼 빌려 쓰고 이에 대한 사용요금을 지급하는 방식의 서비스를 말한다. IEEE(institute of electrical and electronics engineers)에서는 "데이터와 정보가 인터넷 상의 서버에 영구적으로 저장되고, 데스크탑이나 노트북, 태블릿, 스마트폰과 같은 클라이언트에는 일시적으로 보관되는 패러다임"으로 설명하고 있다. 클라우드 컴퓨팅은 이용편리성이 높고 산업적 파급효과가 커 디지털혁명을 주도하고 있는 차세대 인터넷 서비스로 자리를 잡았다.

2006년 9월 구글(Goolge)의 연구원이었던 Christophe Bisciglia에 의해 제안된 클라우드 컴퓨팅 개념을 살펴보면, 기업과 개인은 인터넷을 통해 필요시 서버나 소프트웨어를 빌려 쓰고, 이를 통해 IT 인프라에 대한 투자를 절감하여, 기업의 본래 핵심역량에 집중할 수 있음을 알 수 있다. 클라우드 컴퓨팅은 스마트폰, 아이패드, 갤럭시탭, 개인용 PC 등의 네트워크 단말기를 통해 cloud(구름) 서버에 접속하여 자유롭게 정보를 이용할 수 있다. 기본적인 컴퓨터 사양을 갖추고 인터넷 만 연결되어 있다면 클라우드에서 필요한 프로그램을 구동시켜 필요한 작업을 진행할 수 있고 작업내용을 클라우드에 저장할 수 있는 편리한 서비스이다. 다시 말해, 기본적인 컴퓨터 사양이 갖추어져 있고 인터넷 만 연결되어 있다면 클라우드에 접속하여 필요한 프로그램을 구동시켜 필요한 작업을 할 수 있고, 작업한 내용을 클라우드에 저장할 수 있고, 저장한 내용을 언제 어디서든 인터넷을 통해 스마트폰, 태블릿, PC 등에서 확인할 수 있다. 기업에서는 사용하고 있는 프로그램과 자료 등을 클라우드 서비스 업체의 데이터센터와 서버에 안전하게 저장할 수 있기 때문에 이를 관리하기 위한 별도의 저장공간 구입이나 추가적인 유지비용이 필요 없다. 따라서 이를 관리할 인원과 비용을 크게 절감할 수 있다. 개인 사용자들 역시 스마트폰이나 태블릿 등의 모바일기기를 통해 인터넷 사용이 가능한 환경에서 언제 어디서나 원하는 정보를 얻거나 원하는 작업을 할 수 있다. 한편 데이터가 보관되어 있는 서버는 해커, 바이러스의 공격, 또는 각종 자연재해나 사고 등으로부터 안전이 보장되어야 하며, 어떠한 문제도 발생하지 않도록 완벽한 보안과 함께 데이터의 백업시스템을 갖추어야 한다. 최근 데이터 전송속도에 있어서 4G를 넘어 5G 시대가 도래함에 따라 클라우드 컴퓨팅은 보다 풍부한 콘텐츠를 보다 빠르게 사용자에게 제공하는 데 크게 기여하고 있다.

▌그림 13-4▐ 클라우드 컴퓨팅

2) 클라우드 컴퓨팅의 특성

클라우드 컴퓨팅은 기존의 분산 컴퓨팅, 웹서비스, 서버 및 스토리지의 가상화 등 다양한 기술을 통합하고 융합해 제공되는 컴퓨팅 환경이다. 이러한 클라우드 컴퓨팅은 아래와 같이 다섯 가지의 특성을 갖는다.

(1) 자원의 공유(resource sharing)

클라우드 컴퓨팅 제공자는 다수의 고객들이 공유하고 나누어 쓸 수 있는 컴퓨팅 자원의 풀을 구성하여 제공한다. 이를 위해 클라우드 컴퓨팅 제공자는 수 천 또는 수 만개의 범용 서버를 한 장소에 물리적으로 구성한 데이터 센터를 운영해야 한다. 이러한 데이터 센터를 구성하기 위해서 분산 컴퓨팅 기술과 가상화 기술이 필요하다. 분산 컴퓨팅 기술은 흩어진 자원들을 하나로 모아주는 기술로써 요구되는 작업의 수행을 위해서 분산되어 있는 범용 서버자원들을 네트워크를 통해 하나로 묶어 마치 슈퍼컴퓨터와 같이 활용하는 방식을 의미한다. 가상화 기술은 모아진 자원을 효율적으로 배분해 주는 기술이다.

통상 하나의 서버에는 하나의 운영체계에 설치되어 운영 되나, 하나의 물리적 서버 위에 가상화 소프트웨어를 설치하여 여러 사용자가 다수의 운영체계를 독립적으로 운영할 수 있게 만들어 주는 기술이 가상화이다. 이를 통해 하나의 물리적인 서버가 다수의 가상 서버로 동적으로 할당, 생성, 소멸될 수 있어, 필요한 사용자들이 리소스를 나누어 쓰는 것이 가능해지며 컴퓨팅 자원의 효율성을 극대화 할 수 있다. 일예로, 10개의 하위 부서가 있는 회사에서 각 부서별 개별 서버를 운영하여 각 서버 별 최대 컴퓨팅 역량의 10% 정도가 가용되고 있다고 하자. 이 경우, 하나의 물리적 서버에 10개의 가상 서버를 구성하여 CPU와 메모리 등을 서로 공유함으로써 한 개의 서버로 100%의 효율을 달성할 있게 되는 것이다. 사용자가 데이터를 저장할 때 사용자는 가상 서버를 보게 되는데, 데이터가 특정 이름으로 특정 위치에 저장되는 것처럼 보인다는 뜻이다. 그러나 그 위치는 실제로 존재하지 않는다. 단지 클라우드에 지정된 가상공간을 참조하는 데 활용되는 가명이다. 실제로 사용자의 데이터는 클라우드를 만드는데 이용되는 다양한 서버에 어디든 저장될 수 있다. 클라우드 컴퓨팅은 가능한 스토리지 공간을 동적으로 관리하기 때문에 실제 저장 장소는 날마다 혹은 매 시간 마다 다를 수도 있다.

(2) 광범위한 네트워크 접속(broad network access)

클라우드 컴퓨팅은 사용자가 원하는 때에 어디에서든 인터넷 접속을 통해 원하는 작업을 수행할 수 있도록 보장해야 한다. 전 세계에 퍼져있는 네트워킹을 통해 클라우드 환경에 접속하기 위해서 표준화된 접근 및 관리방식이 명확히 수립되어야 하는데 이를 애플리케이션 프로그래밍 인터페이스(application programing interface: API)라고 한다. 네트워킹을 통해 외부로부터 서버에 접속할 경우, 클라우드 접속 명령, 새로운 가상서버를 생성하는 명령, 데이터를 저장소에 넣고 빼는 명령, 가상서버 상의 여러 가지 애플리케이션을 시작하고 중지시키는 명령 등 원격으로 컨트롤하기 위한 표준이 필요하다. 이를 통해 사용자 입장에서도 PC, 태블릿, 스마트폰, 사물인터넷 등을 통해 클라우드 컴퓨팅 기반의 서비스를 사용할 경우 서비스 제공자가 API 표준을 따르기만 하면 네트워크를 통해 에러 발생이나 호환성의 문제없이 원하는 서비스를 제공받을 수 있게 된다.

(3) 신속한 탄력성(rapid elasticity)

상기한 바와 같이, 클라우드 컴퓨팅은 분산 컴퓨팅 기술과 가상화를 통해 사용자의 요구에 따라 컴퓨팅 자원이나 분산 저장소의 크기를 실시간으로 확장 또는 축소할 수 있는 탄력성이 보장되어야 한다. 따라서 사용자가 원하는 작업을 수행하기 위해 수 분 또는 수 초 내에 확장 및 축소가 자동으로 진행된다. 특정 시기에 사용자가 증가하는 전자상거래의 예를 들어보자. 연말연시 또는 특정 이벤트(블랙프라이데이 등)를 앞두고 특정 전자상거래 웹사이트는 방문자 방문이 폭주하게 된다. 이를 대비하여 대용량의 서버를 구매하여 상시 운영한다면 특정 시기를 제외하고 서버의 가동률은 현저히 낮을 수밖에 없을 것이다. 그러나 가상화를 통한 가상 서버를 이용함으로써 실시간 수요에 적합하도록 서버 수를 탄력적으로 줄이거나 늘릴 수 있다. 이러한 방식으로 서버 구매 및 운영비용을 현저하게 절약할 수 있게 된다.

(4) 측정가능한 서비스(measured service)

일반 가정에서 전기, 수도, 가스 등 다양한 유틸리티 서비스를 사용하는 경우에 그 가정에서 사용한 만큼의 요금을 지불하게 된다. 클라우드 컴퓨팅의 경우에도 이와 유사하다. 즉, 사용자는 자신이 필요한 만큼의 컴퓨팅 자원을 사용하고 그 사용량에 따라 요금을 지불하게 된다. 네이버 클라우드의 심플스토리지서비스(S3)의 경우 2TB의 저장용량을 사용할 경우, 월 1만원의 비용이 청구된다. 아마존의 웹서비스의 경우, 옵션에 따라 각기 다른 요금이 청구가 된다. 미국 동부 오하이오 주 거주 기준으로 심플스토리지서비스 1TB를 사용할 경우, 월 약 23달러가 청구된다.

3) 클라우드 컴퓨팅과 제4차 산업혁명

제4차 산업혁명은 미래 우리사회의 다양한 분야에서 혁신적 사고, 기술 주도형 고차원 지능, 고도의 기술 활용 능력 등을 기반으로 하는 높은 수준의 경영역량을 요구하고 있다. 제4차 산업혁명이 지향하는 미래사회에서는 초연결성(hyper-connected), 초지능화(hyper-intelligent)를 바탕으로 모든 것이 서로 연결되고 고도로 지능화되는 사회로 발전할 것으로 예측된다. 사물인터넷(IoT), 빅 데이터(big data), 스마트 팩토리(smart factories), 자율주행자동차(autonomous cars), 기계학습(machine learning), 디지털 프레슨스(digital presence), 가상물리시스템(cyber physical system), 웨어러블 디바이스(wearable devices) 등의 발전은 제4차 산업혁명이 지향하는 미래사회의 핵심기술들의 혁신을 선도하고 있다.

독일은 2012년부터 정보통신기술과 제조분야의 융합을 통해 Industry 4.0 제조업혁신전략을 추진 중이며, 대기업 중소/중견기업 간 협업 생태계 구축, IoT/CPS 기반의 제조업 혁신, 제품개발 및 생산공정관리의 최적화와 플랫폼 표준화 등을 주요 개발 방향으로 제시하고 있다. 일본은 2016년 신산업구조비전을 제시하고, 범정부차원의 7대 국가전략을 선정하였으며, 기술(데이터 관련 환경정비), 산업 및 고용(산업구조/취업구조 전환 원활화), 인력양성(고용시스템 향상) 방안 등을 마련하고 있다. 미국은 스마트 아메리카 프로젝트(smart america project)가 진행 중이며, IoT를 활용한 스마트 시티 구축, 사이버보안, IT와 헬스, 빅데이터와 데이터 집약형 컴퓨터, IT와 물리시스템, 사이버휴먼시스템, 고성능 컴퓨터 등을 주요 개발 분야로 선정하였다.

미래의 초연결사회에서 기업들은 기존 기술과 클라우드 컴퓨팅 기술을 융합하여 새로운 서비스를 창출하여 스마트한 비즈니스 모델을 제공할 수 있는 새로운 사업기회를 포착하여야 한다. 구체적으로 미래공급체인의 인텔리전트화, 고객니즈 충족, 자동화 기술, 예측 분석 및 선행제어를 위한 스마트 시스템, 기계 센서 기술, 커뮤니케이션 기술, 3D 프린팅 기술 등에서 큰 발전이 있을 것으로 기대된다. 인공지능 분야의 발전도 크게 가시화될 것으로 보이며, IBM의 Watson, 구글의 Deep Learning을 활용하는 알파고, 사이버물리시스템(cyber physical system)에 기반한 스마트 팩토리(smart factory)가 이미 등장했다. 기업들은 사업영역에서 사물인터넷과 클라우드 컴퓨팅을 활용하여 초연결성에 기반을 둔 O2O(online to offline) 등 스마트 비즈니스 모델을 선보이고 있다. 한국시장에서 시간 별로 렌트카 서비스를 제공하는 SOCAR, 카카오택시, 중국시장에서의 DiDi Car Sharing 서비스 등은 이미 대중적으로 사용되고 있는 스마트 비즈니스의 대표적인 예이다.

모바일 인터넷, 클라우드 기술, 빅데이터, 사물인터넷(IoT), 인공지능(AI), 로봇기술의 고도화를 주도하는 제4차 산업혁명의 핵심기술들이 클라우드 컴퓨팅 기술과 융합하여 기술 및 산업구조, 고용구조, 직무역량에서 큰 발전을 가져올 것으로 기대되고 있다. 고급 두뇌를 필요로 하는 다양한 분야에서 새로운 고등 교육 프로그램의 강화를 통하여 하이테크 분야에 지식과 능력을 갖춘 젊은 인력들이 양성되어야 하며, 이들은 노동시장의 글로벌화를 통하여 국경을 넘어 능력을 발휘하고 세계적인 기술 선진기업들에서 새로운 가치 창출을 위한 기회를 얻을 것으로 기대된다.

미래사회를 선도하는 제4차 산업혁명은 조직 구성원의 직무역량에도 영향을 미쳐, 복잡한 문제의 해결능력(complex problem solving skills)을 갖춘 인력을 여러 분야에서 필요로 할 것으로 예상된다. 복잡한 문제의 해결능력은 안정성(skill stability), 다양한 하드스킬(hard skills), 지속적인 학제 간 학습(interdisciplinary learning), 로봇이나 기계를 다루는 전문적인 직업 노하우, 정보통신기술을 접목하는 역량, 다양한 지식을 활용하는 소프트스킬(soft skills) 등을 동시에 갖추어야 함을 의미한다. 미래사회에서는 자동화, 인공지능 등 기술의 발전으로 인해 노동자가 시스템 또는 로봇으로 대체 될 수 있으나, 고도의 창의성 및 혁신성이 요구되는 영역에서는 여전히 전문 인력의 역할은 증대될 것으로 예측된다.

따라서 제4차 산업혁명이 선도하는 미래사회에서 창의적 인재의 개발은 대단히 중요하다고 할 수 있다. 미국은 미네르바 스쿨(Minerva School)을 통하여 온라인 수업기반의 토론 및 세미나, 지적 개발에 중점을 두는 거꾸로 수업(flipped learning)을 활용하여 창의성 및 융합성 기반 문제해결능력을 키우는 고등교육시스템을 개발하고 공급하고 있다. 또한, 하버드 대학교와 매사추세츠 공과대학 등 세계 명문대학을 중심으로 MOOC(massive open online course)와 같은 새로운 개방형 교육방식을 도입하고 있다. 우리나라에서도 이에 발맞추어 새로운 분야의 기술과 지식을 갖춘 창의적인 인재양성을 위하여 초중고 교과과정에 소프트웨어 교육 확대 및 강화가 필요하며, ICT기반 스마트 교육환경을 구축하고 중등교육 및 고등교육의 혁신을 통해 이를 실현해야 한다.

요약

1. 정보시스템 아웃소싱은 정보시스템 기능의 일부 또는 전부를 외부 전문업체에 위탁하는 경영전략이다. 아웃소싱의 유형은 기준에 따라 여러 가지로 분류될 수 있다. 기업 내부와 외부를 활용하는 통제 정도와 국내 또는 해외에 위치하는 장소에 따라, 국내 아웃소싱, 해외 아웃소싱, 내부 공유, 내부 오프쇼어링 등으로 구분할 수 있다. 기업이 아웃소싱하는 목적(전문성, 유연성, 저비용)과 위탁영역(디자인/설계, 제조, 정보기술/지원)에 따라 ODM, OEM, EMS, IPO, BPO, KPO 등으로 구분할 수 있다. 정보기술 분야의 아웃소싱은 애플리케이션 개발, 시스템 운영 및 유지보수, 네트워크 관리 및 유지보수, 최종 사용자 지원, 시스템 계획 및 관리 등의 분야로 나누어 볼 수 있다. 정보기술 분야의 아웃소싱 전략은 지원(support), 의존(reliance), 제휴(alignment), 동맹(alliance) 등의 전략이 가능하다.

2. 아웃소싱의 효과는 매우 다양하고 광범위하지만 이를 분류하면 전략적 효과, 경제적 효과, 기술적 효과로 나눌 수 있다. 하지만 아웃소싱은 통제권의 상실, 내부 기밀사항 유출, 예상치 못한 비용의 발생, 기술 축적의 어려움 등의 위험이 수반된다. 아웃소싱을 성공적으로 이끌기 위해서는 서비스 제공업자와의 파트너십, 최고경영자와 CIO의 협력 관계, 최고경영자의 관심 및 지원이 중요하다.

3. 클라우드 컴퓨팅(cloud computing)에서 클라우드(cloud, 구름)는 인터넷 기반이라는 의미이며, 이러한 인터넷 상에 숨겨져 있는 복잡한 분산 컴퓨팅 구조를 의미한다. 클라우드 컴퓨팅은 분산 컴퓨팅 구조의 IT 관련된 기능들이 서비스 형태로 제공되는 컴퓨팅 형태이다. 사용자들은 자신들을 지원하는 기술 하부구조에 대한 전문지식이 없거나 이를 제어할 수 있는 능력이 없더라도 인터넷을 통해 서비스를 이용할 수 있다.

4. 클라우드 컴퓨팅은 복수의 데이터센터를 가상화 기술로 통합해 사용자에게 각종 소프트웨어와 보안 솔루션, 컴퓨팅 능력까지 온디맨드 방식으로 제공하는 기술이다. 대형 컴퓨터에 다양한 프로그램이나 문서를 저장하고, 개별 사용자들은 PC, 스마트폰, 테블릿 등 다양한 단말기를 통해 원하는 작업을 할 수 있다. 클라우드 컴퓨팅은 계속하여 진화하고 있다.

5. 미래의 초연결사회에서 기업들은 기존 기술과 클라우드 컴퓨팅 기술을 융합하여 새로운 서비스를 창출하여 스마트한 비즈니스 모델을 제공할 수 있는 새로운 사업기회를 포착하여야 한다. 구체적으로 미래공급체인의 인텔리전트화, 고객니즈 충족, 자동화 기술, 예측 분석 및 선행제어를 위한 스마트 시스템, 기계 센서 기술, 커뮤니케이션 기술, 3D 프린팅 기술 등에서 큰 발전이 있을 것으로 기대된다. 인공지능 분야의 발전도 크게 가시화될 것으로 보이며, IBM의 Watson, 구글의 Deep Learning을 활용하는 알파고, 사이버물리시스템(cyber physical system)에 기반한 스마트 팩토리(smart factory)가 이미 등장했다. 기업들은 사업영역에서 사물인터넷과 클라우드 컴퓨팅을 활용하여 초연결성에 기반을 둔 O2O(online to offline) 등 스마트 비즈니스 모델을 선보이고 있다.

사례연구 금융업계 클라우드 전환 가속도

IT환경 변화에 상대적으로 더뎠던 금융업계가 클라우드 전환에 속도를 높이고 있다. 원격근무, 비대면 서비스 등에 적합한 '친언택트' IT 환경을 갖추는 동시에 핀테크 기업들의 부상, 마이데이터 등 신사업 성장에 민첩하게 대응하는 기초체력을 갖추는 게 목적이다. 시장을 잡기 위해 CSP(클라우드 서비스 기업)와 MSP(클라우드 관리서비스 기업), 전통 IT서비스 기업의 경쟁과 합종연횡도 치열해지고 있다.

글로벌 투자은행 모건스탠리가 최근 MS(마이크로소프트)와 전략적 파트너십을 맺은 게 대표적이다. 자사 금융 서비스 엔지니어링 노하우와 MS의 클라우드 기술력을 결합해 금융산업에 특화된 서비스를 내놓는다는 계획이다. 이에 앞서 MS 애저 환경으로 시스템을 이전해 IT 환경을 현대화하기로 했다. 영국계 다국적 은행 스탠다드차타드는 MS 애저를 활용해 오픈뱅킹과 실시간 결제 등 코어 뱅킹 혁신을 추진한다. 레거시 시스템 기반의 금융업무 체계를 클라우드 기반의 BaaS(뱅킹서비스) 환경으로 바꾸는 게 핵심이다.

국내 금융기관들의 움직임도 빨라졌다. KB국민은행은 복수의 퍼블릭 클라우드와 프라이빗 클라우드를 동시에 쓰는 멀티 · 하이브리드 클라우드 도입을 골자로 'KB 원 클라우드' 전략을 추진한다. AWS(아마존웹서비스), MS 애저, 구글 클라우드 플랫폼 등 퍼블릭 클라우드 기업과 계약을 맺고, 최근 전체 클라우드 운영 · 관리를 맡을 사업자로 KB DS 컨소시엄을 선정했다. 사업 수주전에는 삼성SDS, LG CNS, SK㈜ C&C 등 IT서비스 기업들이 참여해 경쟁을 벌였다. KB금융은 기존 전통 데이터센터를 대체하는 프라이빗 클라우드를 2021년 9월 말께 구축하고 본격적인 클라우드 시대를 열 예정이다.

IBK기업은행도 클라우드 전환 · 운영전략을 연내 수립하고 본격적인 전환작업에 나선다. 딜로이트컨설팅, 삼성SDS, 한국HPE, 한국IBM, PwC컨설팅 등 대형 컨설팅 · IT서비스 기업들이 경쟁한 가운데 딜로이트컨설팅이 최근 프로젝트를 수주했다. IBK기업은행은 금융사업 전반에 AI(인공지능), 빅데이터 등 혁신기술을 적용하기 위해 클라우드를 기반 인프라로 활용한다는 계획이다. 이를 위해 클라우드에 최적화된 조직과 운영전략, 프로세스, 정보보호 방안, 직원 역량 강화 등 거버넌스 밑그림도 그린다. 이 프로젝트는 약 7억원으로 규모가 크지 않지만, 이후 대규모 본 사업이 예정돼 있는 만큼 업계의 관심이 집중됐다. 9~10월 중 프로젝트를 마무리한 후 본격적인 전환에 나설 계획이다.

우리은행은 'AI가 강한 은행'을 모토로 디지털 혁신에 투자하면서 올초부터 그룹 공동 클라우드 인프라 운영을 시작했다. 클라우드 역량을 키운 우리FIS가 그룹 클라우드 플랫폼 운영을 맡는다. 또 IaaS(인프라서비스)에 이어 PaaS(플랫폼 서비스), SaaS(SW서비스) 도입을 확대하고, 멀티·하이브리드 클라우드 환경을 운영한다는 전략이다.

신한은행은 2019년부터 프라이빗 클라우드를 구축해 AI · 빅데이터 환경을 갖추는 한편 올 하반기에는 금융권 컴플라이언스를 만족하는 퍼블릭 클라우드 인프라를 구축할 예정이다. 금융혁신 연구개발 협업공간 '익스페이스' 내에 테스트베드 IT 인프라를 MS 애저 스택 엣지 기반으로 구현하고 다양한 디지털 혁신실험도 하고 있다.

하나금융그룹은 통합 멤버십 서비스인 하나멤버스용 IT시스템을 오라클 퍼블릭 클라우드로 이전하고, 1500만 명 이상의 이용자를 대상으로 포인트 적립, 결제 등 맞춤 서비스를 제공하고 있다. NH농협은행은 최근 퍼블릭 클라우드 표준사업자로 네이버클라우드, AWS, 오라클을 선정했다. 네이버클라우드와 AWS는 중요 업무, 오라클은 나머지 업무 클라우드 사업자로 각각 선정됐다. SC제일은행은 MS 애저를 도입해 마이데이터 시장을 준비하고 있다. 금융권 최초로 비식별화된 개인정보를 클라우드에서 분석·활용하는 체계를 갖추는 게 목표다.

디지털 손해보험사인 캐롯손해보험은 전사 IT인프라를 MS 애저 기반으로 구축, 빅데이터 분석과 메인 시스템까지 클라우드 환경으로 구축했다. NH투자증권과 유안타증권은 시스템 안정성과 운영 효율성, 비용 절감을 위해 MS 애저 고성능 컴퓨팅 서비스를 도입했다.

IT업계 한 관계자는 "클라우드는 유행이 아니라 IT플랫폼의 새로운 표준에 가깝다"면서 "급변하는 외부 환경과 내부의 혁신 요구를 충족시키기 위해 금융기관들이 관련 투자를 본격화하면서 전통 IT기업과 클라우드 기업 간의 주도권 경쟁이 격화될 전망"이라고 밝혔다.

출처: 디지털 타임즈(2021. 8. 2.). "금융업계 클라우드 전환 가속도" 전문 발췌

| 사례질문 |

1. 그동안 금융업계가 IT환경 변화에 상대적으로 더디게 반응했던 구조적 이유는 무엇인가?
2. 클라우드 컴퓨팅을 도입하기 위한 국내 금융기관들의 발걸음이 빨라졌다. KB국민은행은 복수의 퍼블릭 클라우드와 프라이빗 클라우드를 동시에 사용하는 멀티 하이브리드 클라우드 도입을 골자로 하는 'KB 원 클라우드' 전략을 추진하고 있다. 'KB 원 클라우드' 전략에 대해 설명하라.
3. 클라우드 컴퓨팅 기반의 서비스 제공은 짧은 기간의 유행이 아닌 IT플랫폼의 새로운 표준으로 자리매김할 것으로 예측된다. 이를 대비하기 위해 개별 기업들은 어떠한 준비를 해야 하는가?

CHAPTER 14

정보시스템의 평가와 보안

1. 정보시스템의 평가
2. 정보시스템 투자 분석 방법
3. 정보시스템 보안
4. 정보시스템 통제와 감사
5. 컴퓨터 범죄와 정보윤리

학/습/목/표

대부분의 기업은 그들의 경영활동 영역이 세계시장으로 확장되면서 전략적 도구로써 정보시스템의 역할이 더욱 중요시 되고 있다. 이러한 정보시스템의 역할이 본래의 목적대로 올바르게 수행되고 있는지에 대한 평가가 요구되므로 정보시스템의 평가 유형을 이해할 필요가 있다. 그리고 정보시스템의 투자분석 방법으로써 비용효과 분석, 자본예산 기법으로써의 순현가법, 내부수익률법, 회수기간법 등을 소개하고, 사회적으로 이슈화되고 있는 정보시스템의 보안과 이에 따른 서비스, 정보시스템 통제와 감사에 대하여 학습하고자 한다. 마지막으로 컴퓨터를 이용한 악의적인 불법행위를 총칭하는 컴퓨터 범죄와 정보윤리에 대하여 고찰하고자 한다.

1. 정보시스템의 평가의 의의와 유형을 이해하고 있는가?
2. 정보시스템에 대한 투자분석 방법을 설명할 수 있는가?
3. 정보시스템의 보안과 관련 서비스, 서비스의 형태를 구분하면 어떤 것들이 있는가?
4. 정보시스템의 통제와 감사에 대한 기본적인 내용을 이해하고 있는가?
5. 최근 급증하고 있는 컴퓨터 범죄와 유형, 이에 대한 정보윤리의 내용을 이해하고 있는가?

1 정보시스템의 평가

오늘날 대부분의 조직에서 급변하는 환경에 적응하고 경쟁우위를 확보하기 위해 정보시스템에 대하여 막대한 규모로 투자 하고 있다. 따라서 투자가 적절하게 이루어졌는지, 정보시스템이 조직의 목표 달성에 적절하게 기여했는지, 정보시스템을 효율적으로 활용하고 있는지에 대한 평가를 할 필요가 있다. 일반적으로 기업의 경영활동도 계획, 수립, 실시, 검토의 단계를 거치는 것과 같이 정보시스템에 대해서도 이와 유사한 과정을 거쳐 평가할 필요가 있다.

1) 정보시스템 평가의 의의와 필요성

정보시스템을 개발, 도입, 운영 및 관리하기 위해서는 이와 관련된 업무들의 구체적 내용을 사전에 설정한 후 이들이 목표 또는 계획대로 제대로 수행되고 있는가를 철저히 확인하고 분석하는 것이 중요하다. 이런 일련의 과정을 정보시스템 평가라고 한다. 대부분의 기업은 인건비 절감, 생산성 향상, 업무 효율성 증대, 고객서비스 향상, 경쟁우위 확보 등을 통한 수익 창출을 기대하고 정보시스템 구축에 많은 투자를 한다. 이런 투자가 효과적인가를 분석하여 정보시스템 개발 및 운영과정을 점검하고 피드백을 함으로써 궁극적으로 조직 전체의 목표 달성에 얼마나 기여하였는지를 측정하는 것이 정보시스템 평가이다. 이러한 평가는 현재 구축 중이거나 구축 완료된 정보시스템 관련 투자를 비롯하여 개발, 운영, 관리 등의 모든 사항을 그 대상으로 하고 있다. 정보시스템의 문제점을 분석하여 보완 사항을 확인하고, 전체 정보화 프로젝트에 대한 부문별 투자 우선순위를 결정하며, 정보화에 대한 투자효율성을 확인함으로써 보다 효율적인 정보시스템을 구축할 수 있다. 이를 통해 기업은 자신의 경쟁력을 한 차원 향상시킬 수 있을 것이다.

2) 정보시스템 평가 유형

정보시스템 평가는 다양한 관점에서 이루어질 수 있으며, 그 관점은 평가의 목적, 영역, 주체, 시기, 범위와 방법 등으로 구분된다. 이를 표로 제시하면 〈표 14-1〉과 같다.

표 14-1 정보시스템의 평가 관점에 따른 분류

평가 관점	평가 유형
평가 목적	품질보증 검토, 경영감사, 예산성과 통제, 정보 부서 직원 생산성 평가, 컴퓨터 성능 평가, 서비스 수준 평가, 사용자 태도 조사
평가 영역	비용, 효과
평가 주체	사용자, 전산 부서, 조직 내 감사 부서, 외부 전문가
평가 시기	사전 평가, 사후 평가
평가 범위	단위시스템, 부문시스템, 조직 전체 시스템
평가 방법	주관적 분석, 객관적 분석, 과정 중심 분석, 결과 중심 분석

출처: 정경수 외(2010). p. 524.

먼저 정보시스템의 평가 목적에 따른 구체적인 분류로는 품질보증 검토, 경영감사, 예산성과 통제, 정보 부서 직원에 대한 생산성 평가, 컴퓨터 성능 평가, 서비스 수준 평가, 사용자 태도 조사 등으로 구분할 수 있다. 품질보증 검토는 정보시스템에 대한 품질 수준이 운영적, 기술적 측면에서 요구사항과 일치하는가에 관한 평가이고, 경영감사는 시스템 전반에 걸친 경영관리적 차원에서 시스템을 제대로 활용하고 있는가를 평가하는 것이다. 예산성과 통제는 정보시스템 개발 및 운영 관련 예산 편성과 집행의 실효성에 대한 평가를 의미하며, 정보 부서 직원에 대한 생산성 평가는 담당 직원의 단위 시간 당 작성 또는 운영 프로그램 라인 수, 단위 시간 당 데이터 입력 수 등을 평가하는 것이다. 컴퓨터 성능 평가는 하드웨어의 성능과 이에 따른 업무처리의 개선사항을 분석하는 것이고, 서비스 수준 평가는 사용자에게 반응하는 응답시간, 정확성, 오류 정도를 측정하는 것이다. 사용자 태도 조사는 정보시스템을 이용하는 사용자가 정보시스템에 대하여 느끼는 태도에 대한 인지적 평가를 말한다.

한편 평가영역에 따른 분류로는 정보시스템의 효과와 비용에 대해 평가할 수 있을 것이다. 정보시스템에 투자된 비용과 투자에 따른 이익이나 효과를 계량적으로 분석하여 화폐가치로 환산하여 계산된다.

평가 주체에 따른 분류로는 크게 사용자, 전산 부서, 조직 내 감사 부서, 외부 전문가로 구분할 수 있다. 사용자의 경우에는 정보시스템에 대한 만족도, 제공된 정보의 업무 지원 정도 등을, 전산 부서에서는 시스템의 가동률, 생산성, 작업량, 시스템개발 프로젝트의 합리화 정도, 정보시스템 운영비용의 절감 정도 등을 평가할 수 있으며. 조직 내 감사 부서에서는 비용효과 분석, 시스템 안전 확보 수준, 조직의 경영성과 제고 수준을 평가할 수 있다. 또한, 외부 전문가는 상기 평가 주체의 모든 내용을 모두 고려하여 종합적으로 평가할 수 있다.

평가 시기에 따른 분류로는 사전평가와 사후평가로 구분되는데, 사전평가는 정보시스템 구축 전의 타당성 조사에서 평가되며, 사후평가는 구축된 시스템이 설계 시 기대했던 품질 수준을 만족시키는가를 평가하는 것이다.

평가 범위에 따른 분류로는 단위시스템 평가, 부문시스템 평가, 전체 시스템 평가로 구분된다. 단위시스템 평가는 정보시스템의 개별 단위시스템 평가, 부문시스템 평가는 정보시스템의 각 기능별 평가, 전체 시스템 평가는 조직 전체 차원에서의 정보시스템을 총 망라하여 전체 업무를 대상으로 시행하는 평가이다.

평가 방법에 따른 분류는 주관적 분석, 객관적 분석, 과정 중심 분석, 결과 중심 분석으로 구분된다. 주관적 분석은 정보시스템의 사용에 따른 사용자의 태도와 만족도, 최고경영층의 인식 등에 대한 주관적인 측정을 의미한다. 객관적 분석은 시스템 사용 빈도, 하드웨어 활용률, 네트워크 접속률, 비용효과 분석, 투자수익 분석, 내부수익률 분석 등과 같이 정량적 측정으로써 정보시스템의 효율성에 관한 측정이다. 과정 중심 분석은 정보시스템이 조직 목표 달성에 기여하는 정도를 평가하는 것으로써 정보시스템 요구와의 일치도, 소요 자원관리의 합리화 정도, 시스템 구성요소의 성능, 투자지원 규모 등의 타당성 등을 측정하는 것이다. 결과 중심 분석은 정보시스템 개발과 활용 부서 또는 조직 전체의 목표 달성에 기여하는 정도를 평가하는 것이다.

2 정보시스템 투자 분석 방법

정보시스템은 정보 자원의 효율적인 활용을 보장하여 사용자의 만족도를 높이고 기업의 목표를 달성할 수 있도록 도울 수 있는 유용한 전략적 도구이다. 그러나 조직 내에는 다양한 정보시스템이 존재할 수 있음으로 투자가치가 높은 정보시스템에 우선적으로 투자하여야 하고, 어떤 정보시스템이 조직의 목표 달성에 효과적인가에 대해 정밀하게 분석해야 한다. 그러나 정보시스템의 구축 목적이 다양하기 때문에 상호 다른 목적을 가진 정보시스템을 동일 기준으로 평가하고 분석하는 것은 쉽지 않다. 그러나 일반적으로 정보시스템에 투자하는 비용과 정보시스템으로부터 얻는 효과를 비교하여 효과가 더 크다면 정보시스템에 투자할 가치가 있다고 판단할 수 있다. 여기에서는 정보시스템에 대한 투자 분석 방법에 대하여 간단하게 살펴본다.

1) 비용효과 분석

비용효과 분석(cost benefit analysis)은 정보시스템 구축을 위해 투입된 비용과 그 결과로 얻게 되는 이익이나 효과를 비교·분석하는 계량적인 기법이다. 즉 비용효과 분석은 투자 대상인 정보시스템의 구축 및 운영에 소요되는 비용과 정보시스템 구축으로 인한 경영성과의 효과를 측정하고 비교하는 것이다. 그래서 경영성과의 효과가 투입된 비용보다 더 크면 투자가치가 있는 것으로 판단할 수 있다. 일반적으로 각 정보시스템이나 프로젝트별로 비용효과의 비율이 가장 높은 대안에 우선적으로 투자하게 된다.

비용효과의 비율(benefit cost ratio: BCR)은 다음 공식과 같이 계산할 수 있다.

$$\text{비용효과 비율(BCR)} = \frac{\text{총효과}}{\text{총비용}}$$

* BCR≧1의 경우에 투자 가능하며, BCR＝2라면 1을 투자할 때 총효과(매출)는 2임.

정보시스템을 구축/운용하기 위해 투입되는 비용에는 직접비용과 간접비용이 있다. 직접비용은 계량화하여 화폐가치로 환산할 수 있는 것으로써 시스템의 개발, 운용, 유지 보수 등에 투자되는 시설비, 하드웨어 구입비, 소프트웨어 구입비, 인건비, 기타 운영비 등이 있다. 간접비용은 시스템개발에 참여한 사용자의 노력을 말하며, 시스템 도입에 따른 변화를 수용하기 위한 조직차원의 전사적인 노력 또한 비용으로 산정될 수 있다. 간접비용은 무형적이며, 발생요인의 복잡성, 발생장소의 광범위함 등으로 화폐가치로 측정하기가 어려워 평가자의 주관적인 요소에 의해 평가될 가능성이 높다.

정보시스템의 결과물인 효과요소는 유형(직접)효과와 무형(간접)효과로 분류될 수 있다. 유형효과는 인건비의 감소, 재고량의 감소, 매출 및 수익의 증가, 시장점유율 및 고객만족도의 향상 등과 같이 정량적인 가치로 환산이 가능한 효과이다. 그러나 무형효과는 비즈니스 프로세스의 개선, 의사결정 합리화, 업무의 편의성 증가, 고객서비스 향상 등과 같은 효과로써 계량화된 지표로 측정하기가 곤란하다.

이와 같이 정보시스템 개발 및 운영 관련 비용 중, 간접효과는 투입된 비용 대비 효과를 정확하게 파악하고 계량화하기가 쉽지 않기 때문에, 비용효과 분석은 주로 직접비용과 유형효과를 중심으로 평가한다. 따라서 이 방법은 계량화된 데이터를 이용하기 때문에 객관적인 분석을 할 수 있는 장점이 있기는 하나 간접비용과 무형효과를 반영하지 못하는 단점이 있어서 왜곡된 분석이 될 가능성도 존재한다.

2) 자본예산 기법

자본예산(capital budgeting)이란 1년 이상 장기적으로 그 효과가 지속되는 투자 결정을 의미한다. 정보시스템의 비용과 효과를 계량화한 후에 투자의 경제성을 분석하는 자본예산 기법으로는 ① 순현가법(NPV method) ② 내부수익률법(IRR method) ③ 회수기간법(payback period method) 등이 널리 활용되고 있다.

기업의 정보시스템에 대한 투자 목적이 조직의 목표를 효과적으로 달성함과 동시에 주주의 부를 극대화시키는 것이라고 한다면, 다음의 네 가지 조건을 충족시켜야 한다.

첫째, 상호 배타적인(mutually exclusive) 투자 옵션 중에 주주의 부를 극대화시킬 수 있는 투자 옵션을 찾아 최적의 투자 옵션으로 선택할 수 있어야 한다.

둘째, 가능한 투자 옵션들의 모든 현금흐름을 고려하여야 한다.

셋째, 화폐의 시간적 가치를 고려해야 한다. 즉, 투자 옵션의 현금흐름을 적절한 자본의 기회비용으로 할인하여야 한다.

넷째, 각각의 투자 옵션을 다른 투자 옵션들과 독립적으로 고려할 수 있어야 한다.

① 순현가법

일반적으로 정보시스템에 대한 투자의 효과는 [그림 14-1]과 같이 시간적 간격을 두고 발생하므로 정보시스템의 투자 분석 방법으로서 순현가법(net present value method: NPV)이 많이 사용되고 있다. 일반적으로 화폐의 시간적 가치를 고려하여 투자 옵션들을 분석하는 방법을 현금흐름할인법(discounted cash flow method:

DCF)이라고 하는데, 순현가법, 내부수익률법 등이 대표적인 분석 방법이다.

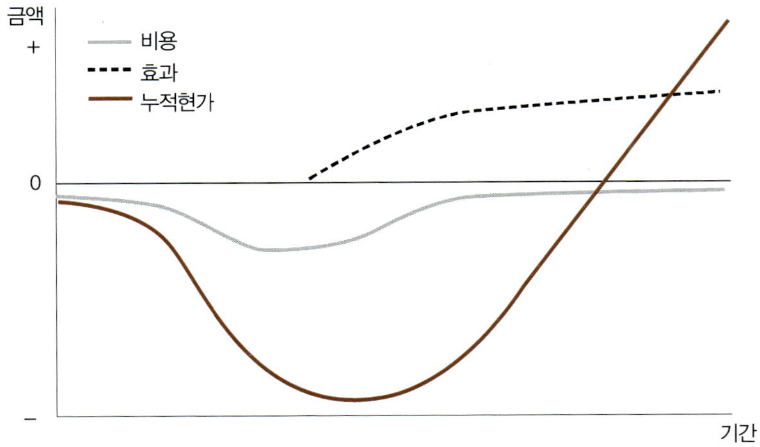

▌그림 14-1▐ 투자 비용의 효과

출처: 이상문(1999). p. 436 재인용.

순현가는 투자의 결과 발생하는 현금유입(cash inflow)의 현가에서 현금유출(cash outflow)의 현가를 차감한 것을 의미한다. 즉, 순현금유입(net cash flow)의 현재가치의 합계를 의미한다.

투자 옵션의 순현가를 정의하면 다음과 같다.

$$\begin{aligned} \text{NPV} &= \text{현금유입의 현가} - \text{현금유출의 현가} \\ &= \frac{C_1}{(1+r)^1} + \frac{C_2}{(1+r)^2} + \cdots + \frac{C_n}{(1+r)^n} - C_o \\ &= \sum \frac{C_n}{(1+r)^n} - C_o \end{aligned}$$

r: 요구수익률(required rate of return) 또는 자본비용

C_o: 투하자본(투자액)

독립적인 투자 옵션의 경우, NPV>0이면 그 투자 옵션을 채택하고, NPV<0이

면 그 투자 옵션을 기각한다. 상호 배타적인 투자 옵션의 경우, NPV<0인 투자 옵션 중에서 NPV가 가장 높은 투자 옵션을 최적의 투자 옵션으로 선택한다.

▶ NPV법에 의한 투자 사례

㈜ A사는 현재 1,000만 원의 자금을 투자하는 신제품개발이 적합한 투자 옵션인지를 판단하고자 한다. 본 투자로 기대되는 현금흐름은 다음과 같다. 금년에 1,000만 원을 투자하면, 1년 차에는 500만 원, 2년 차에는 400만 원, 3년 차에는 300만 원의 현금유입이 예상된다. 자본비용 r은 10%로 가정하고 투자 옵션의 NPV를 구하면 다음과 같다.

$$\begin{aligned} NPV &= \text{현금유입의 현가} - \text{현금유출의 현가} \\ &= \frac{500}{(1+0.1)} + \frac{400}{(1+0.1)^2} + \frac{300}{(1+0.1)^3} - 1{,}000 \\ &= 79(\text{만 원}) \end{aligned}$$

NPV=79>0이므로 이 투자 옵션은 당연히 채택된다.

② 내부수익률법

내부수익률(internal rate of return: IRR)은 투자의 결과 발생하는 현금유입의 현가와 현금유출의 현가를 같아지게 하는 할인율로써 장기 투자 옵션의 평균투자 수익률을 의미한다.

내부수익률을 계산하는 식은 다음과 같다.

$$NPV = \sum \frac{C_n}{(1+IRR)^n} - C_o = 0$$

즉, IRR은 NPV를 0으로 만드는 할인율이다. NPV법에서의 할인율 r은 시장에서 결정된 자본비용으로서 미리 결정되는데 반하여, IRR법에서는 NPV를 0으로 만드는 할인율 IRR의 값을 구하여야 한다.

예를 들어, 현재 500만 원을 투자하고, 이후 3년 동안 매년 말 200만 원씩의 수익을 얻을 수 있는 투자 옵션의 내부수익률을 다음과 같이 계산하여 구할 수 있다.

$$NPV = 200/(1 + IRR) + 200/(1 + IRR)^2 + 200/(1 + IRR)^3 - 500 = 0$$

위의 함수식을 계산하면, NPV를 0으로 만드는 할인율 IRR은 10%이다.

독립적인 투자 옵션의 경우, 내부수익률 IRR이 자본비용 r보다 높을 경우 투자 옵션을 채택하고, IRR이 자본비용 r보다 낮을 경우 투자 옵션을 기각한다. 앞의 예에서 자본비용 r이 20%라고 가정하면, 투자 옵션의 내부수익률이 10%여서 자본비용보다 낮기 때문에 이 투자 옵션을 기각해야 한다. 대부분의 독립적인 투자 옵션의 경우 내부수익률법에 의한 평가 결과는 순현가법에 의한 결과와 동일하다.

상호 배타적인 투자 옵션의 경우, 내부수익률 IRR이 자본비용 r보다 큰 투자 옵션들 중에서 IRR이 가장 높은 투자 옵션을 선택한다.

IRR법은 NPV법과 마찬가지로 현금흐름할인법에 속하고 실무에서도 많이 활용되고 있다. 대개의 경우 NPV법과 IRR법은 동일한 결과를 가져오지만, 일반적으로 NPV법이 IRR법보다 이론적으로 더 우수한 방법으로 규명되고 있어서 NPV법이 더 많이 활용되고 있다.

③ 회수기간법

어떤 투자 옵션에 대한 회수기간(payback period)은 그 투자 옵션에 대한 현금지출을 회수하는 데 걸리는 기간을 의미한다. 회수기간법은 투자 옵션이 초기의 투자액을 얼마나 빨리 회수하는가를 측정하므로, 회계이익이 아닌 현금흐름을 대상으로 측정하여야 한다.

예를 들어, 현재 1,000만 원을 투자하면, 향후 3년에 걸쳐서 각 연도 말에 500만 원(n=1), 300만 원(n=2), 200만 원(n=3)의 현금유입이 예상된다고 가정해 보자. 이 투자 옵션의 경우, 초기 투자액 1,000만 원을 회수하는 데 걸리는 기간은

3년이다.

이때, 독립적인 투자 옵션의 경우에는 투자금의 회수기간이 자체적으로 설정한 목표 회수기간(cutoff period)보다 짧을 경우 그 투자 옵션을 채택하지만, 그 투자 옵션의 회수기간이 목표한 회수기간 보다 길 경우에는 그 투자 옵션을 기각한다.

상호 배타적인 투자 옵션의 경우에는, 투자금의 목표 회수기간 보다 짧은 투자 옵션들 중에서 회수기간이 가장 짧은 투자 옵션을 선택한다.

이 방법은 회수기간의 계산이 쉽고 비용이 들지 않으며, 짧은 회수기간을 가진 투자 옵션을 선택함으로써 미래의 불확실성을 어느 정도 감소시킬 수 있는 장점이 있다. 그러나 회수기간 내 현금흐름에 대한 시간적 가치를 무시하여 회수기간 이후의 현금흐름이 무시되고, 적절한 목표 회수기간이 불합리하게 선정될 수 있다는 점에 유의해야 한다.

3 정보시스템 보안

오늘 날 많은 기업들은 다양한 비즈니스 프로세스의 효율적인 수행을 위해 정보시스템에 크게 의존하고 있다. 기업이 사용하고 있는 정보스시템이 단 몇 초라도 작동이 중단된다면 그 손실은 이루 말할 수 없을 것이다. 따라서 정보시스템의 안정적인 운영은 기업운영의 성과에 대단히 중요한 영향을 미치기 때문에 정보시스템 보안에 대해 경영자의 깊은 관심이 요구된다. 정보시스템의 보안이란 정보시스템을 안정적으로 운영, 관리, 유지하기 위하여 정보시스템에 저장되어 있는 정보들에 대한 불법적인 접근을 통제하고 물리적인 손상을 예방하기 위한 모든 수단과 활동을 말한다.

1) 보안의 필요성

정보시스템 보안(information system security)은 기업이 보유하고 있는 정보들에 대한 권한을 갖지 않은 자의 불법적인 접근을 통제하고 물리적인 손상을 예방하기 위한 모든 수단과 활동을 뜻한다. 정보시스템 보안 활동을 통해서 정보시스템의 기밀성, 무결성, 가용성, 책임 추적성, 인증성, 신뢰성을 확보할 수 있다. 정보시스템을 제대로 보호하지 못함으로써 대형사고가 발생하고, 발생 횟수가 증가함에 따라 그 피해 규모와 금액이 천문학적으로 늘어날 수 있다. 또한, 유출된 정보의 오남용에 따른 구성원의 정신적 피해까지 발생함으로써 사회문제화 되기도 한다.

정보시스템 보안에 있어서 위협요인으로는 첫째, 지진, 홍수, 태풍, 화재, 폭발과 같은 자연재해로부터 기인하는 환경적 위험을 들 수 있다. 두 번째는 하드웨어와 소프트웨어의 문제로써 하드웨어 드라이브의 크래시 문제, 소프트웨어의 버그, 설계상의 오류 등의 기술적 하자로 인한 위험이다. 세 번째는 경영자의 정보보안에 대한 투자 또는 관심 부족으로 인한 경영 하자로 인한 위험이며, 네 번째는 정보보안에 대한 부주의, 인식 부족 등으로 인한 인간의 비의도적인 위험이다. 끝으로 산업스파이, 무단침입, 파괴공작과 반달리즘[2)], 신원도용, 지식재산권 침해, 데이터 조작, 바이러스에 의한 정보 탈취 및 시스템 파괴 등과 같은 고의적인 위험 등으로 구분된다.

따라서 기업은 이러한 위험요인을 제거하여 인가된 사용자의 정상적인 정보처리 활동을 보장하고, 발생할 수 있는 위험을 차단하기 위한 보안활동을 계획하고 실행해야 한다. 즉, 다양한 유형의 보안사고와 피해를 예방하기 위해서 정보시스템에 대한 통제활동이 강구되어야 한다.

최근에는 개인정보가 유출되어 사회적인 이슈가 되기도 한다. 개인정보란 '생존한 개인의 정보, 개인 식별이 가능한 부호, 문자, 영상 등'을 의미하는데, 개인정보를 금전거래에 악용하거나, 개별적인 신용과 명성에 악영향을 미쳐 개인적으로

2) 반달리즘은 예술품이나 문화유산 또는 공공시설을 파괴하는 행위나 그러한 경향을 일컫는 말이다. 5세기 초, 유럽의 민족대이동 시기 아프리카에 왕국을 세운 반달족이 지중해 연안에서 로마에 이르는 지역까지 약탈과 파괴를 거듭한 데서 유래한 말이다. 현대 최악의 반달리즘 사례로는 2003년 아프가니스탄의 탈레반 정권이 "형상은 신앙의 대상이 될 수 없다"는 종교적인 이유로, 유네스코 세계문화유산으로 지정되기도 한 바미안 고대 불상을 폭파한 사건을 들 수 있다(에듀윌 시사상식, 2021).

불이익을 당하는 사례가 빈번하게 발생하고 있다. 마케팅을 위한 설문조사나 캠페인을 가장하여 개인정보를 유출하거나, 포털사이트 또는 통신사를 통해 음성적으로 개인정보가 대량 유출이 되어 개인정보보호 문제를 야기하기도 한다.

개인정보보호의 강화는 세계적인 추세이다. EU(european union)의 일반정보보호규정(general data protection regulation: GDPR)이 2018년 5월부터 시행된데 이어, 미국의 캘리포니아주에서는 소비자프라이버시법(california consumer privacy act: CCPA)이 2020년 1월부터 시행 중이다. 두 법률은 모두 정보통신 기술이 발달하고 그에 따라 보호해야 할 개인정보의 양과 가치가 커지는 디지털 환경 속에서, 개인정보의 보호 요구를 효과적으로 달성하기 위한 제도적 장치로 평가받고 있다. 또한 보다 다양해지는 개인정보의 범위를 명확히 하면서 개인의 권리를 확장 및 강화한 처벌 규정을 제시하고 있어 정보보호 정책을 선도하는 국제 표준으로 평가된다.

정부에서는 개인정보를 보호하기 위하여 개인정보보호법을 제정하여 정보통신망법을 적용받는 모든 적용대상에게 의무적으로 적용하도록 하고 있다. 또한, 고유식별정보(주민등록번호)의 처리를 금지하고 있으며, 대규모 개인정보 등 침해위협이 높은 경우에는 공공기관 개인정보 사전영향평가 실시를 의무화하고 있으며, 마케팅에 대한 포괄 동의를 금지하고 있으며, 국무총리실 직속의 개인정보보호위원회의 상설기구화를 추진하여 시행하고 있다.

그럼에도 불구하고 여전히 소비자들 사이에 정보 제공에 대한 불안감이 높다. 개인정보보호법에서는 정보주체가 자신의 개인정보에 대한 열람을 요구할 수 있도록 정보 접근권을 보장하고 있다. 그러나 그 열람 방법을 개인정보처리자가 마련한 방법과 절차에 따르도록 하여 실질적인 권리 보장에는 이르지 못하고 있는 실정이다. 정부에서는 데이터 산업 육성을 위해 정보주체가 기관으로부터 자기정보를 직접 다운로드 받아 관리하고 활용하는 '마이데이터' 사업을 추진 과제로 하여 공공기관 및 기업의 참여를 독려해 오고 있다. 그러나 정책의 대상이 기업중심으로 초점이 맞춰지면서 개인의 실질적인 통제 권한과 수단에 대한 계획이 미비하여 아직까지 활성화되지 못하고 있다.

한편, 개인의 프라이버시 보호가 중요해 짐에 따라, 정보 오남용에 따른 범죄를 차단하여 전자상거래와 같은 사이버공간에서의 안전성과 신뢰성을 높여야 함은 선택의 문제가 아니고 당위의 문제로 자리 잡고 있다. 또한, 글로벌화에 따른 국내 정보의 해외 유출을 차단함으로써 국가의 중요한 정보를 보호해야 하고, 국제 해커 집단이나 테러 집단에 의한 정보 테러를 사전에 차단해야 하기 때문에 정보시스템 보안의 필요성은 더욱 커지고 있다.

정보시스템 보안과 유사한 개념으로써의 정보보호(information security)는정보화촉진기본법에 의하여 "정보의 수집, 가공, 저장, 검색, 송신, 수신 중에 정보의 훼손, 변조, 유출 등을 방지하기 위한 관리적, 기술적 수단을 강구하는 것"로 정의되어 있다. 즉, 정보보호란 정보의 생성, 처리, 저장, 전송, 출력 등 정보의 획득으로부터 활용까지의 모든 과정에서 정보의 기밀성, 무결성, 가용성, 책임 추적성, 인증성, 신뢰성을 확보하기 위한 모든 활동을 의미한다. 따라서 정보시스템 보안이나 정보보호는 유사한 개념으로써 궁극적으로 지향하는 바가 같다고 할 수 있다.

또한, 인터넷을 포함하여 첨단기술의 발달로 인하여 전자상거래가 활성화됨으로써, 컴퓨터에 저장된 데이터의 보안 보다 네트워크 보안에 대한 관심이 더욱 중요시 되고 있다. 이는 전자상거래와 같은 사이버공간에서의 정보보안에 대한 이용자들의 불안감이 커지고 있음을 의미한다. 예를 들어, 전자상거래 과정에서 상품 구매를 위해 신용카드 번호와 비밀번호를 입력해야 하는 경우, 그 정보가 제3자에게 불법으로 악용되어 피해를 야기하는 사례가 빈번하게 발생하고 있다. 그리고, 전자상거래를 통해 국제적으로 거래가 이루어질 경우, 거래 관련 디지털 정보가 국경을 넘어 유통됨으로써 세금 부과나 범죄 수사의 곤란, 금융정책 등에 문제가 발생할 우려가 있다. 특히, 세금 부과 문제는 국가 간에 민감한 문제이며 이해관계가 엇갈릴 수 있기 때문에 이해 당사자 간의 많은 논의가 필요한 부분이다.

이러한 정보시스템 보안이나 정보보호를 강화하기 위해 송수신되는 메시지는 대부분 암호화되는 경우가 많은데, 일반적으로 송신자와 수신자 사이에 주고받는 메시지를 암호화하는 과정은 [그림 14-2]와 같다.

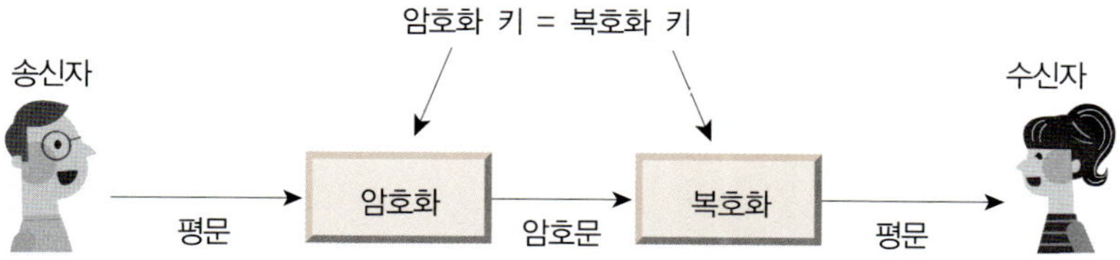

▌그림 14-2▐ 메시지 전송과정에서의 암호화

보안 강화를 위하여 이중보안을 필요로 하는 경우에는 [그림 14-3]과 같이 메시지 전송과정에서의 2단계 암호화를 하는 경우가 있다.

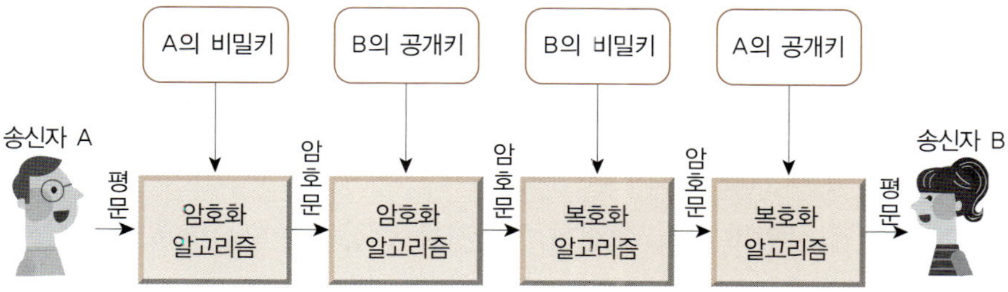

▌그림 14-3▐ 메시지 전송과정에서의 2단계 암호화

송신자 A와 수신자 B 사이에 메시지를 주고받는 과정에서 발생할 수 있는 불법적인 접근 사례는 메시지 도청, 메시지 변조, 메시지 위조, 메시지 송수신 부인 등이 있다.

(1) 메시지 도청

메시지 도청이란 [그림 14-2]의 과정에서 제3자가 도청을 하는 것이다. 이때 송신자 A와 수신자 B 사이에 주고받는 메시지가 비밀을 요하는 중요한 정보라면 도청은 심각한 문제가 될 수 있다.

(2) 메시지 변조

메시지 변조란 송신자 A가 작성하여 전송하는 메시지를 제3자가 가로챈 후에 메시지 내용 중에서 일부 혹은 전체를 변경하여 이를 B에게 전송하는 것이다. 이 경우에 수신자 B는 변조된 메시지를 송신자 A가 송신한 것으로 오해하게 된다.

(3) 메시지 위조

메시지 위조란 송신자 A, 수신자 B 사이에 제3자가 개입하여 수신자 B에게 메시지를 전송하면서 마치 A가 전송한 것처럼 메시지를 위조하는 경우이다. 이 경우, 송신자 A는 전혀 메시지를 작성하지 않았다는 점이 메시지 변조와의 차이점이다.

(4) 메시지 송수신 부인

메시지 송수신 부인이란 메시지 송신 또는 수신을 부인하는 것을 말한다. 이중 메시지 송신 부인은 송신자 A가 수신자 B에게 메시지를 보낸 후, 메시지 내용을 부인하거나 송신 자체를 부인하는 경우이고, 반대로 메시지 수신 부인은 수신자 B가 수신 자체를 부인하거나, 수신한 메시지를 변경하여 송신한 A의 메시지 내용을 부인하는 경우를 의미한다. 메시지 도청과 위변조는 제3자에 의해 발생되지만, 메시지 송수신의 부인은 메시지를 주고받는 당사자에 의해 발생한다는 점에서 차이가 있다.

2) 보안서비스

정보시스템에 대한 위험으로부터 하드웨어, 소프트웨어, 네트워크, 데이터 등을 안전하게 관리할 수 있는 정보보안 서비스로는 접근 제어(access control) 서비스, 인증(authentication) 서비스, 기밀성(confidentiality) 보장 서비스, 무결성(integrity) 보장 서비스, 사용 가능성(availability) 서비스, 책임 추적성(accountability) 서비스, 신뢰성(reliability) 서비스, 부인 방지(non-repudiation) 서비스 등이 있다.

(1) 접근 제어

인가받지 않은 사용자가 부정한 방법으로 시스템에 접근하여 불법으로 시스템을 사용하는 것을 방지하기 위한 서비스로써 침입차단시스템을 이용하여 불법적인 접근을 막을 수 있다.

(2) 인증

정보를 송수신하는 당사자가 상대방에 대한 신원을 식별하고 확인하기 위한 서비스로써 어떤 주체나 객체가 확실함을 보장하는 것을 말한다. 일반적으로 패스워드 인증 방식으로 불법적인 사용자를 차단할 수 있으나 최근에는 개인정보보호를 위하여 패스워드 이외에 민감정보(금융정보 등)를 요구하는 경우도 있다.

(3) 기밀성

인가되지 않은 사용자의 접근이 통제되는 데이터라 할지라도, 그 데이터가 누군가에게 유출될 수 있기 때문에 그 내용을 알 수 없도록 하는 서비스를 말한다. 이를 위해 주로 데이터 암호화 기술이 사용된다. 따라서 인가를 받은 사람 만이 정보에 접근할 수 있으며 그 내용을 알 수 있다.

(4) 무결성

정보시스템에 저장되어 있거나 네트워크를 통하여 전송되는 정보가 부당한 목적으로 위·변조되는 것을 방지하는 서비스로써 정확성과 완전성을 보장하는 측면이 강하다. 메시지 인증코드(message authentication code)를 생성하여 메시지와 함께 전송하는 기법을 통해 이를 보장한다.

(5) 사용 가능성

정보시스템의 파괴나 사용의 지체로 부터 보호하기 위하여 허가를 받은 사용자가 정보나 서비스를 요구할 때 면 언제든지 즉시 사용이 가능케 하는 것이다.

(6) 책임 추적성

정보시스템에 접속한 사용자나 그 사용자의 행위를 추적할 수 있음을 보장하는 것이다.

(7) 신뢰성

정보시스템 사용자의 의도된 행위에 대한 결과가 의도와 일치함을 의미한다. 즉, 사용자가 원하는 작업을 시스템이 정확하게 수행하도록 하는 서비스를 말한다.

(8) 부인 방지

정보의 송수신자가 정보의 송수신 사실을 나중에 부인하는 것을 방지하기 위한 서비스로써 종이 문서에 도장 또는 자필서명을 하는 것과 같은 디지털 서명 기술이 주로 이용된다.

상기 내용을 표로 정리하여 제시하면 다음 〈표 14-2〉와 같다.

표 14-2 정보보안시스템에서 제공하는 서비스

서비스	내용
접근제어	비인가 사용자의 시스템 접근 방지 침입차단시스템
인증	정보 송수신 당사자의 상대방에 대한 신원 식별 및 확인 패스워드 인증, 민감정보(금융정보 등)를 활용한 인증 등
기밀성	인가받지 않은 사용자의 접근 불허 및 내용의 기밀성을 보장하는 서비스 데이터 암호화 기술 사용
무결성	정보의 저장과 전송 시 위·변조 방지 메시지 인증코드(message authentication code)를 메시지와 함께 전송
사용 가능성	인가받은 사용자가 요구할 경우 언제든지 즉시 사용 가능
책임 추적성	정보시스템 사용자의 행위 추적 보장
신뢰성	인가받은 사용자의 의도된 행위와 결과의 일치
부인 방지	정보 송수신자의 송수신 사실 부인 방지 서비스 디지털 서명

3) 암호화와 전자서명

컴퓨터와 네트워크를 통해 자유로운 정보의 송수신이 가능해짐에 따라, 송수신된 정보의 위변조, 도청, 송수신 부인 등의 부작용이 빈번하게 발생해 이에 대한 적극적 방어 수단으로 암호화 방법이 사용되게 되었다. 암호화(encryption)란 전송할 메시지의 내용을 파악하지 못하도록 원래 메시지와 다른 형태로 그 메시지를 코드화하는 방법이다. 즉, 메시지의 내용이 불명확하도록 평문을 재구성하여 암호화된 문장(cipher text)으로 만드는 것을 말한다. 암호화의 역과정으로 불명확한 메시지로 부터 암호화에 동일하게 사용된 알고리즘을 이용하여 본래의 메시지로 환원하는 과정을 복호화라고 한다. 특히 암호화와 복호화 과정에서 키(key)를 사용하는데 여기에는 비밀키, 공개키를 이용하는 방법이 있다.

(1) 비밀키 암호화

비밀키 암호화는 대칭키(symmetric) 암호화라고도 하며, 암호화키와 복호화키를 동일하게 사용하여 사용자들이 암호화하고 복호화하는 데 있어 소중한 시간을 지체하지 않게 하는 데 매우 효과적이라 할 수 있다. 또한 이 방식은 비밀키를 얼마나 안전하게 보관하느냐에 따라 보안의 안정성이 좌우된다. 따라서 키가 노출되면 메시지가 그대로 노출되는 위험이 있으므로, 노출에 대비하기 위해 키를 자주 변경할 필요가 있다. 또한, 통신하고자 하는 모든 당사자에게 키를 보내 주어야 하기 때문에 그 과정에서 악의적인 헤커에 의해 그 키가 노출될 우려가 있다. 비밀키 암호화 방식은 DES(data encryption standards)가 대표적인 예이며, SSL 등 보안 프로토콜 등에서 중요한 역할을 한다.

(2) 공개키 암호화

공개키 암호화는 비대칭키(asymmetric) 암호화라고도 한다. 이는 정보를 송수신하는 당사자가 서로 다른 키를 소유하여 정보를 암호화하고 복호화하는 방식으로써, 공개키와 비공개키를 생성하여 자신의 공개키를 디렉토리에 등록하고 이를 사용하는 방법이다. 즉 상이한 두 개의 키 중에서 하나는 암호화에, 다른 하나는 복호화에 사용된다. 비밀키와는 달리 처리속도가 느린 반면, 비밀키 암호화의 문제점이던 키 관리 문제를 해결할 수 있다. 또한 공개키와 비밀키 사이에는 특수한 수학적인 관계가 성립되어 어느 누구도 한 쌍의 키 사이의 관계를 유추해 내는 것은 불가능한 것으로 알려져 있다. 공개키 암호화 방식의 대표적인 예로서 RSA(rivest, shamir, adleman) 등이 있다.

표 14-3 비밀키 암호화와 공개키 암호화의 비교

항목	비밀키 암호화	공개키 암호화
키	암호키 = 복호키	암호키 ≠ 복호키
키 종류	비밀키	비밀키, 공개키
대표적 알고리즘	DES, SEED, AES, IDEA	RSA, ECC
키 분배	어려움	공개키의 공개
디지털 서명	불가능	가능
속도	빠른 속도	느린 속도

(3) 전자서명

전자서명(digital signature)이란 전자문서에 부착되거나 논리적으로 결합된 전자적 형태의 서명, 즉 수기 서명의 전자적인 대체물이라 할 수 있다. 기술적으로는 전송하고자 하는 전자문서의 메시지 요약을 만든 후, 이를 송신자의 전자서명 생성키(비밀키)를 이용하여 암호화한다는 것을 의미한다. 전자서명법에 의하면 “전자서명이란 전자문서를 작성한 자의 신원과 전자문서의 변경 여부를 확인할 수 있도록 비대칭 암호화 방식을 이용하여 전자서명 생성키로 생성한 정보로써, 전자문서에 첨부되거나 논리적으로 결합된 전자적 형태의 정보”라 규정하고 있다. 즉 전자문서를 작성한 작성자의 신원과 해당 전자문서가 그 작성자에 의해 작성되었음을 나타내는 전자적 형태의 서명임을 밝히고 있다.

IT기반 구조의 획기적인 발전과 디지털 트랜스포메이션의 가속화로 그에 따른 데이터의 무결성과 사용자 인증 등이 필수 요건으로 대두됨에 따라 이를 해결하기 위한 기술적 대책으로써 디지털 서명이 등장하게 되었다. 전자상거래, EDI, 전자결재, 전자투표 등의 인증 서비스, 엑스트라넷에서의 메시지 인증 등의 분야에서 활용되고 있다.

전자서명이 갖추어야 할 요소는 다음과 같다. 첫째, 서명자의 인식이 가능하여야 한다. 둘째, 문서 내용의 변경 여부를 확인할 수 있어야 한다. 셋째, 동일한 전자서명의 재사용이 불가능하여야 한다. 넷째, 문서작성 사실에 대한 부인을 방지할 수 있어야 한다. 기존의 서명이 서명자에게만 의존하고 문서에 따라 변함이 없음에 비해, 전자서명은 서명자뿐 아니라 전자문서에 따라 달라진다. 이런 방식으로 생성된 전자서명이 송신되면, 수신자는 송신자의 전자서명 검증키(공개키)를 이용하여 확인하게 된다. 이렇게 확인이 되면, 송신자에 대한 인증 및 문서의 무결성이 증명된 것이고 이를 이용하여 차후에 부인 방지 기능이 가능해 진다.

보안시스템이 제공하는 서비스의 형태로는 기술적 보안시스템, 컴퓨터시스템과 네트워크의 물리적 보안시스템, 관리적 보안 정책 등이 있다. 여기에서는 정보보안의 핵심 기술인 암호화와 전자서명에 대해 약술하고 정보의 부정사용 방지 및 네트워크상의 안전성 확보를 위한 물리적 보안시스템과 정보보호 관련 법규와 정책 등과 관련된 관리적 보안시스템에 대하여 살펴본다.

4) 물리적 보안

(1) 시스템 보안

물리적 보안은 외부로부터의 침입에 대비하여, 정보시스템이나 통신선로, 모뎀 등과 같은 물리적 인터페이스 상의 장비나 시설에 대한 물리적인 보호를 의미한다. 시설, 설비, 사무실 등에 필요한 보안으로써, 가장 단순한 형태의 보안 방법으로는 CCTV 등과 같은 침입탐지시스템을 설치하는 방법이 있으며, 스마트카드와 감시 카메라를 이용하여 정보시스템으로의 접근을 통제하는 방법도 있다. 이 중 스마트카드는 암호화키나 보안 모듈, 신원 인증정보 저장장치를 갖추고, 집적회로에 칩을 내장하여 보안에 활용한다. 고도의 보안을 필요로 하는 금융기관이나 신용카드회사, 국가기관이나 공공기관의 주요 시설에 대한 비인가자의 접근 통제를 위해 사용되고 있다. 또한 주유소, 석유화학공장, 독성약품창고 등과 같은 위험시설과 범죄, 폭동, 테러에 대한 대비, 자연재해에 따른 취약성을 회피하기 위한 시설입지 선정 시에도 고려해야 한다. 화학물질의 안전한 보관을 위해 일정한 온도나 습도를 유지하기 위한 시스템을 갖추기도 하고, 화재, 홍수, 정전 등의 비상사태에 대비하기 위한 시스템도 갖추어야 한다. 실제로, 화재, 누전, 정전 등의 사고로 인해 통신 두절, 금융 및 증권거래시스템이나 신용카드 조회 및 결제시스템의 다운 등의 문제가 발생해 거래가 중단되는 사고가 빈번하게 발생한다. 이는 소비자들에게 불편을 야기할 뿐만 아니라 국내외적으로 시스템에 대한 불신을 초래할 수 있기 때문에 이에 대한 대비를 철저히 해야 한다. 혹시 모를 물리적 보안 사고에 대비하여 데이터의 백업, 듀얼시스템의 활용, 시스템의 분산 배치 등의 방법을 활용하기도 한다.

또한 사람의 지문인식, 얼굴인식, 홍채인식, 손인식, 음성인식, DNA인식 등과 같은 신체적 특성을 이용하는 보안시스템을 강화하기도 한다. 생체인식(biometrics)이란 살아 있는 사람의 신원을 생리학적 또는 행동 특징을 기반으로 인증하거나 인식하는 자동화된 기법으로 사람의 생체적·행동적인 특성을 이용하여 개인을 식별하는 학문 또는 기술을 의미한다. 이러한 기술 중, 지문(finger-print)인식 기술은 사람의 지문을 기반으로 특정인을 식별하거나 인증하는데 활용된다. 이 기술은 개인의 지문 융선의 형태가 사람마다 제각기 다른 유일성과 평생 동안 변하지 않는 불변성을 응용한 것이다. 또한 얼굴(face)인식 기술은 카메라로 입력되는 영상을 분석하여 얼굴을 판별하고 이를 구축된 데이터베이스와 비교하여 특정인을 판별하는 기술로써 최근 각광받고 있는 기술이다. 얼굴인식 기술을 적용하고 있는 사례로는 현금 자동인출기의 고객 확인, 범죄자검색시스템, 공항검색시스템 등을 들 수 있다. 홍채(iris)인식 기술은 사람마다 고유한 눈동자의 망막혈관과 홍채 패턴을 구별해서 본인 여부를 판정하는 기술이다. 특정인을 식별함에 있어 오인식률이 가장 낮은 기술로 평가받고 있다. 그러나 홍채는 신체 장기와 밀접한 관계가 있으므로 심각한 질병이나 변화에 의해 홍체 자체에 변화가 발생할 경우 식별에 문제가 발생할 여지도 있다. 손인식 기술은 손가락의 기하학적인 모양을 분석하는 손 모양 인식과 손등의 정맥패턴을 분석하는 정맥인식이 있으나, 높은 오류율과 하드웨어 구성의 복잡성 등으로 인하여 상용화에 문제점이 나타나고 있다. 음성인식 기술이란 사람마다 다른 음성의 특징을 이용한 기술로써 질병으로 인한 목소리 변화나 주위의 소음 등을 고려해야 하며 녹음재생이나 성대 모사 행위 등에 대한 문제점이 제기되고 있다. DNA인식 기술은 혈액이나 타액을 이용함으로써 위조, 변조 및 중복이 원천적으로 불가능한 것으로 알려져 있으나 DNA 정보가 담고 있는 개인의 고유한 특성이 악용될 소지가 있어 종교계와 시민 단체 등의 반발이 예상되기도 한다.

(2) 네트워크 보안

인터넷의 등장과 함께 네트워크를 이용하여 데이터를 주고받는 일이 생활화되면서 네트워크를 통한 시스템 접근과 전송되는 데이터에 대한 보안의 비중이 높아지게 되었다.

방화벽(firewalls)은 외부의 불법침입으로부터 내부망을 보호하기 위한 네트워크 구성요소 중의 하나로서 내부의 정보자산을 보호하고 외부로부터 불법정보 유입을 차단하기 위한 제반 정책과 하드웨어 및 소프트웨어를 일컫는다. 즉 네트워크를 통해 흐르는 패킷을 미리 정해 놓은 구성에 따라 차단하거나 전달하는 기능을 수행하는 소프트웨어 또는 하드웨어로써, 네트워크상의 시스템과 정보를 보호하기 위하여 외부의 침입을 차단하는 시스템으로 일반적으로 가장 널리 사용되는 방법이다. 통상적으로 외부에서 내부 네트워크상의 컴퓨터에 직접 로그인하는 것을 허용하지 않는다. 인터넷 도입 초기에는 인터넷과 비공개 네트워크 사이에 라우터를 설치하고 라우터를 통과하는 패킷을 필터링하는 기술을 이용하여 특정 트래픽을 선택적으로 허용 또는 거부하는 방식을 주로 사용하였다. 그러나 최근에는 패킷 필터링 라우터의 약점을 극복하기 위한 S/W를 응용하여 내부망과 외부망 사이에 프락시(proxy) 서버를 두고 접속(연결)에 대한 필터링을 통해서 비인가된 사용자의 시스템으로의 접속을 차단하여 호스트로의 접근 및 명령어의 수행을 방지하는 기능을 수행한다.

침입탐지시스템(intrusion detection system: IDS)은 정보시스템에 대한 접속 인증을 받지 못한 사용자의 접근 및 오용을 탐지하는 시스템으로 수집된 다양한 정보를 가공하는 메커니즘 등을 활용하여 비정상적 사용행위와 침입 여부를 탐지한다.

5) 관리적 보안

관리적 보안에는 법적·제도적 장치를 이용하여 조직의 정보 자원을 보호하기 위한 관련 법규와 정책 등이 있다.

보안 정책은 비상상황을 전제로 하여 신속하고 정확하게 원인을 규명하고, 해결할 수 있는 방안을 마련함으로써 비상사태 발생 시 조직의 정보시스템을 안전하게 보호하여 지속적으로 활동을 수행하도록 하는 일종의 재난복구대책이다. 또한 조직의 정보시스템과 네트워크에 대한 위험요소를 규명하고, 이러한 위험으로부터 조직의 취약점을 보완하고, 위험 상황의 발생 가능성을 측정하여 적절한 보호대책을 선정하는 위험분석도 보안대책의 하나이다.

한편, 정보보호 관련 보안 정책은 조직의 운영환경에 맞게 정보자산을 보호하기 위하여 결정되기 때문에 보안 정책은 조직 내의 다른 정책과 일관성을 가져야 한다. 또한 조직 외부의 법적, 제도적 정책과 조화를 이루어야 한다.

그러나 개별 기업이 운용하고 있는 정보시스템과 네트워크의 수준 및 활용 정도가 다르고, 국가마다 상이한 제도와 법규를 가지고 있기 때문에 이러한 보안 정책은 일률적으로 제정하기 어려운 측면이 있다. 이에 따라 우리나라에서는 정보화촉진기본법, 개인정보보호법, 전자서명법, 전자거래기본법, 암호 관련 법규, 정보보호시스템 수출규제법 등과 같은 보안 관련 법규가 제정되었으며 국제적으로는 영국표준협회에서 제정한 BS7799, ISO/IEC 27001이 국제표준으로 통용되고 있다.

4 정보시스템 통제와 감사

1) 정보시스템 통제

정보시스템 통제는 정보, 네트워크 등을 포함한 정보시스템의 위험요소들을 최소화하고 정보시스템의 모든 요소를 보호하기 위한 정책과 방법, 절차 등을 말한다. 통제의 적용 대상에 따라 조직 전체의 정보시스템을 대상으로 하는 일반 통제

(general control)와 특정한 응용 분야만을 대상으로 하는 응용 통제(application control)가 있다.

(1) 일반 통제

일반 통제는 특정 응용시스템과 관계없이 조직의 일반적인 정보시스템 자원을 보호하고 하드웨어, 소프트웨어, 보유하고 있는 데이터와 정보, 네트워크 등에 대한 보안을 수행하는 것으로써 모든 응용시스템에 적용되는 기본 통제이다. 일반 통제는 시스템개발 통제, 물리적 통제, 접근 통제, 데이터보안 통제, 네트워크 통제, 관리 통제 등으로 구분된다.

시스템개발 통제는 사전에 정해진 방법과 절차에 따라 개발되도록 시스템개발 과정을 감시하는 기능이다. 시스템개발 주기와 관련된 통제, 시스템 흐름도와 프로그램 구조도와 같은 시스템개발 및 설계에 필요한 문서화에 대한 통제 등을 포함하고 있다. 물리적 통제는 컴퓨터시스템과 정보 자원을 보호하는 것이다. 즉 컴퓨터하드웨어, 데이터센터, 소프트웨어, 매뉴얼, 네트워크, 통신망 등이 물리적 통제의 대상이 되며 대부분의 자연재해나 인간의 위협으로부터 보호하기 위한 통제를 말한다. 예를 들면, 화재나 홍수로부터 데이터센터를 보호하기 위해 방화 및 방수가 되도록 설계하여야 한다. 또한 화재의 예방, 감지 및 진압시스템이 필요하며, 비상전원차단시스템과 정전 시에 사용하는 비상전원공급장치(UPS) 등이 필요하고, 비인가자의 침입을 경고하는 경보장치가 필요하다.

접근 통제란 승인을 받은 사용자만 프로그램이나 컴퓨터시스템에 접근할 수 있도록 통제하는 것을 말한다. 따라서 인가된 사용자는 접근권한이 있어야 하고 타당한 사용자 ID를 가지고 있어야 하며, 접근을 시도하는 사용자가 권한이 있는지를 입증할 수 있는 인증 방법을 제공하여야 한다. 이을 위해 사용자의 패스워드, 스마트카드, 서명, 음성, 지문, 손목, 눈동자, DNA 등 다양한 방법을 통해 인증하고 있다. 특히 최근에는 얼굴, 지문, 홍채, DNA 인식 등과 같은 생체인식을 통한 통제가 늘어나고 있다.

데이터보안 통제는 비합법적인 방법으로 데이터를 추출하거나 생성, 갱신 또는 삭제하는 행위를 막기 위한 통제이다. 특히 저장장치에 저장된 데이터 파일을 불법적인 접근, 변조, 파괴로부터 안전하게 보호해야 하며, 이를 위해 인가된 담당자만이 해당 데이터를 취급할 수 있도록 해야 한다.

네트워크 통제는 스마트 기기 사용의 보편화와 전자상거래의 활성화로 인하여 최근 매우 중요한 이슈로 등장하고 있다. 효과적인 네트워크 통제를 위해 암호화, 전자서명, 침입감지시스템, 방화벽 등이 주로 사용되고 있다.

마지막으로 관리 통제는 일반 통제와 응용 통제가 제대로 이루어지고 있는지를 통제하기 위한 공식적이고 표준화된 절차이다. 이를 위해 통제에 대한 지침을 정하고 이 지침에 따라 제대로 통제가 이루어지고 있는지 감독해야 한다. 관리 통제의 예로는 주기적으로 패스워드의 변경을 요구하거나, 이동 배치된 직원에 대하여 접근권한을 신속하게 변경하거나, 퇴직한 직원들의 접근권한을 즉시 중지시키거나, 시스템을 주기적으로 감사하는 것 등을 들 수 있다.

(2) 응용 통제

응용 통제란 재정 계획, 주문처리시스템 등과 같은 특정한 응용 분야에서 실행되는 통제로써, 데이터의 입력, 처리, 출력과 저장에 이르기까지 발생하는 모든 오류 및 사고를 감시하고 점검하는 것이다. 이는 컴퓨터시스템을 통과하는 데이터의 흐름에 따라 입력 통제, 처리 통제, 데이터베이스 통제, 출력 통제 등으로 나눌 수 있다.

입력 통제는 데이터를 입력할 때 데이터의 정확성과 완전성을 확인하여 데이터의 변조나 오류를 제거하는 활동를 말한다. 불완전하거나 부적합한 자료 또는 오류의 입력을 방지하기 위하여 자료의 완전성(completeness), 자료의 양식(format), 자료의 범위(range), 자료의 일관성(consistency) 등을 확인하여야 한다.

처리 통제는 입력된 데이터가 정확하고 완전하게 처리되도록 프로그램을 수행하는 것으로써 처리과정에서의 데이터의 분실이나 누락, 동일 작업의 중복처리 등에 대한 통제이다. 자료의 백업과 복구에 문제가 생기거나 시스템의 제약적인 접근 등을 통해 데이터베이스의 원본 파일이 손상되면 심각한 문제가 발생하므로 데이터베이스 통제의 일환으로 항상 데이터를 백업해 두어야 한다. 또한 비인가자의 불법적 접근과 이에 따른 데이터 변조에 대한 통제를 위해 비인가자의 시스템 접근을 제약하는 행위도 데이터베이스 통제의 하나이다. 출력 통제는 데이터처리의 결과가 정확하고 완전하며 필요한 곳에 적절하게 배분되도록 하는 통제를 말한다.

2) 정보시스템 감사

정보시스템 감사(information system auditing)란 정보시스템과 정보시스템 부서에 대한 감사를 주기적으로 실시하여 데이터의 무결성, 시스템의 안전성을 포함하여 시스템의 효과성과 데이터처리의 효율성을 평가하는 일련의 과정과 기능을 말한다. 이러한 정보시스템 감사는 컴퓨터시스템의 운영 효과 및 효율성을 평가할 수 있는 내부감사인 또는 외부 감사인에 의해 수행될 수 있다. 정보시스템 감사의 내용은 새로운 시스템의 개발, 운영과 유지보수, 데이터의 무결성, 보안과 프라이버시, 재난복구를 포함한 안전 계획, 예산과 지출, 교육훈련 등으로 구성된다. 정보시스템의 감사는 컴퓨터 주변 감사, 컴퓨터 자체 감사, 컴퓨터에 의한 감사 등이 있다. 컴퓨터 주변 감사(auditing around the computer)는 컴퓨터 프로그램의 평가 없이 입력된 데이터와 출력의 정확성을 검증하는 것으로 정확한 출력만 얻는다면 처리과정은 검사할 필요가 없다. 컴퓨터 자체 감사(auditing through the computer)는 입력과 출력, 처리과정까지 확인하는 것으로 컴퓨터 프로그램에 대한 정확성과 무결성을 검사한다. 이 방법은 전문적인 외부 감사인에게 의뢰하는 경우가 많다. 컴퓨터에 의한 감사(auditing with the computer)는 감사전문 패키지와 하드웨어, 실제 자료 등을 이용하여 감사를 수행한다.

5 컴퓨터 범죄와 정보윤리

1) 컴퓨터 범죄

컴퓨터 범죄(computer crime)란 지식기반의 정보화 사회에서 컴퓨터를 이용한 비합법적인 행위로써 컴퓨터를 활용한 사회악을 폭넓게 일컫는 것이다. 즉 컴퓨터 전문가 또는 사용자가 컴퓨터를 이용하여 고의적으로 저지르는 불법적인 행위를 총칭하는 것이다. 대부분의 컴퓨터 범죄는 조직 내외의 전문가들에 의해서 행해지기 때문에 이를 방지하기 위한 체계적인 보안대책과 통제가 필요하다.

최근에는 컴퓨터 등을 이용하여 사이버 공간에서 발생하는 범죄를 포함하여 보다 넓은 의미로 사이버 범죄라는 용어를 많이 사용하고 있다. 사이버 범죄는 빠른 시간 안에 불특정 다수에게 많은 악영향을 미친다. 그러나 사이버공간이라는 특성상 정보 발신자의 특정이 어렵고, 전자 정보의 증거 인멸 및 수정이 간단하기 때문에 범죄 수사에 어려움이 많다. 사이버 범죄는 범행 목적에 따라 사이버 테러형 범죄와 일반 사이버 범죄로 나뉜다.

사이버 테러형 범죄는 해킹, 서비스 거부 공격, 컴퓨터 바이러스 제작과 유포, 메일 폭탄과 같은 기술적인 요소가 포함되어 정보통신망 자체에 대하여 공격행위를 하는 것이고, 일반 사이버 범죄는 사기 프로그램의 운용, 불법 유해 사이트 개설 및 운영, 사이버 명예훼손, 개인정보침해, 전자상거래 사기, 디지털 저작권 침해, 휴대용 컴퓨터 절취, 금융사기 등을 말한다.

그러나 대부분의 기업에서는 주식 가치의 하락, 경쟁력 약화 등의 부정적인 측면 때문에 컴퓨터 범죄 사고를 공개하지 않고 있다. 컴퓨터 관련 범죄를 줄이기 위해서는 조직 내부의 인적 자원관리를 강화하고 종업원들에 대한 보안마인드 교육과 정보윤리에 대한 교육을 지속적으로 실시하여야 한다.

(1) 컴퓨터 바이러스

최근 인터넷의 발달과 함께 많은 피해를 야기하고 있는 컴퓨터 범죄 중 하나가 컴퓨터 바이러스의 유포이다. 컴퓨터 바이러스는 컴퓨터에서 실행되는 프로그램의 일종으로, 다른 프로그램들과는 달리 사용자 몰래 자기 자신을 다른 곳에 복제하는 명령어를 가지고 있다. 특히 악성 바이러스는 하드디스크에 저장된 데이터를 삭제하는 명령어를 포함하는 경우도 있어서 특히 주의하여야 한다. 따라서 컴퓨터 바이러스는 일단 감염이 되면 바이러스를 계속 유포시키거나 사용자의 데이터와 소프트웨어를 파괴시킨다.

일반적으로 컴퓨터 바이러스는 이메일을 통해 전송되는 첨부 파일을 통해서 감염되거나, 불법 소프트웨어 또는 대여한 소프트웨어를 통해 감염되는 경우가 많다. 바이러스는 컴퓨터 운영체제의 파일, 주기억장치, 하드디스크, 다른 저장장치 등에 자신의 복제품을 만들어 감염을 시켜 나간다. 따라서 출처가 의심스러운 소프트웨어나 불법 소프트웨어의 사용을 자제하고 감염진단 소프트웨어와 바이러스 백신을 이용하여 주기적으로 체크하고 감염된 파일을 하드디스크로부터 제거해야 한다. 이메일이나 인터넷에서 다운받은 자료에 대해서도 V3, 알약, 노턴 안티바이러스 등의 컴퓨터 바이러스 백신프로그램을 설치하여 검사를 철저히 한 후에 사용하여야 한다.

과거에는 웜(Worm), 트로이목마(Trojan Horse), 논리폭탄(Logic Bomb), 시한폭탄(Time Bomb), 인터넷 혹스(Internet Hoax) 등으로 인한 피해가 많았으나 최근에는 랜섬웨어(ransom ware)에 의한 피해사례가 늘고 있다. 웜은 컴퓨터를 감염시키는 악성 프로그램 중의 하나며 다른 코드를 파괴시킨다. 또한 웜은 파일을 파괴하지 않는 대신에 자기복제를 통해 모든 네트워크 컴퓨터에 빠르게 확산된다. 트로이목마는 바이러스처럼 자기복제를 못하지만, 해킹 기능을 가지고 있어 인터넷을 통해 정보를 외부로 유출시킬 수 있다. 논리폭탄과 시한폭탄은 트로이목마의 변형으로써 소프트웨어의 특정 부위에 잠복해 있다가 특정 조건이 충족될 때 실행되며, 시한폭탄은 특정 날짜에 실행된다. 인터넷 혹스는 거짓 메시지를 사실인 것처럼 전달하는 새로운 형태의 바이러스다.

전술하였듯, 최근에는 랜섬웨어에 의한 피해가 늘고 있다. 랜섬웨어란 몸값을 뜻하는 ransom과 악성코드를 뜻하는 malware의 합성어로, '사용자의 동의 없이 시스템에 무단으로 설치되어 사용자의 파일을 모두 암호화한 뒤, 이를 인질삼아 금전을 요구하는 악성프로그램을 말한다. 일반 사용자의 PC, 조직체에서 운영하는 서버, 스마트폰과 같은 모바일기기 등 다양한 운영체제에 침투하여 피해를 야기한다. 국내 기관/기업의 랜섬웨어 침해 사고는 급증하고 있다. 국내 랜섬웨어 신고 건수는 2019년 39건에서, 2020년 127건으로 325% 증가했으며, 2021년의 경우, 상반기에만 97건에 달하고 있다. 이에 랜섬웨어 피해를 최소화하기 위한 랜섬웨어의 적극적인 탐지가 요구되고 있으며, 해킹 사고 발생 시 전 주기에 걸친 체계적인 대응이 필요하다.

(2) 소프트웨어 저작권침해

컴퓨터 프로그램은 지식 자산으로써 원작자의 허가를 받지 않고 해당 소프트웨어를 복제하여 배포하거나 사용하면 저작권을 침해하는 결과를 초래하게 된다. 상업적인 소프트웨어를 불법으로 복제하는 것은 소프트웨어 절도에 해당되며 전 세계적으로 컴퓨터 프로그램 보호법으로 소프트웨어의 불법복제를 단속하고 있다. 일반적으로 개인이 소프트웨어 패키지를 구입하면 소프트웨어를 사용할 수 있는 권한을 얻게 되므로 개인적인 용도로 사용하는 것은 전혀 문제가 없으나, 다른 사람에게 복사본을 만들어 주거나 여러 사람들이 공통으로 사용하는 것은 불법행위이다. 복수의 구성원들이 합법적으로 사용할 수 있도록 하기 위해서 기업이나 학교 등에서는 일정한 수의 카피를 만들어 사용할 수 있도록 사이트 라이선스(site licenses)를 획득하는 계약을 한다. 그러나 셰어웨어(shareware)나 공용 소프트웨어(public domain software) 등은 복제하여 사용할 수도 있다.

(3) 사이버 절도

넓은 의미의 사이버 절도는 타인의 컴퓨터에 저장된 파일을 몰래 복사하는 행위 또는 타인 소유의 컴퓨터 주변기기를 훔치는 행위 등 컴퓨터 등의 정보처리장치와 관련한 절도행위를 포함하여 사이버 상에서 벌어지는 모든 절도행위를 말한다. 좁은 의미의 사이버 절도는 인터넷 상에서 발생되는 온라인게임 아이템 절도, 정보통신시스템 내부 정보 절도, 컴퓨터 프로그램 절도, 개인정보의 도용 등 정보통신망을 통한 절도행위를 말한다.

사이버 절도를 포함한 대부분의 컴퓨터 범죄들은 금전과 관련이 있다. 90년대 중반 러시아의 해커 Vladimir Levin은 공범자들과 함께 뉴욕에 있는 시티은행의 메인프레임에 인터넷을 통하여 불법적인 침입을 시도하였다. 그들은 시티은행의 여러 구좌로부터 1100만 달러의 돈을 인출하여 자신들이 개설한 핀란드, 이스라엘, 캘리포니아의 은행으로 전자적인 송금을 하였다. 그러나 일반적으로 사이버 절도를 당한 기관은 대외적인 공신력의 실추를 우려하여 금액을 축소하여 발표하거나 사건 자체를 은폐하려는 경향이 강하다. 런던의 한 은행은 자신들의 은행에 인터넷을 통한 침입을 공개하지 않는 조건으로 50만 달러를 지급하였다(정경수 외, 2010).

사이버 절도와 관련한 절도죄에 대해서는 형법, 특정범죄가중처벌법, 정보통신망이용촉진 및 정보보호 등에 관한 법률, 전기통신사업법 등에 의해 재제 받을 수 있다.

(4) 컴퓨터의 불법적인 사용

일명 시간과 자원의 절도(time and resource theft)라고 일컬어지는 컴퓨터나 네트워크의 불법적인 사용을 방지하기 위하여 미국에서는 종업원들이 회사나 조직의 컴퓨터나 인터넷을 사용하여 자신의 개인적인 일을 하는 것을 엄격하게 제한하고 있다. 우리나라의 경우 업무시간에는 온라인 증권회사와의 접속을 못하게 하거나 업무와 상관없는 일로 인터넷을 사용할 때는 일지를 쓰게 하는 방법 등을 적용하고 있으며, 경우에 따라서는 외부 인터넷의 접속을 차단하고 자체망을 사용하도록 하는 경우가 점차 늘어나고 있다.

(5) 디지털 성범죄

전화, 이메일, 또는 온라인 채팅앱을 통한 대화방 등을 이용하여 특정인에게 원치 않는 접근을 지속적·반복적으로 시도하여 성적 괴롭힘을 입히는 경우가 종종 발생하여 사회적 물의를 일으키기도 한다. 특히 최근에 사회적으로 큰 문제가 되었던 'N번방 사건'은 수십여 명의 피해자를 협박해 성착취 영상을 제작하여 SNS를 통해 유포한 디지털 성범죄였다. 또한 2018년에는 '버닝썬 사태'라고 일컬어졌던 범죄행위가 발생하기도 했다. 이는 몇 몇의 유명 연예인들이 집단강간 및 강제추행과 같은 오프라인 상의 성범죄 행위를 실행하고 이를 촬영한 뒤 그 영상을 특정 메신저 서비스의 단체방에 유포하여 공분을 샀던 디지털 성범죄 행위였다.

그 동안 디지털 성범죄는 불법촬영, 리벤지 포르노, 몰카(몰래카메라) 등 여러 이름으로 불려 왔다. 그러나 2017년 9월에 정부에서 발표한 '디지털 성범죄(몰래카메라 등) 피해방지 종합대책'에서 "리벤지 포르노와 같은 불법촬영물, 이의 불법 유포, 소지 등 모든 관련 범죄행위를 포괄하는 의미"로 디지털 성범죄라는 용어를 정의하여 사용하고 있다(국무조정실, 2017).

이러한 디지털 성범죄는 주로 인터넷을 통해 이루어지기 때문에, 피해자가 노출된 영상물이 한 번 업로드 되면 끊임없이 유포되고 재생산된다는 점에서 기존의 성폭력과는 다소의 차이가 있다. 또한 디지털 성범죄는 오프라인에서 발생하는 성범죄와는 달리 익명성이 보장된다는 특징이 있다. 이로 인해 범죄행위가 인터넷 상에서 훨씬 간단하고 편리하게 발생하며 범죄행위에 대한 죄의식도 상대적으로 희박하다. 이러한 특징으로 인하여 범죄행위가 지속적으로 발생하고 있다. 이러한 문제의식으로 대법원의 양형위원회에서는 디지털 성범죄에 대한 보다 적극적인 사법처리를 위해 명확한 양형기준을 확정하여 2020년 12월 7일에 의결하고 2021년 1월 1일부터 시행하고 있다.

(6) 파밍 및 스미싱 예방책

최근 가장 많이 발생하는 사이버 범죄의 유형은 파밍과 스미싱이다. 파밍(pharming)은 이용자의 컴퓨터가 악성코드에 감염되면서 부터 시작된다. 일반적으로 악성코드는 스팸메일, 불법 공유 프로그램이나 동영상, 플래시 플레이어의 취약점 등을 통해 컴퓨터에 유입되므로, 확인되지 않은 메일의 열람은 피하고, 의심스러운 사이트에는 접속하지 않는 것이 좋다. 또한 파밍에 의한 피해를 당하지 않기 위해서는 공인인증서를 컴퓨터나 메일에 저장하지 않아야 한다. 만약 피해가 발생하면 사용하던 공인인증서나 보안카드를 즉시 변경하고, 피해 컴퓨터는 전용백신으로 치료를 하거나 초기화를 통하여 악성코드를 제거하여야 한다. 또한 인터넷뱅킹을 사용한 경우에는 가급적 OTP(one time password, 일회성 비밀번호)나 보안토큰(하드웨어 보안장치)을 사용하는 것이 좋다.

스미싱(smishing)이란 SMS(문자)에 첨부된 링크를 클릭하면 악성 프로그램이 저절로 설치되어 스마트폰으로 전송되는 소액결제 승인번호 메시지를 탈취한 후 해커에게 전송하여 소액결제 피해를 입히는 범죄이다. 스미싱 피해를 당하지 않기 위해서는 단축 URL이 포함된 메시지의 링크를 클릭하여 스마트폰에 앱을 설치하지 않아야 하며, 통신사 고객센터 및 홈페이지를 이용하여 소액결제를 원천

차단하거나 금액을 제한하는 것도 좋은 방법이다. 아울러 선심성 광고나 확인되지 않는 문자를 수신했을 경우에는 제공된 링크의 클릭여부를 신중히 판단해야 한다. 사이버 범죄 피해를 입었을 경우에는 사이버테러대응센터(www.ctrc.go.kr)에 신고하여 범죄의 피해를 줄이도록 노력하여야 한다.

2) 정보윤리

윤리란 행위의 선과 악 또는 도덕적인 것과 비도덕적인 것에 관한 판단기준의 체계로써 개인이 자신의 행동의 지침으로 삼는 도리나 규범이다. 또한 윤리는 그 적용대상에 따라 가정윤리, 사회윤리, 직업윤리, 기업윤리, 국가윤리, 정보윤리 등으로 구분할 수 있다. 그러나 여기에서의 정보윤리(information ethics)란 윤리문제를 정보 또는 지식정보화사회 관점으로 접근하여, 일반적으로 컴퓨터윤리, 정보통신윤리 등과 유사한 개념으로 사용되고 있다. 그러나 기존에는 컴퓨터 활용과 관련한 윤리가 강조되어 컴퓨터 활용상의 예절로 표현되는 네티켓(netiquette), 컴퓨터 활용으로 인한 건강상의 문제, 정보유출 및 지식재산권 문제, 컴퓨터 바이러스 유포, 컴퓨터 관련 범죄 등에 초점이 맞추어졌으나 오늘날은 정보통신윤리의 개념까지 포괄하고 있다.

정보화가 진전되면서 익명성이라는 인터넷의 특성 때문에 인터넷 상에서 유통되는 음란물과 폭력물, 욕설과 사생활침해, 해킹, 정보의 위조와 변조 등이 확산되어 심각한 사회문제로 대두되고 있다. 특히 사이버 상의 음란물과 폭력물은 어린이나 청소년들에게 치명적인 영향을 줄 수 있으므로 정보통신에 대한 올바른 이용과 윤리의식을 확립하여 건전한 정보문화를 정착시키도록 노력하여야 한다. 우리나라에서는 민간단체를 중심으로 한 정보통신윤리위원회가 운영되고 있다.

이외에도 프라이버시 침해 문제, 지식재산권의 보호, 컴퓨터 전문가들의 직업윤리, 데이터와 정보에 대한 권리와 의무 등도 정보윤리에서 다루어야 할 주요 내용이다. Mason 교수는 정보화사회의 윤리적인 문제를 PAPA(privacy, accuracy, property, accessibility)라고 명명하면서 프라이버시, 정확성, 소유권, 접근성의 네 가지로 분류하였다. 이에 대한 내용은 [그림 14-5]에 잘 나타나 있다.

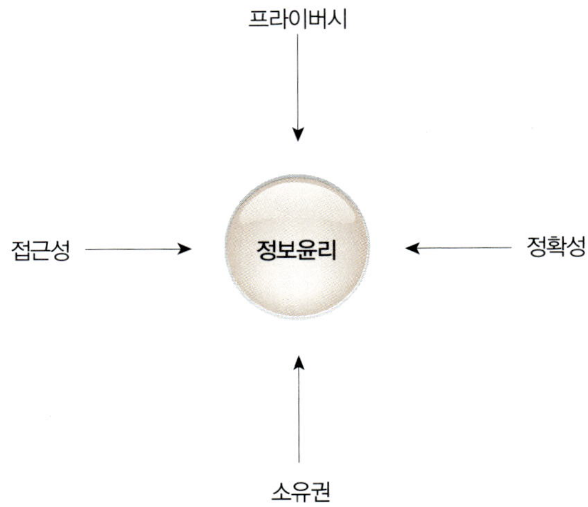

▌그림 14-5▐ 정보윤리의 네 가지 측면

출처: 정경수 외(2010). p. 546.

(1) 프라이버시

최근 인터넷을 통해 개인정보에 대한 접근이 자유로워지면서 프라이버시(privacy) 보호에 대한 관심이 증대되고 있다. 특히 주민등록번호, 신용카드 번호와 같은 개인정보들이 인터넷에서 악용되는 등 관련 범죄가 빈번하게 발생하고 있다. 그중에서 대표적인 것이 신분위장절도(identity theft)이다. 신분위장절도란 제품 구매, 대출 등의 목적으로 다른 사람의 주민등록번호, 신용카드 번호를 도용하는 것으로써 피해자의 은행 계좌에서 직접 현금을 인출하는 경우가 발생하기도 한다. 이는 비윤리적 행위일 뿐 만 아니라 분명한 범죄에 해당된다.

오늘날은 정보기술의 급속한 발전으로 개인이 일상적인 생활을 영위하는 모든 과정이 모두 데이터베이스에 수집, 저장되어 디지털 프로필을 생성하는 데 사용될 수 있으며 이런 행위를 프로파일링(profiling)이라고 한다. 간단한 사례를 들어보자. 웹상에서 제품을 구매할 때 제품 정보, 구매자 관련 정보 등이 판매자의 데이터베이스에 저장되어 구매자에 대한 디지털 프로필을 생성하게 된다. 일부 비도덕적인 판매자는 생성된 디지털 프로필을 고객의 동의없이 다른 회사에 판매하기도 하며, 이메일 광고, 전자적인 스팸, 텔레마케팅 등에 활용하기도 한다. 이 과정에서 프라이버시에 관한 다양한 윤리적인 문제가 발생하고 있으며, 특히 프라이버시 보호에 대한 사용자들의 요구와 불만이 증가하고 있다. 따라서 기업들은 고객의 프라이버시 보호를 위한 정책을 수립해야 한다. 기업의 프라이버시 정책은 다음의 내용들을 포함하여야 한다.

- 판매자가 수집한 정보는 무엇인가?
- 판매자가 정보를 어떻게 사용하는가?
- 구매자의 탈퇴 방법은 무엇인가?
- 구매자의 개인정보 중 어떤 정보가 데이터베이스에 저장되어야 하는가?
- 구매자의 개인정보 중 어떤 정보가 타인에게 공개되지 않도록 보호받아야 하는가?
- 구매자의 개인정보가 제3자에게 판매되는가?

고객의 프라이버시 보호를 위해 기업이 취할 수 있는 두 가지의 모델이 있다. 첫 번째는 기업이 고객의 개인정보를 수집할 때 고객에게 거부권한을 주는 것이다. 고객이 자신의 개인정보 수집을 거부하는 경우에는 수집하지 않는 거부권한(opt-out) 모델이다. 두 번째는 고객에게 승인권한을 주어서 기업의 개인정보 수집을 원칙적으로 금지하되 오직 고객이 동의하는 경우에 만 수집하도록 하는 승인권한(opt-in) 모델이다. 프라이버시 옹호론자들은 승인권한 모델을 선호한다.

(2) 정확성

정보의 정확성(accuracy)은 정보 오류에 대한 책임을 밝히고 정보의 적합성과 신뢰성을 보증하는 것이다. 금융거래의 경우, 한 개인의 온라인 거래, 창구에서의 거래, 현금자동인출기 거래 등을 통합하여 고객의 계좌 정보를 정확하게 해당 고객에게 제공한다. 만약 병원에서 정보의 오류로 인하여 신생아가 바뀐 경우를 가정하면, 그 결과는 개인의 인생이 달라지는 치명적인 영향을 주게 된다. 정보나 데이터의 정확성 보장이 얼마나 중요한가를 알 수 있다. 따라서 정보와 데이터는 정확하고 유용해야 하며, 정보의 정확성을 높이고 데이터의 무결성을 보장할 수 있어야 한다.

부정확한 정보가 정보기술에 의해 잘못 저장되면, 잘못된 정보로 인하여 해당 개인의 신용이나 사회활동에 심각한 영향을 미치기도 한다. 정보의 정확성과 관련하여 야기될 수 있는 문제들은 다음과 같다.

- 개인의 민감한 데이터는 저장되기 전에 반드시 검증되는가?
- 특정 정보에 대한 신빙성, 정확성에 대한 책임은 누구에게 있는가?
- 잘못된 정보관리에 대한 책임은 누구에게 있는가?
- 잘못된 정보에 의한 피해를 어떤 방법으로 원상회복 시킬 것인가?
- 정보의 정확성을 보장하기 위한 장치가 있는가?
- 개인이 정보시스템에 저장된 자신에 관한 정보의 정확성을 어떻게 확인할 수 있는가?

(3) 소유권

최근 대출기관, 부동산회사, 신용카드회사, 통신사, 금융기관 등으로부터 불필요한 전화나 권유를 받는 경우가 늘고 있다. 이는 당사자들의 동의 없이 개인정보가 누출되었기 때문으로 추측된다. 이로 인해 개인의 소유권 관련 정보와 자료들이 인터넷에 공개되거나 매매됨으로써 개인적 피해뿐 아니라 사회 문제화가 되기도 한다.

- **데이터 프라이버시(data privacy)**: 소매상, 신용카드회사, 부동산회사 등이 가지고 있는 수많은 데이터베이스 정보의 소유주는 누구인가? 해당 회사나 관계자들은 고객 또는 가입자의 정보가 저장된 데이터베이스를 보유하고 있으며 그 정보들을 자유롭게 판매하고 있다. 따라서 이것이 윤리적 문제를 일으키는 발단이 되고 있는데 고객의 정보를 5년 이상 보유할 수 없게 하는 방안이 확정되어 많은 사이트에서 고객의 정보를 저장하지 않는다는 메시지를 띄우고 있다.
- **스팸(spam)**: 인터넷 상의 불특정 다수의 수신인에게 제품 또는 서비스를 권유하기 위해 무작위로 송신되는 불필요한 이메일을 말한다.
- **쿠키(cookies)**: 고객이 특정 홈페이지를 접속할 때 생성되는 정보를 담은 임시파일이다. 고객이 쿠키로 저장되는 것을 허용하지 않으면 사이트에 접속할 수 없거나 필요한 기능을 사용할 수 없도록 제한하기도 한다.
- **스파이웨어(spyware)**: 스파이(spy)와 소프트웨어의 합성어로써, 특정인이나 특

정 조직에 관한 정보를 수집하는 데 사용되는 기술을 말한다. 그러나 최근에는 타인의 컴퓨터에 은밀하게 침투하여 중요한 개인정보를 무단으로 탈취해 가는 프로그램을 통칭한다. 수집된 정보는 광고 목적으로 또는 컴퓨터 범죄를 실행하기 위해 다양한 방법으로 활용되기도 한다.

• **사이버스쿼팅(cybersquatting)**: 사이버스쿼팅은 사람 이름, 회사 이름, 단체 이름 등으로 등록 가능성이 높은 도메인을 전혀 이해관계가 없는 3자가 먼저 등록하는 행위로 도메인 불법 점유, 도메인 선점 등으로 불린다. 과거에는 인터넷 주소를 투기나 판매 목적으로 선점하여 비싼 값에 되팔기 위한 목적으로 행해진 경우가 많았다. 그러나 요즈음에는 이러한 문제가 많이 사라지고 있는 추세이다.

과거에는 도메인 관련 소송이 국제적으로 일어난 바 있었는데, 국제 도메인 분쟁 해결의 최상위기관으로서 국제인터넷주소관리기구(the internet corporation for assigned names and numbers: ICANN)가 있으며, '.com', '.net' 등이 대표적인 국제 도메인이다. 국내 도메인의 최상위기관으로서 한국인터넷진흥원(Korea Internet & Security Agency: KISA, 인터넷 주소 관련 업무는 KISA의 산하부서인 KRNIC에서 담당)이 있으며 .kr이 대표적인 국내 도메인이다.

(4) 접근가능성(accessibility)

접근가능성(accessibility)은 '개인(조직)이 어떻게 타인(타 조직)에 관련된 정보와 정보시스템에 접근할 수 있는가' 또는 '정보 접근 권한 문제와 이러한 정보를 어떻게 사용할 수 있는가'에 대한 문제를 말하며, 구체적으로 다음과 같은 이슈가 있다.

• 개인(조직)은 어떤 경우에 타인(타 조직)의 정보를 획득할 수 있는가?
• 개인(조직)은 어떤 조건으로 타인(타 조직)의 정보를 획득할 수 있는가?
• 정보접근에 대한 안전장치에는 어떠한 것이 있는가?
• 정보접근에 대하여 얼마를 지불해야 하는가?
• 누구에게 정보접근에 필요한 시설을 제공해야 하는가?

요약

1. 정보시스템의 평가

오늘날 대부분의 조직에서 급변하는 환경에 적응하고 경쟁우위를 확보하기 위해 정보시스템에 대하여 막대한 규모로 투자하고 있다. 따라서 투자가 적절하게 이루어졌는지, 정보시스템이 조직의 목표 달성에 적절하게 기여했는지, 정보시스템을 효율적으로 활용하고 있는지에 대한 평가를 할 필요가 있다. 환언하면 정보시스템에 대한 평가는 정보화에 대한 투자효율성을 높이고 정보시스템의 구축 과정을 효과적으로 통제하기 위한 수단이 된다. 정보시스템 평가의 유형은 평가의 목적, 평가의 영역, 평가의 주체, 평가의 시기, 평가의 범위, 평가의 방법 등에 따라 분류할 수 있다.

2. 정보시스템의 투자 분석 방법

일반적으로 정보시스템에 투자하는 비용과 정보시스템으로부터 얻는 효과를 비교하여 효과가 더 크다면 정보시스템에 투자할 가치가 있다고 판단할 수 있다. 정보시스템의 투자 분석 방법으로 비용효과 분석을 많이 이용하고 있다. 이 방법은 정보시스템에 투자된 비용과 투자의 결과로 얻게 되는 이익이나 효과를 비교·분석하는 계량적인 기법으로써 비용효과의 비율(BCR) ≧ 1의 경우에는 투자가 가능하다. 정보시스템 비용에는 직접비용과 간접비용이 있으며 정보시스템 효과요소는 유형(직접)효과와 무형(간접)효과로 분류할 수 있다. 그러나 대개의 경우 정보시스템 비용 및 효과는 간접 또는 무형적이기 때문에 정확하게 파악하고 계량화하기란 쉬운 일이 아니다. 그래서 계량화된 데이터를 이용하여 계산하는 비용효과 분석 방법을 활용하기도 하며, 이외에 자본예산 기법으로는 순현가법, 내부수익률법, 회수기간법 등이 널리 활용되고 있다.

3.정보시스템의 보안

정보시스템의 보안은 정보시스템과 시스템에 포함되어 있는 모든 자료들에 대한 불법적인 접근을 통제하고 물리적인 손상으로부터 보호하기 위한 모든 수단과 대책을 말한다. 정보보안시스템이 제공하는 서비스는 접근제어, 인증, 기밀성, 무결성, 사용 가능성, 책임 추적성, 신뢰성, 부인 방지 등으로 분류될 수 있다. 일반적으로 보안은 기술적 보안, 물리적 보안, 관리적 보안으로 나눌 수 있으며 최근에는 네트워크와 인터넷의 사용이 일반화되면서 네트워크 보안의 중요성이 증대되고 있다.

4. 정보시스템의 통제와 감사

정보시스템 통제는 정보, 네트워크 등을 포함한 정보시스템에 영향을 미치는 위험요소들을 최소화하고 정보시스템의 모든 요소를 보호하기 위한 정책과 방법, 절차 등을 말한다. 통제에는 적용 대상에 따라 조직 전체를 대상으로 하는 일반 통제와 특정 응용 분야에만 적용되는 응용 통제가 있다. 정보시스템의 감사는 시스템의 운영효과와 효율성을 평가하는 것을 말하며 감사의 대상은 시스템의 개발, 운영과 유지보수, 자료의 무결성, 보안과 프라이버시 보호, 재난복구계획, 예산과 지출, 문서화 등 매우 광범위하다.

감사의 종류는 컴퓨터 주변 감사, 컴퓨터 자체 감사, 컴퓨터에 의한 감사 등이 있다.

5. 컴퓨터 범죄

컴퓨터 범죄(computer crime)란 지식정보화사회의 새로운 범죄 유형으로 컴퓨터를 이용한 비합법적인 행위로서 일종의 사회악적인 행위를 폭넓게 일컫는 것이다. 근래에는 컴퓨터 등을 이용하여 사이버공간에서 발생하는 범죄를 포함하여 보다 넓은 의미로 사이버 범죄라는 용어를 많이 사용하고 있다. 사이버 범죄는 범행 목적에 따라 사이버 테러형 범죄와 일반 사이버 범죄로 나뉜다. 사이버 테러형 범죄는 해킹, 서비스 거부 공격, 컴퓨터 바이러스 제작과 유포, 메일 폭탄과 같은 기술적인 요소가 포함되어 정보통신망 자체에 대한 공격행위를 하는 것이고, 일반 사이버 범죄는 사기 프로그램 불법복제, 불법 유해 사이트 개설 및 운영, 사이버 명예훼손, 개인정보침해, 전자상거래 사기, 디지털 저작권 침해, 휴대용 컴퓨터 도난, 금융사기 등을 말한다. 특히 컴퓨터 바이러스, 소프트웨어 저작권 침해, 사이버 절도, 컴퓨터의 불법적인 사용, 디지털 성범죄, 파밍 및 스미싱 등에 대한 사회의 관심이 증폭되고 있다.

6. 정보윤리

정보윤리란 컴퓨터윤리, 정보통신윤리와 유사한 개념으로 사용되고 있다. 기존의 소극적인 컴퓨터윤리란 개념에서 최근에는 정보통신윤리와 같은 광의의 개념으로 확대되고 있다. 특히 사이버 상의 음란물과 폭력물이 어린이나 청소년들에게 치명적인 영향을 줄 수 있는 사회적 문제로 대두되고 있기 때문에, 정보통신에 대한 올바른 이용과 정보윤리 의식의 확립으로 건전한 정보문화를 정착시키도록 노력하여야 한다. 우리나라에서는 민간단체를 중심으로 한 정보통신윤리위원회가 운영되고 있다. 정보윤리의 주요 내용은 프라이버시 침해 문제, 정보의 정확성 문제, 소유권의 보호 문제, 접근가능성 문제 등이 있다.

사례연구 전세계 랜섬웨어 피해액 22兆... 국내 보안 '빨간불'

코로나19가 장기화되는 가운데, 악성코드 일종인 '랜섬웨어'가 전세계에서 기승을 부리고 있다. 국내의 경우 사회기반시설은 물론, 보안이 열악한 영세 중소기업을 중심으로 피해 규모가 확산되면서 우려의 목소리가 높다.

> 랜섬웨어는 인질의 몸값을 뜻하는 랜섬(ransom)과 악성코드를 뜻하는 멀웨어(malware)를 합성한 신조어다. 해커가 해킹프로그램을 사용해 PC나 서버에 있는 파일을 사용할 수 없게 암호화한 후 해당 파일을 다시 이용하고 싶으면 돈을 내놓으라고 협박을 하는 형태다. 해킹 프로그램은 자주 업데이트하는 어도비 플래시, 액티브X로 위장한 실행 파일이나 이메일로 퍼지는 문서 파일 형태로 유포되는 경우가 많다. 홈페이지 배너광고 형태로도 퍼지기도 한다. 일부 영세 커뮤니티 사이트는 저렴한 광고라도 특별히 선별과정 없이 무차별적으로 받는 경우가 있다. 이런 취약한 사이트를 이용해 해커들이 광고로 속이고 악성코드를 심어두는 것이다. 특정 정보의 탈취가 목적이 아닌 '돈'이기 때문에 개인, 기업, 단체를 가리지 않고 공격대상으로 삼는다(조선일보DB).

한국인터넷진흥원(KISA)에 따르면, 2021년 한 해 동안 전 세계 랜섬웨어 피해액은 200억달러(약 22조원)에 달할 것으로 전망된다. 미국 최대 송유관 회사인 '콜로니얼 파이프라인'은 2021년 5월 랜섬웨어 공격을 당했으며, 이로 인해 미 동부 지역 휘발유 값이 7년 만에 최고 수준으로 치솟았다.

국내 기업이 경험한 침해사고 중 약 60%도 랜섬웨어가 차지한다. 랜섬웨어 피해신고 건수는 2019년 39건에서 지난해 127건으로 3배 이상 늘었다. 올해 7월까지 랜섬웨어 피해신고는 97건에 달하며, 이 가운데 79건(81%)이 중소기업으로 파악됐다.

보안 업계는 과거와 달리 최근의 랜섬웨어 공격은 프로그래머가 랜섬웨어를 제작해 범죄조직에 공급하고 수익을 공유하는 '서비스형 랜섬웨어(ransomware as a service)'로 고도화된 것으로 분석한다. 다크웹 상에서 범죄 형태가 분업화·조직화되고 있으며, 공격 대상이 시민 일상 깊숙이 침투했다는 얘기다.

대표적으로 배달 대행 플랫폼 업체 슈퍼히어로는 지난 5월 랜섬웨어 공격을 받아 전국 3만 5,000개 점포 영업이 마비됐다가 35시간 만에 복구됐다. 국내 최대 해운사인 HMM도 본사 메일 서버가 랜섬웨어로 추정되는 해킹 시도가 있었으며, 이랜드는 랜섬웨어 공격으로 오프라인 점포 50여 곳 중 23곳 영업이 중단되는 차질을 빚었다.

정부는 국내 사이버위기 경보를 '관심'으로 상향하고, 관계부처 합동으로 '랜섬웨어 대응 강화방안'을 마련했다. 사이버위기 경보단계는 '정상→관심→주의→경계→심각'으로 구분된다.

우선 정부는 주요정보통신기반시설(기반시설)에 정유사(공정제어시스템), 자율주행 관제시스템 등을 추가하는 방안을 추진한다. 기반시설 보호대책에는 랜섬웨어 예방을 위한 '백업시스템 구축', '업무지속계획' 등을 포함하도록 하고, 긴급점검과 모의훈련을 확대한다. 'SW 개발보안 허브'(판교)를 통해 SW·솔루션의 설계부터 유통까지 개발 전주기에 대한 보안강화도 지원한다.

보안체계 구축 여력이 부족한 영세·중소기업 대상으로는 ▲메일보안SW ▲백신 ▲탐지·차단SW 등 '랜섬웨어 대응 3종 패키지' 보안솔루션을 지원할 방침이다. 18~49세 대상으로 본격화되는 '코로나 백신 접종'의 안전한 진행을 위해 접종의원을 대상으로 안티랜섬웨어 SW를 무상으로 지원한다.

또한 정부는 내년까지 민간(C-TAS)과 공공(NCTI)의 사이버위협 정보공유시스템과 의료·금융 등 분야별 정보공유분석센터(ISAC)를 유기적으로 연동할 계획이다. 웹사이트(2만여 개)에서 탐지한 위협정보와 국외에서 수집한 위협 정보를 민간과 공유하고, 주요국의 인터넷 보안기관(CERT), 사이버보안 협의체(한미 사이버워킹그룹 등)를 통해 국가 간 랜섬웨어 정보공유도 추진한다.

피해자의 2차 피해 방지를 위한 해킹조직 모니터링과 수사도 강화한다. 다크웹 모니터링으로 해킹조직에 대한 감시를 강화하고, 다크웹 상에 노출된 피해자의 개인정보 등은 관계부처와 신속히 공유해 피해자의 2차 피해 방지를 지원한다. 경찰청·시도경찰청의 사이버테러수사대(팀) 내에는 랜섬웨어 전담 수사체계를 구축, 랜섬웨어 공격에 엄정 대응한다.

아울러 정부는 다양한 랜섬웨어를 보다 빠르게 탐지·차단할 수 있는 기술과 복구 기술 개발에 투자를 늘릴 방침이다. 공공·민간 분야별로 규정된 사이버보안 법제도를 체계화하는 '사이버보안기본법' 제정도 추진한다.

임혜숙 과기정통부 장관은 "사이버보안은 끊임없는 창과 방패의 레이스로 단 한순간도 주의를 늦춰서는 안 된다"며 "랜섬웨어 대응 강화방안을 차질 없이 이행해 국민·기업들이 안심할 수 있는 디지털 환경을 구축하겠다"고 말했다.

출처: 뉴데일리 경제(2021. 8. 5). "전세계 랜섬웨어 피해액 22조… 국내 보안 '빨간불'".

| 사례질문 |

1. 랜섬웨어란 무엇인가?
2. 랜섬웨어 공격을 차단하기 위해 국가 차원에서 취해야 할 조치가 무엇인가?
3. 위의 내용 중, 이랜드 사(社)는 랜섬웨어 공격으로 오프라인 점포 50여 곳 중, 23곳의 영업이 중단되는 초유의 사태를 경험했다. 이를 대비하기 위해 이랜드 사는 어떠한 대책을 강구해 두었어야 했는가?

참고문헌

고창범, 강한 기업의 조건, 예문, 2012.

관계부처 합동회의, 디지털 경제 대전환을 위한 국가 데이터 정책 추진방향, 민간이 제안하는 대한민국 데이터 119 프로젝트, 제21차 4차산업혁명위원회(2021.2.17.), 2021.

권오병, 정보기술과 경영정보시스템, 청람, 2019.

권태형, IT경영 the MIS, 이프레스, 2012.

김상휘, 김기원, 김유성, 윤태영, 전재완, "머신러닝, 딥러닝을 이용한 통신서비스 이용고객 분석 및 이탈 예측", 2020 온라인 추계학술발표대회 논문집, 27(2), 568-571, 2020.

김수연, 도지훈, 김보라, "빅데이터, 한국과학기술기획평가원(KISTEP)", KISTEP 기술동향브리프, 11호, 2018.

김연희, 데이터베이스 개론, 한빛아카데미, 2013.

김영식, 김훈호, "머신러닝 기법을 활용한 사교육 참여 예측 모형 탐색", 교육재정경제연구, 28(3), 29-52., 2019.

김은홍, 이진주, 정문상, 사용자 중심의 경영정보시스템, 1998.

김준석, 양미연, 윤상후, "기계학습과 GloSea5를 이용한 장기 농업기상 예측: 고랭지배추 재배 지역을 중심으로", 디지털융복합 연구, 18(4), 243-250, 2020.

김진태, 비즈니스 프로세스 관리시스템의 기능평가 방안에 관한 연구, 동아대학교 석사학위 논문, 2005.

김창수, 송민정, 빅데이터 경영론, 학현사, 2014.

김효석, 홍일유, 디지털 경제시대의 경영정보시스템, 법문사, 2000.

나광택, 이진형, 깅은찬, 이효찬, "증권 금융 상품 거래 고객의 이탈 예측 및 원인 추론", 한국 빅데이터 학회지, 5(2), 215-229, 2020.

박두순, 문양세, 박영호, 윤찬현, 정영식, 장형석, 빅데이터 컴퓨팅 기술, 한빛아카데미, 2014.

박준영, 주성빈, 언택트(Untact)시대에서 기업의 정보보안 위협에 관한 연구: 스마트워크(Smartwork)를 중심으로, 한국민간경비학회보, 19(5), 57-78, 2020.

박평우, 김민구, 임홍석, 윤덕용, 이석원, "허혈성 심장질환 진단을 위한 기계 학습 알고리즘 비교 연구", 정보과학학회 논문지, 45(4), 376-389, 2018.

박호진, 권영현, 안영민, 빅데이터와 빅데이터 정제 기술, 한국컴퓨터정보학회지, 21(1), 1-8, 2013.

삼정KPMG경제연구원, "데이터 경제의 시작, 마이데이터: 금융 산업을 중심으로", 삼정KPMG경제연구원, 68, 2020.

서광규, "Support Vector Machine을 이용한 고객 이탈 예측 모형에 관한 연구", 안전경영과학회지, 7(1), 199-210, 2005.

서영호, 박주석, 김재경, 이경전, 박재홍, e-Business시대의 경영정보시스템, 한경사, 2013.

송영지, 디지털성범죄의 양형인자와 양형기준에 관한 연구, 강원법학, 62, 391-427, 2021.

송현정, 이석준, "딥러닝을 활용한 실시간 주식거래에서의 매매 빈도 패턴과 예측 시점에 관한 연구: KOSDAQ 시장을 중심으로", 정보시스템연구, 27(3), 123-240, 2018.

안중호, 양지윤, 경영정보론, 4판, 홍문사, 2005.

윤종훈, 김용민, 경영정보시스템, 학현사, 2011.

이동규, 신민수, "카드 산업에서의 고객 휴면 예측", 한국IT서비스학회 2018 추계 학술 대회, 404-407.

이동만, 정기억, 마은경, 이영숙, 장명희, 경영정보시스템의 이해, 대명, 2008.

이만영, 김지홍, 류재철, 송유진, 염흥열, 이임영, 전자상거래 보안기술, 생능출판사, 1999.

이민수, 최영찬, "머신러닝을 활용한 모돈의 생산성 예측 모델", 농촌지도와 개발, 16(4), 939-965, 2009.

이상문, 디지털 융합과 신지식 창조 첨단경영정보론, 형설출판사, 2006.

이상문, 정보통신기술과 사이버전쟁 첨단 경영정보론, 형설출판사, 2001.

이상문, 홍순구, 경영정보시스템, 형설출판사, 2013.

이상민, 빅 데이터와 산업체 활용, 한국과학기술정보원, 2015.

이석호, 데이터베이스론, 정익사, 2010.

이성몽, 인포레버컨설팅, 대학교재정보시스템보안, 교보문고, 2013.

이우용, 고영국, 박태희, 김준수, UML과 객체지향, 도서출판 그린, 2002.

이인지, 윤현식, "머신러닝을 활용한 지역축제 방문객 수 예측모형 개발", 한국정보시스템연구, 29(3), 35-52, 2020.

이장택, 조현식, "로지스틱 회귀모형을 이용한 프로야구 홈경기의 이점에 관한 연구", 한국자료분석확회, 11(1), 533-543, 2009.

이재규, 권순범, 임규건 편저, 경영정보시스템 원론, 3판, 법영사, 2011.

이재규, 권순범, 임규건 편저, 경영정보시스템 원론, 법영사, 2002.

이종호, 전자상거래의 이해, 공주대학교출판부, 2004.

임규건, 김광용, 김민용, 서우종, 안병석, e-Business 시대를 위한 경영정보시스템, ㈜사이텍미디어, 2003.

임세현, 허연, "의사결정나무를 이용한 온라인 자동차 보험 고객 이탈 예측과 전략적 시사점", 한국경영정보학회, 8(3), 125-135, 2006.

임춘성, 장기진, 스마트정보경영론, 청람, 2011.

정경수, 고일상, 박관희, 이재정, 정철용, 한영춘, 홍사능, 경영정보시스템, 이프레스, 2007.

정경수, 고일상, 박관희, 이재정, 정철용, 한영춘, 홍사능, 인터넷시대의 정보시스템, 이프레스, 2010.
정대율, 박상혁, 박기호, 오창규, 정보시스템 분석 및 설계, 컴원미디어, 2007.
정대율, 박상혁, 박기호, 오창규, 정보시스템 분석 및 설계, 컴원미디어, 2020.
중소벤처기업부, 중소기업기술정보진흥원, 중소기업 전략기술로드맵 2021-2023 빅데이터, 연도별 통합보고서, 중소벤처기업부, 2020.
최소윤, 한민경, '사이버 음란물'에서 '기술매개 젠더기반 폭력'까지: 디지털 성범죄 관련 국내 연구동향 분석, 한국범죄학, 14(2), 145-168, 2020.
최준영, 이동현, 김준영, 정교민, "딥러닝 기반의 미세먼지 농도 예측", 한국컴퓨터종합학술대회 발표 논문집, 859-861, 2019.
클라우스 슈밥, 송경진 역, 제4차 산업역명, 새로운 현재, 2016.
한국정보화진흥원(NIA), 데이터 경제의 부상과 사회경제적 영향, IT & Future Strategy, 7, 2018.
한재민, 경영정보시스템, 2판, 학현사, 1998.
함유근, 채승병, 빅 데이터, 경영을 바꾸다, 삼성경제연구소, 2012.
홍의경, 데이터베이스 배움터: MS SQL Server기반, 생능출판사, 2012.
홍일유, 디지털 기업을 위한 경영정보시스템, 법문사, 2008.
홍종현, 공공데이터 개방 및 공유 관련 해외 사례, 자료조사 지원요청(지행 1국 2과)에 대한 조사보고서, 감사연구원, 2018.
鈴木 良介, 천채정 역, 빅 데이터 비즈니스, 더숲, 2012.
Ahituv, N., and Neumann, S. *Principles of Information Systems for Management*, Brown Co., 1993.
Alam, T. Cloud Computing and Its Role in the Information Technology, *IAIC Transactions on Sustainable Digital Innovation(ITSDI)*, 1(2), 2020.
Alavi, M., and Leider, D. E. "Knowledge Management and Knowledge Management Systems: Conceptual Foundations and Research Issues", *MIS Quarterly,* 25(1), March 2001.
Alavi, M., and Leidner, D. E. "Review: Knowledge Management and Knowledge Management Systems: Conceptual Foundations and research Issues", *MIS Quarterly,* 25(1), 107-136, March 2001.
Applegate, L. M., and Elam, J. J. "New Information System Leaders : A Changing Role in a Changing World", *MIS Quarterly,* 16(4), 469-490, 1992.
Arling, P. A., and Chun, M. W. S. "Facilitating new Knowledge Creation and Obtaining KM maturity", *Journal of Knowledge Management*, 15(2), 231-250, 2011.
Balahur, A., Hermida, J. M., and Montoyo, A., "Detecting implicit expressions of emotion in text: A comparative analysis," *Decision Support Systems,* 53(4), 742-753,

2012.

Baltzan, P. *Business Driven Information Systems*, 4th ed., McGraw-Hill, New York, 2014.

Baltzan, P., and Phillips, A. 저, 고석하 외 5인 역, 비즈니스정보시스템, 생능출판사, 2008.

Banker, R. D., Hu, N., Pavlou, P. A., and Luftman, J. "CIO Reporting Strucutre, Strategic Positioning, and Firm Performance", *MIS Quarterly*, 35(2), June 2011.

Bell, D. R., Choi, J., and Lodish, L. "What Matters Most in Internet Retailing", *MIT Sloan Management Review*, 54(1), Fall, 2012.

Breiman, L., "Random forests", *Machine Learning*, 45(1), 5-32, 2001.

BSA, BSA Global Software Survey, 2014.

Carrol, J. B. *Lean Performance ERP Project Management*, The St. Lucie Press/APICS Series on Resource Management, St. Lucie Press, New York, 2002.

Chang, C. M., Hsu, M. H., and Yen, C. H. "Factors affecting Knowledge Management Success: The Fit Perspective", *Journal of Knowledge Management*, 16(6), 847-861, 2012.

Cheng, F., Shen, J., Yu, Y., Li, W., Liu, G., Lee, P. W., and Tang, Y., "In silico prediction of Tetrahymena pyriformis toxicity for diverse industrial chemicals with substructure pattern recognition and machine learning methods," *Chemosphere*, 82(11), 1636-1643, 2011.

Cheon, M. *Oursourcing of Information Systems Functions: A contingency Model*, Ph. D. Dissertation, University of South Carolina, 1992.

Cherry Tree & Co. *Extended Enterprise Application: Spotlight Report*, January, 2000. available at the site http://scm.ittoolbox.com.

Chopra, S., and Meindl, P. *Supply Chain Management: Strategy, Planning, and Operation*, Prentice Hall, 2010.

Cichy, P., Salge, T., and Kohli, R., Privacy Concerns and Data Sharing in the Internet of Things: Mixed Methods Evidentce from Connected Cars, *MIS Quaterly*, 10.25300/MISQ/2021/14165, 2021.

Cortes C., Vapnik V., "Support-Vector Networks", *Machine Learning*, 20, 273-297, 1995.

Cox, D. R. "The regression analysis of binary sequences", *Journal of the Royal Statistical Society: Series B (Methodological)*, 20(2), 215-232, 1958.

Date, C. J. *An Introduction to Database Systems*, 8th ed., Pearson Education, 2004.

Davis, G. B. *Management Information Systems: Conceptual Foundations, Structure, and Development*, McGraw-Hill, 1985.

Dennis, A., Wixom, B., and Tegarden, D. *Systems Analysis and Design-An Object-Oriented Approach with UML*, John Wiley & Sons. Inc., New York, 2002.

Dunham, M. *Data Mining: Introductory and Advanced Topics,* Prentice Hall, Upper Saddle River, New Jersey, 2003.

Elmasri, R., and Navathe, S. B. *Fundamentals of Database Systems,* 6th ed., Addison Wesley, New York, 2007.

Feeny, D. F., Edwards, B. R., and Simpson, K. M. "Understanding the CEO/CIO Relationship", *MIS Quarterly,* 16(4), 435-448, 1992.

Gold A, H., Malhotra A., and Segars, A. "Knowledge Management: An Organizational Capabilities Perspective", *Journal of Management Information System,* 18(1), 185-214, Summer 2001.

Gottschalk, P. "Strategic management of IS/IT functions: the role of the CIO in Norwegian organizations", *International Journal of Information Management,* 19(5), 389-399, 1999.

Grau, J. "US Retail E-commerce Forecast: Entering the Age of Omnichannel Retailing", *eMarketer,* March 1, 2012.

Grover, V., Cheon, M., and Teng, J. "The Effect of Service Quality and Partnership on the Outsourcing of Information Systems Functions", *Journal of Management Information Systems,* 12(4), 89-115, 1996.

Grover, V., Jeong, S. R., Kettinger, W. J., and Lee, C. C. "The Chief Information Officer: A Study of Managerial Roles", *Journal of Management Information Systems,* 10(2), 107-130, 1993,

Guillemette, M., and Pare, G. "Toward a New Theory of the Contribution of the IT Function in Organizations", *MIS Quarterly*, 36(2), June 2012.

Gunasekaran, S., "Computer vision technology for food quality assurance," *Trends in Food Science & Technology*, 7(8), 245-256, 1996.

Haag, S., and Cummings, M. *Management Information Systems for the Information Age,* McGraw-Hill Irwin, 2013.

Hagg, S., Cummings, M., and McCubbrey, D. J. *Management Information Systems for the Information Age,* 4th Ed., McGraw-Hill Irwin, Boston Burr Ridge, Illinois, 2004.

Hammer, M., and Champy, J. *Reengineering the Corporation*, Harper Business, New York, 1993.

Handfield, R. B., Ernest, L., and Nichols, J. *Introduction to Supply Chain Management*, Prentice Hall, Upper Saddle River, New Jersey, 1999.

Hill, C., and Jones, G. *Strategic Management, An Integrated Approach,* 6th ed., Houghton Mifflin Co., Boston, New York, 2004.

Hislop, D. *Knowledge Management in Organizations: A Critical Introduction 2012*, 3rd ed., Oxford University Press, April, 2013.

Hislop, D. *Knowledge Management in Organizations: A Critical Introduction*, 3rd Ed., Oxford University Press, 2013.

Hislop, D. ***Knowledge Management in Organizations: A Critical Introduction,*** 3rd Ed., Oxford University Press, 2013.

Iaquinto, B., Ison, R., and Faggian, R. "Creating Communities of Practice: Scoping purposeful Design", ***Journal of Knowledge Management***, 15(1), 4-21, 2011.

IDG Tech Report, 빅데이터의 이해, IT WORLD CIO, IDG Korea, 2012.

Irma, Becerra-Fernandez, Gonzalez, A., and Sabherwa, R. ***Knowledge Management, Challenges, Solutions, and Technologies,*** Pearson Prentice Hall, Upper Saddle River, New Jersey, 2004.

Iyer, A., Seshadri, S., and Vasher, R. ***Toyota Supply Chain Management: A Strategic Approach to Toypta's Renowned System,*** Mcgraw-Hill, 2010.

Jang, H., and Ko, I. "A Study on Organizational Climate and Motivating Factors of CoP Activities: An Exploratory Study on the CoP Maturity Levels", ***Entrue Journal of Information Technology***, 11(3), 35-55, 2012.

Jang, H., and Ko, I. "Factoring Influencing CoP Activities and their Impact on Relationship Commitment and Individual Performance", ***Journal of Knowledge Management***, 17(1), 2014.

Jessup, L., and Valacich, J. ***Information Systems Today: Managing in the digital world,*** 3th ed., Prentice Hall, 2008.

Jones, M .C., Taylor, G. S., and Spencer, B. A. "The CEO/CIO Relationship Revisited: An Empirical Assessment of Satisfaction with IS", ***Information & Management,*** 29(3), 123-130, 1995.

Kaelbling, L. P., Littman, M. L., and Moore, A. W., "Reinforcement learning: A survey," ***Journal of artificial intelligence research***, 4, 237-285, 1996.

Kalakota, R., and Robinson, M. ***e-Business: Roadmap for Success. Reading***, Addison-Wesley, Massachusetts, 2000.

Kamel, H., Abdulah, D., Al-Tuwaijari, and Janal M, "Cancer Classification Using Gaussian Naive Bayes Algorithm", ***2019 International Engineering Conference (IEC) Engineering Conference*** (IEC), 165-170, 2019.

Klepper, R. "The Management of Partnering Development in I/S Outsourcing", ***Journal of Information Technology,*** 10(4), 249-258, 1995.

Konsynski, B., and McFarlan, F. "Information Partnerships-Shared Data, Shared Scale", ***Harvard Business Review,*** 114-120, September-October 1990.

Kroenke, D. M. 저, 문용은, 서창갑, 오창규, 유성열, 이기광, 이동호 공역, 사례로 배우는 경영정보시스템, 2판, 시그마프레스, 2009.

Kumar, V., and Michandan, R. "Increasing the ROI of Social Media Marketing", *MIT Sloan Management Review*, 54(1), Fall, 2012.

Kumar, V., and Reinartz, W. *Customer Relationship Management: A Databased Approach,* John Wiley & Sons, Inc., 2006.

Kumar, V., and Reinartz, W. *Customer Relationship Management: Concept, Strategy, and Tools,* Springer, 2012.

Lacity, M., and Willcocks, L. "An Empirical Investigation of Information Technology Sourcing Practices: Lessons from Experience", *MIS Quarterly,* 22(3), 363-408, 1998.

Lasher, D., Ives, B., and Jarvenpaa, S. "USAA-IBM Partnership in Information Technology: Managing the Image Project", *MIS Quarterly,* 15(4), 551-565, 1991.

Laudon, J., and Laudon, K. *Management Information Systems*, 13th ed., Pearson Education Limited, 2014.

Laudon, K. C., and Laudon, J. P. *Management Information System: Managing the Digital Firm,* 12th ed., Pearson, 2012.

Laudon, K. C., and Laudon, J. P. *Management Information Systems: Managing the Digital Firm,* 9th ed., Pearson Prentice Hall, Upper Saddle River, New Jersey, 2006.

Laudon, K., and Traver, C. *E-commerce: business, technology, society,* 9th ed., Prentice-Hall, 2013.

Loh, L., and Venkatraman, N. "An Empirical Study of Information Technology Outsouring: Benefits, Risks, and Performance Implications", *Proceedings of International Conference on Information Systems,* 277-288, 1995.

Marakas, G., and O'Brien, J. *Introduction to Information Systems*, 16th ed., McGraw-Hill, 2013.

Mason, R. O. "Four Ethical Issues of the Information Age", *MIS Quarterly,* March 1986.

McCloskey, D. W. *Choosing Vendors and Products to Maximize Data Warehousing Success,* Auerbach Publications, New York, 2002.

McFarlan, F., and Nolan, R. "How to Manage an IT Outsourcing Alliance", *Solan Management Review,* 9-23, 1995.

McNurlin, B. C., Sprague, R. H., and Bui, T. *Information Systems Management in Practice*, 8th ed., Prentice Hall, New Jersey, 2009.

Mills, J. *CRM Overview.* available at the site http://www.crmassist.com.

Mitchell, L. "Enterprise Knowledge Portals Wise Up Your Business", Infoworld.com,

December 1, 2000.

Moe, W., Schweidel, D., and Trusov, M. "What Influences Customers' Online Comments", *MIT Sloan Management Review*, 53(1), Fall, 2011.

Monk, E., and Wagner B. *Concepts in Enterprise Resource Planning,* Course Technology, 2001.

Nam, K., Rajagopaian, S., Rao, H., and Chaudhury, A. "A Two-Level Investigation of Information Systems Outsourcing", *Communications of the ACM,* 39(7), 36-44, 1996.

Nonaka, I. "The Knowledge-Creating Company", *Harvard Business Review,* 96-104, November-December 1991.

Nonaka, I., and Konno, N. "The Concept of Ba: Building a Foundation for Knowledge Creation", *California Management Review,* 40(3), Spring 1998.

O'Brien, J. A. *Introduction to Information Systems, Essentials for the e-Business Enterprise,* 12th ed., McGraw-Hill Irwin, Boston Burr Ridge, Illinois, 2005.

O'Brien, J. A. *Management Information Systems, Essentials for the e-Business Enterprise,* 12th ed., McGraw-Hill Irwin, Boston Burr Ridge, Illinois, 2006.

O'Brien, J. A., and Marakas, G. M. *Enterprise Information Systems,* 13th ed., McGraw-Hill, 2007.

O'Brien, J. A., and Marakas, G. M. *Management Information Systems,* 8th ed., McGraw-Hill Irwin, Boston Burr Ridge, Illinois, 2008.

Pearlson, K. E., and Saunders, C. S. *Managing and Using Information Systems: A Strategic Approach*, 4th ed., John Wiley & Sons, Inc., 2010.

Piskorski, M. "Social Strategies that Work", *Harvard Business Review*, November 2011.

Poltrock, S., and Handel, M. "Models of Collaboration as the Foundation for Collaboration Technologies, *Journal of Management Information Systems*, 27(1), Summer 2010.

Porter, M., and Victor, M. "How Information Gives You Competitive Advantage", *Harvard business Review,* July-Aug., 1985.

Rainer, K., Prince, B., and Watson, H. Management Information Systems: Moving Business Forward, 3rd Ed., John Wiley & Sons, Inc., 2016.

Rainer, R. K., and Cegielski, C. G. 저, 양정식, 함유근, 김대호 공역, 정보시스템개론, 4판. 한경사, 2013.

Rainer, R. K., and Cegielski, C. *Introduction to Information Systems,* 3rd ed., John Wiley & Sons, Inc., 2011.

Reinartz, W., Kraft, M., and Hoyer, W. "The Customer relationship Management

Process: Its Measuremnet and Impact on Performance", *Journal of Marketing Research,* 41(3), 2004.

Rob, P., and Coronel, C. *Database Systems: Design, Implementation, and Management,* 8th ed., Cengage Learning, Boston, MA, 2009.

Sanchez, R. *Knowledge Management and Organizational Competence,* Oxford University Press, 2001.

Saunders, C., Gebelt, M., and Hu, Q. "Achieving Success in Information Systems Outsourcing", *California Management Review,* 39(2), 63-79, 1997.

Smith, M., and Telang, R. "Why Digital Media Require a Strategic Rethink", *Harvard Business Review*, October 2012.

Stair, R. M., and Reynolds, G. W. *Fundamentals of Information Systems,* 3rd ed., Thomson Course Technology, 2006.

Stair, R. M., and Reynolds, G. W. *Principles of Information Systems*, 11th ed., Course Technology, 2014.

Stair, R. M., and Reynolds, G. W. *Principles of Information Systems,* 7th ed., Course Technology, 2006.

Stephens, C., and Loughman, T. "The CIO's Chief Concern: Communication", *Information & Management,* 27(2), 129-137, 1994.

Tao, C., Guo, H. and Huang Z. "Identifying Security Issues for Mobile Applications Based on User Review Summarization", *Information and Software Technology,* 122, 106-290, 2020.

Thomas, W. F., and Kremzar, K. H. *ERP: Making It Happen,* John Wiley & Sons Inc., 2001.

Turban, E., and King, D. *Introduction to E-Commerce,* Prentice Hall, Upper Saddle River, New Jersey, 2003.

Turban, E., King, D., and Lang, J. *Introduction to Electronic Commerce*, 3rd ed., Pretice Hall, 2011.

Turban, E., Leidner, D., Mclean, E., and Wetherbe, J. *Information Technology for Management: Transforming Organizations in the Digital Economy,* 6th ed., John Wiley & Sons, Inc., 2008.

Turban, E., McLean, E., and Wetherbe, J. 저, 임규건, 김광용, 김민용, 서우종, 안병석 공역, e-Business 시대를 위한 경영정보시스템, 사이텍미디어, 2003.

Turban, E., Sharda, R., King, D., and Aronson, J. E. *Business Intelligence: A Managerial Approach,* Prentice Hall, 2011.

Wallace, T. F., and Kremzar, M. H. *ERP: Making It Happen*, John Wiley and Sons, Inc.

New York, 2001.

Wilson, H. J., Guinan, P. J., Parise, S., and Weinberg, B. D. "What's Your Social media Strategy?" ***Harvard Business Review***, July 2011.

Wisner, J. D., Tan, K.. and Leong, G. K., 김승철 외 공역, 공급사슬관리, 한경사, 2009.

Witten, I. H., Frank, E., Hall, M. A., and Pal, C. J., ***Data Mining: Practical machine learning tools and techniques***, Morgan Kaufmann, 2016.

Zdanowic, J. S. "Detecting Money Laundering and Terrorist Financing via Data Mining", ***Communications of the ACM,*** 47(5), 53, May 2004.

Ziama, A., and Kasher, J. Data Mining Primer for the Data Warehousing Professional, Teradata, Dayton, Ohio, 2004.

[기타 자료]

Nike+. http://secure-nikeplus.nike.com/plus

가트너 웹사이트. https://www.gartner.com/en

뉴데일리 경제. http://biz.newdaily.co.kr/site/data/html/2021/08/05/2021080500053.html

뉴스와이어. http://www.newswire.co.kr/newsRead.php?no=728167

디지털 타임즈. http://www.dt.co.kr/contents.html?article_no=2021080202109931650006

매일경제. http://www.mk.co.kr

머니투데이. http://finance.daum.net/rich/news/finance/photo/MD20140104123505664.daum

박종진, 아마존, 오라클 DBMS 100% 교체, 전자신문, 2019.12.08. https://m.etnews.com/20191206000125

백지영, 요동치는 DB시장...3년뒤 DB75%는 클라우드, 25%는 오픈소스, 디지털데일리, 2020.01.27. http://m.ddaily.co.kr/m/m_article/?no=191015

씨넷코리아. http://www.cnet.co.kr/view/25699

전자신문. http://www.etnews.com/201309090903

찾아보기

고일상

연세대학교 경영학 학사
University of Pittsburgh 경영학 석사(M.B.A.)
University of Colorado 경영학 박사(Ph.D.)
현) 전남대학교 경영학부 교수

김민철

중앙대학교 경영학 학사
고려대학교 경영학 석사 및 박사(경영과학 및 MIS 전공)
서울대학교 보건학 석사 및 박사 수료(의료정보 전공)
University of Wisconsin, 이학 석사
University of Surrey, 관광학 박사
현) 제주대학교 경영정보학과 교수

김상현

Washingtion State University 경영학/호텔경영학 학사
Washington State University 경영학 석사(M.B.A.)
University of Mississippi 경영학 박사(Ph.D.)
현) 경북대학교 경영학부 교수

김정군

한양대학교 경영학 학사
한국과학기술원 경영학 석사(경영정보시스템)
한국과학기술원 경영공학 박사(경영정보시스템)
현) 영남대학교 경영정보학과 교수

윤현식

인천대학교 경영학 학사
University of Missouri (Columbia) 공학 석사(경영정보시스템 전공)
University of Missouri (Columbia) 공학 박사(경영정보시스템 전공)
현) 전남대학교 경영학부 교수

이현규

연세대학교 화학공학 학사
한국외국어대학교 경영정보대학원(GSMIS) 경영학 석사
연세대학교 경영학 박사
현) 국립부경대학교 경영학부 교수

최수정

국립목포대학교 경영학 학사
전남대학교 경영학 석사(경영정보시스템)
전남대학교 경영학 박사(경영정보시스템)
현) 국립목포대학교 전자상거래학과 조교수

뉴노멀시대의 정보시스템

초판발행 2022년 3월 5일 **1판 1쇄 인쇄** | 2022년 3월 10일 **1판 1쇄 발행**

지은이 고일상 김민철 김상현 김정균 윤현식 이현규 최수정
펴낸이 최용구 | **펴낸곳** 도서출판 **이프레스**
주소 (04316) 서울시 용산구 원효로 89길 19 (원효로1가)
전화 02) 537-1720(영업부), 537-1721(편집부), 537-1711(팩스)
이메일 epress01@naver.com | **홈페이지** www.epress1.com
등록 2009년 12월 10일 제16-2710호
기획마케팅 최용구 장만동 최충구 진소희 | **책임편집** 석기은 황가연

ISBN 979-11-91348-14-9 93320
정가 30,000원